徐国栋 著

民法基本原则解释

诚信原则的历史、实务、法理研究

重构版

中国法制出版社
CHINA LEGAL PUBLISHING HOUSE

作者介绍

徐国栋，别号东海闲人。1961 年生于湖南省益阳市。从 1978 年至 1991 年，分别在西南政法学院、中国政法学院、中国社会科学院研究生院获得学士、硕士、博士学位。先后在江西大学、中南政法学院、厦门大学任教；在罗马第二大学、米兰大学和哥伦比亚大学访学。主要研究民法基础理论和罗马法。任全国外国法制史研究会副会长、中国法学会民法学研究会常务理事。代表作有《民法基本原则解释：诚信原则的历史、实务、法理研究》（2023 年）、《中国民法典争鸣：徐国栋卷》（2018 年）、《十二表法研究》（2019 年）、《优士丁尼〈法学阶梯〉评注》（2011 年）等，在《中国社会科学》《中国法学》《法学研究》等刊物发表论文 280 多篇。

重构版序言

一转眼，我的博士学位论文的再造版已出版8年，这8年间发生了不少影响本书内容的大事。从立法来看，先是2017年颁布了民法总则，后是2020年颁布了民法典，两部立法文件大幅更新了我国民法基本原则的内容和体系。另外，商标法经2013年的修正，于其第7条第1款补立了诚信原则，与该法1982年版本留下的善意规则并立。最后，民事诉讼法经2017年的修正，也于其第13条补立了诚信原则。可以说，诚信原则在我国立法中不断得到推广，呈强劲扩张的势头。

从学说来看，首先，李夏旭的博士学位论文《论诚信原则的法律修正功能》在2021年春季答辩通过。此书开拓了诚信原则研究的新领域，研究对象是诚信原则的类似于“合宪审查”的功能。其次，对法的不知不导致免责的教条在刑法学界遭到了深刻的批判以及我在婚姻法领域进行的批判，这意味着一定的对法不知也可构成诚信。这些新的立法和学说动向都有必要反映到本书中来。如果说，上述动向是正面的，下面的两个动向则是负面的。其一，联合失信惩戒机制的广泛运用导致的一些研究者把这一制度归结为诚信原则；其二，一些学者张扬比例原则是民法典的基本原则。对这些错误的澄清也可以作为本书新版的工作。所以，当2020年4月中国法制出版社的李佳女士提出再版本书时，我便一口答应。一书3年不修，便面目可憎，10年不修，就误人子弟了，因为时代在发展，对有关论题的研究在深入，如果不把这些发展和深入吸收进自己的著作中来，很难说它是有价值的。进入2021年暑假后，我开始了修订工作，历时近2个月完成，删去近4万字，新增6万多字。要言之，本番修改做了如下增删调。

就“删”而言。首先，我删掉了本书开首部分对民法总则前所有民法基本原则的说明的综述，因为民法总则已更新了民法通则规定的基本原则体系，上述说明已经过时，此版中，我把书中的这一部分改为综述民法总则颁布后我国学界的民法基本原则理论说明。其次，我删掉了两个索引，删掉它们并非它们不重要，而是因为我没有那么多精力去做它们。而且，本书再造版约33万字，重构版约44万字，后者比前者增加了近11万字，保留索引，将使本书更加臃肿。

就“增”而言。第一，我增加了对民法总则颁布以来对民法基本原则一般理论研究的综述。由于我是以民法总则确立的民法基本原则以及相应的理论研究成果为论述对象的，而民法总则又是民法典的一部分，所以我曾打算把本书命名为“典后版”，这里的“典”，就是民法典；第二，增加了“研究诚信原则的西文著作概览”附录中的一些书。例如，至少增加了意大利学者研究诚信原则的博士学位论文三篇(包括中国留学生许文华的)、专著四部。

在再造版的序言中。我预言本书的下一版可能增加诚信原则的美国或意大利实务部分,[①] 本版中，我履行部分诺言，增加了意大利实务部分为一章。

就“调”而言，首先，我把全书的内容调整为“民法基本原则研究”和“诚信原则研究”两个板块，实现了两部分内容彼此相对独

① 关于诚信原则的美国实务，李曼已写有《诚实信用原则适用的美国经验：〈美国联邦诉讼规则〉第11条的透视与启示》，载《华东政法大学学报》2016年第3期，第164页及以次。但如同文章的标题所示，此文讲的是美国民事诉讼法中的诚信原则，看来，美国“民法”中的诚信原则适用经验，还是一个可以留待未来做的题目。

立，以前，它们是彼此插花的，由此，我往把本书的未来版本改造成一部完全的诚信原则专著的目标迈进了一步。① 由于这一动作，我把此书的本版命名为“重构版”。其次，我重整了本书的全部注释，在所有被引外国作者的名字前加上了国籍甚至生卒年月。过去的一些转引，尽量改成直引。在本书初版的时代，出版界是没有这些规矩的，本书的新版按现在的规矩办，算真正跟上时代了。最后，对于本书的附录“研究诚信原则的西文著作概览”，我把意大利语著作前调为第一，其他保持主观诚信与客观诚信术语统一的语种的著作递进，把用不同术语表达两种诚信的德语著作排在它们之后，以示薄惩。把英语研究诚信的著作从过去的排在第一改为排在俄文著作之前，因为英语世界对于诚信的研究较晚且贡献有限。

经过如上修改，我仍维持了本书包含民法基本原则一般理论与诚信原则理论两大板块的结构，暂时压住了把本书改造为一部专门研究诚信原则的专著的冲动。因为如果没有前面的民法基本原则理论作为铺垫，后面的诚信原则理论将缺乏支撑。为此，我得花很多时间精力去吸收我国民法学界关于民法基本原则的研究成果，这一领域是本书出版问世以来我一直未涉足的部分。

在修订本书的过程中，深感我国现行的民法基本原则理论与欧洲的相应理论有代差。假设《欧洲示范民法典草案》代表了欧洲最新的民法思想，它所确立的自由、安全、正义、效率四大原则代表了欧洲最新的民法基本原则思想，而我国民法学界还盘桓在平等原则、诚信原则、公序良俗、比例等原则之间。欧洲曾是诚信原则和公序良俗原则的发源地，这些原则在其故乡被降等了或扬弃了，发源于欧洲的比例原则也未在这里成为民法的基本原则，而诚信原则、公序良俗原

① 交稿之际，我把本书的下部剪切下来另开一文档统计字数，发现有227377字，正好与本书的“北京东郊版”的主文字数相符。在30年的历程中，我等于把一篇博士论文发展成字数相等的两篇了，可惜我至今还只有一个博士学位。

则在我国仍如日中天，比例原则也有成为民法的基本原则之势。这样的代差令我震撼。另深感诚信原则在国际上地位下降，它的帝王条款地位已是明日黄花，现在它是安全原则的一个子项，成为单纯的行为准则，而我国学界仍维持对该原则的高度热情，仅仅翻译了海塞林克主张在未来的欧洲民法典中不设诚信的一般条款的文章而已。①

感谢李佳女士，如果没有她出本书新版的表示，我不会着手修订此书，这样我就不会得到一个让我把如此多的立法和学说动态反映到本书中的机会。还感谢她三次提供我本书的印前清样，让我在上面大修大改，补救初次交出版社稿的疏失，而她自己要忍受由此带来的种种麻烦。

感谢蒋浩，他出版的本书再造版让本书赢得了被翻译成外文的机会。该版出版后的2014年，日本北九州大学矢泽久纯教授请求我允许他翻译本书为日文，我慨然应允，并完成了把本书的日译纳入中华学术外译项目的过程，本书的再造版终于在2018年在日本由溪水社出版。我为本书得到日本学界的认可而高兴。译者矢泽教授收藏了本书的新版、增删版、再造版，得知我正在准备本书的重构版后，矢泽教授要求受赠一本，不排除将来本书出新的日译本的可能。

30年前，我在中国社会科学院研究生院一号楼的203宿舍写下本书打印本的后记，落款为“1991年5月1日30岁国栋于北京东郊”，序言中说明“全文主文22万字”②。30年后的5月15日，来自全国各地的学生们为我举办了六十岁生日庆典，三个月后，我写下本书典后版的2021年的落款日期。不知不觉已过去了30年，光阴似箭、日月如梭呀！一本书能有30年的寿命，堪称异数。其实，此等“异数”不

---

① 参见［荷兰］海塞林克：《诚信的概念》，万润发译，载《苏州大学学报法学版》2018年第2期，第78页及以次。

② 即不包括注释，当时没有电脑当笔，更谈不上使用Word软件，所以注释字数也不像今天这么方便统计，而主文用400字稿纸手写，统计字数方便。

过以每版的辛苦大修大改为基础。当然，如果“底盘”歪了，大修大改也无用，早早就被送进历史博物馆了。

本版版权协议的有效期跟其他版权协议的相应规定别无二致，是10年，不知10年后，还有无出版社再版我的此书？即使有（有一个著名出版社在本版合同订立前有过此等表示），我是否还有精力完成此举（那时还要增加诚信原则的美国实务研究一章呢！），这些都是疑问呀！如果这些疑问消除，我和众人有望看到一本民法专著有40年寿命的更大异数，说不定还有可能被翻译成另外一种外语。

恬静的假期，结束了备课讲课，结束了改卷判分，结束了各种开会学习，得以专心改本书，犹如一次修行，通览学界对民法基本原则和诚信原则的研究成果，无干无扰，得大自在。尤其是看我认为在研究民法基本原则问题上最有成就的张民安教授的文章，讲本书的初版如何把民法基本原则问题由一个意识形态问题转化为一个法的原则部分的功能论问题并引起长辈和平辈的纷纷追随，并导致一些长辈改变旧见，真是乐不可支，感叹思想的力量。我一直不拥有资源分配者的位置，能让人接受我的这样那样的观点，只能靠此等观点的说服力了。

是为序。

2021年9月27日60岁国栋完稿于胡里山炮台之侧

目 录

上部 民法基本原则研究

下部　诚信原则研究

上 部

民法基本原则研究

第一章

民法基本原则概述

第一节　民法基本原则研究概览

一、我国民法基本原则的更新

1986 年 4 月 12 日通过的《中华人民共和国民法通则》（以下简称民法通则）确立了我国民法的平等自愿原则，公平、等价有偿原则，诚实信用原则，权利不得滥用原则，国家计划指导与经营者自主性相结合原则，公民和法人合法的民事权益不受侵犯原则，法律补充原则等 7 项原则。它们反映了当时我国的经济体制和民法理论研究水平。31 年后的 2017 年 3 月 15 日，《中华人民共和国民法总则》（以下简称民法总则）颁布，它完成了我国民法基本原则的更新。确立了合法权益受保护原则（第 3 条）、平等原则（第 4 条）、意思自治原则（第 5 条）、公平原则（第 6 条）、诚信原则（第 7 条）、公序良俗原则（第 8 条）、绿色原则（第 9 条）等七项原则。新旧对比，观察如下：合法权益受保护原则的位置前移了。平等自愿原则分立为平等和意思自治两个原则，等价有偿原则由于经济理论的更新被取消。国家计划指导与经营者自主性相结合原则则由于经济体制的更新被取消。权利不得滥用原则由于被认定为属于诚信原则的内容被取消独立原则地位。法律补充原则被视为法律渊源问题被取消独立原则地位。新增了公序良俗原则和绿色原则。经过这番更新，民法基本原则作为一个整体的经济内容减少，国际共同规则增多，代表了我国民法学和民事立法对商品经济的民法观的疏离。这意味着进步。尤其是绿色原则，为我国原创，具有引领世界潮流的意义。

作为编纂《中华人民共和国民法典》（以下简称民法典）第一阶段的成果，民法总则在经过无关基本原则部分的少许修改后被纳入2020年5月28日颁布的民法典。所以，上述民法总则确立的民法基本原则，也是民法典秉持的民法典基本原则。

二、我国学术界对现行民法基本原则的研究综述

自民法总则颁布至今，已有6年之久，学术界对民法总则规定的民法基本原则问题的研究，也成绩斐然。根据2021年8月7日在中国知网上以“民法基本原则”为搜索词进行的题名搜索，发现在2017年3月15日之后，已在刊物上发表了23篇研究民法基本原则整体的论文，外加进行同一课题研究的1篇优秀硕士学位论文①以及各种《民法总论》或《民法学》教科书的有关部分。显然，民法基本原则已成为民法学界的一个关注点。

上述作品的作者们关注如下论题。

1. 合法权益受保护和合法是否为民法基本原则问题。民法总则是在其第一章“基本规定”中确立民法基本原则的。该章共12个条文（从第1条到第12条）。是否构成12个基本原则呢？显然不是，因为除了第1条规定民法的任务，第2条规定调整对象外，第10条规定民法的渊源，第11条规定特别法优先，第12条规定民法的地域效力。

---

① 何文浩：《中国民法基本原则探源》，西南政法大学2018年硕士学位论文。

所以，基本规定不等于基本原则，问题在于第 3 条和第 8 条。前者辞曰：民事主体的人身权利、财产权利以及其他合法权益受法律保护，任何组织或者个人不得侵犯。后者辞曰：民事主体从事民事活动，不得违反法律，不得违背公序良俗。前者是否构成所谓的合法权益受保护原则，后者中的“不得违反法律”能否被提炼成合法原则，成为一个问题。

关于第 3 条能否构成合法权益受保护原则，持肯定态度的有之，如姚新华把此条概括成私权神圣原则。① 韩松则排除此条的基本原则地位。② 姚辉同此。③ 邹海林更讲明了排除的理由：第 3 条不是以民法基本原则的表达方式形成的，立法者无意将民事权利受法律保护的理念规定为民法基本原则。④ 我也认为，中国法治建设逐步完备，人权保障逐步得到承认，由此使公民和法人合法的民事权益不受侵犯原则显得多余。⑤

关于第 8 条中的“不得违反法律”能否被提炼成合法原则？少数学者持肯定态度，把第 8 条的内容概括为“合法与公序良俗原则”。⑥ 多数学者仅把第 8 条提炼为公序良俗原则，以沉默的方式表达了否定态度，⑦ 只有邹海林明示了其否定理由：把合法原则定位于民法基本原则，过分渲染了“有法必依”的政治意义，忽视了民法基本原则作为抽象规范应有的对法律规范或法律行为的评价功能。而且该文句过分具体，不具有民法基本原则应有的抽象性。⑧ 我同意邹海林的观点。在民法的

---

① 参见姚新华：《民法总论》，中国政法大学出版社 2018 年版，第 9~10 页。

② 参见韩松：《民法总论》（第三版），法律出版社 2017 年版，第 59 页及以次。

③ 参见姚辉主编：《民法总则基本理论研究》，中国人民大学出版社 2019 年版，第 161 页。

④ 参见邹海林：《民法总则》，法律出版社 2018 年版，第 38 页。

⑤ 参见徐国栋：《民法基本原则解释：诚信原则的历史、实务、法理研究》，北京大学出版社 2013 年版，第 4 页。

⑥ 例见王利明：《民法总则》，中国人民大学出版社 2017 年版，第 65 页。

⑦ 例见李永军：《民法总则》，中国法制出版社 2018 年版，第 76 页。

⑧ 参见邹海林：《民法总则》，法律出版社 2018 年版，第 39 页。

范围内，当事人当然要依法行事，把合法定为原则，属于无必要的强调。立法尽管有此等无害规定，学界亦不必盲目追随，因为民法基本原则的建构，尽管有“通过民法典”的环节，但还有“超越民法典”的环节。忽略“不得违反法律”的文句，是“超越民法典”的一个步骤。

2. 民法基本原则的功能问题。龙卫球认为，民法基本原则具有价值宣示性，它们在我国民法中的确立，使得民法不再是一种“价值中立”的概念形式体系，而是演化为一个由“原则和规则”共同作用的可供动态演绎的法秩序体系。《德国民法典》追求一种概念化封闭的“价值中立”体系，天然地要求排斥价值宣示。① 方新军认为，民法总则规定的民法基本原则是民法典内在体系的外显。这些轻重有别的原则引导着具体问题的解决，为民法调整的事项提供处理标准。②

3. 民法基本原则从民法通则到民法总则的嬗变。民法通则确立了平等自愿原则，公平、等价有偿原则，诚实信用原则，权利不得滥用原则，国家计划指导与经营者自主性相结合原则，公民和法人合法的民事权益不受侵犯原则，法律补充原则等 7 项原则，民法总则只保留了其中的合法权益受保护原则、平等原则、自愿原则、公平原则、诚实信用原则。新增了公序良俗原则和绿色原则。公序良俗原则与诚信原则都体现了一定的道德观念，但两者功能不同，前者对法律行为的内容进行审查，后者对权利行使的正当性进行审查。③ 前者适用于在法律上有特别关联的人，后者适用于陌生人。④ 公序良俗原则的新增的重大意义在于使我国民法配齐了通行民法典具有的两大原则，即诚

---

① 参加龙卫球：《我国民法基本原则的内容嬗变与体系化意义：关于〈民法总则〉第一章第 3-9 条的重点解读》，载《法制现代化研究》2017 年第 2 期，第 26 页及以次。

② 参见方新军：《内在体系外显与民法典体系融贯性的实现》，载《中外法学》2017 年第 3 期，第 582 页，第 583 页。

③ 参见于飞：《公序良俗原则与诚实信用原则的区分》，载《中国社会科学》2015 年第 11 期，第 146 页。

④ 参见于飞：《基本原则与概括条款的区分：我国诚实信用与公序良俗的解释论构造》，载《中国法学》2021 年第 4 期，第 33 页及以次。

信原则和公序良俗原则。绿色原则的新增基于生态危机的恶化以及人们对任何民事活动都有碳足迹的发现，该原则旨在减少民事活动对生态的不利影响，平衡民事活动自由与生态环境保护的关系，强调在当今人与自然日趋紧张的关系背景下，民事活动的绝对性应当受到生态环境保护的必要限制，以追求人与自然的和谐关系。[①] 该原则为我国独创，[②] 出台后受到国际关注。[③] 但也有学者认为，绿色原则可被公序良俗原则涵摄。[④] 言下之意，不必单列。这显然不是一种主流意见。

4. 民法基本原则的分类。韩世远认为可分为私的自治性的基本原则和公的管制性的基本原则。前者有自愿原则，后者有公平原则、诚信原则、公序良俗原则、绿色原则。[⑤] 易军认为可分为实践个体性价值的基本原则和实践社会性价值的基本原则。权益保护、形式平等、消极自由、形式公平四项原则属于前者，诚实信用、合法、公序良俗、绿色四项原则属于后者。前者是民法上最稳固、坚硬的部分，应严予

---

① 参见龙卫球：《我国民法基本原则的内容嬗变与体系化意义：关于〈民法总则〉第一章第 3-9 条的重点解读》，载《法制现代化研究》2017 年第 2 期，第 31 页。

② 2004 年的《阿根廷国家民商法典》第 14 条第 2 款规定：当行使个人权利可能影响环境与集体关联权（los derechos de incidencia colectiva en general）时，法律不保护之。Véase Código Civil y Comercial, En Boletin Oficial de la Republica Argentina, Año CXXII, Numero 32. 985. 2014, p. 2. 该条产生于我国《民法总则》之前，但对我国《民法总则》确立的绿色原则没有影响，因为《民法总则》确立的绿色原则的灵感来源是 2004 年经我主编出版的《绿色民法典草案》序编第 9 条。参见徐国栋主编：《绿色民法典草案》，社会科学文献出版社 2004 年版，第 4 页。阿根廷学界研究《阿根廷国家民商法典》中的环保条款的论文，例见 Néstor A. Cafferatta, Derecho Privado Ambiental: A la luz del Código Civil y Comercial, En Administración de Andalucía: revista andaluza de administración pública, N°. 105.

③ 例如，意大利巴里（Bari）大学的 Fabrizio Panza 就写了《新的中国民法典中的环境保护》（La Tutela dell'Ambiente nel Nuovo Codice Civile Cinese，发表于 Rassegna di diritto civile 杂志）一文介绍这一原则。

④ 参见徐燕峰：《〈民法总则〉视角下的民法基本原则体系探讨》，载《呼伦贝尔学院学报》2018 年第 5 期，第 15 页。

⑤ 参见韩世远：《民法基本原则：体系结构、规范功能与应用发展》，载《吉林大学社会科学学报》2017 年第 6 期，第 6 页及以次。

坚守，后者是民法上柔软的部分，具有弹性与灵活性。[①] 姚辉认为，民法基本原则可分为不具裁判功能的一般法思想规定和可以直接作为裁判依据的一般条款。前者有平等、自愿、公平和绿色原则，后者有诚信和公序良俗原则。[②] 于飞认为：我国民法基本原则实际由两部分组成。其一，传统民法上通常不会明文规定的价值理念，如平等、自由（自愿）、权利（受保护）等；其二，传统民法上本来就有的概括条款（Generalklausel，亦称一般条款），即诚实信用与公序良俗。[③] 姚辉与于飞对我国民法基本原则的分类基本一致。张民安则认为，民法一般原则可分为制定法上的和非制定法上的。前者出于立法者的规定，包括平等原则、意思自治原则、公平原则、诚信原则、民事权益受法律保护原则、公序良俗原则等；后者由法官在司法过程中发现，如法律安全和外观原则。前者指在不需要付出难以逾越的努力的情况下，民事主体就能够知道什么行为是法律允许的，什么行为是法律禁止的。为了实现此种结果，立法机关制定的法律规范都应当是清晰的、易懂的，并且一旦制定，法律规范不应当做频繁的修改、变更，尤其是不能够让民事主体无法预见。后者指当真正的权利人通过自己的行为创造出某种明显事实状态或者表面状态时，如果他们创造出的此种明显事实状态或者表面状态让第三人产生错误信赖或者合理信赖，则第三人就获得了原本无法通过正常的法律规范所获得的权利，第三人能够以其获得的权利对抗真正的权利人。[④]

5. 民法基本原则比较研究。张民安注意到，与我国民法总则规定

---

① 参见易军：《民法基本原则的意义脉络》，载《法学研究》2018 年第 6 期，第 53 页。

② 参见姚辉主编：《民法总则基本理论研究》，中国人民大学出版社 2019 年版，第 161 页。

③ 参见于飞：《基本原则与概括条款的区分：我国诚实信用与公序良俗的解释论构造》，载《中国法学》2021 年第 4 期，第 26 页。

④ 参见张民安：《民法一般原则的补充性、强制性和公共秩序性》，载《法治研究》2017 年第 6 期，第 21 页、第 24 页。

了一个民法基本原则群形成对比的是，大陆法系国家的民法典，如法国民法典、德国民法典均未对基本原则作出单独的、统一的规定。[①]姚辉注意到我国台湾地区的民法学也开始谈论民法基本原则问题，王泽鉴认为，民法有人的尊严、私法自治、私有财产、过错责任、两性平等五个原则。[②] 金晶翻译了诺伯特·赖希（Nobert Reich）的论文《何谓欧洲民法的一般原则》，该论文指出欧洲民法有七大原则，即有限自治原则、弱势主体保护原则、非歧视原则、有效法律保护原则、平衡冲突利益原则、比例原则、诚信原则。[③] 其中的有限自治原则显然是对意思自治原则的限缩。弱势主体保护原则是平等原则的对反，因为在有不平等的地方才需要保护。而非歧视原则是对平等原则的限缩。赖希对他人说到的平等对待原则的解读也是独特的，该原则要求我们不应对类似情形区别对待，也不应对歧异情形作同等对待，除非这种对待是客观正当的。[④] 独特之处在于法的操作者以差别对待的方式实现平等。这样的强调揭示了平等原则的冷酷性。例如，把大人和小孩同等对待，把男人和女人在运动成绩标准上同等对待，就是冷酷的。龙卫球注意到了中国民法的基本原则与《欧洲示范民法典草案》规定的基本原则的异同，后者的“临时纲要版”于2008年面世时，列举的可能的基本原则不下15项，包括正义、自由、保障人权、经济福祉、团结和社会责任、构建自由、安全和正义的领域、促进欧盟内部市场发展、保护消费者以及其他需要保护的人、保护文化和语言的多样性、理性、法律的确定性、可预见性、效率、保护合理信赖、合理

---

① 参见张民安：《民法基本原则的立法准则功能理论批判》，载《学术论坛》2018年第1期，第72页。

② 参见姚辉主编：《民法总则基本理论研究》，中国人民大学出版社2019年版，第154页注释1。

③ 参见［德］诺伯特·赖希：《何谓欧洲民法的一般原则?》，金晶译，载《财经法学》2015年第6期，第114页。

④ 参见［德］诺伯特·赖希：《何谓欧洲民法的一般原则?》，金晶译，载《财经法学》2015年第6期，第113页。

分配制造风险的责任等。[①] 我们可注意到，这个基本原则清单中不包括我国民法的全部基本原则，尤其不包括平等原则，团结和社会责任原则以及保护消费者和其他需要保护的人原则倒是暗示民事关系的不平等性。2009 年版的《欧洲示范民法典草案》把上述原则体系简化，只规定了自由、安全、正义、效率四大原则。[②] 这四个原则不体现为条文，处在相当于绪论的单元，可以理解为立法原则。自由原则除包括意思自治原则外，还有促进交易的内容。[③] 安全原则首先提出立法确定性的要求，其次提出民事关系确定性的要求，对合理信赖和期待的保护、诚信与公平交易的践行、对人的保护、对人权的保护可满足此等要求。[④] 正义原则包括四个方面。其一，同样情况同样对待；其二，不许从非法行为、利用他人弱点或不幸中获利；其三，自己责任和自担自己造成的风险；其四，保护弱者。[⑤] 效率原则分为为了当事人的效率和为了公众的效率两个方面，前者体现为减少形式和程序上的限制以及实体上的限制，后者包括告知义务、债务不履行的救济等。[⑥] 可以

---

① 参加龙卫球：《我国民法基本原则的内容嬗变与体系化意义：关于〈民法总则〉第一章第 3-9 条的重点解读》，载《法制现代化研究》2017 年第 2 期，第 28 页注释 7。

② 参见欧洲民法典研究组，欧盟现行私法研究组编著，［德］克里斯蒂安·冯·巴尔、埃里克·克莱夫主编：《欧洲私法的原则、定义与示范规则：欧洲示范民法典草案（全译本）》，高圣平等译，法律出版社 2014 年版，第 49 页。

③ 参见欧洲民法典研究组，欧盟现行私法研究组编著，［德］克里斯蒂安·冯·巴尔、埃里克·克莱夫主编：《欧洲私法的原则、定义与示范规则：欧洲示范民法典草案（全译本）》，高圣平等译，法律出版社 2014 年版，第 50 页。

④ 参见欧洲民法典研究组，欧盟现行私法研究组编著，［德］克里斯蒂安·冯·巴尔、埃里克·克莱夫主编：《欧洲私法的原则、定义与示范规则：欧洲示范民法典草案（全译本）》，高圣平等译，法律出版社 2014 年版，第 57~63 页。

⑤ 参见欧洲民法典研究组，欧盟现行私法研究组编著，［德］克里斯蒂安·冯·巴尔、埃里克·克莱夫主编：《欧洲私法的原则、定义与示范规则：欧洲示范民法典草案（全译本）》，高圣平等译，法律出版社 2014 年版，第 66 页。

⑥ 参见欧洲民法典研究组，欧盟现行私法研究组编著，［德］克里斯蒂安·冯·巴尔、埃里克·克莱夫主编：《欧洲私法的原则、定义与示范规则：欧洲示范民法典草案（全译本）》，高圣平等译，法律出版社 2014 年版，第 72~75 页。

看出，作为欧洲民法学界最新共识的《欧洲示范民法典草案》已更新了传统的民法基本原则体系，把设定此等原则的“把手”放高，意思自治原则被降为自由原则的一个子项。诚信原则被降为安全原则的一个子项。平等原则被放弃，[①] 代替它的正义原则中的保护弱者子项彰显出民事关系的不平等性。而且这些基本原则更加具有立法准则的性质，如效率原则对立法者提出的减少形式和实体限制的要求。研究《欧洲示范民法典草案》规定的这些原则，应当对理解或更新我国民法的基本原则有助益。

6. 民法基本原则是否具有立法准则的功能问题。张民安认为民法基本原则的立法准则功能理论属于民法基本原则功能化理论当中的意识形态化观念，在民法基本原则的功能化理论取代了意识形态化理论的今天，民法基本原则根本不可能成为民事立法的准则。[②] 所谓民法基本原则的意识形态化，指我国的民法基本原则提出者强调自己提出的原则区别于资本主义国家民法的基本原则，1986 年之前的我国民法基本原则研究者即如此。所谓民法基本原则的功能化，指我国民法学者不再强调我国民法基本原则与资本主义国家民法的基本原则的区别，而关注民法基本原则的指导作用、法律解释作用和漏洞填补作用。1986 年之后的我国民法基本原则研究者如此看待民法基本原则的工作。张民安认为，当我国民法学者将民法的基本原则视为我国立法者从事民事立法活动的指导方针、立法准则时，他们的此种观念仍然受意识形态理论的影响，是存在于功能化理论当中的意识形态化观念。[③] 而且，立法者的民事立法活动在性质上属于公法活动，民法基本原则

① 参见王金根：《浅析欧洲民法典草案及其对我国民法典制定的借鉴意义》，载《西部法律评论》2010 年第 6 期，第 45 页。

② 参见张民安：《民法基本原则的立法准则功能理论批判》，载《学术论坛》2018 年第 1 期，第 66 页。

③ 参见张民安：《民法基本原则的立法准则功能理论批判》，载《学术论坛》2018 年第 1 期，第 78 页。

无法对立法者从事的民事立法活动起到指导作用。但韩世远认为，基本原则，特别是诚信原则具有法修正的功能。所谓法修正功能，并非谓以基本原则改变具体法规则的内容，而是指在个案中，适用具体法规则在结果上违反社会正义时，不适用该具体法规则，而改用基本原则裁判。① 这无非是说，具体规定要按照基本原则制定，若不如此，就会遭到被修正的命运。由此看来，基本原则还是有立法准则的功能的。而且，此等功能之具备，与意识形态无关，而与保持民法整体的价值统一性有关。

7. 民法基本原则从财产法原则到财产法和人身法共同的原则问题。张民安敏锐地指出：在1986年之前，我国某些民法学者往往将他们主张的平等原则、自愿原则和诚实信用原则视为民法调整的财产关系的基本原则，很少会同时将这些原则视为民法调整的人身关系的基本原则。② 但是，随着我国民法理论和民事立法摆脱来自苏联的商品经济民法观的影响，婚姻家庭法和继承法回归民法，民法的这两大板块与民法的财产法板块具有相当的异质性，基于财产法参照系提出的民法基本原则体系能否适用于它们成为一个问题。基于此，我提出公平原则不适用于家庭法和继承法，因为公平是一个适用于交换关系和责任承担关系的概念。在交换之情形下，公平概念表达的是交换物和被交换物价值的适当比例关系。在责任承担之情形下，表达的是“天塌下来由大个子顶”之处理的妥当性。然而，家庭法与交换无关，也与责任承担无关，它是家庭成员间团结合作、共谋集体福利的共同体。这里讲究的是利他，是奉献与牺牲。全体成员，各尽所能，按需分配，实行一种微型的共产主义。这里没有交换（家人之间无合同），也没

① 参见韩世远：《民法基本原则：体系结构、规范功能与应用发展》，载《吉林大学社会科学学报》2017年第6期，第10页。

② 参见张民安：《民法基本原则的立法准则功能理论批判》，载《学术论坛》2018年第1期，第70页。

有侵权责任承担（家人之间无侵权）。责任倒是有，那就是“大个子”责任，养家糊口的人承担责任，未成年子女、无正式工作的妻子理所当然地接受扶养。从市场的角度来看，这是地地道道的不公平关系，但却是一种和谐的关系。① 所以，张民安提出的问题的意义在于，我国民法理论经历了从物文主义到人文主义、从商品经济的民法观到市民社会的民法观的转变，但我国的民法典基本原则体系是过去依据物文主义、商品经济的民法观确立的，不能涵盖人身法被合并于财产法后的民法现实。很像两个高校合并，两个集团老是整合不了或整合得不完全的情况。

8. 各民法基本原则彼此间的冲突问题。韩世远指出：在情势变更场合，如遵循自愿原则以及合同严守原则，会要求当事人按合同办事；而如果按照诚信原则或公平原则，则可能要求当事人协议变更或者解除合同。这时，就需要对不同的原则进行具体分析，比较各自的分量，判断哪个原则能最终胜出。② 韩世远在这里指出了自愿原则与诚信原则和公平原则的冲突可能。

9. 宪法原则与民法原则的区别问题。张民安认为，民法的基本原则不应当是宪法的基本原则，或者反之，宪法的基本原则不应当是民法的基本原则。当我国民法学者将一些宪法的基本原则视为民法的基本原则时，他们就混淆了民法与宪法、私法与公法。③ 我也持同样观点并把它落实到对平等原则的处理上。实际上，平等原则是纵向性的，其内容是限制立法者和司法者无正当理由地差别对待规制对象。④ 所

---

① 参见徐国栋：《中国民法典争鸣：徐国栋卷》，厦门大学出版社 2018 年版，第 250 页。

② 参见韩世远：《民法基本原则：体系结构、规范功能与应用发展》，载《吉林大学社会科学学报》2017 年第 6 期，第 13 页。

③ 参见张民安：《民法基本原则的立法准则功能理论批判》，载《学术论坛》2018 年第 1 期，第 70 页。

④ 参见徐国栋：《平等原则：宪法原则还是民法原则?》，载《法学》2009 年第 3 期，第 74 页。

以，我自己写的或参编写其中总论部分的民法教材中皆无平等原则。①

10. 某些原则的设立是否有必要问题。第一个争议对象是平等原则。我认为，平等原则之设，是我国老一辈民法学者把民事关系缩略成商品交换关系的产物，假设平等是实现交换的前提成立，这样的平等原则的效力范围也只及于买卖，顶多可扩及于互易，而民事关系远远不限于买卖和互易关系。所以，把平等原则定为民法的基本原则，犯了以偏概全的错误。② 韩光明也认为，平等原则不具规范性，无法进入司法裁判，或曰无实质意义。例如，法院在立案的时候，如果认为双方是平等的主体，可以作为民事案件进行立案。但就土地使用权出让协议发生争议的时候，发生了法院既不认为两者是平等主体，也不认为两者是不平等主体的尴尬情形，尽管最终还是受案了，但证明平等原则于司法无用。不能设想法院会根据平等原则去判决当事人承担权利义务。有些被人们误认为是平等原则的问题，实际上是反歧视问题，该问题属于宪法上的平等权和基本尊严保障事项。③ 丁晓东也认为，消费者权益保护法、劳动法、个人信息保护法都以不平等为基础打造，它们是倾斜保护型法律，以把当事人的地位拟制为不平等为特征，对相对弱势的一方进行倾斜保护，其方法是对弱势的一方赋权，对强势的一方施加责任和监管。所以，现代民法调整两类关系，一种是把双方主体拟制为平等的关系，另一种是把双方主体拟制为不平等的关系。④ 请注意，这类关系的主体间平等不是真实的，而是“假装

---

① 参见徐国栋：《民法总论》（第二版），高教出版社 2019 年版；徐国栋主编：《民法总论》，厦门大学出版社 2018 年版；彭万林、覃有土主编：《民法学》，中国政法大学出版社 2018 年版。

② 参见徐国栋：《中国民法典争鸣：徐国栋卷》，厦门大学出版社 2018 年版，第 217 页。

③ 参见韩光明、丁利：《对话二：立法追求、法律技术与民法典编纂》，载《交大法学》2016 年第 4 期，第 37~38 页。

④ 参见丁晓东：《民法如何调整不平等关系论？倾斜保护型法的法理基础与制度框架》，载《中外法学》2022 年第 2 期，第 445 页及以次。

的”（“拟制”的含义就是“假装”）。孙文祯更是旗帜鲜明地指出：按照新的私法观，私法不仅可以调整平等主体之间的关系，也完全可以调整不平等主体之间的关系。① 但其他学者沿袭陈说维持平等原则的地位，我估计维持不了多久了。第二个争议对象是权利不得滥用原则。我认为，我国学界对诚信原则的研究日渐深化，人们逐步认识到权利不得滥用原则不过是诚信原则本来的内容，故没有单列这一原则的必要。② 民法总则采用了我的观点。但张民安认为民法总则第 132 条③确立了这一原则，尽管该原则未被安排在第一章即“基本规定”中规定。④ 第 132 条处在列举各种民事权利的第五章尾部，所以我认为，该条表达的仅仅是一个权利行使的原则，而非民法的基本原则。第三个争议对象是比例原则是否属于民法基本原则。比例原则发端于 1794 年的《普鲁士普通邦法》前言第十三题第 10 条。其规定：警察局应采取必要措施维护公共和平、安全和秩序，避免公众或个人面临迫在眉睫的危险。后来的公法学者把该条解释为公权力行使者对私权进行限制时，目的和手段必须成比例的原则，简言之，不能用大炮打麻雀。这一本是适用于纵向关系的原则逐渐被推广到私法中，发端似乎是纪海龙 2016 年发表的《比例原则在私法中的普适性及其例证》一文。作者认为，比例原则的本质是一种理性的利益衡量方法，也可在私法中全面适用，并举了四个适用例子。⑤ 但这样的“引公入私”遭

---

① 参见孙文祯：《私法概念之再研究：兼论私法观念的革命》，载《北方法学》2013 年第 5 期，第 12 页。

② 参见徐国栋：《民法基本原则解释：诚信原则的历史、实务、法理研究》，北京大学出版社 2013 年版，第 4 页。

③ 其辞曰：民事主体不得滥用民事权利损害国家利益、社会公共利益或者他人合法权益。

④ 参见张民安：《民法一般原则的补充性、强制性和公共秩序性》，载《法治研究》2017 年第 6 期，第 24 页。

⑤ 参见纪海龙：《比例原则在私法中的普适性及其例证》，载《政法论坛》2016 年第 3 期，第 95 页。

到了众多的批评。梁超认为：比例原则确实对私法自治、诚实信用和利益均衡理论修正和适用提供了方法，但制度问题应先寻求体系内部救济，非必要勿引他法。[①] 杨登峰则认为，比例原则的目的正当性子原则本来就是诚信原则的内容。我国实践中是以诚信原则作为限制权利（权力）滥用的工具。[②] 言下之意，不必引进比例原则于私法。

11. 基本原则与一般条款的区分问题。如前所述，姚辉和于飞把诚信和公序良俗原则界定为一般条款，区别于表达价值理念的其他民法基本原则。这样的区分有其外国渊源。例如，意大利学界就有基本原则与一般条款之分。前者指法律强调的极为一般的价值，但也用来表述内容较为有限的规范，如债权人平等原则。后者指内容不确定的规范。[③] 主要有诚信、善良风俗、公共秩序三者。[④] 于飞介绍了德国学者区分两者的标准：原则是法律规则的指导思想，该思想还不是可适用的规则，但能够向可适用的规则转化。所以，原则不能不经中介地适用，而必须首先使之规则化，所以法官必须提出一个规则才能进行裁判；而概括条款本身就是规则，可以作为司法推理的大前提。[⑤] 我国的难题在于诚信原则和公序良俗原则既是基本原则，也是概括条款。基本原则与概括条款的不分带来了一些问题，如民法典的总则部分的第7条规定了诚信原则，民法典合同编的第509条第2款又规定了当事人诚信履行合同的义务，在发生不诚信履行纠纷时，法院通常会同

---

① 参见梁超：《比例原则应否引入民法：与郑晓剑先生商榷》，载《山东大学法律评论》2018年号，第102页及以次。

② 参见杨登峰：《合理、诚信抑或比例原则：目的正当性归属之辩》，载《中外法学》2021年第4期，第948页。

③ Cfr. Mario Libertini，Ancora a Proposito di Principi e Clausole Generali，a Partire dall'Esperienza del Diritto Commerciale，In Orizzonti del Diritto Commerciale，Rivista Telematica—Anno VI，numero 2，p. 1.

④ Cfr. Pietro Perlingieri，Manuale di diritto civile，Edizione Scientifiche Italiane，Napoli，1997，p. 18.

⑤ 参见于飞：《基本原则与概括条款的区分：我国诚实信用与公序良俗的解释论构造》，载《中国法学》2021年第4期，第37页及以次。

时援引第 7 条和第 509 条第 2 款，此时的判决，到底是以基本原则（第 7 条）为依据，还是以概括条款（第 509 条第 2 款）为依据？成为问题，如果只有一个规定发挥作用，另一个岂不是多余？从解释论的角度看，对诚信原则的评注，到底要针对第 7 条还是要针对第 509 条第 2 款或同时针对二者，也成为一个问题。于飞最后的结论是，诚信原则在我国，既是基本原则，也是概括条款，但两者的适用者的任务不同，基本原则的适用者有确立规则的义务，一般条款的适用者无此义务，但适用中肯定要创立规则，总结这样的规则是学者的任务。① 这样的论述假定一般条款能作为司法推理的大前提，甚至具有“要件—效果”的模式，但众所周知，一般条款具有模糊性，需要操作者进行价值补充才能在个案中规则化，既然如此，一个模糊的价值导向标又如何能作为法律推理的大前提？从逻辑的角度看，大前提应具有确定的内涵，依据这样的内涵按图索骥，才能找到符合此等内涵的小前提，从而把小前提事项归入大前提的外延，从而得出小前提事项在大前提的涵摄范围内的结论。非独此也，自从我于 2001—2002 年引入主观诚信与客观诚信一体论于中国②以来，该说已成为我国的通说。③ 于飞的上述学说考虑的作为一般条款的诚信原则，实际上仅指客观诚信，对于我国民法典广泛规定的善意（主观诚信），于飞不予理睬，完全被只认客观诚信为诚信的德国学说支配。实际上，善意不是一般条款，而是一个判断行为人的有害他人行为是否可以原谅的标准。总之，言说诚信原则者，要同时考虑两种诚信才好。

---

① 参见于飞：《基本原则与概括条款的区分：我国诚实信用与公序良俗的解释论构造》，载《中国法学》2021 年第 4 期，第 40 页及以次。

② 参见徐国栋：《客观诚信与主观诚信的对立统一问题：以罗马法为中心》，载《中国社会科学》2001 年第 6 期；以及徐国栋：《诚实信用原则二题》，载《法学研究》，2002 年第 4 期。

③ 参见杨登峰：《合理、诚信抑或比例原则：目的正当性归属之辩》，载《中外法学》2021 年第 4 期，第 949 页。

三、对我国民法基本原则理论研究成果的评价

上述民法总则颁布以来的民法基本原则研究心得相比于我在本书第一版综述的民法通则颁布后我国学界的民法基本原则研究心得,[①] 水平要高得多。

首先，它们正确地指出了我国民法基本原则的价值宣示性，排斥民法是一套价值中立的概念体系的错误观点。这样的观点恰恰为我国台湾地区学者苏永钦主张。他认为：民法应实现主体、客体和行为的抽象化，以没有任何政策干预的前提设计规范，相反的做法是掺杂对对等和分配正义、诚实信用和公共政策的考虑。[②] 按苏永钦的观点，设立诚信原则也违反价值中立性了。

其次，它们正确地揭示了我国民法基本原则的两大发展轨迹。其一，从意识形态载体到克服法律局限性工具；其二，从只涵盖财产法到兼涵盖人身法和财产法。

最后，力图采用通过民法典、超越民法典的方略在民法典的规定之外设立非制定法上的民法基本原则，如法律安全原则、外观原则、比例原则。尽管引入比例原则的尝试有为了创新而创新之嫌，但另辟蹊径的努力仍值得赞许。

但是，这些心得仍存在一定的缺陷。首先，它们虽一带而过地提到了我国民法基本原则的意识形态载体阶段，但未展开说明，实际上，具体而言，民法总则前的我国民法典基本原则有相当内容是斯大林式的政治经济学载体。从 1964 年开始，我国的民法典起草开始采用政治

---

① 参见徐国栋：《民法基本原则解释：成文法局限性之克服》，中国政法大学出版社 1992 年版，第 2 页。

② 参见苏永钦：《现代民法典的体系定位与建构规则：为中国大陆的民法典工程进一言》，载《交大法学》2010 年第 1 卷，第 84 页。

经济学路径。斯大林式的政治经济学是研究生产关系的学问。[①] 此等关系分为生产资料所有制、生产者的地位及他们的相互关系、产品的分配三个要素。与此相应的民法只调整“与所有制形式、价值规律和按劳分配规律之作用有关的财产关系”[②]。这样的民法观内蕴体现价值规律的民法通则确立的等价有偿原则并牵连平等原则。说“牵连”，乃是因为1964年的民法典草案并不承认平等原则，在这部草案的起草者看来，平等是一个不同所有制的关系问题，他们选择的是国家所有制优先的不平等路径。当然，平等原则之所以被拒斥，还因为当时占统治地位的阶级斗争的法律观。我国的第一本民法教科书《中华人民共和国民法基本问题》把维辛斯基（Андрей Януарьевич Вышинский；1883—1954）的法的定义转化到民法中，谓：民法是阶级斗争和阶级矛盾的产物，它是统治阶级进行阶级斗争的工具，保护和巩固本阶级的根本利益，限制或取缔敌对阶级的财产利益，这是民法的阶级性的极鲜明的表现。[③] 这样的表述离平等何其遥远！[④] 所以，当今在我国民法中如日中天的平等原则，其产生的时间相当晚近，具体来说，是1980年8月15日的民法草案第13条第一次规定：公民的权利能力一律平等，除法律特别规定的以外，不受任何限制。[⑤] 该条的前提是承

---

① 参见于光远、苏星、仇启华主编：《政治经济学·资本主义部分》，人民出版社1985年版，第1页。

② 郭寿康、佟柔：《关于民法的调整对象：财产关系的几个问题》，载《政法研究》1957年第1期。

③ 参见中央政法干部学校民法教研室编：《中华人民共和国民法基本问题》，法律出版社1958年版，第4~5页。

④ 该书也说：我国公民，不分种族、民族、性别、职业、社会出身、宗教信仰、教育程度、财产状况，都有一律平等的权利能力。参见中央政法干部学校民法教研室编：《中华人民共和国民法基本问题》，法律出版社1958年版，第62页。但这里讲的平等的权利能力，显然只有统治阶级的成员享有，从该书的逻辑来看，统治阶级与被统治阶级各自的成员之间，权利能力不可能平等。

⑤ 参见何勤华、李秀清、陈颐编：《新中国民法典草案总览》（增订版），中卷，北京大学出版社2020年版，第1152页。

认全民国家，放弃阶级斗争法律观。这一前提直到1982年9月召开的中共十二大才得到满足。十二大党章指出："在剥削阶级作为阶级消灭以后，我国社会存在的矛盾大多数不具有阶级斗争的性质，阶级斗争已经不再是我国社会的主要矛盾。"第13条属于草案，党章是正式文件。第13条变成"正式文件"，要到1986年它演化成民法通则第10条。[①] 该条讲的是公民平等，至于所有制平等，则体现在1982年的《中华人民共和国民法草案》（第四稿）第11条中："民事主体的法律地位平等"。[②] 该条的背后是取代斯大林政治经济学的商品经济的民法观。按照此论，参加交换的双方必须承认对方是商品的所有人，与自己处在平等的地位上。[③] 所以，等价有偿原则和平等原则从属于我国不同时期的经济学意识形态及其变迁。

顺便指出，我国长期把民法当作基于价值规律的生产关系的法律表现导致舍弃民法的人身法板块，如亲属法和继承法，于是民法被财产法化，以此为基础建构的民法基本原则如平等、等价有偿、公平原则，都是财产法的原则。改革开放后，我国逐步恢复民法兼包人身关系（并居于优先地位）和财产关系的本来面目，但一些长期基于财产关系形成的民法基本原则不能完好地适用于人身关系。如前所述，这一问题被张民安敏锐地捕捉到了。

其次，它们虽提到了外国民法典的基本原则体系不同于我国的相应体系，却未努力去揭示此等差异的原因，如外国民法典中没有普遍的平等原则的原因，现在我们可以把这种差别的原因归之于经济学意识形态不同或西方国家根本不曾把政治经济学与民法挂钩。

---

① 其辞曰：公民的民事权利能力一律平等。可惜去掉了第13条附加的但书。

② 参见何勤华、李秀清、陈颐编：《新中国民法典草案总览》（增订版），中卷，北京大学出版社2020年版，第1297页。

③ 参见徐国栋：《民法基本原则解释：成文法局限性之克服》，中国政法大学出版社1992年版，第57页。举他人著作作为批判对象不厚道，作为也犯过这样错误的人，我举自己的著作作为批判对象。

最后，它们“通过民法典”有余，“超越民法典”不足，民法基本原则理论与相应立法的关系应是不即不离、若即若离，但我国一些学者对立法过分亦步亦趋，导致对一些被置于“基本规定”板块的无害规定，如合法权益受保护原则、合法原则，盲目认定为基本原则，缺乏对此等无害规定产生原因的分析。

四、我国民法基本原则理论欠缺的方法论原因

首先，上述论点的持有者未从归纳的角度建立自己的民法基本原则理论。张民安对我国民法基本原则的产生路径做了很好的说明：在民法通则对民法的基本原则作出规定之前，我国民法学者普遍承认民法基本原则的存在，即便他们此时承认的基本原则在性质上属于非制定法上的一般原则，而不属于制定法上的一般原则。[①] 也就是说，我国的民法基本原则是先有学说，后有立法。这样，我国的民法基本原则不是从立法（例如民法典）概括出来的，而是学者们从区别于资本主义民法的意识形态考虑建构出来的。中国民法有这么多基本原则，往往让外国学者不解。[②] 这个意识形态性的民法基本原则群又经过了向功能化阶段迈进的洗礼，汰去了一些原则，如等价有偿原则，但在民事立法以单行法群或民法典的形式完成制定后，它们从来未经过逆归纳法的检验，依据该法，既然我们的基本原则不是从立法中归纳得来，我们要基于基本原则的贯彻始终性，把它放到立法中检验是否具有此性，由于此法是对于归纳过程阙如的弥补，我称之为逆归纳法。例如，假设民法典确实规定了平等原则，它是否真的是一个原则，要在民法典的七编中加以检验，如果在某编不过关，平等是否为基本原

① 参见张民安：《民法基本原则的立法准则功能理论批判》，载《学术论坛》2018年第1期，第66页。

② 参见韩世远：《民法基本原则：体系结构、规范功能与应用发展》，载《吉林大学社会科学学报》2017年第6期，第6页注释3。

则就值得怀疑。赵毅一篇论文的标题就证明该原则在婚姻家庭编过不了关。[①] 陈诺的博士学位论文证明该原则在保险法中过不了关，保险合同当事人的地位不平等。[②] 这样的“过不了关”也揭示了寻找同时涵盖人身关系法和财产关系法的基本原则的难度。一些在财产关系法中经常被言说的原则，如平等原则，到了人身关系法中人们就不敢说了，因为生活经验告知说不下去。由于缺乏进行归纳法检验的耐心以及相应的资料占有及处理能力，一些学者满足于想象性检验。例如，梁慧星教授就说：平等原则“在法国、德国、日本、瑞士等国民法以及我国台湾地区‘民法’中，未有明文规定，学者称为无须明文规定的公理性原则。[③] 此语中的“学者”，并无注释说明是谁，其存在与否，值得研究。在梁老师说到的五个国家和地区中，我掌握德国、瑞士以及我国台湾地区的有关资料。它们都证明这些国家和地区的民法无平等原则。

就德国而言，爱德华·匹克（Eduard Picker，1940—）指出，私法自治原则排斥平等原则，因为“歧视”就是私法自治中的自由决定的副产品。[④] 托马斯·洛宾杰（Thomas Lobinger，1966—）认为：只有国家权力对于个人，而非个人，负有平等对待的义务。[⑤] 德国尽管于2004年制定了一般平等待遇法（Allgemeines Gleichbehandlungsgesetz），但只对于契约上的歧视行为加以规范。[⑥] 换言之，它仅谋求消除在劳动

---

① 参见赵毅：《家庭法的死亡与再生：从平等主体法到弱者保护法》，载《理论月刊》2013年第7期，第94页。

② 参见陈诺：《论比例原则在保险法中的适用》，厦门大学2021年博士学位论文，第89页及以次。

③ 参见梁慧星：《民法总论》（第五版），法律出版社2017年版，第47页。

④ 参见［德］Eduard Picker：《“反歧视纳入民法?”》，周友军译，载《判解研究》2005年第5辑，第1页及以次。

⑤ 参见周柏峰：《“歧视禁止”作为私法自治的限制？简评德国〈一般平等待遇法〉中的民事上歧视禁止规定及其争议》，载徐婉宁等：《民事法制之新典范》，元照出版公司，2016年版，第64页。

⑥ 参见马里奥·皮尤克：《德国在保护平等和反歧视方面的办法》，On https：//wenku. baidu. com/view /a1fc4 470f46527d3 240ce013. html，2021年1月24日访问。

法领域和大众交易、准大众交易和保险领域的歧视。所以，一般平等待遇法并未确立一般的平等原则，而只确立了合同法领域的针对一定类别的合同的反歧视规定。法律名称中的“平等待遇”词组告诉我们，立法者不追求当事人的地位平等，只追求对待平等，这样的平等有限多了。

就瑞士而言，其民法典第11条第2款规定：在法律范围内，人都有平等的权利能力及义务能力。① 这是瑞士民法典规定的平等原则。所以，在瑞士，平等原则并非“无须明文规定的公理性原则”。但考察该款的制定背景，可发现其意旨并非人们想象的赋予民事主体普遍的平等，而是保障合同自由，避免债务人受债权人的过分凌迫。② 从该款的适用判例来看，其保护对象并非权利能力之完整，而是当事人的自决权。瑞士法院就第27条第1款发生的判例有：1. 期限为永远的啤酒供应合同之终止。2. 保证人担保主债务人未来的一切债务的表示无效。3. 同居伴侣之间采取避孕措施的约定无效。③

就我国台湾地区而言，鉴于私法自治原则与平等原则的互克关系，詹森林（1957—今）认为，民法的基本原则只有一项，那就是私法自治原则。④ 换言之，他不认为我国台湾地区民法有什么平等原则。前文引用的王泽鉴归纳的五项民法基本原则中也无普遍的平等原则，只有局部性的两性平等原则。

不难看出，凭借想象确立的一些原则在经逆归纳法检验和真正的比较法检验后，要面临生死考验。

与我国民法基本原则的先有学说，后有立法的诞生经历相反，大陆法国家民法的基本原则是先有立法，后被学界概括出原则。意思自

① 参见殷生根、王燕译：《瑞士民法典》，中国政法大学出版社1999年版，第7页。

② Vgl. Sybille Hofer, Art. 27 ZGB –die späte Entdeckung einer vermeintlichen Lücke, Im Recht, 2/2008, S. 61.

③ 参见［瑞］贝蒂娜·许莉蔓-高朴、耶尔格·施密特：《瑞士民法：基本原则与人法》，纪海龙译，中国政法大学出版社2015年版，第278页。

④ 参见詹森林：《民事法理与判决研究》，中国政法大学出版社2002年版，第5页。

治原则是构成这一过程的最好例子。1804 年的法国民法典并未确立意思自治原则，该原则于 1886 年由国际私法学者安德烈·怀斯（André Weiss，1858—1928）提出，后被民法学界普遍接受。人们认为该原则是从法国民法典第 1134 条和第 1387 条概括出来的。前者辞曰：对于契约的当事人而言，依照制定法成立的契约等同于他们之间的制定法。除非经过双方的同意或者除非具有制定法授权的某种原因，否则，契约不得被解除；契约应当以善意的方式履行。后者辞曰：对于夫妻之间的财产，制定法仅仅在夫妻之间欠缺特殊协议时才会对夫妻之间的关系进行规范和调整，除非夫妻之间的协议违反良好道德，否则，他们能够根据自己的协议对财产进行处理和变更。① 这样归纳产生的基本原则多立法依据而少想象，更加可靠。

其次，我国民法基本原则理论研究与域外的相应理论研究缺乏沟通，换言之，比较法的方法运用得很不够。尽管龙卫球注意到了我国民法的基本原则与《欧洲示范民法典草案》规定的基本原则的巨大差异，但未深究此等差异的原因。事实上，作为一部企图统一欧盟各国财产法的跨国合作学术成果，② 2009 年版的《欧洲示范民法典草案》规定的自由、安全、正义、效率四大原则③无一个与我国民法的七大基本原则相同，甚至前者不包括我国学者通常认为具有普适性的平等原则、公序良俗原则，确实令人震撼。诚信原则被降低为安全原则的一个子项，见诸第 1：103 条，其辞曰：1. 诚信和公平交易的表述指一种以诚实、公开和考虑交易或有关关系的他方当事人的利益为特征的

---

① 参见张民安：《法国民法中意思自治原则的新发展》，载《法治研究》2021 年第 4 期，第 50 页及以次。

② 参见王金根：《欧洲民法典草案及其对我国民法典制定的借鉴意义》，载《西部法律评论》2010 年第 6 期，第 35 页。

③ 参见欧洲民法典研究组，欧盟现行私法研究组编著，［德］克里斯蒂安·冯·巴尔、埃里克·克莱夫主编：《欧洲私法的原则、定义与示范规则：欧洲示范民法典草案．第一卷．一般规定。第二卷．合同及其他法律行为．第三卷．债务及相应的债权》，高圣平等译，法律出版社 2014 年版，第 49 页。

行为标准。2. 如果一方当事人违背其事先的承诺或行为，以至于另一方当事人的合理信赖落空并遭受损害，那么其行为就构成对诚信和公平交易的违反。① 本条第 1 款按美国统一商法典的做法把诚信与公平交易结合起来，把它界定为一个善待他方当事人的行为标准。第 2 款从反面解说何谓违反诚信和公平交易的行为，即背信行为。显然，本条降低了诚信原则的位阶，认定它只是一种行为标准，而非一个基本原则。荷兰学者马丁·海塞林克主张未来的欧洲民法典不必有关于诚信的一般条款，因为它不过是法官续造法律的一个借口，如果直接允许了法官续造法律，这个借口就失去了意义。而且，也参与《欧洲示范民法典草案》制定的脱欧前的英国排斥诚信原则，取消该原则可满足英国人的要求。② 海塞林克的主张应对诚信原则的降等产生了影响。意思自治原则也被降低为自由原则的一个子项，下降为第二编“合同和其他法律行为”的一个原则（第 1：102 条）。其第 1 款辞曰：当事人可在法律强制性规定的范围内，自由订立合同或从事其他法律行为并决定其内容。③ 总之，把我国民法基本原则理论与《欧洲示范民法典草案》规定的民法基本原则之差异的原因搞清了，有利于重构我国民法基本原则的体系。

为何平等原则在《欧洲示范民法典草案》中阙如？乃是因为该《草案》确立了自由原则，前文已讲到它与平等原则相克，导致德国民法无普遍的平等原则，只有合同法领域的反歧视规定。经济学家米尔顿·弗里德曼（Milton Friedman，1912—2006）把这种相克关系描述

---

① See Christian von Bar, Eric Clive and Hans Schulte-Nölke (Edited by), Principles, Definitions and Model Rules of European Private Law, Draft Common Frame of Reference (DCFR), Sellier. european law publishers GmbH, Munich, 2009, p. 178.

② 参见［荷兰］海塞林克：《诚信的概念》，万润发译，载《苏州大学学报法学版》2018 年第 2 期，第 94 页及以次。

③ 参见欧洲民法典研究组，欧盟现行私法研究组编著，［德］克里斯蒂安·冯·巴尔、埃里克·克莱夫主编：《欧洲私法的原则、定义与示范规则：欧洲示范民法典草案（全译本）》，高圣平等译，法律出版社 2014 年版，第 138 页。

为：一个把平等放在自由之上的社会，最终既得不到平等，也得不到自由。[①] 纪海龙将这种西方理论中国化，曰：私法自治原则（自由原则的别样表达）比平等原则更重要，原因在于，如果平等优于自由，可能会导致平等的不自由；如果自由优于平等，至少在人人都是自由的这个基点上，所有人都是平等的。[②] 无论如何，尽管《欧洲示范民法典草案》未规定平等原则，但在第二编“合同和其他法律行为”中以一个题的篇幅规定“反歧视”，包含五个条文。其一，规定不受歧视权，其辞曰：如果一个合同或其他法律行为是关于向公众提供服务或供应商品及其他公众可以得到的财产或服务，在其实施过程中任何人均有权不因性别、民族或种族受到歧视。[③] 其二，规定歧视的含义，区分直接歧视和间接歧视；其三，规定例外，其辞曰：如果歧视的目的是合法的，而且为达到该目的而采取的手段合适且必要，那么，不平等对待因其合法性目的而具有合理性；[④] 其四，规定补救，关乎歧视受害人的损害赔偿；其五，规定举证责任。这五个条文可视为《欧洲示范民法典草案》规定的正义原则的体现，基于这一原则，某些形式的歧视和优势地位的滥用的自由受到限制。[⑤] 说“某些形式的歧视”

---

① 参见佚名：《一个把平等放在自由之上的社会，最终既得不到平等，也得不到自由》，On http：//www. cminfo. net/a/meihuazixun/wenhuayishu/2020/0725/34886. html，2021 年 8 月 17 日访问。

② 参见纪海龙：《私法中的自治与他治（6 月 6 日）——法律学院崇法讲坛第 146 讲》，On https：//mp. weixin. qq. com/s/Uov7SQsjxYTFM8sWVE2WHA，2021 年 8 月 9 日访问。

③ 参见欧洲民法典研究组，欧盟现行私法研究组编著，［德］克里斯蒂安・冯・巴尔、埃里克・克莱夫主编：《欧洲私法的原则、定义与示范规则：欧洲示范民法典草案（全译本）》，高圣平等译，法律出版社 2014 年版，第 169 页。

④ 参见欧洲民法典研究组，欧盟现行私法研究组编著，［德］克里斯蒂安・冯・巴尔、埃里克・克莱夫主编：《欧洲私法的原则、定义与示范规则：欧洲示范民法典草案（全译本）》，高圣平等译，法律出版社 2014 年版，第 183 页。

⑤ 参见欧洲民法典研究组，欧盟现行私法研究组编著，［德］克里斯蒂安・冯・巴尔、埃里克・克莱夫主编：《欧洲私法的原则、定义与示范规则：欧洲示范民法典草案（全译本）》，高圣平等译，法律出版社 2014 年版，第 49 页。

受到限制，意味着还有一些歧视不受限制。

为何公序良俗原则在《欧洲示范民法典草案》中阙如？乃是因为沿袭《欧洲合同法原则》第4：101条的路径：不处理因不道德（immorality）而发生的合同无效。[①] 代之以违反根本原则的合同无效。这里的根本原则，指欧盟成员国法律的根本原则。[②] 之所以不处理因不道德而发生的合同无效，乃因为各成员国在性工作、代孕、赌博等公序良俗原则的通常适用事项上态度不一，所以，选择把就这些事情达成的合同的效力问题交给事发国的法律处理。[③] 由此可以得出的推论是：公序良俗原则尽管不存在于跨国法中，但尽可以存在于各民族国家的法律中。实际上，上述理由深可质疑，因为完全可以把公序良俗作为一个空框规定确立在《欧洲示范民法典草案》中，这一原则的具体内容，可以由各国根据自己的公序和良俗补白。我认为，真正的理由是在欧洲民法的去道德化趋势。《欧洲合同法原则》的作者克茨（Hein Kötz，1935—　）提到，在过去，将一所房子用来开妓院本身就因为不道德引起房屋租赁合同无效，而现在只有在承租人剥削妓女应付过高的租金时才导致租赁合同无效。在过去，对情妇的遗赠都因不道德无效，现在通常认为此等遗赠有效。[④] 郑永流研究了德国法院自1905年以来90多年处理对情妇遗赠的几十个判例，观察到的是，1970年是个分界点，尔后的判例通过区分的法技术限制善良风俗原则的适用，承认情妇与妻子共享遗产。为何如此？德国民法学家海因里希斯（Helmut Heinrichs，1928—2017）讲出了理由：产生于善良风俗的要求

---

① 参见韩世远译：《欧洲合同法原则》（续），载《外国法译评》1999年第2期，第105页。

② See Martijn W. Hesselink, The Values Underlying the Draft Common Frame of Reference: What Role for Fairness and "Social Justice"? 2008, p. 44.

③ 参见国际统一私法协会：《国际商事合同通则》，法律出版社1996年版，第51页。该《通则》的第3.1条也规定：本通则不涉及由不道德原因导致的合同无效。

④ 参见［德］海因·克茨：《欧洲合同法》（上卷），周忠海等译，法律出版社2001年版，第224~225页。

处在变化中，不仅法律共同体的基本价值，而且在交往圈中所承认的道德观，也可能发生变化。判决的标准是当时居统治地位的价值观，以前被认为是违背善良风俗的法律行为，现在不再被认为是违背，相反，以前被认为是有效的，现在不再是。社会意识在婚外（非婚）性关系上也发生改变，原先的观念是，婚外性关系在根本上是不道德的，但这早已被超越了。同居关系，同性伙伴关系是普遍获承认的可选择的生活形式。①

为何意思自治原则在《欧洲示范民法典草案》中被降等为自由原则的一个子项？此乃因为这一在我国生长得如火如荼的原则在欧盟的一些领导国家的学界经历了被全面否定，后又被局部肯定的过程。以法国为例，该国的学界从20世纪40年代到80年代，对这一原则进行了严厉批判。第一个批判论据是法国民法典中并无条文体现这一原则；第二个理由意思自治原则的根据不成立。认为意思自治低估了客观法律尤其是制定法在契约债产生中的作用，将人的意图、意志、意思拔到了高于客观法律、制定法的地步，而且，意思自治原则无法实现契约正义，会引起经济的无序。这些批判导致法国最高法院于1997年3月20日作出判决，认定意思自治原则由于无宪法依据没有宪法价值。这相当于判了意思自治原则的死刑。人们开始寻找替代它的原则，有正义原则和团结原则等替代方案。② 如上所见，正义原则具有抑强扶弱的功能，它确认民事关系的不平等，解决意思自治与平等的冲突问题。团结原则也可起到类似的作用，正如石佳友所言：必须以当事人地位不平等为出发点来重构当代合同法，忠诚、团结和友爱是合同法的新格言。③ 但是，法国宪法法院在2000年12月19日的一个判决

---

① 参见郑永流：《道德立场与法律技术：中德情妇遗嘱案的比较和评析》，载《中国法学》2008年第4期，第184页。

② 参见张民安：《法国民法中意思自治原则的新发展》，载《法治研究》2021年第4期，第60页及以次。

③ 参见石佳友：《民法典与社会转型》，中国人民大学出版社2018年版，第161页。

中，改为承认契约自由原则（我认为这是意思自治原则的一个子原则）是一项具有宪法价值的原则，该原则的宪法依据是作为现行法国宪法序言的1789年人权和公民权利宣言第4条的规定。[①] 其辞曰：自由就是指有权从事一切无害于他人的行为；因此，各人的自然权利的行使，只能以保证社会上其他成员能享有同样权利为限制。此等限制仅得由法律规定之。[②] 此条是关于自由的一般规定，确实可以涵摄契约自由。法国最高法院的如上判决得到法国学界的接受，导致他们以契约自由原则取代意思自治原则。并在其起草的债法或契约法草案中体现这一转变。如此，涵盖整个民法的意思自治原则被缩减成了一个合同法原则。

五、本书的主题、方法和结构

本书完成在我国民法典颁布之后，所以负有为理解和正确解释我国民法典中的诚信规定的任务。本书分为两个部分。第一部分研究民法基本原则的一般理论；第二部分研究诚信原则。后者是前者的基础，因为民法基本原则的基本理论主要是依据诚信原则打造的。

在第一部分，我拟在充分吸收我国民法基本原则理论现有研究成果的基础上，注意加强采用归纳的方法、比较法的方法以及法哲学的方法，勉力更新我国的民法基本原则理论。就民法基本原则的概念和功能、民法基本原则的立法技术特征、民法基本原则与其他类似法律现象的区别、作为行为准则的民法基本原则、作为克服法律局限性工具的民法基本原则、民法基本原则在法的结构—功能模式中的作用等问题进行研究，并根据研究的结果得出一些简短的结论。第二部分，

---

① 参见张民安：《法国民法中意思自治原则的新发展》，载《法治研究》2021年第4期，第68页。

② 参见姜士林、陈玮主编：《世界宪法大全》（上卷），中国广播电视出版社1989年版，第762页。

先研究关于诚信原则的国内外学说，在此基础上提出我的以社会契约论为基础的主客观结合的诚信原则观，然后研究诚信原则的罗马法中的起源，再研究诚信原则在大陆法系的历史发展，对诚信原则的中世纪发展阶段、近代民法发展阶段、现代民法发展阶段以及诚信原则向公法诸部门的扩张进行研究；接下来研究诚信原则在典型的大陆法系国家意大利的立法司法实务，然后走出大陆法系，研究较晚确立诚信原则的英美法系国家中的该原则的运作情况，也就是研究英国法和美国法中的主观诚信和客观诚信；最后研究诚信原则的中国实务，观察该原则在我国的立法和司法中的运作以及遇到的问题。

第二节　民法基本原则的概念和功能

一、原则的语义考察

原则，在现代汉语中的公共含义是观察问题、处理问题的准绳。“原”，乃“源”的古字，有根本、推求、察究、原来、起初之意。[①]“则”为规则之意。查《辞源》，无“原则”一词，证明古代汉语中无“原”与“则”的合成词，原则一词可能是近代中国在翻译外国书籍时将“原”与“则”两字结合产生的新词，形成“根本规则”的含义。在拉丁文中，现代汉语中“原则”一词的对应词是 Principium，有“开始、起源、基础、原则、原理、要素”等义。[②] 由此可见，拉丁文中的 Principium 同古汉语中的“原”（源），语义十分接近，二者的原始义项皆为根本、起初。前者直接引申出根本规则的义项，后者将“原”与“则”结合，形成根本规则的义项。

在普通英语中，Principle 主要有下列义项：1. 被接受或公开声称

---

① 参见《辞海》（缩印本）“原则”条，上海辞书出版社 1979 年版。

② 参见彭泰尧主编：《拉汉词典》“Principium”条，贵州人民出版社 1986 年版。

的活动或行为准则；2. 根本的、原初的或一般的真理，为其他真理所凭借；3. 根本的教义或信条、特别的统治性意见；4. 行为的正确准则；5. 正确行为的要求和义务的指导感；6. 行为方式采用的固定规则。[①] 在法律英语中，Principle 具有如下含义：1. 法律的诸多规则或学说的根本真理或学说，是法律的其他规则或学说的基础或来源；2. 确定的行为规则、程序或法律判决、明晰的原理或前提，除非有更明晰的前提，否则不能对之证明或反驳，它们构成一个整体或整体的构成部分的实质，从属于一门科学的理论部分。[②] 法律英语中“原则”的含义与普通英语中“原则”的 1、2 两个义项基本相同，皆表明原则是其他规则的来源和依据，是整体的基础，具有不可动摇的根本地位；另表明原则的两方面作用：首先，它们是其他规则产生的依据；其次，它们又是直接的行为规则。

在英语国家的法律及法学中，尚未发现“基本原则”的用法。意大利语中有之。该语言把原则分为技术的和绝对的，前者如“法律行为的结构可变原则”（principio di variabilità della struttura del fatto negoziale），后者如“保护人的原则”，由于后者体现的价值更高，它也被称为基本原则。[③] 汉语中亦有之，意在强调某些原则的极为根本性，有别于具体原则。

通过对原则一词的语义考察可以发现，无论在汉语中还是在拉丁语、英语或意大利语中，原则一词的核心义项皆为根本规则。本书即根据这种含义对民法基本原则进行界说。

---

① See Clarence Barnhart, American College Dictionary, Randen Publishing House, New York, 1956, entry “Principle”.

② See Henry Campbell Black, Black’s Law Dictionary, West Publishing Co., 1979, entry “Principle”.

③ Cfr. Pietro Perlingieri, Manuale di diritto civile, Edizione Scientifiche Italiane, Napoli, 1997, p. 18.

二、民法基本原则的概念

民法基本原则是其效力贯穿民法始终的民法根本规则，是对立法者在民事领域所行政策的集中反映，是克服法律局限性的工具。

民法基本原则的根本规则属性有两层来源。首先，来自它内容的根本性。其次，来自它效力的贯彻始终性。这里先探讨民法基本原则内容的根本性。其效力的贯彻始终性，在论及民法基本原则与具体民法原则的区别时加以叙述。

1. 民法基本原则内容的根本性决定了其根本规则的地位。按我的理解，我国民法有诚实信用原则、公序良俗原则和绿色原则，从内容上看，这些原则反映了我国法律与道德互补的规范体制以及坚持可持续发展的国策，关乎我国正常审判秩序之维护与我国现代人与未来人的生存保障，它们当然是我国的根本规则，因而应处在适用其他民法规则的指南的地位。

2. 民法基本原则反映了我国立法与司法两大部门之间在法律创制上的关系，法律补充原则便是对这种关系的直接反映。由于民法基本原则的不确定、衡平等性格（详见后文），使司法机关在司法活动中处于能动的地位，可在司法过程中对法律进行一些局部的调整与补充，以保障法律真正按其目的得到适用。这就使司法机关的功能并不限于机械般地司法，其部分活动介入了立法过程，具有了创制规则的意义。法律补充原则更明确了立法与司法机关功能上的交叉关系，赋予司法机关以补充和发展法律的权力。民法基本原则涉及的立法机关与司法机关关系问题，关系到我国法律运作的根本体制，因而是具有根本性的规定。

三、民法基本原则的功能

民法基本原则正式在立法中的出现，只是人类社会进入 20 世纪之后的事情。在民法中设立基本原则，打破了传统民法的结构，这一创举并非出自立法者的任性，而是出于必然的原因。这些原因的重要一面，在于民法基本原则所发挥的有利作用和效能，弥补了传统民法之不足。具体而言，民法基本原则具有如下功能：

（一）立法准则的功能

首先，民法基本原则是制定民事基本法的立法准则。在制定民事基本法时，立法者必须先确定一些根本的出发点。他们必须问自己，他们对将制定的民法能够涵盖一切发展着的民事关系有无信心？换言之，他们将如何选择立法机关与司法机关之间相互关系的模式，是否决定将部分立法权交由司法机关行使？由此确定关于法律渊源的原则的内容。立法者在确定这些根本前提后，再以之为指针制定民法的各项制度和繁杂的民法规范，以便制定出的民法制度和民法规范具有内在的一致性，发挥不矛盾的体系功能。所以，在制定民事基本法时，民法基本原则产生于具体民法制度和民法规范之先，再以其为准则制定民法制度和民法规范。因此，民法基本原则是各项民法制度和民法规范的基础和来源。

其次，民法基本原则是制定次级民事法律时的立法准则。由于民事立法的多层次性以及民事基本法对民事特别法的统摄地位，在制定次级民事法律时，民法基本原则仍保持其立法准则的功能，据此确定次级民事立法的基本价值取向，以使其与民事基本法保持价值取向上的一致。

（二）行为准则和审判准则的功能

民法规范是从民法基本原则中推导出来的，具有直接的可操作性和具体性，因此，民事活动的当事人首先应以民法规范作为自己的行为准则。当民法规范对有关问题缺乏规定时，当事人即应自觉以民法规范本源的民法基本原则作为自己的行为准则。在此种情况下，民法基本原则具有行为准则的功能。为了实现法律的强制性，行为规范只有同时作为审判规范才具有法律上的意义而与其他规范相区别，因此，法律上的行为规范与审判规范具有同一性。在民法基本原则作为行为准则被遵循时，它同时是司法机关就民法规范未作具体规定的社会关系所发生的争讼进行裁判的审判规则。民法基本原则的行为准则功能，主要在民法规范未对有关具体社会关系作出规定时体现出来，但也不排除在民法规范对有关社会关系已有规定时，民法基本原则也具有一定的行为准则功能。对于民事活动的参加者来说，民法基本原则作为民法规范之本，对帮助他们正确理解具体民法规范的立法意图，从而更好地规范自己的行为，有重要意义，在民法规范规定模糊或显得自相矛盾的情况下，尤其如此。

（三）授权司法机关进行创造性司法活动的功能

民法基本原则的不确定规定和衡平性规定性质，具有授权司法机关进行创造性司法活动的客观作用，民法基本原则中的法律补充原则，更是直接授予司法机关在一定范围内创立补充规则的权力。通过这些途径，民法基本原则起克服法律规定的有限性与社会关系的无限性的矛盾、法律的相对稳定性与社会生活的变动不居性的矛盾、法律的正义性与法律的具体规定在特殊情况下适用的非正义性的矛盾的作用。

第三节　民法基本原则的立法技术特征

立法技术指为使法律更好地实现其目的而在立法过程中所采取的技巧和方法，换言之，“立法技术主要指制定法律的技术。其重要作用在于，立法机关运用立法技术，可以制定出确切而又完整地表述统治阶级意志和利益，完满地反映经济基础要求的法律”①。恩格斯

① 吴大英、刘瀚、陈春龙、信春鹰、周新铭：《中国社会主义立法问题》，群众出版社1984年版，第188页。

(Friedrich Engels，1820—1895）指出，“如果说民法准则只是以法律形式表现了社会的经济生活条件，那么，这种准则就可以依情况的不同，而把这些条件有时表现得好，有时表现得坏”①。出于立法技术的考虑，在一部民法中，不可能一切法律条文都是民法规范，适当地作些非规范性的规定，可更好地表达立法意图并使民法规范的适用获得基本的指导。有的民法规定，宜具体详尽，具有较强的可操作性；有的民法规定，宜抽象笼统，以便为司法者处理疑难问题留下自由裁量的余地。总之，出于立法技术的需要，民法的各种规定不可千篇一律，而应各具特征，以便发挥各自不同的功能，共同服务于民法的立法目的。好的立法技术可使民法所表达的形式同它的内容相一致，使民法的结构统一协调、文字简明扼要，条文的清晰、确切与条文的笼统、抽象各得其所。

一、民法基本原则是非规范性规定

民法基本原则在民法的总体中，不是民法规范，而属于非规范性的规定，它的存在，是为了帮助人们准确理解和正确适用民法，而其本身并非法律规范。② 关于民法基本原则与民法规范的区别，可参见本章第四节的有关论述。民法中的非规范性规定又称为专门化的规定，它可分为以下几种情况：(1）一般性的规定（又称一般确认的规定），其用处在于把被调整的社会关系的要素以概括的形式固定下来。民法典第 2 条即属于这种规定，该条规定了我国民法所调整的社会关系的范围。(2）原则性规定（又称宣言性规定），其用处在于表述法律的原则和任务，规定民法基本原则的民法典第 3 条至第 9 条以及规定民法任务的民法典第 1 条即属于这类规定。(3）定义性规范，其用处在于界定某一法律范畴的确切含义，对“不可抗力”加以定义的民法典

---

① 《马克思恩格斯选集》（第 4 卷），人民出版社 1972 年版，第 248~249 页。

② 参见孙国华主编：《法学基础理论》，法律出版社 1982 年版，第 264 页。

第 180 条第 2 款即属于这类规定。专门化规定还包括业务性规定和冲突性规定。前者的作用表现为废除现行的规范性条文，或把一定的规范推广适用于新的社会关系、延长规范的期限等；后者指明在一定情况下应当适用的规范，《中华人民共和国涉外民事关系法律适用法》的有关规定皆属于此类。①

上述包括原则性规定在内的专门化规定并非产生法律关系的独立根据，而只有补充的性质，必须与其他民法规范结合起来才能发挥法律调整的作用。民法中各种类别的专门化规定，在法律调整的过程中具有不同的意义。一般性的、原则性的、定义性的规定在民法中的出现，标志着立法者对民法的各种规定进行了高度概括，是立法技术发达的结果，因此，可将它们称为概括性规定。概括性规定构成民法总则的重要内容，而总则在一个法律部门的出现，是该法律部门趋于成熟的标志。总则是适用于自始至终的全部民法的各项规定，没有总则，就不可能出现具有贯彻始终性的民法基本原则。

二、民法基本原则是不确定（模糊）规定

民法基本原则是不确定规定，换言之，是模糊规定。法律的规定可分为确定的和不确定的两大类。确定的规定详尽无遗地、具体和全面地规定了权利义务承担者的行为条件，并未给司法机关运用自由裁量权来具体地、个别地调整社会关系留下余地。而不确定规定并不对权利义务各方的行为模式和保证手段的内容和要件作十分确定的、详尽无遗的规定，而是运用模糊概念，授予司法机关以自由裁量、考虑具体情况解决问题的权力。

根据不确定程度的不同，可将不确定规定分为弱式不确定规定和强式不确定规定。法律规定是以法律概念加各种限制词、连接词和判

---

① 关于非规范性规定的理论，参见孙国华主编：《法学基础理论》，中国人民大学出版社 1987 年版，第 354 页。

断词为材料建筑起来的，因此，法律规定的确定与否，决定于作为其构成材料的概念和限制词（实词）的确定与否。由于限制词的不确定造成的不确定规定，可称之为弱式不确定规定；对由于法律概念的不确定造成的不确定规定，可称之为强式不确定规定。前者授予法官以弱式自由裁量权；后者则授予法官以强式自由裁量权。民法基本原则是强式不确定规定。

限制词的不确定是由于它本身是一个“标准”。所谓标准，“是法所规定的，根据各个案件的具体情况适用的一种行为尺度，离开这一尺度，人们就要对所造成的损害承担责任，或者使他的行为在法律上无效”①。例如，适当注意不使他人遭受不合理危险的标准；为公用事业设定的提供合理服务、合理便利和合理收费的标准；受托人的善良行为的标准。这里的“适当注意”“不合理”“合理”“善良”等限制词，都是标准。标准是抽象的、非统一的，它适用于某一个案时所意味的具体行为尺度，只有通过分析该个案的具体情况才能加以确定。标准具有可伸张性，其所蕴含的尺度可随时间、地点而加以变易。一个医生的“注意”与一个普通人的“注意”当然不同；一个时代的“注意”与另一个时代的“注意”也可能发生极大差别。因此，标准使法律规定具有了灵活性，以避免具有一般性的法律规定适用于特殊案件时导致非正义。但标准所限制的法律概念是确定的，标准的伸张幅度受它所限制的法律概念的确定性制约，后者为前者设定了界限。因此，标准只能造成弱式不确定规定，它只授予法官弱式自由裁量权，即在具体事项上于严格范围内行使的自由裁量权。

强式不确定规定的不确定性来自它所由构成的法律概念的模糊性。所谓模糊性，是指“人们认识中关于对象类属边界和性态的不确定性”②。包括外延（类属边界）和内涵（性态）两个方面的不确定性。

---

① 张文显：《当代西方法学思潮》，辽宁人民出版社 1988 年版，第 217 页。
② 李晓明：《模糊性：人类认识之谜》，人民出版社 1985 年版，第 12 页。

概念是对客观对象的反映，它包括内涵和外延两个元素，一旦确定了对象的本质属性并将其提炼为内涵，具有该本质属性的诸事物马上可归入与对象相对应的概念的外延之内，对象的外延就同时确定了。因此，不存在在概念的内涵确定后而概念的外延却不确定的情况，概念的模糊性只可能由其内涵的不确定造成，概念外延的不确定必定是其内涵不确定的结果。有人认为，“立法语言的模糊性仅仅体现在某些法律概念的外延上，而不是体现在内涵上”①。这种错误观点的实质在于，它没有看到概念的内涵对其外延的决定关系，或者说，它不愿承认立法者可能对一些对象达不到精确的认识，因而不能精确地确定一些法律概念的内涵，它只承认立法者是认识能力上的“超人”。齐姆宾斯基正确地指出，“外延的模糊是由于该名称不具有清晰内涵”②。这是对立法者有可能不能确定一个法律概念的内涵之现实的承认。民法学界曾长期不能确定民法调整对象的内涵，从而不得不以“一定范围的财产关系和人身非财产关系”来模糊地描述民法调整对象的外延，这不过是许多不得不承认的令人痛苦的现实之一。

民法基本原则的强式不确定规定的性格来自它所使用的许多法律概念的模糊性。在规定民法基本原则的民法典第 3 条至第 9 条中，我们至少可以发现有如下的模糊概念：“平等”“公平”“诚实信用”。这些概念具有很大的歧义性，兼具日常用语、法律、哲学等多方面的含义。就平等而言，是实质上的平等，还是形式上的平等？就公平而言，是机会的公平，还是结果的公平？有人曾举例说明对公平有多种理解。兄弟二人分一块糕，至少有 7 种分法可以考虑，且都不失为公平。两人平分——从人头的标准看是公平的；哥哥多分，弟弟少分——从年

① 周广然：《谈确切词语和模糊词语在法律语言中的作用》，载《政法论坛》1988 年第 6 期。

② ［波兰］Z. 齐姆宾斯基：《法律应用逻辑》，刘圣恩等译，群众出版社 1988 年版，第 39 页。

龄的标准看是公平的；谁更饿谁多分——从需要的标准看是公平的；谁是家长谁多分——从地位的标准看是公平的；谁先看到谁多分——从先来后到的标准看是公平的；用掷骰子决定多分少分——从碰运气的标准看是公平的；谁肯多出钱谁就多分——从付出代价的标准看是公平的。[①] 公平的含义如此模糊，意味着其使用者必先运用判断力确定自己对它的理解，方能加以运用。这样，客观上公平概念的使用者享有极大的回旋余地，这种回旋余地恰恰是在处理棘手案件时所必要的。司法者须度量各种情势，才能确定公平在具体案件中意味的行为尺度，作出不仅合法，而且合情合理的裁断。社会公德无疑是多数人接受的是非观念，其最终含义可归结为公平二字。然而在一个社会中，有多少成员接受的才可称之为社会公德？这是极难确定的，要加以确定，须进行一次耗资巨大的大规模民意调查或全民公决。诚实信用和社会公共利益更是含糊不清的概念。有人把诚实信用理解为不得欺骗的戒条，有人将其理解为调和社会与当事人双方的利益以使之达到平衡的要求。社会公共利益更是一个缥缈不定的东西，迄今为止无人对之加以精确的界定。[②] 上述概念是可以容纳多种理解的“空筐结构”，立法者如认为有必要，完全有可能通过艰苦的研究、缜密的思考、冗长的定义，在许多对它们可能的理解中选择一种以定义性规范的形式确定其为立法者所理解的含义，并使之具有法律的约束力。但立法者没有这样做！这样做在技术上是困难的，“因为当人们着手使某一术语更加精确时，结果发现，他用来消除所论及的模糊性的那个术语本身又是模糊的，因此，消除一个给定术语的所有模糊性，这是一个不切实际

---

① 参见刘伟、杨云龙、路林书、张立宪、刘家骐：《资源配置与经济体制改革》，中国财政经济出版社 1989 年版，第 325~326 页。

② 陈鈗雄说：“何谓公共利益，因非常抽象，可能言人人殊。”参见其所著《民法总则新论》，三民书局 1982 年版，第 913 页。

的目标。我们所希望做到的，至多是渐渐地接近于消除模糊性”[①]。如果为消除模糊性而作大量界定，将造成冗长，损害法律的简短价值。当然，不这样做还另有其他考虑。至此，我们可以把模糊的法律概念界定为：一个本身可能存在多种理解，而立法者出于某种考虑未以法律规定或立法解释的方式确定其权威性含义的概念。

法律概念的模糊性来自其所反映事物的性质、状态向立法者呈现的不稳定性。相反，确定性法律概念的确定性来自其反映事物的相对稳定性。任何事物都是质和量的统一体，都具有自己的特殊性质和存在状态，事物的性质和状态是由事物内部的矛盾特殊性决定的。当事物处于矛盾结构中对立面的“两极”位置而且矛盾双方的力量又达到相对平衡时，事物的性质、状态就向人们呈现出相对稳定性。[②] 例如，明显的合法行为与明显的违法行为的性质、状态都是相对稳定的，可将这类具有“非此即彼”特征的事物称作确定事物，立法者认识这种事物有很大的把握，因此可作出确定的规定。但是，当事物在矛盾结构中处于对立双方的“中介”位置时，情形就完全不同了。“由于中介同时兼有矛盾双方的某些成分和因素，极易向双方的任何一方发生转化，因而它自身的性质和状态是不稳定的、易变的。”[③] 例如，在明显的合法行为与明显的非法行为之间就存在着一片“灰色区域”，处于其中的行为，从此角度来看是合法的，从彼角度来看可能就是非法的。这种具有“亦此亦彼”特征的事物可称之为模糊事物或不确定事物，它们体现了矛盾两极对立的不充分性和对立面的相对性。立法者对认识这种事物无充分把握，因此作出不确定规定。

法律概念的模糊性还与主体的认识方式有关。当人们孤立、静止

---

① ［美］威廉·阿尔斯顿：《语言哲学》，牟博、刘鸿辉译，三联书店 1988 年版，第 202 页、第 206 页。

② 参见齐振海主编：《认识论新论》，上海人民出版社 1988 年版，第 234 页。

③ 齐振海主编：《认识论新论》，上海人民出版社 1988 年版，第 234 页。

地考察事物时，往往容易看到事物的确定形态，获得事物的精确认识；而联系地、发展地考察事物时，事物的性质、状态和类属就不那么确定了，因而容易出现认识的模糊性，得到模糊认识。从主体对事物认识的层次来看，层次越浅，认识越容易精确；层次越深，认识越容易模糊。从认识的时间序列来看，如果以现在为原点，越往前往后，即从现在推向未来或推向过去，认识就越不清晰、模糊度就越大。从认识的空间来考察，如果以主体为原点，则“上下”“左右”“前后”构成一个纵横交错的立体关系网络，离原点越远，关系越复杂，认识的模糊度越大。①

立法是一种面向复杂的人文系统以未来为时间序列的认识活动，它处理的“对象是一些具有不可重复性的历史个体，因此，它们之间的关系就并非线性的、单义的自然因果关系，而是一种由多种原因决定的多元因果关系”②。因此，人文系统具有极大的复杂性，对其要求完全确定化，实际上抹杀了自然系统与人文系统的区别。作为自然科学研究对象的自然系统具有可重复性，通过观察、实验等手段，可把握事物之间的因果关系，采取实证的研究方法达到确定性的认识是相对可能的。而人文系统所具有的不可重复性、极端复杂性特征，使主体对其做出精确性的认识极为困难，社会科学难以实现定量化即由于这个原因。模糊数学的创始人查德（A. Zadeh，1921—2017）指出，“对于人文系统，大概不可能达到既精确而又符合实际的效果。在这个意义上，模糊集理论特别是语言变量的应用，将试图达到一种对于现实世界中普遍存在的模糊性和不精确性的适应，而放弃这样一种想法：即认为硬的数学，对于人的判断和直觉起重要作用的那些复杂系统，

---

① 参见齐振海主编：《认识论新论》，上海人民出版社 1988 年版，第 234~238 页。

② 马克斯·韦伯语，转引自陈嘉明：《现代西方哲学方法论的宏观分析》，载《中国社会科学院研究生院学报》1989 年第 3 期，第 36 页。

能提供合适的概念性结构”①。对于人这种具有复杂的意识活动的对象来说，根据其客观行为制定出几条简单的、不加区别地适用的行为规则，是不适当的，因为做出同一程度的同一种行为，其实施者的主观动机和客观条件不尽相同，法律若不顾主观状态和客观条件而对行为施之以一体的保证手段，将丧失法律的伦理意义。② 因此，在立法中要做到完全的定量化或精确化，是不可能的。

立法的面向未来性使立法者必须为一个动态的对象制定规则，这无疑是一件极为困难的事。当他们以现有的时空环境为参照系的规则制定出来后，时空环境已经发生变化。要求立法者为未来制定出确定的规则，这种要求未免太过分了。“我们只能在我们时代的条件下进行认识，而且这些条件达到什么程度，我们便认识到什么程度。”③ 超越现时代的认识也许只能叫作猜测。

上述条件使立法者面临这样的问题：人文系统的复杂性、立法的面向未来性与他们认识的局限性的矛盾如何处理？他们采用了在法律中设立不确定（模糊）规定的处理，起先是无意的，后来则是有意的。根据现代认识论，模糊性有被动的和主动的两种，前者由认识主体在把握认识对象类属和性态时缺乏明晰边界或精确划分产生，换言之，是客体本身的模糊性造成的主体认识的模糊。查德指出：“当系统的复杂性日益增长时，我们做出系统的、精确然而有意义的描述的能力将相应降低，直至达到这样一个界限，即精密性和有意义（或适当性）变成两个完全互相排斥的特性”④。这里查德发现了一个重要的原理，即精确性与有意义（适当性）的互克定律。精确性往往以严格性

① 齐振海主编：《认识论新论》，上海人民出版社 1988 年版，第 254 页。

② 对民法客观化论点的攻击，参见周潞嘉：《论过错程度对民事侵权责任定量构成的影响》，载《法学评论》1986 年第 3 期。

③ 《马克思恩格斯选集》（第 3 卷），人民出版社 1972 年版，第 562 页。

④ 转引自王雨田主编：《控制论、信息论、系统科学与哲学》，中国人民大学出版社 1986 年版，第 161~162 页。

和准确性的形态出现，而“严格性总是与刻板性相通，准确性又常常伴随着烦琐性”①。刻板性与烦琐性是精确思维常见的弊端，它们达到一定程度，所要表达的意义将受到很大损害。与此形成对照的是，模糊性在不损害意义表达的前提下，具有灵活、简捷、高效率的优点。所以，并非精确性总是同“科学的”，模糊性总是同“非科学的”相联系，必须去掉蒙在模糊性头上的污名，它是人类与精确性相辅相成运用的认识形式，是把握复杂对象和运动对象的手段。在主动的模糊性中，主体有意识地把事物之间的区分和界线加以模糊化处理，然后再通过压缩，抽象出若干相对明晰的界限，以达到对事物较精确的认识。②

作为不确定规定的民法基本原则的模糊性，兼具被动与主动的性质。从被动方面看，立法者对非法行为与合法行为、恶信与诚信这两者之间的无限中项无法一一加以认识并反映为立法条文的肯定或否定。有些行为，从构成要件上看是完全合法的，然而其实质内容却与法律的精神背道而驰；有些行为具有此类典型法律行为模式的特征，从另一角度看，又具有彼类典型法律行为模式的特征；有些行为，此时是非法的，彼时又成为合法的。这些难以把握的认识对象必然反映为立法上的模糊规定。这种模糊性规定具有开放性特征，因为对象的不确定性永远不可能完全消除，对于无数可想象的情况来说，模糊性规定仍然没有被定界，严格说来，不可能事先就对所有的情况进行判定，因为并不清楚这些情况的数量究竟有多少。③ 因此，模糊规定的外延只有在根据具体情况确定其内涵后才能确定，这就使其外延成为开放性的。

---

① 齐振海主编：《认识论新论》，上海人民出版社 1988 年版，第 244 页。

② 参见李晓明：《模糊性：人类认识之谜》，人民出版社 1985 年版，第 12 页。

③ 参见［美］阿尔斯顿：《语言哲学》，牟博、刘鸿辉译，三联书店 1988 年版，第 213 页。

从主动方面看，民法基本原则又是立法者能动地对模糊认识对象加以规制的结果。正因为模糊认识对象难以把握，立法者干脆放弃对之加以精确把握的徒然努力，而只在立法中设置几条相对明晰的界限加以弹性的规制。此时，法律规定的模糊性就体现为法律的弹性了。以法律的弹性应付认识对象的复杂性、变动不居性和连续性，以一驭万，造成法网恢恢、疏而不漏的效果。法律的这种弹性，属于正常的法律漏洞，[①] 以应付立法者认识能力的有限性和认识对象的极端复杂性的矛盾。

必须说明的是，民法乃是确定性与不确定性、精确性与模糊性的统一。在民法系统中，不确定性和模糊性主要体现在民法基本原则部分，反映了立法者对其规制对象的认识未达到充分程度。而一般的民法规范、法条、概念，大都是相对确定和精确的。这种将确定性与不确定性、精确性和模糊性集于一体的立法方式，是对人文系统不同于自然系统特性的承认，是人类认识能力进步带来的立法技术进步的结果。

由于民法基本原则所用的许多法律概念之内涵具有“空筐结构”的特征，可以作不同的理解而立法者未以权威的方式确定其法律意义上的理解，对之加以解释就自然地成为法官的工作。通过这种并非明示的方式，立法者就把根据新的时代精神的需要补充和发展法律的任务交给了法官，后者将把社会发展产生的新要求以解释的形式充实于那些抽象的“空筐结构”中，完成使法律追随时代发展的使命。立法者不对民法基本原则中的模糊概念之内涵以权威的方式加以界定，其用意即在于此，这就是上文提到的立法者的其他考虑。法律一旦具有这样的“空筐结构”，就可使其保持相当长的寿命，而不需作经常的修改，新的解释将使既有的法律条文获得新的生命力。“空筐结构”

---

① 参见李肇伟：《法理学》，1979 年作者自版，第 336 页。

和解释者，便是使法典永葆青春之活力的匠师。在这种现实的映照下，立法者万能、立法者能预见一切、立法者无错的神话破灭了。在万能的立法者面前，法官只可能是卑微的机器，他们的工作并不具有智力活动的性质，如果可以不把将生活事实与有关法律条文“对号入座”的司法过程看作智力活动的话。立法者万能的神话破灭之必然结果，是伟大的法官之崛起。谁能将法典做出合乎时代精神的解释，谁就是垂老的法典延续生命之赋予者，谁就是伟大的法官！此时，法官已不再是机器，其还原了能动的人的本性，成为机器的操纵者，操纵这架并非完美的机器的工作属于纯粹的智力活动。

由此我们可以看出，法官是以解释的名义进行创造性司法活动的。解释一语往往使解释者的创造被淹没在前人的阴影里，在我看来，解释并不是被动地、消极地去发现立法者未曾明显表述过的意图，而是由解释者从法律的目的和法律规定之间的逻辑关系出发，去阐明法律中应该包括的意图。把解释看作对立法者既有意图的发现的观念仍未摆脱立法者万能的老思路。历史已证明了立法者并非万能，他们不过是被推到立法者位置的常人，我们预料不到的事情，他们同样可能预料不到。我们的认识有什么局限，他们可能有同样的局限。用不着将立法者神化、全能化，立法者在民法中设置基本原则，恰恰是他们认识到自己并非万能的结果。

从解释学的角度来看，民法基本原则是与紧密的有意义形式相对应的稀疏的有意义形式。这里有必要对何谓有意义形式做出说明。有意义形式是意大利罗马法学家和哲学家艾米略·贝蒂（Emilio Betti，1890—1968）创造的一个解释学术语，用来指称人类各种各样的表达式——法律、艺术作品、建筑、哲学体系等人类精神对象化的产物。[①]法律是人类生活表达式的一种，表达了立法者所处时代的政治经济

① 参见张汝伦：《意义的探究：当代西方释义学》，辽宁人民出版社1986年版，第74页。

体制、立法者对各种行为的态度等文化信息。由于时间和空间的距离逐渐拉开，有意义形式需要后人进行解释才能发现其意义。对具有确定性的法律概念和法律规范，由于它们本身具有各方面的限定，对其做出解释的余地不大，可称之为紧密的有意义形式。对具有不确定性（模糊性）的民法基本原则，有极大的解释余地，可称之为稀疏的有意义形式。

民法基本原则这种稀疏的有意义形式在立法中与作为紧密的有意义形式的一般民法规范的并存，反映了立法者认识上的矛盾和转变，依照理性主义的看法，世界是可能通过经验认识加以把握的，而且为了社会的安全，应凭借理性的力量制定具有确定性的法律。然而历史主义认为，人的认识受历史条件的制约，因而是相对的、不确定的。但人又总是希望他的知识是确定的、客观的，否则好像永远不能称其为知识。为了使法律既具有确定性，又能应付社会发展变化造成的压力，必须将历史与理性的对立加以调和。反映在立法上，便是对确定性与灵活性的对立加以调和。立法中基本原则与一般规范的并存，就是这种调和的现实化。换言之，立法者对于自己可能预料到的各种情况，必须在立法中为人们提供明确的答案，以维护法律的确定性，否则就是失职和犯罪；另一方面，立法者必须承认自己不能预料到某些情况。在一个民主的社会里，基本的法律都有很长的寿命，立法者必须考虑到行之久远的法律对他们所不能预料到的情况将如何处理，因而设定像基本原则这样的稀疏的有意义形式，向有权机关提供广阔的解释空间，以使其通过解释的形式补充和发展法律。此举并不能用以证明立法者无能，而恰恰证明了立法者的明智，因为基本原则的形式结构尽管是稀疏的，但立法者的一般意图仍通过模糊概念表达了出来，不管解释者如何解释，都必须在解释客体的内在属性范围内。例如，总不能将公平解释成不公平。立法者的这种表达意在保证一个社会中稳定的价值观念的连续性。

从这个过程来看，立法者在设定基本原则时，既承认了自己不可能预料到一切可能发生的情况，又对今后的有权机关如何处理这些偶然事件表达了价值取向上的关切。这就决定了基本原则的解释者必须在自己的主观意志与立法者所作的价值限定之间的范围内进行解释。解释者的主观意志是被解释的法律的新的生命力的来源，这是因为：1. 一个社会的价值观念是在缓慢地、不断地变化着的，立法者与解释者在时间和空间上的距离越大，这两种价值观的对比度就越大。解释者是新的价值观的代表，他通过解释把新的价值观灌输到旧的法律中去。2. 解释者的经验是他进行解释的工具，因此，绝对客观的解释是不可能的。3. 解释者能比立法者更好地理解作为解释客体的法律，因为解释者通过时间和空间的距离能认识到精神的或心理的因素对立法者的文化影响，而立法者本身却意识不到。因此，解释者的主观性正是解释能成为一种创造性活动的原因。民法基本原则授予法官以强式自由裁量权的性质，即在于解释的这种创造性质。但解释并非漫无限制，它应在立法者确定的根本价值的基础上、界限内进行，受立法者指引的基本价值引导。因此，民法基本原则所授予法官的强式自由裁量权，也只有相对的意义。

三、民法基本原则是衡平性规定

在我国的法学理论中，衡平属于未得到充分研究的课题。由于在世界各国的立法中，唯独英美法中存在着名之为衡平法的法律体系，而英美法中的衡平法，又以英国为发祥地，致使一般人误以为衡平法为英美法系独有之物，甚至以为衡平法为英国独有之物。《法学词典》（增订版）将衡平法界定为“英国法传统中与普通法相对称的一种法律。英文为 equity，源出拉丁文 acauus，意即公平”①。这一词条说明

---

① 《法学词典》编辑委员会编：《法学词典》（增订本），上海辞书出版社 1984 年版，第 937 页。另 acauus 疑有误，“衡平”在拉丁语中为“Aequitas”。

了英国法中存在着形式意义上的衡平法，但未说明何谓普遍意义上的衡平法，且容易使人产生误解，以为衡平法为英国独有，其他国家无衡平法。对此存在着明显的反证，因为无人能否认衡平法在美国法中的存在。这一词条的欠缺在于仅看到了英国存在着名之为衡平法的东西，便简单地将之等同于衡平法之全部，而未从英国法中存在着的衡平法现象中抽象出其本质，从而在其他法律体系中去发现其同质的（尽管不具有衡平法的名称）对应物，把那些虽未冠以衡平法名称，却具有衡平法本质的东西视作衡平法。因此，要追寻衡平法的一般性，首先须探究英国法中衡平法的本质。

英国法中的衡平法，是作为对普通法的严苛性——法律不能根据具体情况具体适用，牺牲个别正义——进行补救的措施出现的。在1285年的威斯敏斯特条例之前，人民深受普通法的严格与僵化之苦。人们请求保护权利须符合为数有限的令状，若权利不具有相应的令状，即不受保护。蒙受不公的人民遂求诸英王，英王委托衡平法官处理此类案件。他们根据正义与良心之原则处理之，逐渐形成了衡平法的体系，以克服普通法的僵硬性与严苛性。由此可以看出，衡平法是这样的一种思想方式：将既有的法律规范看作有缺陷的，因而必须确立效力更高的另外一种法律规范，在既有法律规范出现缺陷时对其补正，这就是衡平法的实质。这种实质上的衡平法普遍存在于各法律体系之中。在中国古代的法律传统中，即有以纲常伦理作为衡平法对制定法加以补正的现象。① 在伊斯兰法系，也以宗教教义作为衡平法对既有法律进行补正。② 衡平法在大陆法系也是普遍存在的，如罗马法中即

① 参见徐国栋：《“家”与“善”的阴影：中国传统的法律文化》，载赵光远主编：《民族与文化》，广西人民出版社1990年版，第65页。

② 参见［法］勒内·达维德：《当代主要法律体系》，漆竹生译，上海译文出版社1984年版，第4部分第1编。

有衡平法[①]，但与英美法系不同，大陆法系中的衡平法不以区别于普通法的形式独立存在而与普通法合为一体。勒内·达维德正确地指出了大陆法系衡平法与普通法的合一性。他写道："我们曾经指出在许多场合，为了找到某种情境应有的公正解决办法，立法者有时会以一定方式放弃权力而明白要求法学家的合作。在这些情境中，立法者有意使用一些笼统的词句或给予法官以衡平权，或要他们参照习惯或自然法处理（《奥地利普通民法典》第7条），或使法律规范的实施人从属于善良风俗或公共秩序的需要，从而明确了法律的界限。没有一个立法制度不利用这种矫正剂或解脱术，否则在法与正义之间就可能产生不能允许的脱节。……罗马日耳曼法系中衡平法与法一直合为一体，人们从不感到，在这个体系里有必要用独立的衡平法院或法规来矫正法律解决的体制，这是这个法系的法律概念的灵活性的特点"[②]。

那么，对普遍存在的衡平法应如何界定呢？对此问题的解决有两种思路。一种是广义的衡平法思路，认为衡平法是授予司法机关以裁量或判断余地之法律，依这些法律，司法机关分别对系争法律效果享有裁量余地，对系争构成要件中之不确定概念或一般条项的了解或具体化享有判断余地。[③] 这种思路仅将衡平法看作授予司法机关以自由裁量权的法律，与上文论及的不确定规定无异。这种理解的衡平法将是广泛存在的，一切民法规范凡包括模糊语词者皆可看作衡平法。此种界定背离了衡平法作为较高规则控制较低规则机制的本质特征，不是对衡平法的科学界说。

---

① 参见李中原：《罗马法中的衡平》，载《"罗马法传统与现代中国：回顾与前瞻"国际学术研讨会论文集》，长沙，2011年6月，第159页及以次。See also W. W. Buckland, Equity in Roman Law, Lectures delivered in the University of London, at the Request of the Faculty of Laws, University of London Press, 1911.

② ［法］勒内·达维德：《当代主要法律体系》，漆竹生译，上海译文出版社1984年版，第141~142页。

③ 参见黄茂荣：《法学方法与现代民法》，1982年作者自版，第114~115页。

另一种是狭义的衡平法思路，亚里士多德（Aristotélēs，公元前384—公元前322）为其开创者。他将衡平法定义为“当法律因其太原则而不能解决具体问题时对法律进行的一种补正”①。因为法律所考虑的是多数案件，亦即典型的和一般的情形，但法律对特殊的情况却无法加以说明，在独特的案件中法律常常不能做到公正。如果出现了这种情况，法官就可以背离法律的字面含义，并像立法者所可能对该问题做出的处理——如果该立法者已预见到可能发生这种独特情况——那样审理案件。亨利·梅里曼（Henry James Sumner Maine，1822—1888）进一步论述道：“‘衡平’的主旨是指法官有权根据个别案件的具体情况，避免因适用法律条款而使处罚过于严峻和公正地分配财产，或合理地确定当事人各自的责任。简言之，‘衡平’就是指法院在解决争讼时，有一定的根据公平正义原则进行裁决的权力。‘衡平’原则表明，当法律的一般性规定有时过严或不适当时，当某些具体问题过于复杂以致立法机关不能对可能发生的各种事实的结果作出详细规定时，法院运用公平正义原则加以处理是必要的”②。如果说亚里士多德和梅里曼指出了衡平法是修正一般法的法律，那么，梅因和何孝元则指出了衡平法做出这种修正的根据乃是其位阶上的较高性。梅因指出：“衡平的含义，是指同原有民法同时存在的某一些规定，它们建筑在个别原则的基础上，并且由于这些原则所固有的一种无上神圣性，它们竟然可以代替民法”③。何孝元则更直截了当地指出：“衡平法者，乃以崇高而足以为一般法律圭臬之原则，以修正既有法律之一法也”④。

我认为，衡平法是在法律的一般规定与具体事实产生不相宜时授

① ［美］埃德加·博登海默：《法理学：法哲学及其方法》，邓正来、姬敬武译，华夏出版社1987年版，第11页。

② ［美］约翰·亨利·梅利曼：《大陆法系》，顾培东、禄正平译，法律出版社2004年版，第50页。

③ ［英］梅因：《古代法》，沈景一译，商务印书馆1959年版，第17页。

④ 何孝元：《诚实信用原则与衡平法》，三民书局1977年版，第2页。

权法官背离法律的字面规定，而根据法律的目的进行判决的规定。衡平法的存在，是为了解决法律的目的与法律的具体适用效果之间的矛盾。在一部民法中存在许多规定，但并非一切规定都处在相同的地位，有些规定如民法的基本原则，反映了立法的根本目的，而其他规定不过是落实法律目的之手段。这两类规定在位阶上具有上下从属关系，具体规定须服从于基本原则，后者具有更高的效力，它所体现的价值的根本性决定了其上位阶地位。我国民法基本原则体现了我国在民事领域实行的基本政策，当然是我国在民事领域的根本价值的负载者，它们构成了我国民事立法的根本考虑和出发点。其他一切具体规定，都是根据这些根本考虑和出发点设计的。在通常情况下，具体规定能与这些根本考虑和出发点保持一致，但不排除在个别情况下，由于系争案件的特殊性造成的具体规定的适用与根本考虑和出发点发生的背离。案件越特别，具体规定与民法基本原则的关系越间接，这种背离发生的可能性就越大。因此，常常有必要回到立法的根本考虑和出发点上来，撇开不适当的具体规定，直接根据民法基本原则处理案件。在这种情况下，民法基本原则成为凌驾于具体民法规定之上的判决根据，排除具体规定得到适用。这一过程便是衡平，作为衡平依据的民法基本原则便是衡平法。因此，民法基本原则是衡平性规定。

衡平性规定与不确定规定的区别在于：前者是授权法官通过撇开具体规定或将具体规定变通适用进行司法的规定，后者只是授权法官在具体规定提供的幅度和范围内行使自由裁量权的规定。前者的属性来源于其位阶上的较高性，后者的属性来源于其所用语词的模糊性，两者分别授予法官不同的权力。民法基本原则兼具不确定规定和衡平规定的性格，但这两种性格不可能同时得到表现。在民法基本原则的文字通过解释尚能应付需处理的问题时，民法基本原则表现为不确定规定；当用上述手段不足以解决需处理的问题时，民法基本原则表现为衡平性规定。

四、民法基本原则是强行性规定

民法基本原则是强行性规定。在民事领域，立法者既要鼓励民事活动当事人的自主性与能动性，又要对民事活动保持一定的控制，使之在一定的秩序内进行。为达此目的，在诸多的民法规定中，既设置任意性规定，又设置强行性规定。具有任意性规定是民法独具的特点。因为民法所调整者为正常的社会关系，其范围十分广阔、复杂。正常的社会关系需要鼓励和诱导，使当事人在自主的前提下循利而行，形成一个活跃的局面。范围的广阔、复杂使立法者从技术上难以有足够的把握完成对各种民事活动行为模式的无一遗漏的强行性设计，而只能听凭当事人于一定前提下的自由选择。这些就使在民法中设立任意性规定为必要。所谓任意性规定，就是民法中可由当事人自由选择是否遵行的规定。供当事人选择的任意性规定，不过是作为专家的立法者对当事人提出的建议或忠告，并无强制力，它的存在前提，是相信当事人能做出最有利于自己的判断和选择。任意性规定往往由那些不能做出更好选择的当事人所选用，因此，它们对于那些缺乏经验的当事人具有积极的意义。

任意性规定的这种由当事人自由选择的地位，来自它所负载价值的非根本性，换言之，当事人对它们是否遵循不影响对社会根本价值的维护。但是，如果在一切方面都听任当事人自由行事，社会秩序难免陷入混乱，法治将荡然无存。因此，民法中亦有强行性规定之设。所谓强行性规定，即不能由当事人自由选择，而必须无条件地一体遵循的规定，民法基本原则即为强行性规定。强行性规定体现了社会的根本价值，对这些价值的不尊重或破坏将危害该社会赖以存在的根基。因此，强行性规定的强行性，来自其负载价值的根本性。我国民法基本原则，体现了我国基本的民事政策，关乎立法司法关系，对它们的违反，将动摇国家的根本存在前提，因此它们属于强行性的规定。

第四节　民法基本原则与类似法律现象的区别

一、民法基本原则与民法规范的区别

同民法规范一样，民法基本原则也是以法律条文的形式出现在法律文件中的。那么，民法基本原则是不是民法规范呢？

民法规范具体规定了民事权利和民事义务以及相应的具体法律后果，换言之，是对一个事实状态赋予一种确定的具体后果的各种指示和规定。民法规范的逻辑结构分为行为模式和保证手段两个部分。行为模式由假定和处理构成，前者指民法规范适用的条件和情况；后者指可以做什么，不可以做什么，应该作什么的具体规定。民法规范的行为模式部分旨在指导人们的行为，确定人们行为的可能空间，表达和反映立法者的意志和愿望。保证手段部分由假定行为和法律后果两者构成，前者指法律关系主体的可能性行为选择；后者指立法者对法律关系主体行为选择的裁决和处理。民法规范的保证手段部分旨在督促人们依照法律规定的行为模式行事，体现和反映国家强制力。行为模式和保证手段是民法规范不可或缺的两个部分，行为模式表现着民法规范的目的，保证手段表示着法律所特有的调整方法。①

民法基本原则与民法规范不同。它们虽然对民事活动当事人的行为提出了一定的要求，如诚实信用，但这些要求为抽象的而非具体的，对民事活动的当事人缺乏具体的可操作性。试比较如下规定："民事主体在民事活动中的法律地位一律平等"（民法典第 4 条规定的平等原则）。"自然人以户籍登记或者其他有效身份登记记载的居所为住所；

---

① 将法律规范分解为行为模式（假定、处理）和保证手段（假定行为、法律后果）的法律规范理论，参见江必新：《传统法律规范理论刍议》，载《法学研究》1986 年第 3 期。

经常居所与住所不一致的，经常居所视为住所”（民法典第25条）。前者的限定非常少，故为抽象的。后者的限定非常多，故为具体的。由此可见，民法基本原则并未提供具体的、可操作的行为模式。此外，民法基本原则没有保证手段部分，它的法律强制是通过如下途径实现的：民法规范将民法基本原则的一般要求具体化并将之与一定的法律效果相联系，从而间接地实现民法基本原则的法律强制性。在民法基本原则的一般要求无相应民法规范加以具体化的场合，民法基本原则以抽象的强制性补充规定的形式内化为民事法律关系的默示条款，由法官行使自由裁量权，根据立法的一般精神将其具体化为具体的补充规定，并选择相应的制裁或奖励措施，以实现民法基本原则的法律强制性。因此，一定情况下民法基本原则保证手段的阙如，恰是它具有授予法官以自由裁量权功能的明证。

或许有人会说，民法基本原则是民事活动当事人须遵循的行为模式，虽然它们缺乏保证手段的逻辑成分，但其他民法规范的保证手段部分起着民法基本原则保证手段的作用。换言之，民法基本原则仅有行为模式部分（我已证明这一点不成立），其保证手段部分包含在一般民法规范中。然而按照这种理论，一般民法规范的保证手段部分，既要以民法基本原则规定的行为模式为条件，又要以本民法规范规定的行为模式为条件（因为一般民法规范本身又有自己的行为模式的逻辑成分），这样实际上将会把民法基本原则与一般民法规范合而为一，形成两个行为模式，一个保证手段的结构。这显然违背法律规范逻辑结构的规律。①

从功能上说，民法基本原则与民法规范也存在区别。民法规范兼具行为规范和审判规范的功能。立法机关制定民法规范的目的，在于

① 民法基本原则的这一问题，与宪法规范的保证手段部分是否包括在宪法规范本身之中的问题十分类似，对此问题，参见骆伟建：《宪法规定是法律规范：斥“违宪不违法”的怪论》，载《法学》1985年第12期。

要求人们根据它们为一定行为或不行为。但民法具有强制性，如果行为规范预示的法律效果不能在审判中得到贯彻，则民法规范将失去命令或诱导人们为一定行为或不行为，以实现一定秩序的实际功能。只有将行为规范同时作为审判规范，通过审判过程体现行为规范的强制性，才可避免这一不利结果。因此，民法规范既是行为规范，又是审判规范。

在我国，民法基本原则是以成文的形式在民法典内设定的，在法条的行文中，特别强调其对民事活动的指导意义，因此，民法基本原则也是行为准则当无疑义。但民法基本原则在多数情况下，只有在民法规范对具体的生活事实缺乏规定时，才发挥行为准则的作用。在有相关的民法规范时，应先适用该民法规范，因此，民法基本原则的行为准则功能是有限度的。由于行为准则只有同时作为审判规则才能实现其意义，民法基本原则同时也是审判准则。

与一般民法规范作为行为准则和审判准则时的情况有所不同的是，民法基本原则未设定十分具体的行为模式，人们对它们的遵守往往通过对体现在民法基本原则中的一般要求的遵守来完成。而且由于民法基本原则内容的抽象性，法官以其作为审判规则时有更大的自由裁量权；而一般民法规范不仅提供了具体的行为模式，而且还规定了明确的保证手段，由于具有具体性，没有授予或只授予了法官较小的自由裁量权。

与一般民法规范又为不同的是，民法基本原则还具有立法准则的功能。我国采用多层次的立法体制，在基本法之下设特别法。在这种立法位阶体系中，下位阶的立法不得与上位阶的立法相抵触。作为基本法的民法典对下位阶的民事特别法有统摄作用，后者不得与前者相违背。在制定民事特别法时，民法基本原则是其立法准则。在检验民事特别法是否与基本法相抵触时，民法基本原则是进行判断的重要标准。因此，民法基本原则是低位阶民事立法的立法准则，具有对后者的价值监督作用。这种功能为民法规范所不具有。

就规制内容而言，民法基本原则与民法规范亦存在区别。前者为关于民法目的的法律；后者为维持目的的法律。前者为准则法；后者为技术法，起确保准则法实现的作用。这种区别乃莱翁·狄骥所发现，他分析法国民法典后认为，除家族法外，仅有契约自由、权利不可侵犯及过失责任这3项他认为的民法基本原则为准则法，其余一概为实现这三大原则之技术法。[①] 这种区分值得借鉴。

综上所述，可得出这样的结论：民法基本原则同民法规范有很大的区别，因此，民法基本原则不是民法规范。

二、民法基本原则与民法具体原则的区别

民法基本原则是负载我国社会民事领域根本价值，对自始至终的全部民法规范具有效力的法律规定。从某种意义上可以说，民法基本原则的规制对象首先是民法规范本身。因为民法基本原则体现着立法者认为的在民事领域的最重要的价值，包含着一定时期内立法者采取的政策，因此，民法基本原则的基本性首先体现在它们所负载价值的根本性上。我国民法基本原则所体现的诚实信用要求，体现了我国社会民事领域中的根本价值，而非一般价值。其次体现在生效领域的完全性上，因为民法规范只有在基本原则的指导下才能发挥合体系的规范功能，离开了基本原则的价值指导作用，民法规范极可能出现违反立法目的的适用。因此，民法基本原则的效力须完全地贯彻于民法规范始终，才能完成民法基本原则对全部民法规范的价值导向作用，效力贯穿民法始终遂成为民法基本原则的特征。如果其效力仅局限于民事关系领域的某一范围，则不是民法的基本原则而为民法的具体原则，否则，无以将民法基本原则同民法的具体原则相区别。

---

① 参见李肇伟：《法理学》，1979年作者自版，第19页。

民法具体原则是民法基本原则在具体民事关系领域内的展现，其效力只局限于具体的民事关系领域。由于民法基本原则非常抽象，在一定的条件下，需要把它们在特定民事关系领域的表现形式确定下来，以便于司法者操作和人们理解，以便在保留民法基本原则的抽象性带来的它们的有关功能之同时，为具体的民事领域提供直观性和可操作性，民法的具体原则遂由之产生。

在民法的各部分中，存在着以下的民法具体原则：

1. 实际履行原则（民法典第509条第1款：当事人应当按照约定全面履行自己的义务）。关于实际履行原则是否为合同法领域的民法具体原则，学术界素有争议。① 我认为，在违约受害人不能从市场取得替代货物供应的情况下，实际履行原则仍在合同法领域内发挥作用，它是诚信原则在合同法领域中的具体化。

2. 过错责任原则（民法典第1165条：行为人因过错侵害他人民事权益造成损害的，应当承担侵权责任。依照法律规定推定行为人有过错，其不能证明自己没有过错的，应当承担侵权责任）。显然，过错责任原则是要求把行为人的主观过错作为他承担责任的条件的准则，同时包括了过错推定原则，这适用于举证责任倒置的情形，其间，法律首先推定行为人有过错，如果他不能证明自己无过错，则其责任成立。

民法基本原则的要求体现在民法的许多条款中，何以将某些条款确定为民法具体原则而将其他条款排除呢？这是因为：作为民法具体原则体现的民法条款除了相较于民法基本原则在立法技术上显得比较具体，并且其效力只限于民事关系的特定领域外，符合民法基本原则的一切其他特征。它们都未为民事活动的参加者提供具体的行为模式，不具有保证手段的逻辑成分，因此表现它们的民法条款皆不是法律规范。而许多其他民法条款，尽管表现了民法基本原则的内容（如民法

---

① 参见《法学研究》编辑部编：《新中国民法学研究综述》，中国社会科学出版社1990年版，第463~466页。

典第 151 条关于显失公平的法律行为可撤销的规定表现了公平原则的内容)，但它们是以民法规范的形式表现的，故不能将它们归入民法具体原则的范畴。民法原则，无论是基本原则还是具体原则，都属于立法中的非规范性规定。

这里要对长期流行于我国法学界的一种观点加以批评。这种观点认为，所有权绝对、契约自由、过错责任是资产阶级民法中的基本原则。① 实际上，所有权绝对原则只在物权法领域发挥作用，契约自由原则和过错责任原则只分别在合同法和侵权行为法领域发挥作用。就效力须贯彻于民法始终这一标准而言，它们都不是基本原则而只是民法具体原则。如果仔细地考察，我们便会发现大陆法系民法中只有两项基本原则——诚实信用原则和公序良俗原则。按照大陆法系学者一般的理解，诚信原则就是要求民事主体在民事活动中维持双方的利益平衡以及当事人利益与社会利益平衡的立法者意志，是对社会公共利益和交易道德的强调。② 而公序良俗原则中的公共秩序，系指国家社会之一般利益；其中的善良风俗，系指社会的一般道德观念。③ 换言之，公序良俗原则就是对民事活动当事人尊重国家社会之一般利益与一般道德的要求，从内容上看，它主要涉及对国家和家庭的保护，与财产和劳务的交换无直接的联系，后来发展成为国家从外部维护经济秩序的工具，同时保持其维护国家和家庭的功能。根据学者对这一原则的适用情况所作的类型化研究，公序良俗原则处理危害国家的行为、危害家庭关系的行为、违反性道德的行为、射幸行为、违反人格和人格尊重的行为、限制经济自由的行为、违反公平竞争的行为、违反对

---

① 参见王忠主编：《民法学复习题解析》，吉林大学出版社 1985 年版，第 5~6 页。

② 参见徐国栋：《论诚实信用原则的概念和历史沿革》，载《法学研究》1989 年第 4 期。

③ 参见郑玉波：《民商法问题研究》（一），台湾大学法学丛书，1976 年自刊本，第 33 页。

消费者、劳动者之保护的行为、暴利行为等。[1] 也用于限制外国法之适用。显然，这一原则往往从法律关系外部矫正其内容，与诚信原则往往从法律关系内部对之进行调整不同，这两个原则各有分工，共同维持社会秩序之良性运转。

2013 年，侯佳儒对于上述基本原则与具体原则的区分论提出了质疑，认为，如果要求“效力贯彻始终”体现为民法每一项基本原则都必须线性地、孤立地与民法每一制度发生一一映射式的联系，传统民法的确没有“三大基本原则”。但如果采用系统论的观点，可得出另外的观察：各项具体的民法基本原则是“民法基本原则系统”的“要素”，这些“要素”之间相互关联形成有机“结构”，进而使民法系统整体上产生一定“功能”。上述传统“民法三大原则”包含三个“要素”，它们相互勾连结合，形成经纬纵横的“结构”，架构出“私域自治”（即“功能”）的基本制度框架，这也是一种“效力贯彻始终。[2]”这种观点出自非专门研究者之手且未产生什么影响，故存而不论。

三、民法基本原则与民事活动的基本原则的区别

民法典规定的 7 项民法基本原则，在立法的行文中，都是以民事活动的基本原则的形式出现的。那么，民事活动的基本原则与民法的基本原则是何关系呢？要回答这一问题，首先必须弄清什么是民事活动的基本原则，而要弄清什么是民事活动的基本原则，首先必须弄清什么是民事活动。

所谓民事活动，是在整个社会的民事流转中，民事主体（自然人和法人）所为的一切由民法规范调整的行为。“民事”是与“刑事”

---

① 参见梁慧星：《市场经济与公序良俗原则》，载《民商法论丛》（第 1 卷），法律出版社 1994 年版，第 43 页及以次。

② 侯佳儒：《民法基本原则之“成文法局限性克服论”反思：就〈民法基本原则解释〉与徐国栋先生商榷》，载《中国政法大学学报》2013 年第 3 期，第 102 页。

“行政”相对立的概念。[①] 民事活动具有自己特殊的属性，它们是人们为满足私人利益进行的活动。而刑事或行政活动都是为了实现国家目的的活动。在民事活动领域，其参加者的意志受到充分尊重，国家只是通过制定法律对他们之间的关系予以确认和引导，很少运用国家权力进行干预。而在刑事或行政领域，则处处体现着国家直接的权力作用。

此外，民事活动有别于民事立法和民事司法活动。民事活动主要是自然人和法人依法所为的、符合民事法律规范的各种行使权利和履行义务的行为。国家立法机关制定民事法律的活动属于国家立法活动的一部分，是国家立法权之行使，不属于民事活动。法院审理民事案件是国家审判权之行使，也不属于民事活动。民事立法和民事司法活动皆是国家权力的运用，民事活动是当事人自治权的运用。

由此可见，民事活动的基本原则就是民事活动的当事人须遵循的行为准则，它只有守法准则的意义，与立法和司法等法律运作的其他环节无关。而民法基本原则不仅与守法有关，而且与立法和司法皆有关，兼备立法准则、行为准则和审判准则、授权法官进行创造性司法活动的功能，因此，民法基本原则的外延远远大于民事活动的基本原则的外延。

---

① 在西方的哲学—法学文献中，“民事”一词的意思比较复杂。该词有“世俗的”意思，与“宗教的”“彼岸的”相对立，在这个意义上，所谓的民法，就是所有的世俗法的意思。最早的“民法”就是这样的法的整体；“民事的”还有“人为的”“有法律保障的”意思，与“自然的”形成对立，因此，有“自然孳息”与“民事孳息”的对立，后者为智利民法典的用语，我国用“法定孳息”一语表达同样的事物，更明确揭示了智利民法典中“民事的”一语的意思。另外，有“自然状态”与“民事社会”的对立，就后者的最本初的含义而言，它表示有了法律的状态，与此相应，“自然状态”是没有法律的状态。在西方主流理论传统中，人们相信是通过社会契约的环节从前者过渡到后者的。

第二章

民法基本原则克服法律局限性的功能研究（上）

第一节　法律的局限性

一、法律的技术性特点

就其根本作用而言，成文法不过是防范人性弱点的工具，其技术性特点一本此而设计。成文法是不仅规制守法者，而且同时规制立法者自身和司法者的一体的尺度。在成文法条件下，法律为执法者与守法者所共知，守法者在作为执法客体的同时，是监督执法者的主体。因此，成文法的形式即意味着立法者和司法者在人民的监督下立法和司法，防止立法的任性和司法的专横，给可能使性的烈马戴上了笼头。所以，就实际意义而论，成文法首先是为规制立法者和司法者而设计的，因为他们是握有权力的社会阶层，有充分的条件滥用权力而徇私舞弊。因此，成文法首先是对权力行使者不信任的物化形式，它将权力握有者的种种私欲、社会关系利益、情绪波动等不规则因素限制在不得溢出的范围。自成文法出现以来的立法思想，莫不全体地或部分地奠基于这一根本前提。19 世纪思想家提出的法治国口号，乃全部奠基于这一前提。洛克（John Locke，1632—1704）的下述论述可作为上述论断的佐证："政府所拥有的全部权力，既然只是为了社会谋幸福，因而它不应当是专横的和随意的，所以应该根据既定的和公布了的法律来行使。这样，人民可以知道他们的责任，并且在法律的限度之内是安全和稳当的，而统治者们也被限制在他们的适当的范围内。"不理解上述背景，就无法理解成文法的技术性特点。

马克思（Karl Marx，1818—1883）指出，"法律是肯定的（sicher）、明确的、普遍的规范，在这些规范中自由的存在具有普遍的、理论的、不取决于个别人的任性的性质，法典就是人民自由的圣经"。[①] 在这里，作为19世纪法学家的马克思为我们指出了法律在技术上的特点及其对于自由的意义。他所说的法律的肯定性（Sicherheit）通译作确定性，德文sicher有确定的、肯定的等义项，译为肯定性不可解，因为许多法律是以否定的方式规定的。此外，现代学者一般都将明确性作为确定性的当然内容。因此，将马克思的上述论述改以现代语言表述就是：法律乃是具有普遍性、确定性的行为规范。这是对法律的技术性特点的科学描述。[②]

所谓普遍性，是立法的不针对具体人的具体行为的属性，换言之，普遍性要求立法者制定的规则原则上应适用于一切人的一切行为。它首先要求法律从纷繁复杂的社会关系中高度抽象出来，舍弃了个别社会关系的特殊性，而表现为同类社会关系的一般共性，换言之，法律一般只对社会关系作类的调整或规范调整，而不作个别调整。普遍性得以成立的哲学依据在于：在任何事物中，具体中存在一般、殊相中存在共相，事物的一般性和共相是普遍性存在的基础；其次要求法律所设想的适用对象不是特定的个人及有关事件，而是一般的人和事件。

---

① 《马克思恩格斯全集》（第1卷），人民出版社1964年版，第71页。

② 从技术上看，法律的特点在于普遍性、确定性，这是由法律作为防人治之弊的工具性质决定设计而成的。法律的另一特点是强制性，与人治之弊害无关，本书不论及此。提出法律的特点有如上三性的作者有李肇伟，见其所著《法理学》，1979年作者自版，第7~9页。

卢梭（Jean-Jacques Rousseau，1712—1778）认为的法律的两个特点之一就是对象的普遍性，“即法律只考虑共同体的臣民以及抽象的行为，而绝不考虑个别的人以及个别的行为”①。事实上不可能为每个人单独立法，否则法律将变成具体命令。具体命令的适用对象是特定的人，而法律的适用对象是不特定的一般的人；具体命令只适用一次，而法律可适用多次。② 普遍性是法律的本质要件或法治国不可缺少的要件。法律的普遍性使其保障最低限度自由、平等、安全，并使公平竞争和法律的可预见性成为可能。因为只有在去掉受规范客体独有的特征而实现普遍化之后，才可能对公民平等地适用一体的法律，使其在竞争中受平等规则的约束，才能保障竞争的安全，防止立法者和司法者任意地偏惠或苛待某一社会阶层或个人，实现法律上的平等，保障公民规则内的自由。因为“社会的统治者们由于被限制用普遍适用的法律进行统治，所以不能将个别的公民单挑出来进行特别的处置。法律是统治者和被统治者之间的一道屏障，它保证个人不受那些拥有政治权力的人敌对的歧视”；“法治作为一种理想，要求用限制在公民中给以差别待遇范围的普遍规则来实现国家管理，或者要求用普遍规则限制特殊秩序并且证实其正当性”。这些是普遍性的积极意义，马克思所说的不取决于个别人任性的、规范中普遍的自由存在的含义即在于此。

法律的确定性意味着法律规定了一定行为与一定后果之间稳定的因果关系，将人类一定行为模式固定化、法律化了。法律因之有可预见性，人们在行为之前即可预料法律对自己行为的态度，从而根据法律趋利避害地设计自己的行为。法律若失去确定性，人们将因不能预料自己行为的法律后果而无所适从。为了实现确定性，法律应尽可能包括社会生活各方面的行为规则，以便人们事事有所遵循。“把法治当

---

① 法学教材编辑部《西方法律思想史》编写组：《西方法律思想史》，北京大学出版社 1983 年版，第 240 页。

② 参见孙国华主编：《法学基础理论》，中国人民大学出版社 1987 年版，第 347 页。

作一项宪法原则予以承认时，要求公民在自己采取任何做法之前，应当能够事前知道由此会产生何种法律后果。”① 同时法律规定必须明确，必须尽可能地排除不确定规定，因为法律的可预见性以其明确性为前提，否则，法律尽管有规定，但模棱两可，人们仍会因不能确定地把握法律的意旨而陷入无所适从，安全仍不能得到。确定性还意味着法律是一套不可朝令夕改的规则体系，一旦法律设定了一种权利义务关系的方案，就应当尽可能避免对该方案进行不断的修改和破坏，否则法律将丧失权威性，人们将因法律的不断变动而对之产生怀疑，法律将丧失信用。亚里士多德指出，“法律一经更张，法律和政府的威信总要一度降落这样，变革所得的一些利益也许不足以抵偿更张所受的损失”②。因为“如果轻易地对这种或那种法制常常作这样或那样的废改，民众守法的习性必然削减，而法律的威信也就跟着削弱了”③。这乃是关于法律稳定性的至理名言。

从技术上看，普遍性和确定性使法律成为不加区别地规范一切人的一切行为的稳定的规矩绳墨，成为一种无私无欲的客观尺度，从而使人们获得了效率、安全等价值。这些特点之设计来自对人性弱点的深刻疑虑。法律因普遍性不必因人因事适用，司法过程无疑因简单化而获得了效率价值，且消除了徇私滥用法律、上下其手的可能。法律设计了每一种行为模式并预告了每一种行为的结果，这种行为后果的可预见性使人们不必担心来自法律的突如其来的打击而获得安全，使执法者一时的心血来潮无法造成危害。然而，事物的性质总是如此，任何价值的获得同时即意味着某种价值的丧失，法律正是为获得这些价值付出了代价，其局限性正是由上述价值而生。

---

① ［英］T. R. S. 阿伦：《立法至上与法治》，仁堪译，载《法学译丛》1986 年第 3 期。
② ［古希腊］亚里士多德：《政治学》，吴寿彭译，商务印书馆 1965 年版，第 81 页。
③ ［古希腊］亚里士多德：《政治学》，吴寿彭译，商务印书馆 1965 年版，第 81 页。

二、法律的局限性

所谓法律的局限性，指法律基于其防范人性弱点工具的特质在取得其积极价值之同时不可避免地要付出的代价，是法律由于其技术上的特点不能完善地实现其目的的情况。法律具有如下的局限性：

1. 不合目的性。法律的普遍性特征使法律只注意其适用对象的一般性而忽视其特殊性，然而适用于一般情况能导致正义的法律，适用于个别情况的结果即可能是不公正的。考察任意一种社会关系，都可发现层出不穷的个别情况。因为在任何事物的关系中，除存在一般性、共相的方面外，个别性和殊相仍是现实的存在。事物的一般性、共相与法律的普遍性水乳交融；而事物的个别性、殊相却是普遍性不可调和的对立物。在前一种情况下，法律的适用一如其目的，是实现正义的工具；在后一种情况下，法律的适用却与其目的发生背离，成为正义的敌人。因此，法律常常在获得一般正义的同时丧失了个别正义。伊壁鸠鲁（'Eπίκουρος，公元前341—公元前270）看到了这一点："在稍微具体地适用法律的时候，它对某些人是不利的、错误的，而对另一些人也可能是有利的、正确的，法律同样会因条件变为恶法"①。作为法律目的的正义指一种理想的社会秩序状态，在这种秩序中，财产和其他利益及负担都能得到公平的分派，因此，正义就是一种使参与者都能各得其所的分配方式，立法和司法就是正当地分配利益或不利益的过程。不能实现正义的法律即为恶法，如果法律能保证一般正义而不能保证个别正义，它至少是不完善的。法律这种不能因时适用的性格颇类似于有名的普洛克路斯

① 谷春德、吕世伦编著：《西方政治法律思想史》（上），辽宁人民出版社1986年版，第79页。

忒斯之床。[①] 任何事实都必须与此床相齐，过长者将被截短，过短者将被抻长。在事实与法律不相齐的场合，法律就变成了开黑店的强盗。这些是普遍性的消极方面。柏拉图（Πλάτων，公元前429—公元前347）在《政治家》中深刻地指出了法律的普遍性同具体事物个别性的矛盾："法律绝不可能发布一种既约束所有人同时又对每个人都真正最有利的命令，法律在任何时候都不能完全准确地给社会的每个成员作出何谓善德、何谓正确的规定。人类个性的差异，人们行为的多样性，所有人类事务无休止的变化，使得无论是什么艺术在任何时候都不可能制定出可以绝对适用于所有问题的规则。"[②] 因为"法律恒求定于一，犹如刚愎无知之暴君，不允许有任何之违反，其意思或向其质难，纵情势有所变更，彼亦不允许别人采用较其原先所命令之更佳方法"[③]。上述普遍的规则适用于个别情况时可能违背自身的目的导致非正义的情况，可称之为法律的不合目的性。

2. 不周延性。法律确定性的第一个要求是法律应提供尽可能多的规则，换言之，法律对于其调整的社会生活应有最大的涵盖面。在法治国里，国家活动均由法律规定并受到法律秩序的制约。同时，无论团体或个人的法律地位（特别是生命、自由和财产）都有成文法加以保障。[④] 人民的生命财产被托付于"凝固的智慧"（指法律，亚里士多德语）而非托付给哪怕是最贤明的统治者，这就要求人们的一切行为

---

① 在希腊神话中，普洛克路斯忒斯是开黑店的强盗，他把劫来的行人绑在他的铁床上，强使其身体和铁床相齐，身子短的将腿拉长，身子长的将腿截短，这一典故遂有"强求一致的制度""硬性标准"等含义。参见［美］J. E. 齐默尔曼：《希腊罗马神话辞典》，张霖欣编译，陕西人民出版社1987年版，第317~318页。

② ［美］埃德加·博登海默：《法理学：法哲学及其方法》，邓正来、姬敬武译，华夏出版社1987年版，第8页。

③ 刘世民：《柏拉图与亚里士多德之法律思想的比较》，载刁荣华主编：《中西法律思想论集》，汉林出版社1984年版，第454页。

④ 参见上海社会科学院法学研究所译：《德意志联邦共和国民法典》译序，载上海社会科学院法学研究所译：《德国民法典》，法律出版社1984年版，第6页。

都有法可循，在法律的范围内获得自由。这一巨大的任务对于立法者来说过于艰难。立法者不是可预见一切可能发生的情况并据此为人们设定行为方案的超人，尽管他竭尽全力，仍会在法律中留下星罗棋布的缺漏和盲区，从这个意义上说，任何法律都是千疮百孔的。立法是一项探求真理的认识活动，必受人的认识能力非至上性的限制。尽管人类思维按照其本性、能力和可能性，能够认识无限发展着的客观世界，因而具有某种程度上的至上性。但每一个人乃至每一代人，由于受到客观事物及其本质暴露的程度、社会历史（生产状况、科学技术状况）的实践水平、主观的条件（个人的经历、受教育程度、立场观点和思维方法）以及生命的有限性等各方面条件的制约，其思维是非至上的。对于某一时期的某些个人来说，不可能达到绝对真理，对真理的认识永远是一个过程。① 因此，“绝大多数的立法历史表明，立法机关并不能预见法官所可能遇到的问题”②。故亚里士多德有言：“完全按照成文法律统治的政体不会是最优良的政体，因为法律只能订立一些通则，不能完备无遗，不能规定一切细节，把所有的问题都包括进去，而一个城邦的事务又是非常复杂且经常变幻的，法律绝不可能及时地适应这个需要。”③ 这种由立法者认识能力非至上性造成的法律不能涵盖一切社会关系的情况，可称之为法律的不周延性。

3. 模糊性。法律确定性的第二个要求是法律应尽可能明确，以便于当事人准确地把握立法意图，从而准确地根据法律规划自己的行为。贝卡里亚（Cesare Beccaria，1738—1794）精辟地指出：“如果说解释法律是一种弊害，那么很显然，促使人们进行这种解释的法律的含混不清也是一种弊害，因为前者是后者的结果。如果法律用人民所不懂的

---

① 参见福建省高等院校马列主义理论课教学研究会哲学教材编写组：《辩证唯物主义和历史唯物主义原理》，福建人民出版社1985年版，第215~216页。

② ［美］约翰·亨利·梅利曼：《大陆法系》，顾培东、禄正平译，法律出版社2004年版，第45页。

③ ［古希腊］亚里士多德：《政治学》，吴寿彭译，商务印书馆1983年版，第163页。

语言写成，那么这种弊害将会更大，因为人民不知道他们自己行为的后果，就必须依靠少数解释法律者来解释法律。这样，本来是公共的和一般的法律，却变为私有的和特殊的法律。”贝卡里亚进一步分析了法律的模糊性所可能造成的弊害。由于法律的含混不清必然导致根据法律精神决案，那么“法律的精神就会取决于法官的逻辑性的强弱，取决于他消化的好坏，取决于他的精力是否充沛，取决于他的弱点，取决于他同被害人的关系，取决于能改变人们容易变化的头脑中的每个事物形象的各种极微小的原因。正因为这样，案件经过不同的法院处理时，公民的命运是不同的，而不幸的人便成为法官错误的论断或一时情绪的牺牲品，因为法官把从他的头脑中的模糊概念中做出的不可靠的结论当作了公正的解释。正因为这样，同一的法院对同一的犯罪行为，在不同的时期会判处不同的刑罚，因为它不是以确切不变的法律的词句为根据，而是允许做出令人迷惑的变化无常的解释”①。贝卡里亚对法律之模糊性有害的这方面的分析的确有理，但立法实现明确性存在诸多的困难。第一，作为法律载体的语言本身存在局限性。语言是无限客体世界之上的有限的符号世界，“世界上的事物比用来描述它们的语词要多得多”②。由于语词的有限性，常常不得不使诸多客体由一个语词表征，这就使语言具有极大的歧义性，造成“字的含义表现在语言的使用过程之中”③ 的局面。由于人们的认识结构、个人经验及利益不同，对同一语词往往无目的地或有目的地持不同的理解，这就使语言的歧义性得到了放大。对于客体之间无限丰富的细微区别，

---

① ［意］贝卡里亚：《论犯罪与刑罚》，黄风译，中国大百科全书出版社 1993 年版，第 13 页。

② See Huntington Cairns, Language of Jurisprudence, In R. N. Anshen (edited by), Language: an Enquiry into its Meaning and function, New York, Kennikat Press, 1957, p. 243.

③ See Ludwig Wittgenstein, Philosophical Investigations, Translated into English by G. E. M. Anscombe, BASIL BLACKWELL, Oxford, 1958, p. 20.

语言无力以精确的方式将它们一一表现出来。洛克说："当我们用词把这样形成的抽象观念固定下来的时候，我们就有发生错误的危险。词不应看作事物的准确图画，它们不过是某些观念的任意规定的符号而已，不过是凭借历史偶然性选择的符号而已，随时都有改变的可能。"① 郑玉波（1916—1993）亦看到了此点，他指出："文字虽为表达意思之工具，但究系一种符号，其意义须由社会上客观的观念定之。因而著于法条之文字，果能表达立法者之主观意思否，自非立法者所能左右。然则立法者纵属万能，但因其意思需借文字以表达之故，亦势难毕现无遗，则成文法之不能无缺漏而非万能也明矣。"② 此外，对于许多只可意会、难以言传的精细的客体运动过程，语言只能保持沉默。在许多情况下，立法者只得求诸模糊语言的手段表达只可意会的立法者意图。因此，就语言本身而言，它只是制定法律的一个别无选择的不完善的工具，在适用过程中，法律需要进行解释以将其作进一步的确定，概出于语言的这种特性。第二，客体运动的连续性和它们之间类属性态的不明晰性，使立法者难以做到以精确化的语词界定它们截然的性态和类属边界，而不得不求诸模糊语言，对模糊客体以模糊的语言形式把握之。立法中出现模糊语言，一般来说便损害了法律的明确性。第三，由于立法技术的失误，立法者之用语与其本意不合，可能造成立法意图与法律文字表现的背离，由此产生法律的模糊甚至错误。上述因素导致法律难以成为当事人行为的明确指针的情况，可称之为法律的模糊性。

4. 滞后性。法律确定性的第三个要求是法律应保持相对稳定。稳定性除了是维护法律权威的需要之外，还受其他因素的影响。修改法律是程序性极强的立法活动，其过程漫长而复杂，即使有敏感的立法

---

① ［英］W. C. 丹皮尔：《科学史及其与哲学和宗教的关系》，李珩译，商务印书馆 1975 年版，第 271 页。

② 郑玉波：《民法总则》，三民书局 1979 年版，第 39 页。

者，也无敏捷的立法者。法律只不过是肯定既有利益关系的工具，“社会上占统治地位的那部分人的利益，总是要把现状作为法律加以神圣化。并且要把习惯和传统对现状的各种限制用法律固定下来”①。因此，每当修改作为肯定既有利益关系工具的法律时，总会遭到既得利益者的强烈反对，这些因素蕴涵着法律的稳定性转化为保守性的可能。而另一方面，法律所调整的社会生活却是变动不居的。梅因（Henry James Sumner Maine，1822—1888）说：“社会的需要和社会的意见常常是或多或少地走在法律的前面，我们可能非常接近地达到它们之间缺口的接合处，但永远存在的趋向是要把这缺口重新打开来。因为法律是稳定的，而我们谈到的社会是前进的。人民幸福的或大或小，完全取决于缺口缩小的快慢程度。”② 因此，只有在社会的初建时期，法律才能完全合乎逻辑。这种法律与其社会生活条件或大或小地脱节的现象，可称之为法律的滞后性。

上述法律的不合目的性、不周延性、模糊性、滞后性等局限性，起源于法律作为以语言为载体的行为规范的内在特点。法律作为功能系统，其效用的正常发挥受内部和外部两个方面因素的影响。一部移植自他国的法典，可能因与继受国的文化环境不合而减损其效用；另一部制定后无人知晓的法律可能成为具文。这些是制约法律效力之发挥的外部因素，只有来自法律内部的妨碍其效用正常发挥的因素，我们才称之为法律的局限性。

三、法律价值选择的二律背反

由此看来，法律的价值选择是极为艰难的。顾全了效率与安全，个别公正和周延性便难免为之牺牲；若将个别公正作为法律首要的价值选择，法律将失去普遍规范的意义而沦为具体命令，效率问题便会

---

① 《马克思恩格斯全集》（第25卷），人民出版社1964年版，第894页。

② ［英］梅因：《古代法》，沈景一译，商务印书馆1959年版，第15页。

凸显出来；如果优先考虑周延性问题，则无异于向人类的认识能力提出不切实际的要求，而且庞大的法典具有更大的惯性而难以更易，法律的滞后性又将成为一个突出的矛盾。法律的局限性问题，起于法律一身而兼数职且这些职责又互相冲突的状况。[①] 首先，就其发生和重要作用而论，法律具有防范人性弱点的职责，因此法律首先必须提供安全，必须在法律运作中尽可能地排除人的因素。其次，法律具有社会分配的职责。在法治国家，无论是利益或不利益，其分配皆以法律为根据进行。由于法律本于其防范人性弱点的发生原因而设计的普遍性，并不能保证每一次分配都是公平的。然而人道主义不允许少数人成为牺牲品。对每一次分配的公平性的追求，又使法律不得不在其运作中引入危险的人的因素，因为只有人才能做法律所不能做之事，能够度量事物之间各种细微精妙的差别并作出适当的裁断。再次，法律具有适应社会变化的职责，这恰与它的相对凝滞的特性相矛盾。这一职责又要求将危险的人的因素引入法律的运作过程中来，因为法律不能自我调节以实现与前进的社会生活的匹配，只有创造了法律的人才能把新的社会要求补充到法律中去。因此，法律基于作为防范人性弱点的工具之特性必须警惕人，同时又不得不依靠人；一方面必须追求安全；另一方面又不得不牺牲部分安全以换取灵活，这就是法律局限性和法律价值选择的二律背反背景。解决法律局限性问题的关键在于怎样防范人以及在多大程度上引入人，以完成法律的安全、正义、灵活诸价值的协调。自有成文法以来，法律的局限性的克服问题便成为法哲学的哥德巴赫猜想，吸引古往今来的无数法学家倾注自己的智慧寻求解决的方案。从本质上看，如何克服法律的局限性问题，实际上是一个应该怎样认识法律的问题。法律仅仅是一些规则的堆积呢，还是应把司法活动看作法律本身的内容？换言之，欲实现完善的法制，

---

① Hoebel 曾提出法律有社会控制、冲突解决、适应社会变化、规范实施的职责。参见［美］H. W. 埃尔曼：《比较法律文化》，高鸿钧等译，三联书店 1990 年版，第 26 页。

是仅仅凭借严密严格的规则呢，还是也要凭借具有理性判断力的司法者的活动？因此，历史上关于如何克服法律局限性问题的种种探讨，无不围绕着法（严格规则）与人（自由裁量）两个因素的关系问题展开。历史上提出的种种解决方案大致有两类：一类是对这两种因素分别的极端强调，可称之为绝对的自由裁量主义和绝对的严格规则主义；另一类则倾向于把这两种因素加以结合，民法基本原则的解决方案属此。

第二节　绝对的自由裁量主义

一、成文法出现之前的状况

绝对的自由裁量主义就是无法司法，就是人治。无论在西方或东方，在社会发展的较早阶段，都曾实行过绝对的自由裁量主义。在希腊，公元前8世纪进入成文法阶段，先后出现了来库古、米利克斯、卡恩达斯立法，其中，公元前621年的德拉古（Draco，生卒年不详，一般被认为是公元前7世纪）立法比较典型。在德拉古立法之前，雅典无成文法，调整人们相互关系以及审理案件的唯一依据——习惯法，是秘密的、不公开的。氏族贵族常依靠权威随意解释和运用它来庇护贵族、迫害平民，因此广大平民纷纷要求制定成文法，以对付氏族贵族的武断专横。后者被迫让步，遂有执政官德拉古的立法改革和成文法之诞生。① 古罗马成文法之公布经过亦类如希腊。在那里，于成文法之前实行习惯法，习惯法是不成文的、观念性的，因此也就是不确定的、可以伸缩出入的，这种特征在司法落后之时往往导致法律适用的不精确。而习惯法皆为僧侣贵族所垄断，连法学知识的传授亦秘密

① 参见陈盛清主编：《外国法制史》（修订本），北京大学出版社1987年版，第43~45页。

进行。平民对高级官吏利用他们把持的习惯法滥用立法和司法权力十分不满，要求用文字将习惯法记载下来，以保护自己的合法权益。公元前303年，弗拉维尤斯发表了第一篇阐述民事诉讼程序和法律开庭、闭庭期日的论文。这是对贵族法律垄断的一次挑战。公元前462年，保民官盖犹斯·阿尔撒（Gaius Halsa）“为了一劳永逸地禁绝这种毫无拘束的恣睢放纵”，要求制定成文法限制执政官的权力，“绝不允许执政官把自己的放肆和任性当作法律”，引起贵族们的恐慌，导致了平民与贵族之间的数次流血冲突。经过几年的斗争，才迫使贵族做出让步，制定了十二表法。[①] 依通说，中国的成文法之公布以郑国的子产（？—前522）作刑书为肇始，[②] 同样伴随着一场激烈的阶级斗争。在公布成文法之前，统治者“皆临事制刑，不预设法”，这种局面公然怂恿奴隶主贵族可以以言代法，随心所欲地颠倒罪与非罪。公元前536年，郑国的执政子产作刑书，“铸刑书于鼎”，“以为国之常法”。此举符合新兴地主阶级维护自己已经取得的经济、政治权益的愿望，但冲击了奴隶主贵族滥施刑罚的司法特权，遭到其激烈的非难和反抗。经过激烈的斗争，公布成文法的做法才终于巩固下来，“临事制刑”为“事断于法”所取代。[③] 由上可见，以成文法的公布为标志的绝对的自由裁量主义的终结都是阶级斗争的结果。无论在哪个国家，在公布成文法之前，统治者皆凭借对秘而不宣的非成文法的垄断维护其司法特权，从而维护其政治经济特权，使法律“威猛莫测”，“令民常怀恐惧”。法律的内容为何，这种内容的法律如何实施，一任统治者的任性。这种无法无天的“法律”无疑使被统治阶级失去了维持正常社会

---

① 参见法学教材编辑部《外国法制史》编写组：《外国法制史资料选编》（上），北京大学出版社1982年版，第158~170页。参见《罗马法》编写组：《罗马法》，群众出版社1983年版，第30~38页。

② 另有人主张周朝即公布成文法。参见杨景凡、俞荣根：《论孔子》，西南政法学院印行1983年版，第110~112页。

③ 参见张晋藩主编：《中国法制史》，群众出版社1982年版，第57~61页。

生活所必要的起码的安全感，于是爆发了为获得安全感的争取公布成文法的斗争并取得了胜利。这是权力阶层在世界范围内的一次大失败，作为对他们曾有过的任性行为的报应，他们从此被永远钉在被怀疑者的地位上，分权学说的萌芽实际上在这里就产生了。这也是被统治阶层在世界范围内的一次巨大胜利，从此人民把从法律中求得安全当作理所当然之事，人类文明从此极大地跃进了一步。但是，这种胜利的逻辑后果导致了尽量捆死权力行使者手脚的立法思想，其不利影响我们将在以后的历史篇章中看到。公布成文法的意义在于使法律获得了既约束被统治者的不顺从，也约束统治者的任性的属性，形成了某种程度的法治。但一经公布成文法便揭开了法律局限性问题的序幕，因为成文法是作为防范人性弱点的工具出现的，而在法律运作中只有人的因素而无规则因素的情况下，法律的局限性问题无从存在。

二、古代的绝对自由裁量主义

联邦党人说，如果人是天使，便无须法律。[①] 由于法律只是防范人性之恶的工具，故同时代的卢梭说："法律以少为贵，过多则证明政治腐败。"[②] 故成文法之公布实是对统治者丧失信任的结果。那么，如果统治者是值得信任的贤人，他们能公正而不为自己阶级的利益所障目，妥善安排一切社会关系，则实行人治——绝对的自由裁量——就是一种最好的选择（如果人是可信任的命题能够成立的话）。至少对于人治来说，法律的局限性是不存在的。柏拉图就是循着这样的思路看待法律局限性问题，在其早期思想中，他坚决主张人治，提出让哲学家当国王。在他看来，人治是第一等好的（first best）。他认为法律

① 参见［美］H. W. 埃尔曼：《比较法律文化》，高鸿钧等译，三联书店 1990 年版，第 88 页。

② 黄少游：《自然法思想之史的变迁与发展》，载刁荣华主编：《中西法律思想论集》，汉林出版社 1984 年版，第 418~419 页。

原则上由抽象的、过分简单的观念构成，简单的原则无论如何也不能用来解决复杂纷繁的事务状况，立法者“无法为种种情况立法，使得每一项法律对每一个人都非常合适”①。因此，“最佳的方法并不是给予法律以最高权威，而是给予通晓统治艺术，具有才智的人以最高权威”②。他还说：“法律是有刚性的，它会束缚政治家统治的手脚。相反，政治家的统治全凭其知识，可以随时应变制定出一切必要的措施，能够适应变化了的情况和满足特殊的需要”。③ 柏拉图通过一个比喻极中肯地击中了法治的主要要害——惰性。他说：“若有一医生将到外国，并恐于一段长时间内不能探视其病人，乃将其所用之药方记下交其学生或病人自己使用。但该医生先于预定之日期回国，并因气候之改变，以他方医治或更为佳。按法治的一般情况，该医生的新治疗方法因未记载于旧处方中而不得施用，这显然是极不合理的。稳定性乃法律的基本特质，但从另一角度观察，它则成为抗拒权衡应变的惰性”④。我国古代思想家张耒（1054—1114）也得出了与柏拉图相同的结论：“天下之情无穷，而刑之所治有极，使天下之吏操有限之法，以治无穷之情，而不得少议其中，而唯法之知，则天下之情无乃一枉于法而失其实欤。是以先王之时，一权诸人，而不任法，是故使法出于人，而不使人出于法。”⑤ 柏拉图、张耒的极端自由裁量主义主张乃出于对法律局限性克服可能性的悲观认识，从而丧失了对法律的基本信

---

① ［古希腊］柏拉图：《政治家篇》第295节，载《西方法律思想史参考资料选编》，北京大学出版社1983年版，第17页。

② ［美］埃德加·博登海默：《法理学：法哲学及其方法》，邓正来、姬敬武译，华夏出版社1987年版，第8页。

③ 法学教材编辑部《西方法律思想史》编写组：《西方法律思想史》，北京大学出版社1983年版，第36页。

④ 刘世民：《柏拉图与亚里士多德法律思想的比较》，载刁荣华主编：《中西法律思想论集》，汉林出版社1984年版，第455页。

⑤ 何孝元：《诚实信用原则与衡平法》一书中引张耒《悯刑论》中语，三民书局1977年版，第50页。

心而走上否定法治之路。他们在自由裁量所代表的个别公正、快捷、灵活与严格规则所代表的安全、一般正义的价值对比中选择了前者，不言而喻，他们的选择是错误的，因为他们的立论前提——人是可信赖的命题是不可靠的。在其晚年，柏拉图不得不转向性恶论和法治。人治必须以有知识的人为前提。“如果有人在神的怜悯下生来就有能力获得这种知识，那么他并不需要法律来统治自己”，但是，“这种洞见在任何地方都找不到，因此我们只好退而求其次，诉诸法规和法律”①。显然，他对人治仍保持偏爱，只将法治评价为第二等好的（second best）。人治是最优方案，法治是次优的但现实的方案。

三、近现代的绝对自由裁量主义

近现代西方世界出现了复活绝对的自由裁量主义的迹象。基于对法律局限性的认识，埃利希（Eugen Ehrlich，1862—1922）、康特洛维茨（Hermann Kantorowicz，1877—1940）、庞德（Roscoe Pound，1870—1964）、弗兰克（Jerome Frank，1889—1957）、卢埃林（Karl N. Llewellyn，1893—1962）等人主张绝对的自由裁量主义，甚至提出了“法官无法司法、法官立法”的口号，他们批判了绝对的严格规则主义把法官当作逻辑机器，把法律当作无欠缺的法律实证主义方法，悲观地认为法律永远追不上社会生活的发展，它一制定出来便立即过时。萨维尼（Friedrich Carl von Savigny，1779—1861）更将法律与社会生活相脱节的时间计算单位精确到了小时，他指出：“法律自制定公布之时起，即逐渐与时代脱节”②。法律也永远概括不了社会生活的各方面，它从一开始就是片面的。因此，“人民不仅对法律失望，而且情愿不要法律进

---

① ［古希腊］柏拉图：《柏拉图全集》（第三卷），王晓朝译，人民出版社 2003 年版，第 637 页。

② 黄建辉：《法律漏洞·类推适用》，蔚理法律出版社 1988 年版，第 13 页。

行管理”[①]。“为了使司法适应新的道德观念和变化了的社会政治条件，有时或多或少采取无法的司法是必要的”[②]。在这种情况下，立法顶多只起“一种附属作用”。如果说庞德仍将法律作为进行判决时的参考，杰罗姆·弗兰克则更为极端。他认为法律永远是不确定的，原因在于法律所应付的是人类关系的最为复杂的方面，在法律面前的是混乱的、使人感到变化莫测的整个人生。即使在一个比较静态的社会中，人们也从来没有创造出能预料到一切可能的诉讼并预先加以解决的、包罗万象的、永恒不移的规则，在现代，更谈不到这种被冻结的法律制度了。当人类关系每天都在改变时，也就绝不可能有持久不变的法律关系，只有流动的、弹性的或有限度确定性的法律制度，才能适应这种人类关系，否则社会就会受束缚。他嘲笑了追求确定性的法律观，认为流行的对法律的确定性的要求之所以无法满足，乃因为它是在追求一种超乎实际可能和必要的东西，这种要求显然不是来自实际需要，其根源一定不在于现实而在于渴望某种不真实的东西，是在追求某种只存在于神话之中的东西。[③] 因此，他认为只有法官的判决才能确定法律，只有判决才是名副其实的法律。卢埃林则更进一步，认为法官行为就是法律的中心。[④] 这些观点对西方的司法造成了很大影响。勒内·达维德描述道：“国家法规过分增多，以致运用起来极为困难，甚至无效。今天，超越这些法规，在很多领域，我们又恢复往日的明智，赞同‘人治’甚于法治的趋势，后者只能为我们的行为提供典范，但无法在一切场合给予我们明确的解决办法，于是通过概括性词句的形式，公平再度

---

① ［美］罗斯科·庞德：《通过法律的社会控制》，沈宗灵译，商务印书馆 1984 年版，第 18 页。

② See Rosco Pound, Justice according to Law, In Columbia Law Review, Vol. 13 (1913), p. 696.

③ 参见沈宗灵：《现代西方法律哲学》，法律出版社 1983 年版，第 99 页。

④ 参见谷春德、吕世伦编著：《西方政治法律思想史》（下），辽宁人民出版社 1987 年版，第 347 页。

行时，这些概括性词句告诫缔约人诚信行为，告诫个人勿犯错误，要求政府部门勿滥用权力，而法律经常授权法官对于所受理的案件给予他认为最公平的处理。”① 上述作者对法律之局限性作了精辟的、正确的分析，但提出的解决方法却异常危险。因为实行绝对的自由裁量，授予法官以绝对的权力，无疑为司法专横打开了大门。绝对的权力将造成绝对的腐败。而且若判决完全取决于法官的个性，在法官的个性千差万别的情况下，难以实现统一的法治。

第三节　绝对的严格规则主义

一、绝对严格规则主义的立法实践

绝对严格规则主义是力图从司法过程中完全排除法官的自由裁量因素的立法方式。19 世纪的欧洲大陆基本上处于绝对严格规则主义的时代。此一时期，欧洲大陆法系各国相继制定了一批法典，形成了一场史家所称的法典编纂运动。著名的法典有：普鲁士普通邦法（1794 年，1.9 万多条）、俄国法律汇编（1832 年，4.2 万多条）、法国民法典（1804 年，2281 条）、德国民法典（1897 年，2385 条）。上述法典庞大的条文数目可能使我们惊异。先请看现代西方法学家对它们中的单个或整体所作的评论：“普鲁士法典（普鲁士国家法）——打算回答可能出现的每一个问题并且以此来否定那种以解释法律的途径来进行法官立法的一切可能性”②；“试图对各种特殊而细微的实情开列出各种具体的、实际的解决办法，它的最终目的，是想有效地为法官提

① ［法］勒内·达维德：《当代主要法律体系》，漆竹生译，上海译文出版社 1984 年版，第 2 页。

② ［英］J. A. 约洛维奇：《普通法和大陆法的发展》，刘慈忠译，载《法学译丛》1983 年第 1 期。

供一个完整的办案依据，以便使法官在审理任何案件时都能得心应手地引律据典，同时又禁止法官对法律作任何解释"①。"罗马日耳曼法系各国法是一些结构严谨的整体，一些封闭体系，即任何种类的问题，至少从理论上能够并且应该通过解释一条现有的法律规范而得到解决"②。这些论述揭示了19世纪大陆法系诸法典所坚持的严格规则主义的立场。根据立法技术的一般原理，法律规定的详略与法官的自由裁量权成反比。法律所作规定越多、越详备，法律留给法官的自由裁量权就越小。反之，法律规定越简略，法律留给法官的自由裁量权就越大。因此，即使不看上述作者对19世纪欧陆诸法典所作的评论，仅就这些法典庞大的条文数目来看，我们便可认为立法者采限制法官自由裁量权的主张。庞德指出："19世纪的法学家曾试图从司法中排除人的因素，他们努力排除法律适用中所有的个体化因素。他们相信按严谨的逻辑机械地建立和实施的封闭的法规体系，在他们看来，在这一封闭的法规体系的起源和适用中承认人的创造性因素，在组构和确立这一封闭的法规体系的制度中承认人的创造性因素，是极不恰当的。"③ 在这种严格规则主义的立法条件下，"大陆法系审判过程所呈现出来的画面是一种典型的机械式活动的操作图，法官酷似一种专业书记官，除特殊的案件外，他出席法庭仅是为解决各种争讼事实，从现存的法律规定中寻觅显而易见的法律后果。他的作用也仅仅在于找到这个正确的法律条款，把条款与事实联系起来，并对从法律条款与事实的结合中会自动产生的解决办法赋予法律意义"④。"法官的形象

---

① ［美］约翰·亨利·梅利曼：《大陆法系》，顾培东、禄正平译，法律出版社2004年版，第39页。

② ［法］勒内·达维德：《当代主要法律体系》，漆竹生译，上海译文出版社1984年版，第339~340页。

③ ［美］罗斯科·庞德：《法律史解释》，曹玉堂、杨知译，华夏出版社1989年版，第123页。

④ ［美］约翰·亨利·梅利曼：《大陆法系》，顾培东、禄正平译，法律出版社2004年版，第36页。

就是立法者所设计和建造的机器的操作者，法官本身的作用也是机械性的”①。显然，19 世纪大陆法系的立法者希望运用详密的严格规则在司法中绝对地排除自由裁量的因素，近代意义上的法典法，首先是作为排除自由裁量可能性的手段出现的。要解释当时为何要采取这种立法方式，必须从由经济、政治、意识形态等因素组成的 19 世纪法典法的社会基础中去寻找原因。

二、绝对严格规则主义的经济基础

19 世纪正是资本主义生产方式形成和发展的世纪，这种生产方式对法律提出了自己的要求。马克斯·维贝尔（Maximilian Karl Emil Weber, 1864—1920）（现多译为马克斯·韦伯）认为，资本主义企业的特征和先决条件是企业家的占有生产手段、市场的自由、合理的技术、合理的法律、自由劳动和经济生活的商业化。② 所谓合理的法律，就是可预测行为后果的法律，换言之，是能带来安全感的法律。“尽管法律经常通过严格的规则和凝滞不变的机械程序阻碍经济活动，但是它基本上对经济活动提供了可预见的强制性或支持性的保障措施，以精微的形式保证合理的经济预算”③。“资本主义形式的工业组织，如要合理地运用，就必须能依靠可预测的判断和管理，无论在古希腊城邦时代，或者在亚洲的宗法制国家和直到斯图亚特朝代的西方各国中，这个条件都不具备，皇家的‘虚伪的公正’连同它的加恩赦免，给经济生活的测算带来了无穷的麻烦”④。在法国的历史记载中，“处处都可看到

---

① ［美］约翰·亨利·梅利曼：《大陆法系》，顾培东、禄正平译，法律出版社 2004 年版，第 37 页。

② 参见［德］马克斯·维贝尔：《世界经济通史》，姚曾廙译，上海译文出版社 1981 年版，第 242 页。

③ ［英］罗杰·科特威尔：《法律社会学导论》，潘大松等译，华夏出版社 1989 年版，第 178 页。

④ ［德］马克斯·维贝尔：《世界经济通史》，姚曾廙译，上海译文出版社 1981 年版，第 234~235 页。

王家财产被出售后旋即收回，认为不可出售。契约遭到破坏，已经取得的权利无人承认，国家债权人每逢危机便成为牺牲品，国家不断失信于民”①。事实上，18 世纪法国市政方面的一个最突出特征，是市政所遵循的规章制度的极端不稳定。法律朝令夕改，不断变化，时而重新使用，时而弃之不用，时而增，时而减。② 法律的这种变化便突然打乱了千家万户的处境和财产，给予他们新的不可靠的地位。③ 在税收方面，税额不断变化，乃至种田人前一年无法预料下一年应付多少。④ 因此，那时的法国人在与自己政府的关系中充满了偶然性。他们用自己的资本买政府的公债，却绝不能指望在固定的时期获得利息；他们为政府建造军舰，维修道路，为政府的士兵提供衣物，他们垫出的金钱没有偿还的担保，就像冒险贷款一样。那些将部分财产委托给国家的人对合同法遭到破坏更难容忍，而破坏者正是所有债务人中本应最尊重合同法的国家债务人。⑤ 因为“在专制国家里，法律不过是君主的意志……这不是法律，不是铁面无私的然而是明智的、准确的、公正的法律……这是不可抗拒的权力，它没有意识地和无规律地给人以打击，这是猛烈发作的暴风雨，它破坏和毁灭它所遇到的一切”⑥。所以，封建专制国家法律的最大特点是缺乏安全性，这一特点是资本主义经济发展的致命障碍。“资本主义无法在这样的法律基础上运行，

---

① ［法］托克维尔：《旧制度与大革命》，冯棠译，商务印书馆 1992 年版，第 139 页。

② 参见［法］托克维尔：《旧制度与大革命》，冯棠译，商务印书馆 1992 年版，第 249 页。

③ 参见［法］托克维尔：《旧制度与大革命》，冯棠译，商务印书馆 1992 年版，第 226 页。

④ 参见［法］托克维尔：《旧制度与大革命》，冯棠译，商务印书馆 1992 年版，第 161 页。

⑤ 参见［法］托克维尔：《旧制度与大革命》，冯棠译，商务印书馆 1992 年版，第 211~212 页。

⑥ ［法］罗伯斯比尔：《革命法制和审判》，赵涵舆译，商务印书馆 1965 年版，第 4~5 页。

它所需要的是像机器一样靠得住的法律”[①]。因此，早在法国革命前，人民就对法律的安全性提出了要求，“在旧王朝制度下，人民曾高呼‘愿上帝使我们免于遭受高等法院的公道’，他们要求得到建立在牢固基础之上的全王国一致的公道，尽管有必要通过解释法律条文的宽阔的自由度来缓和法律的死板性，但法官仍必须依然做法律的奴仆”[②]。我们知道，法律本身就是对统治者任性的限定，这种任性不论是以“法外用刑”还是“法外施恩”的方式出现，都将破坏给法律带来安全价值的确定性，使法律效果与一定行为之间因果关系的可预见性成为不可能，危害资本主义企业的运转。资本主义经济基础不仅需要确定性的法律，而且希望这种确定性所带来的安全尽可能地大，而法律规定越多、越详密，法官的自由裁量权就越小，法律就越有安全性。

同时，从资本主义国家的经济史来看，司法干预总是国家干预经济的重要形式，在这方面美国存在突出的例证，美国最高法院曾多次通过解释宪法左右经济生活的方向，而这种干预正是通过行使司法自由裁量权进行的。因此，承认司法自由裁量权即隐含着承认国家干预的可能。而在19世纪的自由资本主义时期，法、奥、意、德诸国的民法典概以私法自治为指导思想，法典中突出强调个人私有财产权和个人的契约自由，以保证个人权利不受国家侵犯。“在私法范围内，政府的唯一作用就是承认私权并保障私权之实现……所以，应在国家的社会生活和经济生活中竭力排除政府参与”[③]。因此，严格规则主义的法典法还出于防止国家通过司法途径干预经济生活的考虑。而到了垄断

① ［德］马克斯·维贝尔：《世界经济通史》，姚曾廙译，上海译文出版社1981年版，第291页。

② ［法］亨利·莱维·布律尔：《法律社会学》，许钧译，上海人民出版社1987年版，第77页。引文中“高等法院”原作“议会”，法文中高等法院与议会同用Parliment一词，因法国在革命前无议会，只有劣迹昭彰的高等法院，疑误译，故改。

③ ［美］约翰·亨利·梅利曼：《大陆法系》，顾培东、禄正平译，法律出版社2004年版，第97页。

阶段，为了满足资本主义经济发展过程中所产生的协调现实社会的要求，必须借助于私法中的原则（如诚信原则）填补法的空白状态，使私法中的个人主义趋向于集体主义，权利本位趋向于义务本位，对弹性规定的运用便成为以国家干预为特征的经济法或社会法的萌芽。[①]由此可见，在资本主义发展的不同时期，对国家干预持不同的态度，这种差异必然要反映到立法是否承认法官的自由裁量权上。因此，在一定程度上可以说，19 世纪采取严格规则主义的欧陆诸法典，是自由资本主义经济基础的产物。

三、绝对严格规则主义的政治基础

极端严格规则主义立法方式以人是不可信任的性恶论命题为基础的理论，把各种权力的握有者都看作要受权力腐蚀从而要滥用权力的。在这里，我将较多地引用罗伯斯比尔（Maximilien Robespierre，1758—1794）的著述来说明此问题，因为他的著述特别地支配着由法学家和法官组成的法国民法典起草委员们的思想。[②] 他指出："要知道，事物的本性就是如此，任何一个有道义的生物，任何一个机关，任何一个人都有自己的意志，当他们握有大权的时候，尤其当这种权力不服从于一种不断地使它回复到已确立的秩序和法律的更高权力的时候，他们就会不断地力求使自己的意志取得统治地位。"[③] "由于人类的天生弱点，赋予过大权力的某个固定集团都会沾染傲慢、骄傲和专制的作风"[④]。因此，就法国而论，以下两个方面的历史表现更证明对法官权

① 参见［日］金泽良雄：《经济法概论》，满达人译，甘肃人民出版社 1985 年版，第 25 页。

② 参见［美］约翰·亨利·梅利曼：《大陆法系》，顾培东、禄正平译，法律出版社 2004 年版，第 60 页。

③ ［法］罗伯斯比尔：《革命法制和审判》，赵涵舆译，商务印书馆 1965 年版，第 28 页。

④ ［法］罗伯斯比尔：《革命法制和审判》，赵涵舆译，商务印书馆 1965 年版，第 24 页。

力加以限制是极为必要的。

一方面，在封建社会，司法极为黑暗，可以买卖、继承的法官职位是法官谋取私利的工具。孟德斯鸠（Baron de La Brède et de Montesquieu，1689—1755）自己就继承了这样一个职位，在任职10年后又卖给了别人。[①] 路易十四时期，富凯（Nicolas Fouquet，1615—1680）曾将他的高等法院总检察官的职位以140万法郎的价格售与他人。伏尔泰（Voltaire，1694—1778）评论到，法国是世界上可以买官鬻爵的国家，这是一个长期债台高筑的政府的严重缺点和重大不幸。[②] 诉讼是纠问式的，神明裁判盛行，司法决斗曾是裁决是非的合法手段。[③] 刑讯逼供和通过司法途径的宗教迫害盛行。在迫害女巫方面，欧洲大陆上的招认与告发都是依照法律按正规途径用酷刑逼出来的，差不多所有的被告都招认了。在200年间，整个欧洲死于此难的人达75万以上。[④] 在所有这一切野蛮行为中，法官都扮演了极不光彩的角色。"法院导致的混乱和不公正使得司法界成了这个王国的最腐败的部分，遂成为革命所要摧毁的对象"[⑤]。

另一方面，在革命前，法国法官已有了不少"越轨"行为。他们正在脱离传统的大陆法系司法工作的模式而仿效英国法官的活动，他们创造性地解释并创建地方习惯，甚至发展了他们自己的"服从先例原则"，以此来同中央政府的法律相对抗。法庭间接参与立法权；法庭有权在其管辖范围内制定带有强制性的行政规章制度，有时法庭反对行政机构，大声指责政府的措施并向政府发号施令。普通法官在他们

---

① 参见［美］约翰·亨利·梅利曼：《大陆法系》，顾培东、禄正平译，法律出版社2004年版，第15页。

② 参见［法］伏尔泰：《路易十四时代》，吴模信等译，商务印书馆1982年版，第345页。

③ 路易十四后来废除了决斗。

④ 参见［英］W. C. 丹皮尔：《科学史及其哲学和宗教的关系》，李珩译，商务印书馆1975年版，第212页。

⑤ ［美］H. W. 埃尔曼：《比较法律文化》，高鸿钧等译，三联书店1990年版，第52页。

所居住的城市和乡镇制定治安法令。[1] 因此，以传统的大陆法系眼光看，他们已不能明确地区别法律的创制和适用。甚至在革命前，法国法官的这种偏离传统行为就已使国王对统一王土、实行开明和进步所作的立法改革的尝试屡屡受挫。封建法院拒绝适用新法，站在与新法相对抗的立场上解释新法，或者阻碍官员们实施新法的尝试。孟德斯鸠提出的三权分立主张，可看作对这种现实的对策。在他看来，要防止上述局面，首先要实行三权分立，然后认真地改革司法制度，保证法院自觉适用立法机关创制的法律，而不干涉履行行政管理职责的政府官员的活动。[2] 立法上的对策是路易十四（Louis XIV，1638—1715）于1667年颁布的“为了司法改革而制定的民事条例”第一题“条例的遵守”中关于限制法官权力的三个条文。首先是第6条，其规定：朕的所有的条例、告示、宣言和专利许可都应在庭审中得到遵守，而不得以衡平、公共利益、增进正义为借口违反之。不论何种法官，都不得在任何情形以任何理由改变上述立法文件中的规定。其次是第7条，其规定：如果在庭审中，就执行朕的条例、告示、宣言和专利许可中的条款产生疑难，朕禁止解释它们，此时的法官应求助朕，以便弄清朕的真意。最后是第8条，其规定：违反朕的条例、告示、宣言和专利许可做出的判决和裁定，无效。做出此等判决的法官应赔偿当事人因此受到的、朕将确定的损害。[3] 这三个条文分别禁止法官立法、解释法律并课加了违反的责任。罗伯斯比尔在1793年5月10日关于宪法的讲演中，满意地对此评论道：“民法典……大大地缩小了法院专

---

① 参见［法］托克维尔：《旧制度与大革命》，冯棠译，商务印书馆1992年版，第75页。

② 参见［美］约翰·亨利·梅利曼：《大陆法系》，顾培东、禄正平译，法律出版社2004年版，第36页、第15页。

③ Voir François Serpillon, Code Civil, ou Commentaire sur l'Ordonnanc du Mois d'Avril 1667, Paris, 1776, pp. 10ss.

制的范围。”①

尽管曾遭受限制，但效果难如人意，所以，法官的历史表现导致在历史已进入资本主义时代后，人们对他们仍难以产生信任感，司法专横的惨痛记忆使人们把安全价值看得重于一切，偏重安全价值的法典法和罪刑法定主义便作为这种选择的逻辑结果出现了。“相信理性力量的第三等级力图将法律生活从它所怀疑的司法特权阶层的指点中解放出来”。法官的职能仅在于严格执行立法机关提供的法律而不得创立规则，成为时代的共识。“当孟德斯鸠描述‘被剥夺权力’的法官时，他就曾试图将他们局限于这种‘喉舌’的角色”。和孟德斯鸠一样，卢梭也是法国民法典的思想来源之一。② 他认为，“立法家如造机器之工程师，运用此机器者则为官吏”③，断然否定了法官染指立法的可能。因而共和七年（1799 年）的民法典草案明确规定：“如果法律条文是明确的，则不得以尊重法律精神为借口，逃避应用法律条文。尤其不允许为了逃避合法禁令，武断地引进例外情况来取代具有普遍性和强制性的规定。”④ 在共和八年（1780 年）的政府委员会草案序题第 5 题（“法律的适用和解释”）第 5 条中，这一规定被改写为：“如果一条法律是明确的，则不得以尊重法律精神为借口，逃避适用其文句。在适用一条含义模糊的法律时，应优先采用其自然的和执行起来

---

① ［法］罗伯斯比尔：《革命法制和审判》，赵涵舆译，商务印书馆 1965 年版，第 150 页。在这里，他把民事条例称为民法典了。

② 马克思指出：“法国拿破仑法典并不起源于旧约全书，而是起源于伏尔泰、卢梭、孔多塞、米拉波、孟德斯鸠的思想，起源于法国革命”。参见《马克思恩格斯全集》（第 1 卷），人民出版社 1964 年版，第 128~129 页。

③ 黄少游：《自然法思想之史的变迁与发展》，载刁荣华主编：《中西法律思想论集》，汉林出版社 1984 年版，第 419 页。

④ ［法］亨利·莱维·布律尔：《法律社会学》，许钧译，上海人民出版社 1987 年版，第 69 页。

最少缺陷的意思。"① 两个规定限制法官权力的精神相同，不过后者更强调限制法官的解释法律权并引导法官解释模糊的法律。

上述草案中限制法官权力的规定是否要采纳进法国民法典中，尚有争议。波塔利斯（Jean-Etienne-Marie Portalis，1745—1807）起草的《1801 年序题草案》第 14 条曾规定："在法律中没有可以适用的规定时，法官就成了一名执行公正的人；他不得以成文法的沉默、不清楚或不足为借口拒绝裁判，他在此时适用永恒不变的理性。该规定仅限于民事领域，而在任何情况下都不得及于刑事领域。"② 此条允许民事法官在出现法律漏洞时依据理性进行补充立法，考虑到刑法关乎生杀予夺，此条不赋予刑事法官补充立法权。此条与前引共和七年草案和共和八年草案的同主题规定颇为不同，但在议会的讨论中这个第 14 条遭到了质疑。让-皮埃尔·沙扎尔（Jean-Pierre Chazal，1766—1840）主张，从宪法的角度看，民事法官和刑事法官并无不同，他们都只能消极地适用法律。立法权只属于立法机关。③ 麦拉·加拉（Maila-Garat，又名 Jacques Joseph Garat，1767—1839）则认为，司法解释的自由"是一个无边的灾祸，一种传染病……它是以法律的形式掩盖的任性，以及表面有秩序的无政府状态"④。在这样的攻击下，波塔利斯的序题草案终于在 1801 年 12 月 15 日被法国议会驳回。⑤ 到了 1804 年法国民法典颁布时，其第 5 条回到了共和七年的草案和共和八年草案限制法官

---

① Voir P. A. Fenet, Recueil complet des travaux préparatoires du Code civil, Tome 2, Paris, 1836, p. 7.

② 朱明哲：《"民法典时刻"的自然法》，载《苏州大学学报法学版》2016 年第 2 期，第 18 页。

③ Voir Bernard Beignier, Portalis et le Droit Naturel dans le Code Civil, In Revue d'histoire des facultés de droit et de la science juridique, n° 6, 1988, p. 89.

④ Voir Bernard Beignier, Portalis et le Droit Naturel dans le Code Civil, In Revue d'histoire des facultés de droit et de la science juridique, n° 6, 1988, p. 90.

⑤ Voir Bernard Beignier, Portalis et le Droit Naturel dans le Code Civil, In Revue d'histoire des facultés de droit et de la science juridique, n° 6, 1988, p. 91.

权力的立场。该条明确规定，“审判员对于其审理的案件，不得用确立一般规则的方式进行判决”。这是对法官立法的旗帜鲜明的否定。考虑到“如果不是立法者的权力才能解释法律，那么别种权力最终会变更法律，并将自己的意志置于立法者的意志之上”，法国的立法一方面采取严格规则的风格，不给法官留下解释法律的可能，因为，“既然立法权只是规定一般的规则，而应用这些规则的只是法院，法律就会成为空洞的公式，法律的效力会完全以法官或被赋予权力重新审判的机关为转移了”①。“刑事法官没有解释刑事法律的权力，因为他们不是立法者”②。另一方面在万一法律需要解释的情况出现时，不允许法官解释法律，而将有关法律提交一个专门的上诉法庭解释。该机构并不审理上诉案件，而是一个专司法律解释，类似于立法机关的组织，其存在只是为了防止立法权遭受司法机关的侵犯。普鲁士的情况亦类此。腓特烈大帝（Friedrich II，1712—1786）禁止法官对法典作任何解释，遇有疑难案件，法官必须将解释和适用法律的问题提交一个专门的法规委员会处理。如法官对法律做出解释，将受到严厉的惩罚。③ 这种处心积虑的对法官的防范乃是因为：“无论法官怎么样，他们总是人，明智的立法者绝不把法官当作抽象的或铁面无私的人物，因为法官作为私人的存在是与他们的社会存在完全混合在一起的。明智的立法者知道，再没有人比法官更需要进行仔细监督的了，因为权势的自豪感是最容易触发人的弱点的东西”④。对于一切授予法官以自由裁量权的规定，作为法国革命的导演和法国民法典思想来源之一的罗伯斯比尔

① ［法］罗伯斯比尔：《革命法制和审判》，赵涵舆译，商务印书馆 1965 年版，第 28 页、第 29 页。

② ［意］贝卡里亚：《论犯罪与刑罚》，黄风译，中国大百科全书出版社 1993 年版，第 12 页。

③ 参见［美］约翰·亨利·梅利曼：《大陆法系》，顾培东、禄正平译，法律出版社 2004 年版，第 39 页。

④ ［法］罗伯斯比尔：《革命法制和审判》，赵涵舆译，商务印书馆 1965 年版，第 30 31 页。

都竭力加以反对。法国的刑事诉讼法草案曾作如下规定："刑事法庭庭长可以擅自做他认为有利于发现真实情况的一切事情，法律指定他的荣誉和良心竭尽全力去促成真实情况的发现。"罗伯斯比尔对此批驳道："法律笼统地授予法官无限的权力，容许他可以去做他认为有利于达到这个目的的一切事情，法律以人的荣誉和良心代替它的神圣权力，它不再认为它的头等天职恰恰与此相反，乃是制止常常喜欢滥用自己权力的人们的任性和野心。它向我们的刑事法庭庭长提供一次有利于一切贪婪要求、掩盖一切错误、为一切滥用权力作辩护的明确条文。"①

民法典的限制对象不仅在于法官，而且包括法学家。诚如贝卡里亚所言，法律如用模糊难懂的语言写成，它就会由公共的和一般的变成私有的和特殊的。② 法学家就会成为人民仰其鼻息的法律的垄断者。而且他们还有充分的机会利用法律的这种风格把自己的意志悄悄地输入法律中去，通过解释法律对之进行潜移默化的改造。为了防止这种可能的危险，法国民法典用简单、无技巧、通俗易懂、如同圣经一样简明的文体写成，以便同废除法律的专业化、技术化、复杂化的现象一起，废除法学家的作用，使公民无须请教律师和法官就能读懂法律。司法过程诚然容易遭受危险的人的因素的浸染，对法律进行学术研究的过程同样容易遭受这种浸染，因为任何解释都可能是对法律条文的一种篡改。因此，拿破仑（Napoléon Bonaparte，1769—1821）尽管没有像他的先驱者优士丁尼（Flavius Anicius Justinianus，约 482—565）那样过火地禁止法学家对民法大全作评注，但他也做到了禁止法学家公开发表就冠之以他的大名的法典所作的评注，以堵塞不安全因素进

---

① ［法］罗伯斯比尔：《革命法制和审判》，赵涵舆译，商务印书馆 1965 年版，第 38 页。

② 参见［意］贝卡里亚：《论犯罪与刑罚》，黄风译，中国大百科全书出版社 1993 年版，第 13 页。

入的另一渠道。

在这一问题上应将德国民法典与法国民法典分别看待，尽管二者立场接近，但德国民法典的起草者们不相信一个国家可以排除法学家的作用。因此他们起草的条文并不追求通俗易懂，而是追求科学性与专业性。① 它们是写给专家看的，而不是写给普通百姓看的。还有一个可证明两者之间区别的证据。德国民法典第 1 次草案第 1 款曾规定："法律未设规定者，应类推其他规定以为适用；其他规定亦无者，应适用由法律精神所得之原则"②。此条授予了法官充分的自由裁量权和法律补充权，与前述法国民法典第 5 条之规定背道而驰，而与瑞士民法典第 1 条第 2 款无异。③ 至正式公布时该条被取消。可见德国民法典在漫长的起草过程中，立法者曾徘徊于自由裁量主义与严格规则主义之间的走廊中，自由裁量主义一度占据上风，但在与严格规则主义的较量中最终失利。④ 不过这场斗争毕竟使自由裁量主义在德国民法典中留下了自己的痕迹。它虽未明示地授予法官以自由裁量权，但"某些以概括性词语规定的条款曾分布于德国民法典中，它制定于国内强有力的经济发展和对外的帝国主义冒险环境中，特别鼓励法官的创造性。要求在履行义务时诚实信用的条款和将一般惯例（类似于情理）作为衡量行为尺度的确认，以及任何违反善良风俗的行为都不得被认为是合法行为的观点，无疑表明法院在政策制定方面的立法授权，以上每一个一般性条款都鼓励建立一个给人以强烈印象的判例体系。它确认

---

① 关于法国民法典和德国民法典的上述情况，参见［美］约翰·亨利·梅利曼：《大陆法系》，顾培东、禄正平译，法律出版社 2004 年版，第 28~32 页。［美］H. W. 埃尔曼：《比较法律文化》，高鸿钧等译，三联书店 1990 年版，第 54 页。［法］亨利·莱维·布律尔：《法律社会学》，许钧译，上海人民出版社 1987 年版，第 74 页注 1。

② 郑玉波：《民法总则》，三民书局 1979 年版，第 40 页。

③ 瑞士民法典第 1 条第 2 款规定："如本法无相应规定时，法官应依据惯例，如无惯例时，依据自己作为立法人所提出的规则裁判。"

④ 关于取消此条的原因，参见［德］霍尔斯特·海因里希·雅科布斯：《十九世纪德国民法科学与立法》，王娜译，法律出版社 2003 年版，第 127 页。

的先例，虽无正式的拘束力，却能为人广泛地评论和仿效”[①]。这些使德国民法典成为以旗帜鲜明地禁止法官创法为代表的19世纪的严格规则主义的法典，与以旗帜鲜明地鼓励法官创法的瑞士民法典为代表的20世纪严格规则与自由裁量相结合的法典之间的一个过渡带，因为它在应否授予法官自由裁量权这一关键问题上保持着暧昧的沉默，然而在事实上以模糊规定的方式默示地授予了法官自由裁量权。

由上可见，19世纪严格规则主义的民法典，是由各种政治历史条件造成的严格的分权学说的直接产物。

四、绝对严格规则主义的哲学基础

对法官的自由裁量活动实行如此严苛的限制，如果不失败的话，需要满足几个前提：（1）立法者具有超人的预见能力。（2）与上一前提相联系，法律的正义性问题在立法程序中迅速地、全部地解决，法官无须在司法过程中为正义操心。卑微的法官的必然对应物是超人的立法者，他们的权力是此消彼长的关系。（3）社会生活相对静止，否则法典即使能与社会生活相匹配于一时，也会迅速地与前进的社会生活脱节。总之，法典所提供的严格规则的充分性和可适用性必须能使自由裁量成为多余。在今天看来，作这样的设想实在过于大胆，然而19世纪的人们却对这一问题充满自信。法国民法典的制定者们“自认为预见到了一切，因为他们要求法官必须以法律条款为依据作出判决”，“他们认为，法官将面临的所有诉讼问题，立法者已预先将答案交给他们”，“他们认为他们所提出的规则是合理的，不可改变的”[②]。法国民法典第4条的规定可作为立法者之自信的最好佐证：“审判员借

---

① ［美］H. W. 埃尔曼：《比较法律文化》，高鸿钧等译，三联书店1990年版，第211页。

② ［法］亨利·莱维·布律尔：《法律社会学》，许钧译，上海人民出版社1987年版，第68页。

口没有法律或法律不明确不完备而拒绝受理（案件）者，得依拒绝审判罪追诉之。”法典的起草者自认为他们制定的详备法典已使法官失去了以法无明文为由拒绝审判的可能，才敢于作出这样的规定，否则必将陷法官于第5条禁止的以创立规则的方式进行判决或以法无明文为由拒绝审判的境地。比较起来，中国古代法典的制定者要缺乏自信得多。唐律的作者知道这部庞大的法典仍难以包罗诸多难以预料的情况，于最后特设了一个空白规定：“诸不应得为而为之者，笞四十；事理重者，杖八十。”① 这是刑法中克服法律局限性的空白罪状之滥觞。

英国学者安东尼·阿诺特（Antony Allott，1924—2002）正确地指出：对立法的过分依赖和迷恋是启蒙时代的产品，这一现象为边沁（Jeremy Bentham，1748—1832）和拿破仑所喂养，为德国人所浇灌，其原因在于维多利亚时代的乐观主义和对科学的信念，“人是·切事物的主人”的人文主义情绪和极度的理性主义。② 这一议论揭示了19世纪极端严格规则主义立法方式的哲学原因。哲学是时代精神的集中体现，是一个时代人们根本的世界观，构成一切具体领域人们思想方式的基调。“一个人不管愿意不愿意，总是当代思想界大军的一分子”③，“法学常常只是把先在哲学或政治等其他方面表现出来的观念或趋向在法的方面反映出来……各国都依靠法学家在法律上反映新的哲学和政治思想与制定法的新门类”④。但一个时代的哲学的基本趋向不过是该时代之前和该时代本身生产力、科技发展水平在精神世界中的折射。因此，生产力和科技发展水平以及由此决定的主流哲学思想应

---

① 长孙无忌等撰：《唐律疏议》，中华书局1983年版，第522页。

② See Antony Allott, The Limits of Law, Butterworth & Co. (Publishers) Ltd., London, 1980, Preface.

③ ［英］W. C. 丹皮尔：《科学史及其与哲学和宗教的关系》，李珩译，商务印书馆1975年版，第147页。

④ ［法］勒内·达维德：《当代主要法律体系》，漆竹生译，上海译文出版社1984年版，第80页。

是我们考察19世纪严格规则主义立法方式哲学原因时所要顾及的两个方面。

19世纪的哲学建立在自文艺复兴以来生产力和科学技术的巨大成就基础之上。这一时期是人类历史上生产力和科技与学术发展的三个黄金时期之一（其他两个黄金时期为古希腊时代和现代）。就生产力而言，自文艺复兴至19世纪，人类征服自然的能力得到了充分的证明，新大陆被发现，殖民地被开拓，贸易、商业充分扩展，财富成倍增长。马克思对此作了很好的描述："资产阶级在它的不到一百年的阶级统治中，所创造的生产力比过去一切世代创造的全部生产力还要多，还要大。自然力的征服，机器的采用，化学在工业和农业中的应用，轮船的行驶，电报的使用，整个大陆的开垦，河川的通航，仿佛用法术从地下呼唤出来的大量人口——过去哪一个世纪能预料到有这样的生产力潜伏在社会劳动里呢?"① 科学领域取得的成就更为令人瞩目。由于人们已从中世纪对来世和世界末日的关切转到对现世的关切上来，确认世界是可知的，人类的幸福在于对自然奥秘的认识和驾驭，从而爆发出科学研究的极大热情，许多笼罩着宗教灵光的不解之谜随着这种热情的运用迎刃而解。地质构造理论、能量守恒和转化定律、进化论（可惜它对社会科学的意义只是在过了相当时期后才表现出来）这三大发现彻底动摇了中世纪遗留给人们的宗教世界观，而帮助知识阶层建立起科学主义的世界观。曾一度占据中心地位的神秘主义的犹太文化和古巴比伦文化为强调科学主义和理性主义的希腊精神所取代。总是扮演时代科学风尚带头羊角色、并且是第一个拒斥不确定性的学科的数学得到了充分的发展。牛顿（Isaac Newton，1643—1727）和莱布尼茨（Gottfried Wilhelm Leibniz，1646—1716）以不同的方式发明了微分学。前者还确立了二项式定理，提出了很多方程式理论，而且开

---

① 《马克思恩格斯选集》（第1卷），人民出版社1972年版，第256页。

始使用字母符号。他还运用数学创立了月球运行的理论，算出了月球位置表，由这个表可以预测月球在恒星间的位置。[①] 笛卡尔（René Descartes，1596—1650）创立了坐标系和流数法，他首先把辩证思维引入数学，引入变量用以描述运动。可惜人们并不了解微分学的辩证方法论的哲学背景，而仅仅对微分方程能从现象在某一时刻的状态（初始状态）就可以断定其在以后的任意状态这一理论魅力，产生了极大的崇拜和迷信。人们不仅认为一切自然现象可以用微分方程式来加以描述，甚至幻想着寻找能够描述一切自然现象的方程式，描绘出一幅拉普拉斯决定论的宇宙总图景。因此，经典数学把事物理想化地孤立起来，甚至可以不考虑客观模型，只根据一定假说就可以推出严密精确结论的诱人特征，又滋生、激活了那种绝对排斥不确定性、模糊性的形而上学知识观和否定一切偶然性的机械决定论。[②] 物理学（尤其是静力学）、天体演化学、化学、生物学等学科都有了重大进展。门捷列夫（Дми́трий Ива́нович Менделе́ев，1834—1907）发现了化学元素周期表。在这一切成就中，我尤其应突出强调牛顿的贡献。他提出的运动三定律和发现的万有引力定律，对他所处时代的欧洲知识界，尤其是法国的百科全书派哲学家的思想产生了巨大的影响，而这些牛顿思想继受者的哲学又成为欧陆诸国法典的哲学基础。因此，牛顿的天才使其成为历史上少有的可以自己的名字命名并以自己的思想支配一个时代的人物。“牛顿把天体现象收服到日常习见的机械定律的管制之下”，“他的理论在解释天体机制方面的惊人成功，赋予世界画面以惊人的秩序与和谐，给人带来美感上的满足”[③]。以上生产力和科技方面的飞跃发展使 19 世纪的人们在思想上充满了乐观精神。“这

① 参见［英］W. C. 丹皮尔：《科学史及其与哲学和宗教的关系》，李珩译，商务印书馆 1975 年版，第 233~234 页。

② 参见李晓明：《模糊性：人类认识之谜》，人民出版社 1985 年版，第 91~92 页。

③ ［英］W. C. 丹皮尔：《科学史及其与哲学和宗教的关系》，李珩译，商务印书馆 1975 年版，第 344 页、第 249 页。

不会是失去幻想的时代，人们有信心断言，他们可以通过理性认识一切事物并解决一切问题”[①]。自然科学所取得的突飞猛进的发展与有目共睹的成就，给当时欧洲的知识分子以很大的影响。欧洲思想界逐渐形成了这样一种思潮：理性就意味着科学，只有科学才能使人们日益控制实在、走向进步。科学是理性唯一完美的体现与验证。人们认为，人类的一切精神活动，包括人文科学，只有以自然科学为模式，才是严密的、科学的，才能取得和自然科学同样的发展与进步。[②] 达·芬奇（Leonardo da Vinci，1452—1519）说：“凡是数学用不上去，和数学有关的科学也用不上去的那些领域，都没有确定的知识”[③]。连马克思也受到了这种时代精神的浸染，他指出：“一切科学只有在成功地运用数学时，才算达到了真正完善的地步”[④]。在上述自然科学水平和时代精神背景下，产生了以法国人笛卡尔为始祖的理性主义哲学，这种哲学成为19世纪法典编纂运动的基础哲学。19世纪“狂热的理性主义对法国的法典编纂产生了主要影响”[⑤]，“西方的法典原是为信奉理性主义的社会制定的，法典的抽象性结构是西方笛卡尔主义思想的产物”[⑥]。

笛卡尔被认为是近代哲学的始祖，他建立的以科学主义为特征的理性主义哲学是对中世纪经院哲学的反动，其哲学统治了欧洲思想界200年。[⑦] 他的哲学深受牛顿科学成就的影响。他开创的哲学体系，由

① ［美］罗斯科·庞德：《通过法律的社会控制》，沈宗灵译，商务印书馆1984年版，第20页。

② 参见张汝伦：《意义的探究：当代西方释义学》，辽宁人民出版社1986年版，第33页。

③ 朱德生等：《西方认识论史纲》，江苏人民出版社1983年版，第110页。

④ 郑昌济：《数学模型在量刑中的运用》，载《中南政法学院学报》1986年第1期。

⑤ ［美］约翰·亨利·梅利曼：《大陆法系》，顾培东、禄正平译，法律出版社2004年版，第28页。

⑥ ［法］勒内·达维德：《当代主要法律体系》，漆竹生译，上海译文出版社1984年版，第505页。

⑦ 参见陈宣良：《理性主义》，四川人民出版社1988年版，第253页。

马勒伯朗士（Nicolas Malebranche，1638—1715）、斯宾诺莎（Baruch de Spinoza，1632—1677）、莱布尼茨等人汇成一股思想洪流，构成18世纪法国唯物主义的思想源泉。从根本上说，理性主义就是主张张扬理性，主张科学精神，锻造人支配自然的武器。它有如下特点：

1. 绝对主义的认识论。绝对主义是一种错误的真理观，它片面夸大真理的绝对性而否认真理的相对性，否认认识的发展，否认真理是一个过程，认为人们可以一下子穷尽绝对真理。① 这种绝对主义的认识论几乎浸透在所有理性主义者的思想中。理性主义者一开始注重的就是知识的普遍必然性和对绝对精确性的追求。② 笛卡尔认为，只要遵循数学推理的演绎方法，从几个简单自明的公理出发，经过一步步的严密推理，就可以获得关于事物的确定有效的知识。③ 在莱布尼茨看来，“思想普遍地制定立法，它揭示出永久可能的事物更广大的宇宙。它可以在一切经验之先决定那个经验必须符合的根本条件。没有一个问题，无论是科学的问题也好，道德的问题也好，或宗教的问题也好，可以不在实质上受我们的抉择的影响”。他还认为，法学与数学、逻辑学、形而上学、伦理学、神学一样，均属于必然真理。这些学科的特点在于可以由理性自身来确定真理性，而不用参照具体的外界存在。事实上，一般来说它们不关乎存在。④ 事实证明，“每当科学有巨大进展的时候，每当一新领域被置于自然律之下的时候，人类心灵由于不可避免地夸大了新方法的力量，总以为马上就可以对宇宙提出完备的机械解释了”⑤。有名的决定论者、拿破仑的同时代人拉普拉

---

① 参见李洪林主编：《辩证唯物主义和历史唯物主义原理》，福建人民出版社1985年版，第217页。

② 参见陈宣良：《理性主义》，四川人民出版社1988年版，第19页。

③ 参见张汝伦：《意义的探究：当代西方释义学》，辽宁人民出版社1988年版，第7页。

④ 参见陈宣良：《理性主义》，四川人民出版社1988年版，第148页。

⑤ ［英］W. C. 丹皮尔：《科学史及其与哲学和宗教的关系》，李珩译，商务印书馆1975年版，第275页、第421页。

斯（Pierre-Simon，marquis de Laplace，1749—1827）认为：只要知道了宇宙各质量的瞬间构形与速度，一个头脑精细的人就可以算出整个过去与未来的历史。① 牛顿的法国门徒，18 世纪法国启蒙哲学家爱尔维修（Claude Adrien Helvétius，1715—1771）认为："看来精神界和自然界一样，神只是把一个唯一的原则放在存在过一切的东西里，现在存在的、将要存在的东西只不过是一个必然的发展"②。在爱尔维修看来，宇宙间物质组合的形式似乎可以穷尽，人对事物的认识可以是绝对而终极的，也就是掌握了绝对真理。③ 属于同代人的霍尔巴赫（Paul-Henri Thiry，baron d'Holbach，1723—1789）指出："在自然之内只能有一些自然的原因和结果。在自然中发生的一切运动都遵循着一些不变的自然法则。我们能够判断或认识的那些自然作用的法则，就足以使我们发现那些不为我们所见的法则，我们至少可以通过类比来对它们做出判断。"④ 由于上述对人类认识能力至上性的狂信，18 世纪法国百科全书派以为利用物理和机械的原理去给世界作最后解释的日子已经不远了。⑤ 可见，这些为法国民法典提供了思想来源的哲学家皆受机械论观点的限制，不了解人类的认识能力既是无限的，又是有限的。人类的认识中既有绝对真理，又有相对真理。他们把牛顿的科学变成了机械论的哲学，根据这种哲学，整个过去和未来，在理论上都是可以计算出来的，而人也就变成了一架由冥冥之中的必然性所完全支配的机器。

上述绝对主义的真理观导致了一种认为立法可穷尽未来一切社会关系的思想倾向。博丹（Jean Bodin，1530—1596）曾有一个最大的抱

---

① 参见王雨田主编：《控制论、信息论、系统科学与哲学》，中国人民大学出版社 1986 年版，第 27 页。

② 北京大学哲学系外国哲学史教研室编译：《十八世纪法国哲学》，商务印书馆 1963 年版，第 450 页。

③ 参见葛力：《十八世纪法国唯物主义》，上海人民出版社 1982 年版，第 177 页。

④ 葛力：《十八世纪法国唯物主义》，上海人民出版社 1982 年版，第 177 页。

⑤ 参见［英］W. C. 丹皮尔：《科学史及其与哲学和宗教的关系》，李珩译，商务印书馆 1975 年版，第 279 页。

负，就是通过比较和综合一切最著名的国家的法律，以得到最好的一种，从而创立一个放之四海而皆准的法学体系。[①] 立法者认为："仅用理性的力量，人们能够发现一个理想的法律体系。因此很自然，他们都力图系统地规划出各种各样的自然法的规则和原则，并将它们全部纳入一部法典之中。"[②] 凭着对理性的信仰，他们力图把法律的调节之手伸进社会生活的每一角落，追求详尽具体、无微不至的规定。他们所要达到的目标是：法官无论遇到多么复杂的情况，都能在庞大的法典中像查字典一样检索到现成的解决方案，因而这样的法典又被称为"决疑式"的法典。在他们眼里，人类认识能力的局限性是不存在、亦不可能存在的。

2. 对人文系统与自然系统区别的抹杀。理性主义者们有将包括哲学在内的一切都自然科学化的企图。因此，笛卡尔认为人的身体是机器，认为心灵的本质是理性，而把想象、意志、感情和感觉等无法以数学方式加以把握的东西当作导致谬误的消极物排除出去，这是为一般理性主义者所共同遵循的方向。事实上，在笛卡尔的思想中，上帝是一个大数学家和高明的机器匠，他所创造的包括人类在内的一切物质存在物，都是机器。[③] 由于当时物理学取得了极大成功，可用物理学术语表述的东西越来越多，人们也就愈加信任物理学方法，以致形成了一种信念，以为对于一切存在物都可以完全从物理和机械的角度进行解释。[④] 由于可把质量与能量守恒定律运用于生物现象，人们产生了一种过分的信心，以为生物机体的各种活动，不论是物理

---

① 参见上海社会科学院法学研究所编：《法学流派和法学家》，知识出版社 1981 年版，第 360~361 页。

② ［美］埃德加·博登海默：《法理学：法哲学及其方法》，邓正来、姬敬武译，华夏出版社 1987 年版，第 67 页。

③ 参见陈宣良：《理性主义》，四川人民出版社 1988 年版，第 260~261 页、第 43 页。

④ 参见［英］W. C. 丹皮尔：《科学史及其与哲学和宗教的关系》，李珩译，商务印书馆 1975 年版，第 14~15 页。

的也好，生理的、心理的也好，都可以解释为分子运动的方式及机械的或化学的能量的表现。[①] 海克尔（Ernst Heinrich Philipp August Haeckel，1834—1919）认为：有机与无机世界是统一的，碳的化学性质是生命运动的唯一原因。他继续说道："我们现在完全同意一种对于自然界的一元论看法，即全宇宙，包括人类在内，作为一个奇妙的统一体，都被永恒不变的定律所支配，我已经努力说明这种纯粹的一元论是根本稳固的。而我们既然承认宇宙为同一进化原理的全能规律所支配，就不能不提出一个单一的最高定律，即囊括一切的'物质定律'或质量守恒与能量守恒定律的联合定律。"[②] 18世纪中期和末期的法国百科全书派更进了一步，他们把自己的哲学建立在牛顿的动力学基础之上，以为人（肉体和灵魂）不过是一架机器。[③] 这些牛顿的法国门徒，认为牛顿的体系说明实在是一台大机器，它的所有基本要素都已经了解，所以人的身体与灵魂就由于不可战胜的和机械的必然性而成为这个机器的一部分。[④] 启蒙思想家拉美特利（Julien Offray de La Mettrie，1709—1751）为证明此，更写出了《人是机器》的著作。伏尔泰是牛顿的崇拜者，他参加了牛顿的葬礼并广泛宣传牛顿的思想。在一封信中他称赞"牛顿把他的工作推到了人类思想从未达到的最大胆的真理"[⑤]。他为了证明人不能逃脱自然律的支配，在其《愚昧的哲学家》一书中说道："如果全部自然界，一切行星，都要服从永恒的

① 参见［英］W. C. 丹皮尔：《科学史及其与哲学和宗教的关系》，李珩译，商务印书馆1975年版，第423~424页。

② ［英］W. C. 丹皮尔：《科学史及其与哲学和宗教的关系》，李珩译，商务印书馆1975年版，第423~424页。

③ 参见［英］W. C. 丹皮尔：《科学史及其与哲学和宗教的关系》，李珩译，商务印书馆1975年版，第423~424页。

④ 参见［英］W. C. 丹皮尔：《科学史及其与哲学和宗教的关系》，李珩译，商务印书馆1975年版，第280页。

⑤ ［英］斯蒂芬·F. 梅森：《自然科学史》，周煦良等译，上海译文出版社1980年版，第296页。

定律。而有一个小动物，五尺来高，却可以不把这些定律放在眼中，完全任性地为所欲为，那就太奇怪了。”① 伏尔泰忽视了自然定律的意义，人生的意义，人的心灵的本质和自由意志的本质等问题，但他生动地表达了法国人当时对于牛顿宇宙论的哲学和宗教含义的流行看法。

上述把人的活动原则简单地归结为自然律的哲学抹杀了自然科学与人文科学的区别，它构成了严格规则主义立法方式的又一哲学依据。既然人的活动仅受自然律的支配，而自然律基于自然现象的可重复性又是可以据之推出一切未来的现象的（门捷列夫根据其发现的化学元素周期表推知了12种未知元素），那么，根据已经掌握的为数不多的基本自然律，推出人们未来所有可能的活动在逻辑上便是可以成立的，立法者对法典涵盖能力的高度自信正是由此而来。由于自然界不存在无规律的活动，依此类推，人也不可能有无规律的活动。在立法者对于人的活动规律具有至上性认识能力的前提下，不存在在司法活动中进行衡平的必要，因为衡平不过是对不规律现象的处理而已。因此，在完全由必然性支配的人文系统中，衡平完全是多余的东西，法官不必在司法过程中为正义操心是完全可能的。奥斯汀（John Austin，1790—1859）提出的“恶法亦法”的口号，正是针对司法过程而言的。这一臭名昭著的口号并不能用以证明奥斯丁对恶法怀有偏爱，因为在奥斯丁的著述中充满着对正义的追求。它只能用以证明奥斯丁有信心将正义问题完全放在立法阶段解决，因而相信在司法阶段法律变为恶法的可能性几乎为零时，为了维护法律的安全性或确定性，他才提出如此口号。正因为相信其不可能出现，他才会冒着名誉的风险将此口号提出。因此，奥斯丁的“恶法亦法”口号不过表示着对立法者把握支配着自然界与人的必然性的能力的狂信。在必然性的人文系统中，法官便可以作为机器存在了。对“大陆法系的法官是机器”这一

① ［英］W. C. 丹皮尔：《科学史及其与哲学和宗教的关系》，李珩译，商务印书馆1975年版，第280页。

断语，以前我是作为一个比喻看待的，以哲学史为根据进行分析，它却不是比喻，而是一种现实，一种真诚的确信。法官的机器角色能够存在下去，必须以当事人都机器般地有规律活动为前提，“人是机器”的哲学提供了这一前提。因此，法官与当事人这两架机器在诉讼中耦合起来，匹配起来，有条不紊地按冥冥中存在的自然律运转，这是一幅多么和谐的图景啊！

3. 将几何学方法捧上王座。近代理性主义一直标榜自己热衷于科学方法，尤其是几何学方法。西欧大陆科学家和哲学家的传统是把数学方法看成认识之王。[①] 我们所不能忘记的是，笛卡尔既是一个伟大的哲学家，同时也是一个出色的数学家，在科学史上他最有贡献的是数学。他发现了用代数方法解决几何学问题的途径——解析几何学，现在人们仍将直角坐标系以笛卡尔命名。他醉心于以几何学为典范的数学推理方法之严密，对自然科学尤其是物理学所取得的显著成就心悦诚服。他认为只要遵循数学推理的演绎方法，从几个简单自明的公理出发，经过一步步的严密推理，就可以获得关于事物的确定有效的知识。[②] 在科学的大家族中，包括几何学在内的数学是唯一的这样一门科学，它可以不与任何客观事实发生直接的联系，而凭借自身的逻辑运行。这一特性使它具有不可抵挡的极大魅力。“希腊精神最成功的产物就是几何学这门演绎科学”[③]，它特别适合于西方文化主流的希腊气质并且是它的结果，其发展标志着知识的一个永久性的进步。自文艺复兴以来的思想潮流，就是回到希腊精神去。因此，理性主义者对知识的普遍性与绝对精确性的追求，正是可利用几何学来实现的。以

---

① 参见陈宣良：《理性主义》，四川人民出版社 1988 年版，第 260 页、第 119 页、第 45 页，以及张汝伦：《意义的探究：当代西方释义学》，辽宁人民出版社 1988 年版，第 7 页。

② 参见张汝伦：《意义的探究：当代西方释义学》，辽宁人民出版社 1988 年版，第 7 页。

③ ［英］W. C. 丹皮尔：《科学史及其与哲学和宗教的关系》，李珩译，商务印书馆 1975 年版，第 82 页。

数学方式解释天体现象的成功，使人们建立起这样的信念，即世界是按数学法则建立起来的巨大机器，只要掌握了世界的法则和数学，就可以做世界的主人。① 当时的自然科学只有数学和力学得到了充分发展的现实，导致一种把世界看作万古不变的机器的倾向，因而理性主义就把几何学作为驾驭世界这架机器的最可靠方法捧上了王座。一些理性主义者所信仰的上帝被设想成一个高明的几何学家和机器匠，使世界万物按数学法则作机械运动。当理性取代了上帝的时候，几何学方法也就成了最高方法。因此，理性主义者斯宾诺莎的重要哲学著作《伦理学》就是用几何学的方式写成的，即先确定定义、公则，然后推论出一系列命题的方式。事实上，这种先确定前提原则和一般准则，再推论出一般结论的方法，是一般理性主义者都使用的方法。② 这种方法最终导致了在民法典中设立总则。

这种把几何学方法捧上王座的哲学倾向对 19 世纪的立法产生了很大影响，从法国民法典定义繁多、条理分明、逻辑严密的行文方式中，不难看出几何学方法之运用的痕迹。几何学的那种不与具体事物相联系，凭借自身逻辑便能推演出诸多结论的魅力，更使使用这种方法的立法者加强了对自己认识能力与预见能力的自信。几何学简单明晰的特征，还使立法者认为通过这种方法达到将法典制定得明晰、严谨的目标是可能的。法国民法典的恩主和冠名者拿破仑曾当过炮兵军官，几何学是他不可或缺的知识。事实上，他曾一度摇摆于是当将军还是当几何学家的念头之间。他认为："将法律化成简单的几何公式是可能的，任何一个能识字并能将两个思想联系起来的人，都能做出法律上的裁决。"③ 此语既反映了几何学方法对立法者的影响，也反映了当时人们对于司法活动简单性以及立法者认识能力至上性的看法。几何学

---

① 参见陈宣良：《理性主义》，四川人民出版社 1988 年版，第 19~20 页、第 22 页。

② 参见陈宣良：《理性主义》，四川人民出版社 1988 年版，第 19~20 页、第 22 页。

③ See Jerome Frank, Law and Modern Mind, Transaction Publishers, 1963, p. 5.

的演绎性格更使大陆法系的司法程序成为地道的三段论演绎的过程。任何案件，哪怕它极为特殊，至少从理论上都可以从演绎一个法律条文的诸多结果中找到解决的方案。“一个拉丁文格言指出，在民法法系国家中，如果一个法律家不能依据成文法规则来支持他们的观点，那么他应感到羞耻”①，这正反映了上述情况。因此，在演绎中，法律的不周延性问题便不存在了。

4. 形而上学的思想方法。尽管自文艺复兴至19世纪，自然科学所取得的地质构造理论、进化论以及化学元素周期表的发现等成就完全可以成为建立一种将世界看作一个不断发展运动的过程的辩证哲学的思想材料，但历史的不断重复的不幸在于：自然科学成就的哲学意义总是要相当滞后才被发现，由哲学传导到法学更有相当的时间差。因此，19世纪（尤其是前半叶）欧陆的人们仍持一种形而上学的世界观，把世界看作静止的、不变的，把各门科学分割开来进行研究。这是对当时的社会发展相对静止之现实的反映，将决定着哲学的体系构造。笛卡尔的理性主义哲学明显地表现出包罗万象的倾向，它采取了本体论的形式，针对着认识论的问题，又包含伦理学的内容。理性主义者莱布尼茨的哲学体系亦是如此。这种哲学体系的最后一个代表是黑格尔（Georg Wilhelm Friedrich Hegel，1770—1831）哲学，他也建立了一个包罗万象的体系。这样的哲学体系在现代再也找不到了，对于现代哲学家来说，他们的哲学虽然与古代哲学一样，以“无限”为对象，却不再认为他们的哲学包含无限的内容。② 可见，包罗万象的体系同现代流动的、加速度发展的社会生活是矛盾的。上述将无限丰富和发展着的现实圈在一个大的、然而终究是有限的思维框内的形而上学思想方法，在19世纪欧陆诸法典中得到了最完美的体现，它们无不

---

① ［法］莱尼·达维（现多译为勒内·达维德）：《英国法和法国法》，潘华仿等译，中国政法大学法制史教研室印行，1984年版，第22页注1。

② 参见陈宣良：《理性主义》，四川人民出版社1988年版，第232页、第260页。

以包罗万象、建立庞大的体系为特征。包罗万象的体系之成立依赖于两个条件：（1）认识主体具有至上的认识能力，能够从感性的杂多中无一遗漏地发现真理，形成理性的观念系统；（2）现实是不变的，一旦被观念系统套住，它就凝滞不动了。舍此二条件，无法建立包罗万象的任何体系。19 世纪的人们，正是基于对这两个条件的确信建立了无所不包的体系。这正是一个体系的时代，恩格斯对此描述并嘲讽道："'创造体系'在当代德国并不是个别的现象，近年来在德国，天体演化学、自然科学、政治学、经济学等体系，如雨后春笋般地生长起来。最蹩脚的哲学博士，甚至大学生，不动则已，一动则至少就要创造一个完整的体系。"①

综上所述，19 世纪绝对严格规则主义的法典法，是建立在当时以绝对主义的认识论、用自然科学方法对待人文科学、重视几何学方法和形而上学的世界观为特征的理性主义哲学基础之上的。

五、对绝对严格规则主义的初步批判

绝对严格规则主义之不合理性已为 20 世纪立法实践对它的扬弃所证明，但要对其展开全面批判过于困难且为时过早，在后文中我将援引一些材料充分展开此问题。在此，我仅借用恩格斯的一段话对其形而上学思想方法的一面展开初步的批判。

在试图建立包罗万象的体系并宣称自己是终极真理的体现从而不再有发展的可能与必要等方面，绝对严格规则主义的法典法与黑格尔的哲学体系别无二致，完全有理由说，这种法典法是同时期的黑格尔类型的哲学在立法上的投影。因此，恩格斯对黑格尔体系的批评用之于法典法是恰当的。"黑格尔的体系……包含着不可救药的内在矛盾：一方面，它以历史的观点作为基本前提，即把人类的历史看作一个发展过程，这个过程按其本性来说是不能通过发现所谓绝对真理来达到

① 《马克思恩格斯选集》（第 3 卷），人民出版社 1972 年版，第 40 页。

其智慧的顶峰的；但是另一方面，它又硬说自己是这个绝对真理的全部内容包罗万象的、最终完成的关于自然和历史认识的体系，是和辩证思维的基本规律相矛盾的”①。因此，如同黑格尔的体系最终要流产一样，绝对严格规则主义的法典法也命定地要流产。后来对法典法进行的变革，便说明了这一点。

第四节　严格规则与自由裁量的结合

一、严格规则与自由裁量相结合主张的产生

绝对的自由裁量主义使人民失去安全，并破坏法治的统一。而绝对的严格规则主义又使法律陷入僵化而不能满足社会生活的需要，并牺牲了个别正义，因此，人们只得摆脱这两种极端主张而寻求严格规则与自由裁量相结合之路。亚里士多德最早提出了这方面的思想，他批判了乃师柏拉图的人治主张。柏拉图曾认为：“因为‘善的本体’产生了人和人性，所以人性是善的。”② 对人性本善的确信是他在早期思想中主张实际上是人治的绝对自由裁量主义的原因之一。的确，如果人是天使，根本用不着法律。然而人并不是天使，要破除以性善论为基础的绝对自由裁量主义，就必须证明人并非天使。因此，亚里士多德对柏拉图的批判从人性论开始。在人性论上，亚里士多德持理性与兽性相混合的人性说。他首先认为，人的本性在于理性，人能用理性支配自己的行为，控制自己的欲望，使行为合乎道德。“对于人，符合于理性的生活就是最好的、最愉快的，因为理性比任何其他的东西更加是人的本性”③。但人并非全受理性的支配，作为理性对立物的感

① 《马克思恩格斯选集》（第3卷），人民出版社1972年版，第64页。

② 姜国柱、朱葵菊：《论人·人性》，海洋出版社1988年版，第415页。

③ 北京大学哲学系外国哲学史教研室编译：《古希腊罗马哲学》，商务印书馆1961年版，第328页。

情也时常左右人的行为。“人，即使可以是聪明睿智的，然而他有感情，因此就会产生不公道、不平等而使政治败坏”①，因为人性中有自私的一面，“人人都爱自己，而自爱出于天赋”②。由此可见，亚里士多德持的是“一半是天使，一半是野兽”的人性论，他的思想中既有理性主义的一面，又有非理性主义的一面。正因为人性中有感情的一面，才必须实行法治，因为法律是“没有感情的智慧”，它具有一种为人治所做不到的公正特点。而如果实行人治，“让一个个人来统治，这就在政治中混入了兽性的因素”③，因为“虽最好的人们（贤良）也未免有热忱，这就往往在执政的时候引起偏向。法律恰恰正是免除一切情欲影响的神祇和理智的体现”④。“凡是不凭感情因素治事的统治者总比感情用事的人们较为优良，法律恰恰正是没有感情的”⑤，因此，“法律是最优良的统治者”⑥。法律之所以没有感情，乃是因为它是经过众人或众人的经验审慎考虑后制定的，感情可以左右个人，却很难左右多数人。因此，众人的意见同一个人或少数人的意见相比，具有更多的正确性，因为众人比少数人不易腐败。比起“在政治中混入兽性因素”的人治来说，实行法治有以下好处：1. 法律没有感情，不会偏私，具有公正性。2. 法律不会说话，不会像人那样信口开河，今天这样讲明天那样讲，因而具有稳定性。3. 法律是借助规范形式，特别是借助文字形式表达的，具有明确性。⑦ 第一点讲的是法律的普遍性。第二点、第三点讲的是法律的确定性，恰是法律的两个技术性

---

① 法学教材编辑部《西方法律思想史》编写组：《西方法律思想史》，北京大学出版社 1983 年版，第 10 页。

② 武树臣：《亚里士多德法治思想探索》，载《法学》1985 年第 5 期。

③ ［古希腊］亚里士多德：《政治学》，吴寿彭译，商务印书馆 1983 年版，第 169 页。

④ ［古希腊］亚里士多德：《政治学》，吴寿彭译，商务印书馆 1983 年版，第 163 页。

⑤ ［古希腊］亚里士多德：《政治学》，吴寿彭译，商务印书馆 1983 年版，第 171 页。

⑥ ［古希腊］亚里士多德：《政治学》，吴寿彭译，商务印书馆 1983 年版，第 171 页。

⑦ 参见法学教材编辑部《西方法律思想史》编写组：《西方法律思想史》，北京大学出版社 1983 年版，第 52 页。

特点，而这两个特点，依亚里士多德的逻辑，又都是针对人的兽性的一面而设计的。行文及此，我难以自禁地要脱离论述去表达对亚里士多德的崇敬。现代人思考的一切问题很难找到他没有思考过的，因此，几乎任何现代的思想都可在他的渊博体系中找到自己的萌芽。他是那样早地提出了法律是防范人性弱点工具的思想，我们比他又迟了一步。

柏拉图人治论的另一哲学根据是他的否定个别中包含着一般、殊相中有共相的理念说。他设定了现象世界和理念世界两个世界。在他看来，地上的事物不过是天上的理念在尘世的影子，有多少种事物，也就应该有多少种理念，甚至理念的数目要比具体事物更多。① 在这里，切不可将理念理解为概念或范畴，因为概念和范畴具有对客体进行抽象概括的意义，它们是个别中的一般、殊相中的共相。而在柏拉图的理念与现象的关系中，前者并不是对后者的抽象和概括，而只是一一地与后者相对应而已。因此，理念说尽管可作为自然法思想的最初渊源之一具有革命性的意义，但它却否定了个别中存在一般、殊相中存在共相。引申到法律观上，其逻辑的结论必然是否定类的调整或规范调整之可能性，而只承认个别调整。换言之，具有规范调整根本特性的法律无存在的必要，只有具体命令才有必要存在。因为具体事物总是个别的，那么只有完全因时因事施事的人治才是对之调整的适当方式。这正是柏拉图否定法治、主张人治的主要理论基石。因此他才会认为，“人们之间和他们行为的差异，以及人事中的无限的不规则的活动，都不允许有一种普遍和单纯的规则，并且没有任何技术能够制定出一种能应付千变万化的原则”②，因此他才会认为，“法律是刻板和固定的，不能适应变化的情况，不能应用于每一个特殊事例”③。

---

① 参见朱德生等：《西方认识论史纲》，江苏人民出版社 1983 年版，第 43 页。

② 法学教材编辑部《西方法律思想史》编写组：《西方法律思想史》，北京大学出版社 1983 年版，第 36 页。

③ 法学教材编辑部《西方法律思想史》编写组：《西方法律思想史》，北京大学出版社 1983 年版，第 36 页。

亚里士多德批判了柏拉图的理念说，在哲学史上最早做出了结合一般与个别的努力。他“一方面承认个体，即具体感官对象的实在性；另一方面也开始认识到共相或观念是第二性的实在”①。他对理念说批驳道：“把所谓理念当作具体事物形成的原因，增加了研究问题的复杂性……理念的数目会远远大于事物的数目，因为对于每一个具体东西来说，不仅要有一个同名而又独立存在的理念与之相应，同时还要有许多其他的理念。例如，对于一个人来说，不仅要有‘人’这个理念，还要有胖的或瘦的、高的或矮的、黄种或白种等许多理念。所以，关于理念的假说不仅不能解决困难，而且将增加困难。”② 他主张建立对客体进行概括的范畴来取代理念作为对客观事物本质的说明并建立了十个这样的范畴。他的范畴论以个别具体事物为对象，并企图以一个范畴系统对具体事物的多方面存在作全面的逻辑规定。③ 在他看来，柏拉图的最主要错误，在于割裂了个别和一般。他认为否定了一般、共相就不可能有知识。在个别、特殊之中，存在一般、共相。④ 建立了对一般、共相的承认这一哲学基点，对法治的承认就是必然之事，因为法治就其主流而言，就是利用事物存在着一般性和共相的特点对其实行能带来效率的规范调整或类的调整。因此，在亚里士多德关于一般与个别关系的论述中，我们看到了严格规则主义成立的理论可能性。

但是，亚里士多德并非无条件地主张法治或严格规则主义，他所认为的法治“应包含两重意义：已成立的法律获得普遍的服从，而大家服从的法律又应该是本身制定得良好的法律”⑤。因此，良好的法律是法治的基本前提。然而，基于事物的一般性和共相得以成立的法治

---

① ［英］W. C. 丹皮尔：《科学史及其与哲学和宗教的关系》，李珩译，商务印书馆1975年版，第74页。

② 朱德生等：《西方认识论史纲》，江苏人民出版社1983年版，第51页。

③ 参见朱德生等：《西方认识论史纲》，江苏人民出版社1983年版，第58~61页。

④ 参见朱德生等：《西方认识论史纲》，江苏人民出版社1983年版，第58~61页。

⑤ ［古希腊］亚里士多德：《政治学》，吴寿彭译，商务印书馆1983年版，第199页。

在面临事物的个别性和殊相时便会窘态百出，法律因之成为恶法，这种现象却是能为亚里士多德的理论体系所容纳的。他并不认为存在什么普遍的、绝对的、永恒的善，他认为“一般存在于个别之中，善本身只存在于个别的具体的善之中，善在不同对象、不同关系、不同条件、不同时间地点其表现也不同”①。正是因为个别性常常会在一般性中探出头来，为了使法律在每一个具体场合都成为良法，亚里士多德不得不向柏拉图靠近一步，承认“完全按照成文法统治的政体不会是最优良的政体，因为法律只能订立一些通则，不能完备无遗，不能规定一切细节，把所有问题都包括进去。而一个城邦的事务又是非常复杂且经常变幻的，法律不可能及时地适应这个需要。所以还得让个人根据理智进行审裁处理国家事务，包括对法律的修改和补充，可见‘人’仍然是有作用的，不应当完全否定”②。在这里，我们又看到了自由裁量主义成立的理论可能性。在法治中人仍然具有作用，法治必须以一定的人治作为补充，这就是亚里士多德的结论。在一般性和共相的王国中，严格规则主义之花可以竞相怒放；在个别性和殊相的王国里，自由裁量主义之花亦不应凋零，亚里士多德的智慧正在于确定了依事物性质为转移的严格规则主义与自由裁量主义的共存条件。他基于严格规则与自由裁量的结合提出了衡平法的主张，认为在司法时，如果法律规则的一般性和刚性在个别案件中导致非正义，可用衡平法的方法加以解决。他将衡平法定义为“当法律因其太原则而不能解决具体问题时对法律进行的一种补正”。法律所考虑的是多数案件，亦即典型的和一般的情形，但法律对特殊的情况却无法加以说明，在独特的案件中常常不能做到公正。如果出现了这种情况，法官便可背离法律的字面含义，站在立法者的立场设想其对此情况将如何处理，根据

① 姜国柱、朱葵菊：《论人·人性》，海洋出版社 1988 年版，第 418 页。

② 法学教材编辑部《西方法律思想史》编写组：《西方法律思想史》，北京大学出版社 1983 年版，第 53 页。

这种推知的立法者意图作出判决。[①] 请注意，此语与德国民法典第 1 次草案第 1 条、瑞士民法典第 1 条第 2 款之规定何其相似！在这些条文出现之前的 2000 多年，我们便听到了它们的先声。但是既然人有着兽性的一面，而为了顾及事物的个别性与殊相又不得不冒把这兽性的一面引入法律的运作过程中来的风险，那么如何防范其可能的危害呢？亚里士多德提出了解决方法。他认为：如果具体法律规范在执行时可以根据情况加以改变，那么法律的精神、法律的原则在任何情况下都是不能改变的，都必须加以遵守和执行，[②] 以此防范法治因引入危险的人的因素遭到崩溃。

亚里士多德以衡平法处理法律局限性的方案产生了很大影响，在罗马法和英美法中都可找到其实践形式。

二、罗马法模式

自十二表法的颁布（公元前 451 年）至优士丁尼法典编纂（公元 533 年完成），罗马法的时间跨度将近 1000 年，不可能对罗马法协调严格规则与自由裁量两种因素的模式作一言以蔽之的说明。不过，将严格规则与自由裁量两种因素的不同比重作为依据对罗马法进行分期，我们的分析便可取得一个可靠的基点。一般认为，公元前 4 世纪的罗马法处于严格法阶段，具有形式主义、僵硬性、不变性等绝对严格规则主义的特征。盖尤斯（Gaius，约 100—180）所举的一个例子可很好地说明此。在这一时期，当某人因葡萄藤被砍倒而起诉时，他可能败诉，因为十二表法中规定的是“不法砍伐他人树木的，每棵处 25 阿斯的罚金”（第八表第 11 条），而原告起诉时讲的却是葡萄树被砍倒。[③]

---

① 参见［美］埃德加·博登海默：《法理学：法哲学及其方法》，邓正来、姬敬武译，华夏出版社 1987 年版，第 11 页。

② 参见法学教材编辑部《西方法律思想史》编写组：《西方法律思想史》，北京大学出版社 1983 年版，第 51 页。

③ 参见沈宗灵：《现代西方法律哲学》，法律出版社 1983 年版，第 89 页。

严格规则主义之严格连“树木”与“葡萄树”之间的属种关系都否定了。此一时期的诉讼更采取严格的形式主义原则，当事人必须严格遵守一定的形式，无论是措辞、举动、方式都必须符合规定，错了就会败诉。[①] 自奥古斯都（Augustus，公元前 63—公元 14）至公元 3 世纪初的古典时代，罗马法处在衡平法和自然法的阶段，具有强调法律和道德的一致性，注重实质而不是仅注重形式，注意法律之精神而不是其文字等特点。[②] 在此一时期，罗马法实现了严格规则与自由裁量的结合，并将这种状况一直延续到优士丁尼法典编纂。

在衡平法时期，罗马法是怎样通过严格规则与自由裁量的结合来克服法律的局限性的呢？首先必须说明的是，罗马人极为保守，他们保留着氏族组织的传统观念，认为作为一国一民族的法律传统是不可动摇的，因而也是不能修改的。由于罗马是“永恒的城”，作为城市国家的法律也必定是“永恒的”，因而“永恒的法律同样是不可改变的”[③]。因此，在罗马历史上很难找到彻底改变旧法、另起炉灶的事例，连优士丁尼的法典编纂也不是同过去告别，而只是对 1000 多年来的罗马法进行整理，创新的比重不大。但罗马法并未因这种保守性思想基础而不能很好地调整社会生活关系。从政治上看，它历经了王政、共和、帝政专权与帝政分权 4 个时期。从经济上看，它历经了农业经济、商业经济两个阶段，在漫长的历史时期中经历了如此大的变故，它却并未曾失过手，原因在于一直有一种机制悄悄地推动着罗马法向前演化，消除着法律对社会生活新因素的抗力，使可能的剧烈革命化解为点滴的改良。这种机制就是罗马法中的独特的法律渊源体制。

罗马法的法律渊源体制以多元化为特征，包括习惯、告示、元老

---

① 参见《罗马法》编写组：《罗马法》，群众出版社 1983 年版，第 332 页。
② 参见沈宗灵：《现代西方法律哲学》，法律出版社 1983 年版，第 90 页。
③ 《罗马法》编写组：《罗马法》，群众出版社 1983 年版，第 17 页。

院决议、平民会决议、法律、帝敕、法学家解答等7种。[1] 这就意味着罗马存在着7种立法主体。习惯是社会共同行为的产物，它最贴近社会生活的脉搏，将之作为法律渊源，为克服法律的滞后性提供了充分的条件。不同的立法主体中有些在阶级利益上是对立的（如平民会与元老院），它们各自的决定都能取得法律的地位，使法律的阶级对立性减缓了。不同的主体从不同的角度制定法律，使法律的不周延性有可能消除。罗马法中的法律局限性问题，更主要的是依靠告示（后来是帝敕）和法学家解答来解决的，因此，应特别强调这两种法律渊源对罗马法实现与时俱进的任务的作用。

（一）裁判官告示的自由裁量因素

告示主要是裁判官就任时发布的施政纲领。在罗马，裁判官始设于公元前386年，除具有行政、军事职掌外，还管理罗马公民间的诉讼案件，故又称内事裁判官。后来为适应社会发展和经济交往的需要，又于公元前242年设外事裁判官。外事裁判官的设立对于弥补市民法的不足、发展万民法起到了决定性的作用，故其可谓罗马法发展的一个里程碑。所以罗马法学家马尔西安（Aelius Marcianus，约193—约235）说："裁判官法是罗马法的生命之音"（D.1，1，8）。这种效果之达成，乃是因为裁判官法剔除了形式主义、僵化、刻板的部分旧市民法，吸收了地中海沿岸各国的优良习惯法，并根据其个人的公允正义观念、法的精神而不是法的条文、运用衡平的手法进行裁判。正是这种衡平手法的运用以及对外国合理立法例的吸收，使罗马法在一直奉古老的十二表法为源头的条件下，又能随机应变，满足社会生活对之提出的新要求，使其不断进化，发展为世界性的法律楷模。根据各种资料，从整体上看，裁判官的衡平活动，主要致力于使罗马法由农业社会的法向商业社会的法转化。试举数例说明此点。

---

① 参见［古罗马］优士丁尼：《法学阶梯》，徐国栋译，中国政法大学出版社1999年版，第17页。

1. 裁判官创设扩用诉权允许债权让与。在农业经济基础上产生的市民法认为债是特定人间的关系，明显地附从该特定人的人身及信任，所以从来不认可债权让与。如果债权人将其权利让与，依市民法，诉权并不随同移转，受让人无权对债务人起诉。但随着罗马社会经济的发展和市场经济成分的增加，这种固着的债权关系渐渐地不能适应复杂的社会经济需要。裁判官遂利用正式诉权，扩大其正常适用范围及于法律所未预见而需要补救的事件，而创设扩用诉权，相应地变更书面程式的内容，指示法官在进行审判时把受让人视同真正的债权人，根据扩用诉权向原债务人起诉。运用这种颇类似于现代的具有立法性的扩张解释的方式，解决了经济生活中迫切需要解决的问题。

2. 裁判官创立塞尔维尤斯诉权和准塞尔维尤斯诉权建立抵押制度。现代民法中的抵押权制度并非始自罗马，而是起源于希腊。罗马法中的抵押权制度是由裁判官改造旧有的质权制度发展起来的。罗马法中的质权先由信托质权开始，它要求出质人将质物的所有权转移给质权人，但保留对质物的占有。后因其存在缺陷，由物件质权所取代。质权人由此取得占有质物的权利，但对质物无所有权。然而由此造成出质人的种种不便。在租赁土地的情况下，承租人要交付辅助土地的生产要素（instrumentum fundi，如耕畜、奴隶、耕作器具）的所有权移转于债权人和出租人作为支付租金的担保。但交付辅助土地的生产要素后，承租人就无法耕作。公元前 65 年的裁判官塞尔维尤斯·苏尔毕丘斯·路福斯（Servius Sulpicius Rufus，约公元前 106—公元前 43）遂创立一种诉权，采用变通的方法，允许不交付辅助土地的生产要素而设立抵押。如果届期债务不能清偿，抵押权人可以提起对物诉讼，扣押提供担保的物件。这种保护抵押权的诉权遂叫作塞尔维尤斯诉权。继之创立准塞尔维尤斯诉权，用之类推适用于其他债权人就质物或抵押物提起的诉讼，形成了不转移所有权及占有的抵押权制度，满足了经济生活的需要。

3. 裁判官提高血亲的地位。宗亲构成市民法上家庭的基础。这种家庭包括家父和所有在他权力之下的自由人。他们有：（1）主母。是家父之妻，由于有夫权婚姻而处于家父权力下，与女儿同等看待。如系无夫权婚姻，则她仍隶属母家；（2）家子和家女。是家父在合法婚姻关系中所生的子女，或他所收养的子女；（3）归顺夫权的媳妇（与孙女同等看待）；（4）孙儿女。是儿子的亲生或家父所收养的，以及孙子的归顺夫权的妻室。以上这些人是家父的宗亲，他们相互间也存在宗亲关系。一旦家父把他们置于家父权之外而使之脱离家庭，他们即终止为宗亲，从而丧失一切继承权，也免受监护和保佐的负担。早期罗马市民法所保留的这种宗亲制度是父系氏族社会痕迹的残留，它排斥血亲，对母系亲属不利。血亲是血统上的联系，主要是母系亲属，也包括脱离宗亲关系的父系亲属。从共和末期起（公元前1世纪），由于氏族制度逐渐灭亡，旧时的家庭基础也必然发生动摇，血亲的法律地位开始有了改善。裁判官最早承认血亲在继承和监护上有一定地位，他们相互间也有扶养义务。随后元老院、最后皇帝都作了这种承认。公元544年，优士丁尼废止宗亲，从此罗马法上的家庭才完全建立在血亲关系基础上。

例如，根据市民法，被解除家父权的子女无任何继承权，他们不是自权继承人，因为他们已不再处于家父权力之下，不是宗亲。而且根据十二表法，他们也并无任何其他根据继承遗产。但他们仍是家父的血亲，因此，裁判官本于自然公正之道，赋予他们“给予子女”的遗产占有权，完全如同在家父死亡之时他们处于其权力下一样，不论除他们之外是否另有自权继承人。① 遗产占有制度就这样由裁判官创立起来，目的仅在于修正不合理的古法。

总之，共和时期中，法律在罗马人的法令宝库中远不占有优越的

---

① 参见［古罗马］优士丁尼：《法学阶梯》，徐国栋译，中国政法大学出版社1999年版，第281页。

地位，它只涉及罗马人生活中一个相当有限的范围。罗马人依靠其十分奇特的司法组织，使诉讼程序成为法律进步的巨大动力。[①] 在这一过程中裁判官起着决定性的作用，由此使罗马法成为自由裁量主义的判例法，使这一时期的罗马法极为相似于现在的英美法。莱尼·达维（现多译为勒内·达维德）指出，"公元2世纪盖尤斯撰写他的著名的《法学阶梯》时，罗马法也是判例法"[②]。"在古代罗马最早的时候，法律也曾在实质上是程序法。在那里，诉讼程式具有至高无上的重要性"[③]。埃利希更把英国的法官比之为罗马的裁判官。[④] 但是，至帝政时期情况发生改变。公元130年，法学家萨尔维尤斯·尤里安（Salvius Julianus Aemilianus，约110—约170）根据阿德里亚努斯（Publius Aelius Traianus Hadrianus Augustus，76—138）皇帝的委托，将继续有效的原先的裁判官告示汇集成统一的简明法典，并由此编成永久告示，经过阿德里亚努斯批准，这部告示成为帝国法律的基础，对它作补充是皇帝独有的权力，原先的裁判官的司法职权受到限制，而由称为"法官"（judices）的委任官吏组成新的法庭，法官受皇帝所任命的市长官（市首长）的监督。[⑤] 由此裁判官的衡平立法权被剥夺，该权力尽移转于皇帝。这就使告示作为推动罗马法前进的重要力量的角色停止了，同样的角色改由敕令承担，罗马法由司法经验主义或司法至上

---

① 参见［法］亨利·莱维·布律尔：《法律社会学》，许钧译，上海人民出版社1987年版，第67页。

② ［法］莱尼·达维（现多译为勒内·达维德）：《英国法和法国法》，潘华仿等译，中国政法大学法制史教研室印行，1984年，第26页。要指出的是，通说认为盖尤斯的《法学阶梯》发表于161年。

③ ［法］莱尼·达维（现多译为勒内·达维德）：《英国法和法国法》，潘华仿等译，中国政法大学法制史教研室印行，1984年版，第55页。

④ 参见［日］高柳贤三：《英美法源理论》，杨磊、黎晓译，西南政法学院印行，1983年版，第57页。

⑤ 参见［前苏联］B. H. 狄雅可夫、C. H. 科瓦略夫主编：《古代世界史》（古代罗马部分），吉林师范大学历史系世界古代史及中世纪史教研室、祝璜、文运译，高等教育出版社1959年版，第262页。

转变为立法至上。由于司法最为直接地贴近社会生活，这样的改变从理论上看是要使罗马法陷入僵化的，但事实上并未发生这种结果。这乃是因为敕令是一种极为敏捷的立法方式，它一般是针对司法中提出的新问题做出的，兼具命令和法律的性质并兼二者之利，它对既有的法律扩大或限制其适用范围，或直接取代旧法另立新规。因此，它也是一种自由裁量主义的衡平性立法方式，取代了告示继续起着推动罗马法前进的作用。试举数例说明此点。

（二）敕令的自由裁量因素

1. 敕令建立代理制度。罗马公民不得由人代理，这是市民法上的一大定理。在多数罗马法著作中，我们都找不出有关代理制度的论述。在罗马法中，只有家父有完全的行为能力，可以为法律行为，其他人概无此种能力。这在罗马是个小城邦的地理条件和农业经济的条件下，并不会给人们带来不便。但在罗马已成为横跨欧亚非三洲的大帝国和经济实现商业化之后，事务繁巨、路途远隔，家父难以事事躬亲。时代呼唤着代理制度，代理制度亦应呼而出。首先在万民法行为上，可以通过事务经管人为之。塞维鲁斯（Septimius Severus，145—211）皇帝以敕令规定可通过自由人进行占有，效力归及于家父。①

2. 敕令使遗嘱形式简化。罗马市民法的遗嘱形式极为复杂，在制订铜衡式遗嘱时，要求有 7 个证人到场，说一定套语，履行一定仪式，遗嘱方得有效成立，造成极大不便。由于至帝政时代，人们往往长途旅行，在途中难以订立严格程式化的遗嘱，只得求诸留下简易的遗言。路丘斯·伦图鲁斯（Lucius Cornelius Lentulus Crus，公元前 97—公元前 48）在非洲临终时，留下了经遗嘱证实的小遗嘱，得到了奥古斯都皇

① 参见［古罗马］优士丁尼：《法学阶梯》，徐国栋译，中国政法大学出版社 1999 年版，第 171 页。

帝的认可，由此开简化遗嘱形式之风。[①]

由上可见，在罗马法的不同阶段，告示和敕令分别是重要的自由裁量因素，大大地缓和了市民法严格规则的僵硬性。除此之外，法学家的解答也起着同样的重要作用。在罗马法的衡平法和自然法阶段，尤其是在塞维鲁斯朝，由于法学家的作用，帝国的立法比任何时候都更为合乎人情。这个时期的大法学家如帕比尼安（Aemilius Papinianus，142—212）、乌尔比安（Domitius Ulpianus，约 170—约 228）和保罗（Iulius Paulus，生卒年月不详）等人，都能自由发挥他们所赞成的人道主义思想，即法律对于人人平等并有责任保护一切人的生命、特别是保护弱者和贫者这种思想，罗马法因此最后一次显示了自己最崇高和最光辉的一面。[②] 达到如此效果的奥秘在于，罗马法学家利用自己的立法权摈弃了严格规则主义，对法律进行了极为自由裁量主义的解释。罗马著名法学家留下了这样的名言："罗马法学最盛时代，凡解释法律者，不拘文字，而重法律之精神。"[③] 这是对当时法学家工作风格的记录。他们由此矫正了市民法的许多弊端，使法律与时俱进。"在旧法律与新的社会政治状况之间已出现了一些矛盾，正是这时候就应用新的解释使旧法律能够适应新情况"[④]。试举数例说明此点。

（三）法学家解释的自由裁量因素

1. 法学家解释使家子成为自权人。十二表法第四表第 2b 条规定禁止家父 3 次出卖儿子。家父一旦 3 次出卖儿子，他即丧失对其子的家父权。这一规定的目的在于惩罚随意卖儿罪。然而，罗马发展到商

---

① 参见［古罗马］优士丁尼：《法学阶梯》，徐国栋译，中国政法大学出版社 1999 年版，第 269 页。

② 参见［美］M. 罗斯托夫采夫：《罗马帝国社会经济史》，马雍、厉以宁译，商务印书馆 1985 年版，第 567 页。

③ 法学教材编辑部《西方法律思想史》编写组：《西方法律思想史》，北京大学出版社 1983 年版，第 71 页。

④ 《马克思恩格斯全集》（第 6 卷），人民出版社 1964 年版，第 274 页。

业经济时期后，仅由家父作为民事主体不敷需要，经济生活要求扩大有行为能力者的范围。但根据市民法，只要家父在世，家子将无法获得自主权。罗马早期法学家想到了一个巧妙的解决方法，即曲解十二表法的规定，既然家父 3 次出卖儿子即丧失家父权，那么要想赋予儿子以自主权，就假装连续 3 次将儿子卖给一个朋友，然后由朋友赋之以自由。就这样，人们并没有改变受特别尊重的十二表法原条文的一个字，而通过巧妙的解释，达到了与其原意差不多相反的目的，满足了经济生活的需要。[①]

2. 法学家解释使一定情况下的皇库财产可依时效取得。罗马古法规定，皇库的财产不能以时效取得。但帕比尼安的解释认为：在皇库未获得关于绝产的报告前，诚信买受属于这项财产一部分的人，可依时效取得之。后来，皮尤斯（Antoninus Pius，86—161）皇帝的敕答以及塞维鲁斯·安东尼努斯（Severus Antoninus Augustus，188—217）皇帝的敕答采纳了帕比尼安的上述解释。[②]

由上可见，在优士丁尼法典编纂之前，罗马法凭借其独特的法律渊源体制，主要依靠告示、敕令和法学家解答 3 条渠道达到一个共同的目的，即无须改变旧法规范，甚至在丝毫不触及旧法形式的条件下，根据当时已经变化并正在迅速变化的经济生活条件，对许多需要调整和司法保护的社会关系和社会现象，只要运用灵活简便的原则指导司法审判实践，或颁布新的敕令，或对法律做出符合社会生活要求的解释来影响司法活动，便能弥补旧法的不足，同时推动罗马法发展，将新因素悄悄地渗透到旧法形式中去，悄悄地改变着罗马法的面貌，[③]完成了罗马法保守性与灵活性、确定性与适应性的统一。这种处理法

---

① 参见［法］亨利·莱维·布律尔：《法律社会学》，许钧译，上海人民出版社 1987 年版，第 72 页注 2。

② 参见［古罗马］优士丁尼：《法学阶梯》，徐国栋译，中国政法大学出版社 1999 年版，第 153 页。

③ 参见《罗马法》编写组：《罗马法》，群众出版社 1983 年版，第 17 页。

律局限性的严格规则与自由裁量相结合的模式与英美法极为相似，具有很大的合理性，使罗马法在如此长的时间跨度和如此大的历史跨度中始终保持对社会生活的适应关系，在保守主义的外表下不断进化而趋于成熟、合理化。

饶有兴味的是，法典编纂总是同绝对的严格规则主义相联系，大陆法系历史中仅有的两次大规模法典编纂——优士丁尼的法典编纂与19世纪欧陆诸国的法典编纂——的现实，无不证明上述结论，这使得我很难不把一定意义上的法典法与绝对严格规则主义相等同，或者说同立法者的狂热自信以及作为其后果的法律退化相等同。优士丁尼的法典编纂使罗马法失去了其体系中的灵活性或适应性因素，使其演变为绝对严格规则主义的模式。应该说，这种方向的努力早在优士丁尼之前即已开始。阿德里亚努斯皇帝命令尤里安颁布永久告示，剥夺了裁判官的衡平立法权，便扼杀了罗马法中的生命之音，但幸喜迅捷灵活的敕令承担了同样的角色，使罗马法保持继续发展。公元426年，狄奥多西二世颁布引证法，明令只有帕比尼安、盖尤斯、乌尔比安、保罗、莫特斯丁（Herennius Modestinus，生卒年月不详）五大法学家的解释具有法律效力，这就切断了罗马法的另一线源头活水。引证法颁布之日，也就是罗马法学停滞之时，以往那种法学繁荣的局面也就不复存在了。[①] 优士丁尼不过是把其先驱者做过的一切做得更为彻底而已，他的法典编纂旨在制定包罗万象的法典，以严格规则根除任何自由裁量因素，为法官提供一切问题的答案，实现法律渊源的一元化。此举的有害后果在优士丁尼生前即已表现出来。他编纂的民法大全包括法学阶梯、学说汇纂、法典和新律4个部分，前3个部分较早出炉。在它们完成之后，他认为其倾力编纂的这3部法律文件已能将既有的社会关系囊括无遗，新的立法暂时不再有必要。因此，在司法中他只

① 参见《罗马法》编写组：《罗马法》，群众出版社1983年版，第17页。

允许参考他组织编订的3部法律文件，还禁止对其编纂的法典作任何评注，以免给法律造成混乱，但对精彩部分进行解释性评注的除外。尽管他承认可能出现“没有被法律的绳索套住的交易”，甚至暗示了将来要编订《新律》，但他不允许法官以自由裁量解决之，而是要他们把这些问题上报皇帝解决。[①] 拿破仑在近1200年后，几乎重复了所有这些措施。伟大的法典编纂者总是相似的，他们的法典的结局也是相似的。优士丁尼在主持法典编纂时曾经认为，通过此举可以将罗马法固定下来，似乎可以一劳永逸了，但是，现实生活的发展证明他这种静止的眼光是错误的，只要社会生活还在发展变化，就需要有新的立法来调整。面对这种情况，优士丁尼在法典编纂告竣后不得不改变以往的想法，继续寻求补充法典不足的途径，最终又颁布了168项敕令改进与私法有关的旧的法律制度，在其死后由法学家汇编颁行，是为《新律》。因此，优士丁尼的绝对严格规则主义在其开始尝试不久即亲尝苦果。

从历史来看，罗马法经过了严格法——衡平法——严格法的周期性发展。罗马法模式的演变史告诉我们：什么时候适当吸收自由裁量主义，罗马法就什么时候兴旺发达；什么时候排斥自由裁量主义，罗马法就什么时候没落。罗马法在现代世界法律体系之林中的崇高地位是由其在衡平法阶段的发展奠定的，这是不争的事实。第二次严格法导致了罗马法的衰落，但19世纪欧陆诸国恰巧继受的就是第二次严格法时期的罗马法。这是历史的不幸，拉丁民族的衡平法传统没能由自己的子孙继承，倒由日耳曼人的后裔继承了。

---

① 参见《优士丁尼关于〈学说汇纂〉的批准的Tanta敕令》，程虹译，载梁慧星主编：《民商法论丛》第10卷，法律出版社1998年版，第834~835页。另参见《关于优士丁尼法典及其第二版的修订的Cordi nobis敕令》，范敏译，载徐国栋主编：《罗马法与现代民法》第1卷，中国法制出版社2000年版，第63页。

三、英美法系模式

英美法系以英国为发祥地，且英美两国在法律的根本性方面别无二致，因此，论及英美法的一般问题，说明英国的情况就够了。英国人“虽然与世隔绝，并且很迟才有文化知识，但他们获得的关于古代的知识却至少和在长期以来成为世界中心的罗马所能收集到的同样丰富”①。因此，亚里士多德的衡平法思想肯定作为其着力吸收的古代文化的一部分，对英国产生了影响，并在那里得到了发展。博登海默（Edgar Bodenheimer，1908—1991）将英国的衡平法称作亚里士多德式的矫正剂，② 正说明了英国衡平法与亚里士多德有关理论的渊源关系。

（一）克服法律不合目的性的尝试——英国衡平法的产生

英国的普通法以诉讼为中心，在这种体制下，当事人在什么情况下可以通过诉讼求得法院的救济，遂成为法律的核心问题。依英国早期的制度，当事人请求保护权利须以诉讼开始令状为根据。这是由大法官以国王名义发出的命令被告人履行其中明示的请求、或不履行时令其出庭答辩而交由郡治安法官执行的国王命令状。12 世纪中期，出现了某种定型化的开始令状形式。在当时王室法院与封建领主法院并存的条件下，开始令状的增多，意味着前者管辖权对后者管辖权的蚕食，激起封建领主的反对。他们在国会中的代表便于 1258 年制定了牛津条例，禁止大法官未经国会许可以行政惯例的形式发放新的开始令状。对这种禁令的不满导致了 1285 年的第二威斯敏斯特条例的产生，其规定：“如某一案件获得命令状，而应适用同样法律、应予同样救济的同样案件未获得命令状时，允许按类推原则发给命令状”③。这实际

① ［法］伏尔泰：《路易十四时代》，吴模信等译，商务印书馆 1982 年版，第 495 页。

② 参见［美］埃德加·博登海默：《法理学：法哲学及其方法》，邓正来、姬敬武译，华夏出版社 1987 年版，第 445 页。

③ ［日］高柳贤三：《英美法源理论》，杨磊、黎晓译，西南政法学院印行，1983 年，第 9 页。

上是基于“同样情况须得同样处理”的原则进一步发放新的令状，扩大王室法院的管辖和救济范围。但该条例的实效有限，因为根据这一条例获得新的救济的只限于少数案件。至14世纪左右，法院本身的态度变得比12—13世纪保守。由于固守先例原则，即使大法官发出新的令状也难以得到承认，因而大法官总是不轻易发出新的令状。这样一来，令状的体制明显地固定化了，以致出现了实质上的司法拒绝，因权利不具有相应的令状即不受保护，造成了许多权利得不到法律保护的局面。

于是，有权利因不具有相应令状而得不到救济的人们只得向被认为是“公平”“正义”源泉的国王请愿。他们认为，由于司法上的缺陷，才使正当的救济要求遭到拒绝，“为了寻求上帝的博爱与慈悲”，他们才转而向国王请求救济。这类请愿书日益增多，国王遂命令大法官处理此类案件，组成了以僧侣为成员的衡平法院，使受普通法严格、僵硬程序排斥的此类案件的当事人得到司法救济。衡平法院的设立是一个重大的历史事件，其意义犹如罗马法中设立外事裁判官之意义。“一位比较法学者曾经说过，如果英国从来没有一个衡平法院的话，那么今天的大陆法系和普通法系也就相差无几了”①。对无令状案件给予司法救济，意味着对普通法程序之严格性的缓和。所以，英国的衡平法，首先应看作为缓和严格的诉讼程序而产生的。

在实体审理上，衡平法院以良心法庭的面目开展活动，换言之，大法官审理各种案件，不是依据严格的规则，而是依据案件的具体正义性，这就是“非法律性裁判”。约翰·塞尔登（John Selden，1584—1654）在其所著的《桌上闲谈》中写道：“在普通法中有一个尺度，而衡平则是按照大法官脚的长短来定的”②。这是对衡平法院实体审理

---

① ［美］约翰·亨利·梅利曼：《大陆法系》，顾培东、禄正平译，法律出版社2004年版，第52页。

② ［日］高柳贤三：《英美法源理论》，杨磊、黎晓译，西南政法学院印行，1983年，第15页。

活动特色的形容。因此，从实体上看，衡平法是极为趋向于自由裁量主义的。这与大法官曾由僧侣、并且是作为国王忏悔师的僧侣组成有关，他们可能被认为是天使而不需防范。衡平法院的活动结晶为衡平法，虽然它们后来逐渐地实现了法规化、系统化、技术化，但它们对自然正义、最大限度公平大力强调的指导理论始终未变，表面上的道德色彩有所加强，而且还更广泛地承认自由裁量权。① 因此，从实体上看，衡平法也是对普通法严苛性规定的补救。总之，衡平法的产生，建立了以普通法和衡平法为内容的二元立法机制，类同于罗马法中的市民法与裁判官法的二元立法机制，以人的因素补充了规则因素之不足，大大缓和了普通法的严格性，促进了普通法朝公平的方向发展，朝克服法律的不合目的性迈出了一步。

（二）确定与灵活的统一②

在一般观念上，英美法系国家也承认法律的确定性，以使法律在可能范围内使人们了解他们应有的权利和义务，使他们尽量在考虑到法律后果的前提下去筹划他们的行为。但是，“确定”的范围有一定限制，这就是“确定”必须是可能的，而且“确定”仅是许多重要法律原则中的一个，它有时同其他法律原则发生冲突。“确定”往往意味着僵化，已经“确定”了的法律适用于已经变化的情况或处理特殊的案件就将发生困难。在英美法系中，确定性是作为与灵活性相对立的法律原则存在的，彼此互相制约。相形之下，在大陆法系中，“确定”则是最重要的法律原则，灵活只是在为防止法官创法而设的复杂程序中，为解决一系列问题才偶尔用到。总之，大陆法系为了法的确定而抛弃了灵活，而英美法系则倾向于在确定与灵活之间采取折中的

---

① 参见［日］高柳贤三：《英美法源理论》，杨磊、黎晓译，西南政法学院印行，1983年，第15页。

② 本次目的理论构架，主要参考了高桐先生的研究成果，参见其《法律的确定性与适应性：英国模式》一文（载《比较法研究》1988年第2期），特此致谢。

态度。①

在英美法系模式中，从宏观上看，法律的确定性和灵活性分别由判例法和制定法承担。但从微观上看，判例法和制定法又起着与其宏观形象相反的作用。判例法和制定法在不同层次的不同作用下，组成了协调法律之确定性与灵活性的双重调节机制。

从宏观上看，判例法是法律之确定性的承载者，制定法则充当着保证法律的灵活性的角色。就判例法而言，它是在司法实践中形成的，按照遵循先例原则适用。早在 13 世纪，法官就已援引判例阐明法律。至 16 世纪，判例作为普通法院的审判依据引用已成为惯例。到 19 世纪，普通法最终确立了现代意义上的先例拘束力原则。按照这一原则，下级法院虽受上级法院判例的拘束，但免受同级法院判例的拘束。在这种情况下，法院在审理案件时都必须考虑先前的判例，务必使相同的情况得到相同的处理。同时，上级法院的判决一经作出，其中包含的法律原则便具有普遍的拘束力，下级法院以及上级法院自身都必须遵守和加以适用。通过这种方法，判例法为自己维持法律的确定性找到了牢固的基础，具有了较强的稳定性。判例法的大部分原则乃是针对具体案件创立的特性使其概括性较低。勒内·达维德认为，英国法律中的 legal rule 不能完全精确地与大陆中的“法律规范”一词对译，legal rule 是“针对具体案件的，是在审理这个案件时并为了解决这个案件而提出来的，它不能放在更高的水平，否则就要深刻地歪曲英国法，把英国法变成以理论为根据的法”②。在英美法中，“任何人不得从自己的错误中获利”③ 这样的话竟会成为一项原则，以大陆法的眼光看，这样的原则的概括性实在太低了。然而，正因为判例法原则的

---

① 参见［美］约翰·亨利·梅利曼：《大陆法系》，顾培东、禄正平译，法律出版社 2004 年版，第 51 页。

② ［法］勒内·达维德：《当代主要法律体系》，漆竹生译，上海译文出版社 1984 年版，第 338 页。

③ 张文显：《当代西方法哲学》，吉林大学出版社 1987 年版，第 70 页。

概括性低，使其含义较为精确，解释余地较小，保证了法律的明确性，使英美法具有了严格规则的一面。

就制定法而言，它总是改革的直接工具，起着使法律与其脱节的社会生活迅速重新结合的作用。英国历史上交替出现过制定法大量制定的时代和制定法制定的很少的时代，前种情况总与改革精神的旺盛相伴随。可称为立法极盛期的时代有 3 个：一是中央集权化封建国家的创始期，即从威廉一世（William I，约 1028—1087）到爱德华一世（Edward I，1239—1307）为止的所谓诺曼王朝及古代王朝时期；二是宗教革命的时代，即从封建国家向现代化资本主义国家转变的都铎王朝时期；三是以法国革命为中心的自由民权运动时代、工业革命时代的 19 世纪前半期以及由自由放任主义经济向垄断主义经济转变为特征的 19 世纪后半期到现在为止的时代。[①] 这 3 个时期以外的时期，立法干预较少，法律的变化主要通过判例法渐进地实现。从历史发展来看，制定法在保障法律的灵活性方面具有判例法不可替代的作用，后者虽对法律的灵活性有一定的保障作用，但难以满足大规模法律变革的要求。有时判例法的依循先例原则被不恰当地强调，结果使判例法陷入了保守和僵化。“强制尊重判例使司法成果成为法律僵化的原由”[②]。“权威性的判例规则是从保障法律安全的角度考虑的，但人们对不公平的恐惧占了上风”[③]。因此，1966 年 7 月 26 日，英国上议院不得不有条件地放弃遵循先例原则，牺牲部分法律的确定性以换取更多的具体正义性和灵活性，遂宣布：“上议院的贵族们……承认过于严格地恪守先例在特定情况中可能导致不公正，也可能过分地限制法律的适当发

---

① 参见［日］高柳贤三：《英美法源理论》，杨磊、黎晓译，西南政法学院印行，1983 年版，第 25~26 页。

② ［法］勒内·罗迪埃：《比较法导论》，徐百康译，上海译文出版社 1989 年版，第 66 页。

③ ［法］勒内·罗迪埃：《比较法导论》，徐百康译，上海译文出版社 1989 年版，第 68 页。

展。所以他们建议，修改他们现在的惯例，虽然认为本院先前的判决具有正式拘束力，但可以背离先前的判决，如果这样做是正确的话”①。相形之下，制定法没有陈规旧制的包袱，可以随时由立法机关创制、修改或废除，因而每每成为英国进行法律改革，保障法律灵活价值的重要手段。

从微观上看，判例法和制定法却扮演着与它们在宏观视野中形象不同的角色。就判例法而论，它对法律的灵活性的作用表现在以下三方面：（1）英美法理论声称法官的职能并非制定法律，而是发现、宣布和适用既有的法律原则。18 世纪的布莱克斯通（William Blackstone，1723—1780）在其权威性的《英国法释义》中说：“恪守成案，乃法官的义务”②。罗迪埃（René Rodière，1907—1981）亦说：“根据英国纯学说的理论，法院从来没有创造法律的责任，法官只传播先于他们存在的普通法”③。英美法官有立法权的观点乃流行的谬误。但是每遇新的情况，法官都有权力和义务指出适用于这一情况的法律原则，英国判例法的庞大规范体系正是在这种不断地发现与宣布新的法律原则的过程中逐步发展起来的。因此，尽管英美法一如大陆法，不承认法官有立法权，然而新情况要求法官有立法权。若既有的判例不能提供与新情况相适应的规则，法官事实上的立法就不可避免。要求法官为新情况指出规则的判例法事实上承认了法官的法律创制权（尽管可能被称作法律发现权或宣布权），并且以此赋予了判例法以适应社会发展需要的能力。（2）判例法规范产生于并且针对着个别的案件，法官总是避免创立概括性原则，这就意味着判例法是面向过去而不是像大陆法那样面向未来的体系，换言之，判例法并不存在预见一切未来可能

① ［美］H. W. 埃尔曼：《比较法律文化》，高鸿钧等译，三联书店 1990 年版，第 214 页。

② 杨幼炯：《当代政法思潮与理论》，台北中华书局 1965 年版，第 25~26 页。

③ ［法］勒内·罗迪埃：《比较法导论》，徐百康译，上海译文出版社 1989 年版，第 66 页。

发生情况并预先为之设定规则的宗旨，它只是以往的经验和智慧的积累，或者说，法律的不周延性在判例法中是得到事实上的承认和存在的许可的。这一设计特点客观上使英美法官承担着沟通过去与未来的桥梁的角色，他必须将既往的智慧与经验同现在和将来的事实连接起来，从而其活动必定具有较大的创造性。这是与立法至上的体制所不同的司法至上的体制，这种体制下的法官必定不是立法者卑微的仆人，在法律的运作过程中，必定起着比立法者更重要或至少与其不相上下的作用。这种体制实际赋予了法官使法律适应于变动不居的社会生活、补救法律的不周延性的职能。事实上，审判上的自由裁量权是英美法官传统的固有的权力。他们能够根据案件事实决定其法律后果；为了实现真正的公平正义可以不拘泥于法律，还能够不断地解释法律使之适合于社会的变化。因此，合理解决法律要确定和具体案件的处理要公正之间矛盾的困难，就成为法官自己决定的问题，即使案件涉及法律的适用时，英美法官也有一定权力根据案件事实来调整所适用的法律。如果立法者制定的法律不合用，法官可以略作改动，使之与案件事实相符合。正如梅因所说的，法官可通过拟制与衡平两种方式对法律进行调整。因此，在司法至上的英美法系，衡平权由法官运用；而在立法至上体制下的大陆法系，这种权力是由立法者稀有地运用的。① 英美法官很好地运用了手中的衡平权，这乃是举世共知的事实。（3）判例法的不成文形式使其必须借助各种识别技术，法官在寻找和适用判例中的法律原则时必须区别判例中的主要事实和特殊事实，区别判例中的判决理由与判决附论等，因此法官在审判中有一定的解释余地，由此法官获得了进一步的自由裁量权。由于上述三个方面因素，判例法在具体审判过程中具有一定的、有限的灵活性，使英美法系具有自由裁量主义的一面。在社会生活缓慢渐进的状态下，它使法律能得心应手地应付社会的变

① 参见［美］约翰·亨利·梅利曼：《大陆法系》，顾培东、禄正平译，法律出版社 2004 年版，第 54 页。

化；但在社会变化节奏加快、变化幅度增大时，它的灵活性便力不胜任，必须由制定法的灵活性所替代。

就制定法而言，它在微观上却是法律之确定性的承载者。在判例法环境的影响和制约下，它在法律渊源体系中处于相对次要的地位，并且总是按照判例法体系中的法律解释方法和规则的特点进行起草，因此没有也无须形成一个逻辑严密、高度概括化的规范体系。这意味着它们的条文与成文法典相比具有较低的广泛指导性，但却因此而有较高的精确性。加之制定法的规定只有在法院按照传统进行严格的字面解释之后才能完全进入法律体系，其条文的含义就愈加狭窄和固定，当然也更为确切，由此保障了法律的确定性和安全价值。

由上可见，英国法组成了一套复杂的由判例法和制定法在一定条件下分别承担一定功能的、保证法律的确定性与灵活性相协调的机制。它的特点在于不采取预见一切、包罗万象的立法方式，而凭借法律自身对社会生活变化的反应机制实现法律的生长，将规则因素与人的因素结合起来，兼顾确定性与灵活性，使法律在一般条件下保持着渐进的发展，以求与社会生活相协调。同时不排除在一定条件下的法律的突变，以求得法律与特殊的狂飙突进时代的适应。这种现实是产生梅因的精彩的法律应变机制理论的土壤。

（三）英美法系模式的经验主义基础

英美在自由资本主义经济基础和三权分立的政治体制等许多方面与欧洲大陆相同，为什么却发展起了一种与大陆颇不相同的法律模式呢？在启蒙运动时代，理性主义思潮横扫整个欧美，英美亦受其影响。在英国，培根（Francis Bacon，1st Viscount St Alban，1561—1626）、边沁等人提出过法典编纂计划；在美国，菲尔德（David Dudley Field，1805—1894）在纽约州提出了同样的计划，为什么这些计划并未像在欧陆那样取得成功和实现呢？要解答这些疑问，我们必须摆脱单一的经济决定论的思维定式，甚至政治因素的决定意义也必须放在次要地位，而对哲学的影响作充分估计。

追求严格规则与自由裁量相结合的英美法系模式与19世纪欧洲大陆盛行的极端严格规则主义的法典法的根本区别在于哲学。如同大陆法系建筑在理性主义的基础上，英美法系建立在经验主义的基础上。“大陆法与英国法的对立植根于12世纪”①，这与大陆理性主义与英国经验主义的对立在时间上几乎是同步的。文艺复兴之后，以中世纪经院哲学为基础，在大陆和英国成长起了不同的哲学花朵。英国形成了以培根、霍布斯、洛克、休谟等人物为代表的与大陆理性主义相对立的经验主义学派。在许多方面经验主义都与理性主义背道而驰，相对于理性主义哲学，经验主义具有如下特征。

1. 认识论上的怀疑主义甚至不可知论。正与大陆理性主义之绝对主义的认识论相反，那些以自己的思想奠定了英语世界主流哲学基础的思想家无不对人类的认识能力持谨慎的怀疑态度，对乐观的理性主义认识论加以批评。培根是一位重经验轻理性的哲学家，他极端厌恶玩弄思辨的把戏，因此他时刻警惕理性离开经验去任意驰骋。他说：“绝不能给理性加上翅膀，而毋宁挂上重的东西，使它不会跳跃和飞翔”②。培根正确地看到了人类认识过程复杂和曲折的一面。他认为，人心中存在着种种根深蒂固的幻想和偏见，即所谓“假象”，它们使人心不能正确地反映自然的本来面目，无法认识真理。他分析扰乱人心的假象有四种：第一种为种族假象，即把人所有的本性加于客观自然界身上，造成主观主义。第二种是洞穴假象，指人们在观察事物时，一定会受个人的性格、爱好、所受教育、所处环境的影响。这些构成一个认识者所处的“洞穴”，使其看不到事物的本来面目而陷入片面

① ［法］莱尼·达维（现多译为勒内·达维德）：《英国法和法国法》，潘华仿等译，中国政法大学法制史教研室印行，1984年版，第4页。

② 北京大学哲学系编译：《16~18世纪西欧各国哲学》，商务印书馆1961年版，第44页。

性。第三种是市场假象，指人们在日常交往中使用虚构的或含混不清的语词概念造成谬误，如同市场上的叫卖者以假冒真所造成的混乱。第四种是剧场假象，指盲目崇拜造成的错误。① 这四种假象是人心固有的弱点，使人类的认识能力受到限制。为了防止这些假象影响人的判断，必须在经验的基础上进行认识，直接的经验是唯一可靠的认识方法，而理性是不可靠的。通过反复的试验，才可排除假象的干扰获得对真理的认识。

霍布斯（Thomas Hobbes，1588—1679）也是一位与理性主义相对立的经验主义者，他同笛卡尔直接进行过辩论，批判了笛卡尔的天赋观念论。一般的理性主义者皆认为人心中存在着某些天赋观念，如上帝的观念、永恒的、不变的本质的观念、几何学公理等，人的认识不过是这些天赋观念的逐渐展开。莱布尼茨因此将人心比作“有纹路的大理石”，此处的大理石上的“纹路”即天赋观念。以理性主义为基础的大陆法，正是依据天赋观念说广泛地发展了演绎的法律思维方法。而霍布斯认为并不存在什么天赋的观念，人的一切知识都是从感觉获得的。由于他虽承认人能通过感觉得到关于对象本性的知识，但又认为感觉所提供的种种性质是物体的不同运动在我们的感官中造成的结果，并不直接存在于物体之中，他在认识论上被认为具有不可知论的倾向。② 洛克更是笛卡尔理性主义的激烈反对者，他认为人不具有把握事物实在本质的能力，而只能把握事物的名义本质。这是因为，（1）人的感官无法把握物体内部的细微部分的组织和运动。（2）人们无法把握事物之间广泛的联系和影响。③ 因此，既然我们不能把握事物的实在本质，那么人们的认识就只能停留在名义本质上。由于不知道事物的实在本质，我们也就看不到这种简单观念相互之间有什么必

① 参见朱德生等：《西方认识论史纲》，江苏人民出版社 1983 年版，第 121～122 页。
② 参见朱德生等：《西方认识论史纲》，江苏人民出版社 1983 年版，第 136～137 页。
③ 参见朱德生等：《西方认识论史纲》，江苏人民出版社 1983 年版，第 137 页。

然的联系。在因果性方面，我们只能凭着比附来猜想相似物体在别的实验中会有什么样的结果，而不可能得到普遍的确定知识，做出一定的原因会普遍地、必然地产生一定的结果的断言。由于我们不能把握事物的实在本质，不能发现观念之间的必然联系，因此在实体方面，我们就不可能建立确实的普遍命题。[①] 这种不可知的认识论，否定了法律赖以建立的一定行为与一定后果之间因果关系的基础，否定了制定普遍性的法律之可能。在哲学史上，休谟作为不可知论者比洛克名气更大。他基于经验主义的立场，认为知觉以外的一切都是不可知的，"凡不曾呈现于我们外的感官或内的感觉的任何东西，我们对它即不能有任何观念"[②]。人类知识的范围仅仅是心中的知觉，所谓外物，实际上不过是知觉的组合。因此，"纵然我们尽可能把注意力转移到我们的身外，把我们的想象推移到天际，或是一直到宇宙的尽处，我们实际上一步也超越不出自我之外。而且我们除了出现在那个狭窄范围以内的那些知觉以外，也不能想象任何一种的存在"[③]。在他看来，因果关系不是自然规律，而是一种习惯。由于因果关系具有盖然性，因此，"因果关系永远不能使我们由我们知觉的存在或其性质，正确地推断出外界的继续不断的对象的存在"[④]。休谟的上述不可知论，否定了预见未来现象并为之设定规则的一切可能性。

"哲学家手中的抽象概念一旦到了法律家手中，便获得了具体内容"[⑤]。在对人类认识能力不抱充分信心的哲学氛围中，英美法系中的判例法表现出不对未来的一切可能作出预见性规定的倾向，而大陆法系的法典法恰恰就是基于对人类认识能力的信心而试图对未来的一切

---

① 参见朱德生等：《西方认识论史纲》，江苏人民出版社 1983 年版，第 153 页。

② ［英］休谟：《人类理解研究》，关文运译，商务印书馆 1957 年版，第 50 页。

③ ［英］休谟：《人性论》，关文运译，商务印书馆 1980 年版，第 83~84 页。

④ ［英］休谟：《人性论》，关文运译，商务印书馆 1980 年版，第 244 页。

⑤ ［美］罗斯科·庞德：《法律史解释》，曹玉堂、杨知译，华夏出版社 1989 年版，第 39 页。

做出预见性规定，从而保障法律的安全价值的立法方式。这种思想方式在英语世界中是不可接受的。菲尔德法典编纂计划的激烈反对者卡特（James C. Carter，1827—1905）指出："科学仅仅是对事实的整理和分类，具体案件的实际判决就是事实。它们只有在进入存在后才能被观察和分类，例如在判决作出后这样做。因此，要求法律科学为未来制定法律规则，在逻辑上是不可能的，换言之，法学家或法典编纂者不能对未知世界的人类行为进行分类并继而就它们制定法律，正犹如博物学家不能对未知世界的动植物进行分类一样"①。在这里，卡特不过是用法律语言说出了休谟等人的感觉以外的即不可知的哲学思想而已。正是凭借这种根深蒂固存在于英语世界人民心灵中的思想，卡特成功地击败了菲尔德的企图对未来人类行为进行规制的法典编纂计划。仅用卡特的话论证也许是不充分的，我还可以提出其他的论据。哈罗德·伯曼（Harold J. Berman，1918—2007）在谈到美国为何不制定包罗万象的法典时指出："人类的深谋远虑的程度和文字论理的能力不足以替一个广大社会的错综复杂情形作详尽的规定"。② 由于认识论的原因，从整体上看，理性主义的大陆法是面向未来的；经验主义、历史主义的英美法是面向过去的。③

2. 归纳法的法律思维方法。众所周知，在思维方法上，大陆的哲学和法学推崇演绎法；英美的哲学和法学则推崇归纳法。对归纳法的强调是经验主义哲学的必然结果和重要组成部分。由于只相信感觉中的事实的可靠性，并对人类认识能力持怀疑态度，对演绎以之为前提的普遍命题之可靠性发生怀疑乃是必然的。培根是将逻辑学的发展推

---

① See Mathias Reimann, The Historical School Against Codification: Savigny, Carter, and the Defeat of the New York Civil Code, In The American Journal of Comparative Law, Vol. 37, No. 1 (Winter, 1989).

② ［美］哈罗德·伯尔曼编：《美国法律讲话》，陈若桓译，三联书店 1988 年版，第 20 页。

③ 参见［美］埃德加·博登海默：《法理学：法哲学及其方法》，邓正来、姬敬武译，华夏出版社 1987 年版，第 85 页。

入了一个新阶段的归纳逻辑的奠基者。他认为，作为演绎基本方式的三段论往往把未经证明的公理或由一些含混不清的语词组成的命题作为研究的起点，很不可靠。归纳法则是以科学试验、经验事实为基础的，它是避免和清除假象的适当补救方法，是唯一正确的科学方法。他对亚里士多德创立的演绎法提出了挑战，针对其所著的逻辑著作《工具论》，将自己系统阐述归纳法的著作命名为《新工具》。①

培根认为，要正确地进行归纳，必须在试验的基础上采取3个步骤，即所谓“3表法”。第一种表是“本质和具有表”，其任务是专门搜集和登记有关对象的正面例证，即当给定的性质出现时，另一种现象也随之出现的例证；第二种表是“差异表”，其任务是搜集和登记有关研究对象的反面例证；第三种表是“程度表”，其任务是搜集和登记给定的对象以不同程度出现、另一种现象也相应地以不同程度出现的例证。通过“3表法”，即可使人深入事物的内部去寻找事物间的因果联系，发现事物的规律性。但是按归纳法确立的原则、公理所具有的可靠性是有限的，这种以普遍命题形式表现出来的原则、公理的可靠性，还必须通过新的试验和例证加以检验，它们在由之引申出来的特殊事例的范围内，也即在已知事物的范围内是确定的，超出了这一范围就是不确定的。虽然原则、公理的普遍形式能够帮助人们避免囿于已知事物的范围，但也可能使人陷入不切实际的幻想，因此，新的实验和例证必不可缺。② 只有凭借这种谨慎的归纳法，才能帮助人们探索真理、认识和支配事物。培根的归纳法为英美的思想界所接受，休谟（David Hume，1711—1776）和穆勒（John Stuart Mill，1806—1873）、惠威尔（William Whewell，1794—1866）等哲学家都是归纳法的崇拜者。③

---

① 参见朱德生：《西方认识论史纲》，江苏人民出版社1983年版，第127~128页。

② 参见朱德生：《西方认识论史纲》，江苏人民出版社1983年版，第128~130页。

③ 参见［英］W.C. 丹皮尔：《科学史及其与哲学和宗教的关系》，李珩译，商务印书馆1975年版，第593页。

归纳法开辟了通向真理的另一条道路。它的成立之根由，在于承认“科学主要是经验性的，它归根到底不得不诉诸观察和实验，它不像中世纪的经院哲学那样凭借权威接受一个哲学体系，再依据这个体系来论证种种事实应该如何如何”①。它的前提也在于承认每一个个体都是独特的，正由于它们之间的极大差异，在我们做出每一个全称判断时，都要极为谨慎。这种思想与大陆理性主义将人看作按自然律运转的齐一的机器的思想方法截然相反，它的逻辑引申必然是认为“人类的每一个行为都是一个独特的事件”，“不会有两起完全一样的疏忽案件”。② 由于演绎法要求人类行为的共同性作为前提，它在逻辑上具有强调规范调整、否定司法个别化的必然倾向，换言之，实行严格规则和追求一般正义乃是其不可避免的结果。而归纳法的前提乃是人类行为的差异性，因此，它天然地具有一种强调自由裁量和司法个别化、以达到每一个案件都获得正义解决的目标及倾向。由于对普遍命题可靠性的怀疑，严格规则中的“规则”是难以产生并得到承认的。考虑到英语世界的哲学背景，在这里较早地产生并发展起了完备的衡平法体系就不是奇怪的事情了。庞德指出：“仅仅是重复地适用法规排除了个别化倾向。这种个别化倾向将会威胁财产获取与财产交换的安全，但是法律制度还是发展了一种复杂精细的个别化机制。因此英美法的适用至少为7种力量所个别化：（1）法院在适用衡平法救济时的自由裁量权；（2）各种法律标准；（3）陪审团进行概括裁定的权力；（4）司法适用的自由；（5）使刑罚适合于个别罪犯的手段；（6）低级法院的非正式司法方法；（7）行政法庭”③。这些话不过描述了英美法系强调个别正义的

---

① ［英］W. C. 丹皮尔：《科学史及其与哲学和宗教的关系》，李珩译，商务印书馆1975年版，第12页。

② ［美］罗斯科·庞德：《法律史解释》，曹玉堂、杨知译，华夏出版社1989年版，第52页。

③ ［美］罗斯科·庞德：《法律史解释》，曹玉堂、杨知译，华夏出版社1989年版，第150~152页。

司法观念的物质体现形式。在理论上我们可以看到，在权威的博登海默的法哲学体系中，个别公平是作为法律的非正式渊源之一存在的。他指出："在一起诉讼案中，有时会出现一系列具有奇怪特点的事实，这些事实既不适于按先存规则加以裁判，也不适于同早期的已决判决相比较。在这种情形中，正义之考虑会在一定的狭小范围内要求背离某条业已确定的规范或对该规范作扩大解释，以达到公正满意地裁判该案件。"① 从本质上而言，归纳法就是从个别开始达到一般，而演绎法则与此相反。由于英美判例法乃是由个案中导出法律规则，再将这些规则适用于个别的案件，因此，规则的产生就是个别化的，其适用中由于有各种识别技术的运用和同样情况同样处理的要求，个别化亦是其题中之义。此外，归纳法的思维方式对英美法的运作还产生了其他影响，它导致了英美法中的司法经验主义。"司法经验主义谨慎地有时运用创造性的归纳一个一个地处理案件，它远不是逐渐展现的某一抽象观念的产物，这种归纳并不排斥创造性的法律科学，它常常从外界吸收新因素并用类推的方法发展这些新因素，或将这些新因素与现存的法律因素相结合，创造出更新颖的复合物。这些新的复合物往往不是观念逐渐展现的结果，而是人们为规定某一具体情况而努力的结果，它导向适用一个具体的解决方法。在其背后，其他人也进行尝试性的归纳，甚至设计出一个更为广泛的制度。因此当我们回顾它的时候，我们说一种观念正在实现，可是观念只有在事件发生以后才能得到整理、安排，并使其明显地发生作用，观念在人们努力满足某种要求的创造性行为中并不起作用。"② 因此，司法经验主义的精神在于，观念产生于事实之后而不是之前，而观念是艰苦的尝试性归纳的结果，

---

① ［美］埃德加·博登海默：《法理学：法哲学及其方法》，邓正来、姬敬武译，华夏出版社 1987 年版，第 442 页。

② ［美］罗斯科·庞德：《法律史解释》，曹玉堂、杨知译，华夏出版社 1989 年版，第 132~133 页。

而不是演绎的结果。但是，归纳法过分强调了事物的独特性，对其一般性却注意不够，这是要由英美法理论家加以补救的。

在谈论归纳法的时候，我意外地又遇到了人性论问题。既然英美法给法官以如此多的司法自由裁量权，是不是因为对人性有着更为乐观的看法呢？实际情况并非如此。英美的主要经验主义者如霍布斯、洛克、休谟等，无不同时是主张人性自私的性恶论者。只有培根是个例外，他主张人有善恶两种趋向的人性论。①“人对人就像狼一样”的霍布斯的名言，就是对这种性恶论思想的高度概括。以性恶论为基础的三权分立理论不是诞生于法国，而是英国（如果不再将这种思想的源头追溯到波比利阿的话），法国的现实不过是英国的理论和现实的摹本或修订本。那么，为什么英美仍赋予法官那么大的权力呢？是否可因此否定英美不存在三权分立体制呢？要回答这些问题，就必须弄清楚英美法官的产生方式和地位，并且要注意理论模式与现实的差别。以美国为例，在联邦法院和1/3的州，法官由行政首长指定（即美国总统或各州的州长），并且往往还需要获得立法部门一个院的同意。在美国2/3的州，法官是以人民投票的方式选举产生的。法官的这种严格产生程序保证了法官的品质不允许存在明显的缺陷。此外，对法官实行高薪制和终身制，使其无须为私欲影响公正地思考和判决。当法官无须为生存条件操心的时候，他们就可以为正义操心了。美国法官不是文官，他们都是由于其他工作上的成就而当上法官的。由于法官的崇高地位，对于他们来说，取得法官职位不是为了更好的物质待遇，而是为了取得荣耀。这与大陆法系法官的一般文官地位不同。在很大程度上，正是依靠法官的自尊心、责任感以及他们的智慧和自制力保证司法的公正。② 当然，这些因素只是创造种种条件使法官保持自重，

---

① 参见姜国柱、朱葵菊：《论人·人性》，海洋出版社1988年版，第445~455页。

② 参见［美］哈罗德·伯尔曼编：《美国法律讲话》，三联书店1988年版，第20~23页。

但外在的限制亦必不可少。美国人把要求法官公布判决理由书看作抵御法官的刚愎和专横行为的最主要保障，因为这样的详细撰写了判决理由的文件将受到大众的审查和批评，[①] 这会使法官的滥用权力受到公众的最严厉的监督，从而杜绝发生这种行为的可能。此外，法官行使衡平裁量权必须始终受到上诉审的约束。[②] 因此，从制度设计上看，英美法不是通过劝善的方式解决法官的道德问题，而是通过提供使其无须为恶的物质条件以及外部制度的制约来解决这一问题，使法官无须亦无法为恶。以性恶论为基础的西方法律文化的特点正在于不因人性本恶而放弃对人的使用，亦不寄望于通过道德教化使人变恶为善，而是通过严密的制度将这种恶限制在不得溢出的范围。尽管人人可能为恶，但制度可迫使人们不得不做个好人，此语可概括西方法律文化的一个重要方面。因此，任何一位正统的英美法律家都会告诉你，他们的国家中法官无立法权。但这并不妨碍那里的法官悄悄地行使着实际上的立法权，这是现实的模式。现实和理想若不存在距离，这个世界岂不是太简单了吗？

3. 进化论的法律观。在英美，进化论种子的哲学萌芽比大陆早得多。进化论是经验主义的必然产物，达尔文（Charles Robert Darwin，1809—1882）就是循着经验主义的方法观察、收集了大量材料才概括出一切生物都是在环境的作用下不断由低级向高级演变或被淘汰的结论的。但进化论一经产生，便成为经验主义的当然内容并强化了其理论基础。进化论在英国有着悠久的历史，在达尔文系统地提出进化论之前，赫伯特·斯宾塞（1820—1903）就已经在鼓吹一种成熟而具体的进化论学说。[③] 他对梅因强调法律渐变的历史主义思想产生了很大

① 参见［美］哈罗德·伯尔曼编：《美国法律讲话》，三联书店 1988 年版，第 16 页。

② 参见［美］埃德加·博登海默：《法理学：法哲学及其方法》，邓正来、姬敬武译，华夏出版社 1987 年版，第 446 页。

③ 参见［英］W. C. 丹皮尔：《科学史及其与哲学和宗教的关系》，李珩译，商务印书馆 1975 年版，第 370 页。

影响。伊拉兹马斯·达尔文（查理·达尔文之祖父，1731—1802）、拉马克（Jean-Baptiste Lamarck，1744—1829）、梅克尔（Friedrich Meckel，1781—1833）、圣提雷尔（E. Saint-Hilaire，1772—1844）、钱伯斯（Robert Chambers，1802—1883）都提出过生物进化的观念。[①] 华莱士（Alfred Russel Wallace，1823—1913）与达尔文同时提出了进化论。这种进化论的多源产生现象说明进化论与英国民族的精神特性是契合的。进化论对自然现象解释的成功，把人们的思想带入了生物学阶段。“物理学定律的类推，星球运动的类推，被当时鲜为人知的生物学定律类推取代。有机体的进化，有机体以及‘超机体’类推、生存斗争的运用以及适者生存的社会现象等，成为生物社会学以及处在生物学阶段的社会法理学的特性。”[②] 19 世纪末期，进化论哲学深刻地改变了人们对人类社会的看法，它在事实上永远摧毁了终极目的论的观念。不论在今天的国家中或将来的乌托邦里，都谈不上有终极的目的。政治制度亦如生物，必须适应其环境，两者都在变化之中。为了社会福利，它们必须按部就班地前进。[③] 庞德进一步指出了进化论对法律和法学的影响：“我们可以毫不过分地说，达尔文为那一代人创造了大量的词汇，提供了类推的方法，点明了思路，其贡献不亚于拉普拉斯为第一代社会学家所做的贡献。”[④] “今天，法律‘正在进化’的概念深深扎根于英美法律思想之中，以致大多数法律家甚至不再意识到它是一种比喻”[⑤]。因

① 参见［英］W. C. 丹皮尔：《科学史及其与哲学和宗教的关系》，李珩译，商务印书馆 1975 年版，第 371~372 页。

② ［美］罗斯科·庞德：《法律史解释》，曹玉堂、杨知译，华夏出版社 1989 年版，第 70 页。

③ 参见［英］W. C. 丹皮尔：《科学史及其与哲学和宗教的关系》，李珩译，商务印书馆 1975 年版，第 412 页。

④ ［美］罗斯科·庞德：《法律史解释》，曹玉堂、杨知译，华夏出版社 1989 年版，第 70 页。

⑤ ［美］唐纳德·埃利奥特：《美国法学中的进化论传统》，仁堪译，载《法学译丛》1986 年，第 5 期。

此，如果说19世纪大陆绝对主义的形而上学的法律观是拉普拉斯决定论的产物，英美的进化论法律观则是达尔文学说的产物。

进化论的法律观包含着3个要素。首先，它将法律看作一定环境决定的产物；其次，这种环境处在不断的变化发展之中，因此，法律亦须处在不断的变化发展之中；最后，它不将法律看作一举制成的东西，而是历史的产物，因此，强调法律的逐渐演变而不是同过去一刀两断。

在进化论的法律观看来，法律是与文明相对的，而且法律是与一定时间、地点的文明相对的，并不存在适用于所有文明的普遍的法律制度与法律规则。① 罗杰·科特威尔（Roger Cotterrell，1946—今）指出："人们不能离开社会的其他方面而孤立地分析法律，如果孤立地研究法律，就不可能理解法律的特征、法律与其他社会现象的关系和法律的复杂性，也不可能理解法律是社会生活的一部分。"② 依他的看法，经验主义的法学理论的根本在于：对于法律性质的理解不仅要求对法律学说和法律制度进行系统的经验主义的分析，而且还要对该法律制度所附着的社会环境进行同样的分析。当代法律是一个庞大的且时刻变化着的网络系统，包括有立法规则、司法判例、命令、行政法规、权力以及自由裁量权，对它进行理性主义的分析不可避免地要沾上片面性和局限性。从实质上看，法律是对社会环境的反应。社会的情况常处在流动状态中，法律亦应随之加以调整，并且有时还需要超前一步。③ 这种在进化论影响下产生的将法律看作产生于环境并且作用于环境的东西的观点，孕育着社会学法律观的种子。

由于社会环境的变动不居性，法律必然是变动不居的、流动的。

---

① 参见［美］罗斯科·庞德：《法律史解释》，曹玉堂、杨知译，华夏出版社1989年版，第140页。

② ［英］罗杰·科特威尔：《法律社会学导论》，潘大松等译，华夏出版社1989年版，第2页。

③ 美国学者凯恩斯语，转引自何孝元：《诚实信用原则与衡平法》，三民书局1977年版，第1~2页。

因此，“不应把法律只看作一种固定的规范，而必须把它作为一种变化发展的东西来考虑。也就是说，法律是一种具有过程性形象的东西，它不是静态的，而是动态的”①。“法律秩序是一个过程，它是一种秩序化的过程”②。这与大陆法系的传统观念不同，这种观念“把法律秩序看成固定不变的东西，是一整套已经确立的规范和结构，而不把它看成认识和解决问题的过程”③。但是，正如梅因所言，“社会的需要和社会的意见常常是或多或少地走在法律的前面，我们可能非常接近地达到它们之间缺口的接合处，但永远存在的趋向是要把这缺口重新打开来”④，因为社会前进的速度总是比本质上具有相对稳定性的法律要快。“各种法律规范，无论是表现为法律，还是表现为判例，都会不可避免地成为某种凝固的东西并落后于生活”⑤。这就使法官经常地面临两难处境：一方面，法官必须以极其谨慎的态度发展法律原则，维护法律的稳定性和确定性；另一方面，要求通过对法律原则的大胆创新，在社会中实现正义。⑥ 因此，在法律的运作中存在两种方向的运动，一是自下而上的运动，产生压力，促进变革；二是自上而下的运动，加强约束，以求稳定。⑦ 法官经常处在这两种运动压力的夹击之下。那么，通过什么途径去弥补法律与社会生活之间的裂缝、以使法

---

① ［日］高柳贤三：《英美法源理论》，杨磊、黎晓译，西南政法学院印行，1983年版，第2~3页。

② ［美］罗斯科·庞德：《法律史解释》，曹玉堂、杨知译，华夏出版社1989年版，第153页。

③ ［美］约翰·亨利·梅利曼：《大陆法系》，顾培东、禄正平译，法律出版社2004年版，第73页。

④ ［英］梅因：《古代法》，沈景一译，商务印书馆1959年版，第15页。

⑤ 上海社会科学院法学研究所编：《法学流派和法学家》，知识出版社1981年版，第56页。

⑥ 参见［英］罗杰·科特威尔：《法律社会学导论》，潘大松等译，华夏出版社1989年版，第267页。

⑦ 参见［英］罗杰·科特威尔：《法律社会学导论》，潘大松等译，华夏出版社1989年版，第94页。

官摆脱两难处境呢？只能通过创造性司法的途径。美国著名法官卡多佐（Benjamin Nathan Cardozo，1870—1938）提出了4条弥补裂缝的方法——这也是英美法官经常采用的方法——它们都要求法官创造新原则或机智地采用旧原则。一是就法则的指导力量作逻辑推理，可称之为类推规则或哲学方法；二是沿着历史发展趋势处理，可称之为进化论方法；三是沿着社会习惯处理，可称之为传统的方法；四是沿着公正、风尚和社会福利几条线，即按现今习俗道德去处理，可称之为社会学方法。[①] 这几种方法无不要求法官具有创造性司法的权力。也是法官的哈伦·斯通（Harlan Fiske Stone，1872—1946）亦指出："法律是适应人们需要的一种人文制度，法律并不是目的，而是达到目的的一种手段，以便适当地管理和保护政府所特别关心的那些社会和经济利益而予制定成法律，只有通过法律的合理调整以改变经济和社会需要，才能达到上述目的"[②]。因为"死板地执行法律常常有悖于正义的目的，我们的原则要想在任何长时期内都能得到人民的尊重，就得在实施上具有伸缩性，因为它们将会遇到各不相同的局面。如果我们执行法律时一成不变，我们就要陷入进退维谷之中，有时候会造成非常不公平的现象"[③]。因此，必须打破创制规则与适用规则之间的严格界限，在许多场合，这两者之间并无明晰的分界线，规则的真正内容并非一定由先例或法规所赋予规范的词句所决定，而是由规范在司法程序中所遭遇的命运所决定。所以，法律的动态性只能表现在它是立法与司法过程的结合这一点上。只有在司法过程中通过对价值观念、社会规范、集体活动和个人分工等各个层次的标准内容不断进行调节，

① 参见上海社会科学院法学研究所编：《法学流派和法学家》，知识出版社1981年版，第166页。

② 上海社会科学院法学研究所编：《法学流派和法学家》，知识出版社1981年版，第368~369页。

③ 英国学者拉斯基语，转引自吕世伦、谷春德编著：《西方政治法律思想史》（下），辽宁人民出版社1987年版，第242页。

才能使变革和稳定两种力量始终处于相互忍让和相互中和的状态，共同把社会推向前进。① 在这一过程中，司法技术具有重要意义。法律推理是一种非常重要的工具，运用这一工具，人们可以在日常的执法实践中调和法律的稳定需要和法律的变化需要。也就是说，通过运用这一工具，人们可以使旧的法律规则和法律制度满足新的需要，可以在将外部破坏和对既存法律的歪曲限制到最低限度的情形下，使之适应日益变化的情况。② 梅因所说的拟制与衡平两种法律应变方式，就包括在这里的法律推理的范围之内。

由上可见，在进化论的影响下，英美法首先破除了静止的法律观，发展起了法律是一种必须与之相适应的逐渐变化的环境的产物的观念；继之发展起了法律的环境之发展速度快于法律的发展之速度的观念；为了弥补两者之间的裂缝，又逻辑地形成了法官必须进行创造性司法的司法能动主义的观念，铸造出英美法更为强调法律的灵活性的特征。

在法律必与其环境发生背离的前提下，解决这种背离有立法和创造性的司法两种方式。立法当然是解决这一问题的最痛快方式了，为什么英美法首先选择了创造性的司法的方式呢？这又要追溯到进化论的影响。在进化论者看来，任何事物都是在历史中演变形成的，不存在突然显现的事物。因此，发展并不意味着同过去截然告别，而是既有事物合理性的继承与不合理性的扬弃。“立法是通过法律来实现政治意志对于社会变迁的影响的最明白方式”③，但不是唯一的方式，也不是最常用的方式。因为立法（包括制定法典）通常意味着同过去告别，新的立法一经颁布，便废除了一切现存的法律规定，为法律的发

---

① 参见［英］罗杰·科特威尔：《法律社会学导论》，潘大松等译，华夏出版社1989年版，第94页。

② 参见［美］罗斯科·庞德：《法律史解释》，曹玉堂、杨知译，华夏出版社1989年版，第287页。

③ See P. Selznick, Law: The Sociology of Law, In International Encyclopedia of the Social Sciences, Vol. 9, New York, macMillan, 1968, p. 57.

展提供了一个新起点。① 这种方法也许符合喜欢革命的法国人的精神特性，却与喜欢改良和信奉进化论的英美人的精神特性不符，英国人比法国人更偏爱传统因素。② 英国尽管也发生过资产阶级革命，但革命后与革命前的法律至少表面上看不出什么区别。法国的情形便不一样了，那里发生了大规模的立法运动。在英美人看来，制定严格规则主义的法典，实质上是用呆板的、确定的和综合的原则来否定法的发展特性。③ 也许在暴风骤雨的时代，在社会和技术的迫切要求下有立法的必要，而在一般的情况下，他们宁愿采用渐进的法律发展形式。因此，他们格外推崇悄悄地演变的习惯法，并将普通法视为习惯法。在他们看来，“法律是一种进化现象，受制于经常的变化，只有在其历史环境中才能得到适当的理解”，“因为法律是依赖于起源、但永远生长着的习惯整体”。“法典编纂则阻止了私法的自我发展——这是它真正的生长方式——当然，立法者可以制定法典，但国民的正义标准将比法典的静止规则更为强大，将不断地在规则外寻找到自己的道路。因为如果法律是习惯，立法者就不能对之加以处置，立法者应尽可能少地对之干预，断然不能整体地将之编纂为法典，尤其在习惯是不断地生长的条件下，则将全部习惯套入僵硬的、坚固的规则中去必定会粗暴地干涉这种生长”④。因此，在 17 世纪的英格兰，首席大法官柯克（Edward Coke，1552—1634）就将制定法说成是“凶猛的暴君”。直至 19 世纪，新罕布什尔州的首席法官还斥责说：“法典是愚昧的发

---

① ［法］莱尼·达维（现多译为勒内·达维德）：《英国法和法国法》，潘华仿等译，中国政法大学法制史教研室印行，1984 年版，第 23~24 页。

② ［法］莱尼·达维（现多译为勒内·达维德）：《英国法和法国法》，潘华仿等译，中国政法大学法制史教研室印行，1984 年版，第 40 页。

③ 参见［英］罗杰·科特威尔：《法律社会学导论》，潘大松等译，华夏出版社 1989 年版，第 25 页。

④ See Mathias Reimann, The Historical School Against Codification: Savigny, Carter, and the Defeat of the New York Civil Code, In The American Journal of Comparative Law, Vol. 37, No. 1 (Winter, 1989).

明。”他们认为只有法院才能对症下药，它们将不合时宜的法律加以筛选改造的作用可以带来令人满意的结果。① 边沁编纂大陆式法典的建议之所以屡遭拒绝，大概是因为他虽生长在英国，却长着一个法国式的脑袋。菲尔德与卡特就法典编纂问题展开的公开论战，根本在于对法律的真正性质、尤其是对普通法的性质，其灵活性与生长性的传统存在不同看法，结果当然是传统的进化论观点获胜。对于卡特来说，法律科学是某种使法典编纂没有意义的经验主义方法。在他看来，法律是活的、永远生长的科学，它与树立反对法学的自然和正常生长的僵硬障碍的企图是根本不相容的。② 如果说，立法或法典编纂是在历史的东西与现在的东西之间断然设置的一条界线，则进化论的法律观与此相反，它认为“文明是以这样一种方式发展的，即在现存文明中有唾手可得的新文明的种子，随着新观念对旧观念的更替，不断从旧文明中产生新的价值观。因此，必须承认法制史中的创造性因素，而且避免狂妄地拒绝旧因素”③。因此，我们必须放弃探索某种能够使一切问题迎刃而解的单一的观念的做法，而应该依照建筑物的观点去思考问题。该建筑物是人类为满足自身的欲望而建造的，之后人类又不断地对它进行修理、改建、重建，不断地给它增砖添瓦，以满足人们日益扩大和变化的要求或日益变化的时尚。④ 通过司法技术而不仅仅是通过立法，就可实现旧因素与新因素的结合，而不必一定走另起炉灶之路。按照伦纳（Karl Renner，1870—1950）的观点，法律能够适

---

① 参见［美］H. W. 埃尔曼：《比较法律文化》，高鸿钧等译，三联书店 1990 年版，第 45~46 页。

② See Mathias Reimann, The Historical School Against Codification: Savigny, Carter, and the Defeat of the New York Civil Code, In The American Journal of Comparative Law, Vol. 37, No. 1 (Winter, 1989).

③ ［美］罗斯科·庞德：《法律史解释》，曹玉堂、杨知译，华夏出版社 1989 年版，第 145~147 页。

④ 参见［美］罗斯科·庞德：《法律史解释》，曹玉堂、杨知译，华夏出版社 1989 年版，第 19~20 页。

应变化的社会情事而无须改变其自身的形式或结构。当法律的功能发生根本性变化时，法律的概念仍可以保持原有形式。[①] 完成这种效果至少可采用解释的方式。所谓解释，并不是去发现所谓的立法者意图。德沃金（Ronald Myles Dworkin，1931—2013）认为，法律解释要求一种新教徒的态度，法律不是宗教圣典，那些制定法规和宪法的人的“最初动机”并不是要永远固定不变的最好的解释。反之，只有当法律被认为表达了公众信仰的原则的时候，只有当思考应当信仰什么原则以及在新形势下需要什么原则时，法律才能得到最好的解释。[②] 因此，解释就是通过类推及运用法律的方法来发展法律。[③] 这就意味着法官分担了立法者之使法律得到发展的任务。所以，法律远不仅仅是立法，立法只是法律的一部分，司法过程亦是其重要的一部分，它起着使法律潜移默化地演变的作用。这样，现代英美法中的法律概念就极为近似于我们的“法律秩序”的概念了。这种法律概念不看重法律规定了什么，而看重这种规定在特定情况下的合理性及如何将之实现。英美人十分欣赏法官对法律作这种潜移默化的调适或修改。英国杰出的法官拉德克利夫（Cyril John Radcliffe，1899—1977）说：“法律的发展越是不易觉察，人们就越是对它肃然起敬”[④]。由上可见，在进化论影响下，通过法官的能动活动，英美发展起了一种历史主义的法律方法。

在英美的法学著作中，美国著名法官霍姆斯（Oliver Wendell

---

① 参见［英］罗杰·科特威尔：《法律社会学导论》，潘大松等译，华夏出版社1989年版，第57页。

② 参见［美］杰费里·艾布拉姆森：《罗纳德·德沃金和法律与政治哲学的聚合：评罗纳德·德沃金的〈法律的帝国〉》，信春鹰译，载《法学译丛》1989年第4期，第10页。

③ 参见［美］罗斯科·庞德：《法律史解释》，曹玉堂、杨知译，华夏出版社1989年版，第145页。

④ ［英］罗杰·科特威尔：《法律社会学导论》，潘大松等译，华夏出版社1989年版，第25页。

Holmes，Jr.，1841—1935）的一句话被反复引用，视为名言，且让我借用它对英美的经验主义法律观作一言以蔽之式的说明。在1887年出版的《普通法》一书的开端，霍姆斯写道："法律的生命不是逻辑，而是经验。当确定人们必须受其支配的法规时，感到的时间的必然性、流行的道德和政治理论、社会政策上公认的或无意识的直觉知识，以及法官与其同胞共有的偏见，都要比演绎推理的作用大得多。法律表现了一个国家许多世纪以来的发展史，我们不能仅仅把它看成好像数学书本中的一些公理和系定理"①。这里，霍姆斯在与大陆法的对照中揭示了英美法的经验主义特征。在大陆法中，法律的生命的确是逻辑。从词源来看，逻辑（Logos）有理性之意，② 而逻辑的确是理性的产物。因此，不妨把逻辑当作理性的同义语。由于三段论在逻辑体系中的特殊地位，它几乎成了逻辑的同义语。理性主义和三段论恰好是大陆法系的特征。庞德对大陆法中的逻辑因素评论道："19世纪的分析法学家把所有法律律令表述为按一种逻辑方案而一举制成的东西，其内容与该逻辑方案完全一致。他们认为自己能够通过分析发现这种逻辑方案，因而设计了一个尽可能详尽地解释执法中的实际现象的方案，并对那些因在逻辑上与该方案不一致而无法解释的部分予以批判。这是一种保证法律稳定性并为法律变化提供一个有序方向的方法，这种方法在法律科学中曾起过重要作用。"③ 但是，这种逻辑方案的根本缺陷在于它排斥与之不一致的东西，要对它阉割以适应该方案，因此，特殊案件的不合理解决便被认为是为了维护一般正义而不得不付出的代价。而且这种方案是脱离其环境的自在之物，法律被认为是不受环境

---

① 上海社会科学院法学研究所编：《法学流派和法学家》，知识出版社1981年版，第417页。

② 参见［前苏联］罗森塔尔、尤金：《简明哲学辞典》，中共中央马克思恩格斯列宁斯大林著作编译局译，人民出版社1955年版，第276页。

③ ［美］罗斯科·庞德：《法律史解释》，曹玉堂、杨知译，华夏出版社1989年版，第31~32页。

制约独立地、静止地存在的。此外，“逻辑推理贯穿于法学研究的全过程，尽管直觉和悟性在人类认识活动中具有重要作用，但被完全排斥在推理过程之外”①。而在经验主义法律观看来，“逻辑并不是法律发展中起作用的唯一力量，它之所以被夸大，就因为它满足了人们幻想中对确定性和安静的渴望。但是确定性一般是幻想，而安息并不是人的命运”②。“法律在任何时候，大体上相当于当时认为方便的东西，凡是人的经验要它这样或那样的就是法律，判断法律的标准就是法能够产生的效果达到何种程度”③。尽管法律作为一整套可以按合乎逻辑的方法或教条主义的方法来解释和引申的原则和观念，但因为法律时时受到社会的种种不规则因素的影响，且它是历史的产物，人们并不能确定地把握它，只有在法院已解决完一个案子后，我们才能把握与该案有关的法律是什么。因此，在此之前，法律不过是法院在事实上将要做什么的预言。④ 至少在实际生活中，法律除被当作抽象逻辑外，更重要的是一种社会体验。⑤ 如果仅仅逻辑地研究和适用法律，那就是“机械法学”了。经验主义要求在行动中研究法律，鄙弃书本上的法而重视生活中的法律。强调法的适用过程的重要性，不注重法规的逻辑运用，主张在行动中发现和创制法律。他们认为，“人类的进步不是根据貌似公正的前辈借先验的推理实现的，而是在充满尝试和错误的崎岖颠簸的过程中取得的”⑥。庞德是霍姆斯的学生，也是其经验主

① ［美］约翰·亨利·梅利曼：《大陆法系》，顾培东、禄正平译，法律出版社2004年版，第68页。

② 沈宗灵：《现代西方法律哲学》，法律出版社1983年版，第71页。

③ 法学教材编辑部《西方法律思想史》编写组：《西方法律思想史》，北京大学出版社1983年版，第45页。

④ 参见［美］H. W. 埃尔曼：《比较法律文化》，高鸿钧等译，三联书店1990年版，第207页。

⑤ 参见［英］罗杰·科特威尔：《法律社会学导论》，潘大松等译，华夏出版社1989年版，第1页。

⑥ ［英］W. C. 丹皮尔：《科学史及其与哲学和宗教的关系》，李珩译，商务印书馆1975年版，第270页。

义法律观的发挥者，他认为法院或审判人员的经验构成法律原理的重要来源，而经验是法官从社会环境中得出的印象，“法律是知识和经验的集合体”[①]。由于社会走得比法律快，社会生活的内容不可能全部被法律概括。法官不应当为法律所约束，而应当进行创造性的司法活动，从而使法律能跟上社会前进的步伐。“法院负有改造裁判所依据的法律的责任”[②]。

但霍姆斯并不是说法律就是经验，而是说法律的生命在于经验，因此他对法律的逻辑成分还是承认的。所以他又说，“我毫不犹豫地承认法官立法，并且他们必须这样做，但他们只有在弥补裂缝时才能这样做，他们的活动被局限于从克分子到分子那样的运动”[③]，他从而对法官立法的范围作了保守性的限定，使自由裁量与严格规则得以统一。

霍姆斯的上述名言精辟地概括了英美法的精神，并使我们看到大陆法与英美法的对立是逻辑与经验的对立。严格规则和严格规则与自由裁量相结合两种方案的对立，建立在理性与经验对立的基础上。以后大陆法系的种种变革，莫不与经验主义的影响有关；英美法的变革，也莫不与对逻辑因素的吸收有关。

（四）向演绎法的靠拢——英美法中的法的模式理论

法的模式指法这种社会现象的简化或抽象化形式，是人们为了说明或解释法是什么或由什么元素构成而使用的概念。[④] 在英美的法的模式理论中，最值得加以探讨的是庞德的律令—技术—理想模式论和德沃金（Ronald Myles Dworkin，1931—2013）的规则—原则—政策模

① 法学教材编辑部《西方法律思想史》编写组：《西方法律思想史》，北京大学出版社 1983 年版，第 445 页、第 457 页。

② 法学教材编辑部《西方法律思想史》编写组：《西方法律思想史》，北京大学出版社 1983 年版，第 457 页。

③ ［美］H. W. 埃尔曼：《比较法律文化》，高鸿钧等译，三联书店 1990 年版，第 207 页。

④ 参见张文显：《当代西方法学思潮》，辽宁人民出版社 1988 年版，第 213 页。

式论。它们反映了英美法对演绎法的吸收。

庞德把法律理解为一种秩序，包括了律令、技术和理想三种成分，它们之间形成这样的关系：一批权威性的律令根据权威性的传统思想或以它为背景，以权威性的技术对其加以发展和运用。

律令中包括规则、原则、概念和标准。规则指以一个确定的、具体的法律后果赋予一个确定的、具体的事实状态的法律律令。原则指用来进行法律推理的权威性出发点，它没有预先假定任何确定的、具体的事实状态，也没有赋予确定的、具体的法律后果。但是在进行法律推理时这种原则必不可少。法律概念指可以容纳各种情况的法律上的确定的范畴，如信托、合伙。各种原则和范畴使我们有可能在只有少量规则的情况下工作，并有把握应付没有现成规则可适用的新情况。标准指法律所规定的行为尺度，只要不超出这一尺度，人们对自己的行为所造成的任何损害就可以在法律上不负任何责任，如“适当注意”的标准。标准使法律作为行为准则具有可伸缩性以使法律的适用个别化，减少法律的普遍性之弊害。①

所谓技术成分，是解释和适用法的规定、概念的方法和在权威性的资料中寻找审理特殊案件的根据的方法。正是根据技术成分足以区别英美法系和大陆法系。在英美法系中，一项制定法为它规定范围内的各种案件提供一个规则，但并不为类推推理提供一个基础，在这方面依靠法院判例。而大陆法系的法律条文是法官进行推理的直接工具。② 所谓理想，是指导法官去寻找法律规则、解释法律规则、将法律规则适用于判案之中的蓝图，它也指导立法人员创制法律，指导法学家设计创造性的方法。③ 理想最终可归结为一定时间和地点的社会秩序的图画，归结到有关那个社会秩序是什么以及社会控制的目的是

---

① 参见沈宗灵：《现代西方法律哲学》，法律出版社 1983 年版，第 84~87 页。
② 参见张文显：《当代西方法学思潮》，辽宁人民出版社 1988 年版，第 215 页。
③ 参见张文显：《当代西方法学思潮》，辽宁人民出版社 1988 年版，第 215 页。

什么的法传统。它是解释和适用法令的背景，在各种新奇案件中有决定意义。①

同庞德一样，德沃金也认为法律不仅仅是规则，而且包括原则和政策。因此，他所认为的法的模式包括规则、原则和政策三个成分。他所称的政策，是“某种准则，它规定必须达到的目标，一般说来是关于社会的某些经济、政治或者社会特点的改善问题”。他所称的原则，指“应予遵守的准则，并不是因为它将促进或者保证被认为合乎需要的经济、政治或社会情势，而是因为它是正义、公平的要求或者其他道德方面的要求”②。德沃金认为仅把法律看作规则的观点是狭窄的，没有看到规则之外的原则和政策。他认为法官在处理案件中常常有权从各方面进行思考，并不完全局限于法律的明文规定，而且要把伦理道德的各种原理适用于各个案件之中。作为一个能干的法官，除研究各种成文规则外，还应再加上在一个尊重他人权利的社会所采取的一切其他考虑，才能作出正确的判决。德沃金从这一观点出发，认为规则是确定的，在司法过程中有时有法律效力，有时无法律效力。而原则和政策才是灵活的，如果排除原则和政策，必然产生“棘手案件出恶法”的结果，相反，则会出现“棘手案件出伟大的法官”的结果。③

庞德和德沃金在各自的法的模式理论中，从不同的立足点出发，都提出了法律的规则以外的成分，尤其他们都提出了原则的法律成分并探讨了原则作为推理的根本出发点在司法过程中的作用。这种现象具有多方面的意义。例如，它们都表达了对“法律就是法律”的实证

---

① 参见［美］罗斯科·庞德：《法律史解释》，曹玉堂、杨知译，华夏出版社 1989 年版，第 145 页。

② ［美］德沃金：《论规则的模式——略论法律规则与原则，政策的法律效力，批判实证主义》，潘汉典译，载《法学译丛》1982 年第 1 期。

③ 参见申善情：《棘手案件出伟大的法官——当代新自然法学派人物德沃金评介》，载《法学》1989 年第 1 期。

主义理论的反叛，而强调高踞于实在法之上的理想或自然法的作用。但从司法技术的角度看，它们的意义在其他方面。

首先，它们显示了英美法律思维方式向演绎法的靠拢。过去的经验智慧积累并不能预示未来的一切。经验主义的归纳法不能为变幻莫测的未来社会现象设定规则。由于司法程序之发动依赖于当事人的投诉，法院不可能通过审判为广泛的社会活动制定规则，而只能为那些偶然遇到的案件制定规则，这样制定的规则必定是残缺不全的。为了具备应付社会全方位事件的能力，法院必须确立一些具有高度涵盖力的原则，使任何案件都能在对这些原则的演绎推理中得到解决方案。因此，原则的确立旨在克服英美法面向过去性的局限，使其具有面向未来的性质。在上述法的模式中，如果说规则是过去的经验积累，那么，原则就是为未来立法。规则与原则在一个法的模式中的共存，反映了归纳与演绎、经验与逻辑的调和。在这个意义上，英美法向大陆法靠拢了一步。正如庞德所言，原则没有预先假定任何确定的、具体的事实状态，也没有赋予确定的、具体的法律后果，这意味着原则就是抽象化，通过减少事物的内涵扩大其外延。“所谓抽象，是从具体的事物中单独选出它们所具有的某一性质加以孤立，继而又把对于这一性质的所有的经验和知识推广运用到具有同样性质的其他事物上”，“倘人类无抽象化的能力就不能建立理论，而只能依靠经验一件一件个案式地去了解事物和现象”①。因此，抽象化的原则就是承认事物中存在共性和一般性，利用对这种共性和一般性的了解，人们并非不可能把握感觉之外的事物。这说明原则在法的模式中的出现，是理性对经验的超越。

其次，无论是原则、政策或理想，这些范畴无非是为了增强法律的弹性或灵活性而提出的，有助于克服司法中的概念主义、条文主义

---

① 吕荣海：《从批判的可能性看法律的客观性》，蔚理法律出版社 1987 年版，第 62~63 页。

或教条主义，使法律更好地适应不断变化着的社会需要和形形色色的案件，尤其是新奇案件和疑难案件。[①] 原则使法律具有适应性。艾德华·麦克威利（Edward McWillie）指出："法典要有活力，必须随它在其中起作用的社会的变化而变化。法律与社会的这种关系或者称共生现象多因起草法典时所使用的概括性一般原则的方法而得到加强。法典关键条款中的措辞如像《美国宪法》第 5 条、第 14 条修正案中的'正当程序条款'，能给旧的原则注入新的内容。因此，解释的过程能够用来在法律上达到变更和革新的目的，而避免采取表面上剧变的直接修订法律的步骤。"[②] 因此，确立概括性原则无异于对法官补充立法权和个案衡平权的间接承认，这表明英美法学家已不满于理想模式和现实模式的长期背离，试图建立相应的理论使现实模式合理化。博登海默说明了这一点："由于先行存在的法律具有必然的不完善性与频繁的模棱两可性，所以司法机关从未将自己完全局限于其基本职能之中，并且总是发现有必要对现行法律加以论证和补充，而这可以用某种被人们恰当地称之为法官造法的法律来予以实现"[③]。原则就是使法官造法合法化的法律。

最后，强调法律之灵活性的法的模式理论在英美法中之所以皆诞生于美国，乃是因为美国的社会变迁节奏更快，这使美国人在对法律的灵活性的强调上一直甚于英国人。日本学者观察到，19 世纪末确立的现行英国法的判例法理论明显地采取了为法的确定性服务的形式，虽然其中也多少会有流动性因素，但其主要任务却是放在维护法的确定性上。同英国相比，美国的判例法理论采取的则是使人想起很像 18 世纪英国那种相当缓和的形式。而且进入 20 世纪后，法官强调法的可

---

① 参见张文显：《当代西方法学思潮》，辽宁人民出版社 1988 年版，第 236 页。

② ［美］艾德华·麦克威利：《法典与普通法的比较》，梁慧星译，载《法学译丛》1989 年第 5 期。

③ ［美］埃德加·博登海默：《法理学：法哲学及其方法》，邓正来、姬敬武译，华夏出版社 1987 年版，第 397 页。

变性的倾向相当强烈。在学者的学说中对判例的拘束力持怀疑态度的倾向也很明显。新现实主义的法律理论提出的法律的确定性终究是一种“错觉”的理论对这种倾向影响很大。这一现象的根本原因在于，同英国相比，美国的社会变化更为激烈。英国人古德哈特（Arthur L. Goodhart，1891—1978）认为，当今美国的判例法虽仍接近英国的判例法，但正向大陆的判例法理论（没有依循先例原则的判例法理论——作者按）靠拢。[①] 这种现实必然要求相应的理论来说明，庞德和德沃金的法的模式理论正是应这种需要产生的。显然，他们试图以依循原则理论取代依循先例理论。

研究至此，本章终于出现了“原则”一语作一说明。显然，它是为了加强法律的灵活性设立的机制，是社会剧烈变迁的产物，反映着演绎法的优越性和英美法对这种优越性的吸收。

① 参见［日］高柳贤三：《英美法源理论》，杨磊、黎晓译，西南政法学院印行，1983年版，第60~61页。

第三章

民法基本原则克服法律局限性的功能研究（下）

第一节 20世纪的大陆法系模式

如前所述，优士丁尼的法典编纂中断了罗马法中严格规则与自由裁量相结合的体制，奠定了绝对严格规则主义的传统，这一点恰恰为19世纪制定的大多数大陆法系法典所承袭。因此，亚里士多德的衡平法思想只存活于英美法之中，在大陆法系中它已被遗忘。但历史的逻辑必将为自己开辟道路，至19世纪下半叶，大陆法系发生了向吸收自由裁量主义因素的变化，这种变化来自多方面因素变化的影响。

一、大陆法系经济基础的变化

向绝对严格规则主义的封闭的法典法发起最有力的巨大冲击的力量来自经济。19世纪下半叶，欧陆诸国的经济经历了工业革命、城市化、高度危险来源的出现、公司化和垄断化等一系列变化。

（一）工业革命

工业革命就是以机器生产取代手工业生产的生产方式的技术革命。19世纪上半期，法国、德国、瑞士等大陆国家先后开始了以棉纺织业的机械化、蒸汽机的发明和运用及以铁路建设为内容的技术革命，工业革命已告完成或正在蓬勃开展。到19世纪中期，各主要大陆国家已在不同程度上建立了各自的近代工业部门。①

就法国而言，大革命扫除了封建障碍，造成革命以后到19世纪70年代以前资本主义工业生产的大发展，工业革命基本完成。1820年法国只有39台蒸汽机，1848年已达5212台。19世纪50年代至19世纪60年代，法国的重工业获得了特别迅速的发展。在20年的时间内煤和铁的产量都提高了2倍，分别达到1346万吨和138万吨。钢产量提高了7倍，国民收入增加了1倍，工业总产值增加了2倍，达120亿法郎。② 在19世纪开头的75年中，法国民法典很少修改，正是同这种经济的剧烈变动相对应，法国民法典走上了变革之路。③ 在19世纪的最后30年，法国的工业又增长了94%，其中重工业的发展尤其迅速，煤铁产量都增长了1倍多，钢产量则增加了15倍。④

就德国而言，它是后起的资本主义国家，19世纪中叶以前，其经济发展水平远远落后于英国等先进资本主义国家。经过19世纪后半期的迅速发展，德国工业先后赶上并超过了法国和英国，成为欧洲的头号工业强国。⑤ 因此，德国民法典与法国民法典制定的经济背景不同，后者制定于工业革命前，前者制定于工业革命后，这一区别影响了二者的立法风格。德国的工业革命经历了3个阶段。19世纪30年代至19世纪40年代属于初期阶段。1848年的资产阶级革命后，整个19世纪50年代至19世纪60年代，是具有决定性意义的阶段，出现了工业高涨和工厂大工业。1871年德意志帝国建立后，工业革命便进入后期

---

① 参见宋则行、樊亢主编：《世界经济史》（第二卷），经济科学出版社1989年版，第3页。

② 参见樊亢等：《主要资本主义国家经济简史》，人民出版社1973年版，第195页。

③ 参见上海社会科学院法学研究所编：《民法》，知识出版社1981年版，第23页。

④ 参见樊亢等：《主要资本主义国家经济简史》，人民出版社1973年版，第208~209页。

⑤ 参见樊亢等：《主要资本主义国家经济简史》，人民出版社1973年版，第234页。

即完成阶段,[①] 德国民法典就是在这一阶段制定的。1850 年至 1870 年，德国的煤产量由 670 万吨增加到 3400 万吨，计提高 4.1 倍。生铁产量由 21 万吨增加到 139 万吨，提高了 5.6 倍。钢产量由 5900 吨增加到 17 万吨，提高了近 28 倍。1870 年，德国在世界工业总产值中的比重达到 13.2%，超过了法国。19 世纪 70 年代至第一次世界大战前夕，德国工业有了进一步的发展。在这一期间，德国的工业提高了 4.7 倍，工业发展速度超过了英、法两国。1870 年至 1913 年，德国的生产资料生产上升了 6.5 倍，煤产量从 3400 万吨增加到 27730 万吨，增加了 7.2 倍。生铁产量从 139 万吨增加到 1931 万吨，增加了 12.9 倍。钢产量由 17 万吨增加到 1833 万吨，增加了 107 倍。1913 年，德国在世界工业总产值中的比重达到 15.7%，占据第二位，仅次于美国。[②] 从这些枯燥的数字中可以想象德国社会所发生的巨大变化。

如果说蒸汽机取代人力和畜力是一场革命，那么，电动机取代蒸汽机是另一场更有意义的革命。列宁（Владии́мир Ильи́ч Улья́нов，1870—1924）指出："电气工业是最能代表最新的技术成就和 19 世纪末、20 世纪初的资本主义的一个工业部门，它在美国和德国这两个最先进的新兴资本主义国家里最发达"[③]。1866 年，德国人西门子（Ernst Werner von Siemens，1816—1892）研制成功了第一台自激式发电机。1878 年，他又发明了电动机。[④] 1895 年至 1910 年，德国的电机产值由 7800 万马克增至 36800 万马克，增加了 3.7 倍。德国电气工业总产值在

---

① 参见樊亢等：《主要资本主义国家经济简史》，人民出版社 1973 年版，第 246 页、第 248 页、第 252~253 页。

② 参见樊亢等：《主要资本主义国家经济简史》，人民出版社 1973 年版，第 246 页、第 248 页、第 252~253 页。

③ 列宁：《帝国主义是资本主义的最高阶段》，中共中央马克思恩格斯列宁斯大林著作编译局译，人民出版社 1974 年版，第 60 页。

④ 参见宋则行、樊亢主编：《世界经济史》（第一卷），经济科学出版社 1989 年版，第 7 页。

1891 年至 1913 年的 22 年间增加了 28 倍。因此，如果说德国民法典制定于工业革命时期的蒸汽机时代，则它的适用就处于工业化时期和电气化时代了，到 20 世纪初，德国实现了工业化，电气化正在迅速实现之中。①

瑞士曾是一个穷国，人民靠为外国当雇佣兵为生。但至 19 世纪 50 年代至 19 世纪 60 年代，瑞士经济摆脱了封建束缚，处于相当繁荣的时期，工业迅速成长起来。1847 年至 1848 年以后开始广泛使用蒸汽机。② 从 19 世纪 90 年代末到 20 世纪初，瑞士的大工业迅速发展。通过旅游业获得的资金积累以及对国际贸易的参与，促进了瑞士大工业的迅速成长。1906 年，瑞士共有 144 个发电站，年发电能力为 154 万千瓦。③ 因此，瑞士民法典是建立在工业化、电气化基础之上的。

（二）城市化

作为工业革命的必然结果，欧陆国家自 19 世纪中叶开始了城市化，表现为城市人口的急剧增加和农村人口的减少。就法国而言，拿破仑法典制定时的这个国家仍是个农业国和农民的国家，农村人口在全体居民中所占的比例比英国高。1815 年英国每 100 人中有 28 人住在人口超过 5000 的市镇，1870 年每 100 人中有 57 人住在人口超过 1 万的市镇，而在法国的相应数字分别为 14 人和 21 人。1840 年至 1845 年的有关统计资料表明，那时有 63 个行政区，3200 万人口，超过 50 个劳动力的企业仅有 3200 个，在 10 人以上的企业中工作的仅有 100 万工人。④ 但工业革命后的 19 世纪末，法国工人达 330 万人。⑤ 城市人口的增长可以巴黎为例。1800 年，该城仅有 54.7 万人，1850 年达

① 参见樊亢等：《主要资本主义国家经济简史》，人民出版社 1973 年版，第 252 页。

② 参见［前苏联］鲍爵姆金主编：《近代史》（第二卷下册），黄鸿森译，三联书店 1964 年版，第 730~733 页。

③ 参见［前苏联］加尔金主编：《近代史》（第三卷下册），秦光允译，三联书店 1965 年版，第 600 页及以次。

④ 参见［德］汉斯·豪斯赫尔：《近代经济史》，王庆余等译，商务印书馆 1987 年版，第 349 页及以次。

⑤ 参见樊亢等：《主要资本主义国家经济简史》，人民出版社 1973 年版，第 209 页。

105.3 万人，1875 年达 225 万人，1900 年达 271.4 万人。[①] 1926 年，法国的工业人口第一次超过了农业人口。[②] 如果说拿破仑法典是为一个农民的国家制定的，那么 100 年后，它却面临着一个城市人口的国家。

就德国而论，1895 年德国工人及其家属达到 3500 万人，占全国总人口的 67%。[③] 以柏林为例，1850 年人口仅 41.9 万，1875 年增长为 104.5 万，1900 年猛增为 189 万，1920 年达 402.5 万。[④] 瑞士的城市化也很快。到 1910 年，农村人口比 1870 年减少了将近一半。1870 年农业人口占 46.25%，1910 年只占 28.53%。1870 年工业人口占 41.7%，1910 年占 47.78%，另有 11.45%的商业人口。[⑤] 德国、瑞士的民法典都是为一个城市化国家制定的。

（三）高度危险来源的出现

工业革命的重要内容是交通运输工具的革命。在 1870 年至 1913 年这段时间内，交通运输业实现了现代化，有了根本改观，主要表现为铁路网的普及和蒸汽轮船取代木船。1831 年，法国开始修筑第一条长 39 公里的铁路。1848 年铁路总长度已达 1931 公里。1870 年，法国各主要铁路干线基本完成，铁路总长度达 17924 公里。1913 年，第一次世界大战前夕，法国已有铁路 42826 公里。与此平行，1862 年开始建造内燃机。1889 年发明汽化器，汽油机之生产由此成为可能。嗣后难以计数的工厂主制造出逐年现代化的汽车。1898 年，首届汽车博览

① 参见［前苏联］乌尔拉尼斯主编：《世界各国人口手册》，魏津生等译，四川人民出版社 1982 年版，第 585 页表 165、第 597 页表 172。

② 参见樊亢等：《主要资本主义国家经济简史》，人民出版社 1973 年版，第 220 页、第 253 页。

③ 参见樊亢等：《主要资本主义国家经济简史》，人民出版社 1973 年版，第 220 页、第 253 页。

④ 参见［前苏联］乌尔拉尼斯主编：《世界各国人口手册》，魏津生等译，四川人民出版社 1982 年版，第 585 页表 165、第 597 页表 172。

⑤ 参见［前苏联］加尔金主编：《近代史》（第三卷下册），秦光允译，三联书店 1965 年版，第 600 页及以次。

会在巴黎开幕。① 1900年，法国的私人汽车拥有量为3000辆，1905年达2.2万辆，1910年达5.4万辆，1913年达9.1万辆。② 如果说法国民法典制定于水磨、风车和马车的时代，它却适用于火车和汽车的时代。

1835年，德国修建第一条长8公里的铁路。1848年，铁路线已长达2500公里。1870年，铁路线增加到18876公里。铁路货运量增长了27.1倍。1871年至1914年，德国的铁路线增加到6.2万公里。③ 1913年，德国的私人汽车已达5万辆。④ 1882年，瑞士有了贯穿其境的从意大利到德国的圣哥达铁路。1906年，修建了通过辛普朗隧道把巴黎与米兰连接起来的铁路。⑤

1890年左右，第一架飞机起飞，1909年飞机越过了英吉利海峡，1912年飞越地中海。⑥

（四）公司化与垄断

工业革命造就的大工业要求新的企业组织形式，公司和垄断组织便作为这种要求的逻辑结果出现了。在民法典不承认法人制度的法国，商法典却规定了公司。拿破仑在1800年建立的法兰西银行即为一家股份有限公司。⑦ 1857年，6家大公司已控制了法国的大部分铁路。到

---

① 参见［法］米歇尔·博德：《资本主义史》，吴艾美等译，东方出版社1986年版，第172页。

② 参见宋则行、樊亢主编：《世界经济史》（第二卷），经济科学出版社1989年版，第17页表7。

③ 参见樊亢等：《主要资本主义国家经济简史》，人民出版社1973年版，第241页、第248页、第252页。

④ 参见樊亢等：《主要资本主义国家经济简史》，人民出版社1973年版，第241页；第248页；第252页。

⑤ 参见［前苏联］加尔金主编：《近代史》（第三卷下册），秦光允译，三联书店1965年版，第601页。

⑥ 参见［法］米歇尔·博德：《资本主义史》，吴艾美等译，东方出版社1986年版，第172页。

⑦ 参见［德］汉斯·豪斯赫尔：《近代经济史》，王庆余等译，商务印书馆1987年版，第339页。

1830年，有价证券总额已由1815年的15亿法郎增至43.5亿法郎，1850年更是增至89.8亿法郎。从这些数字中可窥见公司化的发展程度。1906年，纺织工业中的大企业已经集中了该行业工人总数的52%，造纸和橡胶工业则达55%。① 在德国工业高涨的19世纪50年代至19世纪60年代，仅仅在普鲁士就创设了资本总额达24亿马克的295个股份公司。在电气工业中，1883年建立第一个股份公司——德国爱迪生实用电气公司。1896年股份公司增至39个。1811年成立的克虏伯公司是一个把采煤、冶金、机器和军火生产结合在一起的巨型康采恩，1913年拥有职工8万名。② 1865年，在德国首先出现了卡特尔这种垄断组织，随后不久又出现了辛迪加，再稍后些时候，康采恩也问世了。③ 到1907年，占企业总数的91%的297万个小企业，只占有汽力和电力的7%，而占企业总数的0.9%的3万个大企业，却占有3/4的汽力和电力。其中586个最大企业则差不多拥有汽力和电力的1/3。1911年，卡特尔的数目达550~600个。④ 如果说法国民法典是为自然人制定的，那么，它却适用于一个法人资本主义的时代和垄断资本主义的时代。

二、大陆法系政治体制的变化

在19世纪上半叶，分权学说曾被奉为制宪和政治运作的圭臬，但这场合唱中自始即伴随着批评的杂音。批评者认为三权分立（三权的区分、分离、独立）实际上不可能，它仅仅是“纯理论的空想的游戏”“自然法学的变种”“政治学的三位一体的神秘化”。有人试图把

① 参见樊亢等：《主要资本主义国家经济简史》，人民出版社1973年版，第198~202页。

② 参见樊亢等：《主要资本主义国家经济简史》，人民出版社1973年版，第247~255页。

③ 参见黄速建：《公司论》，中国人民大学出版社1989年版，第40页。

④ 参见樊亢等；《各主要资本主义国家经济简史》，人民出版社1973年版，第255页。

它作为有害概念予以取消。① 20世纪以来，三权分立的概念更受到来自各方面的极其尖锐的攻击，以民主为名义的攻击有之，以效能为借口的攻击亦有之。例如，在美国，由于宪法的施行奇妙地产生了三权相互之间的“制约与平衡”，就出现了三个机关谁都做不成什么事的状态。威尔逊指责说，不是三权分立，而是联邦议会的优势，更是哪个委员会的优势，然后更进一步把优势移到总统手里。法西斯主义者和共产主义者从不同的立场向三权分立理论发起了攻击，他们从根本上拒绝要把权力分散的这种主张，而坚持要把政府权力集中在致力于社会革命变革的执政党手里。②

在理论上，自从边沁以来就对权力分立的抑制作用表示反对，认为这在实际上行不通，也无法做到。边沁认为，“如果为了善而行使权力，那有什么理由要分割这个权力呢？如果为了恶而行使权力，那么，还要保持这个权力吗？”艾伦·史密斯（J. Allen Smith，1860—1926）在其《宪政制度的兴亡》一书中深刻地重点评论了现代大工业造成的严重不平衡，宣称久为称道的三权分立制度即将消亡。③ 拉斯基（Harold Joseph Laski，1893—1950）着眼于议会内阁制的实际情况，认为由于布莱克斯通而神圣化了的孟德斯鸠这一流派在英国的立法和行政二者关系上的见解是错误的，对这一理论同实际脱节的问题作了研究。凯尔逊（Hans Kelsen，1881—1973）从纯粹法学的立场指出，存在的不是三个权力，而是“创设”和“适用”这两种国家机能。④ 他指出：“在规范的等级体系中，基本规范只创立法律，而不实施法律。处于另一极端的个别规范并不创立任何新的规范。除基本规范和最终的个别

① 参见上海社会科学院法学研究所编：《宪法》，知识出版社1982年版，第111页。

② 参见上海社会科学院法学研究所编：《宪法》，知识出版社1982年版，第101页。

③ 参见上海社会科学院法学研究所编：《宪法》，知识出版社1982年版，第111～112页。

④ 参见上海社会科学院法学研究所编：《宪法》，知识出版社1982年版，第111～112页。

规范外，所有的法律规范都既是实施法律又是创立法律。较高级的规范就可以创立若干专门的‘框架’，使适用法律的机构享有自由裁量权。因而立法者与法官并无质的区别，只有量的不同。较高级的规范对于法官来说，只是在他可以行动范围内的一个‘框架’。这样一来，执法机关同时也是立法机关，这就取消了创立法律与执行法律之间的严格界限。”① 凯尔逊在这里通过主张打破立法与司法的截然界限否定了三权分立理论。马歇尔（Geoffrey Marshall，1929—2003）在他的《宪法理论》一书中认为，分权概念面临着难以弥补的缺陷，并且分析了这些缺陷的要点。

在实际的政治运作上，自从资本主义进入垄断阶段后，资本的集中要求国家权力的集中，议会人多嘴杂，对国家权力集中产生阻碍。掌握国家权力的垄断资产阶级便把他们集中权力的欲求寄托于人员比议会要少得多的行政首脑部门，于是行政权力的不断扩大就成为西方国家权力运用的必然趋势。不论是美国的总统、英国的首相还是其他西方国家的行政首长，都能采用各种方式扩大行政权力。三权分立制在西方国家虽然还没有完全丧失作用，但已遭到巨大的冲击和严重的破坏。根据马尔佩（R. C. Malberg，1861—1935）在 1931 年出版的《法律：全民意志的体现》一书中所作的研究，在法国第三共和国（1870—1940）议会内阁制的现实里发现的不是三权分立，而是权力与权威的集合统治，是权力的等级制度，立法机关握有最高权力。② 这一番议论反映了 19 世纪与 20 世纪之交 70 年间法国的政治现实。由于第四共和国（1945—1958）的分权体制造成政局动荡以及其他原因，取而代之的第五共和国宪法的核心即在于集中权力于总统，改内阁制

① 法学教材编辑部《西方法律思想史》编写组：《西方法律思想史》，北京大学出版社 1983 年版，第 435 页。

② 参见上海社会科学院法学研究所编：《宪法》，知识出版社 1982 年版，第 111 页、第 112 页。

为半总统制。议会的作用大为缩小了，总统实际上成为权力中心，享有广泛的立法权和行政权。[①] 在德国，魏玛共和国（1919—1933）时期和希特勒执政时期是行政机关占优势的“行政国家”。尽管从表面看，这些说明只反映了行政机关与立法机关的新关系，表现为行政立法的膨胀对议会立法权的蚕食，即所谓委任立法。根据杜诺莫委员会所提供的报告书，基于下列6项原因，委任立法为现代国家不可避免的现象：(1) 议会议事时间不足以应付巨数之法案；(2) 议事主题过于技术化；(3) 不可预测的偶发事件；(4) 立法机能的弹性问题；(5) 立法机关欠缺试行的经验造成困难；(6) 有关紧急权问题，须赋予行政机关紧急立法权。[②] 但行政权与立法权的混淆意味着三权分立体制的破裂，留下了司法权蚕食立法权的活动空间。大陆法系的各民法典将在这样的政治理论与政治实践的基础上适用，法官创法的结果便不难想见。因为上述促使行政权侵犯立法权的6项原因，无不可同时作为司法权侵犯立法权的原因，这是显而易见的。

三、大陆法系国家哲学的变化

正与欧陆经济政治方面变革的时间相重合，19世纪下半期至20世纪初期，理性主义的发展遇到了深刻的危机，这是法国启蒙运动理想破灭的结果。众所周知，法国1789年资产阶级革命正是在启蒙运动的理想旗帜下酝酿、准备和实现的，可是，法国大革命过程中阶级残杀的血腥事实，把启蒙思想家奉为“高踞于一切现实事物之上的唯一法庭”——理性——变成了十足的非理性。卢梭的社会契约论在雅各宾专政的“恐怖时期”得到了实现。法国大革命后建立起的“理性国家”——资产阶级国家——本质上具有的阶级对立、压迫和剥削，成

---

① 参见高明振主编：《当代世界史》，武汉大学出版社1985年版，第205~206页。

② 参见吕荣海：《从批判的可能性看法律的客观性》，蔚理法律出版社1987年版，第74页。

为对自由、平等、博爱原则的无情嘲弄，彻底粉碎了伏尔泰、狄德罗（Denis Diderot，1713—1784）等人讴歌的“永恒理性”以及建立在这一理性之上的“永恒世界”。这一切，都使人们对启蒙思想家所说的“意见支配世界”的正确性表示深深的怀疑，促使知识界进一步思考人类的社会世界是否真有一般的“合理性”的基础，[①] 因而泛起了非理性主义思潮。从笛卡尔到黑格尔的哲学，都把人的认识能力和道德实践能力放在至高无上的地位，人只有以其认识主体和道德实践主体的资格才有存在的价值，人在这里已经变成人格化的逻辑范畴和道德规范。理性主义把人的注意力集中导向对外部世界的控制，在理性精神的指引下，以工具、技术和自然科学为标志的人驾驭自然的能力空前发展了，作为人类自我控制的社会组织、经济组织、政治组织形式和国家机器也日趋严密；与此同时，人本身的精神生活和内心要求却遭到了漠视。现代非理性主义者竭力地突出人作为主体的个别性和不可重复性，把人的心理因素中的非理性成分，如意志、情绪、直觉、本能等提到首位，并强调非理性的心理因素对人的认识活动和行为的决定作用。[②] 非理性主义不是说人可以不要理性，而只是指出理性有它的局限性，不能把人的本质仅看成理性。人不仅有理性，也不完全受理性支配。人的许多判断和行为，尤其是对于人生来说最基本的那些判断和行为，往往正是依意志、情感、欲望等“非理性”的东西进行的。理性即推理，推理需要前提，而前提的选择当然不能再是依仗理性的。理性在根本的问题上总难免陷入二律背反，促使人们做出最根本原则选择的往往是情感、欲望等非理性的东西，或经验、习惯、习俗等成见。[③] 一言以蔽之，非理性主义就是要强调主观性、自由意

---

① 参见苏国勋：《理性化及其限制：韦伯思想引论》，上海人民出版社 1988 年版，第 43~44 页。

② 参见苏国勋：《理性化及其限制：韦伯思想引论》，上海人民出版社 1988 年版，第 45 页。

③ 参见陈宣良：《理性主义》，四川人民出版社 1988 年版，第 262 页。

志和个体性。非理性主义反叛了西方传统哲学，构成现代西方哲学的一大支系。如果说在传统哲学中占主导地位的是绝对性、必然性、普遍性、抽象性、本质性和确定性，那么，在现代西方哲学中占主导地位的则是相对性、或然性、特殊性、具体性、概率性和模糊性。[①] 尤其值得一提的是作为法律之确定性根据的一般的确定性在现代的命运。第二次世界大战期间，数学家里柯克曾幽默诙谐地写道：科学、哲学和神学共同参加了一个葬礼，这个葬礼就是确定性的死亡。[②] 的确，确定性的时代已经过去了。

对统治了欧陆 200 年的理性主义传统的反叛最早可追溯到康德（Immanuel Kant，1724—1804）。他第一个系统地概括了 17、18 世纪理性主义和经验主义斗争的经验，力图实现理性主义和经验主义的合流，从而为在认识论中把主体和客体、感性和理性统一起来开辟了道路，因而在近代认识论发展史上，康德占有一个特殊的地位。[③] 早年他受理性主义者沃尔弗的影响，后者将理性主义的观点推向极端，把哲学方法与数学方法等同起来，认为经验的事实会符合于理性的演绎，否认感觉可以给我们任何知识。[④] 因此，早年的康德也是个理性主义者。1775 年，康德读了休谟著作的德译本后，为休谟的不可知论大吃一惊，把他从独断论的迷梦中惊醒。[⑤] 所谓独断论，按康德的说法，就是像沃尔弗哲学那样对人的认识能力的可能界限未详加探讨就断定理性认识的确实性可否定感性认识的哲学。[⑥] 同时，康德把像休谟那样的对人的认识能力的可能限度未详加探讨就截然否定理性认识的确实

---

① 参见郑杭生主编：《现代西方主要哲学流派》，中国人民大学出版社 1988 年版，第 26 页。

② 参见李晓明：《模糊性：人类认识之谜》，人民出版社 1985 年版，第 124 页。

③ 参见朱德生等：《西方认识论史纲》，江苏人民出版社 1983 年版，第 253 页。

④ 参见全增嘏主编：《西方哲学史》（下），上海人民出版社 1985 年版，第 38 页。

⑤ 参见［美］威尔·杜兰：《西方哲学史话》，杨荫渭等译，书目文献出版社 1989 年版，第 260 页。

⑥ 参见全增嘏主编：《西方哲学史》（下），上海人民出版社 1985 年版，第 59 页。

性，并断定只有感性认识可靠的哲学叫做经验论、怀疑论。康德认为自己的哲学与两者都不同，他的目的是对人的认识能力详加探讨，研究认识的起源与认识的范围与可能性。他认为只有搞清楚认识能力的起源与界限，只有弄清感性、知性和理性的起源与界限，才能正确地认识世界。这种哲学以批判人的认识能力为主旨，因此叫做批判哲学。所以，康德哲学的灵感来源就体现着大陆理性主义与英国的经验主义的合流，大陆法与英美法的趋同，在康德手里即已开始准备了。

康德首先是一位不可知论者。在康德的认识论中，认识的客体包括自在之物和现象世界，认识的环节包括感性、知性和理性 3 个阶段。自在之物既指作为感觉源泉的自然界，又指理性不能把握的超感性的对象，即传统的“形而上学”的对象，如上帝、灵魂、意志等；同时指在实践上应当力求实现而永远不能实现的理想目标。所谓现象，是客观事物作用于我们的感官所产生的感觉表象。在康德看来，知识有两个来源，一个来源是外物作用于我们的感官所引起的感觉经验；另一个来源是理性先天地固有的认识能力。前者可以说是康德认识论中的经验主义成分；后者可以说是康德认识论中的理性主义成分，但它与莱布尼茨的“心灵是有纹路的大理石”之理论不同。康德所称之人先天固有的认识能力，指人类心灵中固有的时间和空间两种直观形式与量、质、关系、样式相关的包括因果性在内的 12 个范畴。康德不把时空观念看作客观经验的产物，而是人心固有的。他把范畴叫做“纯概念”，它不是来自感性对象，不包含任何经验成分，而是为人脑先天所具有。在这里，康德完全陷入了先验论。但就这一理论的工具意义而言，它克服了休谟将人类认识完全局限在感性认识范围内的弊病，为证明人具有超越感性的认识能力提供了可能。

感性指一种借助于经验形成感性直观的知识的先天认识能力或感性直观形式。在感性的认识环节中，自在之物作用于人的感官产生感觉，它们只是一团混乱的心理状态，经过时空、范畴等先天直观形式的整理，形成一定的感性对象，构成具有普遍性、必然性的感性直观知识。这种知识所整理的经验材料只在“现象世界”有效，和“自在之物”无关，既不反映“自在之物”的任何性质，也不能用以规定“自在之物”。在这里，康德至少已承认了认识开始于经验，并且离不开经验。

知性指一种对感性对象进行思维，把特殊的没有联系的感性对象加以综合，使之成为有规律的自然科学知识的先天认识能力。在知性的认识阶段，人们运用心中先天具有的范畴去思维感性在人心中形成的孤零零的、本来没有什么联系的感性对象，综合联结它们，使感性对象之间有了联系、带上了规律性。康德批驳了休谟给他以灵感的否认因果律之客观性必然性的观点，决意要从怀疑论中拯救出科学。他认为，在感性的经验事实之中，确实找不到普遍必然的联系，但“知性”中却先天地存在着具有普遍性、必然性的范畴——因果性，人们运用这个先天的因果性范畴去思维对象，就能够把两件经验事实联结起来，做出因果关系的判断，使知识具有普遍性和必然性。这就是说，知性范畴能为自然立法，构成自然科学。依照康德的这一观点，人的认识过程不是在实践中总结、概括实际经验、反映客观事物发展规律的过程，反倒是向客观事物颁布、强加规律的过程，这是一条主观主义的认识路线。但他的这一思想在一定程度上克服了经验主义忽略理性认识能动作用的局限。康德已经看到，不应把认识仅局限在感性范围内，感性认识不能提供的普遍性、必然性，却能由理性认识即所谓“知性”来提供。但是，康德所谓“知性”为自然立法的那个自然，并非指“自在之物”或独立于人们的感觉经验存在的客观物质世界，而是指由人们的感觉经验构成的所谓“现象世界”。因此，在知性的认识阶段，康德仍主张“自在之物”是不可知的，只有“现象世界”是可知的。

理性指人先天具有的一种要求把握绝对的无条件的知识的能力，即要求超越“现象世界”去把握“自在之物”的能力。在康德看来，人们通过“感性”和“知性”所获得的知识虽然具有普遍性、必然性，但总是有条件的、相对的。譬如，当“知性”运用因果性范畴于经验对象时就会发现，经验对象之间的因果关系是一个无穷的系列，甲是乙的原因，乙是丙的原因，丙又是丁的原因，如此追寻下去没有尽头。反过来，甲有自己的原因，而它的原因又有原因，如此追溯上去同样没有尽头。也就是说，在“现象世界”里，一切都是有条件的、相对的，没有什么绝对的“第一因”（没有原因的原因），也没有什么绝对的“最终结果”（没有结果的结果）。可是，人心中却存在着一种要求把相对的、有条件的知识综合成为绝对的、无条件的知识的自然倾向，这就是所谓“理性”。理性的概念——“理念”要求一种无条件的绝对完满的东西，它是经验事物的范畴，但经验中却没有任何事物能同它完全符合。康德认为：“理性”虽然给自己提出了追求绝对的无条件的知识的任务，可是它并不能完成这个宏伟的任务。这是因为“理性”所追求的绝对无条件的对象在“现象世界”中是根本没有的。“理性”要这样做，实际上意味着要撇开经验，超越“现象世界”去把握“自在之物”。而理性要去把握“自在之物”，它本身没有别的工具，只能请“知性”的范畴来帮忙，这无异于缘木求鱼。人的“理性”一旦运用“知性”范畴去规定“世界”观念，便会陷入不可解决的矛盾（二律背反）之中。这表明人的认识能力是有限的，只能认识“现象”，不能认识“自在之物”。“理性”完成不了它自己所提出的任务，“世界”本身究竟怎样，在理论上也是不可知的。①

哲学家的抽象思辨往往被庸人们视为谵语，但最能从根本上动摇一种体制根基的就是这种往往不能为常人理解的谵语。哲学家的书房里常常酝酿着风暴，他们用笔在稿纸上播种着未来的风雷，挖掘着旧体制的墓穴。显然，康德承认了“现象世界”是可知的，并且这种可

① 参见朱德生：《西方认识论史纲》，江苏人民出版社 1983 年版，第 253 页及以次。

知性不以人的感觉经验范围为限。这就从经验主义手中拯救出了为超乎经验的未来立法的可能，换言之，法典法的立法形式至少是可以保留的。因此比起休谟来，康德是一个可知论者。这说明他并未完全放弃大陆的理性主义传统。同时，康德否认“自在之物”的可知性，这就断绝了一举把握全部绝对真理的一切通道，将以理性主义为基础的法国民法典式的绝对严格规则主义的立法方式打得粉碎。制定预料未来一切人类行为并对之做出规制的法典法的时代，一去不复返了，它是被康德的认识论送入墓穴的。因此，比起拉普拉斯来，康德又是一个不可知论者。德国民法典未像法国民法典那样旗帜鲜明地否定法官立法，而对此问题保持着暧昧的沉默，其认识论原因即可追溯到康德的思想。但是，按康德的认识论，在知性的范围内，先验的范畴可为感觉经验以外的事物立法，依这种理论的逻辑，运用一定的立法技术手段规制未来不确定的社会关系的目的是可以达到的，这就为超越英美法系的经验主义法律体制提供了哲学依据，以具有模糊性或弹性的民法基本原则规制未来不确定人类行为的思想，在康德的认识论中已呼之欲出了。康德巧妙地避开了个人生命的有限性与世界发展的无限性的矛盾的难题，让先验的范畴作为不死的人类整体的象征具有把握无限延续着的世界的能力，从而克服了感性的局限性与理性把握绝对本质的要求之间的矛盾，把经验主义与理性主义结合起来，强调了认识的主体性，为20世纪既承认人有认识经验之外事物的能力，又承认人不能把握全部绝对真理的法典法准备了认识论条件。

康德又是一个辩证论者。他于1755年出版的《自然通史与天体理论》批判了以牛顿为代表的宇宙不变论，在此书中他建立了认为宇宙是一个运动发展过程的星云假说。对此成就恩格斯作了很好的评论：“康德关于目前所有的天体都从旋转的星云团产生的学说，是从哥白尼以来天文学取得的最大进步。认为自然界在时间上没有任何历史的那种观念，第一次被动摇了……康德在这个完全适合于形而上学思维方式的观念上打开了第一个缺口”①。“康德一开始他的科学生涯，就把牛顿的稳定的、从有名的第一次推动作出以后就永远如此的太阳系变成了历史的过程”②。“在康德的发现中包含着一切继续进步的起点。如果地球是某种逐渐生成的东西，那么它现在的地质的、地理的、气候的状况，它的植物和动物，也一定是某种逐渐生成的东西，它一定不仅有在空间中互相邻近的历史，而且还有在时间上前后相继的历史”③。康德宇宙理论中所包含的辩证法思想，破坏了19世纪初以牛顿思想为基础的大陆法系诸法典的形而上学基础，为承认法律的变迁性、流动性埋下了伏笔。

总之，康德的批判哲学的确是对旧制度的一场深刻批判，它准备好了摧毁传统大陆法系法典法绝对主义、形而上学意识形态基础的一切理论武器，剩下的事就是有人来运用这些武器了。

变革大陆法系的另一理论武器来自法国人柏格森（Henri Bergson，1859—1941）的生命哲学。世纪之交的人们总有一种除旧布新的紧迫感，柏格森自不例外。他是19世纪末20世纪上半期在法、德等国流行的生命哲学的代表人物。生命哲学认为传统哲学只能把握凝固的、静止的、表面的东西，不能把握作为真正的实在的活生生的生命。因为生命总是处于不断的变化、发展过程中，其中没有任何相对静止和稳定的东西。为了掌握生命，必须深入生命本身中去，而这只有依靠非理性的直觉。④ 柏格森利用19世纪以来科学的新发展与机械的自然观不能解释这种发展的矛盾批判了机械论。当时，除了物理学发生了革命以外，生物学、生理学等与生命有关的学科以及关于历史和社会的学科也迅速地形成和发展起来。这些学科研究的对象具有明显的流

① 《马克思恩格斯选集》（第3卷），人民出版社1972年版，第96页。
② 《马克思恩格斯选集》（第3卷），人民出版社1972年版，第63页。
③ 《马克思恩格斯选集》（第3卷），人民出版社1972年版，第450页。
④ 参见全增嘏主编：《西方哲学史》（下），上海人民出版社1985年版，第524页。

动、变化和发展的特性，柏格森把这些学科称为“关于活的东西的科学”。它们显然不能局限于力学和数学所运用的机械论的方法来研究和解释。由于这些学科的发展，就要揭露机械论的缺陷和错误，提出新的科学研究的方法。柏格森认为：机械论的主要缺陷在于把机械的因果制约性绝对化了，排斥了世界的发展与创新。按照机械论的因果制约性原则，一定的结果总是可以由一定的原因引起，而一定的原因也必然导致一定的结果，这种因果制约性甚至可以用精确的数学公式来表示。其中任何一个事件都可以由另外的事件得到解释，世界的一切从一开始就是一劳永逸地给予了的。只要知道了世界的某种始因或者既有因果制约性的总和，就可推论出其余一切。这个世界不可能存在发展和创新，存在的只是事件的某种顺序、因果交替性。这样必然排斥一切具有自发性、不能按机械的因果制约性解释的东西。在柏格森看来，整个生物界，特别是人类，显然具有这种“自发性”的特征，因此它必然为机械论所排斥。① 柏格森对机械论的批判显然是想取而代之以一种辩证的世界观，他的“关于活的东西的科学”的理论，预示着自由法学派的“活法”理论。

柏格森还用他的绵延的时间理论论证了预见性之不可能。他用绵延一词与平常所使用的时间一词相区别。物理学中所讲的时间，是一系列位置的连续式“并排列置”，就像行星在行进中放弃一个又一个位置，或者说占据一个又一个位置，人们就把这位置的序列称为时间。柏格森认为这是被空间化的时间，不是真正的时间。真正的时间是意识的存在方式，这是一种裹挟着过去、向着将来的冲突。质言之，真正的时间是一种连续质变的过程，换言之，是一种连续的综合创造过程。时间的一去不复返是由于时间不可描述、不可重复，因为时间是无数环节的叠加。如果去掉其中任何一个环节，就会破坏时间的连续

---

① 参见全增嘏主编：《西方哲学史》（下），上海人民出版社1985年版，第528页。

性，而这样描述的就不是连续的那段时间了。柏格森的时间是一种不可重复的过程的结论否定了一切决定论、目的论和古典自由论的存在空间。一切决定论者把时间看成一个可以重复的过程，认为将来的事情是过去的事情的再现或者重复。因此，知道了过去发生的事，将来的事就会知道，过去与将来有一种必然的联系。而目的论不过是翻转过来的决定论，认为过去的事情由将来的目的所规定，是将来的时间过程在过去的浮现。如果承认时间是不可重复的，则决定论和目的论都失去了根据。而绝对严格规则主义的法典法恰恰是以决定论为基础的，这种法典法的作者相信，立法者处在现在的时间点上，根据对过去的人类行为的分析，可以预料未来的一切人类行为，柏格森以釜底抽薪的方式破坏了这种法典法的基础。对自由论来说，柏格森的时间理论也是不祥之兆。自由论认为：人在面临将来时对可能性可以有所选择，但如果人可以选择要发生的事，就相当于说可以预先产生未发生的事，或者说将发生的事是对已在意识中发生过的事的重复。按柏格森的看法，这显然是不可能的。① 柏格森同康德一样，其理论直接影响了法国民法典的主要改造者、瑞士民法典的思想来源之一的惹尼的思想。

综上所述，19 世纪后半叶至 20 世纪初，经济、政治、哲学等方面的新因素的扩张已变换了大陆法系诸法典赖以存在的社会条件。旧式法典的框子显然难以容纳这些新的因素，现实呼唤着对法典法进行改造。“法典的编纂并不能使人民的法律从此固定不变，因为法律的生命是永无休止的。经济的、社会的以及哲学的种种变革势将迫使法典在基本原则上做出各种修订”②。

---

① 参见陈宣良：《理性主义》，四川人民出版社 1988 年版，第 278~280 页。

② 上海社会科学院法学研究所编：《民法》，知识出版社 1981 年版，第 23 页。

第二节　大陆法系立法——司法关系的变化

一、概念法学的兴起

尽管大陆法系进入 19 世纪后半叶至 20 世纪之交的时期后具备了变革的充分条件，但在变革到来之前，绝对严格规则主义的法典法竟然回光返照，大陆法系的历史上出现了一个由对制定法的崇拜所支配的时期，表现为概念法学的兴起。这是法典编纂时期狂热的理性主义伸展于法典适用时期的结果。

概念法学把法律看作与其社会环境相脱离的现象，把作为手段的法律当作目的，认作为金科玉律的法条为唯一的研究对象。以注释为能事，偏重形式的理论，借此形成所谓概念。由于毫不关心法律原理及其社会的基础，必然会承认立法者万能、立法者无错、法律毫无漏洞。在这一学派看来，社会生活的进步和变迁与法律的发展无关。由此造成这样的后果：在私法方面，使立法者的负担未免过重；在公法方面导致崇拜经验的、现实的国家，深信国家万能。它使法学成为只问法律是什么、不问法律应是什么的无价值的学问。① 总括起来，概念法学有如下特征：（1）对成文法排他地注重，不承认制定法以外有其他法律渊源；（2）只认法律秩序有逻辑的完整性。“概念法学是从这样一个假设出发的，即实在法制度是‘无缺陷’的，通过适当的逻辑分析便能从实存的实在法制度中得出正确的判决”；②（3）偏重形式逻辑的操作，对司法造法加以否定。由于对立法者万能的确信，在立

---

① 参见梅仲协：《欧陆法律思想之演进》，载刁荣华主编：《中西法律思想论集》，汉林出版社 1984 年版，第 382 页。

② 参见［美］埃德加·博登海默：《法理学：法哲学及其方法》，邓正来、姬敬武译，华夏出版社 1987 年版，第 136 页。

法者与司法者权力此消彼长定律的支配下，概念法学的另一面必然是绝对的严格规则主义，因而概念法学认为法律解释纯为认识活动而非创造活动。①

制定于工业革命前的法国民法典是大陆法系中资格最老的法典，这种历史地位使法国成为最早产生概念法学的国家。法国民法典颁布后，形成了一场对它的吹捧浪潮。格尼埃认为，“遵守民法典将成为普遍的道德准则”。比古·德·普雷姆纳（Bigot de Préameneu，1747—1825）称民法典为“圣约拒，应该受到虔诚的尊重”。波塔利斯认为“民法典是永存秩序的体现”。这种被人称为“法律偶像化”的思潮在整个19世纪不断高涨，以至于法学家们只限于为法律条文作注，被冠以“注释派”的称号。② 现代法国法学家亨利·莱维·布律尔（Henri Lèvy-Bruh，1887—1964）对这种现象评论道：“立法者由于被自己完成的巨大而新颖的工程所陶醉，被各方面的赞扬声冲昏了头脑（在今日看来，他们如此老实地相信这些赞誉的确有点幼稚）。因此他们认为，法官将面临的所有诉讼问题，立法者预先已将答案交给他们。他们认为自己提出的规则是合理的，不可改变的。由此可见，他们实在既缺乏历史学的观点，又缺乏社会学的精神。不过波塔利斯是个例外，他在民法典引言中写道：‘法与时代俱进，因为严格地说，人们并不创造法’”③。他告诉人民，民法典建筑在革命前的法律和法律思想之上，这部法典的规定正是“多种原因产生的结果”这一原则或格言的最好体现。法学家和法官们运用并发展了它。④ 但波塔利斯的一点清

① 参见吕荣海：《从批判的可能性看法律的客观性》，蔚理法律出版社1987年版，第27页。

② 参见［法］亨利·莱维·布律尔：《法律社会学》，许钧译，上海人民出版社1987年版，第68页注1。

③ ［法］亨利·莱维·布律尔：《法律社会学》，许钧译，上海人民出版社1987年版，第67~68页。

④ 参见［美］约翰·亨利·梅利曼：《大陆法系》，顾培东、禄正平译，法律出版社2004年版，第30页。

醒完全被淹没在对法典崇拜的盲目热情之中。

概念法学是法国法官一段时期内的机械司法的理论根据。在拿破仑法典颁布后的几十年中，许多法国法官仍旧顽固地奉行着“历史的变迁同法典的解释和适用毫不相干”这一虚妄的信条。① 但物极必反，把法官设计成机器般的角色之本意是为了实行严格的法治，但由于机械司法必定使法律经常成为恶法，因此，法治在这一条件下蜕变为“物治”，法律变成死物。“国家之政治不能实施法治，反而动辄陷于以死物之法统治有精神活动的生物（人）的一般所谓物治”②。林纪东（1915—1990）称这种法治为形式法治，其特点为视法律为绝对之物，在法律的程序面、形式面大做文章，而不问其实质内容如何。③ 这种现象的有害后果不胜枚举，择其大者言之，它至少是导致无政府主义思潮的一个原因。要求废除一切法律的无政府主义者之所以厌恶法律，乃因为他们认为法律是恶法的护符。④ 因此，概念法学下的法律为严格法。

这种现实导致了一些法学家的深深不满。耶林（Rudolf von Jhering，1816—1892）将上述现象称为概念法学。在其名著《罗马法的精神》《法律的目的》中，讽刺它在做抽象的概念游戏，迷信逻辑而忘了法律对现实生活的任务。⑤

在悠长的西方法律思想史长河中，概念法学处在三个阶段的中间部分。在其前为抽象整体把握的阶段，人们思辨性地探讨作为整体的

---

① 参见［美］约翰·亨利·梅利曼：《大陆法系》，顾培东、禄正平译，法律出版社2004年版，第28页。

② 洪逊欣：《精神主义的法律观之检讨》，载刁荣华主编：《中西法律思想论集》，汉林出版社1984年版，第402页。

③ 参见吕荣海：《从批判的可能性看法律的客观性》，蔚理法律出版社1987年版，第43页。

④ 参见张绪通：《韩非的法哲学观》，载刁荣华主编：《中西法律思想论集》，汉林出版社1984年版，第146页。

⑤ 参见吕荣海：《从批判的可能性看法律的客观性》，蔚理法律出版社1987年版，第27页。

法律的一般本质，这正与同时期的哲学笼统地把握世界一般本质的方式相合；在其后为研究法律的适用过程的阶段，这一时期的人们不仅关心法律规定了什么，更关心它是如何实现的。19世纪下半叶及20世纪的主流法学无不属于探讨法律适用过程的法学，它们概可称为广义的社会法学。概念法学处于西方法律思想史上的第二阶段，即对法律规范本身进行认识的阶段。由于大规模立法的需要以及立法活动成果为人们理解掌握的需要，人们转入对法律的实证研究。在自认为对宏观已有了解之后，该了解细部了。法学史上的这一时期正与哲学史上人们把各种学科分开来进行实证研究的时期相合。其时，哲学上和法学上都出现了实证主义思潮，即在研究中强调以观察为基础，而不是以思辨和推理为基础去思考法律的方法或态度。法律实证主义只认为自己有认知法律和解释法律的意义的任务。在认知法律方面，实证主义的基本观点是：法律是出自文明社会占统治地位的政治权威的规则或规范，只要是出自该政治权威的法律就具有约束力。法律无论怎样受道德秩序的影响，总是自足的，即法律和道德没有必然联系；在解释法律的意义方面，实证主义坚持法律的意义只能从实在的法律规定中引出或推导出，绝不能从正义或道德等主观的价值判断中引出。[①]因为在实证主义看来，科学知识只能来源于经验性材料，而价值判断、善恶区别等问题不可能由一般的勘验结果测定。它们带有主观色彩，仅存在于人们头脑里，不可能凭借科学方法来分析，因而都是不科学的。这样，事实和价值就被严格区分了，他们认为科学应当是摆脱价值观念的。[②] 法律实证主义铸造了包括概念法学的分析法学。分析法学认为，法律是主权者的命令。法除了实在法以外，别无他法。法学家的任务仅在于对既有的法律制度加以分析，司法者只能用逻辑的方

---

① 参见张文显：《当代西方法哲学》，吉林大学出版社1987年版，第23~24页。

② 参见［英］罗杰·科特威尔：《法律社会学导论》，潘大松等译，华夏出版社1989年版，第10~11页。

法适用实在法。道德之善恶属于立法者的范围，司法者不予考虑。尽管法律可能与正义、道德相背离，但法律仍是法律。他们只问法律是什么，而不问法律应是什么。[①] 实证主义推动了人们对法律的技术性方面的认识，它影响下的概念法学尽管有种种消极后果，但它使人们达到了对制定法本身的确切认识，因而它是人类完成对法律的全面认识所不可或缺的一个阶段。

古典自然法理论在概念法学的兴起中起着不可忽视的作用。自然法本来是一种革命性的理论，所谓自然法，是运用理性发现的有关人类权利和社会正义、被认为是高于实在法的普遍适用的一套价值体系。[②] 因此，自然法的根本在于强调实在法之上的监督者，强调法律的价值即法律应当是什么的命题。它导源于柏拉图的理念说。柏拉图认为，凡是若干个体有着共同名字的，它们就有一个共同的“理念”或“形式”。譬如说，几何学中的圆之上就有一个理念的圆存在，具体的圆没有一个合乎理念的圆，它们只是理念之圆的不完善的摹本，理念的圆是一个客观标准，用于衡量和批评现实的圆。它同时也是行动的标准。有了这个绝对客观的标准，人们才有可能采取行动去纠正不完善的地方。这种理念与现实的关系被用来解释自然法与实在法的关系，它意味着实在法必须服从自然法。自然法是永恒的、客观的正义标准，一切实在法都只是自然法的摹本，都有不合乎正义的地方。而自然法不断地评判实在法，使之愈加符合正义，充分体现理性的要求。[③] 西塞罗雄辩地论证了自然法与实在法的这种关系。他说：“自然法是衡量一切人定法的唯一标准，因为法律的目的是维护国家的统一和人民的安全与幸福，所以，凡是各国制定的法律，符合这种目的的

---

① 参见何孝元：《诚实信用原则与衡平法》，三民书局1977年版，第32页。

② 参见［美］约翰·罗尔斯：《正义论》，何怀宏等译，中国社会科学出版社1988年版，第21页。

③ 参见任亦秋：《中国传统思维模式对中国传统法律意识形式之影响》，载《研究生法学》1987年第1期。

才是‘真正的法律’。但国家和执政者所制定的法律有时不是‘真正的法律’，而是由于某种特权的需要而制定的有利于少数人利益、损害大多数人利益的法律。‘真正的法律’和正义是同义语”①。因此，自然法理论之本义，在于追求法律的永远不可能达到而又必须追求的完善，在于强调对现实的批判。没有这种意义上的自然法理论，法国的人权宣言中就不可能写上人民有反抗暴政的起义权，也不可能出现打通自然法与实在法之间壁障的衡平法思想，因为衡平法不过是运用自然法取代不完善的实在法而已。“如果唯一的法律就是成文法，又如何可能运用人权来反对国家的暴虐呢?”② 因此，尽管自然法作为西方法学中源远流长的传统于漫长的历史行程中产生过诸多支系，但它们的共同点在于：都认为人类社会生活所适用的行为规则并不限于国家或政府制定的法律，除此之外，还有性质更为普遍的行为规范适用于一切人而非只适用于某一个人或某一时间及空间内之某一社会。这类人类的行为规范并非由任何人创制，而是根据具有理性的人之基本需要而存在着，依靠他们的理性就可以察觉或认识。③

但启蒙运动后产生的以格劳秀斯（Hugo de Groot，1583—1645）和斯代尔（Stair）④ 的学说为代表的古典自然法背离了自然法的革命意义，将其改造为一种“现实的就是合理的”理论。它以人类理性为立论基础，人们以之发现客观存在的自然法，演绎成亘古不变的成文法典，而忽视各个民族的固有历史和社会状况。这种启蒙时代的自然

① 法学教材编辑部《西方法律思想史》编写组：《西方法律思想史》，北京大学出版社 1983 年版，第 59 页。

② ［法］保罗·利科主编：《哲学主要趋向》，李幼蒸、徐奕春译，商务印书馆 1988 年版，第 261 页。

③ 吕荣海：《从批判的可能性看法律的客观性》，蔚理法律出版社 1987 年版，第 25 页。

④ 斯代尔是苏格兰法学家 James Dalrymple（1619—1695 年）的爵号。他于 1681 年出版了《苏格兰法律阶梯》。See M. G. Fisher，Scotland and the Roman Law，In Tulane Law Review，Vol. 22，No. 1，1947.

法理论是欧陆各国编纂及适用法典的思想基础之一。[1] 在古典自然法论者看来，人性是一成不变的，凡是人，自有其为人的道理在那里，所以只要能发现“人性”的特质，就得到了建设一切法律的最稳的基础。[2] 可以看出，古典自然法与进化论背道而驰。首先，它认为自然法是永恒不变的，因而将自然法法典化的实在法也认为是永恒不变的，这就陷入了形而上学，背叛了自然法的批判、从而在批判中求发展的本质；其次，它将自然法看作放之四海而皆准的，这就使自然法成为与一定的社会经济环境不相干的东西，成为独往独来之行空天马。它不是对特定时空条件下的社会生活的反映，而是对一般的人类生活条件的反映，因此必定排斥特定社会基础对它的作用和影响，概念法学的概念天国即由此得以建立。德国民法典就是这种古典自然法的产物，它是自格劳秀斯和斯代尔以来的潘德克吞法学派的成果。“格劳秀斯和斯代尔既是自然法学者又是罗马法学者，在他们的时代，罗马法从早期就内在具有的向普遍化和理性化发展的持续的趋势以自然法的形式达到了高潮，它的内容不过是去掉了最后的非理性因素和罗马因素的罗马法。这种自然法的语法来自罗马法的成分是如此之多，以致它的概念像词类一样普遍不可逃脱和有效、不与一切时间与地点的考虑相关。甚至当萨维尼为首的19世纪早期历史法学派的法学家阻止德国平民接触过度理性化了的自然法以免受污染的时候，也看不出他们所阐述的法律的一般结构和原则与自然法有多大区别。事实上，他们继续了自15世纪后半叶开始、终结于19世纪的伟大的潘德克吞法学派著作完成的进一步将罗马法系统化的过程，这一过程在德国民法典中找到了最后的归宿”[3]。而德国民法典第一次草案的主持者温德沙伊德

① 参见梅仲协：《欧陆法律思想之演进》，载刁荣华主编：《中西法律思想论集》，汉林出版社1984年版，第372页。

② 参见杨幼炯：《当代政法思潮与理论》，台北中华书局1965年版，第130页。

③ See F. H. Lawson, Many Law (His Selected essays; v. 1), North-Holland Publishing Company, 1997, pp. 164s.

（Bernhard Windscheid，1817—1892）的《潘德克吞法》（1906年第9版）为这类著作中的最有影响者。[①] 按欧陆国家的立法通例，民法典以一部法学名著为基础并由作者参与起草，可以想见温德沙伊德的古典自然法风格的著作是怎样地影响了德国民法典。

古典自然法又与理性主义结合起来。由此产生的相应立法理论认为，只要通过理性的努力，法学家们就能塑造出一部作为最高立法智慧而由法官机械地适用的完美无缺的法典。在持论者看来，“所有的要求都可由理性独立完成，唯一需要做的就是调动起国内最强有力的理性，通过运用这一理性获取一部完美的法典，并使那些具有较弱理性的人臣服于法典的内容”[②]。古典自然法因过重人的理性，导致认为国家成文法为立法者万能理性所创造的“完结而且自足的金科玉律”，促成了作为法典适用时期现象的概念法学的产生。

依严格的自然法标准衡量，古典自然法存在悖论。由于真正意义上的自然法理论是作为一种发展和创造的理论出现的，旨在较多地考虑法律的稳定性与法律的变化相协调这个问题中的变化成分。而古典自然法却断定自己发现了一把适用于一切时代的唯一的理性钥匙并创制出了可以永远指导人类法律制定者的社会宪章、法律宪章和政治宪章。[③] 因此，古典自然法的悖论在于，一方面，它将法看作是对一种客观存在着的东西的表现，表现与被表现应一致；另一方面，它又认为这个表现是无缺陷的，因为理性的力量之大足以完成这个无缺陷的表现过程。如果承认人不能完美地表现客体，或客体是一个发展变化的过程，那么表现形式就应随表现客体的发展而发展。但古典自然法不承认这一点，

---

① See F. H. Lawson, Many Law (His Selected essays; v. 1), North-Holland Publishing Company, 1997, p. 173, footnote 12.

② ［美］罗斯科·庞德：《法律史解释》，曹玉堂、杨知译，华夏出版社1989年版，第13页。

③ 参见［美］罗斯科·庞德：《法律史解释》，曹玉堂、杨知译，华夏出版社1989年版，第11页。

在绝对主义和形而上学的基础上陷入了悖论。自然法本是“法律的法理学发展的巨大力量”①，古典自然法却使自己成为现制度之永世长存性的辩护者，因此，它的破灭的命运就是必然的了。“实证主义法学由于未能说明自古以来法律诉诸更高的正义观念这一现象，就促使自然法周期地复兴”②。施塔姆勒的变动的自然法理论将回复自然法的本义，以克服古典自然法的矛盾，因此，自然法最终将埋葬古典自然法。

概念法学的存在还有其经济和政治原因。19 世纪上半叶正是欧洲主要国家经济大发展前的潜伏期。在 19 世纪 70 年代之前，法国仍处在农业社会阶段，未形成社会变迁对法典的充足压力。因此 19 世纪的头 75 年，法国民法典与其社会经济条件基本适应，因而很少有改弦更张的需要。③ 埃尔曼（Henry W. Ehrmann，1908—1994）的研究结论指出：“19 世纪上半叶，保守的法国司法机构颇满足于坚守法典的庄严词句，他们处理案件的方法也颇适合于法国经济的缓慢发展”④。法国法官的这种保守态度还与他们曾成为革命对象的经历有关，“革命前法国法院的经验，使得法国法官们小心翼翼”⑤。因此，概念法学的兴起还以对法律之安全价值的极端强调为原因。萨维尼之语描述了这种心境：“人们盼望新法典，新法典完成之后，便可保证精确而机械地司法，便可把法官从执行自己的观点中解脱出来，使他们逐字逐句地适用法典”⑥。人们之所以期望立法机关制定出包罗万象、逻辑严密、清

---

① ［美］罗斯科·庞德：《法律史解释》，曹玉堂、杨知译，华夏出版社 1989 年版，第 130 页。

② ［法］保罗·利科主编：《哲学主要趋向》，李幼蒸、徐奕春译，商务印书馆 1988 年版，第 260 页。

③ 参见上海社会科学院法学研究所编：《民法》，知识出版社 1981 年版，第 23 页。

④ ［美］H. W. 埃尔曼：《比较法律文化》，高鸿钧等译，三联书店 1990 年版，第 210 页。

⑤ ［美］约翰·亨利·梅利曼：《大陆法系》，顾培东、禄正平译，法律出版社 2004 年版，第 29 页。

⑥ ［美］罗斯科·庞德：《法律史解释》，曹玉堂、杨知译，华夏出版社 1989 年版，第 13 页注 5。

晰明确的法律，是为了让法律解释成为多余。如果一定要解释法律，法官的唯一任务在于探求立法者在条文中明示的或暗含的“真意”。①

二、自由裁量主义的诸流派

饶有兴味的是，19世纪末叶和20世纪产生的几乎一切法学思想流派都主张自由裁量主义、反对机械司法，换言之，是概念法学的对立物。而且自19世纪初期出现法典编纂后，几乎所有的法律思想都或多或少地与对法典法的看法有关。就反对绝对严格规则主义的诸流派，可以开列出目的法学、历史法学、自由法学、利益法学、新康德主义法学、价值法学、现实主义法学（以上皆可称为广义的社会法学）的长长的单子。其产生时间说明它们是一个动荡不安的时代和社会的产物，适合于绝对严格规则主义的相对静止的时代已经过去了。由于我在本节中只探讨大陆法系的立法—司法关系变化，不拟论述产生于英美的价值法学和现实主义法学。我将要讨论的大陆法中的自由裁量主义的几个流派，有的是直接在反对法典编纂的论战中产生；有的则是在对法典法条件下如何克服法典法的严格性的思考中产生。

（一）目的法学

此派的创始人为耶林。他曾一度追随过概念法学思潮，因此，他曾相信法律是一种与社会相独立的制度，只要了解逻辑构成的法律概念，就可以借助思辨方法解决任何新出现的问题。法律是神圣不可侵犯的，丝毫不能为别的东西所代替。但他对概念法学的信仰不深且时间很短暂。孔德（sidore Marie Auguste Comte，1798—1857）以来的社会学理论是帮助他摆脱概念法学的力量之一。他感到概念法学家们局限于法学这门科学的狭窄而死板的范围之内，远离社会生活实际，所以他主张“把法律从孤立的地位中搬出来，而把它放在生活的洪流

---

① 参见［美］约翰·亨利·梅利曼：《大陆法系》，顾培东、禄正平译，法律出版社2004年版，第58页。

中”。正是从这个时候起，耶林自觉地并不遗余力地运用社会学观点来研究法学问题，因此，他成为西方法律思想史上以社会学方法研究法律的第一人。① 另一力量来自他对罗马法的研究。他深入研究了罗马法的精神，对罗马法的进化和罗马法学本质的思考使他越来越厌恶被他名为概念法学的东西。对罗马法的研究使他认识到，罗马法的智慧并非建立在对概念的逻辑提炼上，而是铸造概念服务于实践目的。通过对罗马法研究，耶林强烈地意识到法律的最高需要是服务于社会目的。② 此外，进化论也对耶林产生了重要影响。19 世纪 70 年代至 19 世纪 80 年代是进化论令人兴奋的全盛期，整个世界都转向进化论。进化论以及因进化论影响而看来好像是否定绝对论主张的哲学理论，削弱了耶林对形而上学的忠诚。耶林认为，法律史是有目的的，法律的某项目的从另一项同样必需的目的产生，这就像根据达尔文主义的理论，某种动物的种类是从另一种发展而来一样。这是一种新发现的不可抗拒的规律，但并不是说在这个规律面前人们只能保持消极被动。更确切地说，作为法学者，要经常不断地斗争和有意识地探索人们的目的。③

因此，耶林对概念法学的批判之根本，在于反对把法律本身当作目的，而主张法律是实现一定目的的手段，法律只不过是一种工具，这就把法律从它在概念法学中所处的金科玉律的宝座上拽了下来，而将其置于经常受批判的地位，批判的标准就是法律能否实现人的目的。法律的目的不在其本身，而在一定的社会经济需要，这一理论是耶林对法哲学的突出贡献。借此，法律中断了天马行空独往独来的历史，

---

① 参见吕世伦、谷春德编著：《西方政治法律思想史》（下），辽宁人民出版社 1987 年版，第 167 页。

② See W. Friedman, Legal Theory, Columbia University Press, New Nork, 1967, p. 322.

③ 参见上海社会科学院法学研究所编：《法学流派和法学家》，知识出版社 1981 年版，第 86~87 页。

而被看作社会生活的一部分，并被要求服务于社会生活。耶林认为，“目的是全部法的创造者，每条规则的产生都源于一种目的，即一种事实上的动机”，而所谓目的，就是人类自觉行为的目的。[①] 他认为法律的目标是在个人原则和社会原则之间形成一种平衡，个人的存在既为自身也为社会，法律应被看作“个人与社会间业已确立的合伙关系”。这种合伙关系的目标在于共同实现一种共同的文化目的，使个人的劳动——无论是体力劳动还是脑力劳动——尽可能对他人有益，从而也间接地对自己有益，使每种力量都为人类服务。[②] 因此他认为：“法是以强制作为保障的社会目的体系”，“法是以外部强制即国家政权为保证的广义的生活条件的总和”[③]。正因为社会中存在多种冲突的利益，耶林对任何试图用一个抽象的、无所不包的公式来解决控制个人自由问题的做法予以否定。[④] 这就等于承认了司法不能是机械的，而应该是衡平性的。在耶林的时代，德国尚未制定民法典，因此不可能通过对德国民法典适用方式上的态度观察耶林的思想，但通过他对罗马法适用上的观点可观察到这一思想。对于当时作为普通法广泛适用于德国的罗马法，他提出了“通过罗马法而超越罗马法”的著名口号。[⑤] 为了维护法律的确定性，应通过罗马法；为了维护法律的灵活性，应超越罗马法。这一口号为日后法国民法典的改造者所承袭，改以“通过民法典，超越民法典”的形式出现。

---

① 参见吕世伦、谷春德编著：《西方政治法律思想史》（下），辽宁人民出版社1987年版，第168页。

② 参见［美］埃德加·博登海默：《法理学：法哲学及其方法》，邓正来、姬敬武译，华夏出版社1987年版，第164页。

③ 吕世伦、谷春德编著：《西方政治法律思想史》（下），辽宁人民出版社1987年版，第171页。

④ 参见［美］埃德加·博登海默：《法理学：法哲学及其方法》，邓正来、姬敬武译，华夏出版社1987年版，第163页。

⑤ 参见吕世伦、谷春德编著：《西方政治法律思想史》（下），辽宁人民出版社1987年版，第170页。

耶林坚持认为，法律的内容不仅可以是而且必须是无限变化的。目的是相对的标准，因而法律必须根据时代的需要和文明化的程度调整它的规则以与变化的人的条件相适应。因此，耶林必定反对把法律当作某种永久和普遍的有效内容的古典自然法观念。他说："法律必须总是同样的观念，一点不比对一切病人都须开同样的处方的观念更聪明。"但如果法律是强制性的，它如何才能与个人利益的追求相协调？耶林的回答是：一切法律尺度的基础毫无疑问是人。① 这里他走向了自由裁量主义。"他准备了最富弹性的法律技术以满足新的变化着的法律问题"②。一个规律性的现象是：凡把法律与一定的社会条件相结合的学者都自发地要走向自由裁量主义，耶林就是这样。那些把法律看作独立自在之物，对规则背后的社会压力视而不见的学者，往往走严格规则主义之路。

（二）历史法学

耶林的目的法学只关乎对法的一般认识，而历史法学则是反对法典编纂的直接产物。紧接着拿破仑的失败和从法国统治下的解放，爱国主义的浪潮和国家统一的激情横扫1814年的破碎的德国大地。这导致海德堡大学的罗马法教授蒂堡（Anton Friedrich Justus Thibaut，1722—1840）写了一本名为《关于为德国制定统一的民法的重要性》的小册子，他热情地倡议在2~4年内为全德就主要法律领域进行法典编纂。蒂堡的小册子立即引出了作为萨维尼的反应的著名论文《论当代立法和法理学的使命》。萨维尼认为：适当的法典必须是建立在与时俱进的法律的真正基本原则之上的有机体系，对这些原则的透彻理解是进行法典编纂不可或缺的前提条件。然而，他认为其同时代人中缺

---

① See W. Frideman, Legal Theory, Columbia University Press, New Nork, 1967, pp. 323s.

② See W. Frideman, Legal Theory, Columbia University Press, New Nork, 1967, p. 325.

乏对原则的这种精通，并担心在他的时代进行法典编纂将由于使对这些原则的错误理解永久化而有害无益，因而他催促他的同时代人先去研究这些基本原则的历史进化，然后再着手法典编纂。

同时，萨维尼利用这一时机提出了他的一般法律观，将他的小册子变成了历史学派的基本宪章。萨维尼的理论有两个最为突出的特征：（1）法律如同语言一样，是人民的共同意识的表现，法律因而本质上是习惯；（2）与这种共同意识一起，法律在“内部的、默默地操作着的权力”的驱策下，有机地随时间推移而生长，因而法律是一种受制于经常的变化的进化现象，只能在它的历史范围内才能被正确理解。蒂堡和萨维尼的小书在当时的德国学术界引起了一场广泛的论战，最终萨维尼一方占了上风，德国的法典编纂被推迟了好几十年，[1] 历史法学派因而统治了德国的一些大学近半个世纪。[2]

萨维尼领导的历史法学派不过是更为广泛的历史主义思潮的一个分支。“历史主义”一词是德国思想家赫尔德（Johann Gottfried Herder，1744—1803）最先提出来的。历史主义既是一种哲学，又是一种历史的研究方法。作为一种哲学的历史主义认为：人类世界的一切都是时间之流的一部分，即历史的一部分。历史主义否定永恒价值的存在与启蒙运动自然规律的思想，它认为一切文化现象都是现实世界创造力的产物，这种创造力可以是自然历史或生活。因为历史的创造力始终在运动，所以每个历史时代都有自己的价值体系。历史主义强调人类行为是有意识的活动，认为历史现象在很大程度上是自由心灵创造的，所以不能认为是有规律的机械过程。每个时代都有自己明确的个性，因此不能用普遍原则来理解或判断历史现象。历史主义反对目的论的

---

① See Mathias Reimann, The Historical School Against Codification: Savigny, Carter, and the Defeat of the New York Civil Code, In The American Journal of Comparative Law, Vol. 37, No. 1 (Winter, 1989).

② 参见上海社会科学院法学研究所编：《法学流派和法学家》，知识出版社 1981 年版，第 333 页。

历史观。作为一种历史理论，历史主义在人文世界的历史关系的基础上解释历史现象，强调每一现象的独特性。历史主义尊重人在历史过程中形成他的世界的不同方式，它把过去与现在的各种不同文化看作产生历史的特殊力量的创造性的种种表现。认为个人属于他的时代环境，人类行为只应根据当时起作用的价值体系来判断。[①] 因此不难看出，历史主义与进化论极为相似，它将事物看作一定环境下的历史过程中发展的产物，并强调一定时代独特的性格。这种思想方式不能与一举得到的、永恒不变的、放之四海而皆准的古典自然法的思想方式相容，也不能与理性主义相容。由于法国革命并未全部实现那些不切实际的目标而不得不满足于部分成果，整个欧洲形成了某种反对理性主义前提的倾向，尤其是在英国和德国，反对非历史的理性主义的运动相当得势。英国人谴责法国革命的过火行为，强调传统和渐进发展的价值，反对法国人对政治法律制度的鲁莽更改，并且认为历史、习惯、宗教是社会行动的真正指南，基于历史和传统的保守思想得到了强调和宣传。在法律和法哲学领域，这就意味着强调法律的历史和传统，反对建立自然法那种纯理论的企图。在这个时期，对形成法律的力量的科学研究开始取代对法律的理想性质、意图和社会目的的理性探求。[②] 萨维尼的历史法学理论反映了这种普遍思潮在德国的影响。萨维尼认为：各个世代和时代的有机联系是无法否定的，在各个时代之间只能看出发展，看不出绝对的终结或绝对的开始。[③] 这是反对法典立法方式之意图的明确宣示。因此，德国的历史法学派与英美法具有基本相同的思想基础，必然使德国法向英美法的风格靠拢，换言之，向自由裁量

---

① 参见张汝伦：《意义的探究：当代西方释义学》，辽宁人民出版社 1986 年版，第 34~35 页。

② 参见［美］埃德加·博登海默：《法理学：法哲学及其方法》，邓正来、姬敬武译，华夏出版社 1987 年版，第 81~82 页。

③ 参见《西方法律思想史》编写组：《西方法律思想史资料选编》，北京大学出版社 1983 年版，第 538 页。

主义靠拢。

显然，萨维尼的历史法学派是理性主义和古典自然法的尖锐对立物，后者是进行法典编纂的主要思想前提。启蒙时代的思想家认为，只要求助于人的理性就能发现法律规则，并能制定成法典。历史法学派则嫌恶法规，强调非理性的、植根于遥远过去传统之中的、几乎是神秘的“民族精神”的概念。古典自然法——基本上作为革命的理论面向未来；而历史法学——作为一种反对革命的理论则面向过去。[①] 萨维尼否定自然法的存在，同时又否定成文法是立法者的创造物。他认为自然法是一个不足为据的超经验先天假设，它根本不能作为法的渊源。而人定法的形成也不是立法的结果，而是在立法者的活动范围之外形成的，所以理性主义的立法观点，即通过人类的普遍理性制定出人类普遍适用的法典这种观点，完全是“幻想”，是“荒诞无稽的”。[②]

主张自由裁量主义必须论证法典法的局限性，萨维尼就此指出，“可以想象，法典要作为唯一的法律权威，实际上就要包括对可能出现的每一案件做出的判决。人们经常认为：假如凭经验可能并且很方便地透彻了解一些特殊案件，那么就可以根据法典的相应规定对每一案件做出判决。但是任何认真研究过判例的人一看便知，这种做法一定要失败，因为千变万化的实际情况确实是无法限制的。事实上，在所有新法典中都放弃了企图取得这种材料完整性的全部幻想，而且没有找出任何代替的东西”[③]。这里萨维尼指出了法典的不周延性。他又说，“如果法典在与这种艺术不相称的时期编纂，下述缺点便无法避免：表面上司法要由法典加以规定，事实上是用法典以外的代替真正

① 参见［美］埃德加·博登海默：《法理学：法哲学及其方法》，邓正来、姬敬武译，华夏出版社 1987 年版，第 84 页。

② 参见法学教材编辑部《西方法律思想史》编写组：《西方法律思想史》，北京大学出版社 1983 年版，第 368~369 页。

③ 《西方法律思想史》编写组：《西方法律思想史资料选编》，北京大学出版社 1983 年版，第 530~531 页。

控制权的东西来加以规定的。起草者没有注意到各种特殊判决彼此将会不断地交错和矛盾，只有通过实践才能慢慢弄清楚，在司法不良的情况下甚至还要更坏”①。这里萨维尼证明了法律的不合目的性。他由此证明，优良法典的要素几乎没有一个时代有资格做到。“各种欲建立包罗万象的立法制度的企图只会增加现有的不确定性，而且会增加挽救的困难”②。

那么，没有法典怎么办？萨维尼提出了这一问题，他主张用法学家和法官的自由裁量权解决这一问题。他认为法律的发展由 3 个阶段组成。在第一阶段，法直接存在于民族的共同意识之中，并表现为习惯法；在第二阶段，法表现在法学家的意识中，出现了学术法；在第三阶段，才谈得上法典编纂。在学术法阶段，法具有双重性，一方面是民族生活的一部分；另一方面是法学家手中的一门特殊科学。③ “随着文明的进步，在其他方面依然是公共的东西变得适合于特定的阶级，法学家越来越变得是这种不同的阶级。法律完善了它的语言，如同它以前存在于社会的意识中一样，现在它移交给了法学家，他们因而在这一部门代表着社会”。“法律不再是人民的法律而成了法学家的法律”④。萨维尼之所以反对法典编纂，就是希望使法律的发展停留在学术法阶段，以便保障法学家在左右社会生活上的自由裁量权，而法典编纂将束缚法学家的手脚。研究萨维尼的学者尖锐地指出，“萨维尼对法律科学家优势的重视远胜过对法理学的关心。当萨维尼写作关于法

---

① 《西方法律思想史》编写组：《西方法律思想史资料选编》，北京大学出版社 1983 年版，第 536 页。

② 《西方法律思想史》编写组：《西方法律思想史资料选编》，北京大学出版社 1983 年版，第 536 页。

③ 参见法学教材编辑部《西方法律思想史》编写组：《西方法律思想史》，北京大学出版社 1983 年版，第 368~369 页。

④ See Mathias Reimann, The Historical School Against Codification: Savigny, Carter, and the Defeat of the New York Civil Code, In The American Journal of Comparative Law, Vol. 37, No. 1 (Winter, 1989).

律凭借法学家之手发展的论文的时候，他是在为自己和其学术界的同事主张立法权，这些动机不可能逃脱其同代人的注意。蒂堡认为萨维尼‘具有自我权力的冲动’，福伊尔巴赫将萨维尼与‘军事科学家’比较。由于他们，战争的必要性得到辩护，因为否则军事科学也就消亡了”①。尽管如此，萨维尼为法律科学即“法理”在后世的法典中争得了法律渊源的一席地位。我国台湾地区“民法典”第 1 条和泰国民法典第 14 条中的“法理”，也就是萨维尼所称的“法律科学”，并且影响到德国民法典的学者法风格，对惹尼的“自由的科学研究”作为法律渊源的理论也产生了影响。

就法官的自由裁量权问题，萨维尼说，“最不能令人满意的现象无可否认的是：法官只能拘泥于机械地应用条文，不许他对条文加以解释。如果认为这是一方面的极端，那么另一方面的极端就是法官对于每个案件都必须找到有关的法律条文”②。因此，他反对机械司法，主张“法官不再是作为一种工具而是负有自由而崇高的使命”③。他认为“最近提出的法学院和法院之间可自由联系的建议是使理论和实践相结合的最好方式”④。通过这种方式，由法学家影响法官，再由法官自由裁量风格地司法。

萨维尼反对法典编纂、主张自由裁量主义的思想越过了大西洋及于美国，几十年后，萨维尼—蒂堡式的论战几乎在卡特—菲尔德的论战中重演了一次，并导致了纽约民法典的失败，使普通法地区法典编

---

① See Mathias Reimann, The Historical School Against Codification: Savigny, Carter, and the Defeat of the New York Civil Code, In The American Journal of Comparative Law, Vol. 37, No. 1 (Winter, 1989).

② 参见《西方法律思想史》编写组：《西方法律思想史资料选编》，北京大学出版社 1983 年版，第 540 页。

③ 参见《西方法律思想史》编写组：《西方法律思想史资料选编》，北京大学出版社 1983 年版，第 540 页。

④ 参见《西方法律思想史》编写组：《西方法律思想史资料选编》，北京大学出版社 1983 年版，第 540 页。

纂的尝试者受到沉重打击。但野火烧不尽，春风吹又生，尽管纽约民法典草案在纽约州失败，但它后来在加利福尼亚、蒙大拿、南达科他、北达科他、爱达荷、关岛等法域得到采用，这证明了法典编纂思想的生命力。而且，1952 年制定的统一商法典进一步证明了此等生命力以及大陆式的法典思想与美国思想合流的可能。

（三）自由法学

自由法学的产生已是法典编纂告竣之事，它在法国和德国以不同的原因出现。在法国，是如何使垂老的法典适应现代社会生活的要求促成了自由法学出现；在德国，则是如何适用民法典总则中的抽象原则促成了自由法学的出现。

让我先论及法国的情况。至 19 世纪末，法国民法典将近成为“百岁老人”。法典的老化与社会生活突飞猛进的发展同步进行，民法典的漏洞在加速度发展的社会生活的冲击下日益暴露出来，改革是必由之路。虽然变革法律的要求不可抗拒，无视这种要求，社会发展产生的新鲜因素就有被窒息的危险，但改革者一时难以战胜传统主义者的强大阻力，在法典为立法技术上的杰作的情况下，这种阻力还会更大。考虑到法官的能动性极受限制的客观情况，并考虑到对法律的经常的脱胎换骨的改造并非良策，他们只好采取隐秘的形式满足其改革要求。其方式在大陆法系的术语中叫做“解释”，即在保留原有法律条文的前提下变更其实际内容。尽管他们的解释一定会使法典的制定者大吃一惊，但他们却信誓旦旦地保证：我们没有给法典增添任何新的内容，我们所做的不过是发现了原来条文的题中之义。为了实现自己的实际目的，他们不得不把立法者装扮成超人，使其具有一切皆不出其预料的形象。亚伦（Charleton Kemp Allen，1887—1966）对此描述道：“一切证据似乎都说明，最古时期的司法职能被认为是以发现现存的法律为其主要目的（日耳曼人把法官称作寻找法律的人——作者按）。在西方世界，到处都有关于这种‘发现法律’以及以发现法律为专职的公认专家的各种记录。甚至在解释过程中采用了新的成分（这也常是必然的），在这种情况下，实际上已从单纯的宣布进入了创设的时期。甚至在这种时候，这种改革仍旧被装扮成只是发现。正像英国法官在实质上是把新的成分转入法律中去，却仍旧尽可能地把它们说成是根据现存的先例一样”。[①] 莱尼·达维（现多译为勒内·达维德）举例说明了此点：法国民法典中没有无过失侵权责任的规定，但通过对民法典近乎曲解的最大胆的解释，法国法院已形成了一个新的原则：如甲监护或管理的人或物致乙损失，无过失亦发生侵权责任。在实践中，法国法院在以新的方法和精神解释法典规定方面做出了杰出的贡献，议会的插手一直是例外情况。侵权行为法这个极为复杂而重要的领域仍为民法典的5个条款所囊括无遗，而且其中4条很短并自1804年以来一直未变。[②] 由于侵权行为法涉及的问题与社会日常生活联系极为密切，受工业化冲击最大，为了使法典的条文与现代社会的要求相一致，法国法院也不得不像普通法法官那样具有创造精神，通过对法典精神的广泛解释和不断创制先例，它们可以不顾法典的字面含义判处赔偿责任，直到出现可以适用的新方法。[③] 在第二帝国统治下，当迅猛的工业化和更有生气的发展来临之时，司法的创造力赋予旧的规定以新的内容。法官的努力获得了法学家的帮助，这些学者发现了法律的社会学尺度，并得出了与后来的美国现实主义学派相像的结论。侵权行为法的发展为法律通过法官加以发展而实现现代化提供了极好的例证。法国民法典中5个简单的条款以与一种正在扩展的工业社会的需求不相适应的方式来调整这个领域，由此导致了大量的法官立法，

---

① [英] 亚伦：《古代法》导言，见梅因：《古代法》，沈景一译，商务印书馆1959年版，第15页。

② 参见 [法] 莱尼·达维（现多译为勒内·达维德）：《英国法和法国法》，潘华仿等译，中国政法大学法制史教研室印行，1984年版，第145~146页。

③ 参见 [美] H. W. 埃尔曼：《比较法律文化》，高鸿钧等译，三联书店1990年版，第80页。

而这种立法又往往是以解释的名义进行的。①

另一种温和的改革方式是将法律渊源多元化，即于承认法典为法律的正式渊源外，还承认习惯、权威性的学说甚至判例为法律的补充渊源，以此扩大法律的涵盖面。法国于法典编纂前，习惯是法律的重要渊源，立法运动后法典成为唯一的法律渊源。但随着法典的老化，习惯的法律渊源地位又重新恢复，现代法国学者则“把法律的第一渊源的位置让位给习惯法，因为法的这一渊源具有广泛性、概括性甚至现实性”。因为“法律远不是一个凝固的系统，而且具有变化的固有属性，时时处在变化中。那么就必须用一个适当的词来表现这一不断改变社会关系的、既有破坏性、又有创造性的作用，用‘习惯法’这一词来表述这一引申义并不过分。在这一广泛的含义中，习惯法在暗中制定新的法律，它是法律规则的生命力，它的应用范围是无限的。它并非法律各种渊源中的一种，可以毫不夸张地说，它是法律的唯一渊源”②。至于学说的地位，日本学者观察到，在法国，对拿破仑法典进行注释的庞大注释书，在司法中起着非常重要的作用。实际上这都不过是恢复被理性主义破坏的传统。学说在大陆历来具有很大的重要性。大陆重视学说的传统在法律史上可以追溯到古代罗马法。即便在近代罗马法中，在大学执教的法学家也在司法中起着重要作用。“不读阿佐（Azo Portius，1150—1230）的书就不能进法庭”，“不懂旁注身在法庭亦无用”等法谚说明，从中世纪到16世纪对优士丁尼的民法大全所作的旁注亦即学说是何等受重视。③ 判例尽管在大陆法中没有法律上的拘束力，但事实上具有重要意义，这是无法否认的事实。随着

---

① ［美］H. W. 埃尔曼：《比较法律文化》，高鸿钧等译，三联书店1990年版，第210页。

② ［法］亨利·莱维·布律尔：《法律社会学》，许钧译，上海人民出版社1987年版，第39页。

③ 参见［日］高柳贤三：《英美法源理论》，杨磊、黎晓译，西南政法学院印行，1983年版，第63~64页。

法典的老化，判例在司法中的重要性也就不断提高。[1] 今天谁也不否认，无论是对法国或是对德国来说，法律的广大领域实际上都是法院判决的结果。[2]

毫无疑问，上述在社会生活压力下产生的现实极大地违背了法国法律制度设计者的初衷，激起传统主义者的不满。一场论战由对一名法官的评价引起，直接促成了法国自由法学的诞生。

马尼奥法官（Paul Magnaud，1848—1926）是原夏托—蒂埃利法院院长，他的裁决充满了伟大的人道主义精神，给他赢得了举世称颂的"优秀法官"的称号。然而必须承认，他做出的裁决中有许多离法律条文确实太远了。正由于这些判决引起了有关司法主观主义的大辩论。[3] 马尼奥法官的工作方式遂被称为"马尼奥现象"。弗朗索瓦·惹尼作专文《判例的短暂行程：马尼奥现象》参加此讨论。[4] 1902 年，在他编辑的《民法季刊》创刊号上，他还以头版发表了爱斯曼的《关于判例作为法源所起的作用》一文。[5]

惹尼（ François Gény，1861—1959）为法国自由法学的主要代表，南锡大学教授，曾担任过《民法季刊》《法律周刊》等刊物的编辑，在私法方面造诣较深，曾参加波兰民法典的编订工作，并对瑞士民法典的债编提出过启发性的意见。[6] 正是他，努力将上文述及的法国司

---

① 参见［日］高柳贤三：《英美法源理论》，杨磊、黎晓译，西南政法学院印行，1983 年版，第 59 页。

② 参见［英］J. A. 约洛维奇：《普遍法和大陆法的发展》，刘慈忠译，载《法学译丛》第 1983 年第 1 期。

③ 参见［法］亨利·莱维·布律尔：《法律社会学》，许钧译，上海人民出版社 1987 年版，第 76 页。

④ 参见［法］勒内·罗迪埃：《比较法导论》，徐百康译，上海译文出版社 1989 年版，第 49 页。

⑤ 参见［法］勒内·罗迪埃：《比较法导论》，徐百康译，上海译文出版社 1989 年版，第 49 页注 2。

⑥ 参见吕世伦、谷春德编著：《西方政治法律思想史》（下），辽宁人民出版社 1987 年版，第 271 页。

法现实加以总结并合理化，对法国民法典的变革做出了创造性的贡献。“法国原本就设想不应通过任何种类的判例法发展法律，后来发生的变化多半是由于惹尼所进行之工作的成果，关于解释法律的注释法学派曾一度让位于更加重视目的论的法律做法。因而通过司法判决发展法律，虽然不能说是全新的动向，但已被有人公开承认是一种事实”①。

对法典做出解释的法院判决的极大增长，使法国法学家比其他国家的学者更早地明显感到，在问题无限多的变体面前，仅仅自给自足的逻辑规则体系必然失败，尤其是随着工业化在法国和其他国家的推行，问题更为复杂。惹尼对这种“抽象之网”的攻击最有力且最成功。② 但许多先驱者已为惹尼铺垫了道路，萨莱勒（Raymond Saleiles，1855—1912）和希贝尔（Georges Ripert，1880—1958）就是这样的先驱者。

在坚持确定性和由分析方法给予的客观性的基本优点之同时，萨莱勒以理性的方法补充了这种推理化的方法，即以更综合和普遍的眼光看待法典，这种眼光是更为依据衡平和实践需要的。因此，他也坚持法律作为自然科学的性质，这种理论显然预示了惹尼的更开放的独立社会学方法。萨莱勒以法国式的优雅将自己方法的特性表示为“超越民法典，但是通过民法典”；将惹尼的方法表示为“通过民法典、超越民法典”，从而阐明了两者之间的区别。

希贝尔是古代和现代的自然法理论的强大对手。他强调完全纯粹基于实在法的法律权威的明确独立和道德律——它既干预在法律保持沉默、含糊或不足情况下的法官，也干预立法者在构造必须遵从的规则时的活动。他在民法的债法方面坚持这种干预。在这一方面，干预

---

① ［英］J. A. 约洛维奇：《普遍法和大陆法的发展》，刘慈忠译，载《法学译丛》第1983年第1期。

② See W. Friedman，Legal Theory，Columbia University Press，New Nork，1967，pp. 261s.

在诸如善良风俗、当事人间的利益衡平这样的规则中表现为一种监督力量。法院的干预通过情事变更条款、权利不得滥用等原则进行。他将道德义务的法律认可理解为现代民事义务的3项最高原则：（1）不损害他人的义务；（2）返还不当得利的义务；（3）帮助邻人的义务。在整体上，作为技术上的需要，希贝尔考虑了将法律要求区别于道德规则，只有凭借法律规则，道德规则才能获得必要的精确。①

惹尼吸收了这些先驱者的思想并加以发挥。1898年，他出版了《私法实在法的解释方法和渊源》一书，试图探讨在一个世纪的法律经验中，民法典和法国法中的其他法典中法学家尤其是法官的地位是什么这一问题。当时分析法理学在法国处于全盛时期，基于法典条款全面综合的法律的完全逻辑，在分析法理学看来，是依据严格的逻辑原则进行解释的法学家的任务。惹尼看到了法国法律在法典的司法解释中得到的发展，对分析法理学提出了强有力的挑战。惹尼意识到对民法典的司法解释一直是更有创造性的活动，与当时流行的把成文法当作一切法律的唯一渊源的信念相反，惹尼增加了3个附加的渊源：习惯；由法院判决和学说发展起来的权威和传统；自由的科学研究。

惹尼认为，在法律的法典化和理性化的热潮中，习惯一直被忽视。法官对法律的发展和法学家的教学极大地发展了，并且事实上修正了法典规定的原则。但如果把所有这一切都考虑进去，仍然存在把在不同的解决方法之间选择的自由留给了法官这一范围广阔的难题。引导解决这一难题的是“自由的科学研究”，它必须把自己建立在管理法律规则的3项原则之上：意思自治；公共秩序和利益；冲突的私人利益之间的正当平衡。

在惹尼看来，自由的科学研究的任务，是引导法官在将自己当作

---

① See W. Friedman, Legal Theory, Columbia University Press, New Nork, 1967, pp. 262s.

利益冲突的一方的情况下获得解决方法。他指出："在所有当事人间没有足够的有效协议的案件中，以有关利益必须均衡的原则引导法院，以便使建立行为的权威性规则成为必要……估量他们各自的力量，在正义的天平上衡量它们，以便将优势给予他们中由某种社会标准证明为最重要的一方并最终带来一种均衡"①。这实际上是要求法官超越法典的规定，充分行使自由裁量权裁决社会上各种冲突的利益关系，干预这种关系，而不是机械地适用条文。

惹尼要求法官在法典条款和传统的解释方法未给他清楚的方案时，根据推知的立法者此时将适用的原则解决问题，这一思想被吸收进1907年瑞士民法典的著名条文。② 因此，惹尼是瑞士民法典第1条的当代思想来源，他几乎得出了与亚里士多德同样的结论。

从社会浪潮的力量和法律不能置身事外之间的冲突这一摆在每一现代大陆法学家面前的问题出发，惹尼在他的后期著作《私法实在法的科学和技术》（4卷，1914—1924）中论述了一种完全的法哲学。在此书中，惹尼主张法律有两个领域，首先是科学的领域，它研究人的思想和认知，其次是技术的领域，他研究人的意志和行为，因而它有科学和技术两个范围。科学的现实是对那些为法律提供社会材料的现实的客观知识，这种材料是特定的，法学家不能改变它。法学家对这种材料运用他的特别技术，这种技术是法学家创造性活动的范围。就它适用于纯粹和实践的理性、思想和意志间的区别来说，这种区别是康德式的。惹尼导出了现代社会学潮流与新哲学联合的不同的基础，上述联合的公认的领袖是昂利·柏格森，他强调补充知识僵硬性的创造性直觉的重要性。在他们生活的单位中观察生活而不是在范畴上、

① See W. Friedman, Legal Theory, Columbia University Press, New Nork, 1967, pp. 262s.

② See W. Friedman, Legal Theory, Columbia University Press, New Nork, 1967, p. 329.

因果关系上分析它们的需要，智力因而是更深和更大的生活意识，从生活意识中它导致将它本身转化为行动而不是满足于概念分析的紧迫感。① 由上可见，惹尼的能动司法思想是工业化社会、康德哲学和柏格森哲学的产儿。

惹尼认为，法学家塑造特定的材料以使它与社会生活的需要相符合，在法律过程的每一个阶段存在并且必须存在创造活动。但自然，法官的活动余地比立法者的要小。然而在法律违反常识的情况下，或在它意味着公然的不正义的情况下，惹尼并不完全反对背离实在法。惹尼的法国人的革命性格使他在古典自然法的废墟上恢复了自然法是监督实在法的更高规则的本义。因此，在公然滥用立法权的情况下，应进行极端的不顾一切的起义，以抵御专制暴君的镇压。换言之，在极端情况下，自然法将合法地反叛。在缺少惩罚违法的更高权威的情况下，对实在法的背叛是革命。自然法再一次为这种革命提供了伦理的合法性，② 就像它曾为法国人民推翻路易十六（Louis XVI，1754—1793）的革命行动提供过这种合法性一样。在这里，惹尼以整个社会和政治结构为对象，奏响了自然法的古弦，提出了以自然法为依据的衡平法思想，为一些原则的至高无上性和神圣性做出了证明。

以上是惹尼思想中“超越民法典”的一面，他思想的另一面是“通过民法典”。惹尼反对不顾立法者在制定法律时的意志和意图，而只借口变化了的社会关系来“自由”解释成文法律。他捍卫这样一种观点，即必须根据立法者在立法时的意图（文法的和历史的解释）、根据当时存在的社会需要和社会关系（社会学的解释）来解释成文法律。他认为法律的渊源不可能囊括法律的内容，总是需要把一定的自

---

① See W. Friedman, Legal Theory, Columbia University Press, New Nork, 1967, p. 330.

② See W. Friedman, Legal Theory, Columbia University Press, New Nork, 1967, pp. 331s.

由裁量权留给法官，让法官得以进行创造性的精神活动。但这种权力的行使不能根据法官个人的不受控制的任性，而必须以客观的原则为依据。为了尊重立法者在制定法律时的意志和意图，惹尼认为，成文法的类推适用是不能准许的。当情况已经发生变化而法律规定不再有意义时，就必须得出结论，确认该法律不再适用，而适用其他的法律如习惯或学说与判例。如这些仍不敷使用，法官就得根据自由的科学研究解决问题，在自由的科学研究中去发现正义和平等的基本原则。此时，法学家的意志可以自由地运动，只受法律的预定目的的指导。① 显然，惹尼于此已突破了法国民法典以制定法为唯一渊源的体制，确认了如同罗马法一样的多元的法律渊源体制。

“通过民法典”乃是为了维护法律的确定性，正犹如“超越民法典”是为了维护法律的灵活性一样。为了确定性和安全性，惹尼并不主张人们去建立一个法官政府。他认为法官的创议在事实上仅限于他们所要解决的案件，法官的自由探索只不过是立法本身的一种补充。② 因此，他只将法官称作立法者不可缺少的助手。在法律的诸渊源中，他始终强调如下严格的顺序，即立法、习惯、权威和传统，在这个顺序中，立法处于所有法律渊源形式的首位。③

惹尼在大陆法系的进化史上是位极其重要的、革命性的，而在我国备受忽视的人物，他的法律理论是对 19 世纪与 20 世纪之交的法国司法现实的总结，并奠定了 20 世纪大陆法系立法—司法关系模式的理论基础。同时，他对所处时代的法国司法现实的理论化说明进一步动摇了陈旧体制的最后一点合理性。这一工作并非由他一人完成，他不

① See W. Friedman, Legal Theory, Columbia University Press, New Nork, 1967, p. 272.

② See W. Friedman, Legal Theory, Columbia University Press, New Nork, 1967, p. 272.

③ 参见吕世伦、谷春德编著：《西方政治法律思想史》（下），辽宁人民出版社 1987 年版，第 277 页。

过是意义重大的一位，处在世纪之交的好几个法国人都为动摇陈旧的体制做出了贡献。昂利·加比唐、奥里乌、涂尔干、狄骥都可列入这一光荣的名单。加比唐（Henri Capitant，1865—1937）在从事教育事业的一生中，认为判例法是法的极重要的渊源。他写了许多阐释法律的文章，对当时的立法者确实发挥了一种肯定性的影响。他和狄骥、惹尼、奥里乌、马塞尔·普拉尧尔（Marcel Planiol，1853—1931）一样，对极端个人主义、自然地方主义以及立法万能主义的崩溃起着促进作用，并事实上给现代法国的私法奠定了基础。[①] 奥里乌（Maurice Hauriou，1856—1929）提出了以其名命名的著名的制度理论。他认为制度是一种客观现实、一种特殊的社会均势的产物和法律准则的源泉。根据这个定义，奥里乌排除了唯意志论对法律产生原因所作的各种解释，他把动力因素引进了法律领域。因为尽管制度可以使法律稳定，但这种稳定并不排除变化。一个制度能否持续下去，取决于它是否能不断地适应社会生活的新条件。[②] "在很大程度上正是归功于涂尔干（Émile Durkheim，1858—1917），法律不再被看作一种永久不变的、几乎神圣的东西。涂尔干指出法律如同社会群体一样，是可变的、多样的，它或多或少地完善地表现了社会群体的意志，这在当时是一种崭新的思想。"[③] 狄骥（Leon Duguit，1859—1928）以实证主义的面目提出了区分客观法和实在法的自然法理论。客观法指人类在一定的社会生活中必须遵循的一种行为规则，实在法只能被了解为表示法律规则的形式。立法者并不创造法律，只是确认法律，而实在的法律也只能在其适合这种规则的范围内来强加于人。在两种法的关系中，客观法

① 参见上海社会科学院法学研究所编：《法学流派和法学家》，知识出版社 1981 年版，第 184~185 页。

② 参见上海社会科学院法学研究所编：《法学流派和法学家》，知识出版社 1981 年版，第 398 页。

③ ［法］亨利·莱维·布律尔：《法律社会学》，许钧译，上海人民出版社 1987 年版，第 98 页。

是最高级的法律，具有自身的强制力量。实在法本身并不具有约束力，它只有在得到客观法承认、支持和符合客观法要求的情况下，才是有约束力的而必须遵守。实在法如果没有客观法做后盾，它就是无效的。[①] 这些理论无不强调社会变迁对法律的压力，因而强调法律的流动性，倾向于自由裁量主义。

就包括德国和奥地利的德语世界而言，自由法学面临的不是使古老的法典恢复青春的问题，而是年青的法典中的弹性条款意味着什么的问题。于1900年开始实施的德国民法典，其总则部分包括了不少抽象的原则，在适用这些原则时产生了复杂的解释问题以及法官的作用问题。自由法学起而反对传统的所谓概念论、形式主义的法学观点，主张法官在一定条件下有对法律的某种自由裁量权。[②]

以奥地利人埃利希（Eugen Ehrlich，1862—1922）为代表之一的德语世界自由法学的主要观点可以概括为：反对成文法规是唯一的法的渊源的观点，重视社会现实中的“活法”和“自由法”的作用，主张扩大法官的自由裁量权，允许法官根据正义原则和习惯自由地创制法规则。[③] 埃利希首先对法律实证主义重法律、轻社会的倾向表示了强烈的不满，认为“法律实证主义的方法就是承认法律秩序的无欠缺性，法官的工作仅限于逻辑操作，而没有政策性的、评价性的东西。又加上法官作为国家官僚的地位的日益增强，他们被置于一种来自社会的不恰当的非难或不恰当的赞誉的地位，从而使司法的‘无社会性’达到了顶点”。这里所说的“逻辑操作”，就是机械地、死板地固守原有法律的做法；所说的“无社会性”，就是指无视社会实际情况

---

① 参见法学教材编辑部《西方法律思想史》编写组：《西方法律思想史》，北京大学出版社1983年版，第419~420页。

② 参见沈宗灵：《现代西方法律哲学》，法律出版社1983年版，第30~31页。

③ 参见张文显：《当代西方法学思潮》，辽宁人民出版社1988年版，第79页。

的变化。[①] 因此，埃利希主张的是社会变迁对法律的压力和法官应对这种压力做出能动的反应，而不是无视这一压力。他认为“无论现在和过去，法发展的重心不在立法、不在法学、也不在司法判决，而在社会本身”。在历史上，法早于国家出现。在现代，国家制定和执行的法律——法律条文也仅仅是法律中很小的一部分。与法律条文相对的是“活法”，这种“活法”就是人类组织（商会、教会、学校、工会）的“内在秩序”，它们支配着实际的社会生活，是人类行为的真正决定因素。“活法”不仅是原始的法形式，而且直到今天仍然是最基本的法形式。它们是法律条文的最丰富的来源。“活法”存在于司法决定、商业文件、社会组织的秩序和人们的日常行动中，只要细心观察就能总结出来。

既然“活法”是最基本的法的形式，起着实际的社会控制作用，这就意味着法官可以而且应当在制定法没有覆盖的领域运用“自由判决的方法”去发现“活法”并把它们适用于当前的案件。埃利希声称，这样做不会导致法官专横，而只会加强法官的责任，使法官的智慧和才能在审判过程中得以充分发挥，因而对法官的选择提出了更高的要求。[②] 由此，他试图掀起一场“自由发现法律的运动”，并写下了《自由法的发现和自由法学》（1903）的著作。为什么必须自由地创造法律呢？因为只靠成文法是不够的，任何法律都追不上社会生活的发展，每一次制定出来的规则从本质上讲都是不完整的，它一制定出来便立即过时。法律也永远概括不了社会生活的各方面，它一开始就是片面的。即使最稳定的学说和最有力的立法，当它们一遇上现实生活

---

① 参见吕世伦、谷春德编著：《西方政治法律思想史》（下），辽宁人民出版社1987年版，第330页。

② 参见张文显：《当代西方法学思潮》，辽宁人民出版社1988年版，第80~81页、第82页。

的暗礁时，便会粉身碎骨。[1] 在这里，埃利希指出了成文法的种种局限性，从而得出了自由裁量主义的结论。不难看出，自由裁量主义的最终产生原因在于承认变化着的社会对法律规则的压力。埃利希由于强调法的社会基础，被称为欧洲法社会学之父。

自由法学的另一代表人物康特洛维茨（Hermann Kantorowicz，1877—1940）为德国人。他尖刻地讽刺当时盛行于欧洲大陆的概念法学是“自动售货机”：法官将事实投入这一机器，所得结果即为判决。为了强调法官的能动地位，他将法律定义为“规定外部行为的、其适用是由法官进行的规则的总和”。同时，他把法分为“正式法”和“自由法”。自由法包括习惯、法律解释、判例理由、法学家的权威论述，它们也是法的渊源。因此，在正式法的空白点，法官不得不求助于自由法。他倡导自由法运动的目的在于促成自由法的形成、发现和适用，要求法官的职能不限于适用现成的法律，还应当创制法规则。当然，这种创制法规则的活动应当限于在正式法出现漏洞的情况下进行。[2] 康特洛维茨力主把法典的权威减至最小的限度，而法官的人格的活动范围应当扩大，主张法学应从法条概念的桎梏下解放出来。如果认为法条万能、概念万能，则法官将成为自动的机械。社会上的事事物物既然不可能尽数网罗于法典之中，因此法律之有缺陷不可避免。作为机器的法官唯有抱残守缺，无法予以补救。但法官的自由人格发挥到极致，则必将回复于无法状态。理想的法官既不易得，而社会生活日趋复杂化，纵然有贤能的法官，也必然穷于应付。但自由法学宁愿废除法典而信赖法官的自由人格。他们认为法典不可避免的内在缺陷，只有依赖法官的自由的发现法律予以填补，而不能依靠法典逻辑

---

① 参见法学教材编辑部《西方法律思想史》编写组：《西方法律思想史》，北京大学出版社 1983 年版，第 456 页。

② 参见张文显：《当代西方法学思潮》，辽宁人民出版社 1988 年版，第 80~81 页、第 82 页。

的自足。[①] 显然，自由法学的理论冲破了孟德斯鸠三权分立的防线，使法官不独享有审判权，而且享有补充法律、进而变更法律的权力。[②]

在传统的压力下，为了避免制度的崩溃，自由法学者也不得不承认自由有一定的限度，因此寻找各种途径限制自由，以求得法律的确定性的客观保障。为达此目的，他们使用各种象征性的概念，如利益权衡、价值判断、法律情感、事理等，无非是为了增加其理论的建设性，减少其破坏性。[③] 但这种理论客观上为纳粹统治时期的司法专横制造了理论根据，因而受到广泛的指责，第二次世界大战后销声匿迹。[④]

（四）利益法学

利益法学为耶林的目的法学之余绪，其主要概念得自耶林。代表人物为德国人赫克（Phlipp Heck，1858—1943），兴起于德国民法典问世不久的20世纪20年代至20世纪30年代，影响主要及于德国。德国民法典问世后，概念法学更为盛行，成为占支配地位的法学。但事实证明，法典不是无漏洞的，而且社会的迅速发展使法典的漏洞越来越多。时代对法官和法学家提出了对法典进行创造性解释的要求，利益法学运动由此产生。在一篇题为《利益法学》的讲演中，赫克表达了利益法学的纲领："利益法学这一新运动是以这样一种认识为基础的，法官仅仅依靠逻辑结构不能令人满意地处理生活的需要。立法者必须保护利益，他要去平衡互相竞争的生活利益。但立法者明白他不可能注意到生活的方方面面并全面彻底地予以调整，以使逻辑大前提可以在每一个案件中划出适当的界限。只有在法官不只是一架按照逻辑力

---

① 参见梅仲协：《欧陆法律思想之演进》，载刁荣华主编：《中西法律思想论集》，汉林出版社1984年版，第282~283页。

② 参见吕世伦、谷春德编著：《西方政治法律思想史》（下），辽宁人民出版社1987年版，第333页。

③ 参见梅仲协：《欧陆法律思想之演进》，载刁荣华主编：《中西法律思想论集》，汉林出版社1984年版，第284~285页。

④ 参见张文显：《当代西方法学思潮》，辽宁人民出版社1988年版，第83页。

学的定律运转的法律自动售货机的情况下，立法者才能实现他的意图和满足生活的需要。法和生活所需要的是这样一种法官——作为思想助手协助立法者，不仅注意词句和命令，而且考虑立法者的意图并亲自检查有关的利益，表达法的价值，即使在立法者尚未明确规定的情况下亦如此。法律科学的任务是：通过调查研究法和相关的生活环境，准备适当的规定，以帮助法官顺利地完成自己的任务，在这种情况下，法律科学应当公开地声明发现适当规范的方法，而不是用法的推理的虚幻掩盖之。因此，逻辑至上要被检查和评价生活至上代替”①。同时赫克指出，作为利益法学出发点的一个根本的真理是：法的每个命令都决定着一种利益的冲突，法起源于对立利益的斗争，法的最高任务是平衡利益。

利益法学还认为，每一个法秩序都是有缺陷和空白的，因而要在现有法规则的基础上通过逻辑推论得出令人满意的决定，不总是可能的。这就需要法官善于发现规则的目的，通过创造性的、合理的解释去平衡互相冲突的利益。因此，他们十分关心法的解释，提倡一种非严格局限于概念或词句的解释方法，并允许在民法、行政法等领域存在自由裁量权，以更好地平衡利益。但在刑法领域，由于罪刑法定主义是公认的原则，他们只允许法官在量刑的幅度上进行选择。②

由此可以看出，利益法学是基于对法律局限性的认识而主张自由裁量主义的流派，与自由法学在根本方面完全一致，只有一些细节性的分歧。就德国民法典中抽象原则的解释问题，利益法学认为它们是法官享有自由裁量权的根据，但在这种自由裁量权的大小上与自由法学发生分歧。自由法学派认为，法官固然应忠于成文法规定，但在规定含糊不清等情况下，可以根据正义感进行判决。而利益法学派认为，

---

① See W. Friedman, Legal Theory, Columbia University Press, New Nork, 1967, p. 334.

② 参见张文显：《当代西方法学思潮》，辽宁人民出版社 1988 年版，第 78 页。

法律是立法者为解决相互冲突的利益而制定的规则，因而法官不仅应注意法律条文的字句，而且应掌握立法者意图，反对自由法学派关于法官有权根据正义感进行判决的主张。[①] 因此，利益法学比之于自由法学，还兼顾法律的安全价值，对立法者意图保持尊重。

（五）新康德主义法学

韦伯（Maximilian Karl Emil Weber，1864—1920）同时属于法学上的新康德主义学派和哲学上的新康德主义学派。他所属的哲学学派的一个重要特点，就是认为哲学的根本问题不是存在的问题，而是应该如何存在的问题，换言之，是使世界面对价值的问题。他们循此思路把世界分为自然和文化（社会）两部分，并为研究这两个不同领域规定了截然不同质的方法：自然科学研究恒常的、抽象的普遍性即规律，使用的是描述的规范化方法；文化科学说明变动不居的、具体的特殊性即不可重复性，使用的是理解的表意化方法。前者属于可感觉的科学世界，对其把握靠知性；后者是不可感觉的价值世界，对其把握靠理性。文化科学虽然与自然科学不同，但它绝不是形而上学，而是在经验之中。因此，新康德主义既承认自然科学的计量化、精确化方法及其技术发展的合理性，同时又把文化科学保持在不同于形而上学的经验一边。[②] 可以看出，新康德主义强调人文系统与自然系统的区别，从而强调人文科学与自然科学方法上的区别，这构成韦伯思想中的一个重要前提，由此形成了他区别形式合理性与实质合理性的法律观。形式合理性是无价值判断的，实质合理性则属于价值判断。由于人文科学的特点，韦伯始终强调实际动机和情境的无限复杂性和多变性，把历史看作由独特的、不可再现的偶然事件所构成的绵亘不断的长河。由于社会现实变化无穷，它不可能成为一般科学法则的客体，也不可

---

① 参见沈宗灵：《现代西方法律哲学》，法律出版社 1983 年版，第 30~31 页。

② 参见苏国勋：《理性化及其限制：韦伯思想引论》，上海人民出版社 1988 年版，第 47 页。

能以某种确定的方法对其进行分类，更不可能用所谓“封闭的概念体系”加以包容。[1] 这些思想中蕴涵着法律局限性的观念和对概念法学的厌弃。

在韦伯看来，如果一种秩序的效力由一种可能性从外部予以保障——这种可能性指一个专门的社会组织可能对行为者实施的强制（物质的或精神的）——以使各种社会行为合乎这个秩序的要求或对违反者予以惩罚，那么这种秩序就叫做法律。[2] 从韦伯的法律定义中我们可以看出，他并不将法律仅看作规则，而看作规则实施的结果——秩序。正因为法律包括其实施过程在内，他把法律看作命令性成分与传统性成分之和。前者是立法者的创造；后者则是经验的产物。大陆法与英国法之分只在于这两种成分的比例。大陆法中的命令性成分居多，故叫做制定法；英国法中的传统性成分居多，因而叫做习惯法。在古罗马，传统性成分是由法学家在解答法庭上实际诉讼提出的各种问题的经验中产生的。在现代，它是法官从判案的经验和记录在案的解决司法问题的原则中产生的。[3] 韦伯对法律的两种成分的区分，尤其对大陆法中存在传统性成分的肯定，表明他并不仅以制定法为法律的唯一渊源，而承认司法活动在形成名之为秩序的法律中的作用。在他所处时代的大陆法系，这是一种新颖的思想，为他对自由裁量规章作用的认识埋下了伏笔。

韦伯始终注重近代资本主义法律与其经济基础的密切关系，认为资本主义经济对经济行为后果的精确可预测性的要求导致了形式主义的法律的产生。形式主义的法律对资本主义经济的适应产生了其合理性。这种合理性有如下含义：（1）行为由法规支配，个人的权利和义

---

① 参见［英］罗杰·科特威尔：《法律社会学导论》，潘大松等译，华夏出版社1989年版，第174~175页。

② 参见王志勇：《韦伯的法律社会学思想初探》，载《法学评论》1988年第4期。

③ 参见苏国勋：《理性化及其限制：韦伯思想引论》，上海人民出版社1988年版，第218页。

务是由某种普遍的、并能被证实的原则决定的。这一点必须是绝对的，取消合法秩序的裁决、判定，或使这些判定只适合于特殊场合和确认不是根据规定的可证实原则做出判定的合法性，都被看作非理性的。这实际上是要求法律提供尽可能多的普遍规则并排斥个别正义，使人们获得行为的安全性。（2）法律必须体系化。法律关系的体系化表征着一切经过分析得出的法律判断的统合，这些法律判断以统合的方式构成逻辑清晰、内在一致的、至少在理论上非常严密的法规体系。显而易见，一切可以想见的实际情况都必须在逻辑上被包含其中，以免它们的秩序缺乏有效的保证。这也是强调安全性的要求。（3）法律方法基于逻辑分析意义。这是对司法者可能的任性的防范。（4）司法过程由理智控制。（5）在立法和司法之间加以区分，即区别制定一般法规和将这些法规应用于实际情况两个不同的方面，使司法的任务仅限于把一般的法规则应用于特殊情况下的具体事实。具有这种合理性的法律所造成的效果是：司法的形式主义使法律体系能够像技术合理性的机器一样运行，保证个人和群体在这一体系内获得相对最大限度的自由，并极大地提高预见他们行为的法律后果的可能性，程序由此变成以固定和不可逾越的“游戏规则”为限制的特殊类型的和平竞争。相反，若不是按普遍性的法规对实际事务做出判决，而是根据执行法官对“特定场合中公正的意义”的理解进行判决，在这种非形式主义的立法和司法方式流行的地方，经济的可计算性必然遇到障碍。① 韦伯的这一番论述简直是对法国民法典立法技术风格和价值取向的极好解释，概括了其形式主义特征，并揭示出其为了维持资本主义经济秩序而对个别正义做出牺牲的缺陷。

但形式主义合理性法律的对立面是实质合理性的法律。形式合理性具有事实的性质，它是关于不同事实之间的因果关系的判断。实质合

---

① 参见苏国勋：《理性化及其限制：韦伯思想引论》，上海人民出版社 1988 年版，第 270~273 页。

理性具有价值的性质，它是关于不同价值之间的逻辑关系的判断。形式合理性主要被归结为手段和程序的可计算性，是一种客观的合理性；实质合理性则基本属于目的和后果的价值，是一种主观的合理性。① 换言之，形式合理性以手段取代目的，使看来有利于一切人的规则实际上只有利于一定的阶层或个人；实质合理性属于博爱和"四海之内皆兄弟"式的道德理想，它要求对全体社会成员作同等程度的供应和满足，对每个人都保证权利和义务、财产和分配的实质平均、平等。实质合理性同形式合理性是不相容的，形式合理性并不意味着保证实质合理性。形式合理性与实质合理性之间的紧张对立，即以可计算性、效益和非人性为一方的价值与以博爱、平等和兄弟友爱的价值为一方的对立，实际上是一般正义与个别正义的对立，它们之间的冲突和对立是现代社会生活面临两难选择处境的根源。从合理性的立场看待社会实在，主张形式合理性必然引出实质非理性的后果；反之，坚持实质合理性必然引出形式非理性的结果，这就使现代人在面对生活做出抉择时陷入了进退维谷的境地。② 这里，韦伯在广阔的社会背景中接触到了法律局限性问题，即法律的一般正义性和个别正义性的矛盾问题、安全与个别正义的矛盾问题。

根据韦伯的观点，自由裁量规章往往是使实质合理的法律形式高于形式合理的法律形式之手段。所谓自由裁量规章，就是在立法、行政和审判中，采用"不确定的规定""任意的标准"和一般的条款。法治原则要求政府官员的行动应该受明确的规则制约，尽可能地明确公民的权利、自由和义务。而自由裁量规章则强调政府官员在实施政策时其行动的变通性和灵活性的重要意义，而不是只注意法律规则的

① 参见苏国勋：《理性化及其限制：韦伯思想引论》，上海人民出版社 1988 年版，第 277 页。

② 参见苏国勋：《理性化及其限制：韦伯思想引论》，上海人民出版社 1988 年版，第 276 页。

机械适用。法律分析的内在逻辑结构服从通过法律实现的特定政治目标、社会功利或道德价值的要求。[①] 这种自由裁量规章的存在还由于人文系统的极端复杂性，它是人的精微尺度对法律的僵硬尺度的补充，它必定是由法官运用的，其活动结晶为法律中的传统性成分。

那么，个别正义的判定以什么为准据呢？施塔姆勒提出了社会理想的概念。因为法律乃建立人类社会生活秩序之必要方法，所以，社会理想也就是法律的理想，它好比北极星，航行者依靠它辨认方向，它是指导具体法律规则适用的指针。施塔姆勒说，以爱人如己的社会理想为内容的诚信原则就是这样的指针。行为规则的适用若能合乎社会理想，即合乎正义，而社会理想就是具有自由意志的各个人的共同生活。他心目中的正义法，也就是合乎理想的社会生活之法则。实在法是向正义推进的强制力量，但不一定与正义相合[②]。在这里，施塔姆勒走向了自然法，使法律的性质从属于人对其做出的价值评判。

由上可见，韦伯在19世纪至20世纪之交分析了自由资本主义时期法律的产生条件以及由此形成的特征，指出了它在现代社会中的矛盾，提出了以自由裁量规章统一法律的形式合理性与实质合理性的思想，由此走向了自由裁量主义。

施塔姆勒（Rudolf Stammler，1856—1938）是新康德主义法学的另一代表人物，他力图打破实证主义法学和历史法学在德国的统治地位，而代之以新康德主义法学，其理论对20世纪初期的德国等国家产生了巨大影响。[③] 他的“自然法要有可变的内容”的主张成了20世纪西方

① 参见［英］罗杰·科特威尔：《法律社会学导论》，潘大松等译，华夏出版社1989年版，第189~190页。

② 参见何孝元：《诚实信用原则与衡平法》，三民书局1977年版，第36页。

③ 参见吕世伦、谷春德编著：《西方政治法律思想史》（下），辽宁人民出版社1987年版，第174页。

法学家们的口号，促进了自然法学的复兴。[①]

基于对自然系统和人文系统分别看待的科学观，施塔姆勒认为在各种社会现象之中没有、因而也不可能揭示其因果规律即必然性，社会生活现象只能从人们自觉的意识和期望的角度来分析。因此作为社会现象之一的法律也完全不表达任何必然的东西，法律的基本意义就在于按照人们的意愿规定应当实现的东西。[②] 这里施塔姆勒将价值问题引进了法律，要求法律按照一定的理想的模式来塑造，破除了法律实证主义对制定法的盲目崇拜。

正义是法律的首要价值。在引进价值于法律的基础上，施塔姆勒的正义观发展起来了。他首先承认一般正义的存在，认为理论的任务就是要发现普遍的妥当原因，也就是发现人的生活的合理性。因此，要建立法律理论，就不能不承认有普遍妥当的原理的存在，法学的基础即在于此。[③] 所以，他对历史法学仅认法律为民族精神的产物，只承认法律的个别性而不承认法律的普遍性的主张持批评态度，并成为制定德国民法典主张的拥护者。但是，一般正义存在局限，因此要寻求一种方法，不是决定永久的绝对的公道，而是某一时期内之相对的公道，所以应注意法律的实施以求公平。“法律条文不可以太机械，我们制定法律时，要想到将来实施时一定有许多意想不到的情形，这种意想不到的情形我们要预先注意，使得实施的时候，达到公平不发生困难”[④]。尽管施塔姆勒为民法典的支持者，但他显然已放弃法典可预料未来一切的幻想，而承认“实施时一定有许多意想不到的情形”，

---

① 参见蒋恩慈、储有德：《西方法学家生平与学说评介》，广西人民出版社 1983 年版，第 138 页。

② 参见吕世伦、谷春德编著：《西方政治法律思想史》（下），辽宁人民出版社 1987 年版，第 175 页。

③ 参见吕世伦、谷春德编著：《西方政治法律思想史》（下），辽宁人民出版社 1987 年版，第 175 页。

④ 杨幼炯：《当代政法思潮与理论》，台北中华书局 1965 年版，第 69 页。

这是关于法典法的一种崭新思路。它既不主张放弃法典去“无法司法”，同时也不主张法典为封闭的，让法官“戴着脚镣跳舞”。那么，如何解决法典的不周延性问题呢？作为康德的门徒，施塔姆勒确信人类的某些先验的认识范畴与形式构成了他们对现象的认识知觉，而这些范畴与形式是人们通过观察所无法获得的。由此他认为在人的头脑中存在着纯粹的思维形式，它们能使人们可以在不考虑法律在历史中所具有的具体多变的表现形式的条件下，去独立地理解法律概念。① 这种纯粹的思维形式在立法中的表现就是模糊法律概念，这简直是对德国民法典中大量存在的弹性条款之功能的绝妙说明。这样，通过一定的立法技术手段，法典的不周延性问题得以解决，且法典的普遍性和它适用于将来意外事件时必须实现公平的要求之间的矛盾也解决了。

针对古典自然法把自然法看作永恒不变的学说，施塔姆勒提出了“内容可变的自然法”“日新月异的自然法”的崭新思想，这是世纪之交社会的流动性增强在法律观上的必然反映，是自然法思想史上的一大突破。历来的自然法理论都将自然法看作固定不变、放之四海而皆准的，最激进的自然法理论，也不过做到认为实在法在自然法的批判下应是发展变化的而已。施塔姆勒则将作为实在法根据的自然法看作可变的，形而上学的思想方法在这里被埋葬得干干净净，辩证的思想方法得以在自然法领域确立。因此，事物除有普遍性和妥当性外，还有时间性与空间性，须随时代适合社会之理想，须受时代社会需要之约束。欲求就某一事物决定其普遍性妥当性之原理时，须依时代社会之需要②。因此，“变动的自然法”必然意味着对具体正义的追求，在施塔姆勒看来，诚信原则就是这样的具有变动内容的自然法③。由于

---

① 参见［美］埃德加·博登海默：《法理学：法哲学及其方法》，邓正来、姬敬武译，华夏出版社 1987 年版，第 162 页。

② 参见李肇伟：《法理学》，1979 年作者自版，第 79 页。

③ 参见蔡章麟：《债权契约与诚信原则》，载刁荣华主编：《中国法学论著选集》，汉林出版社 1976 年版，第 418 页。

法律以自然法为根据，而自然法的内容可变，所以法律也应逐渐加以改良。因此，“法律的内容是生长的，因为时间和地点发生变化，风俗情形也随着不同，我们民众的法律思想观念也发生变化”①。施塔姆勒由此摧毁了古典自然法的形而上学基础，承认了法律的变迁性、过程性，其法律是生长的论点与英美法学家之思想无异，二者在进化论的基础上得以统一。为了实现法律的生长，不可避免地要承认人的作用，承认法官能动司法。

条条大路通罗马。目的法学、历史法学、自由法学、利益法学、新康德主义法学等19世纪与20世纪之交欧陆盛行的法学流派，尽管立意、侧重点不同，但无不趋向于自由裁量主义，在这种思想条件下产生的法典，再也找不到严格规则主义的任何存在依据了。

三、诚信原则的勃兴

舞台搭好，帷幕拉开，序曲已奏响多时。经过如许的准备和漫长的等待，主角终于将要登场。现在的主角处在极有利的地位，如果说法国人对古老的法典只能寄望于“发现”和解释等技术对之改造，新法典却有可能不走弯路，直言不讳地承认许许多多法国人做了多年而德国人刚开始做的某些事为合法。前车之覆，后车之鉴，因此，法典制定得越晚近，它越有可能尽量多地汲取先驱者们的经验教训，其立法技术就越可能成熟，把经济、政治、哲学等法外因素的变化反映为法的变化。20世纪的第一部民法典——1907年的瑞士民法典取得了这些得天独厚的条件而成为新世纪的主角，在19世纪与20世纪的大陆法之间树立了一座划时代的里程碑，以此证明了20世纪的人们比19世纪的人们更为现实、明智和清醒。

与法国民法典和德国民法典作为集体作品产生不同，瑞士民法典

---

① 杨幼炯：《当代政法思潮与理论》，台北中华书局1965年版，第69页。

是个人作品。因此，瑞士民法典的作者欧根·胡贝尔（Eugen Huber，1849—1923）的经历对于我们理解瑞士民法典的立法技术风格有重要意义。他于1849年7月13日生于苏黎世附近的斯坦姆海姆，为医生之子，从小有作家之梦，然而却入了法门。1868年在苏黎世大学法律系学习，1872年3月9日获得博士学位。毕业后，他断断续续地从事新闻工作，任《苏黎世新闻报》编辑、记者直到主编（1876）。1877年被任命为预审法官和外阿邦泽尔—罗得州的警察局长，这种司法工作经历可能对他的法律观有很大影响。在从事这些实际工作的同时，他还一直过着学院生涯。获得博士学位的次年，他就已在苏黎世大学作为私讲师教授法律史，这种讲师是无薪俸的，这可能是他不得不同时从事实际工作的原因。从1880年到1888年，他在巴塞尔（Basel）大学执教，先是作为编外教授，后来作为瑞士民法、瑞士法律史和瑞士公法教席的编内教授或正教授。其中的1882年，成为《瑞士法杂志》的编辑；1884年，主持瑞士法学家协会的一个委员会对瑞士各州的民法进行一项完全的研究。从1888年到1892年，在德国的哈勒大学任教。这是利益法学代表人物赫克的设帐之地，施塔姆勒也曾在此校活动，显然他在这里受到了利益法学和新康德主义法学的直接影响；[①] 1892年，因为他对瑞士国内法的丰富知识、必要的实务经验、对于法的道德价值的确信、作为记者和编辑的素养（这对于制定一部风格简练的法典是必要的）以及坚强的意志和体力等因素，胡贝尔被瑞士联邦委员会召回国内起草瑞士民法典（1899年基本完成）。同时，伯尔尼政府为他在伯尔尼大学安排了一个瑞士民法教席，他在这里工作到1922年退休。1923年4月23日去世。期间，他于1902年被选为国民议会的代表，这可能是为了便于他在国民议会前为其草案辩护而

① 参见上海社会科学院法学研究所编：《法学流派和法学家》，知识出版社1981年版，第294页；以及吕世伦、谷春德编著：《西方法律思想史》（下），辽宁人民出版社1987年版，第334页。

安排的。事实上，他在这个议会中起草案之德语报告人的作用。[①]

胡贝尔为瑞士民法典工作了20年。在他开始这一工作时，瑞士已于1881年有了自己的债法典，作为一个联邦制的国家，联邦于1874年才获得制定全国统一的债法的权力。因此，他被要求起草的，不是一部完整的民法典，而是一部只包括人和家庭法、物权法和继承法3编的部分性的法典（这些是比较多地体现民族特色和道德观念的部分）。在他接手这一工作时，联邦尚未获得制定统一适用于全国的民法典的权力，直到1898年他完成民法典草案第一稿时，才通过修改宪法获得了这一权力，从而保证了胡贝尔的工作会达到预期的成效。

作为教授的胡贝尔是一个多产的作家。在多年的教学生涯中，他主要写下了如下德语著作:《瑞士继承法：它在从高地联邦到德意志帝国的转变中的发展》，这是他的博士论文（1872）；《伯尔尼已婚夫妇共同财产制的历史基础》（1884）；《瑞士私法制度和历史》（4卷，1886年至1893）；《德国物权法中占有的意义》（1894）；《〈瑞士民法典〉学者建议稿解说》（1902）；《地上工作物所有权》（1902）；《经证明的原理》（1910）；《论立法的实现》（1910）；《瑞士物权法》（1914）；《法与法的实现》（1921）；《论权利的绝对性》（1922），此外还有许多论文。[②] 这些丰硕的著作映照出他辛劳的一生。其中的《瑞士私法制度和历史》是1884年应法学家协会的要求由联邦资助撰写的，是对瑞士25个州的民法的综述。这是起草民法典的一项准备工作，因为瑞士和胡贝尔都认为即将诞生的民法典不能是一种无时空背景的"理性"的产物，也不打算照抄某种外国模式。他们相信统一的瑞士民法典必须以各州的既有私法为依据，为此有必要先综述它们。

---

① Voir M. Walter Yung, Eugène Huber et l'espirit du code civil suisse, Librairie de L'Université, Georg & Cie S. A. , Genève, 1948, Appendice, pp. 191s.

② Principaux ouvrages d'Eugène Huber. En M. Walter Yung, Eugène Huber et l'espirit du code civil suisse, Librairie de L'Université, Georg & Cie S. A. , Genève, 1948, p. 207.

当然，各州的民法对联邦民法典的影响大小是不同的，胡贝尔的家乡州的苏黎世私法典对后者的影响比任何州的私法都要大，萨维尼的学生凯勒的思想塑造了这部法典，其作者布隆奇利也长期在德国学习，不排除胡贝尔利用自己的特殊地位使这部渗透着德国历史法学派和潘德克吞学派理论的私法典获得了如此殊荣的可能。

从上述著作目录中我们还可看出，胡贝尔不仅对民法的具体制度，而且对法哲学有深入研究，在1899年完成瑞士民法典的起草后，他写下了《论立法的实现》《法与法的实现》《论权利的绝对性》3部法哲学著作，试图阐发他起草的民法典的法哲学意义，尤其是《法与法的实现》一书，被认为具有深刻的新康德主义的倾向，并闪耀着理性的火花和追求善良与正义的意识。① 胡贝尔认为，作为一个立法者应反对理性主义的观念，笛卡尔把明智的立法者比作从荒凉平原上的普通地方得出其设计理念的工程师毫无道理；卢梭描述的能改变人性和所有的制度、建成一个新世界的立法者②也是如此，因为法律不是立法者武断地从抽象的理性中提取出来的，而是经验的产物，要适应为之制定法律的人民所处的特定条件。在这个问题上，他更愿意接受孟德斯鸠和历史法学派的法是特定环境和历史传统的产物的观点。因此，立法不是与过去一刀两断，相反，“将来是过去的继续”。他也愿意接受惹尼的承认成文法之局限性的观点。弗里德曼（Wolfgang Friedman，1907—1972）就认为惹尼的思想直接影响了瑞士民法典第1条的规定。这是一个关于成文法与法官的关系的规定，就此问题，胡贝尔主张不能过分夸大成文法在一个民族的生活中的有限作用，因为成文法的漏洞不可避免，在法的宣示中具有根本作用的法院的惯例和判例可起到填补它们的作用。他还强调道德的作用，认为它是法的首要因素。立

---

① Voir M. Walter Yung, Eugène Huber et l'espirit du code civil suisse, Librairie de L'Université, Georg & Cie S. A., Genève, 1948, p. 196.

② 参见［法］卢梭：《社会契约论》，何兆武译，商务印书馆1980年版，第54页。

法者的任务在于维持和提高公众的道德水准。这种道德能做法律所不能做之事。诚信原则就是这种道德的表现。①

无论如何，胡贝尔起草的是20世纪的第一部民法典，在这部新世纪的民法典的开端部分，他写下了如下令欧陆各国的自由裁量主义者心满意足、可以他们在本国已无法直接达到的目标在外国达到了而自慰的条款：

第1条第2款：如本法无相应规定时，法官应依据惯例；如无惯例时，依据自己作为立法人所提出的规则裁判。

第2条：任何人都必须诚实、信用地行使权利并履行义务。

对此条款，惹尼满意地评论道："可能这是近代的立法者第一次②用普遍的说法承认法官为他不可缺少的助手"③。胡贝尔就第1条提出的立法理由这样说道："诸国相互交融如同个人往来般重要，从而不应使内国立法如中国长城般地拒斥外国立法例之流入"④。由此看来，瑞士民法典第1条之本意乃是由法官作为立法人引入外国立法例补充法律漏洞，这与瑞士法与德国法、法国法的千丝万缕的联系有关。他国法典之详密规定可补瑞士民法典规定简略之缺陷，这是一种国际主义的方法。至今德国仍有人主张，在本国法律缺乏规定的情况下，可适用共同法的一般原则，即适用其解决方法仍不明确的法律制度所附属

① Voir M. Walter Yung, Eugène Huber et l'espirit du code civil suisse, Librairie de L'Université, Georg & Cie S. A., Genève, 1948, pp. 193ss.

② 但穗积陈重认为日本1875年6月8日颁布的"太政官命令第103号"比瑞士的规定更早："民事裁判，无成文法时从习惯，无习惯时应推考条理以为裁判"。参见黄源盛：《民初大理院民事审判法源问题再探》，载 http://www.modern-law.com/jdfyj/2008-12-22/159.html，2011年10月3日访问。

③ ［德］康·茨威格特、［德］海·克茨：《瑞士民法典的制定及其特色》，谢怀栻译，载《法学译丛》1984年第3期。

④ 黄建辉：《法律漏洞·类推适用》，蔚理法律出版社1988年版，第75页。

的法律群体通用的原则[①]。这样，法官的自由裁量权就以选择何国法为补充法及怎样确定共同法的原则为范围了。但瑞士民法典第1条第2款为这样的假设提出了一条规定："法官应该像他必须从事立法者的工作时他会做的那样去做，为此他应借鉴传统和判例"[②]。这就使瑞士民法典的规定与亚里士多德的衡平法理论完全一致。从适用来看，上述规定并未成为具文，甚至发生过为了行使其法律补充权，法官有时用人为的方式去发现立法规定中的缺陷之事，但是一般来说这个权力不曾多用。这条规定尽管在实践中只改变了瑞士法中很少的东西，因为惹尼提倡的"自由的科学研究"是在"尊重现秩序完美无缺"这一教条的前提下进行的。但理论法学家对之产生了极大兴趣。[③] 大多数外国法学家们都赞赏这个法典，许多人简直入了迷，在德国有人提出要立即废除德国民法典而代之以瑞士民法典。[④] 无论如何，这是大陆法系第一次正式地、旗帜鲜明地承认了法官立法，因此，瑞士民法典开端部分的规定之理论意义远远大于其实际意义。

瑞士民法典第1条、第2条的理论意义在于，在大陆法系的历史中，它第一次公然地把人的因素引入司法过程中来，以补规则因素之不足，因而第一次采用了以民法基本原则处理法律局限性的模式。它标志着民法基本原则第一次在法典法中的确立，从而证明民法基本原则的出现是20世纪的事情。瑞士民法典第1条、第2条是一个整体，它们共同确立了作为大陆法系所有民法基本原则本源的诚信原则。

---

① 参见［法］勒内·罗迪埃：《比较法导论》，徐百康译，上海译文出版社1989年版，第39页。

② ［法］勒内·达维德：《当代主要法律体系》，漆竹生译，上海译文出版社1984年版，第126页。

③ 参见［法］勒内·达维德：《当代主要法律体系》，漆竹生译，上海译文出版社1984年版，第126页。

④ 参见［德］康·茨威格特、［德］海·克茨：《瑞士民法典的制定及其特色》，谢怀栻译，载《法学译丛》1984年第3期。

第 1 条通过规定诸法律渊源的适用顺序公然地授予法官以法律补充权，是关于法律渊源的规定；第 2 条是当事人的行为准则，由于使用了“诚实信用”的模糊概念，它同时以默示的方式授予了法官广泛的自由裁量权。由此可见，民法基本原则的所有要素，都已出现于瑞士民法典第 1 条、第 2 条的规定之中，这是大陆法系中具有历史意义的创举。

伟大的创造者之后必有一大批追随者。在科学研究中只有少数人能创立新的范式，其余人只能成为新范式的研究者和传播者。怀特海（Alfred North Whitehead，1861—1947）说，在西方哲学史上只有柏拉图和康德两个真正的哲学家，其他人不过在这两人之后留下了歪歪斜斜的脚印。套用此语说明近代立法史，则只有法国民法典和瑞士民法典得到了范式创立者的地位，其他法典不过是它们之后的笨拙的模仿者而已。即使著名的德国民法典，拉德布鲁赫（Gustav Radbruch，1878—1949）也认为它不过是 19 世纪的尾声而不是 20 世纪的序曲，[①]它终究只是 19 世纪与 20 世纪之间的一个过渡带。正如法国民法典有一大批模仿者一样，瑞士民法典也有一大批这样的模仿者。被人模仿是对天才的光荣证明，瑞士民法典得到了这样的光荣。对瑞士民法典的模仿者就我所知的有土耳其民法典、1945 年意大利民法典（第 12 条第 2 款规定：“在无法根据一项明确的规则解决歧义的情况下，应当根据调整类似情况或者类似领域的规则进行确定；如果仍然存在疑问，则应根据国家法制的一般原则加以确定”）、1985 年荷兰民法典第 1 条确定各种法律渊源在重要性上的次序：法律、习惯、衡平，它规定习惯或衡平可以排除任意法的规则……就是让法官去解

① 参见［德］康·茨威格特、［德］海·克茨：《比较法总论》，潘汉典等译，贵州人民出版社 1992 年版，第 266 页。

决这些问题[1]、我国台湾地区“民法典”、泰国民法典。法国和德国则是“发现”了这种新的立法——司法关系模式，而原有法典的有关条文只字不改。民法基本原则问题究其根本就是立法——司法机关关系问题，由于对瑞士民法典处理这一问题的模式的广泛采纳，20世纪大陆法系立法——司法机关的关系模式已不同于19世纪关于这一问题的模式。

这种模式的转换究竟意味着什么呢？

第一，它意味着法律的局限性终于为立法者所认识。我们为此事而翻阅历史的时候，发现要经过这么一段漫长的时间人们才认识到法律有局限性，这真是一件使人惊讶的事。[2] 在概念法学的统治下，由于迷信立法者万能，不承认法律有漏洞，因而只认制定法为法律的唯一渊源，法国民法典和德国民法典都不同程度地如此设计。由于哲学上认识论向绝对主义的告别导致的自由裁量主义诸流派皆抛弃了法律无漏洞的观念，以及工业化社会的复杂生活以事实证明了法律并非无漏洞，立法者终于认识到以法律来涵盖一切已经发生或将要发生的民事关系是不可能做到的。在这样的飞速发展的时代，连词典的编纂都落后于新事物增长的速度，何况间或进行一次的立法呢！例如，在反映财产流转关系的债法上，就具有明显的不周延性，不可能就一切民事流转关系提供典型契约，而只得将许多这样的关系留诸无名契约的范畴。即使对法律已有明确规定的典型契约，由于其规范多具有任意性，当事人可以通过自己的协议加以变更，法律的规定只是在当事人的协议不全面时起补充作用。基于这些情况，立法者只能设立诚实信用的弹性条款以克服法律的不周延性，对当事人提出诚实端方的要求，

① 参见［荷］阿图尔·哈尔特康：《将近完成的荷兰新民法典》，理钧译，载《法学译丛》1983年第3期。

② 参见［美］哈罗德·伯尔曼：《美国法律讲话》，沈宗灵译，三联书店1988年版，第15页。

为其订立非典型契约的活动，以及以自己的协议变更法律的任意性规定的活动设立一个范围，以此保证社会利益不致因当事人的协议受到损害。此外，只能承认法律渊源的多元化，以习惯和法官立法来补充制定法规定之不足。

同时，法律具有稳定性，相对静止的法律条文同运动着的社会生活条件之间的矛盾不可避免，前者要涵盖后者极为困难。但频繁地修改法律并非良策，在立法技术上比较可取的办法是在法典中设立弹性条款。诚实信用这样的弹性条款无确定的内涵和外延，根据不同的形势和不同的需要，可使其伸张变化，对其做出广泛的解释，从而使法律跟上社会生活条件的变化。弹性条款使法官就个案作价值判断时，必须依赖存在于社会上的可加探知的客观法规范和公平正义观念，而非诉诸法官的个人情感，这就使法官能适时地引进法律外的新价值观念而顾及个案的衡平做出判决。由于它们或者是概念、意旨、范围模糊，或者是仅就原则设概括规定，这些都要由法官进行价值评判的工作以使之具体化，才能实现其规范功能，故又称为有待具体化的法律规定。① 因此，有待具体化的法律规定在法典中之设立，使法律的外延成为开放性的，可借此引进法律外之新价值，有效地克服了法律的不周延性和滞后性，形成克服法律局限性的高超的立法技术手段。

第二，它意味着大陆法系公开地承认了法官立法，从而形成了立法机关与司法机关二元的立法机制。正由于认识到法律不可能尽善尽美，因而必须以人的因素补规则因素之不足，使法律具有一定的灵活性，使司法活动具有相当的能动性，能够对不够完善的法律进行补充和发展。而在立法与司法之间作僵硬的划分，只会剥夺法律发展的大部分机会。承认法官一定范围内的衡平权和补充立法权是实现法律之

---

① 参见黄建辉：《法律漏洞·类推适用》，蔚理法律出版社 1988 年版，第 43~44 页。

目的的需要。

瑞士民法典第 1 条、第 2 条是对法官进行授权的规定，它使法官有可能适时地引进法律外新的价值观念从而顾及个案之衡平，这意味着瑞士民法典放弃了对确定性的极端化追求。正因如此，瑞士民法典在其他条文中有意识地规定得不完备，常常只勾画一个轮廓，在这个范围内由法官运用他认为是恰当的、合理的和公正的准则去发挥作用。[①] 因此这些条文都只构成基础材料，与其像概念法学那样把它们看作一个封闭的、滴水不漏的规则体系，瑞士民法典宁愿把它们看成"一个法律结构的精确程度不一的、要由解释者加以补充的框框"[②]。这样，"法官就成为具体案件的立法者"[③]。换言之，议会是一般的立法者，法官是个别的立法者，后者的立法权在议会规定的框框内行使。德国学者格尔曼和凯勒（Friedrich Keller，1799—1860）认为，法律明文规定一般条款是立法者在法律设计上力有未逮的表征，可以说是立法者预见到法律规范之不圆满状态，而以模糊、概括性概念、一般条款给予一外围圈框，它们是法律明文授权法官予以补充的法内漏洞或明白授权的漏洞。[④] 因此，瑞士民法典由此成为开放性的而非封闭性的，其规范范围只有通过观察法典条款和法官活动才能确定。这种立法技术之运用表明大陆法系回到了亚里士多德的衡平法思想，回到了罗马法。大陆法系法官的机器角色一去不复返了，他们由此获得了候补立法权，即针对个案候补于立法机关立法权限之后的立法权。这种权限具有被动消极的性质。其被动性表现在这种立法权只于系争法律

---

① 参见［德］康·茨威格特、［德］海·克茨：《瑞士民法典的制定及其特色》，谢怀栻译，载《法学译丛》1984 年第 3 期。

② ［法］勒内·达维德：《当代主要法律体系》，漆竹生译，上海译文出版社 1984 年版，第 49 页。

③ ［美］约翰·亨利·梅利曼：《大陆法系》，顾培东、禄正平译，法律出版社 2004 年版，第 44 页。

④ 参见黄建辉：《法律漏洞·类推适用》，蔚理法律出版社 1988 年版，第 44~45 页。

问题求助于司法救济时才发挥作用，而不像立法机关那样可积极主动地体察时势、及时主动地立法；其消极性表现在：法官的补充法律漏洞权只有在系争法律问题无法借助于现行有效的制定法之解释而妥善调整时方可行使，以弥补立法的缺陷。[①] 法官由于享有补充立法权而成为广义的立法者。对于立法者来说，必须基于法律政策的研究成果，密切注意一切社会生活环境并兼顾具体的实在、个人、部分社会成员及全体社会成员的一切需要，研究它们各自在人类的实存中的各种目的、各种价值在秩序中所占有的地位，而基于文化的协同生活的理想制定完善的法律。对于法官来说，必须认识法律解释的性质和任务，抛弃以机器自命的态度而不拘泥于法律所用词句，严密力求实现法律发扬文明的机能的实质内容，尤其在法律不完备时，自任为广义的立法者，尽立法者同样的注意，慎重探求法律的实质公平并将其适用或执行。这样，法治才能富有弹性，成为促进文明的真正法治。[②] 但是，法官立法并不是允许将法官个人的任性当作法律。瑞士民法典于第1条第2款规定了法官的补充立法权后紧接着于第3款规定：在这样做时，法官应注意到公认的学说和传统（这是惹尼式的规定）。因此，“瑞士民法典第1条并不准许法官仅仅根据他的主观感情去判断对他面前的具体案件如何处理才算公正，从而去填补法律中的空白。法官必须根据一种普遍的规则去判决具体案件，而要找到这个普遍规则，就必须注意‘公认的学说和传统’”[③]。因此，说法官立法只是相对而言，“法官的作用不在于寻找一种新的解决方法，而在于寻找一种符合他周围的群体意愿的解决方法。说法官制定了一些法规，是不正确的，

---

① 参见黄建辉：《法律漏洞·类推适用》，蔚理法律出版社1988年版，第44~45页。

② 参见洪逊欣：《精神主义的法律观之检讨》，载刁荣华主编：《中西法律思想论集》，汉林出版社1984年版，第406页。

③ ［德］康·茨威格特、［德］海·克茨：《瑞士民法典的制定及其特色》，谢怀栻译，载《法学译丛》1984年第3期。

这些法规早已存在"①。因此，说法官发现客观法并将之补充进制定法，比说法官立法更为确当。只有如此，法官通过自由的科学研究发现并确立的规则才能为社会所接受，从而获得真正的效力，并维护成文法防范人性弱点工具的作用。

第三，它意味着立法者终于认识到法律仅仅是实现一定目的的手段而不是目的本身。19世纪欧陆的绝对严格规则主义以维护规则的至上权威为唯一考虑，把法律当作了目的，不允许对其丝毫变更以维护法律的普遍性与确定性。由于采实证主义立场，将价值问题作为无法计量的消极物从法律运作中排除，造成司法中的削足适履或抻足适履现象，个别正义成为牺牲品，法律与时代脱节，并排除道德对法律的影响，因此造成了严格法。诚信原则之确立在法律运作中引入了人的因素，当法律不能实现个别正义或过时之际，授权法官予以调整。诚实信用原是道德的要求，将其上升为法律要求人们一体遵循，意味着道德向法律的渗透。人的因素的引入与道德因素的引入必然相伴随，法律运作中人的使命在于发现法外存在的客观法，而道德正是这样的客观法之一。因此，人的因素的引入必然要求法律渊源的多元化，道德便作为补充渊源之一进入了法律中。上述现象反映了法律由严峻进化于衡平，并吸收一些道德因素的法律发展的普遍规律。当认识到规则适用中个别正义的价值之时，人就成了法律的目的。法律仅仅是实现正义的工具，一旦与其目的不合，便应进行调整。严格法实际上以多数人为目的，但它对安全的极端强调使其非人化，最后使它自己成了目的。而衡平法则以每一个人为目的，具有真正的以人为中心的性质。法律是对人的起码要求，仅此难以维持一种理想的社会秩序，必须以对人提出更高要求的道德作为补充，才能形成理想的社会秩序。一旦人们认识到了上述现念，衡平法便会成为现实，道德因素必将补

---

① ［法］亨利·莱维·布律尔：《法律社会学》，许钧译，上海人民出版社1987年版，第60页。

充于法律之中并被赋予法律的强制力，使法律的适用受制于价值评判。完全可以说，诚信原则是衡平法，是法律化的道德。由于历来的自然法皆以道德为内容，故赫德曼说，诚信原则之见诸立法，是“自然法（正义法）战胜了实在法”①。

第四，它意味着理性主义与经验主义的合流。显然，诚信原则的确立，意味着立法者放弃了预料未来一切社会现象并为之制定规则的努力。这是对狂热的理性主义认识论的摒弃，立法者转而在认识论上持更为现实和保守的态度。但诚信原则出现于法典法中的事实也表明，立法者并未完全放弃为未来立法的大陆法传统，因为立法者对已有把握认识的未来事物仍做出了相对确定的规定以发扬光大法典法重安全性之长，尽管使这种规定受制于法官的衡平权，但并未像英美法那样仅面向过去，依归纳法一个一个地处理案件。因此，大陆法中的演绎法传统仍得到保留。对于未来难以预料的社会关系，立法者仍以模糊规定加以规制，表达了对未来处理这些问题时在价值取向上的关切。这是对康德认识论中的先验范畴理论的应用，它可以用来整理未来纷繁复杂的现象于一定的形式之中。由此诚信原则成为法典中一个通导变动着的外界的窗口，它使法官能站在法典的缺口与流动的社会生活的交界处，从社会生活中发现和提炼生生不息的规则。由于法官是在处理个案的过程中这样做的，他使用的是归纳法。因此，“诚信原则为法源，与实在法同时生长，诚信原则成为补充法的准据。但现代国家为法治国，诚信原则所处理的事件，亦必然转化为实在法”②。德国法院依据诚信原则创立了情事变更原则并使之成文化的事实，可证明上述结论。在大陆法系，诚信原则是新规则的不断的源泉，它为新的立

① 蔡章麟：《债权契约与诚信原则》，载刁荣华主编：《中国法学论著选集》，汉林出版社 1976 年版，418 页。

② 蔡章麟：《债权契约与诚信原则》，载刁荣华主编：《中国法学论著选集》，汉林出版社 1976 年版，第 418 页。

法提供着材料和意见。

因此，如果说立法者制定的确定性规则是演绎法运用之根据，则诚信原则为归纳法运用之根据，由此使20世纪的大陆法系法典成为演绎法与归纳法的统一、理性主义与经验主义的统一、可知论与不可知论的统一。正因如此，何孝元将诚信原则作为与逻辑方法相对应的经验方法看待，认其具有艺术性。他说："科学之方法为逻辑，艺术之方法为实践；科学之目的在追求普遍之真理，发现原因，故必须致知明理。致知明理之方法，须运用逻辑。艺术之目的既在求美，发抒其个性而达到特定之目的，故必须就个别事物实践体会，逻辑之方法于此即无适用之余地，诚信原则乃系调和的、具体的、个别的方法，须笃履践行"①。这是极有道理的分析。

第五，它意味着大陆法系确立了新的法的模式，于法典中增设了基本原则的技术成分，将人的因素引入法律的运作过程中，使基本原则成为作用于规则的规则，由此形成现代民法的包括法律概念、法条、法律规范和基本原则的结构。在20世纪以前的所有法典的结构中，都只有法律概念、法条、法律规范的成分，不存在基本原则的成分。有人将这种不存在基本原则的法的模式称作规则模式。它起源于对法现象的不正确解释，否认了"法的运行是由人操作的这一法的主体因素"，② 同时否定了法律的适用必须服从于一定的理想目标，而这一过程的实现必须由人对法律进行不断的调整这一在现代看来是常识的命题。规则模式论把法典看作一经发动便永不停歇而自行运转不息的永动机，把法典看作可不必设置舵手而可固定舵轮笔直驰达目的地的航船，丝毫不考虑航线上存在的潜流、浅滩需要舵手将航线加以调整。总之，尽可能地在法的运作中排除人的因素，将可能行之久远的法典的正常运转寄希望于立法者的第一次推动、第一次定向。

---

① 何孝元：《诚实信用原则与衡平法》，三民书局1977年版，第8~9页。

② 参见张文显：《规则·原则·概念：论法的模式》，载《现代法学》1989年第3期。

20世纪设立了基本原则的法典根本不同，于法律的运作中引入了人的因素，使法典由自行运转不息的永动机演变为人——机（法典）系统。民法基本原则的不确定、衡平性格赋予了法官运用自由裁量权司法的权力，甚至赋予了法官根据法律的目的干预具体法律概念、法条、法律规范之适用的权力，并授权法官将新鲜因素补充于正在运作的法律之中，由他们实现法典内各成分的整体化、适用的合目的化、体系上的开放化，使法典系统能实现与外界的信息交流，并根据新的信息进行内部调整，以绕过航线上的潜流和险滩，曲折地、不断地与时俱进，最终实现法律的目的。这是一种崭新的法的模式。

第六，它反映了法律对工业化社会复杂生活的适应，并为以司法途径进行的国家干预提供了依据。进入20世纪后，工业化进一步迅速膨胀，由此带来的副产品也急剧增加。经济危机、垄断化、由瓜分各种利益引起的世界大战、环境污染、交通事故、女权运动、消费者运动等，使西方社会的各种矛盾进一步激化，社会由此动荡不安。为避免使各种冲突加剧导致社会利益的危机，法律不得不由以权利为本位走向以社会为本位。这一转变使诚信原则在协调当事人利益和社会利益方面的作用得到了强化。由模糊规定造成的司法自由裁量权总是实现国家干预的形式，由此诚信原则的适用范围大大扩展，成为西方社会限制个人权利、增进社会福利从而稳定其社会与经济基础的一大法宝。德国法院依靠诚信原则解决了第一次世界大战后随着经济崩溃、通货膨胀和货币贬值产生的极其重要的经济和社会问题，以及第二次世界大战后由于丧失德国东部地区和改革币制发生的问题，现在德国法院仍公开利用民法典第242条（诚信条款）去控制一般商业条款的内容，凡排除或限制一方责任的标准条款，因其不符合于诚信原则而无效，只要这些条款按照在正常情况下参加这一行为的当事人的利益加以衡量是不公平的。这样，德国民法典第242条的一般条款已经成为使契约法适应于那个社会已经改变了的社会态度和道德态度的绝妙方法，没有它们，德国民法典的一些僵硬的、严谨的条文可能已经在社会变化的压力之下爆炸了，一般条款起着防止这种爆炸的安全阀的作用。[①] 由此可见，作为民法基本原则的诚信原则起到了缓和垄断资本主义社会矛盾，使法律具有更大的流动性的作用。总之，由于大陆法系广泛地确立了诚信原则，其以民法基本原则处理法律局限性的模式终于建成。

四、大陆法系立法—司法关系现状

由于民法基本原则问题的核心方面是立法机关与司法机关之间的立法权分配，诚信原则在大陆法系的广泛确立，带来了大陆法系立法—司法关系的深刻变化。

就法国而论，20 世纪法官的司法权已广泛地渗透于立法权之中。今天，法国法律的很大一部分都是从不合时宜的旧法规中通过审判创造出来的。虽然对旧法典的规定还保持着形式上的尊重，但实际上它们已不是法院办案的真实依据。企求法典为处理各种案件提供无所不能的灵丹妙药的幻想，已经随着一个多世纪以来的审判立法的发展而日益破灭。众所周知，今天在法国生效的法规大部分来自判例汇编，而不是拿破仑法典。在法国，旧法典的权威已经因其阻碍社会和经济进步而受到很大削弱。从立法机关到法院已经发生了权力的实际移转（还有权力从立法机关向行政机关的移转）。立法至上的信条早已动摇了，法院审查立法机关行为合宪性的权力以及解释法律的权力逐步摧毁了严格的分权原则。法官释法的程序业已相当司法化，审判的作用正在逐步扩大。人们认为，对分权原则的强调已趋过分。竭力排斥法官创法的做法是徒劳的，最终也为社会所不取。追求法的确定已成为

① 参见［德］康·茨威格特、［德］海·克茨：《瑞士民法典的制定及其特色》，谢怀栻译，载《法学译丛》1984 年第 3 期。

不切实际的守株待兔之举而毫无意义。臃肿刻板的立法机关已无法应付社会对之提出的要求。虽然立法机关试图制定明确、系统化的法律，以便适应一切可能发生的情况，但是立法活动总是落后于现实迅速的变化。[①] 最老牌的绝对严格规则主义的法国民法典在当代所面临的情况就是这样，立法者若在天有灵，当为此痛心疾首。但现代法国人不这样看，“时至今日，人们已经广泛承认，不能在只是对既有规范的适用或个别化与创制规范之间划一条界限，如不这样认为，便忽视了所有制度中政治和法律生活的现实。以为‘法官仅是法律的执行者’的观念和认为所有争议只有一种解决方法的见解，曾被恰如其分地称作类似于‘继受民法’那样的东西。[②] 勒内·达维德指出，拿破仑法典编纂以后，法国判例从来不局限于应用法律条文，在整个 19 世纪中，它对于法的发展所作的贡献并不为人所知。19 世纪以后，当新的社会条件要求它在那方面有更大胆的主动精神时，对它的贡献就再也不可能掩盖了”[③]。1904 年，正值法国民法典颁布 100 周年，法国最高法院院长巴洛—博普雷（Alexis Ballot-Beaupré，1839—1917）在为此举行的纪念会上发表的著名讲演中宣称：判例在未经学说接受这一思想之前，经常是“通过民法典、超越民法典”而前进，像过去人们曾“通过罗马法、超越罗马法”而前进一样。他又说：“当条文以命令形式、清楚明确、毫无模棱两可时，法官必须服从并遵守……但当条文有些含糊时，当它的意义与范围存在疑点时，当同一条文对比，在一定程度上内容或者有矛盾，或者受限制，或者相反有所扩展时，我认为这时法官可有最广泛的解释权。他不必致力于无休止地探讨百年以前的

---

① 参见［美］约翰·亨利·梅利曼：《大陆法系》，顾培东、禄正平译，法律出版社 2004 年版，第 87 页。

② 参见［美］H. W. 埃尔曼：《比较法律文化》，高鸿钧等译，三联书店 1990 年版，第 202 页。

③ ［法］勒内·达维德：《当代主要法律体系》，漆竹生译，上海译文出版社 1984 年版，第 98 页、第 112 页。

法典作者制定某条文时是怎样想的。他应问问自己，假如今天这些作者制定这同一条文，他们的思想会是怎样的。他应想到面对着一个世纪以来法国在思想、风俗习惯、法制、社会与经济情况各方面所发生的变化。正义与理智迫使我们慷慨地、合乎人情地使法律条文适应现代生活的现实和要求”①。这简直是一篇法官立法的宣言，既反映了当时的现实又预示了未来这方面的进一步发展。

历史证明了惹尼的如下判断：当法令颁布后已经经历了一段较为漫长的时间后，该法令的条文就慢慢地脱离了原制定者而自己生存下去，它失去了原制定者赋予它的某些性质，获得了另一些性质。② 任何寻找原意的企图无异于一种曲解行为，因为它只有在适应社会新的需要的情况下才能保持活力。法国法官负有无可推卸的责任，他必须从 19 世纪早期的法典中提出能合情合理地满足 20 世纪后期需要的解决方法。③ 由于法官往往处在两种义务的夹攻之中，一方面必须执行法律；另一方面又必须毫不迟疑地做出公正的、适应现时要求的判决。正因为此，他常常被迫赋予法律条文以新的意义，而这种新的意义显然与原立法者所赋予的意义有差别。④ 正因为这种方法的运用，19 世纪以来，法国虽然经历了几个不同的政治制度，但民法典并没有多大变化，变化只是体现在执行法律条文的指导思想中。⑤ 狄骥分析了拿破仑法典中这些实际发生的变化，他指出，法律行为已经从仅是涉及

① ［法］勒内·达维德：《当代主要法律体系》，漆竹生译，上海译文出版社 1984 年版，第 98 页、第 112 页。

② 参见［法］亨利·莱维·布律尔：《法律社会学》，许钧译，上海人民出版社 1987 年版，第 72 页。

③ 参见［英］J. A. 约洛维奇：《普遍法和大陆法的发展》，刘慈忠译，载《法学译丛》1983 年第 1 期。

④ 参见［法］亨利·莱维·布律尔：《法律社会学》，许钧译，上海人民出版社 1987 年版，第 74 页。

⑤ 参见［法］亨利·莱维·布律尔：《法律社会学》，许钧译，上海人民出版社 1987 年版，第 83 页。

当事人的事情变为涉及整个社会的事情；在侵权行为的概念中已经引入了无过失责任；财产概念在使用、收益等绝对权益方面受到了限制；正在出现一些新的、无法从各种旧概念来认识的法律领域：如公用事业同大众的关系、以集体合同为基础的劳工关系，等等。[①] 所有这些，无不是法国法官偷梁换柱的结果。

就德国而论，在第一次世界大战后，德国的共和制政府期间，一个通常以保守为主的司法机构起到了破坏政治秩序的作用。在 20 世纪的头 10 年间，信奉自由主义的德国法学家将形式主义逐出了法庭，并推动了“不受拘束地发现法律”方法的采用。[②] 20 世纪 20 年代，经过激烈的争论，德国法官最终以有损于法的确定性为代价果断地选择了审判自由裁量权。虽然意大利、法国和德国法官共同遵循着自由法学派提出的理论，并且都在为自由的“灵活”运用法律的一般性规定进行辩解，但是意大利法官一旦接近确定的传统法律观念时就止步不前，或者行使着一种有限的“审判自由裁量权”，但德国法官公开抛弃了法的确定原则。[③] 如果说法国在法官立法方面因为回顾过去光荣的革命史而往往不忍心随便把革命以来的传统思想放弃而小心翼翼的话，德国则没有任何传统思想的包袱。[④] 因此，德国的法官立法更为大胆，在这方面赶上并超过了法国，至少在某些法律部门，其发展是受到判例操纵的。[⑤] 在德国，法院对法律实证主义的反叛甚至在级别最高的法律面前也不却步。联邦德国最高法院与宪法法院在一系列判决中敢

① 参见上海社会科学院法学研究所编：《法学流派和法学家》，知识出版社 1981 年版，第 102 页。

② 参见［美］H. W. 埃尔曼：《比较法律文化》，高鸿钧等译，三联书店 1990 年版，第 45 页。

③ 参见［美］约翰·亨利·梅利曼：《大陆法系》，顾培东、禄正平译，法律出版社 2004 年版，第 55 页。

④ 参见杨幼炯：《当代政法思潮与理论》，台北中华书局 1965 年版，第 151 页。

⑤ 参见［法］勒内·达维德：《当代主要法律体系》，漆竹生译，上海译文出版社 1984 年版，第 118 页。

于宣布：宪法不限于基本法的条文，而且也由“立法者不曾在成文规范中加以具体化的某些普遍原则”所构成，另外还有甚至能约束立法者的超成文法。① 换言之，依据这种自然法思路，法官甚至可以于成文宪法之外去发现宪法规则，法官的立法权可谓登峰造极了。

由于法官能动司法，德国民法典的总的结构的维持实际上是法院的工作。法院在使法典的原文适应现代要求并使之保有生命力方面所完成的任务，正同它常被误解一样值得注意。结果，德国民法典的整个编章同法国民法典一样，全部为法院判决的浓重光彩所覆盖，常常使人仅仅读了条文还不能发现条文的确切含义。德国法院主要依靠法典中的一般条款来发展法律。②

在荷兰，1838 年民法典在许多问题上已经过时，在私法中引起了一些漏洞，并往往以判例来填补。这一发展过程的突出例证是民事责任法，它几乎全部是法院创造的。同样，在别的方面，法院消除了法典与 20 世纪迅速的社会进步之间的脱节。③ 法官立法导致了法律渊源的复杂化，由旧法典、特别法、判例组成多元的法律渊源体制。因此，1985 年新的荷兰民法典干脆将衡平列为法的渊源。④

在我国台湾地区，司法机关的判例和解释例在司法中起着重要作用。判例与解释例合称为判解，实际上起法律渊源的作用。其通说认为，判例无法律上的拘束力，但有事实上之拘束力。⑤ 学说认为：“裁

---

① 参见［法］勒内·达维德：《当代主要法律体系》，漆竹生译，上海译文出版社 1984 年版，第 144 页。

② 参见［德］康·茨威格特、［德］海·克茨：《瑞士民法典的制定及其特色》，谢怀栻译，载《法学译丛》1984 年第 3 期。

③ 参见［荷］阿图尔·哈尔特康：《将近完成的荷兰新民法典》，理钧译，载《法学译丛》1983 年第 3 期。

④ 参见［荷］阿图尔·哈尔特康：《将近完成的荷兰新民法典》，理钧译，载《法学译丛》1983 年第 3 期。

⑤ 参见吕荣海：《从批判的可能性看法律的客观性》，蔚理法律出版社 1988 年版，第 30 页。

判纵使针对其正处理之个案，实际上扮演了补充法律的角色。该裁判中所持的法律见解，并不真的一劳永逸地马上补充了其所欲补充的法律漏洞。该裁判所完成者，充其量只不过是确定了系争法律漏洞之存在，并进一步针对其正在处理之案件作了法律补充。而针对其他类似的案件，其所完成者仅是如何补充系争法律漏洞的建议而已”①。

显然，使司法创造力和原则的稳定性相协调这一点上，并没有本质的区别。然而，大陆法系国家的法官典型地把自己看作法典和补充法典的制定法的技术上的解释者，但实质上的法官独立行使审判权以及无须像英国法官那样维护其独立的“神授”权威基础（例如，在欧洲大陆民法法系不存在司法先例的具体原则），使大陆法系国家和地区的法官有相当大的自由去对原则进行改革，“与立法机关成为真正的伙伴关系”②。

由上可见，20 世纪大陆法系模式与 19 世纪的传统模式已发生根本背离。从大陆法系历史上发展起来的法律活动模式与各国立法司法实践中所实际采取的制度之间的差距，在大陆法系国家已受到广泛注意。虽然有许多著述力图掩盖这种差距，但越来越多的法学家、立法者和法官却在以自己的实际行动对抗传统的法律活动模式。现在，立法一贯正确的信条已发生根本的动摇，司法在整个法律活动中的作用正在逐步增长。传统的关于法律活动的习俗观念已明显地失去了往日的权威，但在新的、更合理、更严密的法律活动观念取代它之前，它仍将占有一定的地位，并且继续作为残存的法律活动模式保留下来。虽然不少法学家也承认这个基本模式有许多弊病，但他们认为完善这个模式要比创造一个新的模式费力要小得多。③ 因此，大陆法系旧模式在

① 黄茂荣：《法学方法与现代民法》，1982 年作者自版，第 96 页。

② ［英］罗杰·科特威尔：《法律社会学导论》，潘大松等译，华夏出版社 1989 年版，第 263 页。

③ 参见［美］约翰·亨利·梅利曼：《大陆法系》，顾培东、禄正平译，法律出版社 2004 年版，第 89 页。

形式上的残留，不过是历史的惯性而已。事实证明，英美法的以严格规则与自由裁量相结合处理法律局限性的模式更为实际和有效，大陆法系模式的相反特性使其不得不向英美法靠拢，形成20世纪新的以民法基本原则处理法律局限性的模式。在这一过程中，替代规律发生了重要作用。“比较法比任何别的研究更能说明制度从属于社会需要这一隶属关系。从这条丰富的原则中能够得出这样一条规律：当一条法规或者一种制度因社会思想或经济发展成为必要时，它并不是以独立的方式被承认的。这种思想或这种发展不可避免地要在走了样的一种或几种别的制度的掩盖下表现出来。换言之，有机的推动力要比立法技术的抗拒力强”①。罗迪埃将这条规律定名为替代规律。根据这一规律，大陆法系以民法基本原则处理法律局限性的模式，不过是罗马法模式和英美法系模式的歪曲的表现形式而已。一种合理性的制度，总要不可避免地、顽强地、或迟或早地在这样或那样的形式中表现自己合理性的力量，历史反复地证明了这一点。

但是，承认自由裁量与严格规则的并立对一些传统的价值观念提出了挑战。首先，三权分立以重安全的体制至少部分地被突破了，法律的创制与法律的适用之间已无明确的区分，危险的人的因素被大量地引入法律的运作过程中，为了灵活大量地牺牲了安全。因此，左姆（Rudolph Sohm，1841—1917）教授在评论德国民法典第2次草案时说：“诚信原则在德国实务界无异于一把利剑。如其使用得宜，则在法律生活上降以公平正义之慈雨；苟误其运用，则化为扰乱吾们法律秩序之凶略”②。因此，如何才能保证法官不滥用自由裁量权便成为迫切需要解决的问题。另外，由法院制定的社会经济政策存在着许多局限

① ［法］勒内·罗迪埃：《比较法导论》，徐百康译，上海译文出版社1989年版，第50页。

② 蔡章麟：《债权契约与诚信原则》，载刁荣华主编：《中国法学论著选集》，汉林出版社1976年版，第417页。

性，其中最严重的莫过于法院没有能力跟踪检查其决定产生的效果。人们往往以下面的理由证明司法能动主义的正确性：民主立法机构往往处于超负荷状态而不能迅速地补救由法院处理的具体问题。但事实上，西方法院原则上只能对提交到法院的案件和对案件中产生的问题作出决定，在这种前提下，法院的管理作用只能是被动的而无法采取积极的方法，因此它制定的政策也必然是“零零碎碎”的。法院也无法不断地注意其所作的决定在社会中的效果的信息反馈，从而随着判决的作出调整其政策。① 其次，法官在法无明文情况下行使自由裁量权作出的判决实际上创制了法律，这一事实违背了社会应由选举产生并对多数人负责的人们治理的原则，因为法官大部分是非选举产生的，也不像立法者那样对选民负责。选民可以选票直接影响立法者，但难以直接影响法官，这实际上使法院处在一种难以被人民直接监督的地位。再次，如果法官行使自由裁量权作出一个判决，则实际影响当事人地位的法律不是在诉讼之前制定的，而是由法官在诉讼过程中制定的，这一事实违背了法律不得溯及既往、人民只遵守现行有效的法律的根本原则。据此，德沃金反对赋予法官强式自由裁量权，② 因为根据法律秩序的要求，法官对案件做出主观评价是危险的，最好的办法是使个人事先了解他们必须遵行的法律规范以及不遵行法律规范将会带来的后果。③ 相反，如果法院利用诉讼的机会制定了政策，用新的规则推翻了他们所依赖并且作为他们所维护的权利的根据的法律状态，这就会导致人们认为：法院的这种做法对当事人很不公正。这一问题自21世纪以来引出了有争议的“将来适用规则”理论，根据这种观点，可以使司法机关制定的规则于将来生效，而诉讼当事人的权利则

---

① 参见［英］罗杰·科特威尔：《法律社会学导论》，潘大松等译，华夏出版社1989年版，第276页。

② 参见沈宗灵：《现代西方法律哲学》，法律出版社1983年版，第247页。

③ 参见［美］约翰·亨利·梅利曼：《大陆法系》，顾培东、禄正平译，法律出版社2004年版，第75页。

根据既定的法律规则来确认，以维护法律的确定性与安全性。① 最后，法律的明确性是确定性的要求之一，民法基本原则概为模糊规定，其出现就是在不得已的情况下对法律的安全价值的牺牲，尽管以此为代价换取了较多的灵活。其用语如诚实信用、公序良俗皆为不确定概念，其他规范借着不确定概念实际发生作用，因为其他规范有着太多的机会，而抵消了法律的一部分客观性。法律因具有太多的价值因素，无法客观化，距离高度科学化还有一段遥远的路程。② 有人因此忧虑地指出：哪里有不受限制的自由裁量权，哪里便无法治可言。③ 但也有人为上述现象辩护，称之为实质法治、积极的法治、机动的法治，不同于 19 世纪的形式法治。④

上述诘难的力量难以抵挡，它们反映了法律的安全价值与灵活价值的互克关系，同时反映了西方社会现在使用的法治概念以 19 世纪的社会条件为基石，在 20 世纪动荡不安的社会条件的冲击下，已是千疮百孔、体无完肤。西方的法治理论产生于 19 世纪的环境，却运用于 20 世纪迥然不同的社会生活，两者若不发生剧烈冲突，那才是咄咄怪事。法治尽管已处狼狈之境，但亦比人治为佳。正如亚里士多德所言，人治是在政治中引入兽性的因素。世界上最危险的动物是人。因此，法治绝不可放弃，问题只在于 21 世纪的社会要求新的、更有弹性的法治理论。现代人已跨入 21 世纪，这正是除旧布新的黄金时节，我期待着以 21 世纪为条件的新的法治理论诞生。这种新的法治理论将抛弃追求绝对完美的理想主义思想方法，而采取更为现实的立场。因为法律的

---

① 参见［英］罗杰·科特威尔：《法律社会学导论》，潘大松等译，华夏出版社 1989 年版，第 276 页。

② 参见吕荣海：《从批判的可能性看法律的客观性》，蔚理法律出版社 1988 年版，第 15 页。

③ 参见［美］H. W. 埃尔曼：《比较法律文化》，高鸿钧等译，三联书店 1990 年版，第 84 页。

④ 参见林纪东：《法学绪论》，五南图书出版股份有限公司 1978 年版，第 86 页。

价值选择极为艰难，每取得一种价值即同时丧失另一部分价值。任何最优方案都只能获得廉价的、理论意义上的喝彩而为现实所拒斥，次优的但现实的方案才具有真正的价值。理想主义者往往以理想而诱人的口号给人类带来灾难。霍尔德林（Johann Christian Friedrich Hölderlin，1770—1843）说得好："常常使一个国家变成地狱的，正好是人们试图把国家变成天堂的东西。"人，都是有缺陷的，要由有缺陷的人来组成一个毫无缺陷的社会，也许这种想法本身就是有缺陷的。因此，现实主义者无任何漂亮口号，但他们却实实在在地把人类推向进步与福利。

第四章
民法基本原则在法的结构—功能模式中的作用

第一节　法律的诸价值及其冲突

一、法律的诸价值

（一）价值的含义

现代法典是科学研究的成果。法典（Codex）的原义为“树干”，后引申为“木板”，复引申为“覆蜡之木板”——这是一种在纸发明之前用于书写的材料，因此从词源来看，“法典”在古代是书写在一块木板上的各种规定的汇集，[①] 其中各规定之间的联系与其说是基于逻辑关系，不如说是基于共同的书写材料。因此，说古代法典是许多规则的杂乱无章的堆积，似无不可，至少在某种程度上是如此。此一考证可由以下事实得到证明：梭伦（Σόλων，约公元前 638—公元前 559）的法律就颁布在立于巴西勒斯柱廊里的 16 块转动的白色木板上。[②] 罗马的十二表法被书写的“表”亦是木板，后在高卢人入侵所造成的大火中焚毁。因此，古代法典与习惯法较为接近，是其来源和

① See Webster's Dictionary, William Collins Publishing Co. , 1979, The entry “Code”.

② 参见陈盛清主编：《外国法制史》（修订本），北京大学出版社 1987 年版，第 43 页。

时间迟早不一的习惯法的正式汇编，而现代法典无任何自发性的因素，是经过深思熟虑、自觉加以制定的产物。除个别情况外，它们一般构成不了一个包括不同来源和年代的法律的“整体”，而是组成一个一致的、系统的整体。[①] 它们是根据各种主题将诸多的规则系统地编纂在一起的法律文件。

由于现代法典的学术研究成果性质，在制定法典之前，立法者要对就未来法典提出的各种要求仔细权衡，从而确定其设计方案。法典作为人造之物，一经制定便独立于人之外，与人形成主客体关系。人是一切客体的利用者，客体是否具有满足人的需要的属性，构成人与客体的价值关系。马克思说，“‘价值’这个普遍的概念是从人们对待满足他们需要的外界物的关系中产生的”[②]，“是人们所利用的并表现了对人的需要的关系的物的属性”，“表示物的有用或使人愉快等的属性”，“实际上是表示物为人而存在”[③]。概括马克思的话，可将价值这一概念界定为客体能满足主体需要的属性。法典作为人创造的客体，自然亦与人存在价值关系，它越能满足人的多种需要，便越具有价值。反之，它就呈零价值或负价值。

（二）人对法律的 5 种价值要求

从立法技术来看，人对法律有 5 种价值要求。

1. 正义。对于正义有多种界说。安格勒斯（Peter Adam Angeles，1931—2004）的《哲学辞典》认为正义有如下含义：（1）公平、正当；（2）正确的处理、应得的奖或罚；（3）正直，应用公正原则或正当判断中的正确性和不偏不倚；（4）一个社会的美德（理想、价值和原则）的体现；（5）建立个人权利和他人（社会、公众、政府或个

---

① 参见［法］亨利·莱维·布律尔：《法律社会学》，许钧译，上海人民出版社 1987 年版，第 56 页。

② 《马克思恩格斯全集》（第 19 卷），人民出版社 1964 年版，第 406 页。

③ 《马克思恩格斯全集》（第 26 卷），第 139 页、第 326 页。

人）权利的和谐关系。[①] 庞德认为，正义“意味着那样一种关系的调整和行为的安排，它能使生活物资和满足人类对享有某些东西和做某些事情的各种要求的手段，能在最少阻碍和浪费的条件下尽可能给他以满足”。罗尔斯（John Rawls，1921—2002）指出，“正义的主要问题是社会的基本结构，或更准确地说，是社会主要制度分配基本权利和义务，决定由社会合作产生的利益之划分的方式”[②]。博登海默这样来陈述他的正义观：“如果用最为广泛和最为一般的术语来谈论正义，人们就可能会说，正义所关注的是如何使一个群体的秩序或社会的制度适合于实现其基本目的的任务……满足个人的合理需要和要求，并与此同时促进生产进步和社会内聚性的程度——这是维持文明社会生活方式所必需的——就是正义的目标”[③]。

综观上述关于正义的各种界说，在撇开正义的道德意义的前提下，我们不难概括出正义的基本法律含义：首先，正义是一种分配方式，无论利益或不利益，如果其分配的方式是正当的，能使分配的参与者各得其所，它就是正义的；其次，正义是通过正当的分配达到的一种理想的社会秩序状态。因此，正义具有手段和目的的二重性，正义的分配是达到理想社会秩序的手段，而理想的社会秩序恰是正义所欲达到的目标。法律是正义的体现，司法程序是正当地分配利益或不利益的过程，正义是法律的首要价值。正因如此，无论在中国或西方语言中，法律都是正义的同义语。立法与司法的目的即在于促进正义的实现，不能实现正义的法律是背离了其本质的恶法。

正义可分为一般正义和个别正义。具有普遍性的法律条款是根据典型情况而作的一般规定，换言之，法律规范不得不舍弃各个具体社

---

① 参见［美］安格勒斯：《哲学辞典》“正义”条，载《哲学译丛》1988 年第 3 期。

② ［美］约翰·罗尔斯：《正义论》，何怀宏等译，中国社会科学出版社 1988 年版，第 5 页。

③ ［美］埃德加·博登海默：《法理学：法哲学及其方法》，邓正来、姬敬武译，华夏出版社 1987 年版，第 238 页。

会关系的特性，而以抽象的一般的人、社会生活中典型的场合、事件和关系为对象作类的调整。在一般情况下其适用能导致公平，因此，基于事物的共相得以成立的法律条款体现为一般正义。事实上，一般正义是使多数人或一切人能各得其所的分配结果。但具体情况并非总是典型的，相对于典型情况存在许多它的变种，如果将其与典型情况适用同一法律规定，必然要“削足适履”或“抻足适履”，导致不公正。事物具有特殊性的现实，要求法官在处理具体案件时对一般规定有所变通，以实现个别正义。所以，个别正义就是使少数人能各得其所的分配结果，通过对少数人之分配的妥当性的追求，它最终导致对一切人的公正分配。一般正义是由事物具有共性决定的法律规定适用中的广泛妥当性；个别正义是由事物具有个性决定的法律适用中对特别案件的具体妥当性。衡平是沟通一般正义与个别正义的桥梁。所谓衡平，就是法官根据个别案件的具体情况适用具有普遍性的法律，换言之，以法律的普遍性迁就事物的个别性，以避免因法律的过时或与特殊情况的不相宜而不公平地分配利益或不利益。通过衡平，一般正义和个别正义、法律的目的与法律的具体实施过程才能得到统一。仅强调一般正义将会在使多数人成为正义裁判的获得者之同时，少数人成为一般正义的牺牲品。仅能保障一般正义的法律为严格法，古代法典多属此类。至近世，法律的严格性已为衡平法所缓和。现代法典基于人道主义同时强调个别正义，对法律规范分别情况加以适用的必要性予以强调，力求每个案件都能正当、合理地得到解决。

由此可见，正义不仅要求法典在各项具体规定中对其加以体现，而且要求法典设立一定的机制保障个别正义的实现。

2. 安全。指法律应对各种行为的法律后果加以明确宣示从而使法律有可预见性，使人们在行为之前即可预料法律对自己行为的态度，不必担心法律的突如其来的打击，从而起到防范权力阶层人性弱点的作用。法律关乎人的生命自由、财产的予夺，它能否提供安全，对人们能否享有安定的社会生活至为重要。使法律具有可预见性的途径有三：（1）法律应为人们提供尽可能多的规则以备遵循，避免人们因无规则可循而茫然无所措的局面；（2）法律规定应明确，不能相互矛盾或模棱两可，因为法律的可预见性以其明确性为前提；（3）法律要相对稳定，不可朝令夕改。这就要求立法者必须选择比较成熟、稳定的社会关系加以规定，并对未来可能出现的有法律意义的社会关系具有高度的预见能力。人民能否从法律中获得安全，是衡量一个国家是实行法治还是人治的重要标准。人的心理活动和行为受利益、情绪等因素的影响变化不定，不是可带来安全的治国手段；而法律是确定的规矩绳墨，是能带来安全的治国手段。安全乃是法治优于人治的特点。

3. 效率。指司法审判活动中时间的节约。效率虽属司法程序的问题，但立法者并非对此无所作为。立法者制定的法律越具有普遍性，司法活动越具有效率。普遍性的法律对社会关系实行类的调整，即将同类社会关系舍弃其构成分子的个性而取其共性，适用一体的法律。由于舍弃了同类社会关系中个别成员的个性，司法机关不必因人司法、因事司法，使司法程序得到简化而产生效率。法律为获得效率价值而取得的普遍性使其区别于因人因事适用、只适用一次的具体命令。法律的适用对象为一切人或不特定的大量人，可适用多次。效率的对立面为个别化，法律规定越个别化，就越繁复，其适用就越缺乏效率。

4. 灵活。指法律应能追随不断发展的社会生活条件并与其保持协调。马克思主义法律观将法与法律相区别。法是内容，指立法者所处的物质生活条件，称为客观法；法律是形式，指渗透着立法者利益的反映其物质生活条件的意志形式，称为主观法。法与法律的关系是形式应与内容相一致、主观应与客观相一致的关系。[①] 马克思对这种关系分析道，“立法者应该把自己看作一个自然科学家，他不是在创造法

① 参见李肃、潘跃新：《法与法律的概念应该严格区分：从马克思、恩格斯法学思想的演变看法与法律概念的内涵》，载《法学研究》1987 年第 1 期。

律，不是在发明法律。他把精神关系的内在规律表现在有意识的现行法律之中，如果一个立法者用自己的臆想来代替事物的本质，那么，我们就应该谴责他极端任性"[①]。因此，主观法如果违背客观法，将背叛自身的逻辑。而一个社会的客观法——该社会的物质生活条件——处在不断的变化之中，其中的最基本因素——经济基础——的发展总是走在法律的前面，因此，客观法总是变动不居的。而法律是制定于过去、适用于现在、规划着将来的行为规范，其本质特点决定其具有稳定性，因此相对凝滞的主观法与本质上流动的客观法总难免发生脱离。具有灵活性的法律能很好地解决这种冲突，不具有灵活性的法律即为僵硬的法律，将导致各种弊端。法律是一定社会生活条件的上层建筑，应反映社会生活条件并为之服务，一旦社会生活条件发生变更，法律亦应发生相应的变更，由此保持主观法与客观法的一致。

然而立法者一般都抱着他们制定的法典将行之久远的愿望，订立的法典并不打算在短期内加以修改。过多地以过为剧烈的方式修改法典，将损害法律的安全价值。如果立法者在法典中只规定比较稳定的社会关系，这种立法技术上的先见本就可避免法典面临不断的修改。而且在一个偏重传统的社会，修改法典会遇到传统主义者的强大阻力，尤其在法典为立法技术的杰作的情况下，更是如此。[②] 对传统的尊重和立法技术的运用导致了法典的长寿现象。美国宪法适用了 225 年，法国民法典适用了 208 年，德国民法典适用了 112 年，它们的寿命都很长。而且必须考虑立法机关工作程序的缓慢这一因素。以英国为例，制定全国初等教育制度法始于 1813 年，正式公布于 1890 年，历时 77 年。制定离婚问题法着手于 1912 年，直到 1939 年才有小部分形成法

---

① 《马克思恩格斯全集》（第 1 卷），人民出版社 1964 年版，第 183 页。

② 参见［美］阿塔纳修斯·意亚那布勒斯：《路易斯安那民法典的制定与修改》，徐国栋译，载徐国栋著译：《比较法视野中的民法典编纂》，北京大学出版社 2007 年版，第 61 页及以次。

律正式通过，历时 27 年。我国民法自 1954 年开始起草，至 1986 年《中华人民共和国民法通则》才获通过，费时 32 年。刑法和刑事诉讼法自 1956 年开始起草，至 1980 年才获通过，费时 24 年。如果说上述法律的立法程序之迟缓可归于政治的原因，则排除政治因素后，立法程序也称不上快。1979 年以来，各项法律从起草至通过一般需经过 3~5 年。① 由此看来，法律的灵活性问题难以完全从修改或废除法律、更立新法的途径获得解决，而应在法律内部寻求解决。

5. 简短。即必须实现法律规定的节约，避免冗长繁复的立法方式。法律越简短，就越便于了解、掌握和运用，从而越具有实效。强调法律的简短价值，还有利于提高立法机关的工作效率。

二、法律诸价值的相互关系

对法律的 5 种价值要求存在着相得益彰的情况。效率和简短便是一致的。法律规定越具有普遍性，法律条文的数目就相应减少。勒内·达维德指出了这一点："法律规范的作者，不论是法学家或立法者，不应走得更远去努力规定细节，因为实践中出现的所有千变万化的一切情况，他是无法预见的。""罗马日耳曼法系各国认为法律规范留一定的自由余地给法官是适当的，它的任务只是为法官划定'范围'与向法官发出'指示'，这种占优势的法律规范的概念，使得这些国家法律规范的数量，比那些法律规范的概括性较低、考虑具体情况的细节较多的国家少得多"②。正义与灵活也有一致之处。追求法律的灵活性，不外为了实现个别正义，使法律不致因时势变易而与具体的生活事实不相宜。但在更多的情况下，对法律的 5 种价值要求互相矛盾，顾此而失彼。

---

① 参见郭道晖：《论我国立法的条件、步骤和方式》（上），载《法学》1986 年第 6 期。

② ［法］勒内·达维德：《当代主要法律体系》，漆竹生译，上海译文出版社 1984 年版，第 90 页。

安全与灵活的矛盾。安全要求法律保持相对稳定，使法律具有确定性，而为了满足灵活价值，法律必须通过设立不确定规定授权法官进行对法律重新解释或补充法律的工作，使法律跟上时代的步伐。而法律的这种不确定规定不能使人们精确地计算自己行为的后果，从而影响法律的安全性。

安全与个别正义的矛盾。安全的获得本身就是正义的要求，然而在一定情况下安全却可能与正义发生矛盾。为了实现个别正义，必须对法律的普遍性规定根据特殊案件的具体情况变通适用，换言之，做“法外施恩”或“法外用刑”式的工作，这种因人司法的情况影响了法律的可预见性而损害其安全价值，因为法律的适用产生了与当事人以外的人之预料不同的结果，从而使其怀疑法律的确定性。

效率与安全的矛盾。为了实现效率，法律只能提供具有普遍性的一般规定，而不能就一切一般以外的情况一一提供行为规则。因此，人们常常会发现，自己将为的行为法律并未宣示其结果。而且，法律的普遍性使其适用成为一个从一般到个别的过程。“法律是普遍的，应当根据法律来确定的案件是单一的，要把单一的现象归结为普遍的现象，就需要判断”①。由个别到一般的推理过程必不可免地引入了人的因素。与此相类，普遍性的规定虽然使法律条文的数目减少，但随着法律规定的具体性的降低，法律的抽象性提高，法律的解释任务就自然而然地增加，在其实施过程中给予法官的自由裁量余地也就增加。人的因素的增加，由于人相对于规则所具有的不确定性，影响了法律的安全性。

效率与个别正义的矛盾。具有效率价值的规范一般人、一般事件的普遍性是法律的本质要件或法治国的不可缺少的要件。它的积极意义在于可保障最低限度的自由、平等、安全，并使公平竞争和法律的

---

① 《马克思恩格斯全集》（第1卷），人民出版社1964年版，第75页。

可预见性成为可能。在普通化去掉受规范客体独有的特征后，才可能平等、安全地竞争，不必顾虑司法者法外徇私、上下其手，在执法者与守法者之间建立一道安全的屏障，防止各种歧视。但普遍性规定适用于典型情况能导致正义，而适用于特殊情况即可能导致非正义，因而在实现一般正义的同时牺牲了个别正义。

安全与简短的矛盾。一方面，安全要求立法者制定出尽可能多的规则，以便人们事事有所遵循，这样必然导致鸿篇巨制的法典，使简短的价值为之牺牲。另一方面，成文法不过是防范权力阶层任性的工具，法律规定越详密，对权力行使者的限制就越大；法律规定越简略，对权力行使者的限制就越少。法律规定的详略与法官的自由裁量权的大小成反比，这一定律概括了上述两项因素之间的函数关系。因此，法律向简短迈进一步，人民的安全就丧失一分。简短达于极致，就等于“无法司法”，就是人治，所有的法律可简化成一句话：凡是正确的我们都要坚持；凡是错误的我们都要反对。如此，人民将毫无遮掩地暴露于权力行使者可能的任性面前。

灵活与正义的矛盾。灵活必然要求在法律运作中引入具有判断力的人的因素，而人基于自身的弱点，又有种种可能滥用法律而破坏正义。

显然，法律诸价值的互克性是它们之间关系的主流。在法律的诸价值中，如果其中的一项价值得到完全的实现，就难免在一定程度上牺牲或否定其他价值，很难找到一个能够令人满意地确定法典内这 5 种价值比例关系的绝对标准。对此，有人称之为“千古以来的一大难题”[①]。有人认为“这一问题是永存的，将永远不能解决”[②]。法律诸

① 吕荣海：《从批判的可能性看法律的客观性》，蔚理法律出版社 1987 年版，第 73 页。

② ［法］亨利·莱维·布律尔：《法律社会学》，许钧译，上海人民出版社 1987 年版，第 76 页。

价值的矛盾，概括起来，其主要方面是安全（走向极端即为死板、严苛或僵硬）与灵活（走向极端即为人治）的矛盾。换言之，这两方面价值的冲突，是如何让法律的相对刻板性和凝滞性与社会生活的复杂性、变动不居性相协调的问题，其根本在于司法过程中应否引入以及在多大程度上引入能动的人的因素，整部立法思想史和立法史即围绕这一问题展开。①

三、以往的思考

解决法律诸价值之间的矛盾，在理论上是法哲学的重大研究课题，在实践上是立法技术的重要问题。历代法学家对此的思考产生了“偏一说”和“兼顾说”两种主张。必须说明的是，由于法律所要顾及的正义、安全、效率、灵活、简短这 5 项价值出自我的概括，以往的思考者皆未全部涉及法律的这 5 项价值及其相互关系而只涉及其中数项。此外，在以往的论者中，除拉德布鲁赫专门思考过法律的正义、安全、灵活三价值的关系外，都只是在思考其他问题时间接涉及法律诸价值的关系问题，因此，对他们的理论只能作引申式的分析。

（一）偏一说

偏一说的一端把灵活视作法律的第一价值，杰弗逊（Thomas Jefferson，1743—1826）为其主张者。在法国革命的风暴中（1789），他基于“地球的用益权属于生者”的理论提出了定期更换法律的建议。他在查阅了死亡率表，计算出一代人的年限（19 年）后认为，没有任何一代人可以把自己的宪法和法律强加给另一代人。② 因此没有一个社会能制定永恒的宪法和法律，因为只有活着的一代人在行使对地球

① 参见［美］罗斯科·庞德：《法律史解释》，曹玉堂、杨知译，华夏出版社 1989 年版，第 1 页。

② 参见上海社会科学院法学研究所编：《法学流派和法学家》，知识出版社 1981 年版，第 254 页。

的用益权中对之管理。死者对地球没有任何权力，但他们制定的宪法和法律却压制了地球的用益权人。“弗吉尼亚宪法形成至今已有 40 年，这一时刻表告诉我们，40 年中，当时的成年人的 2/3 已经去世，余下的 1/3 如果有愿望的话，还有无权力要求组成今天成年人多数的另外 2/3 遵从他们的意志、遵从他们制定的法律呢？……地球及地球上的一切，通过世代交替，属现在的居住者所有。唯他们有权指导自己所关心的事，有权宣告有关方面的法律”①。因此，杰弗逊主张每一部宪法和法律的自然有效期不应超过 19 年。如果它的有效期延长了，那么它的实施所凭靠的就是强力而不是正义。法律的约束力来自人们的同意，每一代人都应做出新的同意。只有对每一项法律规则的同意都作了这样的更新，有关的法律规则才不会成为一种强制性的负担。

从表面看，杰弗逊 19 年更换一次法律的主张以法律须经受法律约束者同意才能有效的立论为基础，但深入分析便可发现，他实际上强调的是法律应与其客观环境保持协调。因为每一代人所面临的环境不同，由此决定了各代人对问题看法的差异，形成所谓“代沟”。因此，在旧的环境中产生的法律必须取得在新的环境中成长的新的一代的同意，才能证明它与新环境仍是协调的。这是一个法律应追随不断发展变化的社会生活条件的问题，所以，杰弗逊实际上是在强调法律的灵活价值。他对法律应与变化了的环境相协调的要求无疑正确，但显得过于激进而难以实施。他选择了一条立法至上的路线而忽视了司法过程在发展法律中的作用。而且人们对古老的好法典是极为留恋的。立法如有相当的预见性，19 年前制定的法典仍可适用于 19 年后甚至更为久远的社会，长寿的美国宪法就是证明这一问题的极好例子。因此，杰弗逊的定期更新法律的主张甚至在美国也未被接受，原因在于他的立法至上性质的建议与美国的司法至上传统不合，且对灵活价值的极

① ［美］罗斯科·庞德：《法律史解释》，曹玉堂、杨知译，华夏出版社 1989 年版，第 12 页。

端强调过于牺牲了法律的安全价值。

偏一说的另一端将法律的其他价值从属于安全，德国法学家拉德布鲁赫是这种主张的代表。法律的正义、灵活、安全，他分别称之为正义的观念、便利的观念和法律确定性的观念。根据拉德布鲁赫的观点，上述3种观念互为条件，同时又互相矛盾。例如，在制定某条法律规则时，正义要求普遍性；而便利却可能要求具体情况具体对待。再如，法律确定性的观念要求确定的、稳定的法律；而正义和便利却要求法律迅速适应新的社会和经济情况。如果上述3个观念中的一个得到了完全实现，则必然在一定程度上牺牲或否定其他两个，而且不存在一个能够令人满意地确定法律内这3种因素比例关系的绝对标准。第二次世界大战前，拉德布鲁赫曾认为，在这些原则发生不可调和的冲突时，法律确定性应该优先，因为结束法律观点的冲突比正义地、便利地决定它更重要。① 拉德布鲁赫找不到兼顾法律诸价值的良方，用简单的方式把法律的安全价值摆在第一位，他本人的考虑是保障人民的安全，把一些不具有个别正义性的判决之发生当作不得不付出的代价，然而他却未曾想到，当把法律的安全性强调到极端时，它便走向反面。在正义被抛弃之后，法律失去了理想的引导，力图实现安全的法律就会变成对人民最不安全的法律，因为当法律与社会生活的脱节变得极为严重时，具有确定性的法律就变成了恶法。而且当统治者利用法律的确定性阻碍改革时，情况还会更糟。因此，从拉德布鲁赫的理论中，不难逻辑地推出“恶法亦法”的结论。这种理论的哲学基础，仍摆脱不了黑格尔的“存在的就是现实的，现实的就是合理的”之命题的影响。因此经历了纳粹时期巨大的社会变动和第二次世界大战后德国法西斯的垮台之后，拉德布鲁赫开始修改他以前的理论。他认为，法律实证主义使德国无力抗御纳粹政权的暴行，因而有必要承

---

① 参见［美］埃德加·博登海默：《法理学：法哲学及其方法》，邓正来、姬敬武译，华夏出版社1987年版，第169页。

认完全非正义的法律必须让位于正义。但他附加了一定的条件，“除非实在法违反正义达到了不能容忍的程度，以致法律规则变成了‘非法的法律’并因此必须服从于正义，否则，就是当规则是非正义的并与公共福利相矛盾的时候，也应当给予实在法规则以优先考虑，因为它是经过正当颁布的而且是受国家权力支持的”①。拉德布鲁赫的这一转变，表明他从偏一说转向了兼顾正义与安全的主张。从这一转变中可以引申出的结论是：时代条件的不同将决定法律诸价值不同的优先顺序。在一个因循守旧的时代，法律的安全性至为重要。而在一个变革的时代，法律的灵活价值便被置于第一位。强调法律的安全性，总有可能被借去为现有秩序的合理性作辩护。对法律的正义价值的强调，无非表明对现有法律的批评态度。因此，崇尚正义的自然法总是革命者的理论武器。基于这些条件的变化，同一论者可能在此时期将安全视作法律的第一价值，彼时期却将正义视作法律的第一价值。

法学家以自己的著作表明其对处理法律诸价值关系问题的看法，而立法者以其立法文件表明自己对这一问题的立场。罪刑法定主义也是趋向安全价值的偏一论的表现形式，它表现着一些国家的刑事立法者对刑法的安全价值的极端强调。就刑法而言，它一方面必须明确规定犯罪与刑罚，使人们能够预见自己行为的法律效果，防止刑罚权的滥用，以此保障公民个人权利的安全。另一方面它又必须适应社会发展造成新的犯罪（如劫机、电子计算机犯罪）的形势，保持灵活性以最大限度地控制犯罪。刑法的安全价值与灵活价值由此产生矛盾。以个人权利为本位的法律体系取安全价值而选择罪刑法定主义，以社会不能敏捷地应付新犯罪为代价来充分保障个人权利。在刑法这样的关乎人的生命和自由的法律部门，把安全价值看得至高无上是自然之事。刑法调整非正常社会关系的特性，也使它基本上有可能做到罪刑法定，

---

① ［美］埃德加·博登海默：《法理学：法哲学及其方法》，邓正来、姬敬武译，华夏出版社1987年版，第170页。

因为犯罪这种反社会行为的种类毕竟有限。而在兼顾个人权利和社会利益的法律制度中，对安全与灵活加以调和，兼采罪刑法定主义和经严格限制的类推制度。此外，在世界各国，都赋予一定权力机关对已处刑罚者的赦免权，在确定他们已构成犯罪的前提下使特殊情况下的可原谅的犯罪者免受刑罚，以免刑罚的实施产生非正义的效果。这是宪法中名之以赦免的用以统一安全与个别正义价值的衡平制度。法律部门性质的不同亦决定法律价值选择的不同。如果说刑法基于其调整非正常社会关系的特性能做到或基本能做到法定主义，而民法调整正常社会关系的特性，使其面临着无限广阔的调整范围，做到法定主义实不可能，因此民法更为强调灵活性。刑法的偏重安全和民法的偏重灵活，既可以解释为何刑法不设而民法却设有可使法律随时势变易的基本原则，也可以解释在一些国家对公法的法典化未遇到反对，而对私法的法典化却遇到强烈反对的现象。当前我国有人建议在修订我国刑法时设立基本原则，由于基本原则的模糊性与刑法的明确性之要求强烈对抗，这一建议值得慎重考虑。①

（二）兼顾说

杰弗逊和拉德布鲁赫的论点基于这样的观念：在法律的诸价值中，顾全了一项价值，必然要牺牲其他各项价值，这是一种绝对的思维方式，因为不难发现，在顾全法律的一项价值之同时，顾全另外一些价值并非不可能。因此，应寻求尽可能地兼顾法律诸价值的途径，兼顾说应运而生。

梅因提出的法律应变机制理论是兼顾说的杰作。他认为，使法律与社会相协调的媒介有拟制、衡平和立法 3 种。② 所谓法律拟制，是被

---

① 1997 年颁布的新刑法第一章确定了自己的 3 项基本原则：罪刑法定原则（第 3 条）；适用刑法平等原则（第 4 条）；罪刑相适应原则（第 5 条），不过，这些原则与民法基本原则授予法官自由裁量权的性质极为不同，都是限制法官的此等权力的。这是一个极有意味的对比。

② 参见［英］梅因：《古代法》，沈景一译，商务印书馆 1959 年版，第 15~17 页。

用以表示掩盖、或目的在掩盖一条法律规定已经发生变化这一事实的任何假定。在进行拟制时，法律的文字没有被改变，但其实际运用已发生了变化。因为拟制性条文的特点在于："立法者虽然明知其所拟处理的案型与其所拟引来规范该案型之法条用来所处理之案型，其法律事实由法律上重要之点论，并不相同，但仍将二者通过拟制赋予同一的法律效果。申言之，通过拟制将不同的案型当成相同，然后据之作相同的处理。"① 换言之，拟制即为以新的指导思想适用以旧的指导思想为基础制定的法律条文，或者从某种意义上可以说，拟制就是对法律条文的歪曲解释。梅因认为，拟制特别适合于社会的新生时代。因为它们能满足并不十分缺乏的改进的愿望，同时又可不触犯当时始终存在的、对于变更迷信般的嫌恶。在社会进步到了一个阶段时，它们是克服法律严格性最有价值的权宜办法。梅因的这段话，是对进入资本主义的英国成功地在封建法律的旧套子中装进了资本主义新内容的现实的反映。对法律进行潜移默化的修改的拟制，既表示了对原有法律的尊重，因而顾及安全；又使其适应了已发生变迁的社会条件，因而顾及了灵活。

在梅因看来，衡平是运用同原有民法同时存在的某一些规定，它们建筑在个别原则的基础上，并且由于这些原则所固有的一种无上神圣性，它们竟然可以代替民法。它们的权力建筑在它原则的特殊上面，这些原则是一切法律应该遵循的。这一番议论无非说明，在实在法之上高踞着自然法，后者构成衡平权运用之依据，它表现为法律中的原则。衡平与拟制的区别在于：前者对法律的干预是公开的、明白的；后者却以隐秘的形式这样做。通过衡平，在不破坏安全的条件下顾及了法律的正义价值。依梅因的理论，当法律与社会生活的矛盾尚未达到不可忍受的程度时，法律的安全性为主要矛盾。通过拟制与衡平首

① 黄茂荣：《法学方法与现代民法》，1982 年作者自版，第 151~152 页。

先对安全加以保障，在此条件下顾及灵活与正义。但当这种矛盾变得不可忍受时，灵活就转化为主要矛盾，立法成为完成法律与其社会生活条件之协调的直接工具，必须通过订立新法来取代过时的旧法，由此开始一个新周期的起点。因此，在法律与社会相协调的3种媒介中，立法是最后动用的绝对手段，在此之前，法律一直追随社会生活的变化处在一种缓缓的进化过程中。

梅因的法律应变机制理论之可贵之处在于区分了法律的渐变与突变，依法律与社会生活矛盾的尖锐程度确定法律的价值侧重点，并以不同的机制决定法律的渐变或突变，以司法手段和立法手段分别解决之。这种理论不再把法律的诸价值看成是绝对互克的，而承认它们一定条件下的相容性，故开辟了一条新思路。它还告诉我们，解决法律与其社会生活条件相协调的问题不仅属于立法者，司法者亦有许多事情可做，因此，立法并非解决法律诸价值冲突的唯一手段。梅因提出的以拟制、衡平解决法律价值冲突的具体方案，富有启发意义。

有些理论的实际意义可能并不与其提出者的初衷尽相吻合，一个人可能在处理一件非常具体的事务的过程中奠定了伟大理论的基石，通过对那件具体事务处理过程所含丰富意义的深入解释，后人可构成一个应是该具体事务处理过程题中之义的系统理论，汉密尔顿（Alexander Hamilton，1757—1804）提出的隐含权即是此种现象之一例。所谓隐含权，是汉密尔顿在处理美国宪法问题时首先使用的一个术语，指联邦政府的某项虽未经宪法明确规定，但可从宪法规定的其他权力之间的关系中推论出来的权力。美国建国初期，汉密尔顿提出的设立国家银行的议案遭到了来自各方面的反对。反对者认为，宪法并未规定政府有设立国家银行的权力，因而该提案违宪，汉密尔顿遂提出隐含权为自己的提案辩护。他认为，宪法既然授权联邦政府征收捐税、发行公债、管理币制、统筹商务等权，由此也就包含了设立银行的权力，因为国家银行是行使上述委托权的必要工具，无国家银行，则联邦政府无法行使上述委托权。[1]

不管汉密尔顿在提出隐含权概念时抱着怎样急功近利的目的，但他确实在客观上创造了一种解决法律诸价值矛盾的方法。按照隐含权理论的逻辑，出于简短的需要，法律并不必规定得极为具体详备，因为从既有规定之间的逻辑关系中，可以推演出新的、隐含的规定。这样做并不改变法律的任何既有规定，从而照顾了法律安全价值中强调法律稳定性的一面。但法律规定之间并非彼此毫无关系的聚合，而是一个包含有机联系的系统，凭借体系的力量，在有限的规定之间的关系中，可推演出许多虽未见诸明文却必然包括的内容。德国法学家左姆教授就指出：一条法规既可以通过发展它所包含的结果的方式来创立，也可通过实现所预先假定的普遍原则来实际发生效力，两种方法中最重要的是后者。通过既定的法律条文，我们可以知道法律预先要求的是什么。因此这些法律条文通过纯粹的科学方法得到丰富和发展。[2] 所以，法律之规定并不以见诸明文者为限，承认这种隐含规定为法律的必然部分，则可使少量的法律条文发挥最大的效用，使法律取得简短性和灵活性。因为通过对条文所作的解释，法律内蕴的意图可不断地发掘出来，使法律满足社会生活的新需求。

隐含权的建立基于对法律以之为载体的语言所具有的“辞不达意”的局限性的利用。词与其所表达的事物不可能完全一致，不可能把事物众多的特征都表述出来。英国哲学家波兰尼（Michael Polanyi，1891—1976）说明了这一点：“人所知道的东西比所能表达的东西多得多。词和符号组成的陈述、逻辑推理、数学运算、图式描述，归根到底只有在意会的基础上才能被理解和表达。所以，模糊不清的意会知

① 参见法学教材编辑部《西方法律思想史》编写组：《西方法律思想史》，北京大学出版社 1983 年版，第 316 页。

② 参见［美］约翰·亨利·梅利曼：《大陆法系》，顾培东、禄正平译，法律出版社 2004 年版，第 78 页。

识比明晰可表达的言传知识更为根本”[1]。而且我们在用语言表述事物时，总要遗漏或忽略事物的大量特征，无论我们把每个词的定义世界扩大到多远，在其边界的外面总有一些没有包括进去的项目。[2] 因此，法律完全可能包含一些立法者内心确认为应包括于法律之中，但由于语言的局限性未明确表示的内容，法律解释者的主要任务即在于发掘这些隐含的内容，解释的任务就是找出一个未完成的创造的意义，即重新构造作为它的基础的思想系列。[3] 但这只是立法者被动地在法律中留下了隐含规定。法律中所用的语词越模糊，它们可能涵盖的面就越大，进行解释的余地就越大，可能通过解释得到的隐含规定就越多，因为模糊概念并不与一切具体事物发生直接的指称关系，它的涵盖范围为开放性的，只有通过权威机关的解释才能确定化。因此，在法律中运用模糊规定，可大量地节省法律之篇幅，但并不因此放弃对社会生活的规制，因为所需要的有关规定仍可从模糊规定中很容易地推演出来。在法律中设立模糊规定，才是立法者主动在法律中留下隐含规定。美国宪法从 18 世纪末问世以来，225 年间只增加了 27 个修正案，而美国最高法院对宪法所作的具有宪法规范效力的解释就有数千卷之多，[4] 这正是能动地利用隐含规定的范例。美国宪法中的模糊规定“正当程序条款”“州际贸易条款”成为美国最高法院取之不尽的隐含规定之来源，在 225 年的适用史中，用之解决了大量社会发展带来的新问题，并使美国宪法保持长寿。庞德说明了社会化的解释是美国宪法长寿的原因。他指出，美国宪法是在美国革命后制定的，到现在已有许多年了，内容却没有变更。但在事实上，我们不能不承认在制定

---

① 参见李晓明：《模糊性：人类认识之谜》，人民出版社 1985 年版，第 72 页。

② 参见郑杭生主编：《现代西方哲学主要流派》，中国人民大学出版社 1988 年版，第 107 页。

③ Vgl. Emilio Betti, Die Hermeneutik als allgemeine Methodik der Geisteswissenschaften, Mohr Siebeck, Tübingen, 1962, p. 158.

④ 参见潘华仿：《简评社会法学派》，载《政法论坛》1985 年第 3 期。

这部宪法的时代，所有的环境、所有的政治现象、所有的民众生活的要求，一定和现在的同样因素不同，可是要修改这种成文的宪法一定有许多困难。而且社会天天出现新的环境、新的经济状况，如都要用修改的方式去应付，事实上也做不到。所以唯一的救济方法就是对既有的法律通过社会化的解释去发展它。所谓社会化解释，就是把已成的法律运用到新环境中去。① 这无非说明，对成文法不必作经常的修改或重订，通过对其隐含规定所作的解释就可实现其进化。

由此可见，在法律中设立可推导出隐含规则的模糊规定是一种立法技术，它可以保障法律的正义、简短、灵活价值，并且可保障法律安全价值所要求的法律的稳定性。但它对法律安全价值中的明确性要求则是一种损害，因为法律的模糊性与法律的明确性显然相克。汉密尔顿的隐含权概念将法律的发展与正当适用寄望于法律的解释者，因此，它也是一种不专以立法机关为法律诸价值的协调者的理论，而赋予法律的适用者以发展法律的重要使命。在这一点上它与梅因的理论一致。

四、对以往的思考之评论

偏一论者将法律诸价值的关系看得过于对立，这种极端的思想方式不足道。杰弗逊在1789年法国革命的风潮中受法国经济学家和统计学家杜普雷·德·圣毛尔（Dupré de Saint Maur，1695—1775）于1749年左右根据巴黎的3个城市教区和12个乡村教区的死亡登记制作的死亡表的启发，才提出以“地球的用益权属于生者”之命题为基础的法律突变理论，它是对当时欧洲的现实的反映。当时欧洲的财产法大大侵犯人权，“活着的一代人的主权”被取消，从而暴力革命成为唯一的救济方法。杰弗逊的观点是针对外国的情况所发的议论，但他认为在美国也应实行这种主张。② 显然，这种观点是对急风暴雨革命式的

① 参见杨幼炯：《当代政法思潮与理论》，台北中华书局1965年版，第71~72页。

② 参见上海社会科学院法学研究所编：《法学流派和法学家》，知识出版社1981年版，第254~255页。

法国道路的反映。法国革命的设计者之一——伏尔泰曾向人们唤道："你们要求好的法律吗？把你们已有的全部烧掉，制定新的。"① 彻底地除旧、彻底地布新，这就是当时法国的思维方式，它竟然深入到了旅居于法国的一个美国人心中。这种思维方式断然否定了渐进式改变的可能。与此相应，它将改善法律的途径唯一地寄托于立法，这是在分权学说基础上产生的"立法至上"理论的逻辑结果。尽管如此，杰弗逊强调法律应追随不断发展变化的社会生活条件并与之保持适应的观点，以及拉德布鲁赫强调法律安全性的观点，仍留下了可供我们汲取的合理思想内核。尤其是将拉德布鲁赫的观点适用于刑法领域时，其意义更为重要。

兼顾论者避免了极端，主张法律诸价值的折中调和，并设计了完成这种思想的立法技术手段，比偏一论者高出一筹。一部法典，若能在一定的度上同时兼顾法律的各项价值，把它们之间的矛盾减少到最低限度，又何乐而不为呢？这种效果之完成，便达到了法典的最优化。梅因观点的精华，在于指出了求得灵活的法律的渐变与突变的两种方式，与杰弗逊只看到法律的突变的思维方式适成对照。如果说杰弗逊的论点是对急风暴雨式的法国革命的反映，则梅因的观点是对英国革命之特性的反映。英国革命具有软弱性、缓慢性和开化性的特点。在英国，许多封建主义的形式得到保留，但这些形式在实质上已经发生变化。② 因此，英国革命的道路就是改良的道路，这种宏观的现象必然影响到微观的法律现象。梅因的观点以改良为常态，以革命为例外，承认法律可通过司法途径缓缓进化。这种对司法活动的重视，反映了英国的法律运作的重心在于司法（或许可以说成是司法至上）的现

---

① ［美］H. W. 埃尔曼：《比较法律文化》，高鸿钧等译，三联书店 1990 年版，第 52 页。

② 参见［美］约翰·亨利·梅利曼：《大陆法系》，顾培东、禄正平译，法律出版社 2004 年版，第 21 页。

实。梅因认为，法律是循着判决—习惯法—法典的顺序逐步进化的。法典一旦出现，法律的自发发展便告中止，以后所有法律方面的发展，都是为了弥补变化着的社会和僵化了的法典之间的裂缝，[①] 这是一个渐变与突变相结合的周期。此一周期完成后，为了弥补僵化的法典与变动的社会之间的裂缝，又开始一个判决—习惯法—法典的新周期。当判决和习惯法难以达到弥补裂缝的目的时，乃有重订法典的突变发生。[②] 这样的理论充分体现了法律的渐变与突变的辩证关系。尤其值得注意的是，梅因还指出了法律的原则在法律的渐变过程中所起的作用乃是授权法官根据一定的价值观念对既有规则在适用中加以调整。汉密尔顿的隐含权概念，包含着以法律的模糊规定协调法律诸价值关系的可贵思想，确认了解释作为发展和补充法律的途径的合理性，这种理论可作为美国宪法稳定性原因的解释。总之，概括兼顾论的观点，我们可得到拟制、衡平、解释、立法等协调法律诸价值冲突的机制。

以杰弗逊为代表的偏一说与以梅因为代表的兼顾说的对立，是革命与改良（但不排除例外的革命）的对立，是立法至上与司法至上的对立。从两者的对比中可以看出，否定司法过程的创造性质，必然采立法至上立场，从而只强调以激烈的方式实现法律的某一项价值而不顾其余；反之，承认司法过程的创造性，就必然采司法至上的立场，以此兼顾法律的各价值。因此，司法者的地位问题是两者分歧的焦点。无论是梅因的行使衡平权并进行拟制的法官，还是汉密尔顿的模糊规定的解释者，都是把能动的人引入司法过程。至此我们可以看出，一旦引入这种人的因素，法律诸价值的互克性就减小；反之，这种互克性就增强以致只能顾全一项价值。

但兼顾论者并未在法典内部寻找到法律诸价值的物质承担者，从

---

① 参见法学教材编辑部《西方法律思想史》编写组：《西方法律思想史》，北京大学出版社 1983 年版，第 378 页。

② 参见韦绍英：《梅因的历史方法浅析》，载《法学评论》1985 年第 3 期。

立法技术角度考虑问题，将法律的诸价值各负载于法律结构的某一元件之上，成为其功能，从而在法典的结构设计上求得对法律诸价值冲突的解决。

第二节　兼顾法律诸价值的途径：法的结构—功能模式

一、引言

在法律诸价值的关系的主流表现为互克的条件下，如何实现法典的最优化呢？任何使法律整体趋向于某一价值的考虑都会使这一问题永远不能解决，必须将法典分解为各具特质的部分，使它们分别趋向于法律的某一价值，如此才能减缓法律诸价值的互克性。因此，问题的关键在于寻找法典的合理结构，把法律的诸价值各赋形于一定的元件，使每一元件成为某一价值的物质承担者，通过发挥各元件的功能来实现法律的诸价值。同时建立具有整合功能的元件，协调各特定元件之间可能发生的矛盾，使各元件真正成为一个整体的构成分子而不是各自为战、互相矛盾，系统的功能得以发挥。因此，把法律诸价值的矛盾由思辨领域带入实践领域，它就变成了一个立法技术问题。在我看来，所谓立法技术，不过是协调法律诸价值之间矛盾的艺术而已。运用立法技术，必然要将以抽象形态存在的法律诸价值分配到法典的物质构成元件上，通过各元件之间彼此配合与互相制约的关系，组成法典的结构—功能系统。“系统的各要素通过结构才组织为一个整体系统。结构越合理，系统的各个部分之间的相互作用就越协调，系统在整体上才能达到最优”①。一定的功能之获得取决于一定的结构的设计，我们欲求得的功能是法律诸价值的协调，达到这一目的的手段是

---

① 王雨田主编：《控制论、信息论、系统科学与哲学》，中国人民大学出版社 1986 年版，第 502 页。

把法律的各价值分配给法典内的各元件承担。所谓结构，“是从系统的内部描述系统的整体性质”[1]。所谓功能，“是从系统的外部描述系统的整体性质”[2]。因此，结构是对系统内部元件设计方式的分析，功能是这种设计产生的效果给人的印象。就民法系统而言，结构是各民法元件的设计方式，功能就是这种设计的民法元件所产生的价值。结构是系统元件的组织方式，元件一旦进入系统，它便不再是独立存在的东西，而只是整体的一部分，既决定又受制于整个系统的性质。功能作为结构在运动中的表现形式，与整个系统的关系亦是如此。因此，民法系统之结构的合理设计一旦完成，它将具有整体性，能消除内部的冲突，实现民法的正义目的。

现代法典无疑是由诸多法律规定组成的具有一定目的的系统，它的结构可通过分析来求得，它的功能不过是其结构的运动的表现形式。因此，我们可以把对现代法典的分析结果称之为法律的结构—功能模式。

二、现代民法典的结构

法律的结构—功能模式理论是法哲学的研究成果，具有普遍的指导意义，通过运用法律的结构—功能模式，可将纷繁复杂的法律规定加以分解，抽象为几种彼此相关的要素，用于对法律进行分析，帮助我们理解法律各组成要素的功能并能动地加以运用。我认为，在现代民法典中，存在着以法律概念、法条、法律规范、基本原则为构成元件的结构—功能模式。

（一）法律概念

法律概念指对各种法律现象的共同特征加以概括、抽象后形成的

---

① 王雨田主编：《控制论、信息论、系统科学与哲学》，中国人民大学出版社 1986 年版，第 502 页。

② 王雨田主编：《控制论、信息论、系统科学与哲学》，中国人民大学出版社 1986 年版，第 502 页。

权威性法律范畴。法律概念的产生是人类思维能力进化的结果。反映客观事物一般本质特征的法律概念把拟描述或规范的对象的特征穷尽地加以列举，这并不意味着概念的设计者已完全掌握了该对象的一切重要特征，而是出于某种目的性的考虑，就其对该对象所已认知的特征加以取舍，并将保留下来的特征设定为该概念得以成立的充分和必要条件，而把其余的特征一概视为不重要。因此，法律概念的形成过程具有编纂性，即对它反映事物的属性加以取舍。同时，法律概念具有价值判断性，即它本身就体现了对其反映对象的肯定或否定。①

以法人概念为例。该概念本身即穷尽地列举了立法者所选择的法人特征为：（1）依法成立；（2）有必要的财产或者经费；（3）有自己的名称、组织机构和场所；（4）能够独立承担民事责任。全部具有这些特征的经济实体即为法人，或缺其一便不是法人。同时，该概念包含了立法者对法人制度的承认这一价值判断因素，即承认法人制度为有利于社会经济的一种东西而予以肯定。法人制度在国外（拿破仑法典）和国内（经济体制改革之前）都有不被承认的经历的事实，十分有助于说明法律概念负载价值判断的性质。法律概念是进行法律思维的工具。运用法律概念，可减轻思维的负担，避免重复一些定式化的思维过程，而以概念本身为思维的起点。法律概念虽不规定具体的事实状态和具体的法律后果，但在多数情况下，每个法律概念都有其确切的法律含义和应用范围。当人们把某人、某一情况、某一行为或某一物品归入某一法律概念时，有关的法律规范和基本原则即可适用。②

法律概念在法律的结构——功能模式中的主要功能是保障法律的安全价值，因为在排除立法者有意使用模糊概念的情况后，大部分法律概念是极为确定的。为了加强其确定性，立法者往往使用定义性规范，并出版权威性的官方法律辞书对立法者所使用的法律概念加以精

---

① 参见黄茂荣：《法学方法与现代民法》，1982 年作者自版，第 22~35 页。

② 参见沈宗灵：《现代西方法律哲学》，法律出版社 1983 年版，第 86 页。

确界定。这种情况下的法律概念的内涵和外延都有确定的范围，不易产生歧义。当法律概念被立法者用于立法文件后，其含义便以立法者所采用者为准，其他对法律概念的解释一概不具有法律效力。法律概念一旦见诸立法，其含义往往在长时期内保持稳定。因此，人们实施一定行为之前即可得知与该行为相对应的法律概念包括哪些内容，其价值判断如何。法律概念这种极强的确定性十分有利于保障法律的安全价值。由于法律概念已将对象作了类的概括，避免了对对象特征的一一列举，因此，法律概念还负载着法律的效率、简短两项价值。所以庞德指出："有了概念，人们就有可能在只有较少规则的场合下工作，并有把握应付那些没有现成规则可循的各种新情况。"①

由于法律概念的形成过程具有编纂性，若立法者对对象的特征有舍弃过度或不及的情况时，相应的法律概念便会出现涵盖范围太窄或太宽的问题，使法律概念的确定性成为牺牲法律的灵活价值、个别正义价值的原因。对此问题，立法者除采用模糊概念、以标准同概念搭配以减缓后者的僵硬性之外，对极为确定的概念基于其价值判断性允许司法者进行扩张或限缩解释，以填补法律漏洞，将缓缓进化的价值观念的变化引入法律概念中来。② 经过这些处理的法律概念，可满足法律的灵活价值。对法律概念做出的扩张或限缩解释实际上是变相立法。这些处理的存在证明了一般法律概念的极为确定性。

（二）法条

法条为法律条款之简称。法条由法律概念和各种限制词、连接词和判断词构成。如同法律概念是组成法条的材料一样，法条是组成法律规范的材料。法条不可与法律文件中依序数排列的法律条文（自然法条）相等同，它指表达了法律规范一个以上要件的立法者陈述。有时一个自然法条的复数款、项分别表达了两个以上法律规范的要件，因此，一个

---

① 沈宗灵：《现代西方法律哲学》，法律出版社 1983 年版，第 86~87 页。

② 参见黄建辉：《法律漏洞·类推适用》，蔚理法律出版社 1988 年版，第 128 页。

自然法条中的一款或数款也可能构成一个独立的理论上的法条。

法条可分为完全法条和不完全法条。前者指在一个自然法条中包括了一个法律规范的全部要件的法条，换言之，指自然法条与法律规范发生重合的情况；后者指不具备一个法律规范的全部要件，而只具备部分要件的法条，它只能被用来进一步说明、限制或引用另一个法条。从理论上看，只有当复数法条在一个具体的运用目的下被组合成一个法条结合体之后，才能发挥不矛盾的规范功能。因此，从能否发挥规范功能的角度来看，几乎没有一个法条是完全的。有时一个看来完全的法条，经分析后却发现其并非如此。[①] 例如，我国民法典第 180 条第 1 款规定："因不可抗力不能履行民事义务的，不承担民事责任。法律另有规定的，依照其规定。"这一看来完全的法条却只有通过参照其他条文才可发挥其规范功能。其中关于"不可抗力"的用语，必须参考民法典第 180 条第 2 款关于"不可抗力"的解释；其中当事人"不承担责任"的范围，又取决于债务人是否履行第 591 条规定的防止损失继续扩大的义务；另外，还要考虑"法律另有规定的除外"的但书中所指法律为何法及其具体规定。因此，只是为了说明上的方便，我们才将法条区分为完全法条与不完全法条，以有助于说明法条间的相互关系。事实上，这里的完全法条，不能被理解为一种不依靠、不联合其他法条便可独立发挥规范作用的法律规定。

法条的不完全性，换言之，法条与法律规范在外延上的不相重合，意味着一个法律规范的各要件常常散布在不同的法条中。这种现象的典型表现形式是交互引证条款，它意味着立法的学者法化倾向与立法技术的进步。尽管给当事人查阅法律带来某种不便，但为法律赢得了简短价值。因为立法者若将所有的法条都设计成完全法条，则各个法条势必一再重复彼此共同的部分，或者必须将许多事项规定在一个条

---

① 参见黄茂荣：《法学方法与现代民法》，1982 年作者自版，第 96~101 页。

文中，结果将使法条在结构上更复杂，而且会显得臃肿不堪。但法条排列组合的多样性给司法者滥用法律、上下其手提供了机会，影响了法律的安全性。

（三）法律规范

法律规范是立法者对一个事实状态赋予一种确定的具体后果的各种指示和规定，它完整地规定了立法者向人们提供的行为模式以及遵循这些行为模式与否的法律效果。法律规范由法条组成，是法律中最频繁地发挥作用的要素。在法律的结构—功能模式中，法律规范是一般正义、效率、安全等价值的承载者。首先，法律规范在一般情况下是立法者根据正义的要求设计的，在排除了立法者有意制定出非正义的法律规范之可能的情况下，以及在排除了立法者由于立法技术上的失误导致非正义法律规范产生的情况下，法律规范是正义的体现。但法律规范具有普遍性，它只能对社会生活中的典型事件、典型场合以及典型对象做出规定，而不能就某一特殊情况做出规定，因而法律规范只是一般正义的承载者；其次，在一般情况下，法律规范因其具有普遍性而不必因人因事适用，它承载着法律的效率价值；最后，在一般情况下，法律规范最明确地宣示了各种行为的法律效果，使人们获得了对自己行为法律效果的可预见性。同时，法律规范具有确定性，一经制定在相当长的时间内不会变更，因此，法律规范同时是法律的安全价值的承担者。

但是，在法律诸价值的冲突关系中，安全与灵活的互克性最强，绝对的安全将导致绝对的不灵活。因此，法律规范在实现安全价值的同时，必须避免因安全而牺牲灵活。法律规范通过使作为自己基本构成材料的法律概念与“标准”的结合，完成了安全与灵活的调和。“标准”就是依个案的具体情况适用的行为尺度，例如，“适当注意”“合理”“诚信”等用语。它们是具体的、非统一的，具有可伸张性。标准对于某一个案所意味的具体行为尺度，只有通过分析该个案的具体情况才能确定，因此，标准代表了法律的个别化倾向，以此减缓具有普遍性的法律规范的刚性，避免其适用于特殊案件时导致非正义。立法者开始在法律规范中使用标准后，大大增加了法律规范的灵活性和适应性，从而大大地拓展了法律规范的适用范围。这样的标准是具有更大灵活性的基本原则的萌芽。

如前所述，法律概念在通常情况下是极为确定的。如果一个法律规范只使用这样的法律概念为建筑材料而不使用标准，则它就是确定的法律规范。因它未给司法机关留下自由裁量余地，它承担着法律的安全和一般正义价值。如果一个法律规范不仅使用了法律概念，而且使用了标准，它就是不确定的法律规范。由于它给司法机关留下自由裁量余地，它承担着法律的灵活和个别正义价值。确定性规范往往由立法者为了实现严峻的立法目的或在紧急情况时使用，以展示法律的残酷的、威慑的一面，以牺牲个别正义为代价换取人们对法律的畏服。不确定规范往往在正常情况下使用，以展示法律的富于人情的一面，通过对每一情况的各得其所的处理得到人们对法律的敬服。

（四）基本原则

基本原则是法律具有模糊性的根本规则，是进行法律推理的权威性出发点。它没有预先假定任何确定的、具体的事实状态，也没有赋予确定的、具体的法律后果。基本原则出现于立法，是人类思维能力进步和立法技术高度发展的结晶。

古代法典所用概念多为单独概念，即反映某一特定事物的概念，其外延只反映一个单独的对象，抽象性极低，由此构成的规则具有极大的具体针对性和刚性，以之建造的作为整体的法律因此漏洞百出。例如，萨利克法典中有偷窃一只 2 岁的猪如何如何、偷窃一只带着小猪的母猪如何如何的规定。[①] 至于偷一只 4 岁的猪该如何处置，偷一只

---

① 参见法学教材编辑部《外国法制史》编写组：《外国法制史资料选编》（上），所录萨利克法典条文，北京大学出版社 1982 年版，第 172 页。

不带小猪的母猪该如何处置，萨利克法典缄默不语。这证明古代法典多为判例的汇集，其偶然所收案例事实的特殊性决定了其条文的具体针对性。一个判决不仅解决了当时发生的纠纷，而且成为日后判决同类案件的根据，这些判例搜集汇编起来便构成法典，因而不存在一般抽象的法规。[①] 因此庞德认为，原始法阶段的法律的特点之一就是法律的范围极为有限，既无原则也无一般观念，[②] 这种局面反映了当时人类思维能力的落后。

随着人类思维能力的进步和社会的发展，法典超越了具体案例汇编的水平而成为立法者深思熟虑的产物。立法者开始广泛使用普遍概念，即反映某一类事物的概念，其外延是这一类事物的一切对象。普遍概念是单独概念基础上的抽象化，因此，普遍概念之极致即为抽象概念。德国民法典使用“法律行为”概念即为这种抽象化趋势之一例。由单独概念到普遍概念再到抽象概念的发展，标志着法律的抽象化趋势。立法者已不满足于为经验之内的事物立法，而力图将其立法权扩及于经验之外的事物行使。

由于概念的内涵和外延存在反变关系，概念的内涵越少，其外延越大；反之，概念的内涵越多，其外延越小，[③] 法律的抽象化，意味着立法者力图尽量扩大法律的涵盖范围，增加其广泛适用性而非仅针对个别事件。但是，普遍概念或抽象概念的外延尽管可随其内涵的减少而呈扩大趋势，但它毕竟是封闭的，因而其范围仍是有限的，换言之，法律仍是不周延的。为了进一步扩大法律的涵盖范围，近代立法者开始使用模糊概念。模糊概念是对抽象概念的超越，它打破了概念外延的封闭状态，由于其内涵极为稀薄，其外延成为不确定的或开放性的，它只有经过法官审时度势的权衡后才能确定化，以此进一步扩

---

① 参见陈盛清主编：《外国法制史》，北京大学出版社 1982 年版，第 75~76 页。

② 参见沈宗灵：《现代西方法律哲学》，法律出版社 1983 年版，第 89 页。

③ 参见吴家麟主编：《法律逻辑学》，群众出版社 1983 年版，第 59 页。

大了法律的涵盖面。上述从单独概念—普遍概念—抽象概念—模糊概念的发展，是立法技术的由量变到质变的飞跃，这一过程为民法基本原则提供了作为其建筑材料的模糊概念，使其出现于立法成为可能。

20世纪后基本原则才出现于立法。古代法典中不乏法律概念和法律规范。近代法典中法律概念、法条（自然法条与完全法条的分离）、法律规范一应俱全，但无基本原则。只是在瑞士民法典之后才出现了基本原则的立法技术成分，由于通过基本原则在法律运作中引入了人的因素，形成了一种不同于以往的规则模式的新的法的模式，使法律成为由人操作、调适的一套规则体系。

三、民法基本原则的作用

与其他法律的结构成分只负载法律的一两项价值不同，基本原则差不多是法律的所有价值的负载者。它对法律诸价值的承载通过两个方向进行：（1）以其自身的模糊形式负载法律的灵活、简短、安全价值；（2）通过它对其他法律的结构成分运行的干预实现法律的正义价值，并实现其整合功能。

在第一个方向上，首先，基本原则起着保障法律的灵活性的作用，其模糊性乃实现这一功能的手段。基本原则的模糊性意味着在法律运作中对人的因素的引入，法律由此被看作须由解释者补充完成的未完成作品，是必须由人操作的机器而不是自行运转不息的永动机，法律的外延由此成为开放性的。法官可根据社会生活发展的需要，通过解释基本原则，把经济、政治、哲学方面的新要求补充到法律中去，以使法律追随时代的发展而与时俱进，实现法律的灵活价值。

其次，基本原则以其模糊性实现着法律的简短价值。模糊性规定之出现于立法，意味着立法者放弃了以具体法律规范涵盖一切民事关系的努力，因为运用这种方式必然遇到极限。具有模糊性的基本原则使法律的外延成为开放性的，是取代具体针对性规制方式的弹性规制方法之运用，这种方式是没有极限的，因为通过基本原则设定的法律外延上的缺口，法官可将社会生活中发展变化的客观法规则源源不断地输入于法典之中成为形式法的规则。如此则制定法无规定得极为详密之必要，因此模糊性规定之出现于立法，必使法律条文的数目减少。详密规则是对司法者极度不信任之产物；相反，模糊规定是对司法者相对信任的产物。在对司法者持相对信任的态度后，详密的规则已失去其部分意义。由于这种关系，基本原则成为法律之简短价值的承载者。从立法史来看，法典条文的数目呈递减趋势。法国民法典 2281 条、德国民法典 2385 条，此为一考察组。瑞士民法典 977 条，加上瑞士联邦债法典 1186 条，共计 2163 条、日本民法典 1044 条，苏俄民法典 569 条，我国民法典 1260 条，此为另一考察组，两组之间的递减趋势十分明显，基本原则之运用同这种趋势至少有一定关系。作为法律推理的根本出发点的基本原则是立法准则，制定法之规定只是这种推理的部分成果，法官还可据之推出许多其他规则。在引进人的因素于法律运作的前提下，基于人的因素与规则因素的此消彼长关系，制定法的规定必然减少。

最后，基本原则以另一种方式保障着法律的安全价值。模糊性是对法之明确性的牺牲，人的因素的引入即意味着危险的增加，何以将基本原则看作安全价值的承载者呢？20 世纪之前的法典皆以陈述尽可能多的具体行为之效果的方式来加强法律的可预测性以保障安全；20 世纪之后设立了基本原则的法典（以其不被滥用为前提）则以陈述自己对一切行为价值态度的方式来做同样的事。如果把法律的安全性理解作法律的可预测性的话，20 世纪之前的法典所追求者为事实的可预测性，20 世纪之后设立了基本原则的法典所追求者为价值的可预测性。当事人根据民法基本原则提出的价值要求，不难判断一个具体事实能为法律接受与否。这种实现法律之可预测性的转变或许是一个进步，它至少更能满足一个变革中的社会对法律的要求。但是，此种效果之完成以基本原则不被滥用为前提，为此应加强司法程序方面的保障手段，否则基本原则这把双刃剑就会刺向人民，它便作为一个不安全因素而存在了。此外，由于基本原则具有实现法律的与时俱进的进化功能，法律不必经常修改而保持相对稳定，实现渐变式的、生长式的发展，保证了法律的确定性。这是基本原则实现法律之安全价值的另一手段。

在第二个方向上，基本原则依据其衡平性通过对法律的其他结构成分之运行的干预来实现法律的个别正义价值。当具体法律规范在特殊情况下的适用违背法律的根本目的时，它授权法官依据其要求对具体法律规范加以变通适用，以求得个别正义的实现。这一过程证明，基本原则首先是规制规则的规则，它控制着法律规范的适用情况，使其每一次适用都能达到正义的效果。如同法条必须在一定价值目标的统帅下组成法律规范才能发挥其规范功能一样，各个法律规范也只有在基本原则的统帅下才能正常发挥其功能。由于规范的繁多、组成规范的法条在排列组合上存在多种可能、以及规范所涉事务的复杂万端，若无体现法律的正义目的的基本原则的监督协调，规范极可能出现违反目的的适用。而法律的结构—功能模式中的各构成成分必须相互一致，彼此不矛盾。一旦发生各构成成分之间的矛盾，便成立体系违反，必须予以消除。

从静态来看，法律规范的体系违反有规范矛盾和价值判断矛盾两种情况。

规范矛盾是指数个不同的法律规范对同一社会关系加以规定并赋予了不同的法律效果。价值判断矛盾是指某一规范赋予某一个法律事实以一种法律效果，而另一规范赋予另一个法律事实以另一种法律效果，但两个法律事实在法律上之重要之点相同的情况。[1] 例如，我国

① 参见黄茂荣：《法学方法与现代民法》，1982 年作者自版，第 327~335 页。

民法典第 1142 条第 3 款规定：立有数份遗嘱，内容相抵触的，以最后的遗嘱为准。此款取代了继承法第 20 条的规定：遗嘱人可以撤销、变更自己所立的遗嘱。立有数份遗嘱，内容相抵触的，以最后的遗嘱为准。自书、代书、录音、口头遗嘱，不得撤销、变更公证遗嘱。这个第 20 条包含要式行为的效力强于略式行为的法理，民法典第 1142 条在新旧遗嘱关系问题上取消了这一法理，但在第 658 条又保留了这一法理。该条辞曰：1. 赠与人在赠与财产的权利转移之前可以撤销赠与。2. 经过公证的赠与合同……不适用前款规定。这构成一种体系违反，因为公证遗嘱与经公证的赠与合同作为要式合同的性质相同，法律却赋予了它们不同的地位。

我国民法典体系违反的另一例子是在疾病作为达成影响对方人身安全的法律行为的障碍问题上同事两理。一方面，第 1053 条第 1 款规定：一方患有重大疾病的，应当在结婚登记前如实告知另一方；不如实告知的，另一方可以向人民法院请求撤销婚姻。此款允许患有任何疾病的人，哪怕是性传播疾病患者结婚，只要登记前告知对方即可。从而取代了原婚姻法第 7 条第 2 款关于患有医学上认为不应当结婚的疾病者不得结婚的正确规定。另一方面，同法第 1098 条规定：收养人应当同时具备下列条件：……3. 未患有在医学上认为不应当收养子女的疾病；……。两个规定在逻辑上并不一贯。实际上，两个条文处理的事项并不完全相同，类似而已，因为养父母不见得与养子女同床而卧，比同床而卧的夫妻传播疾病的机会少，法律的处理反过来，对传播疾病机会多的行为不设障碍，对传播疾病机会少的倒是设障碍。

静态的体系违反一般由立法技术的失误或立法者在局部问题上的指导思想失误造成；而动态的体系违反却是由时间的流逝造成。换言之，法律制定之初并不存在体系违反之情形，由于时过境迁，体系违反才生成出来，所以动态的体系违反又称为演变式体系违反，它反映了社会的、经济的、科技的发展引起的新事物与法律规范的矛盾。这些新事物或因立法者未对其预见而未加规定、或虽有规定但已与实际情况不合。演变式体系违反造成的规范与新事物之间的矛盾使法律不能适应新的社会生活的需要，造成规范的适用与事理之性质或与法律的立法目的相违背。[①]

对于上述两种体系违反，法官必须根据民法基本原则，通过衡平或解释活动予以消除，这只是基本原则整合功能对法律规范运行的作用形式。对其他法律结构成分的作用形式还有：对任何一个法律概念都可作扩张或限缩两种解释，采用何种解释形式及如何解释，取决于民法基本原则的要求；法条排列组合的多种方式，隐藏着玩弄法律从而滥用法律的危险。因为对同一个法律事实，如果以不同的方式组合法条形成对之加以规制的法律规范，得到的法律效果将不尽相同。因此，法条必须按基本原则的价值要求加以组合，以保证法条合体系地适用；对不确定法律规范的确定化，必须根据基本原则的要求进行。基本原则对全部法律规范、法律概念、法条的运行所起的上述整合作用，将使由这些结构成分组成的法典成为一有机的系统而具有整体性。整体性是各种系统都具有的显著特征，它使系统不同于那种与整体没有依赖关系的由诸元件组成的聚合体。系统虽然也由元件组成，但这些元件必须服从用来规定系统的规律。这些规律并不为元件本身所具有。所以，整体的特性并不能还原为构成元件的特性，而各个元件本身特性的简单相加也不等于整体的特性。因此，系统的任何一个元件都不能不受整体性法则的支配而孤立出来。[②] 法典系统各结构成分赖以成为整体的规律，无疑就是基本原则所体现的正义要求。具有整合功能的基本原则在法典中之设立，将使法典保持服从于正义目标的整体的一致性，并随社会生活条件的变化依靠自身的弹性机制与其保持适应。当基本原则所肯定的基本社会价值尚未达到需被新的社会价值

---

① 参见黄茂荣：《法学方法与现代民法》，1982 年作者自版，第 345 页。

② 参见雷永生等：《皮亚杰发生认识论述评》，人民出版社 1987 版，第 95 页。

取代的程度之时，不需对法典作根本的修改。因此，设立了基本原则的法典一般可保持稳定性而行之久远，法律通过司法调整的途径实现生长，以渐变为法律的变化形式，避免破坏性过大的突变。当超过了上述界限时，全面修订法典的时机就到来了，法律由此完成不得不做出的突变。于法典中设立基本原则，通过它与其他法律结构成分的各司其职及相互协调，可使法律的正义、安全、效率、灵活、简短诸价值在新的法的结构——功能模式中得到兼顾，并建立由立法机关和司法机关共同参与的法律的发展演进模式。

第五章

上部的总结

第一节　六点结论

1. 至此的研究表明，如果从较深的层次把握民法基本原则，它实际上就是立法——司法关系问题、立法者对自己的认识能力的估价问题、对人性的基本看法问题。或者更概括地说，就是怎样处理成文法的局限性问题。

2. 考察法律局限性处理模式的变化历史，可以看到，几乎法哲学的全部问题都集中在严格规则与自由裁量的关系上，整部法学史就是严格规则与自由裁量、严格司法和无法司法两种选择不断循环往复的历史。① 两种主张的此消彼长以及彼此调和，不仅出于对法律局限性处理模式的不同看法，而且出于对基本人性的不同看法。绝对的严格规则主义是对人的绝对不信任（性恶论），因而主张立法机关与司法机关实行分权制；绝对的自由裁量主义是对人的绝对信任（性善论，仅限于公布成文法后的这种主张而言），因而主张立法权与司法权合一；折中主张执其中。同时，就近代立法史来看，绝对的严格规则主

---

① 参见［美］罗斯科·庞德：《法律史解释》，曹玉堂、杨知译，华夏出版社 1989 年版，第 1 页。

义是立法者对自己认识能力的绝对自信；绝对的自由裁量主义是立法者对自己认识能力的绝对不自信；严格规则与自由裁量相结合的主张对立法者的认识能力持一种折中于绝对与相对之间的态度。

3. 立法权与司法权之间是此消彼长的关系，因此，法律规定的数量与法官自由裁量权的大小成反比；法律的模糊度与法官权力成正比；法律的精确性与法官的自由裁量权成反比。对人文系统的不同看法也将影响立法与司法之间的权力分配。凡承认人文系统之独特性者，必承认法官之自由裁量权；凡将人文系统等同自然系统者，必不承认法官之自由裁量权。

4. 绝对的严格规则主义把法律仅仅看作规则的体系，把加强法制的力量全部投入规则建设上。按照其形而上学的思想方法，法律一经制定，便是一个各方面规定性都已固定化了的成人，这是一种对待法律的实证主义态度。绝对的自由裁量主义夸大了法律的局限性，把法律看成是若有若无、无法捕捉的幽灵，从而陷入了相对主义的泥淖。严格规则和自由裁量相结合的主张采用了法律社会学的方法，也可以说是系统的方法。它不仅注重法律规定了什么，而且更为注重这种规定的目的能否以及通过何种途径实现，将法律看作一种在一定的环境中存在并与其环境相互作用的现象，因此其注意力不仅放在规则建设上，而且注重规则后面的社会压力对法律的作用以及规则如何应付这种压力的合理机制的建立。它将制定出来的法律看作具有多方面的可能性而有待发展的婴儿，或看作一件未完成的作品。法律是在一定的环境中生长的而不是一举制成的，因此，法律的生命在于经验而非逻辑。这是一种进化论的或历史主义的方法和社会学的方法，因而对法制的加强，应是对整个系统的加强。规则建设固然重要，法官素质的提高，民众对法律的接受和认同，同样重要。这种主张的精巧之处在于，它并不把法律仅仅看作规则，而且把实现规则的过程也看作法律的一部分，法律的局限性即凭借这种新的法律观基本得到了解决。绝对严格规则主义的失败恰恰在于它仅把法律看作规则，这种失败导致了法哲学体系的变革，现代的法哲学，无不是研究司法技术或法律适用过程的法哲学。

5. 以法国民法典为代表的古典法典法已经过时，其地位已由以瑞士民法典为代表的现代法典法所取代。古典法典法是 19 世纪的政治经济基础以及哲学的产物，它在 20 世纪社会生活新条件的冲击下已窘态百出。如果说当今的一些大陆法系国家仍保留了经过改造的法典法，那不过是出于对传统的尊重。今日之法典法，由于确立了民法基本原则，已不同于其古典形式。在承认法官活动的能动性与创造性方面，大陆法系已趋同于英美法系。作为古典法典法的首要支柱的三权分立理论和理性主义认识论，在法律局限性问题的挑战下已被突破（这只是其被突破的部分原因）。在今天的西方世界，立法与司法之间的明确界线已经模糊。

6. 法律不是万能的，如同刀枪不入的英雄阿契里斯（'Αχιλλεύς）有一个令他丧命的脚后跟一样，法律有其自身的局限性。在加强法治的声浪中，要对法律保持客观清醒的认识，克服立法万能、立法至上的思想。在设想我国应采取何种立法模式时，应把古典法典法的局限性考虑进去。我国未来的立法模式应是开放的而非封闭的。深受大陆法系影响的我国应避免走大陆法系国家已经走过的弯路。目前，呼吁承认判例法地位的声浪渐高，这种方案有益于克服法律的局限性。

第二节　关于原则立法的探讨

在充分强调民法基本原则的立法技术意义的情况下，是不是要将法律的一切规定都以原则化的方式制定呢？在实际工作者中，对我国立法过于原则、不便执行已有相当抱怨。① 有的学者认为：完备社会

① 参见《检察官谈法制》，载《中外法学》1989 年第 5 期。

主义法制必须使各种法律规范本身完整、具体、细致、周密。各种法律条款的内容要全面、结构要严谨、语义要明确、界线要清晰。法律是高度规范化的行为准则，具有强制执行的特点。因此，法律的规定不能含含混混、模棱两可，不能搞原则法。① 另有学者认为，假使承认少数人（不管什么人）可以不严格地在法律规定的范围内行事反而倒要对法律进行“补充”，实际上就是承认了他们拥有法律之外的或凌驾于法律之上的权力。这就是明白无误地承认了特权和非法。②

我认为，民法基本原则主要是我国民法灵活价值的负载者，在民法的其他成分中，仍有强调确定性以给当事人带来安全价值的必要。一方面，我国的确存在其他民法成分过于原则化、难以执行，并且可能为法官滥用权力、上下其手提供机会的问题。但这一问题只存在于民法具体规定的立法技术上，并不能用以否定基本原则的立法技术意义。现代立法的特点是原则与具体规定在确定性程度上的“两极分化”，即原则规定越来越不确定，以便法官遇到疑难案件时有充分的自由裁量余地，实现个别调整和法律的衡平性，使案件得到公正处理；另一方面，是具体规定越来越详尽细致，甚至出现了表格式的立法，详列行为的各种要件及相应的法律后果。一个案件发生，司法者对案件的各种情况对号入座，立刻可做出结论，以提高办案效率。不确定的原则与具体缜密的规定各有其用处，并行不悖，各表现法律的严格规则的一面和自由裁量的一面。③

我国的情况却是，有时该原则的规定不够原则化，该具体的规定过于原则化，尤其是后者，造成司法上的困难。因此，强调基本原则

---

① 参见李步云、王德祥、陈春龙：《论以法治国》，载《法治与人治问题讨论集》，群众出版社 1981 年版，第 45 页。

② 参见谷春德、吕世伦、刘新：《论人治和法治》，载《法治与人治问题讨论集》，群众出版社 1981 年版，第 107 页。

③ 参见潘大松：《论现代西方法律形式的变化和法治原则》，载《西北政法学院学报》1982 年第 2 期。

的作用与强调立法机关必须制定可操作性强的、对当事人行为有明确可预见性的法律规范并不矛盾。应培养法官的发展补充法律的使命感，使其对原则的授权意义加以理解并运用，对该原则的规定之原则性，不再发出抱怨。

第三节　如何防止法官滥用自由裁量权

民法基本原则所授予法官的自由裁量权，只有在一定条件下才能良性地行使。从我国公、检、法三机关的互相制约、互相监督的制度设计来看，我国对基本人性及人的认识能力并不抱十分乐观的态度，因此应创造一定的环境和条件来规制法官的自由裁量权。由于存在着我国法官素质还有待提高的客观情况，以及法官素质之高低随法院级别的高低依次递降的客观情况，我认为，较大的自由裁量权应授予人员素质较高、经验丰富的高级审判机关（如最高人民法院、各省、市、自治区高级人民法院），由它们根据民法基本原则就法律未为规定的情况做出判例或认可下级法院的判例，以此指导各下级法院，以保障自由裁量权掌握在素质较高的人员手中。为了保证法官的素质，应实行法官资格制，规定受过研究生教育的人员才可任法官，不许把法院当作富余人员的安置所。此外，应借鉴西方国家的有益经验，对具有如上资格的法官实行高薪制和终身制。法官如无应被弹劾的事由，不得免职，以保证法院真正的独立审判，并使法官不必因生存条件问题而滥用法律。最后，应改革判决书的制作方式，不允许将一定事实与一定条文连接起来即可构成判决书，而要求法官详列判决理由，论述这样判而不是那样判的根据。作为配套条件，应允许新闻界对审判过程及审判结果作充分报道以使法官的判案过程展示于社会面前，接受社会的舆论监督，杜绝法官滥用权力的可能。

下　部

诚信原则研究

第六章

诚信原则的国内外学说以及我见

第一节　诚信原则域外学说和立法例综述

一、一般的诚信研究概览

（一）西文中关于诚信的语词概览

可以根据对两种诚信采取的处理方式把西文分为两个组。第一组用同一个术语表征两种诚信；第二组用不同的术语表征两者。

属于第一组的有拉丁语、意大利语、西班牙语、法语、葡萄牙语、英语、罗马尼亚语等。诚实信用在拉丁文中的符号表现是 bona fides；意大利文是 buona fede；西班牙文是 buena fe；法文中是 bonne foi；葡萄牙文是 boa-fè；英文中是 good faith；罗马尼亚文是 bună-credintă。拉丁语中的 bona fides 是意大利语、西班牙语、法语、葡萄牙语、英语、罗马尼亚语中的同义词的渊源，所以，说清了拉丁语中的 bona fides 为何，此等解释也可适用于属于新拉丁语的其他语言。

Bona fides 的反义词是 mala fides。bonus 是“善”的意思，malus 是“恶”的意思，fides 是“信”的意思。bonus、malus 和 fides 分别为合成词 bona fides、mala fides，有贡献了自己的含义，并使法律中的诚

信—恶信问题从属于伦理学上的善恶问题。

什么是“善”？这是一个众说纷纭的问题。先秦时代的中国哲人认为“可欲之谓善”。现代西人佩里（B. B. Perry）也认为“善是所希望的东西”[①]。惜乎这些关于善的言说都有利己主义的嫌疑。而信仰利他主义的斯多亚哲学的罗马人认为，善是一种人能完美地履行自己的职责的品质。[②] 由于人是社会动物，故善的事情就是有利于群的事情。[③] 至于什么是“信”，西塞罗（Marcus Tullius Cicero，公元前106—公元前43）在其《论义务》中说，“行其所言谓之信”（Fiat quod dictum est, applellatam fidem），按斯多亚派的观点，“信”是承诺和协议的遵守和兑现，它是正义的基础。依据这样的“信”，人们可以过一种社会性的生活。[④] 由此看来，bona fides 就是以好人的姿态践行自己的诺言的意思。显然可见，它对人提出的上人标准，不同于现代民法对人提出的中人标准。

属于第二组的有德语、荷兰语、俄语。前者以 Treu und Glauben（忠诚和相信，在我看来，其中的忠诚方是主动者，他要让自己的行为忠诚，相信方是被动者，他要相信对方的忠诚，不乱猜疑，如此构成一种互信的伙伴关系）表征客观诚信，以 gute Glaube 表征主观诚信，它完全是对 bona fides 的翻译。Treu und Glauben 却有德国自身的色彩，它来源于古代德国的誓约。在古代德国，人们常常以 in Treu（于诚实）、mit Treu（于诚实）、bei Treu（依诚实）或 unter Treu（在诚实名义下）强制交易对方作誓。后来为了求得更加可靠，在诚实之外加

---

① 李醒民：《“善”究竟是什么?》，载《社会科学论坛》2011年第8期，第17页。

② Cfr. Roberto Fiori, Bonus vir, Politica filosofia retorica e diritto nel de Officiis de Cicerone, Jovene, Napoli, 2011, p. 109.

③ Cfr. Roberto Fiori, Bonus vir, Politica filosofia retorica e diritto nel de Officiis de Cicerone, Jovene, Napoli, 2011, p. 117.

④ 参见［古罗马］西塞罗：《论义务》，王焕生译，中国政法大学出版社1999年版，第22~23页。

Glauben（信用）二字，而以“于诚实信用”为誓词，起确保履行契约义务的作用。后来，这一誓词被转用于表示诚信原则。[①] 德国人用不同的术语表征两种诚信，无非想说明两种诚信属于不同的事物，不同之实，以不同之名示之。受德国的影响，荷兰人在他们制定1992年民法典时以 redlijkheid en bilijkheid（直译是“公正与合理”）表示客观诚信，以 goede truw（直译是“好人的信用”）表示主观诚信。还是受德国人影响，俄罗斯人前者以 Разумность 表示客观诚信（意思是“合理”），以 добросовестность 表示主观诚信。

尽管诚信原则在大陆法系国家民法典中已普遍被确立为原则，但对于诚信原则涵摄的一些具体问题，各国学者往往还是有不同看法，以下择要介绍一些针对主要问题的有代表性的观点。

（二）诚信的分类

尽管诚信是如此复杂，人们仍大致将其分为主观诚信与客观诚信两个类型。据说这样的分类起源于威希特（Karl Georg von Wächter，1797—1880）与布农斯（Karl Georg Bruns，1816—1880）就罗马法原始文献中包含的 bona fides 一词的含义进行的论战。威希特认为，诚信指对侵害他人权利的不知，这通常是某种错误决定的虚假确信的结果。而布农斯认为，诚信指行为的正当，以及一丝不苟的和坦率的精神，这是缔结协议和开展人类合作所必需的。[②]

对于这种分类，智利法学家阿勒杭德罗·库兹曼·布里托（Alejandro Guzmán Brito，1945—2021）提出了批评。他说：主观诚信是一种意识，但最终取决于对行为人之行为的评价范式，故主观诚信与客观诚信并无本质区别，因为主观诚信也取决于人们用以评价合同行为

① 参见蔡章麟：《债权契约与诚实信用原则》，载刁荣华主编：《中国法学论集》，汉林出版社1976年版，第415页。

② Véase Martha Lucia Neme Villarreal，Buena fe sujetiva y buena fe objetiva. Equivocos a los que conduce la falta de claridad en la distincion de tales conceptos，En Rivista de derecho privato extenado，17，2009，p. 46.

的范式。[1] 这种观点受伦巴尔迪（Luigi Lombardi Vallauri，1936—今）的占有诚信来源于合同诚信的观点的影响，但哥伦比亚学者维拉雷阿尔（Martha Lucía Neme Villarreal）认为，主观诚信来源于客观诚信并不能作为两种诚信具有同一性的理由，主观诚信一旦独立，就有了确信未损害他人权利的含义，与客观诚信的诚实行事的含义不同。[2]

（三）何谓一般的诚信

费雷伊拉（Delia Matilde Ferreira Rubio，1956—今）的诚信定义是涵盖两种诚信的。她认为，诚信是被吸收到法中的人类生活关系要素，但法并非在不赋予其术语的精确性的情况下吸收它，而是把它转化为一个法律概念。换言之，诚信并非立法者的创造，它有先定的内容。立法者不过把这一内在于人类行为的原则扩张于全部人类行为的最广泛的领域。把它确定为规则是为了使其具有法律效力。这时，先前的自然的诚信就被转化为民事的（Civile）的诚信[3]。简言之，费雷伊拉认为诚信是道德的法律化。在这一问题上，早于她的德国学者施塔姆勒（Rudolf Stammler，1856—1938）和邓伯格（Heinrich Dernburg，1829—1907）持同样见解。前者认为：法律的标准应是社会的理想——爱人如己的人类最高理想，行为符合这种理想即符合诚信原则；[4] 后者认为：诚信原则的作用在于使人们在交易场上可以得到交易上道德的保障。

法国学者希贝尔也认为，“诚信是立法者和法院用来将道德规则贯

---

① Véase A. Guzmán Brito, “La buena fe en el Código Civil de Chile”, En Il ruolo della buona fede oggettiva nell' esperienza giuridica storica e contemporanea. Atti del Convegno internazionale di studi in onore di Alberto Burdese, V, II, Padova, Cedam, 2003, p. 319.

② Véase Martha Lucia Neme Villarreal, Buena fe sujetiva y buena fe objetiva. Equivocos a los que conduce la falta de claridad en la distincion de tales conceptos, En Rivista de derecho privato extenado, 17, 2009, p. 58.

③ Véase Delia Matilde Ferreira Rubio, La buena fe, el principio general en el derecho civil, Madrid, Montecorvo, 1984, p. 80.

④ 史尚宽：《债法总论》，荣泰印书馆 1978 年版，第 319 页。

穿于实在法的手段之一”[①]。但一旦道德的诚信转化为法律的诚信，两者就表现出不同。前者建立在对命令我们做好人和纯粹的人之戒条的服从上；后者建立在对未违反法律规范行事、未实施不义行为的确信上。[②] 显然，这不过是说法律的诚信要求低于道德的诚信要求。就这一问题，斯波达（G. Alberto Spota）补充到，在德国法中，过错的概念以未做到一个诚实的、尽职的商人应做到的为基础，这就是说，要以诚信、忠诚和诚实行事。而这样的商人不是一个崇高的人，而是一个中等的人。[③] 换言之，他认为诚信原则尽管是道德的体现，但不过是中人道德的体现。这就产生了一个困难的问题，正因为普通的法律规范对主体的行为要求过低，才有必要引入对人的行为要求较高的诚信于法律中。我们知道，普通法律规范贯彻了经济人假说——这是最大化地追求自己利益的人、中人，如果诚信体现的也是中人的行为标准，我们引入它又有何益？因此，还是以说道德的诚信进入法律后，仍保持其原来的行为要求为妙。在我看来，普通的法律规范往往体现了“毋害他人”的要求，而诚信原则体现了“爱你的旁人”的要求。[④] 两者的区别在于，在法律就当事人的义务保持沉默的情况下，前者意味的是消极义务；后者课加的是积极义务。

尽管其理论有上述小小的缺陷，但费雷伊拉的观点是唯一能同时涵盖客观诚信和主观诚信的。其他学者也对一般的诚信作了自己的界说，但其说明都偏向某一种诚信。他们遵循两种路径。一种是从消极方面界定这一法律现象，把它描绘为法律主体缺少某种不良的内在因

---

① Véase Manuel De La Puente y Lavalle, El contrato en general, El fondo para publicación del PUC del Perú, 1996, p. 24.

② Véase Manuel De La Puente y Lavalle, El contrato en general, El fondo para publicación del PUC del Perú, 1996, p. 28s.

③ Véase Manuel De La Puente y Lavalle, El contrato en general, El fondo para publicación del PUC del Perú, 1996, p. 31s.

④ 参见徐国栋：《论市民法中的市民》，载《天津社会科学》1994 年第 6 期。

素的状况。例如，彭梵得（Pietro Bonfante，1864—1932）就把诚信界定为“诈欺或恶信的阙如”，米丘（Renato Miccio）则将之界定为“不存在后来要对相对人隐瞒并且对之有害的目的”。另一种是从积极方面进行界定，把它描述为法律主体具有某种好的内在因素的状况或承担某种义务的状况。例如，温德沙伊德（B. Windscheid，1817—1892）就将之描绘为“诚实的确信”；图尔（Andreas von Tuhr，1864—1925）将之描绘为“正直”；哥尔菲（François Gorphe，1853—1931）则说它是“诚挚的、忠诚的和如实的愿望”。[①] 科尔鲁（Gerard Cornu，1926—2007）说它是“协助、协作、合作、相互帮助、一定范围内的友谊、博爱的义务”。普兰尼奥尔（Marcel Planiol，1853—1931）和希贝尔则认为它是“像一个诚实和自觉的人那样行为的义务”。[②] 如此众多的定义反映了被认知的事实本身的复杂性。意大利学者夏洛亚（Vittorio Scialoja，1856—1933）走到极端，认为诚信原则是不可定义、不可言说的。[③] 德国法学家罗特（Günter Roth，1941—今）尽管认为诚信原则无法定义，但承认通过一系列的案例群可以言说它。美国法学家萨默斯则认为可以通过排除法说明它：排除了各种恶意的情形，就是诚信。[④]

（四）诚信是原则还是标准

随着两大法系观念交流的增加，本书第一章第三节谈论过的英美法系的法律标准的观念传入大陆法系中来，由此引起了诚信是基本原则还是法律标准的讨论。标准并不产生规范，其自身也不包含规范或

---

① Voir François Gorphe，Le principe de la bonne foi，Dalloz，Paris，1928，p. 84.

② Véase Manual Dela Puente y Lavall，El contrato en general，El fondo para publicación del PUC del Perú，1996，p. 24.

③ Cfr. Antonio Carcaterra，Intorno ai bonae fidei iudicia，Napoli，Jovene，1964，p. 158.

④ 参见［德］莱茵哈德·齐默曼、［英］西蒙·惠特克：《欧洲合同法中的诚信原则》，丁广宇、杨才然、叶桂峰译，法律出版社2005年版，第96页。

行为指令，它们被立法者用作参照系判断主体在特定的情境中应该有怎样的行为。[①] 西班牙法学家蒙特斯（Vicente Montes）在评注西班牙民法典的新第 7 条附 1 条时，就把该条包含的诚信理解成法律标准。他解释道，诚信是免除或减轻制裁性规则的，它限制行使权利或为之设定前提条件，同时它是特别的行为义务的源泉。[②] 他在这样说时，实际上只考虑到了客观诚信与法律标准的关系，诚信被理解为理想的社会行为的模式，但迭斯·皮卡佐（Diez Picazo，1931—2015）把他理解为标准的诚信与主观诚信联系起来，他认为，诚信是立法者设定的一个“中人”的标准，旨在用它来判断其他人的注意程度[③]。但费雷伊拉认为，诚信是基本原则而非法律标准，两者的区别在于前者具有后者没有的规范性，法律标准不能产生具体的义务，也不能产生规范，而只是指明必须实施的具体行为的模式，而诚信本身就是一个规范，它提出为特定形式的行为的要求，由此产生义务以及相应的法律后果。[④] 我认为费雷伊拉对基本原则和法律标准的区分很有道理。在我看来，前者可以作为一个中心词存在，是独立的，后者只能作为一个限制词存在，是依附性的。

（五）诚信与法律中的其他道德因素的关系

既然诚信是道德的法律化，那么，在法律中有许多的道德来源的规定，它们与诚信是何关系呢？

1. 与善良风俗。拉伦兹（Karl Larenz，1903—1993）认为，相较于诚信原则，善良风俗只涉及对人的社会条件的最低要求，并且只要

① Véase Manuel De La Puente y Lavalle, El contrato en general, El fondo para publicación del PUC del Perú, 1996, p. 98.

② Véase Manuel De La Puente y Lavalle, El contrato en general, El fondo para publicación del PUC del Perú, 1996, p. 100.

③ Véase Manuel De La Puente y Lavalle, El contrato en general, El fondo para publicación del PUC del Perú, 1996, p. 100.

④ Véase Manuel De La Puente y Lavalle, El contrato en general, El fondo para publicación del PUC del Perú, 1996, p. 102.

求在某种情境下遵守这一要求。秘鲁学者德拉普恩德和拉瓦叶（De La Puente y Lavalle，1922—2007）认为，善良风俗只涉及特定时空的道德；而诚信原则的要求高于这一标准，确切地说，它以专门的约束为前提，并确定了行为的参与者之间的信赖。因此，并非所有违反诚信的行为都违反善良风俗，而不道德的行为却总是违反诚信原则的。①

2. 与公平。莫塞特（Jorge Mosset Iturraspe）认为诚信与公平是合流的概念，两者相互补充，可以说它们是双胞胎。但莫佐斯（Josè Luis de los Mozos，1924—2008）认为，公平不是一种具有自己性质的道德化的法律制度，而是法制本身中一种必要的社会正义的观点。②确实，公平只是法律的一种价值取向；而诚信是一整套制度安排，但它也服务于公平的目的。诚信行事是手段，公平是其效果。

3. 与公共秩序。莫佐斯认为，公共秩序是适用诚信原则的外在界限。在适用公共秩序规范的时候，就不得适用诚信原则。拉伦兹认为，并非所有的公共利益都应得到优越于对团体生活如此重要的诚信原则的地位，只有专门关系到法律交易的安全的公共利益以及关系到司法的公共利益时才有理由不受诚信原则的修正。③

（六）诚信与恶信或恶意诈欺的对反关系

诚信的反义词是 mala fides，这一个通常被翻译成“恶意”的概念，为了与对 bona fides 的翻译相协调，我宁愿把它翻译成“恶信”。它是一个完全消极的概念，指“诚信的阙如”。④ 通常人们把它理解为“知情”。按这种理解，恶信只是主观诚信的对反概念，因为这种诚信

---

① Véase Manuel De La Puente y Lavalle, El contrato en general, El fondo para publicación del PUC del Perú, 1996, p. 35; p. 46.

② Véase Josè Luis de los Mozos, El principio de la buena fe, sus aplicaciones prácticas en el derecho civil españo, Barcelona, Bosch, 1965, p. 69.

③ Véase Josè Luis de los Mozos, El principio de la buena fe, sus aplicaciones prácticas en el derecho civil españo, Barcelona, Bosch, 1965, p. 69.

④ Véase Manuel De La Puente y Lavalle, El contrato en general, El fondo para publicación del PUC del Perú, 1996, p. 41.

的基本含义就是“不知”。明知某事有害他人而仍为之，构成故意，故莫佐斯认为故意或过失的状态就是恶信，秘鲁民法典也采用这种见解。① 如此，适用过错概念最多的违约领域和侵权行为领域当是最缺乏诚信的领域，过错的概念由此与诚信的概念联系起来了。

与主观诚信和客观诚信的对立相适应，也有主观恶信与客观恶信的对立。为了自己的利益影响条件成就的行为；无行为能力人隐瞒自己的这种状态缔结合同的行为；双方在明知不适格的官员面前缔结婚姻的行为；明知物为他人的仍实施占有的行为；接受明知不应接受的偿付的行为等，都是主观恶信的行为②。那么，什么是客观恶信的行为，我认为，滥用权利行为属是。正因如此，各国民法典多把权利滥用作为诚信的反面规定。③

那么，在诚信与恶信之间，有无一片灰色区域，在这一区域中的行为，既非诚信，亦非恶信？实际上，诚信与恶信的两分问题非常类似于善恶两分问题，在善恶之间，也有不相干的事物（希腊文：ἀδιάφορα；拉丁文：indifferentia）。这是一个斯多亚哲学创立并被基督教继受的概念。按斯多亚哲学，美德、智慧、正义、节制等是善，它们的反面是恶，但在这两端之外，还有一片中间地带，其中有财富、名望等道德既不命令践行，也不禁止的客体。④ 这样的学说是早期斯多亚学者阿里斯通（Ariston of Chios，约前260—?）开创的。⑤ 但对于诚信与恶信的中间地带问题，多数学者持否定说。不过德拉普恩德和拉瓦叶认为，在主观诚信领域，可能发生这样的中间地带，其间，一个不以

---

① Véase Manuel De La Puente y Lavalle, El contrato en general, El fondo para publicación del PUC del Perú, 1996, p. 42.

② Véase Manuel De La Puente y Lavalle, El contrato en general, El fondo para publicación del PUC del Perú, 1996, p. 41.

③ 如韩国民法典第2条第2款；西班牙民法典第7条第2款。

④ See the entry of adiaphora, On http://en.wikipedia.org/wiki/Adiaphora, 2012年1月15日访问。

⑤ 参见章雪富：《斯多亚主义》（I），中国社会科学出版社2007年版，第13页。

故意过失行事的人可能就其权利的有效性产生疑问，但又未达到认为它不存在的程度。此时该人既非诚信，因为他并不确信自己享有权利，但他亦非恶信，因为他也不知道自己不享有权利。[①] 此言有理，可堪采纳。

（七）诚信与司法能动性的关系

无论哪种诚信，都涉及对当事人行为的评判。在主观诚信的场合，要评判当事人是否基于诚实的确信而行为；在客观诚信的场合，要判断当事人是否已按诚实要求做他应该做的，做这样的评判的只能是法官。

正是在这种意义上，史尚宽（1898—1970）注重诚信原则的司法意义。他认为：一切法律关系都应根据它们的具体情况按照正义衡平的原则进行调整，从而达到它们具体的社会公正。法律关系的内容及实现的方法根据当事人间具体情况的不同而不同，法律、合同当事人很难一一预见它们从而加以规定或订定，因此，对方当事人都有可能基于自私利用这些漏洞，牺牲他方利益以实现自己的利益，在这种情况下，决断案情不应是形式的或机械的，而应从道义衡平原则出发，站在立法者的角度决定这些关系，这就是诚信原则的要求。[②] 概言之，史尚宽把诚信原则看作掌握在法官手中的衡平法。

蔡章麟（1908—1988）也认为，诚信原则是概括的、抽象的、没有色彩、无色透明的。它所包括的范围极大，远远超过其他一般条款的范围。诚信原则是未形成的法规，是白纸规定，换言之，是给法官的空白委任状。[③]

---

① Véase Manuel De La Puente y Lavalle, El contrato en general, El fondo para publicación del PUC del Perú, 1996, p. 41.

② 参见史尚宽：《债法总论》，荣泰印书馆 1978 年版，第 319 页。

③ 参见蔡章麟：《债权契约与诚实信用原则》，载刁荣华主编：《中国法学论集》，汉林出版社 1976 年版，第 416 页。

（八）诚信与效率的关系

必须分开两种诚信谈它们与效率的关系。首先谈客观诚信这方面的问题。汉斯-贝恩德·舍费尔（Hans-Bernd Schäfer，1943—今）和克劳斯·奥特（Claus Ott，1937—今）认为，诚信原则稳定了在匿名环境下对典型诚实行为的角色期待，从而降低了交易成本。① 这就是讲诚信原则与效率的正关联了。所谓匿名环境，就是陌生人环境，对应于熟人环境。这样的关联还有其反面体现。在并不存在诚信原则的国家如英格兰，或在没有悠久的诚信原则适用历史传统的国家如美国，书面合同往往更长，通常还会有一个长长的细目清单。② 因为诚信原则课加不确定的附随义务，所以合同不必写得那么长。如此，可把上列英语国家中写得很长的合同称为现代严法合同，按照它们，合同规定了什么就履行什么，未规定的就不必履行。

其次谈主观诚信这方面的问题。第一，善意取得制度中的善意是带来效率的。该制度的特点是牺牲原权利人保护善意的受让人，以保护交易安全。如果不这样做，受让人会承担更高的交易风险，资源的流通会受阻，社会期待的交易规模会减少，也不能物尽其用。③ 第二，取得时效制度中对占有人善意的要求是缺乏效率的，因为善意是一种主观状态，难以证明，通常被推定存在，反对者负举证责任，这个过程耗时且其结果不确定。为了追求效率，英美法的反向占有制度不要求占有者为善意，亦让其取得占有物的所有权。由此可见道德追求与效率追求的紧张关系。

总之，客观诚信与效率正相关，主观诚信则不见得，有时有利于

---

① 参见［德］汉斯-贝恩德·舍费尔、［德］克劳斯·奥特：《民法的经济分析》，江青云、杜涛译，法律出版社2009年版，第528页。

② 参见［德］汉斯-贝恩德·舍费尔、［德］克劳斯·奥特：《民法的经济分析》，江青云、杜涛译，法律出版社2009年版，第528页。

③ 参见［德］汉斯-贝恩德·舍费尔、［德］克劳斯·奥特：《民法的经济分析》，江青云、杜涛译，法律出版社2009年版，第552页。

效率，有时相反。

综上所述，诚信是来源于道德的法律制度，它分为主观诚信和客观诚信两个方面。这两种诚信标准的模糊性导致它们成为授予法官自由裁量权的工具，因此，无论是主观诚信还是客观诚信，最终都转化为裁判诚信。如此，一个诚信原则就分解为三种诚信了。

在我国，对诚信原则的研究被等同于对客观诚信的研究，主观诚信以“善意”的名义被作为另一个制度得到研究，但在罗马法上，诚信原则兼涉两种诚信。基于这个历史现象，我拟改变我国对诚信的研究偏门的格局，打造两种诚信比翼齐飞、主观诚信带头飞的局面，为此，我先介绍关于主观诚信的学说。

二、主观诚信研究概览

（一）主观诚信的分类

主观诚信可分为简单的诚信（buena fe simple）与适格的诚信（buena fe cualificada）。前者又称创造权利的诚信；后者又称免于过失的诚信。前者是其适用不要求注意的诚信，诚信义务人只要有正当的、诚实的意识即可，例如，他认为自己通过合法手段取得了物的所有权。这种诚信不排除诚信义务人有一定的过失。[①] 简单的诚信导致某种保障或利益，例如，诚信占有人在时效完成后可取得占有物的所有权，[②] 是故，它被称为创造权利的诚信。后者是其适用要求注意的诚信，诚信义务人不仅要具备简单诚信义务人要具有的意识，这是适格的诚信

① Véase Corte Suprema de Justicia－sala de Casación Laboral de Colombia，Sentencia Corte Suprema de Justicia 10475 de 1998，Sobre http：//colegiatura. blogspot. com. au/2008/03/sentencia －corte－suprema －de－justicia_06. html，2012 年 2 月 5 日访问。

② Véase David Alejandro Ariza Cabra，Wilson Alirio Giraldo Ramírez，Adquisición del Derecho de Propiedad por la Aplicación del Principio de Buena Fe（Adquisicio －Nes A Non Domino），Sobre http：//www. javeriana. edu. co/biblos/tesis/derecho /dere7/paginas /tesis39. htm，p. 33. 2012 年 2 月 5 日访问。

的主观要件，而且要具备客观要件或社会要件，也就是要获得交付人是真正的所有人的确定，具体而言，是寻找适当的证据支持其初始的确信，否则构成过失。满足了这一客观要件就尽到了必要的注意，所以相应的诚信被称为免于过失的或适格的。“适格”，指达到了法律要求的注意程度。这种诚信的效果是创立一种法律现实，目的在于承认来源于不可克服的错误的权利外观的法律效果。① 由于这两种诚信课加诚信义务人的负担轻重不同，哥伦比亚最高法院说它们是主观诚信的两种度。②

简单的诚信的例子上文已以取得时效中的占有人的诚信为例，适格的诚信有如下列：1. 在商业企业买受该企业无权出卖的动产者的诚信。此等买受人并不想买没有合法来源的东西，这是他的诚信的主观方面。商业企业只能卖它有权卖的东西，买受人不到地摊而到商业企业来买的行为本身就是为了求得交易效力的可靠，这是他的诚信的客观方面；2. 解除其解除条件未被公示的合同。即第三人经书面登记取得物件，但交付人取得该物件附加了未在登记簿上记载的解除条件的，如果物件的前所有人因为条件的成就追索物，买受人受适格的诚信的保护。3. 合同对适格的诚信第三人无效。即合伙合同无效的，不损害与执行合伙者为交易的第三人的诉权；4. 假装的法律行为对于第三人无效。即假装的合同对第三人无效，只要他通过公开的文件无以知晓秘密的协议。③

---

① Véase Martha Lucia Neme Villarreal, Buena fe sujetiva y buena fe objetiva. Equivocos a los que conduce la falta de claridad en la distincion de tales conceptos, En Rivista de derecho privato extenado, 17, 2009, pp. 56ss.

② Véase Martha Lucia Neme Villarreal, Buena fe sujetiva y buena fe objetiva. Equivocos a los que conduce la falta de claridad en la distincion de tales conceptos, En Rivista de derecho privato extenado, 17, 2009, p. 56.

③ Véase Martha Lucia Neme Villarreal, Buena fe sujetiva y buena fe objetiva. Equivocos a los que conduce la falta de claridad en la distincion de tales conceptos, En Rivista de derecho privato extenado, 17, 2009, p. 63.

（二）何谓主观诚信

对于何谓主观诚信，存在如下见解。

1. 确信说。此说认为主观诚信是一种当事人确信自己未侵害他人权利的心理状态，它又被称为“确信的诚信”。

法国学者格斯当（Jacques Ghestin，1931—今）认为主观诚信是“一种心理状态，一种确信，或反过来说，是对事实的认知”①。而莫雷约（Augusto Mario Morello，1926—2009）对这样的心理状态加上了法律效果。他认为，主观诚信是“一种心理状态，它是一个对确定持有这种状态的主体的待遇有用的法律范畴，为此人们将确定当事人的有效确信或意图的类型”②。

2. 错误说。德国学者威希特和布农斯根据自己对罗马法的研究把主观诚信涉及的“心理状态”界定为一种错误，后者更将错误的轻重作了区分，只允许可以原谅的错误构成诚信。③ 所谓可以原谅的错误，是人们在尽通常注意的情况下避免不了的错误。对错误的这种以注意程度为基础的二分蕴含着过错的概念，因为过错无非是对注意义务的违反。因此，尽了注意义务发生的错误可称之为“合法的错误”，构成诚信。

那么，上述类型的错误的对象为何？在通常情况下，人们认识错误的对象是自己的情状，如本来不享有某种权利而认为自己享有。但莫佐斯的研究把这种错误的对象扩展到了对他人的情状，如他人不是代理人却使自己有代理人的外观的情况，不知真相而相信了这种外观的状况，亦谓之诚信。④ 这样，主观诚信就与现代民法中的表

---

① Véase Manuel De La Puente y Lavalle, El contrato en general, El fondo para publicación del PUC del Perú, 1996, p. 27.

② Véase Manuel De La Puente y Lavalle, El contrato en general, El fondo para publicación del PUC del Perú, 1996, p. 27.

③ Véase Manuel De La Puente y Lavalle, El contrato en general, El fondo para publicación del PUC del Perú, 1996, p. 27.

④ Véase Josè Luis de los Mozos, El principio de la buena fe, sus aplicaciones prácticas en el derecho civil españo, Barcelona, Bosch, 1965, p. 57ss.

见制度或外观主义联系起来了。确实，这方面有“众人的错误造就权利”（Error communis facit ius）的法谚，它说的是某个地方的全体或多数人的错误认识造就一个不同于自然现实的法律现实，如一个事实婚姻。身份占有经过时效期间导致取得这一身份也是基于同样的道理。

错误还可分为对事实的错误和对法律的错误，通说认为前者之发生构成诚信，后者之发生不构成诚信，因为任何人都被要求知晓法律。在现代传播工具条件下，这样处理更有理由。

但舒伊尔（Christoph Gottlieb Adolf von Scheurl，1811—1893）对错误说提出了异议，他在《关于诚信的性质与罗马取得时效学说中的原因》一书中指出，在罗马法原始文献中，诚信并不总是以错误为前提，而是相反，有时它可以排除错误。他似乎指出了诚信在这些情况中的实质是一种单纯的道德状况。①

3. 不知说。意大利学者乔万尼·玛利亚·乌达根据对意大利民法典中关于诚信的分析，得出主观诚信有时指不知，有时指错误的结论。② 具体而言，意大利民法典的第 535 条、第 936 条、第 937 条、第 938 条、第 1147 条、第 1192 条、第 1479 条、第 1706 条、第 2038 条是涉及不知的，第 534 条、第 1153 条、第 1155 条、第 1159 条、第 1162 条、第 1189 条、第 1415 条、第 1416 条、第 1445 条是涉及错误的。③ 乌达的观点强调了把主观诚信解释成不知的可能。但法齐奥认为，不知与错误密切相关。错误是行为背离事实，不知是缺乏认知，错误可

---

① 参见［巴西］何塞·卡洛斯·莫雷拉·阿尔维斯：《巴西合同制度中的客观诚信》，徐国栋译，载徐国栋主编：《罗马法与现代民法》第 2 卷，中国法制出版社 2001 年版，第 266 页。

② Cfr. Giovanni Maria Uda，La buona fede nell'esecuzione del contratto，Giappichelli，Torino，2004，p. 4.

③ Cfr. Antonio Musio，La buona fede nei contratti dei consumatori，Napoli，Edizioni Scientifiche Italiane，2001，p. 18.

能是不知的结果，所以，两个概念具有同一性。[①] 按照此说，就无必要把不知说作为一个独立于错误说的学说看待了。事实上，乌达认为是规定不知诚信的意大利民法典第535条，其第3款却包含这样的规定："误以为自己是继承人而取得遗产占有的人是诚信占有人……"[②]。这个"误以为"确实证明了错误说与不知说的某种同一性。

4. 具体心理状态说。尽管诚信通常被分为主观的和客观的，但也存在对繁杂的诚信现象进行的其他分类。例如，迭斯·皮卡佐把诚信分为"诚信的观念"与"诚信的一般原则"。图尔分为"对转让人权利的信""债务人对债权人权利的信""对相对人法律地位的信""对法律行为效力的信""对自己权利的信"。贝蒂将之分为"对损害他人受法律保护的权利的不知""对一种适格的关系的外观的确信"。[③] 如果仔细分析它们，可发现这些更细致的分类大致脱不了主观诚信与客观诚信的两分法。

三、客观诚信研究概览

（一）客观诚信的分类

客观诚信可分为积极诚信与消极诚信。这一分类由意大利法学家艾米略·贝蒂提出，为哥伦比亚最高法院于1958年6月23日做出的一个判例采用。[④] 贝蒂认为，前者是"为了他人的利益积极合作"，它要求承担诚信义务的主体为了他人的利益积极地实施一定的行为，附

---

① Cfr. Mariano Scarlata Fazio, Ingnoranza della legge, In Enciclopedia del Diritto, Milano, Giuffrè, Vol. XX, Milano, Giuffrè, 1970, p. 2.

② 费安玲等译：《意大利民法典》，中国政法大学出版社2004年版，第137页。

③ Cfr. Emilio Betti, Teoria Generale delle Obbligazioni, I, Giuffrè, Milano, 1953, pp. 69ss.

④ Véase Martha Lucia Neme Villarreal, Buena fe sujetiva y buena fe objetiva. Equivocos a los que conduce la falta de claridad en la distincion de tales conceptos, En Rivista de derecho privato extenado, 17, 2009, p. 60.

随义务肯定产生于此种诚信；后者是“缔约活动中的忠诚以及一旦缔结合同后行为的端方”，其中，诚信义务是消极的，表现为尊重他人权利，不做损害其利益的事情，订约阶段的诚信都是如此形态。①

（二）何谓客观诚信

关于何谓客观诚信，存在如下学说。

1. 行为说。费雷伊拉认为，正直的诚信表现在以正直和忠诚行动、行事，不试图欺骗或损害任何人，也不以极端或不必要的方式行使权利或权能。② 这里，费雷伊拉指出了客观诚信是在正直和忠诚的观念指导下的正当的行为，此为关于客观诚信的“行为说”，是最流行的学说。值得注意的是费雷伊拉还提出了客观诚信指不过分地行使权利的观点。

2. 端方说。在“行为说”的基础上，意大利学者提出了“端方（Correttezza）说”。括号里的这个从字面上看意为“正确”的词在意大利文中是“不偏不倚、恰到好处”的意思，与孔子说的“行为不逾规矩”相仿。意大利民法典第 1175 条把这一学说制定为法律，规定：“债务人和债权人应依端方的规则行为”③。至于什么是“端方”，立法上无定义，引起了学者的广泛解释。荷兰学者 M. W. 海塞林克认为它就是客观诚信的意思，意大利人使用此词，是要像德国人一样用不同的术语表达两种诚信。④ 但这种说法显然基于对于 1942 年意大利民法典的思想基础的缺乏了解，因为在意大利民法典中使用 correttezza 一

---

① Cfr. Emilio Betti, Teoria Generale delle Obbligazioni, I, Giuffrè, Milano, 1953, pp. 69ss.

② Véase Manuel De La Puente y Lavalle, El contrato en general, El fondo para publicación del PUC del Perú, 1996, p. 88.

③ 在费安玲等译的《意大利民法典》中，该词被翻译成“诚实信用”。参见其译本的第 291 页，中国政法大学出版社 2004 年版。

④ See Martin W. Hesselink, The Concept of Good Faith, In Hartkamp et al. (eds), Towards a European Civil Code, 3rd ed., Nijimegen, The Hague, London, Boston, 2004, p. 472.

词三次（第 1175 条、第 2391 条附加条、第 2594 条），它们确实表达的是客观诚信的意思，如第 2391 条附加条（相关当事人的协同行动）规定：利用具有风险的资本市场的公司的管理机关，要根据公司与证券交易所全国委员会指出的一般原则，采用确保相关当事人的协同行动的实体和程序上的透明与端方的规则，在管理报告中让他们知晓有关事宜，他们可以为此目的根据行动的性质、价值和特征利用有关专家的帮助。第 2598 条（关于不正当竞争行为）第 1 款第 3 项规定：直接或间接利用各种不符合职业端方与合适原则的手段损害他人的企业。[①] 显然，这三处端方都是对于当事人行为的要求，因此属于客观诚信无疑，但意大利民法典还在多处用 buona fede 的术语表达客观诚信，最典型的是第 1337 条（谈判与先契约责任）的规定：当事人在谈判及订立合同的过程中，应依诚信行事。以及第 1375 条（诚信履行）的规定：合同应依诚信履行。这样，至少可以说意大利民法典用两个术语表达客观诚信，没有像德国民法典、新荷兰民法典以及俄罗斯联邦民法典那样用不同的术语在主观诚信与客观诚信间划出楚河汉界。

那么，为何意大利民法典中出现了客观诚信表达的二元制？意大利学者比良齐·杰里给出了答案：德国民法对意大利民法的影响使然。端方来自德国民法典第 826 条[②]规定的善良风俗（gute Sitten）。[③] 采用两个词表达客观诚信是出于细致区分的需要。客观诚信旨在干预一个特定的法律关系，端方旨在评价主体独立于任何法律关系之考虑的一

① 本书援引的意大利民法典条文，除指明来自费安玲等译的中译本外，都来自 Codice Civile，Regio Decreto 16 Marzo 1942，n. 262. Su www. testielettronici. org/CODICI /Codice%20 Civile. pdf，2011 年 12 月 2 日访问。

② 其辞曰："以违反善良风俗的方式，故意地加损害于他人的人，负有向他人赔偿损害的义务"。参见陈卫佐译注：《德国民法典》（第 2 版），法律出版社 2006 年版，第 307 页。

③ Cfr. Lina Bigliazzi Geri，Buona Fede nel Dirritto Civile，In Digesto delle Discipline Privatisitiche，Vol. 2，Torino，UTET，1989，p. 169.

般的行为。[①] 这种说法不能让人信服。理由一，德国民法典第 826 条属于侵权行为法中的一般条款，张扬的是“毋害他人”的消极义务，意大利民法典中的端方属于特定情境中的当事人的行为规则，张扬的是“诚实生活”的积极义务，两者恐怕并不同调。理由二，意大利民法典中有多处规定善良风俗（序编第 31 条、第 5 条、第 23 条、第 25 条、第 308 条、第 634 条、第 1343 条、第 1354 条、第 2031 条、第 2035 条），不能认为 3 处端方是德国式的善良风俗变的，其他善良风俗维持了其自身。所以，比良齐·杰里为端方寻找德国来源，无非想掩盖意大利民法典曾有过的职团主义思想及其表现而已。

无论如何，端方作为一个新术语需要解释。特拉布基（Alberto Trabucchi，1907—1998）援引意大利当时司法部发表的意大利民法典立法理由书第 558 点对这个词的定义：“端方是一种道德风格，它涉及忠诚的精神、坚定不移的丈夫气概、表里一致、行为一贯、忠诚和尊重根据一般的良心应在同事（Consociato）关系中遵从的义务。”[②] 这是一个相当男性本位的描述，表达了秉持职团主义的起草者的合作社会的强烈观念，强烈到传统的客观诚信原则无法表达，故另创新原则表达之。在职团主义以及支持它的政权倒台后，贝蒂主张端方与诚信的兼容，他认为“端方”仅是消极的诚信的表现，它课加尊重和保存他人利益的消极义务，而严格意义上的诚信则课加合作的积极义务。[③] 路易吉·罗威利（Luigi Rovelli）认为，端方既是评价债的当事人的行

---

① Cfr. Lina Bigliazzi Geri, Buona Fede nel Dirritto Civile, In Digesto delle Discipline Privatisitiche, Vol. 2, Torino, UTET, 1989, p. 169.

② Cfr. Alberto Trabucchi, Istituzione del Diritto civile, CEDAM, Padova, 1984, p. 540.

③ 参见［巴西］何塞·卡洛斯·莫雷拉·阿尔维斯：《巴西合同制度中的客观诚信》，徐国栋译，载徐国栋主编：《罗马法与现代民法》第 2 卷，中国法制出版社 2001 年版，第 278 页。

为的标准，同时是一种“行为的范式”①。他甚至认为，端方与客观诚信无差别。但德拉奎拉（Enrico dell'Aquila）对这一问题做了不同的处理，他认为，除非以端方的概念将其具体化，无论是客观诚信的概念还是主观诚信的概念，都没有任何内容。② 为此，他不仅概括了客观诚信领域的端方规则，而且概括出了主观诚信领域的这方面的规则，例如规制干扰行为的规则。如此，在物权法领域，就不仅由主观诚信支配，而且也由被称为端方的客观诚信支配了。这不能不说是对诚信理论的一大发展。

3. 利益平衡说。梅西内奥（F. Messineo，1886—1974）对客观诚信的观察角度介乎当事人的行为与此等行为的客观效果之间。他说：“合同当事人（债权人和债务人）遵守客观诚信意味着债权人在行使其债权的过程中不应要求得更多；债务人在履行其义务的过程中也不得要求作少些的履行”③。如此，当事人间的利益关系得到平衡。正是在这一意义上，希赖德（Konrad Schneider）说：诚信原则的作用，是使当事人双方的利益达到平衡，换言之，公正实现双方利益，以达到利益的调和。④

4. 效果说。罗易和特西多勒（L. Loi 和 Franca Tessitore）对客观诚信的分析进一步偏向于当事人行为的效果。他们认为，诚信缓和了法律经常以很大的精确性加以标明的权利义务的界限。⑤ 此可谓“模糊说”。它宣扬权利不得过度主张，义务不得严苛化，是支撑调解的争议

---

① Cfr. Luigi Rovelli, Corretezza, In Digesto delle Discipline Privatistiche, Vol. II, Torino, UTET, 1989, p. 423.

② Cfr. Enrico Dell'Aquila, La correttezza nel diritto privato, Milano, Giuffrè 1980, p. 11.

③ Cfr. F. Messineo, Dottrina generale del contratto, Ediciones Juridicas Euro-America, Buenos Aires, 1986, Tomo I, p. 428. .

④ 参见史尚宽：《债法总论》，荣泰印书馆 1978 年版，第 320 页。

⑤ Véase Manuel De La Puente y Lavalle, El contrato en general, El fondo para publicación del PUC del Perú, 1996, p. 38.

解决方式的理论。

5. 故意过失阙如说。作为一种行为模式的客观诚信必定是一定的心理状态的结果，由此客观诚信与注意和过失的概念相连。富有意味的是，与主观诚信和客观诚信的二元制相对应，也存在主观注意与客观注意的二元制。前者体现在意大利民法典第 1175 条中，指维持债的关系，避免出现违反善良家父注意的一切事项的规则；后者体现在上述民法典的第 1176 条中，指用来判断以不可替代的行为为内容的给付的标准。[①] 按照我的理解，前者是抽象的，后者是具体的。[②] 尽管注意与主观诚信皆属于心理状态，但两者不同，前者涉及意志的领域、行为的领域，是意志的紧张状态；后者涉及理解的领域，是对一种事实状态的认知。也就是说，前者是积极的、“输出的”，后者是消极的、“输入的”。最重要的不同是，在债的关系中，注意是专门课加给债务人的义务，而诚信是课加给当事人双方的义务。[③] 过失是对注意的违反，即疏忽，由此违反了毋害他人的诚信义务。[④] 在这个意义上，过失可以作为诚信的反义词看待，而诚信就是故意或过失的阙如。

（三）客观诚信与不为诈欺

诈欺是诚信的对反。诈欺分为针对法律的和针对他人的。前者体现为规避正常情况下应适用的法律，因为该法律对行为人不利。或曰，体现为利用法律规则来规避法律，完成一项法律禁止的行为。[⑤] 后者

---

① Cfr. Umberto Breccia, Diligenza e buona fede nell'attuazione del rapporto obbligatorio, Giuffrè, Milano, 1968, p. 8.

② Cfr. Rodolfo Sacco, La buona fede nella teoria dei fatti giuridici di diritto privato, G. Giappichelli, Torino, 1949, p. 33.

③ Cfr. Umberto Breccia, Diligenza e buona fede nell'attuazione del rapporto obbligatorio, Giuffrè, Milano, p. 14.

④ Véase Josè Luis de los Mozos, El principio de la buena fe, sus aplicaciones prácticas en el derecho civil españo, Barcelona, Bosch, 1965, p. 63.

⑤ 参见［法］雅克·盖斯旦、［法］吉勒·古博：《法国民法总论》，陈鹏等译，法律出版社 2004 年版，第 750 页。译文有改动。

是制造假象或不告知真相让对方陷入错误从而牟利。诈欺法律的典型例子是通过假结婚取得一定身份，或用收养制度来从法律上稳定同性恋关系，[①] 这样就滥用了结婚制度和收养制度，可以把诈欺法律行为描述为制度滥用。诈欺他人的法律效果由法律行为制度确定。诈欺法律的效果可以用一个拉丁法谚描述：Fraus omnia corrumpit（诈欺使一切无效）。[②] 比利时学者让·弗朗索瓦·罗曼（Jean François Romain）论证了诚信与不为诈欺的关联。他认为，法国民法典第 1116 条第 1 款贯彻了诚信原则。[③] 该款辞曰：如当事人一方不实施诈欺，他方当事人绝不缔结契约者，此种诈欺构成契约无效的原因。[④] 意大利学者保罗·伽罗（Paolo Gallo）亦如此论证。[⑤] 他们的论证有理。

诈欺分为积极的和消极的，前者为营造假想让对方陷入错误，后者为不告知真相让对方发生误判，从而牟利。尤其发生在买卖时卖方不告知买方标的物的隐蔽瑕疵上，许文华认为这是对诚信原则的违反。[⑥] 此言甚是有理。

（四）客观诚信与禁反言

反言（Venire Contra Factum Proprium）的意思是出尔反尔。意大利学者安德雷阿·齐洽（Andrea Cicia）把禁反言当作诚信原则的内容进

---

① 参见［法］雅克·盖斯旦、［法］吉勒·古博：《法国民法总论》，陈鹏等译，法律出版社 2004 年版，第 751 页。

② 参见［法］雅克·盖斯旦、［法］吉勒·古博：《法国民法总论》，陈鹏等译，法律出版社 2004 年版，第 746 页。

③ Voir J. -F. Romain, Theorie Critique du principe general de bonne foi en droit privé, Bruxelles, 2000, p. 174.

④ 参见李浩培等译：《拿破仑法典（法国民法典）》，商务印书馆 1979 年版，第 150 页。

⑤ Cfr. Paolo Gallo, Contratto e buona fede: buona fede in senso oggettivo e trasformazioni del contratto, UTET, Torino, 2014, pp. 646s.

⑥ Cfr. Wenhua Xu, Reticenza del Venditore sui Vizi Occulti. La Violazione della Buona Fede tra Diritto Romano e Diritto Cinese, Tesi di dototrato dell'Università degli Studi di Milano, 2020, p. 53.

行研究,[①] 很有道理，因为诚信的本来意思是说话算数，反言无非是说话不算数。故出尔反尔是对诚信的违反。所以，一些新近的民法典或草案开始把禁反言原则作为诚信原则的子原则规定。其一，2002 年颁布的加泰罗尼亚民法典。其第一编第 111—8 条规定：先前实施的自家行为，如果它具有明确的意义并由此产生与当前主张不相容的法律后果，任何人都不得主张与此等行为相矛盾的权利或权能。[②] 这是一个关于禁反言原则的明确规定，不过采用了西班牙语世界的对禁反言原则的“自家行为”的表达。其二，2013 年的新匈牙利民法典。其第 1：3 条（条名“诚信与公平交易原则”）规定：1. 在行使权利和履行义务时，应遵守诚信与公平交易原则。2. 一方当事人行使权利违反先前实施的已导致他方当事人信赖的行为时，视为违反了诚信与公平交易原则。[③] 此条第 1 款规定诚信与公平交易原则，把诚信与公平交易捆绑，是美国的做法，实际上是把诚信原则的适用局限于商法，排斥了它在人身法中的适用。第 2 款把“出尔反尔”作为违反诚信与公平交易原则的一种形态加以规定。其三，2016 年问世的加藤雅信的《日本民法典修正案（Ⅰ）》。第 3 条规定：遵守诚信原则，不得有如下行为：1. 违反自身的先前行为，主张背信弃义；2. 有明显不当行为者请求对其行为进行法律上的救济。[④] 此条第 1 款规定的就是禁反言原则，第 2 款规定的是净手（Clean hand）原则。两者都被认为是诚信原则的派生原则。

---

① Cfr. Andrea Cicia, Il Divieto di Venire Contra Factum Proprium alla Luce del Principio di Buona Fede, Tesi di dototrato dell'Università degli Studi di Roma Tre, 2009.

② Véase Ley 29/2002, de 30 de diciembre, primera Ley del Código Civil de Cataluña, p. 10.

③ See Act V of 2013 on the Civil Code, On https://tdziegler. files. wordpress. com/2014/06/civil_ code. pdf，2022 年 1 月 16 日访问。

④ 参见［日］加藤雅信：《日本民法典修正案（Ⅰ）》，朱晔、张挺译，北京大学出版社 2017 年版，第 7 页。

顺便指出，我国台湾地区已在判例中适用禁反言原则。首先在权利失效案件中（1983 年度台上字第 2673 号、1999 年度台上字第 497 号、2006 年度台上字第 2859 号、2007 年度台上字第 251 号、2013 年度台上字第 1732 号判决等）适用，陈聪富（1962—今）认为，权利失效理论乃禁反言原则之表现。而禁反言又称禁止矛盾行为，我国台湾地区将该原则适用于已表示放弃时效利益的债务人后由主张时效利益的案件中（2016 年度台上字第 1537 号判决等）。[①]

（五）客观诚信与净手原则

所谓净手原则，是令有明显不当行为者丧失对其行为的救济请求权的原则。净手原则起源于罗马法，罗马法学家从侵权法、合同法、继承法三个角度考虑该原则的适用。前者如乌尔比安（Domitius Ulpianus，约 170—约 228）这么说：任何人不得依据其不法行为改善其地位（Nemo ex suo delicto meliorem suam condicionem facere potest）。[②] 中者如优士丁尼《学说汇纂》第 12 卷第五章的标题“丑陋原因或不正当原因引起的请求返还之诉”（De condictio ob turpem et iniustum causam），按照这个陈述，基于丑陋原因做出的给付，有丑陋原因者不得请求返还。[③] 后者如杀害被继承人者不得取得其遗产的莫特斯丁案例分析。[④] 中世纪法学家阿佐把三个方面的适用浓缩为法律原则：任何人都不得从其诈欺或不法行为中得利（Nemo enim ex suo dolo vel delicto lucratur），英国法官劳埃德·肯扬（Lloyd Kenyon，1732—1802）将该原则的表述简化为“到法院需求救济的人，自己的手要干净（Those who

---

① 参见陈聪富：《台湾民法诚信原则之实务发展》，《月旦民商法杂志》2018 年冬季号，第 13 页及以次。

② See The Digest of Justinian, Vol. IV, edited by Mommsen and Alan Watson, University of Pennsylvania Press, Philadelphia, 1985, p. 964.

③ 参见翟远见译：《学说汇纂》（第十二卷），中国政法大学出版社 2012 年版，第 129 页。

④ See The Digest of Justinian, Vol. 4, edited by Mommsen and Alan Watson, University of Pennsylvania Press, Philadelphia, 1985, p. 878.

come into a court of justice to seek redress，must come with clean hand）。[①]这一简化表述为本书采用，即净手原则。现代民法典有的把净手原则界定为诚信原则的一个子原则。例如，2012 年的捷克民法典，其第 6 条第 2 款规定：无人可从其不公正行为和非法行为中受益。而且，无人可从他引起或控制的不法情势中受益。[②] 又如 2013 年的匈牙利民法典，其第 1：4 条第 2-3 款规定：2. 当事人不得以实施的不法行为支持其请求权。3. 实施了不法行为者也可援引其相对人的不法行为。[③]最后是前面已提到的加藤雅信的《日本民法典修正案（Ⅰ）》第 3 条第 2 款：有明显不当行为者不得请求对其行为进行法律上的救济。[④]

（六）客观诚信与消费者保护

诚信与公平具有密切联系。可以说，诚信，不论何种诚信均是手段，公平是目的或效果。但现代工业化社会和法人资本主义环境带来了生产者、销售者与消费者之间极大的地位失衡，以及相应的信息不对称，消费者处在任人宰割的弱者地位，于是，如何利用诚信原则保护消费者成为一个时代课题。这也是一个古老的课题，可以说诚信原则为此而生。该原则对消费者的保护分别体现在订约方面、解释合同方面和履行合同方面，当然都是做有利于消费者的处理。尤其反对在消费者合同中强势一方对他方的霸凌行为。[⑤]

（七）客观诚信是否适用于家庭法?

意大利民法典有 7 条规定客观诚信，其中 1 条规定端方，这些规

---

① On https：//quotes. yourdictionary. com/author/kenyon－lloyd－1st－baron－kenyon/，2022 年 2 月 12 日访问。

② See 89/2012 Sb. ACT of 3 February 2012，the Civil Code of the Czech Republic.

③ See Act V of 2013 on the Civil Code，p. 1，On https：//tdziegler. files. wordpress. com/2014/06/civil_ code. pdf，2022 年 2 月 16 日访问。

④ 参见［日］加藤雅信：《日本民法典修正案（Ⅰ）》，朱晔、张挺译，北京大学出版社 2017 年版，第 7 页。

⑤ Cfr. Antonio Musio，La buona fede nei contratti dei consumatori，Edizioni Scientifiche Italiane，2001，pp. 92ss.

定都处在财产法中，家庭法摊不上一条。与此相似，我国民法典有 7 编，只有总则与合同两编分布有客观诚信规定，婚姻家庭编也是一条客观诚信规定亦无。由此引发了为何家庭法不规定客观诚信的问题。这要从客观诚信的起源讲起。这种诚信首先是债务人的履行诚信，然后逐渐上升为全部民法的基本原则。在完成此等“上升”前，家庭法中适用团结（Solidarietà）原则。Solidarietà 来自形容词 solidus，意思是“整体的”[①]。所以，团结原则把家庭视为一个整体，各成员为此等整体的不同机关发挥不同的作用。这一整体又可大致二分。其一是夫妻一体，它至少导致侵权法基本不适用于家庭内部的争议。[②] 其二是亲子一体，它至少导致亲子之间不成立盗窃。[③] 但随着客观诚信原则走出合同法上升为民法的基本原则以及家庭成员之间关系，由于妇女解放导致的去整体化或交通进步导致的家庭成员的相对独立化，意大利法院经常把客观诚信原则适用于家庭关系。意大利最高法院在 1999 年的一个判例（Cass. 16 Marzo 1999，n. 2315）中指出：法律关系中的诚信、端方和忠诚课加的一般义务，不限于法律具体规定所提及的行为或合同；这些义务，特别是在家庭关系方面，采取了团结的含义和互信的含义。[④] 此论高妙，妙在把原本独立于客观诚信原则的团结原则一下子“收编”为客观诚信的一种表现。由此突破客观诚信不入家庭法的禁忌后，意大利最高法院 2005 年的一个判例（Cass. 10 Maggio 2005，n. 9801）确立了家内损害的概念，确认男方婚前不告知女方自己阳痿的，有违诚信原则。2014 年，博洛尼亚法院判定（Trib. Bologna，

---

① 谢大任主编：《拉丁语汉语词典》，商务印书馆 1988 年版，第 510 页。

② 参见［美］哈里·D. 格劳斯、［美］大卫·D. 梅耶：《美国家庭法精要》（第 5 版），陈苇译，中国政法大学出版社 2010 年版，第 70 页。

③ 参见徐国栋：《优士丁尼〈法学阶梯〉评注》，北京大学出版社 2011 年版，第 499 页。

④ Cfr. Giuseppe Cassano，Il diritto di famiglia nei nuovi orientamenti giurisprudenziali，IV，Filiazione e l'adozione，Milano，Giuffrè，2006，p. 121.

16，dicembre 2014）：女方在同居7年后不告知其男友两人女儿的真实父亲的，构成婚内不法行为，并违反诚信原则。意大利最高法院2017年发布的一个判例（Cass. 27 Aprile 2017，n. 10377）判定：民事结合终结后，提供共同住所的一方不得马上将对方赶走，要依据诚信原则留给后者适当的时间寻找新住处。① 发展到这一步，我们至少可以说，在意大利，客观诚信原则在判例法的层面是适用于家庭法的。这也意味着整体家庭的解体。

四、两种诚信的关系及其统一

（一）两种诚信的关系

两种诚信的关系如何？莫塞特提到了它们的区别：主观诚信通常都转化为权利的授予，这是因为这种诚信是法律诱导的一种心理状态，当事人如果达到了它，将得到一定的优惠待遇；而客观诚信以义务的课加为特征，法律以诚信的名义要求当事人这样做那样做，如果做了，没有任何奖励性的安排。② 当然，他人的赞誉以及相应的商誉回报不属于法律规定的奖励，但诚信行事者确实可因此得到这些好处。

德拉普恩德和拉瓦叶认为，客观诚信是非个人性的关于行为之正当性的规则，因此，客观诚信的标准不论对于何人，都是统一的；而主观诚信具有个人性，换言之，在特定情境中行为人是否达到了主观诚信，要依个案为判断。③ 此语大哉！读者在本书第七章第二节“罗马法中的主观诚信”中可看到，主观诚信具有性别性和年龄性，甚至具有职业性和地方性。主观诚信的这种个人性具有授予法官自由裁量

---

① Cfr. Mirzia Bianca，In Pietro Sirena，Andrea Zoppini（a cura di），I poteri privati e il diritto della regolazione，Roma TrE-Press，2018，pp. 159ss.

② Véase Manuel De La Puente y Lavalle，El contrato en general，El fondo para publicación del PUC del Perú，1996，p. 33.

③ Véase Manuel De La Puente y Lavalle，El contrato en general，El fondo para publicación del PUC del Perú，1996，p. 26.

权的意义，同时具有保护弱者的功能。但德拉普恩德和拉瓦叶关于客观诚信的标准具有统一性的说法可能在美国找不到同道，因为至少在统一商法典（UCC）的框架内，诚信的要求依交易主体不同而不同，对商人的要求高于非商人。①

玛利亚·乌达认为，主观诚信是一个描述性的概念，表示的是主体的一种认识状态，而客观诚信却是一个规范性的概念，它对主体的行为提出一定的要求。主观诚信本身不产生法律效果，它只是产生法律效果的构成要件之一，必须跟其他构成要件合作才能达成法律效果；而客观诚信本身就能产生法律效果。主观诚信具有历史性，也就是说，它描述的心理状态必定已发生；客观诚信具有未来性，也就是说，它要求的良好行为通常并未发生。② 所以，他像德拉普恩德和拉瓦叶一样，也认为两种诚信互不相干，是两股道上跑的车，拧不到一起。他甚至认为诚信原则只包括客观诚信，也就是说，只有客观诚信才是真正的一般条款。③

何塞·玛利亚·米盖勒认为：客观诚信是限制权利之行使的，主观诚信是破毁权利的，因为诚信第三人总是优先于权利的属主。④

但两种诚信又有密切联系。一方当事人的主观诚信来自他方当事人的客观诚信，因此，主观诚信不过是客观诚信的另一面。⑤ 从功能来看，两种诚信是统一的，由此罗易和特西多勒认为，不论是客观诚

① 参见秦伟：《英美法善意原则研究：解读英美法物权变动中的“优先和最高原则”》，法律出版社2008年版，第8页及以次。

② Cfr. Giovanni Maria Uda, La buona fede nell'esecuzione del contratto, Giappichelli, Torino, 2004, pp. 6ss.

③ Cfr. Giovanni Maria Uda, La buona fede nell'esecuzione del contratto, Giappichelli, Torino, 2004, p. 21.

④ Véase José María Miquel, la voz《Buena fe》de la Enciclopedia Jurídica Básica, Madrid, 1995.

⑤ Véase Manuel De La Puente y Lavalle, El contrato en general, El fondo para publicación del PUC del Perú, 1996, p. 37.

信还是主观诚信，都起到了赋予法典的僵硬结构以弹性的作用，它导致规范能更好地适应法典旨在调整的不断变化的新现实。①

（二）主观诚信和客观诚信的交错问题

有无可能某种诚信既有主观诚信的要素，又有客观诚信的要素？答案是肯定的，1971年的哥伦比亚商法典第863条规定：当事人在订约期间应以免于过失的诚信的方式行事，否则要赔偿由此引起的损害。② 该条在句式和主题上属于规定客观诚信的条文，但它又把免于过失的主观诚信当做当事人行为的标杆，由此证明免于过失的主观诚信包含客观诚信的因素，因为在免于过失的诚信中，正当、诚实的意识属于其主观部分，尽一定的注意收集证据支持自己最初的确信属于其客观部分。以证据求得自己行为的确定性必须以一定的行为实现。当然，这样的行为可以是积极的，如查看公共登记簿以了解标的物的权属状况，也可以是消极的，如只去大商场购物而不去地摊购物，以避免买得赃物的风险。在这里，不去地摊购物就是消极的行为。当然，有的学者提出相反的意见，认为积极诚信内在地包括注意义务，所以，哥伦比亚商法典第863条的规定是个不当的表达，③ 我认为此论忽略了主观诚信判断客观化的一般趋势，这种趋势早在罗马人把诚信与正当的原因并列为取得时效完成的要件时就有了，这两个要件互相关涉，其中，诚信是主观的，正当的原因是客观的。此论还忽略了主观诚信与登记制度相结合的现象，在这种条件下，行为人被要求根据价格、交易环境、登记簿的记载判断交易对方的权源状况，而非根据交易对

---

① Véase Manuel De La Puente y Lavalle, El contrato en general, El fondo para publicación del PUC del Perú, 1996, p. 38.

② Véase Código de Comercio colombiano, Sobre http: //www. notinet. com. co/serverfiles/servicios/archivos/ codigos/ comercial/CODIGO% 20DE% 20COMERCIO% 20DE% 20COLOMBIA. doc，2012年2月5日访问。

③ Véase Martha Lucia Neme Villarreal, Buena fe sujetiva y buena fe objetiva. Equivocos a los que conduce la falta de claridad en la distincion de tales conceptos, En Rivista de derecho privato extenado, 17, 2009, p. 66.

方的口头声明为此等判断，进行此等考察当然属于客观诚信的范畴。只要承认上述趋势和现象，就必然承认这种主观诚信中包含客观诚信的要素。

（三）统一的诚信概念是否可能？

对这一问题有“悲观说”和“乐观说”两种观点。容分述之。

1. 悲观说。前文已述，在学说上，德拉普恩德和拉瓦叶认为主观诚信和客观诚信不是具有同样实质的两种成分的一个制度，而是两种性质不同的、寻求保护不同的利益、在不同的体系中使用的制度，[①] 故不可能统一。玛利亚·乌达也持类似观点。

2. 乐观说。最早的乐观派的学者是法国人雨果·多诺（Hugues Doneau，1527—1591），他试图抛弃诚信在占有和合同方面的意思，建立统一的诚信概念。他在讨论了占有中的诚信后说：“诚信占有被理解为有正当原因的占有人，由于认为物是他自己的而进行的占有”。接下来他强调：“有如此认识者被说成进行了诚信占有；有相反认识者被说成进行了恶信占有。在《学说汇纂》第 50 卷第 16—17 题的各个法言中；在《学说汇纂》第 18 卷第 1 题‘关于出售的订立，关于买受人与出卖人间订立的简约，不能被出售的物’中，‘信’一词都没有任何新的含义，而只有旧的、日常的含义，尽管有小小的一点变化。因此，‘信’是西塞罗在《论义务》第 1 卷中所说的‘行其所言’的状况。所有的诚信占有人都做到了这一点。”[②] 此语显然力图打通主观诚信与客观诚信之间的界限，以“说话算数”作为两者的共同点，但可以为进一步的论证，说明为何不论是践行主观诚信还是客观诚信，都做到了说话算数？在本章的结尾部分我将做这一工作。

---

① Véase Manual Dela Puente y Lavall, El contrato en general, El fondo para publicacioón del PUC del Perú, 1996, p. 36.

② Cfr. Hugonis Donelli, Opera omnia, Tomus Primus I, Roma, Typis Josephi Salviugg-gi, pp. 829ss.

乐观派的学者还有意大利学者伦巴尔迪（Luigi Lombardi Vallauri），他通过知识考古学研究证明了两种诚信本来就统一于客观诚信。

在其专著《从“信”到“诚信”》中，伦巴尔迪也认为客观诚信曾是唯一的诚信，到后来才分叉为债法中的诚信和物法中的诚信两个分支。根据其分析，诚信最早确立在债法中，在2世纪末，诚信已广泛地渗透于这一法的分支，而此时物权关系中尚无诚信的痕迹。占有中的诚信是从买受中的诚信分化出来的。如果仔细分析买受的诚信便可获得两个分支，买受人在缔结合同中的诚信与他在执行合同中的诚信不同，前者是一种确信状态，是对未损害第三人之权利的意见。而后者是一种积极的行为，是一种与当事人的实际利益相对应的注意。[①] 概言之，谈判和缔约过程中的诚信具有相当程度的心理过程的性质，正是它成了客观诚信向主观诚信过渡的出发点。

伦巴尔迪之所以认为占有中的诚信很可能产生于对买受人必须具备诚信才能完成取得时效的要求，乃因为根据对原始文献使用“诚信”的统计，与买受相联的最多。而且，就取得时效而言，买受是一种最典型的要求诚信的行为。这一点得到优士丁尼《法学阶梯》2. 6pr. 的证明，它规定，“诚信地从非所有人、但被相信为所有人者买得物，或根据赠予或因其他正当原因收受物的人……”[②]，可以在一定的占有期间完成后取得物的所有权。在这一片段列举的导致取得时效的三类原因（买受、赠予和其他正当原因，最后一类当包括因继承、因抛弃物、因遗赠、因嫁资、为自己等）中，买受被列在第一位，它是取得时效的最重要和最古老的原因。[③] 事实上，取得时效就是为了

① Cfr. Luigi Lombardi Vallauri, Dalla ‘fides’ alla ‘bona fides’, Giuffrè, Milano, 1961, p. 220; p. 245.

② ［古罗马］优士丁尼：《法学阶梯》，徐国栋译，中国政法大学出版社1999年版，第147页。

③ Cfr. Luigi Lombardi Vallauri, Dalla ‘fides’ alla ‘bona fides’, Giuffrè, Milano, 1961, p. 223.

解决以略式方法买卖要式转移物的买受人不能取得标的物的所有权问题发展起来的，故在十二表法第6表中，它紧接着关于债务口约和要式买卖的第1条得到规定。由于买受的这种地位，它很可能被作为一个范本，从其制度中提取了适用于其他取得占有之原因的规则。由于它的这种角色，经过由个别到一般，从单方行为到双方关系的过渡，买受中的诚信逐步演变为完成取得时效的一个要件。由此，买受缔结时应具备的主观倾向的诚信很平滑地演变为物权法中的诚信。

当然，从买受人的诚信到物权法中的诚信的过渡，还可从普布利奇安诉讼（Actio Publiciana）的发展中找到证据。所谓的普布利奇安诉讼，是维护依单纯的交付取得要式移转物，不能获得其市民法上的所有权的主体在以时效取得该物前对该物的占有的诉讼。如果他被剥夺这种占有，诚信占有人可根据此诉回复被剥夺的物，因为裁判官把他拟制为已完成取得时效。[①] 这种诉权只授予在缔约之时为诚信的买受人（裁判官说："如果某人诚信买受了物并已受交付但尚未以时效取得，经请求，我将授予他诉权"[②]）。我们看到，在这一场合，买受人的缔约诚信又被转化为物权法中的占有诚信，并根据后一种诚信赋予买受人以时效取得的权利。[③] 这一较晚发生的平行事例有助于补强主观诚信是由客观诚信发展而来的结论。

伦巴尔迪的上述理论，可概括为"客观诚信内含主观诚信说"。由于人的行为受其意识支配，以客观诚信行事的人实际上必定具备主观诚信，一旦将此等主观诚信剥离出来并刺激其独立发展，主观诚信就形成了。尽管如此，伦巴尔迪只承认主观诚信是从买受人的好的主

---

① Cfr. Federico del Giudice e Sergio Beltrani, Nuovo Dizionario Giuridico Romano, Edizione Simone, Napoli, 1995, p. 31.

② Cfr. Luigi Lombardi Vallauri, Dalla 'fides' alla 'bona fides', Giuffrè, Milano, 1961, p. 239.

③ Cfr. Luigi Lombardi Vallauri, Dalla 'fides' alla 'bona fides', Giuffrè, Milano, 1961, p. 238.

观状态发展而来的，不承认其他类型的客观诚信行为发展为主观诚信的可能。

当然，持乐观见解的前提是找到统一两种诚信的因素，伦理首先被作为这样的因素考虑。持论者认为，无论是客观诚信还是主观诚信，都有共同的伦理基础。[①] 忠诚与诚实也被作为这样的因素考虑过，持论者认为，不论是客观诚信的实施者还是主观诚信的持有者，其行为都符合忠诚与诚实的标准。[②] 尽管如此，乐观派的观点被普遍认为已经过时。就伦理共同点说，批评者认为，立法者承认主观诚信的理由不在于张扬某种道德，而是为了实现一定的利益分配，符合主观诚信的行为尽管不完全符合法律，但也没有直接触犯法律并产生一定的效用，所以值得法律承认和保护。[③] 正因为这样，并非一切主观诚信都受法律保护，法律只保护自己列明情形中的主观诚信，因为它们是能产生效用的。更何况，主观诚信是事实判断，换言之，是对一种事实状况的描述，而伦理属于价值判断，是对合理行为的肯定，两者风马牛不相及。[④] 既然不能用伦理来统御两种诚信，那就只好让它们各奔东西了。

就忠诚与诚实共同点说而言，批评者认为，忠诚与诚实无他，不过是端方的别样叫法，既然如此，这种统一因素就排除了主观诚信，因为这种诚信不过是对一种心理状态的描述，不涉及价值判断。[⑤] 所以，从表面上看，忠诚与诚实共同点说是一种涵盖两种诚信的理论，

---

① Cfr. Lina Bigliazzi Geri, Buona Fede nel Dirritto Civile, In Digesto delle Discipline Privatisitiche, Vol. 2, Torino, UTET, 1989, p. 157.

② Cfr. Giovanni Maria Uda, La buona fede nell'esecuzione del contratto, Giappichelli, Torino, 2004, p. 27.

③ Cfr. Giovanni Maria Uda, La buona fede nell'esecuzione del contratto, Giappichelli, Torino, 2004, p. 24.

④ Cfr. Giovanni Maria Uda, La buona fede nell'esecuzione del contratto, Giappichelli, Torino, 2004, p. 27.

⑤ Cfr. Giovanni Maria Uda, La buona fede nell'esecuzione del contratto, Giappichelli, Torino, 2004, p. 28.

实际上，它只是一种只适用于客观诚信的理论。

我也是乐观论者，我认为两种诚信可以统一在社会契约论的基础上。其详见本章最后的“本书的诚信原则理论”一节。

第二节 诚信原则国内学说综述

一、对文献的存在状况的描述

（一）有关期刊论文和学位论文的数量

自1986年民法通则确立诚信原则以来，对诚信原则的研究在我国成为一个理论热点。在中国知网上积累了大量文献。对它们涉及的问题域，我分主观诚信、客观诚信、诚信原则的修法功能三个方面介绍。

（二）研究主观诚信的期刊论文和学位论文的基本问题域

有关的研究成果聚焦于以下问题。1. 对善意取得制度中善意的研究；2. 对作为取得时效构成要件之一的善意的研究；3. 善意与重大过失阙如的关联研究；4. 善意与诚信的区别研究；5. 对善意的奖励研究。以上为对善意本身的研究；6. 善意取得制度研究，分为动产善意取得、不动产善意取得、赃物的善意取得、遗失物的善意取得等分支，以及善意取得制度与其他制度的协调。这是善意一词用得最多的法律领域。我国民法典第311条规定了善意取得制度，导致这方面的研究偏多；7. 善意取得是原始取得还是继受取得问题研究；8. 善意人与权利人的关系研究；9. 可以适用善意取得制度的客体的范围研究。以上为对善意取得制度的研究；10. 善意第三人研究；11. 善意出卖人与恶意出卖人研究；[1] 12. 表见代理中的善意相对人研究；13. 善意买受人研究，以上为善意人研究。14. 善意占有研究；15. 善意添附与恶意添附研

---

① 参见汪泽：《民法上的善意、恶意及其运用》，载《河北法学》1996年第1期，第11页。

究；16. 善意销售侵权产品研究；17. 善意使用他人专利研究；18. 善意赠予与恶意赠予研究；[1] 19. 善意侵害名誉权与恶意侵害名誉权研究；[2] 20. 善意付款研究。即付款人经过谨慎审查仍对非权利人的持票人付款的情形，如果付款人善意且无重大过失，可以获得免责。[3] 以上为善意行为的研究；21. 作为 WTO 争端解决原则的善意研究；22. 作为证据规则的善意抗辩研究。以上为对善意的其他研究。写到这里，我的感受是：不经梳理全部文献，不知我国学界对善意的研究如此丰富多彩。

对这些问题域，有 3 点观察。其一，在我国，善意的适用范围有限。如果可以认为我国学说与立法中的善意是主观诚信的等价物，我国基本上把这样的善意局限在物权法和债法的范围内，家庭法和继承法与这样的善意无涉。其二，善意通常并不作为其自身存在，而是作为某一其他制度的构成分子存在，尤其是作为善意取得制度的构成分子存在。其三，学界对于善意取得制度中的善意研究多，对取得时效中的善意研究少，这与我国制定法一直不承认这一制度有关。

在本节中，我只打算综述我国学界对作为其本身的善意的研究成果，不打算综述其他涉善意的研究成果，否则会脱离主题，而且做起来也会使本节篇幅过大。

（三）研究客观诚信的期刊论文和学位论文的基本问题域

有关的研究成果主要聚焦于以下问题。1. 保险法中的最大诚信原则研究，这是有关论文最多的议题。这是不幸，因为该议题属于诚信原则大问题的一个很小的方面。人们如此关注它，是抓小放大

---

① 参见汪泽：《民法上的善意、恶意及其运用》，载《河北法学》1996 年第 1 期，第 11 页。

② 参见汪泽：《民法上的善意、恶意及其运用》，载《河北法学》1996 年第 1 期，第 11 页。

③ 参见白华：《票据法上善意与恶意研究》，吉林大学 2004 年硕士学位论文，第 25 页。

了。2. 诚信原则在民法外的推广研究，如刘丹研究了行政法中的诚信原则，[①] 在这一方面，研究民事诉讼法中的诚信原则的文献最多。3. 对诚信原则帝王条款（Königsnorm）地位的质疑。论者认为帝王条款的说法来路不明，[②] 而且认为私法自治才是民法的帝王原则，诚信原则是限制该原则的，所以只能处在属臣的地位。诚信原则鼓励利他，民法的其他制度服务于利己的目的，这种不兼容性也使诚信原则不宜成为帝王条款。4. 诚信原则与公序良俗原则的关系研究。论者认为两者的区别在于，公序良俗原则的适用效果是概括地否定某类行为，而诚信原则只否定特定的行为，换言之，具有适用的经验性。之所以如此，乃因为公序良俗原则涉及的行为反社会性比较强，所以必须一体否定，而诚信原则涉及的行为的反社会性较弱，在肯定法律行为效力的基础上，限制当事人行使权利或履行义务的方式，即可平衡当事人间的利益。[③] 诚信原则适用于在法律上有特别关联的人，公序良俗原则适用于陌生人。[④] 5. 诚信原则在司法中的运用经验研究。骆意根据《最高人民法院公报》从 1985 年第 1 期到 2007 年第 11 期刊登的运用诚信原则的 53 个案例分析了我国司法机关运用诚信原则的情况，其研究成果告诉我们，诚信原则在我国的司法适用呈增长的趋势，经济发达地区的法院适用诚信原则较多。在 53 个案例的范围内，法官仅把诚信原则适用于财产关系。法官一般在无相关的法律规范、相关的法律规范效力层级较低时援引诚信原则，这种援引是必要的，但许多时候，仅仅为了说理的需要，在法有明文的情况下也援引诚信原则，这就显

---

① 参见刘丹：《论行政法中的诚实信用原则》，载《中国法学》2004 年第 1 期第 32 页及以次。

② 参见翟淼：《诚实信用原则的理性反思与科学定性》，载《沈阳工程学院学报》2007 年第 1 期，第 71 页。

③ 参见于飞：《公序良俗原则研究：以基本原则的具体化为中心》，北京大学出版社 2006 年版，第 93 页。

④ 参见于飞：《基本原则与概括条款的区分：我国诚实信用与公序良俗的解释论构造》，载《中国法学》2021 年第 4 期，第 33 页及以次。

得多余了。[①] 董税涛还以《最高人民法院公报》从创刊至2010年年底总计170期刊登的770个案例的分析出发，试图阐明诚信原则在与其他基本原则的比较中的适用率，得出了诚信原则适用率最高的结论（在77个案例中得到适用，正好占10%）。[②]

二、主观诚信研究成果综述

（一）主观诚信概念之引入中国

民法总则第7条确立诚信原则后，学者对诚信原则的解释受清末以来的法律传统的影响，是客观主义的，对于物权编中的诚信用“善意”表示。通过这样的两分处理，诚信原则成为一只跛脚鸭。

从中国于1989年开始向意大利派遣法科留学生以来，这种情况面临挑战，因为在意大利以及与之共享拉丁法律传统的许多国家，都有统一的诚信原则，不论是对于债法中的诚信还是物权法中的诚信，都用Buona fede的术语表示。

这种文化的差异引起我的注意。1998年，我在意大利访学期间，发现了主观诚信和客观诚信的区分，随后，我就这种区分翻译和写作了一些论文和著作，[③] 把主观诚信的概念引进到中国并得到了同仁的接受。例如，褚风认为诚信原则是主观与客观的统一，该原则“要求

---

① 参见骆意：《论诚实信用原则在我国民事司法裁判中的适用：基于对〈最高人民法院公报〉中53个案例的实证分析》，载《法律适用》2009年第11期，第58页及以次。

② 参见董税涛：《论法律原则及其司法适用：基于对〈最高人民法院公报〉案例的实证分析》，载《法制与社会》2011年第7期（下），第69页及以次。

③ 翻译作品有何塞·卡洛斯·莫雷拉·阿尔维斯（Josè Carlos Moreira Alves）：《巴西合同制度中的客观诚信》（A Boa-fè objetiva no sisitema contratual brasileiro），《罗马法与现代民法》第2卷，中国法制出版社2001年版，第261页及以次。论文有：《客观诚信与主观诚信的对立统一问题：以罗马法为中心》，《中国社会科学》2001年第6期；《诚实信用原则二题》，《法学研究》2002年第4期。著作有：《诚实信用原则研究》，中国人民大学出版社2002年版。

当事人秉持诚实、勿害他人、顾及他人和社会利益，主要侧重于当事人行为动机的正确性”①。又如，万润发在一篇译文中说：在我国，民法译著中一般将其译为“善意”，本文采徐国栋教授之译法，译为“主观诚信”②。按照杨登峰的观察，不仅在我国学界，而且在实务界，都认为善意是诚信原则不可或缺的内容，不论私法还是公法，概莫能外。③

然而，我并无意否认此前善意的概念早已引入中国，在大清民律草案中，诚信像在瑞士民法典中一样，与善意并立。这样的格局，让人看不到诚信与善意在“血统上”的关联，从而得出桥归桥、路归路的认识。引入主观诚信概念的意义在于，用具有同样词素的术语表征两种诚信，让人们明白它们间的一体两面的关系，从而引发一些疑问，例如为何诚信原则号称民法基本原则，却不体现在物权法中的疑问。

此外，在关于主观诚信与客观诚信关系的讨论中，不同主张的持有者对主观诚信或看重或看轻，但都不否认主观诚信的存在，并认定它是过去的“善意”术语的更好表达，与客观诚信存在关联。这表明，主观诚信的概念在中国站住脚了，被接受了。中国人对诚信原则的认识深化了，变得比过去更广阔了。

但立法总是比较保守滞后，2020 年颁布的民法典未采纳主观诚信的概念，仍使用善意的概念（第 61 条、第 65 条、第 85 条、第 94 条、第 145 条、第 170 条、第 171 条、第 226 条、第 311 条、第 313 条、第 335 条、第 341 条、第 374 条、第 403 条、第 460 条、第 545 条、第 641 条、第 745 条、第 1060 条分别使用了善意第三人、善意、善意受让人的表达）。但在我主编的《绿色民法典草案》序编第 10 条中确立了统一的诚信原则，其辞曰：

---

① 褚凤：《诚信原则比较研究》，武汉大学出版社 2019 年版，第 33 页。

② ［荷兰］海塞林克：《诚信的概念》，万润发译，《苏州大学学报法学版》2018 年第 2 期，第 78 页注释 2。

③ 参见杨登峰：《合理、诚信抑或比例原则：目的正当性归属之辩》，载《中外法学》2021 年第 4 期，第 949 页。

民事主体行使任何权利，履行任何义务，都必须遵循诚信原则。

诚信是由尊重他人权利之观念决定的相应行为。

自以为未侵害他人权利而实际上做了这种侵害的人，具备主观诚信，法律将基于他的这种主观状态赋予对他有利的法律效果。若无相反证据，推定存在主观诚信。

以平衡当事人双方利益的方式行事的人，具备客观诚信。

当事人是否具备主观诚信或客观诚信，由法院以自由裁量判定。[①]

在该草案的物权法部分，我们通通以诚信的术语取代了过去的善意的术语。

在我主持翻译的所有外国民法典[②]中，都把过去译成善意的地方，译成了诚信，如过去的善意第三人译成了现在的诚信第三人。

（二）主观诚信的含义

1. 信赖说。吴国喆认为善意是不存在重大过失的信赖。[③] 乍一看，这是一个新说，因为西方学者对主观诚信的解释无非在不知说和确信说之间徘徊，未尝闻信赖说。但仔细一看，这不过是确信说的一个变种，可以表达为对相对人无重大过失的确信。由于我国学者对善意的研究主要以善意取得制度为参照系，该制度的要旨又在于保护信赖，所以学者把善意解释成信赖是自然的。

2. 不知说。该说认为善意指行为人在为某种民事行为时不知道或无法知道存在某种足以影响该行为法律效力的因素，而认为其行为合法或其行为的相对人有合法权利的一种心理状态。[④] 这样的不知说实际上包含确信说。

---

① 参见徐国栋主编：《绿色民法典草案》，社会科学文献出版社 2004 年版，第 4 页。

② 它们是《阿尔及利亚民法典》《越南旧民法典》《越南新民法典》《智利民法典》《巴西新民法典》《埃塞俄比亚民法典》《魁北克民法典》《埃及民法典》《蒙古国民法典》《路易斯安那民法典》《马耳他民法典》《土库曼斯坦民法典》。

③ 参见吴国喆：《善意认定的属性及反推技术》，载《法学研究》2007 年第 6 期。

④ 参见侯巍、王婷婷：《论善意取得中的善意》，载《广西大学学报》（哲学社会科学版）2008 年第 1 期，第 75 页。

众所周知，不知的对象可以是事实，也可以是法律，那么，善意是否涵摄两者或仅仅一者？学者们一度认为，不知的对象不包括法律。[①] 但这种陈说遭到了新说的挑战，首先，刑法学界贡献了这方面的新说。罗马法的不知法不导致免责的原则被近代刑法继受，被理解为每个人都终结性地被推定为知道法律。但实践证明，推定每个公民都知法与每个公民事实上都知法是两回事，推定知法并不意味着行为人事实上知法。例如，英国现在大约有8000个罪名，其中大多数罪名创制于最近150年之内，一个普通人想完全知晓它们，是不可能的。所以，20世纪以来，德国、法国、奥地利、西班牙、葡萄牙、韩国等大陆法国家均通过总则性的立法修正，明文规定不知法或者法律错误不可避免时，行为人不承担责任。例如，德国刑法第17条规定，“行为人行为时没有认识其违法性，如该错误认识不可避免，则对其行为不负责任。如该错误认识可以避免，则……减轻处罚”[②]。就英美法而言，不知法不导致免责遭遇了同样的命运。例如，伊利诺伊州刑法典就承认“行为人合理地相信他的行为不构成犯罪”的辩护理由可在如下四种情况中成立：（1）这个罪是由尚未公布的而且行为人也不知道的行政法规或决议规定的，或者虽已公布但依据实际情况他不可能知道；（2）行为人行为的根据是后来决定被废除的法规；（3）行为人行为的根据是后来被撤销的法院决定或意见；（4）行为人行为的根据是由有解释权的官员对规定犯罪的法律、决议或行政法规所作的正式解释。[③] 这样就导致了对法的不知不免责在刑法领域的摒弃。可以幽默一下的是：如果对法的不知也唤作善意或诚信，刑法上可能存在“善

① 参见康永恒：《善意取得制度如何评判“善意”》，载《前沿》1999年第10期，第37页。参见侯巍、王婷婷：《论善意取得中的善意》，载《广西大学学报》（哲学社会科学版）2008年第1期，第78页。

② 劳东燕：《“不知法不免责”准则的历史考察》，载《政法论坛》2007年第4期，第108页，第112页，第115页。

③ 参见陈世伟：《三大法系违法性认识比较研究：我国刑法中违法性认识的另一种解读》，载《河北法学》2006年第3期。

意犯罪”或“诚信犯罪”。其原因在于：在当代经济发展迅速、社会变动加快的时代背景下，新的法规不断涌现，一年的立法量超过工业革命前一个世纪甚至几个世纪的立法量。人们很难在有限的时间内了解那么多的法律，特别是有些专业性条例和行政性法规，它们同千百年来逐渐形成的道德规范联系很少，因而不容易凭社会习惯和生活常识来判断这种行为是否违反法律。所以在这种背景下，如果不看具体情况再死守“不知法律不免罪”这个原则，有时就会同人情道理相悖。① 在附属刑法中，有着数以千计的刑法条文，没有人能够记住。那种认为“普通公民可以完全懂法”的观点只不过是现代人类炮制的一个“神话”。②

其次，基于一个我认为被错判的案例主张对法的认识错误应构成婚姻法中的诚信。该错判是 2014 年 3 月 24 日江苏省沭阳县法院判决的汪之英诉沈玉翠婚姻无效案。该案中，宋士汉相信可以通过摆酒与汪之英离婚（此构成对法律的认知错误），遂于 1967 年实施了这样的私下离婚，然后于 1974 年与沈玉翠结婚，两人的结合持续 40 年，生育了 3 个子女。汪之英未对此等结合的合法性提出过攻击。40 年后宋士汉去世，很可能为了争遗产，汪之英起诉宋士汉重婚，因为当时的摆酒离婚无效，主张自己的合法配偶地位。我认为宋士汉的对法认知错误构成诚信，在与沈玉翠占有的夫妻身份 40 年后应取得此等身份。③

需要补充的是，不知说在民国时便曾统治我国，当时的辞书这样界定善意：善意者，乃指一方无取得非法利益之心态，而对促成非法

① 参见陈世伟：《三大法系违法性认识比较研究：我国刑法中违法性认识的另一种解读》，载《河北法学》2006 年第 3 期。

② 参见陈世伟：《三大法系违法性认识比较研究：我国刑法中违法性认识的另一种解读》，载《河北法学》2006 年第 3 期。

③ 参见徐国栋：《〈中国民法典〉应承认诚信缔结的无效婚姻的效力并确立宣告婚姻无效请求权的时效》，载《上海政法学院学报》2020 年第 1 期。

交易之行为亦不知情也。① 此解不知善意中的“善”的评价功能以及由此而来的解脱善意者之责任的功能，把善意由一个饱含价值判断的概念阉割成一个纯粹事实描述概念，造成很坏影响，以致我国台湾地区学者曾世雄要以不知直接取代善意。②

如果说上述辞书对善意与道德评价的脱钩处理是隐含的，日本辞书的这样处理则是明示的。其善意词条曰：对某一事实无认识，与恶意相对，属于观念性样态，通常与道德评价无关，但日本民法典第770条第1款第2项等除外。善意者受到保护，责任得到减轻，乃是私法上的一般原则。③ 这一词条表明了日本学界对于善意研究的不足。它一方面说，善意通常与道德评价无关，另一方面又正确地说，善意者受到保护，其责任得到减轻，这两种利好的法律处遇正是对善意者正面道德评价带来的结果呀！但词条作者把两者割裂开来，只承认民法典第770条第1款第2项为一个例外。该条为关于离婚原因的规定，第1款第2项把恶意遗弃配偶作为离婚的法定原因之一。④ 这个“恶意”与道德评价有关。所以，词条作者讲的不是善意与道德评价关联的例外，而是恶意与此种关联的例外。而第2项中规定的“恶意”，恐怕不是“善意”的反义词，而是“过失”的反义词。例如，我国刑法第444条规定：在战场上故意遗弃伤病军人，情节恶劣的，对直接责任人员，处5年以下有期徒刑。总之，我们可以从末川博（1892—1977）写的上述善意词条得出主观诚信的正确理论在日本传播不足的结论，因为日本学者不止一次用“恶意”指称违反客观诚信的行为。

---

① 参见王云五主编：《云五社会科学大辞典·法律学》，台北商务印书馆1976年版，第343页。该书初版于1927年，1976年再版于台湾地区。

② 参见曾世雄：《民法总则之现在与未来》，中国政法大学出版社2001年版，第290页。

③ 参见［日］末川博编：《全订法学词典》，日本评论社1983年版，第601页。

④ 参见曹为、王书江译：《日本民法》，法律出版社1986年版，第151页。

3. 无过失说。此说的理路是知情程度包括知、不知和应知三种情形。[①] 应知而不知，构成过失。严重的，要排除善意的可能。所以，只有无过失的应知而不知构成善意。[②]

4. 确信说。持此论者认为，善意通常是行为人在从事民事行为时，认为其行为合法，或者认为相对方具有合法权利、行为合法的一种心理状态。[③] 简言之，善意就是对自己行为和他人行为（或持有的权利）具有合法性的一种确信。此论与不知论的角度略有不同，但也未考虑“确信者”已损害他人，此等确信构成其免责或减责的理由问题，所以仍有待完善。

5. 综合说。持论者认为善意包括三个方面。（1）是行为人的一种主观善良动机，它存在于行为人的内心和理念之中，表现为诚实信用；（2）行为人在从事民事行为时处于不知或无法知道其行为缺乏法律根据的状态；（3）行为人主观上认为其所为的民事行为合法或其行为相对人有合法的权利基础。[④] 显然，此说把不知说和确信说熔于一炉了。

值得注意的是，除个别的例外，[⑤] 我国学者没有以错误说解释善意的，甚至明示排除错误为善意。例如，有学者认为，若受让人误信无民事行为能力人为完全民事行为能力人，通常无适用善意取得制度的余地，因为我国民法典第 144 条规定，无民事行为能力人实施的民

---

① 参见曾世雄：《民法总则之现在与未来》，中国政法大学出版社 2001 年版，第 228 页。

② 参见王冬梅：《论善意取得制度中的善意标准》，载《华东交通大学学报》2003 年第 3 期，第 80 页。

③ 参见杜万华主编：《最高人民法院物权法司法解释（一）理解与适用》，人民法院出版社 2016 年版，第 358 页。

④ 参见王冬梅：《论善意取得制度中的善意标准》，载《华东交通大学学报》2003 年第 3 期，第 81 页。

⑤ 少有的例外属于曾江波和班天可。前者认为，错误在一定条件下构成善意的基础，但对法律的错误除外。参见曾江波：《民法中的善意制度研究》，载《北大法律评论》2003 年第 5 卷，第 496 页。后者把错误作为善意的内容。参见班天可：《罗马法上的法律错误溯源》，载《华东政法大学学报》2013 年第 3 期，第 148 页。

事法律行为无效。但如果受让人在受让标的物后再行转让的，对于后一交易行为的善意受让人，应适用善意取得制度。[①] 无论如何，排除错误构成诚信导致没有必要谈论主观诚信的保护弱者功能。

（三）善意恶意与故意过错的关系

主观善意恶意与故意过错都属于法律关注的人类心理现象，属于法律心理学的不同方面，它们彼此间自然有一定的关联，但并不能彼此等同或取代。例如，故意就不能等同于恶意，因为故意分为直接故意和间接故意，前者是行为人知道自己行为的后果仍积极追求的心理状态，后者是行为人能预见自己行为的后果但轻信能避免的心理状态，恶意不过是知晓情况而已。可以说，两种故意都是程度不同的、积极的，恶意是消极的。[②] 但善意与过错之间可能存在交叉，有人认为两者是一体两面，善意是对同一现象的积极的说法，无过错是消极的说法。[③]

（四）主观诚信与道德

对两者的关联有肯定说和否定说两说。持肯定说的学者认为，伦理学上的善恶是法律上的善意恶意之分的基础。善是一切符合道德目的、道德终极标准的伦理行为，也就是增进社会和个人利益的行为，恶是一切不符合道德目的、道德终极标准的伦理行为，归根到底是有害于人类的行为。[④] 民法深深地刻有道德烙印，它在调整人与人之间的关系时鼓励“善”的品质，保护善意之人，否定恶意行为，惩罚恶

---

① 参见侯巍、王婷婷：《论善意取得中的善意》，载《广西大学学报》（哲学社会科学版）2008 年第 1 期，第 78 页及以次。

② 参见霍海红：《民法上的善意与恶意新诠》，载《佳木斯大学社会科学学报》2004 年第 3 期，第 19 页。

③ 参见张萍萍：《善意取得制度中“善意”的评判标准》，吉林大学 2007 年硕士学位论文，第 11 页。

④ 参见张必望：《论民法中的善意》，中国政法大学 2007 年硕士学位论文，第 3 页及以次。

意之人。① 即使把善意理解为不知，这种不知等于没有损人利己的目的，因而也具有利他性。②

持否定说的学者分为完全否定说和部分否定说两派。前派学者认为，如果所谓的恶信就是知道，则单纯的认识何以构成恶？日本学者铃木禄弥（1923—2006）就如此认为。③ 这种错论由不知晓“认识”是“行动”的前提并导致了行动造成。后派学者尽管也承认善意恶意之分体现了法律的道德化，超越了经济人的自利，达成了互利的要求，但强调其重点在于经济功能，道德意义在其次。所谓的经济功能，就是减少市场交易人的信息搜寻成本。④ 甚至有人认为善意恶意的规定是技术性规定，至少在票据法领域如此，该制度之设，是为了保证票据使用的安全，确保票据的流通和兑现。⑤

（五）善意的分类

相较于国外的学说，我国学界对善意的分类颇为丰富，有如下列。

1. 积极善意和消极善意。前者认为只有当受让人相信出让人为权利人时才为善意，这实际上是确信说的翻版。后者认为第三人不知或不应知让与人无权利时，即为善意。又分为 4 种。其一，认善意为不知且无过失；其二，认善意为不知且非因重大过失而不知；其三，认善意为不知，且规定因重大过失不知的，不适用善意的规定；其四，认善意为单纯的不知。论者认为，积极观念说的要求过于苛刻，不利

① 参见张彩霞、吴玉娟：《如何认定善意取得制度中的“善意”》，载《经济论坛》2007 年第 12 期，第 131 页。

② 参见崔于富：《我国民法中善意之界定》，吉林大学 2010 年硕士学位论文，第 20 页。

③ 参见［日］铃木禄弥：《物权的变动与对抗》，渠涛译，社会科学文献出版社 1999 年版，第 35 页。

④ 参见霍海红：《民法上的善意与恶意新诠》，载《佳木斯大学社会科学学报》2004 年第 3 期，第 18 页及以次。

⑤ 参见白华：《票据法上善意与恶意研究》，吉林大学 2004 年硕士学位论文，第 1 页。

于第三人，故各国多采消极观念说。[①] 有人说，这两种学说都属于善意的主观认定标准，实际上是向不可知的东西开战，[②] 因为人心隔肚皮，内在的善意恶意外人难以知晓。故我国通说采消极善意说。[③]

2. 认识主义（观念主义）的善意和意思主义的善意。前者指不知或不应知。它有一个评价标准：善良家父，它意味着一般的注意，这既不是最细致周到的，也不是粗枝大叶的。[④] 后者指出于善意的行为，不论是否有疏忽或过失，实际上就是无损害意图。不难看出，我国学界对后一种善意的用法已与西方理论传统中的主观诚信脱钩。

3. 主观善意与客观善意。这种分类容易与主观诚信与客观诚信的分类混淆，但实际上是两回事。前者指行为人动机纯正，没有损人利己的不法或不当目的的主观态度，后者指行为人在为某种民事行为时不知存在某种足以影响该行为法律效力的因素。通说认为法律意义上的善意应指后者。[⑤] 当然，也有人在不同的含义上使用客观善意一词，认为它是通过外观反推的行为人的心理状态，如以不动产登记为基准的善意。[⑥]

4. 有过失善意和无过失善意。我们知道，重大过失排除善意，轻过失不排斥善意，包含这种过失的善意为有过失善意，相反的善意为不包含过失的善意。既然善意表现为一种不知，在根据环境因素当事人应该知道的情形发生的不知，此等当事人便有过失，因为

---

① 参见徐番、史亚鹏：《善意取得制度中的“善意”研究》，载《邵阳学院学报》（社会科学版）2008 年第 4 期，第 31 页。

② 参见侯巍、王婷婷：《论善意取得中的善意》，载《广西大学学报》（哲学社会科学版）2008 年第 1 期，第 77 页。

③ 参见石一峰：《私法中善意认定的规则体系》，载《法学研究》2020 年第 4 期，第 133 页。

④ 参见尹彦博、刘艳艳：《浅析民法中“善意”与“无重大过失”之关系》，载《内蒙古农业大学学报》（社会科学版）2011 年第 2 期，第 21 页。

⑤ 参见王冬梅：《论善意取得制度中的善意标准》，载《华东交通大学学报》2003 年第 3 期，第 81 页。

⑥ 参见孙宪忠：《中国物权法总论》，法律出版社 2003 年版，第 104 页及以次。

他违反了注意义务。有过失的善意不值得保护，否则就牺牲了其相对人的利益。[①]

5. 明确善意（又称事实善意）与推定善意。前者为行为人以行为明确表示的善意，后者为他人根据行为人的行为推定出的善意。[②]

6. 持续善意和初始善意。这是基于法律的要求进行的分类。如果要求行为人自始至终不知对方的资格缺陷或自己行为的瑕疵，为持续的善意的要求；只要求行为人在完成交易或开始占有时具有此等不知的，为初始善意的要求。[③] 当然是前一种善意的要求高。

（六）主观诚信的适用领域

其一，代理法，在这一领域，善意制度被用来保护表见代理人的相对人。其二，物权法，包括善意取得制度、取得时效制度、添附制度，其中，善意添附人受到法律的优待。其三，债法，包括债权让与制度、债权撤销制度、不当得利返还制度、善意买卖制度、善意侵害制度（这是一项英美法的制度）。[④]

另外，有学者主张在公司法中，董事权限仅在登记的情况下可对抗善意第三人。[⑤]

显然，这一善意适用范围的清单十分广泛，比西方学者列举的要广。但上述适用领域都属于财产法，给人以人身法中无善意的印象。新近的文献慢慢克服了种种“一头沉”现象。首先，婚姻家庭法中的善意被发现。例如，不知对方为有妇之夫与之结婚的女子，被界定为

---

① 参见石一峰：《私法中善意认定的规则体系》，载《法学研究》2020 年第 4 期，第 137 页。

② 参见吕慧凌：《论善意：以善意取得制度为中心》，山东大学 2005 年硕士学位论文，第 18 页。

③ 参见张必望：《论民法中的善意》，中国政法大学 2007 年硕士学位论文，第 43 页及以次。

④ 参见曾江波：《民法中的善意制度研究》，载《北大法律评论》2003 年第 5 卷，第 499 页及以次。

⑤ 参见甑增水：《民法中的善意》，中国政法大学 2009 年博士学位论文，第 18 页。

无效婚姻中的诚信当事人。[①] 依据此等诚信的心理状态，许多国家都给予诚信者优待。其次，继承法中的善意被建立。我主编的《绿色民法典草案》有这样的条文：不配之诉不得移转对抗诚信第三人。[②] 此条说的是某个继承人已经取得了遗产，但后来被剥夺了继承权，尽管如此，此等遗产的全部或部分已被他出售于诚信第三人。为了保护交易安全和诚信，应该取得这份遗产的继承人不得追索此等遗产于诚信第三人。这两个例子证明，人身法中完全有善意的存在空间。

（七）主观诚信的证明

由于善意是一种心理现象，通常情况下难以为外人查知，并且行为人容易宣称自己的善意以求取得法律的优待，这就产生了善意的证明问题。各国民法对此的处理是善意总是被推定存在，反对者必须证明存在恶意。[③] 当然，这是一种照顾被告的安排。把善意带进善意占有的更小的法律情势中可见，占有人总是处在主动地位，对于执法者来说，维持现状的社会成本最小，所以，立法者总是推定占有人为善意，并允许提出反证推翻，把艰难的证明责任课加攻击占有之合法性的原告。设立此等推定的依据是占有是一种具有公信力的外观。[④] 当然，善意尽管是主观的，但它必然现之于客观，所以，考察善意是否存在，可以借助一些外部环境因素，当然还要参考理性人行为标准。[⑤] 当然，作为一种否定性事实，善意要件很难从正面被证明。[⑥] 所以，

---

① 参见徐国栋：《无效和可撤销婚姻中的诚信当事人的保护》，载《中国法学》2013 年第 5 期。

② 参见徐国栋主编：《绿色民法典草案》，社会科学文献出版社 2004 年版，第 227 页。

③ 参见康永恒：《善意取得制度如何评判“善意”》，载《前沿》1999 年第 10 期，第 38 页。

④ 参见侯巍、王婷婷：《论善意取得中的善意》，载《广西大学学报》（哲学社会科学版）2008 年第 1 期，第 78 页。

⑤ 参见吴国喆：《善意认定的属性及反推技术》，载《法学研究》2007 年第 6 期。

⑥ 参见吴泽勇：《论善意取得制度中善意要件的证明》，载《中国法学》2012 年第 4 期，第 156 页。

善意的认定往往从其反面进行，不知被说成“非为明知”，因过失而不知被说成“因过失而不知”。[①] 显得别扭，但很好用，如受让他人不动产者却不查看不动产登记簿，甚至不查看不动产占有状况，就有过失，可被排除其善意。[②] 另外，2018 年，我国实现了婚姻登记信息全国联网，打算与自己的对象结婚的人也有查询对方的婚姻登记信息的义务，如此可有效地减少善意与他人缔结重婚。可以说，登记制度进步一点，主观诚信的存在空间就减少一点。但吴泽勇证明：对善意的正面证明也是可能的，而且我国法官日常地这么做。通过间接证据的运用、经验法则的援引以及对方当事人事实主张责任的加重，可以做到这一点。[③]

（八）主观诚信的认定标准

通常认为应采客观认定标准。根据受让财产的性质、交易有偿或无偿、价格高低、让与人的状况与交易经验定行为人是否善意。[④] 例如，在黑市上低价购得价值不菲的物品，尽管出卖人未以言辞告知买受人标的物是赃物，仍可推定买受人为恶意。这些客观要素构成主体进行认识的前提，由此发生主体的认识标准问题。应依据一般理性人标准来判断行为人是否知悉。[⑤]

（九）关于善意之判断的性质

何志认为，善意的认定属于事实问题，[⑥] 但吴国喆认为，对善意

---

① 参见石一峰：《私法中善意认定的规则体系》，载《法学研究》2020 年第 4 期，第 143 页及以次。

② 参见张景溪：《不动产善意取得中的“善意”认定困境及克服》，载《山东法官培训学院学报》2018 年第 3 期，第 54 页及以次。

③ 参见吴泽勇：《论善意取得制度中善意要件的证明》，载《中国法学》2012 年第 4 期，第 163 页。

④ 参见汪泽：《民法上的善意、恶意及其运用》，载《河北法学》1996 年第 1 期，第 9 页。

⑤ 参见石一峰：《私法中善意认定的规则体系》，载《法学研究》2020 年第 4 期，第 136 页。

⑥ 参见何志：《物权法判解研究与适用》，人民法院出版社 2004 年版，第 127 页。

的认定并非事实判断，而是法律判断。[①] 所以，善意不是单纯的主观不知，自然的“不知”与法律上的“不知”是不同的。法律判断知与不知有自己的尺度，运用这一尺度的过程就是一种法律判断，这是一种最可能之盖然性判断。[②] 按照这样的处理，事实上不知的行为人可能被法律判定为知或恶意。这样的背离证明善意也是法官自由裁量权运用的舞台。

（十）善意与恶意之间有无中间地带

吴国喆认为，行为人的心理状态要么是善意，要么是恶意，不存在两者间的中间状态。[③] 霍海红也认为人的心理非善即恶。[④] 当然，从逻辑的角度看，斯多亚哲学家设想的不相干的状态（ἀδιάφορα）也可能存在，但法律不能予以考虑，因为法律需要根据善意恶意进行分配，没有为中间状态设定分配方式。[⑤] 我认为这是根据现有的立法说话，如果我们肯认不相干状态的法律意义，可以为之设立一种法律效果。例如把第三人三分，除了善意第三人和恶意第三人外，还有不加任何界定的第三人，此等第三人与法律行为的当事人根本无或不可能有任何联系，他们只作为假设的消极主体存在，例如作为登记物权的对世效力的“世”而存在。他们的数目庞大，与法律行为当事人的联系是虚拟的。法律把他们设定为“对世效力”设计者的理论狂想得以落实的填充剂。这种“填充剂”角色的赋予，可以看作是他们得到的法律效果。

---

① 参见吴国喆：《善意认定的属性及反推技术》，载《法学研究》2007年第6期。

② 参见尹彦博、刘艳艳：《浅析民法中“善意”与“无重大过失”之关系》，载《内蒙古农业大学学报》（社会科学版）2011年第2期，第23页。

③ 参见吴国喆：《善意认定的属性及反推技术》，载《法学研究》2007年第6期。

④ 参见霍海红：《民法上的善意与恶意新诠》，载《佳木斯大学社会科学学报》2004年第3期，第20页。

⑤ 参见甑增水：《民法中的善意》，中国政法大学2009年博士学位论文，第38页。

（十一）判断主观诚信之有无的时间坐标

对此有初始善意说和持续善意说两种主张。[①] 两说各自的含义为何，在前文关于善意的分类的小节中已说明，此处不赘述。在这两说的基础上又分为统一说和区别说两种主张。统一说认为要求善意的时间点标准一旦确定，就应不加区别地适用于各个涉善意制度。区别说主张对于各个涉善意制度设定不同的要求善意时间。

按照初始善意说，要求善意的时间点是取得所有权之时。[②] 如果采用现实交付，受让人在交付的当时为善意即可。如果是简易交付，受让人在让与合意达成时为善意即可。如果采用指示交付，受让人取得返还请求权之时为善意即可。物权的让与附有停止条件的，受让人在物之交付时为善意即可。[③] 在善意取得不动产的情形，准据时间有两种说法，其一是申请登记的时间，其二是登记完毕的时间。[④]

采用区别说的霍海红承认善意取得制度应采初始善意说，取得时效制度则应采持续善意说，因为前者属于行为，后者属于持续的状态。行为人具有的善意或恶意只能在行为中评价。持续的状态则不然。[⑤]

（十二）保护善意的意义

学者认为，保护善意体现了尊重他人的伦理要求，体现了法律对信赖的保护，还体现了法律扬善抑恶的价值取向。[⑥] 从经济的角度，

---

① 参见王冬梅：《论善意取得制度中的善意标准》，载《华东交通大学学报》2003年第3期，第81页。

② 参见徐番、史亚鹏：《善意取得制度中的“善意”研究》，载《邵阳学院学报》（社会科学版）2008年第4期，第32页。

③ 参见康永恒：《善意取得制度如何评判“善意”》，载《前沿》1999年第10期，第38页。

④ 参见武艳峰：《善意取得制度中“善意”的确定研究》，中国政法大学2006年硕士学位论文，第33页。

⑤ 参见霍海红：《民法上的善意与恶意新诠》，载《佳木斯大学社会科学学报》2004年第3期，第20页。

⑥ 参见尹彦博、刘艳艳：《浅析民法中“善意”与“无重大过失”之关系》，载《内蒙古农业大学学报》（社会科学版）2011年第2期，第22页。

保护善意保障了信息不对称条件下的行动者不会因为达不到某种条件而得不到预期利益，这样就减少了市场交易人的信息搜寻成本，[①] 保护了交易安全，尽管牺牲了财产静的安全来保障交易的动的安全，但节约了交易成本。[②] 但由于我国学者忽略了错误与善意的关联，所以未有人言说保护善意对于保护基于自然身份的弱者（如儿童、妇女）的意义。

（十三）法律对主观诚信人的奖励

我国学者提出的奖品有：1. 其实施的法律行为的效力具有对抗原权利人的力量，后者不能破毁善意第三人与无权转让人之间的物权移转行为。2. 享有不当得利返还请求权。善意占有人在返还原物时，可以请求所有人补偿其为保管、保存、维修占有物所支付的必要费用，并且不返还孳息，恶意占有人并无此项请求权，并要返还从占有物取得的孳息。3. 在涉及取得时效的情形，善意占有人可以完成时效，恶信占有人则不能如此。[③]

（十四）善意的立法比较论

我国学者认为世界上关于善意的立法例分为极端法立场和中间法立场。极端法立场又可二分为极端否定善意取得制度的立场和极端肯定善意取得制度的立场。采取前者的为北欧国家，如挪威和丹麦，采用后者的有意大利，其 1942 年民法典（第 1153 条、第 1157 条）无限制地承认了善意取得制度。大多数国家采取中间法立场，如德国、法国、日本。[④] 显然可见，这里的善意立法比较论不涉及全面的善意立

① 参见霍海红：《民法上的善意与恶意新诠》，载《佳木斯大学社会科学学报》2004 年第 3 期，第 18 页。

② 参见侯巍、王婷婷：《论善意取得中的善意》，载《广西大学学报》（哲学社会科学版）2008 年第 1 期，第 76 页。

③ 参见汪泽：《民法上的善意、恶意及其运用》，载《河北法学》1996 年第 1 期，第 11 页。

④ 参见侯巍、王婷婷：《论善意取得中的善意》，载《广西大学学报》（哲学社会科学版）2008 年第 1 期，第 76 页。

法，只涉及善意取得制度中的善意立法。

（十五）善意的主体

行为人当然是善意的主体，在他由人代理行事的情形和他与数人共同行动的情形，善意的主体问题变得复杂。在由他人代理的情形，学者们认为，是否善意依代理人的心理状态为判断，他的善意视为本人的善意。本人与代理人之一为恶意者，不能适用善意取得。[①] 对于与数人共同行动的情形，学者们认为，只要其中一人知情，就不构成善意。[②]

（十六）善意与诚信的关系

对此有同一说和各自独立说两种主张。采用前说的学者有以下言论：善意为诚信原则的体现。[③] 具体说来，善意是诚信原则在物权法中的表现。[④] 曾江波认为没有必要在诚信原则旁另立善意原则，因为后者包括在前者中。[⑤]

采用后说的学者有以下言论：善意的认定要坚持民法当中的诚信原则和公平的原则。[⑥] 这样就把善意看做外在于诚信原则的东西。他们还认为，诚信为法官服务，善意无此功能，两者因此宜分立。[⑦] 诚信是一个原则，善意是一个制度的要件。[⑧] 诚信具有四大功能，它们是：法律

---

① 参见侯巍、王婷婷：《论善意取得中的善意》，载《广西大学学报》（哲学社会科学版）2008 年第 1 期，第 79 页。

② 参见武艳峰：《善意取得制度中“善意”的确定研究》，中国政法大学 2006 年硕士学位论文，第 31 页。

③ 参见曾江波：《民法中的善意制度研究》，载《北大法律评论》2003 年第 5 卷，第 494 页。

④ 参见吕慧凌：《论善意：以善意取得制度为中心》，山东大学 2005 年硕士学位论文，第 15 页。

⑤ 参见曾江波：《民法中的善意制度研究》，载《北大法律评论》2003 年第 5 卷，第 502 页。

⑥ 参见侯巍、王婷婷：《论善意取得中的善意》，载《广西大学学报》（哲学社会科学版）2008 年第 1 期，第 76 页。

⑦ 参见甑增水：《民法中的善意》，中国政法大学 2009 年博士学位论文，第 27 页。

⑧ 参见张必望：《论民法中的善意》，中国政法大学 2007 年硕士学位论文，第 41 页。

的具体化、正义衡平、法律修正、法创设。善意不具有这些功能。[①]

在后说的基础上，形成了在立法上处理善意与诚信关系的悲观派。他们认为，根据我国的客观情况，可以分别保留诚信和善意的不同表达，不必统一两者，可以把两者都提升为民法基本原则，分别作为债法和物权法的原则适用。如此安排，乃因为两种诚信追求的价值不同。客观诚信要求达到个人利益与个人利益的平衡以及个人利益与社会利益之间的平衡，追求的更多是一种公平的效果。而主观诚信从其产生来讲，是为了让社会财富得到更充分的利用以及保护交易安全。没有必要统一如此相异的两个东西。[②] 但这种主张存在矛盾：既然要确立两个诚信原则，新增的主观诚信原则就不应再用“善意原则”的表达，不然它就不是诚信原则了。此外还有另外的悲观论者，他们主张维持“诚信”与“善意”分立的现状。例如，王立争认为，善意在各国取得时效制度中很少作为要件，只有德国民法典把它作为动产时效取得的要件，故它与客观诚信的重要地位不成比例，因此，不值得将之提升为民法基本原则，因此，维持既有的客观诚信原则即可，当代中国不存在两种诚信的统一问题。[③] 当然，这种说法基于对主观诚信的无知，我已说过，在罗马法中，主观诚信的分量要高过客观诚信。

（十七）对我国立法中恶意用语的使用类型分析

学者们认为，我国立法中至少在两种不同的含义上使用恶意一语。第一种含义是“知晓”，我国立法多处在这个意义上使用恶意一语。但我国民法典第 154 条、第 164 条第 2 款中规定的“恶意串通”一语中的恶意，有的学者解读为是怀有不良意图的意思，[④] 有的学者解读

---

① 参见崔于富：《我国民法中善意之界定》，吉林大学 2010 年硕士学位论文，第 2 页。

② 参见刘建贤、朴正哲：《客观诚信与主观诚信在立法中统一的问题探析》，载《法制与社会》2007 年第 4 期，第 183 页。

③ 参见王立争：《“主观诚信说”若干观点质疑：以取得时效制度验证主观诚信的相关理论》，载《政治与法律》2009 年第 4 期，第 134 页。

④ 参见张必望：《论民法中的善意》，中国政法大学 2007 年硕士学位论文，第 46 页及以次。

为直接故意或害意的意思。[1] 这样就产生了一个西方国家不曾有的法律语言学现象：第二种意义上的恶意不是通常理解的善意一词的反义词，而是独立的存在。我对这种现象的解读是：善意恶意都是从西方传过来的概念，国人除非受过法律教育，不能理解那种法律意义上的善意恶意。而第二种恶意恰恰是中国的本土词汇，人们不经法律训练也能理解其含义。

（十八）废除善意说

我国台湾地区学者曾世雄主张这一观点。他认为，在我国台湾地区民法的用语中，对同样一个不知或知，有的用善意恶意表示，有的就用不知或知表示，使用善意恶意的用语徒增麻烦和理解上的困难，不如改用知与不知等术语。[2] 这种观点在奥地利、荷兰等国家有其支持者。[3]

（十九）善意恶意与行为能力或责任能力制度的关联

既然善意恶意问题有认识论的意义，而行为能力制度和责任能力制度也以认识论为基础，所以，善意恶意问题与行为能力制度和责任能力制度具有关联。[4] 行为能力制度能使年龄不够或意志不够的善意者得到解脱，从而降低他们的责任能力。

三、客观诚信研究成果综述

（一）概述

没有必要综述研究客观诚信如何作为一个制度的要件的文献，我

---

① 参见崔于富：《我国民法中善意之界定》，吉林大学 2010 年硕士学位论文，第 27 页。

② 参见曾世雄：《民法总则之现在与未来》，中国政法大学出版社 2001 年版，第 290 页。

③ 参见［荷兰］海塞林克：《诚信的概念》，万润发译，载《苏州大学学报法学版》2018 年第 2 期，第 78 页及以次。

④ 参见崔于富：《我国民法中善意之界定》，吉林大学 2010 年硕士学位论文，第 19 页。

只打算在这里综述研究客观诚信本身为何的文献。至于研究诚信原则向民法以外的扩张的文献，我在本书第四章第四节设立了专门的单元综述它们。所以，我在这里拟综述的文献原则上只涉及如下主题：1. 诚信原则的本土资源；2. 什么是客观诚信；3. 诚信原则的功能；4. 客观诚信的新发展；5. 诚信原则的经济基础与经济分析；6. 诚信原则的博弈论分析；7. 道德诚信与法律诚信的区分；8. 诚信与信用的区分；9. 滥用诚信原则的害处；10. 法官作为客观诚信的主体。

（二）诚信原则的本土资源

在中文中，“诚信”，就是诚实守信。许慎在其《说文解字》中说：“诚，信也。”又说：“信，诚也，从人言。”由此可见，诚信二字的意思完全一样，可以互训。既然古汉语中早就有诚信一词，王公山就认为，诚信原则起源于古罗马的说法诚然不错，但中国古代早就有了诚信原则的思想和实践活动，公元前10世纪的《尚书·吕刑》就是如此。[①] 按此说，中国的诚信原则早于古罗马的对应物。

尽管如此，还是管仲第一次把诚信两字连用。他提出：“贤者诚信以仁之”[②]（《管子·势》）[③]；他还明确提出：“先王贵诚信。诚信者，天下之结也”（《管子·枢言》）[④]。当然，也有人认为是《礼记·祭统》中第一次完成这种合用：身致其诚信。诚信之谓尽，尽之谓敬，敬然后可以事神明，此祭之道也。[⑤] 管仲是战国时期的人，《礼记》成书于西汉。还是前说把诚信术语的历史追溯得更远，而且有文献依据。

上面的文献都把诚信作为一种美德，但《商君书·靳令第十三》

① 参见王公山：《略论〈尚书·吕刑〉诚信思想及诚信原则》，载《井冈山学院学报》（哲学社会科学版）2007年第5期，第77页。

② 贤能的人，往往诚信而仁义。

③ 参见房玄龄注：《管子》，上海古籍出版社1989年版，第142页。

④ 参见房玄龄注：《管子》，上海古籍出版社1989年版，第45页。

⑤ 参见柴荣、柴英：《论儒家思想与民法“诚实信用原则”之暗合》，载《上海师范大学学报》（哲学社会科学版）2008年第2期，第43页。

却把“诚信”与“礼乐、诗书、修善孝弟、贞廉、仁义、非兵羞战”并称为“六虱”①。这就是以否定的眼光看诚信了。但《商君书》的作者又有徙木立信的故事，以至于后世的王安石以诗赞曰：自古驱民在信诚，一言为重百金轻。今人未可非商鞅，商鞅能令政必行。如何解释这种矛盾？可以用私人的诚信与公共的诚信的矛盾解释之。如果前者有害于后者，则可弃前者于不顾。例如，分属两国的两私人约定终身不为敌，但两国开战后，两人对敌于阵前，按照公义，他们的约定要抛开，必须白刀子进、红刀子出才对得起自己的国家。所以孟子说，大人者，言不必信，行不必果，惟义所再（《孟子·离娄下》。而且，诚信也是需要权变的，《庄子》留有抱柱之信的故事：尾生与女子期于梁下，女子不来，水至不去，抱梁柱而死。② 这样的“信”就愚不可及了。称其为“虱”，实不冤也！

中国古代把信列入官方的价值体系有个过程。孔子说：“言而无信，不知其可也。”信就是诚实信用，就是要求人们遵守自己的诺言③，不得随意反悔。接下来的孟子说人有 4 个善端，它们是仁、义、礼、智。这其中不包括信。董仲舒在此基础上发展出五常学说，在仁、义、礼、智上加了信。④ 从此，信作为官方意识形态的一部分得到遵从和宣扬，甚至得到切实的奖励。据《唐书·刑法志》记载，唐太宗于贞观六年，“亲录囚徒，闵死罪者三百九十人，纵之还家，期以明年秋即刑。及期，囚皆诣朝堂，无后者。太宗嘉其诚信，悉原之”⑤。免罪释放就是唐太宗对囚犯的诚信的奖励。

---

① 参见高亨注译：《商君书注释》，中华书局 1974 年版，第 106~107 页。

② 参见曹础基：《庄子浅注》，中华书局 1982 年版，第 449 页。

③ 参见刘军：《论诚实信用原则在法律语境中的困境及消解》，载《宿州教育学院学报》2003 年第 1 期，第 78 页。

④ 参见叶朋、任忠臣：《论诚实信用原则的研究应“本土化”》，载《法制与社会》2008 年第 12 期，第 356 页。

⑤ 参见丘汉平：《历代刑法志》，群众出版社 1988 年版，第 311 页。

经过后儒的解释，信的适用范围仅限于朋友或熟人。[①] 换言之，对于陌生人，是不需要守信的，同时也不要信任陌生人。这是一种特殊主义的信，与之对立的是普遍主义的信。[②] 这就导致了国人的信任危机，导致国人缺少与陌生人相处的伦。本书下章将讲到，在罗马法中，信首先是克服陌生性的工具。对陌生人的不同态度恐怕是中西两种信的根本不同点。

无论中西，都认可诚信的价值，两个文化区域的诚信观有许多共同点。例如，舍利取义就是这样的共同点之一；好善恶恶就是这样的共同点之二。[③] 作为法律制度的诚信原则的确是舶来品，但如果把它与本土文化中的诚信嫁接起来，定能使它更好地发挥作用，并实现其本土化。

（三）什么是客观诚信

1. 语义说。此说从词义出发解释诚信原则，谓诚实就是不欺骗，信用就是说话算数。无妨说，此说以本土资源解释舶来的诚信原则的比重过大，但其解释是在“诚信”的可能的文义圈框里进行的，并不为错，但它只关注诚信原则的当事人行为准则功能，甚至只关注为此等当事人提供信用守则，过于狭窄。非独此也，它还陷入了一个对西方蓝本的极大背离：后者是以“善”为支撑点之一的，“信”不妨理解为“善”的表现形式，而语义说只关注“信”而抛弃了“善”，构成对蓝本的极大阉割。

2. 一般条款说。此说出自我和本书。谓诚信原则除了具有当事人

---

① 参见苏亦工：《诚信原则与中华伦理背景》，载《法律科学》1998 年第 3 期，第 50 页。

② 马克斯·韦伯和弗朗西斯·福山都有过这方面的观察。参见杨峰：《试论诚实信用原则的经济基础：以市场经济、财产权制度为中心》，载《甘肃政法学院学报》2005 年第 5 期，第 53 页。

③ 参见张瑞涛、方同义：《论刘宗周诚意学说中的诚信原则》，载《宁波党校学报》2003 年第 5 期，第 89 页。

行为准则的功能外，还是授权法官创法的一般条款。

3. 利益平衡说。此说也出自我和本书。谓诚信原则追求当事人利益以及他们的利益与社会利益的平衡。

4. 两种诚信说。此说由我提出，主张诚信分为主观诚信和客观诚信两个方面。我国面临声明诚信原则是民法基本原则，但仅把它限制在债法内适用的矛盾，为求解决，应把物权法中的善意解释为诚信原则的一种表现，以取得主观诚信和客观诚信的统一。①

5. 双重功能说。此说认为诚信原则是法律规范和道德规范的合体，兼具法律和道德的功能。② 实际上是否定了道德诚信与法律诚信的区分。

6. 社会理想标准说。此说出自我和本书。谓诚信原则体现了爱人如己的社会理想。③

把上述观点与本书前面综述的西方学者关于何谓客观诚信的观点比较一下，可得出两点观察。1. 与西方论者不同的是，这些论者不研究诚信是什么，而是研究诚信原则是什么；2. 各种观点并不互相排斥。它们从各个角度描述诚信原则，都说出了这一原则的一个相，但它们都不是唯一的说明。

在我看来，最有见地的客观诚信说明是这样的：客观诚信就是以克己利人的方式行事，反映了民法中义务本位的一方面，与民法的权利本位的一面构成两极。④ 为何如此评价？因为它是最符合诚信原则

---

① 参见党国华：《诚实信用原则的含义》，载《河南公安高等专科学校学报》2005 年第 3 期，第 45 页。也参见林辉：《我国诚实信用原则研究现状评析》，载《兰州商学院学报》2005 年第 3 期，第 72 页及以次。

② 参见张安娟：《诚实信用原则的研究现状及评析》，载《陕西广播电视大学学报》2009 年第 3 期，第 42 页。

③ 参见刘军：《论诚实信用原则在法律语境中的困境及消解》，载《宿州教育学院学报》2003 年第 1 期，第 79 页。

④ 参见陈礼旺：《重估民法诚实信用原则之价值》，载《求索》2005 年第 6 期，第 78 页。

赖以产生的斯多亚哲学的说明。

（四）诚信原则的功能

按照新近的学说，德国的诚信原则有三项功能。其一，合同解释（德国民法典第 142 条）；其二，合同补充（德国民法典第 509 条第 2 款和第 558 条）；其三，法律修正。[①] 我国学者认为的诚信原则的功能要多些：1. 保障交易安全，论者认为，确立诚信原则前的民法追求自由，有诚信原则后的民法追求安全；[②] 2. 平衡社会利益，即诚信原则的适用效果；3. 规范当事人行为，即诚信原则的当事人行为准则的功能；4. 解释、评价和补充法律；5. 指导司法裁判。[③] 这个功能具体而言包括以下方面：让法官确定边界案型的性质、对法律规范加以具体化、对正义目标进行寻求并实现、对法律进行修正、对法律漏洞予以弥补。后两种功能具有立法性，其运用要严格控制，仅授予最高人民法院。[④]

有的学者把诚信原则的功能分为法律功能与其他社会功能。前者为：1. 行为准则的功能；2. 裁判准则的功能；3. 法律解释与漏洞补充依据的功能。后者为：1. 节约交易成本，诚信原则是为了克服信息不对称避免效率损失的一种现实的制度选择；[⑤] 2. 保障交易安全；3. 成就自由、正义、秩序等法律价值，为道德养成提供法律的制度环境。[⑥]

---

① 参见李夏旭：《论诚信原则的法律修正功能》，中国政法大学 2021 年博士学位论文，第 17 页。

② 参见朱海波：《民法的自由理念：诚实信用原则之价值分析》，载《广西政法管理干部学院学报》2001 年第 S1 期，第 2 页。

③ 参见梁锋：《中西诚实信用原则比较研究》，贵州大学 2006 年硕士学位论文，第 4 页及以次。

④ 参见陈红：《诚信原则与自由裁量权》，载《法学》1997 年第 4 期，第 22 页及以次。

⑤ 参见董灵：《论合同法诚信原则的经济学基础》，载《广东社会科学》2006 年第 5 期，第 98 页。

⑥ 参见刁胜先、黎伟、徐仲伟：《诚信原则功能的反思》，载《重庆邮电学院学报》（社会科学版）2006 年第 5 期，第 651 页。

（五）客观诚信的新发展

我国的诚信原则研究者在言说该原则的内容时，往往围绕着合同非明示义务展开。除附随义务外，还有先合同义务、后合同义务、减损义务、部分履行与提前履行规则等。[①] 这样就把合同法作为了客观诚信的唯一舞台。实际上，德国的客观诚信适用舞台宽阔得多，其适用内容包括禁反言（venire contra factum proprium）和净手（Nemo auditur propriam turpitudinem allegans）。[②] 这两个子原则的适用范围远远超出合同法，尤其是其中的净手原则，它适用于继承法的形式是"不配"制度，即有不利于被继承人的行为者将被剥夺继承资格的制度。最近，我研究了禁发言原则和净手原则，[③] 做出了把客观诚信带出合同法的努力。通过禁反言和净手两个子原则，诚信原则真正地成为全部民法，而非合同法的原则。由此，我们在言说客观诚信的例子时，就有两个最好的示例，而不必像过去那样，围绕着默示合同义务措辞了。

（六）诚信原则的经济基础与经济分析

论者认为，古罗马时代发展的与诚信有关的制度完全得益于或来源于罗马发达的简单商品经济。[④] 故可以说，诚信原则源于商品市场、作用于商品市场，更离不开商品市场，因为没有信任作为基础，商品交换无法顺利进行。诚信可以克服交换主体间的陌生性，保障交易安全，[⑤] 并避免诉讼成本、心理防范成本（谨慎成本）、寻觅成本、诉讼

---

① 参见杨代雄主编：《袖珍民法典评注》，中国民主法制出版社 2022 年版，第 7~8 页。

② 参见［德］莱茵哈德·齐默曼、［英］西蒙·惠特克：《欧洲合同法中的诚信原则》，丁广宇、杨才然、叶桂峰译，法律出版社 2005 年版，第 17 页及以次。译文有改动。

③ 参见徐国栋：《重解禁反言原则：从研究民法典中的禁反言规定和有关判例开始》，载《湖湘法律评论》2022 年第 1 期，第 102 页及以次。参见徐国栋：《从研究民法典中的净手规定开始：运用罗马法和比较法材料建构我国的净手原则》，载《中国政法大学学报》2022 年第 3 期，第 1 页及以次。

④ 参见董灵：《论合同法诚信原则的经济学基础》，载《广东社会科学》2006 年第 5 期，第 96 页。

⑤ 参见杨峰：《试论诚实信用原则的经济基础：以市场经济、财产权制度为中心》，载《甘肃政法学院学报》2005 年第 5 期，第 51 页。

边际成本，还可避免占用宝贵的司法资源，缓和社会信用危机，[①] 并促进交易实现。[②]

我们知道，作为当事人行为准则的诚信原则具有提供补充义务的功能，这实际上以不完全合同理论为基础，该理论相信合同不可能预见当事人将面临的所有问题，除了即时清结的合同，所有的合同都是不完全的，这就需要一个权威来填补合同空白。诚信原则就是这样的国家权威。基于诚信的合同不必事无巨细地规定一切，这样也导致了交易成本的降低。[③]

（七）诚信原则的博弈论分析

论者认为，在一次性交易中，不诚信行为的收益大。在长期交易中，诚信行为的收益大。由此可以说，从物质利益的角度看，一次性交易中的诚信行为是利他的，长期交易中的诚信行为是利己的或至少是互利的。在信息不对称的情况下，当事人的恶信冲动大，在信息对称的情况下，当事人的恶信冲动小。因此，国家应打造诚信检测体系鼓励诚信行为，加大不诚信行为的成本。[④] 而诚信原则本身就是在信息不对称条件下就当事人的行为规范所做的制度创新，以消解传统的利己策略的当事人信息对称假定的不真实性，降低交易成本。[⑤]

（八）道德诚信与法律诚信的区分

关于这个问题，首先分为区分论者和不区分论者。区分论者认为

---

① 参见刘显鹏：《诚实信用原则与效益之关系探析》，载《太原理工大学学报》（社会科学版）2009 年第 1 期，第 30 页。

② 参见宁清同：《诚实信用原则的经济功能》，载《南通大学学报》2009 年第 3 期，第 108 页。

③ 参见董灵：《论合同法诚信原则的经济学基础》，载《广东社会科学》2006 年第 5 期，第 9 页。

④ 参见褚霞：《民法诚实信用原则的博弈论分析》，载《东北财经大学学报》2002 年第 5 期，第 90 页及以次。

⑤ 参见董灵：《论合同法诚信原则的经济学基础》，载《广东社会科学》2006 年第 5 期，第 98 页。

两种诚信有如下不同：1. 起源不同，前者起源于儒家伦理，后者起源于罗马法体现的交易规则；2. 内容不同，前者多适用于熟人之间，后者多适用于陌生人之间；3. 功能不同，前者仅是行为准则，后者还是裁判准则；4. 调整社会关系的方式和表现形式不同，前者没有国家强制的保障，后者有此等保障。① 不区分论者认为两种诚信的区分不存在，因为诚信原则本身就是把法律规范和道德规范合为一体，兼有法律调节和道德调节的双重功能。②

（九）诚信与信用的区分

从 1999 年开始，我国在一批经济学家的操作下借鉴西方国家的相应制度逐步建立起失信惩戒制度，用来打击违反广义信贷关系中的不端行为，由于缺少法学家的参与，失信惩戒制度中的“信”被误认为是“诚信”。例如，这么说：“社会信用体系规划下的大学生诚信教育”“诚信为本——建立社会信用制度与信用体系。”实际上，客观诚信和主观诚信共有的“信”的拉丁文形式是 fides，英文形式是 faith；失信惩戒制度中的“信”的英文形式是 credit。Credti 来自拉丁词 Creditum，意思是“借贷、贷款、负债”，Creditum 又来自拉丁语动词 credere，意思是“相信”。③ 初步比较一下可见，credit 的含义只涉及银钱往来，比 fides 涉及说话算数，意思要狭窄得多。进一步比较可发现，失信惩戒机制中的“信”指的是民事名誉。这种名誉本身是一种权利，同时它又是其他权利的基础，因而构成一种身份。④ 这种身份像

---

① 参见黄明欣：《信用与诚实信用原则之比较》，载《武汉理工大学学报》（社会科学版）2003 年第 5 期，第 567 页及以次。也参见刘李明、冯云鹤：《法律诚信与道德诚信辨析》，载《学术交流》2003 年第 7 期，第 30 页及以次。

② 参见阎磊：《论诚信原则滥用的规制》，载《经营管理者》2008 年第 12 期，第 103 页。

③ 参见谢大任主编：《拉丁语汉语词典》，商务印书馆 1988 年版，第 141 页。

④ See Seldon Amos, The History and Principles of the Civil Law of Rome-an Aid to the Study of Scientific and Comparative Jurisprudence, Kegan Paul. Trench & Co. , London, 1883, p. 111.

前述其他身份一样是人格的支撑体，立法者和其他社会权威可以出于惩罚目的剥夺之，由此导致受处罚者的人格不完整，罗马人谓之破廉耻，今人谓之上黑名单。所以，诚信是保护、表扬好人的制度，失信惩戒是打击坏人的制度，两者属于两个领域。①

（十）滥用诚信原则的害处

这是一个古老的问题，因为德国人早就把诚信条款看作“以最恶毒的方式吞噬我们法律文化的致命祸根”②。近来还有西方学者把诚信原则说成是“待驯服的怪兽”③。

滥用诚信原则的主体有两类：1. 当事人，他们以对方违反诚信原则为由向法院提起诉讼，要求法院责令对方作为或不作为；2. 法官，滥用表现为他们不适当地行使自由裁量权而违反法律目的的行为。④

滥用诚信原则的后果有如下列：1. 削弱法律权威；2. 影响个案公平；3. 导致司法专横；4. 破坏法制统一。⑤ 解决之道是完善法官的选拔制度，提高法官的修养、奖励好法官、完善监督制度、配套以监督制度等。另外，还可加强立法控制，在立法时抛弃宜粗不宜细的老观念，采取宜粗则粗、宜细则细的方略，不给法官留下过大的自由裁量权。⑥

梁慧星教授还提出了限制滥用诚信原则的三原则：第一，优先适用具体规定原则；第二，优先适用类推适用等漏洞补充方法的原则；第三，优先适用判例的原则，发生在适用诚信原则与适用判例具有同

---

① 参见徐国栋：《联合失信惩戒机制表述中“信”的含义之澄清》，载《中国法律评论》2021 年第 1 期。

② 翟淼：《诚实信用原则的理性反思与科学定性》，载《沈阳工程学院学报》2007 年第 1 期，第 71 页。

③ ［德］莱茵哈德·齐默曼、［英］西蒙·惠特克：《欧洲合同法中的诚信原则》，丁广宇、杨才然、叶桂峰译，法律出版社 2005 年版，第 15 页及以次。

④ 参见阎磊：《论诚信原则滥用的规制》，载《经营管理者》2008 年第 12 期，第 104 页。

⑤ 参见陈红：《诚信原则与自由裁量权》，载《法学》1997 年第 4 期，第 24 页。

⑥ 参见阎磊：《论诚信原则滥用的规制》，载《经营管理者》2008 年第 12 期，第 105 页。

样效果的情形，如得出相反结论，才适用诚信原则，由此维持诚信原则的补充条款和备用条款地位，防止向一般条款的逃避。[1] 尽管如此，这样的处理还是保留了直接适用诚信原则的有限可能，如何操作？谨慎的论者认为应限制为只有高级法院能直接适用。[2] 但也有学者认为完全不可直接适用诚信原则，而必须适用一些中介性的制度，如情势变更原则等。[3]

（十一）法官作为客观诚信的主体

众所周知，诚信原则授予法官补充立法权或曰漏洞填补权，那么，它是否限制法官的权力呢？换言之，它是否也是法官进行司法活动时的行为准则呢？我国学界，尤其是法官界对此问题的回答是肯定的。但法官在这方面的表现也是不如人意的。陈朝阳法官认为目前存在如下法官不诚信诉讼的现象：不尽程序之通知义务；不依照期限规定告知合议庭组成人员；非法剥夺当事人的反诉权；无正当理由迟到开庭；承办法官未经合议庭评议擅自决定重大审判事项；不对等给予当事人合理的举证期限；不诚信地分配举证责任；拒绝传唤当事人申请的证人或调查应该由法官调查的事实；在合议庭开庭后其他组成人员退庭，只留主审法官在庭；在有的案件中不给当事人应有的获得听审的权利；为一方当事人的期限利益故意拖延审判；强制进行不公的调解；擅自剥夺当事人的庭审辩论机会；在向审判委员会汇报案件时片面陈述事实，隐匿证据；不认真听审，在庭上看与案件无关的材料；不尊重当事人的程序选择权；未经庭审质证即作为定案依据径行下判；不公开心证的理由“秘密判决”；滥用审判权、执行权、强制措施等。[4] 我还

---

① 参见刘云华：《诚实信用原则并非“帝王规则”》，载《中共南昌市委党校学报》2006 年第 6 期，第 32 页。

② 参见刘军：《论诚实信用原则在法律语境中的困境及消解》，载《宿州教育学院学报》2003 年第 1 期，第 80 页。

③ 参见许军：《诚实信用原则可以直接作为裁判的依据吗：与梁慧星先生商榷》，载《广西政法管理干部学院学报》2008 年第 1 期，第 117 页及以次。

④ 参见陈朝阳：《中国司法能动性逻辑假设的破解：法官诚信诉讼》，载《华东政法大学学报》2005 年第 6 期，第 77 页。

要依我个人的诉讼经历在这个不诚信司法行为的清单中有所补充，例如，倒填诉讼文书的期日，明明是1个月前制作的，偏偏写成今日制作的；又如，一个起诉明明符合驳回的条件，法院却受理之，为的是多收起诉人一些诉讼费，等等。

那么，如何克服上述司法不诚信行为？陈朝阳法官给出了自己的答案：首先要依诚信进行法律解释；其次要依诚信完成司法审判；最后要诚信地适用法律，这可以表现为规避恶法，适用可用的良法。[①] 这样，诚信审判既不表现为补充立法，也不表现为漏洞补充，而是表现为法律选择。这真是一个富有创意的路径。

张亚东法官也就同一问题提出了自己的解决建议：首先，法官应在程序公正的前提下努力达成法律真实与客观真实的一致，不滥用法律真实。其次，法官要准确解释法律。再次，要适当运用公平正义原则，做到同案同判。最后，要正确自由心证，把心证的过程形诸文字公布。[②] 还有人认为，法官诚信体现为尊重辩护权利，并命令当事人遵守保障诚信原则的规定，具体化为对抗原则。[③] 而郑军、欧阳波法官则认为，法官诚信就是要平等对待所有的当事人，不讲亲疏，不问远近，不分贫富，不论贵贱，公平主持程序。[④] 唐东楚博士则认为，法官诚信就是依良心审判。[⑤]

法官诚信不仅体现为诚信审判，还体现为诚信执行，表现为不搞消极执行和不顾当事人处分权的乱执行，不搞暗箱执行，鼓励公开执

---

① 参见陈朝阳：《中国司法能动性逻辑假设的破解：法官诚信诉讼》，载《华东政法大学学报》2005年第6期，第80页及以次。

② 参见张亚东：《试论诚信原则对法官审判行为的制约》，载《淮北职业技术学院学报》2006年第3期，第1页。

③ 参见［法］雅克·盖斯旦、［法］吉勒·古博：《法国民法总论》，陈鹏等译，法律出版社2004年版，第540页。

④ 参见郑军、欧阳波：《法官诚信：司法公信力的根基》，载《党史文苑》2006年第16期，第62页。

⑤ 参见唐东楚：《诉讼主体诚信论：以民事诉讼诚信原则立法为中心》，光明日报出版社2011年版，第120页。

行，保障当事人对执行事项的异议权，确保执行程序可被复查。①

四、诚信原则的修法功能研究成果综述

所谓诚信原则的修法功能，指在个案中，适用具体法规则在结果上违反社会正义时，不适用该具体法规则而改用诚信原则裁判。② 对于诚信原则是否有修正既有的法律规定的功能，学界是有争议的。否定说认为，依据诚信原则补充漏洞可以，修正法律不行，这是为了维护法律的权威，并防止法官滥用诚信原则。肯定说认为法官可以依据诚信原则回避适用恶法，但要报最高人民法院核准。③ 赞成论者认为，诚信原则的修法功能来自法官不得拒绝审判的原则。这一原则的第一个体现是：在法无明文规定时，法官有义务创制法律进行裁判，第二个体现是：在法有明文规定但严格适用该规定将产生个案不公正结果时，法官有义务基于正义与衡平进行裁判。④ 基于立法权与司法权的分立原则，日本学界未普遍接受诚信原则的这一功能。⑤ 但我国学者早就接受了诚信原则的修法功能。梁慧星认为：当明知现行规定属于恶法，其适用结果将违背法律正义时，应肯定诚信原则有修正现行法不当规定的机能。⑥ 理论付诸立法，梁慧星主持的《〈合同法〉建议草案》第6条第3款规定："法院于裁判案件时，如对于该待决案件法律

① 参见黄海、许晖：《浅谈民事执行与法官诚信》，载《中共四川党委党校学报》2003年第2期，第67页及以次。

② 参见韩世远：《民法基本原则：体系结构、规范功能与应用发展》，载《吉林大学社会科学学报》2017年第6期，第10页。

③ 参见张安娟：《诚实信用原则的研究现状及评析》，载《陕西广播电视大学学报》2009年第3期，第44页。

④ 参见李夏旭：《论诚信原则的法律修正功能》，中国政法大学2021年博士学位论文，第44页。

⑤ 参见李夏旭：《论诚信原则的法律修正功能》，中国政法大学2021年博士学位论文，第18页。

⑥ 参见梁慧星：《诚实信用原则与漏洞补充》，载《法学研究》1994年第2期，第27页。

未有规定，或者虽有规定而适用该规定所得结果显然违反社会正义时，可直接适用诚实信用原则”①。

从诚信原则修法功能的演进来看，经历了从修正恶法到避免不公正处理的过程。② 恶法少有，不公正处理多有。导致不公正处理的规范，也许在别的适用场合导致的是公正的处理，所以，上述研究昭示了诚信原则现在的修法功能运用得更多，运用得更个别。

早在 1914 年，德国就发生了以诚信原则修法的案例。是年的 5 月 26 日，帝国法院做出判决，其中，法官依据诚信原则修正了德国民法典第 394 条第 1 款的适用。该款规定：禁止扣押的债权不得抵销，例如，雇员过失导致机器毁损，雇主不能以其损害赔偿请求权抵销雇员工资债权中禁止扣押的部分，其用意在于保障禁止扣押之债权人的最低限度生存基础。但在该案中，法官以诚实信用原则修正了第 394 条第 1 句，以故意实施的犯罪行为产生的债权抵销了禁止扣押的债权。③

但允许法官在诚信原则的修法功能名义下修改立法机关制定的法律，过分挑战分权原则，所以，瑞士学者认为，法律修正的表达不确，应为法律限制。④ 这样的表述缓和多了。申言之，援引诚信原则限制具体规则的适用即可，此时只能称为法律限制（法律突破），尚不构成法律修正；但如果相同问题多次出现，个案累积到一定程度，证明此问题具有典型性，法官就可以且有必要从案例群中归纳出一条限制性规范，进行真正意义上的法律修正。⑤ 这样，量变导致质变。法律

---

① 孙建江、单立平：《诚实信用原则的功能及其司法适用》，载《宁波大学学报》（人文科学版）2005 年第 1 期，第 120 页。

② 参见李夏旭：《论诚信原则的法律修正功能》，中国政法大学 2021 年博士学位论文，第 20 页。

③ 参见于飞：《基本原则与概括条款的区分：我国诚实信用与公序良俗的解释论构造》，载《中国法学》2021 年第 4 期，第 30 页。

④ 参见李夏旭：《论诚信原则的法律修正功能》，中国政法大学 2021 年博士学位论文，第 39 页。

⑤ 参见李夏旭：《论诚信原则的法律修正功能》，中国政法大学 2021 年博士学位论文，第 91 页。

突破变成法律修正。当然要通过向立法机关提出建议进行。

在分权原则的框架下，法官要想适用诚信原则对既定法规则予以限制，也须进行利益权衡。需要权衡的是，在个案中适用诚信原则（个案公正）所带来的利益是否超过了严格适用规则（主观目的）所带来的利益。① 当在个案中适用诚信原则所带来的利益明显超过了严格适用规则所带来的利益时，可以依据诚信原则为规则创设限制性规定，以此进行法律修正。②

但法官利用诚信原则修法并非漫无限制。有两项限制。其一，不得修正法政策错误，即法政策漏洞。③ 法官修法时，表面上依据的是诚信原则，实际上依据的是现行法政策，如果有关的法政策阙如，法官不得自行制定有关的政策，以免过分僭越立法权。此等法政策错误只有立法者才有权修正。④ 之所以设立这一限制，出于德国这方面的历史教训：纳粹时期诚信原则曾被政治化，造成一些现在看来近乎荒谬的法律修正。⑤ 其二，不得推翻立法者的有意决定，如不得把立法者的有意沉默视为法律漏洞而填补之。⑥

五、小结

由上可见，我国学者在立法确立诚信原则后从三个方面进行了深

---

① 参见李夏旭：《论诚信原则的法律修正功能》，中国政法大学 2021 年博士学位论文，第 97 页。

② 参见李夏旭：《论诚信原则的法律修正功能》，中国政法大学 2021 年博士学位论文，第 99 页。

③ 参见李夏旭：《论诚信原则的法律修正功能》，中国政法大学 2021 年博士学位论文，第 123 页。

④ 参见李夏旭：《诚信原则的法律修正功能的适用和限度》，载《法学》2021 年第 2 期，第 70 页。

⑤ 参见李夏旭：《论诚信原则的法律修正功能》，中国政法大学 2021 年博士学位论文，第 132 页。

⑥ 参见李夏旭：《论诚信原则的法律修正功能》，中国政法大学 2021 年博士学位论文，第 139 页。

入的、具有中国特色的研究。就主观诚信而言，此等研究以善意研究的名目出现。学者们对善意研究的精致性表现在对善意分类的精细上，对善意判断性质的人为性确定上。他们考虑了西方同行考虑过的一切问题并做出了面向中国实际的回答，其成果令人满意。具有中国特色的方面是我国学者关于善意的研究多围绕着善意取得制度进行，不甚涉及取得时效制度，尤其不涉及家庭法、继承法，这是需要本书来弥补的。

就客观诚信而言，我国学者也进行了不错的研究，尤其是较好地说明了本土的诚信观念与舶来的诚信原则在对待陌生人态度上的差异，触碰到我国传统文化的重大缺憾及其补救问题。而且利用英语世界的博弈论和法律的经济分析方法研究了诚信原则，这是大陆法系的诚信原则研究者未尝做过的，属于诚信原则研究的中国学派的贡献。此外，一些具有司法实务经验的研究者对裁判诚信的研究也非常值得注意。不足之处是对客观诚信本身为何研究得偏少，未研究法人的诚信问题、诚信与消费者的保护问题，这些也是本书可以有所作为的地方。

就诚信原则的修法功能而言，这方面的研究开展得比较晚近，但推进很快，形成了专著，此等研究成果基于我国有关的、为数不少的司法实践。对诚信原则的修法功能的承认，让该原则处在一种类似于"合宪审查"依据的地位，不过，这里的"宪"并非宪法，而是法秩序的一般原则，个别的立法规定必须与此等原则保持一致，若有违反，便会遭到"在个案中被排除适用"的命运。诚信原则的修法功能的赋予，是对该原则的立法准则功能的落实。当然，诚信原则的修法功能赋予法官的权力之大，令此等功能的主张者畏惧，所以提出当某个地方法院运用这一功能时，要报最高人民法院核准的建议。① 特别要指出的是，在起草统一合同法时以学者建议稿方式提出的诚信原则的修

① 参见张广兴：《中华人民共和国合同法的起草》，载《法学研究》1995 年第 5 期，第 7 页。

法功能并未体现为我国民事法的有效规定，也反映了立法者对诚信原则的此等功能的疑惧。所以，诚信原则的该功能仅存在于学说中以及经学说总结的司法实践中。

第三节　本书的诚信原则理论

毋庸讳言，在包括中国在内的许多大陆法系国家，诚信原则已被客观诚信化，主观诚信用另外的术语表示，在许多时候被排除在诚信原则的外延之外，人们谈论的诚信原则实际上仅仅是客观诚信原则。但这种做法在历史的长河中只占短暂的一瞬。在诚信原则的历史上，主观诚信长期处在与客观诚信不相上下甚至更优越的地位，本书的任务之一是揭示这段历史，打破诚信与善意的分离论，拨乱反正，打造主观诚信与客观诚信比翼齐飞的格局。认为主观诚信与客观诚信差异太大，因而是两个事物的观点，是站不住脚的。试问，刑法和民法的差别大不大？当然很大！但我们不能因此说刑法是法，民法不是法，而拒绝把它们归到共同的法的名目下。如果有人这么做，那将是非常可笑的。

我相信，主观诚信是客观诚信的基础，两者不可割裂。只有具备了不害人的心，才能有不害人的行。无论是哪种诚信，都应得到立法司法的优待，对主观诚信，尤其如此。

一、诚信与恶信的二分是伦理学的善恶二分的法律形式

从词义学的角度看，诚信是伦理学的善的概念的下位概念，无论是主观诚信还是客观诚信，都是如此。相应地，恶信是伦理学的恶的概念的下位概念，无论是主观恶信还是客观恶信，都是如此。

那么，什么叫作善和恶？从最一般的意义上来说，“善”不过是增进主体福利的东西；“恶”不过是减损主体福利的东西。但主体是个人还是社会？对个人是善的东西未必对社会也是善的，甚至是恶的。

如果以个人的标准定善恶，那就是把“人是万物的尺度”的哲言变成了“我是万物的尺度”。伦理学不应是个人的伦理学，仅仅反映某个人的价值观，它应该是社会的伦理学，反映社会的价值观。因此，善恶判断的参照系应是社会，凡有利于他人或社会的，即为善的；有利于自己的且损人的，即为恶的。这样，主观诚信和客观诚信都因为其克己利人的性质成为善的，主观恶信和客观恶信都因为其损人利己的性质成为恶的。法律确立诚信原则，就是把利他道德纳入自己。这样就产生了张扬利他的诚信原则与采用经济人假说的民法其他制度的关系问题，我认为这两种立场的并立反映了民法的价值多元性。

善恶有报，我认为两种诚信都会得到奖励，主观诚信是得到法内奖励，如获取标的物的孳息等，客观诚信是得到法外奖励，如得到良好的商誉，在继续性交易中尤其如此。前种奖励是确定的，后者奖励是不确定的。我不赞成只有主观诚信得到法律奖励，客观诚信得不到这样的奖励的观点。

二、在主观诚信与主观恶信间存在中间地带

我认为，主观诚信和主观恶信是人的心理的两极，在它们间存在过渡带，那就是一种走神或不相干的状态。人的心理要么诚信，要么恶信的观点以理性主义为基础，实际上，人并不总是理性的，有时会处于一种非病态的丧失意识状态，这个时候的人，既谈不上知，也谈不上不知，而是朦朦胧胧，半知不知。法律必须考虑这种情况并设定处置方案。现有的诚信立法采用善恶二元论的结构，采取推定存在善意的立场，所以，中间状态被排除，但被推定者在提出反证时可以证明自己的第三状态，并得到法律的公正对待：既得不到诚信的奖励，但也不至于受到恶信的惩罚。

三、诚信原则具有保护弱者的功能

无论是主观诚信还是客观诚信，都具有保护弱者的功能。就主观

诚信而言，其构成至少包括不知和错误两种形态，知也好，避免错误也好，都与一个人在具体情境中的行为能力有关。如果某人由于自然身份决定或由于一时的疏忽发生了不知或错误，法律仍对这样的诚信者予以优待，这是对特定情境中的弱者的保护和照顾。

就客观诚信而言，它意味着不利用对手的不知或疏忽牟利，而是公正行事，给予每个人属于他的，采取自己活，让人活的立场。这样行事的结果也是保护了弱者。

四、诚信原则不仅是财产法的规则

从我国现有的研究诚信原则的文献来看，大家默示地把它当做财产法的原则。从诚信原则的历史和比较法考察来看，它也是适用于人身法的原则。当然，进言之，诚信原则还是宪法和许多公私部门法的原则，这点将在本书的第八章第四节详述。

五、中华文化中的诚信理论可以作为建立中国式的诚信原则理论的基础

中华文化有悠久的诚信理论和实践传统，但作为法律原则的诚信却是舶来物，本土的诚信与外来的诚信有许多共同点，例如，共同主张舍利取义、言而有信、不欺，但两种诚信也有差异，要言之，本土的诚信主要适用于熟人关系，而舶来的诚信起源于并主要适用于陌生人间的关系。本土的诚信是完全世俗的，舶来的诚信有其宗教起源。本土的诚信是完全处理个人间关系的，舶来的诚信起初是处理国际关系的，等等。当前我国引进诚信原则后面临寻找附着点的问题，我认为我国固有文化中的诚信观念可作为这样的附着点，尤其是儒家文化采取的重义轻利的立场可以如此，说到底，诚信原则问题不过是义利的取舍问题，但我们需要做一些工作促成两种诚信的聚合，例如，建立与陌生人相处的伦理观念。

六、我国宪法是统一主观诚信和客观诚信的基础

诚信原则本来是个拉丁法族的事物，在这个法族的理论传统中，主观诚信和客观诚信的上位概念“信”可以解释为对社会契约的遵守。

社会契约论是西方理论史上最通行的解释社会—权力现象的理论，其奠基者之一伊壁鸠鲁认为，国家起源于人们自愿订立的“共同协定”，其目的在于相互保证不损害他人，也不受他人损害，以达到个人的幸福。[①] 另一个社会契约论者吕哥弗隆（Lycophron，生卒年月不详）认为，“法律只是人们互不侵害对方权利的保证”[②]。请注意，无论是伊壁鸠鲁还是吕哥弗隆，都在自己的社会契约中写上了毋害他人的字样，这恰恰是两种诚信的基点。

让我们看更晚近的社会契约论者费希特（Johann Cottlieb Fichte，1762—1814）的社会契约中是否有同样的字样。他的社会契约首先包括公民财产契约。它是一个人与所有其他人订立的契约，其内容为社会成员相互承认对方对占有之财产的权利要求，每个人都把其全部财产作为他不愿损害所有其他人之财产的保证。[③] 显然，这个契约中有毋害他人的字样，此等承诺由每个缔约人的财产保证履行。

由此看来，无论是主观诚信还是客观诚信，仍可统一于西塞罗的“信”的定义。人们为了保护自己的财产而通过社会契约结合为社会，为此要承担彼此承认他人之所有权的义务。在物权法方面，明知财产为他人所有而仍占有之，就最大地违背了诚信，构成恶信，换言之，行为人违背了自己对其他社会成员所作的诺言。相反，若在不知或错误的情况下为此等占有，仍不失为诚信或“良信”；在契约法方面，

---

① 参见全增嘏主编：《西方哲学史》（上册），上海人民出版社1983年版，第232页。

② ［古希腊］亚里士多德：《政治学》，吴寿彭译，商务印书馆1965年版，第138页。

③ 参见［德］费希特：《以知识学为原则的自然法权基础》，谢地坤、程志民译，载梁志学主编：《费希特著作选集》（卷二），商务印书馆1994年版，第457~464页。

诚信地履行契约义务即为对其他社会成员之尊重，也是对他们的财产权之尊重。因此，无论是主观诚信还是客观诚信，都是对社会契约的信守。除了这样的解释，我不能，也不相信他人能以其他方式把这两种诚信统一起来。

在我看来，宪法就是我国的社会契约，凡出生于中国或加入该国国籍的人都被认为接受了这个社会契约，不接受者可选择国际移民的方式解脱与它的关联。在我国宪法上也写着毋害他人的条款。例如，第 13 条的规定：国家保护公民的合法的收入、储蓄、房屋和其他合法财产的所有权，以及私有财产继承权。既然私有财产受国家保护，除国家自身不加侵害外，其他私人也不得侵害。如此，诚信原则的大部分内容就在其中了。

第七章
诚信原则的罗马起源研究

第一节　概述

一、罗马人对“信”一词的文学和法律使用

（一）概述

诚信原则起源于罗马法，[①] 如前所述，其语词表现是 bona fides，此词的反义词是 mala fides。bonus 是“善”的意思，malus 是“恶”的意思，fides 是“信”的意思。bonus、malus 和 fides 分别为合成词 bona

① 就像很多罗马制度都有希腊来源一样，不排除罗马法中的诚信制度有其希腊来源。根据 Remo Martini 教授的研究，希腊也有不受法律保护，仅仅依靠信义维持的契约，与罗马以诚信维持的合意契约无异。Cfr. Diritto Romano e《Diritto Greco》（Un'Esperienza Didattica e di Ricerca：Bilancio Provvisorio，Su http：//www. dirittoestoria. it/iusantiquum/articles/Martini-Diritto-romano-Diritto-greco. htm，2012 年 1 月 23 日访问。以及他的“Fides”e“pistis”in materia contratuale，In Il ruolo della buona fede oggettiva nell' esperienza giuridica storica e contemporanea. Atti del Convegno internazionale di studi in onore di Alberto Burdese，V，II，Padova，Cedam，2003，pp. 439ss. 外加 Eva Cantarella，Regole di correttezza in material contratualle nel Mondo Greco，In Il ruolo della buona fede oggettiva nell' esperienza giuridica storica e contemporanea. Atti del Convegno internazionale di studi in onore di Alberto Burdese，V，I，Padova，Cedam，2003，pp. 275ss.

fides、mala fides 贡献了自己的含义。所以，为了搞清 bona fides 在拉丁语中的含义，必须研究 bonus、malus 和 fides 在拉丁文中各自的含义，由于 fides 是词组中的中心词，让我从它开始。

（二）罗马人对“信”一词的文学使用

拉丁作家广泛地使用 fides（信）一词。西塞罗援引斯多亚学派的观点说：“行其所言谓之信”（Fiat quod dictum est，appellatam fidem）。[①] 拉丁作家作品中的 fides 都是这个含义。在罗马著名剧作家马克基乌斯·普劳图斯（Titus Maccius Plautus，公元前 254—公元前 184）留存至今的 21 部剧作中，至少有 23 处使用该词。例如，在《三个银币一天》（Trinummus）116、142 中，以及在《一坛金子》（Auluraria）586 中，他都把 fides 与其同根词 fiducia（信任、可靠性）连用，表示值得信赖。《三个银币一天》中的这一表达涉及一则这样的诚信故事：富有的雅典人卡尔米德斯出国了，临行前，把他浪荡的儿子和未婚的女儿托付给（mandatus est fide et fiduciae）其朋友卡里克勒斯，并告诉他财宝藏在家屋中。此后，卡尔米德斯的儿子勒斯伯尼库斯荡尽了乃父留下的金钱，甚至售卖了家屋。由于担心财宝易手，卡里克勒斯把该座房子买下来。此时，勒斯伯尼库斯的朋友里斯特勒斯为了在经济上帮助前者，提出不要嫁资地娶他的妹妹。勒斯伯尼库斯同意此等婚姻，但不同意有辱家门的不为妹妹出嫁资的安排。卡里克勒斯想从财宝中出嫁资又不让浪荡子知道财宝的存在，于是花 3 块银币一天雇佣一个人转给勒斯伯尼库斯 1000 个金币，诈称是卡尔米德斯为其女儿寄来的嫁资。正在这时，卡尔米德斯回来了，遇到了正在敲门的为 3 块银币工作一天的人，于是他揭开了真相。他知道房子不再属于自己而属于卡里克勒斯之后，开始骂他。当一切真相大白后，他又感谢这个受托人，并把女儿连同嫁资交给里斯特勒斯，并原谅了现已悔悟的儿子勒

① 参见［古罗马］西塞罗：《论义务》，王焕生译，中国政法大学出版社 1999 年版，第 22~23 页。译文有改动。

斯伯尼库斯。① 在这个故事中，卡里克勒斯当然是一个诚信的人，在他买回勒斯伯尼库斯出卖的家屋后，他本可以名正言顺地把此物中藏的财宝作为埋藏物据为已有，但他没有这么做，而是用其中一部分给委托人的女儿做嫁资。通过这个喜剧，普劳图斯意图张扬的也是这样的诚信行为。

（三）罗马人对“信”一词的法学使用

富有意味的是，普劳图斯的这个喜剧不仅是在文学意义上使用“信”这个词的实例，而且也是在法律上使用这个词的实例，因为这个剧本表现的法律关系是委任——这是剧本中已以 mandatus 一词揭明的。而委任合同是罗马法中的诚信合同之一，这点下文就会讲到。

毫无疑问，卡里克勒斯的行为符合西塞罗对“信”的定义，他答应卡尔米德斯的，他都做到了。但西塞罗的定义透露出一种对“所言”之践行缺乏法律保障的情境，确实，在《三个银币一天》案件中，如果卡里克勒斯不依信行事，黑掉财宝，可奈他何？而且，戏文中出现的 Fiducia 也是一种靠信维持的交易类型（后文详述）。而在奥古斯都时期被合法化的遗产信托（Fideicommissum）在此之前也靠信维持而非靠法律维持，后种交易的特点是具有一定的违法性，所以法律不予保护。申言之，一个有积极遗嘱能力的人想把遗产遗留给一个不具有消极的遗嘱能力的人，为市民法所不许。这种不许针对的对象大致有：外国人、违反奥古斯都的婚姻法独身或婚而不育者、一定情况下的女儿。为了规避法律的禁令，遗嘱人往往委托自己信任的人取得自己的全部或部分遗产，然后让他转交为法所禁不能取得自己遗产者。这样的交易不合法，所以法律不保护。它能否落实，全靠受托人的信

① Cfr. Plautus, Trinummus, 117. On http://www.perseus.tufts.edu/cgi-bin/ptext?doc=Perseus%3Atext%3A1999.02.0048，2008 年 3 月 25 日访问。这个剧本的英译本，See George E. Duckworth (edited by), The Complete Roman Drama, Random House, New York, 1942, p. 47ss.

用。当然发生过不少不负他人之托的美谈，但也有一些背信弃义的案例，即受托人利用交易的违法性“黑掉”信托人的遗产的案例。“美谈”的案例有如：盖尤斯·普罗求斯（Gaius Plotius）为了规避无夫权婚姻中的妻子不得继承丈夫的禁令，把自己的遗产留给绥克斯图斯·佩杜切奥（Sextus Peduceo），此事天知地知这两人知，但佩杜切奥不负所托，找到路罗求斯的妻子把遗产交给了她，被传为美谈。① 背信弃义的案例有昆图斯·法丢斯·噶鲁斯（Quintus Fadius Gallus）遗产信托案。按照《沃科纽斯法》，身家在10万塞斯特斯以上的罗马市民不得把遗产留给自己的女儿，以防止奢侈。为了规避这个禁令，昆图斯·法丢斯·噶鲁斯把遗产留给普布流斯·绥克斯提流斯·路福斯（Publius Sextilius Rufus），要他转交给其女儿法迪娅（Fadia），路福斯与朋友商，决定只把《沃科纽斯法》允许的份额给法迪娅，自己得到了其他遗产。被传为恶谈。② 与遗产信托类似的交易还有信托解放、信托夫权、信托监护等。③ 看来，“信”除与诚实相关外，还与违法性相关。奥古斯都为承认了遗产信托的合法性，做出的是一个屈法护信的选择，后来的立法者做出了相反的选择，于是，1975年颁布的《贝加苏斯元老院决议》排除独身者和婚而不育者为遗产信托受益人。阿德里亚努斯皇帝还禁止外国人作为遗产信托的受益人。违反这些禁令

---

① 参见［古罗马］西塞罗：《论至善与至恶》，石敏敏译，中国社会科学出版社2005年版，第65页。

② 参见［古罗马］西塞罗：《论至善与至恶》，石敏敏译，中国社会科学出版社2005年版，第64页。

③ 信托监护最早适用于让妇女挑选自己中意的监护人。妇女为了摆脱宗亲的监护自愿通过买卖婚处在她信任的人的夫权下，后者有义务解放她，完成解放后，解放者就作为恩主成了她的监护人，如此实现了监护人的更换。另外一种信托监护是未成年的家子通过虚拟的要式买卖使自己脱离家父权，然后由买受人把他解放的情况。在这些情形，受任人是否实施解放完全取决于其信用，所以称“信托监护”。Cfr. Federico del Giudice e Sergio Beltrani, Nuovo Dizionario Giuridico Romano, Edizione Simone, Napoli, 1995, p. 533. 也参见黄风：《罗马私法导论》，中国政法大学出版社2003年版，第160页。

实施遗产信托的，信托财产将被没收，为国库所得。① 这一段经历告诉我们，“信”与“法”往往不能两全。

（四）“信”的宗教性和国际性

实际上，罗马人生活中的“信”还是个宗教问题和国际关系问题。罗马人信仰多神教，信义女神是他们信仰的神之一。该女神从希腊引进，希腊人把她叫做 Πιστις（转写成拉丁字母是 pistis）②，罗马的第二任王努马为之设节：每年的 10 月 1 日是信义女神节。公元前 258 年，罗马人在卡皮托山上建庙供奉信义女神，公元前 115 年重建之。它与主神朱庇特的庙宇为邻。罗马人在此庙中与外国签订条约并将此等条约保管于此处，由信义女神作为履行它们的担保。她把一切背信行为当作对自己的侮辱而报复之。③ 所以，信义女神担保的“信”是古代国际法意义上的，并不管辖市民际关系的“信”。但后来罗马人把这种“信”扩用于罗马市民与外国人之间的关系。在李维的《罗马史》中，在普劳提的戏剧《俘虏》中，都对此有所反映。④ 相较于城邦制条件下的市民际关系，与外国人的关系是陌生人际的关系，所以，信义女神的存在，是为了消除陌生人际关系中的紧张感，担保此等关系的安全性。不然，与外国人的交往就难以进行了。

二、罗马斯多亚哲学家对“善”“恶”的伦理学使用

Bonus 和 malus 都是普通的生活词汇，由于作为法律术语的 bona fi-

---

① 参见［古罗马］盖尤斯《法学阶梯》2，286a；2. 285，黄风的中译本第 186 页，中国政法大学出版社 1996 年版。

② See the entry of Pistis，On http：//en. wikipedia. org/wiki/Pistis，2012 年 1 月 23 日访问。

③ 参见［古罗马］西塞罗：《论义务》，王焕生译，中国政法大学出版社 1999 年版，第 347 页。

④ See A. H. McDonald，The Fides Romana bei Livius by M. Merten，In The Journal of Roman Studies，Vol. 56（1966），Parts 1 and 2，pp. 273s. See also George Fredric Franko，Fides，Aetolia，and Plautus' Captivi，In Transactions of the American Philological Association（1974—），Vol. 125（1995），p. 155ss.

des 和 mala fides 的人为性，从我目前掌握的资料来看，这两个术语与 fides 结合时都采取的是斯多亚哲学的伦理学含义。所以，为了深入理解罗马人的诚信与恶信的法律术语，就必须理解斯多亚哲学的善恶概念。

斯多亚学派认为，被评价的世界由善、恶、分别靠近善恶的事物和中性的事物 5 个部分构成。道德是唯一的善，卑鄙是唯一的恶。靠近前者的，是有正面价值的事物（健康、正义感等），靠近后者的，是有负面价值（疾病、贫穷、耻辱等）的事物。在两大类事物之间，还有中性的事物（如掷骰子游戏）。① 值得指出的是，斯多亚哲学认为财富不是善。② 该派学者认为物质财富的一切价值与美德的荣耀与尊贵相比根本不值一提。③ 他们甚至提出，世界上有两种财富，一种是美德，另一种是金钱，前者比后者更有价值④，这种财产不会被盗、被骗、不会因为船难和火灾失去，不受狂风暴雨的影响，也不受政治气候的影响。⑤

对这样的善恶观，可以得出 3 点观察。其一，它并非完全二元的，而是多元的。所以，一个事物如果不是善的，并不能反过来说它就是恶的，也可能存在既不善也不恶的事物。照此推理，如果一个行为并非诚信，并不能马上断定它就是恶信的。其二，它是精神主义的，只认精神上的善为唯一的善，不承认物质利益为善。尽管在拉丁文中，bonus 的名

---

① 参见［古罗马］西塞罗：《论至善与至恶》，石敏敏译，中国社会科学出版社 2005 年版，第 118 页。

② 参见［古罗马］西塞罗：《论至善与至恶》，石敏敏译，中国社会科学出版社 2005 年版，第 117 页。

③ 参见［古罗马］西塞罗：《论至善与至恶》，石敏敏译，中国社会科学出版社 2005 年版，第 116 页。

④ 参见［古罗马］西塞罗：《斯多亚哲学的反论》，王晓朝译，载《西塞罗全集·修辞学》，人民出版社 2007 年版，第 614 页。

⑤ 参见［古罗马］西塞罗：《斯多亚哲学的反论》，王晓朝译，载《西塞罗全集·修辞学》，人民出版社 2007 年版，第 615 页。

词 bonum 既有财产的意思，又有善的意思。[1] 这样，任何诚信行为都可理解为舍利取义行为。其三，它并非快乐主义的。我们知道，伊壁鸠鲁主义和漫步学派把快乐当做善，由此假定趋乐避苦是人的普遍行为模式，但斯多亚学派认为善并不见得使人幸福，换言之，践行善的过程可能是痛苦的，如履行难以实现的诺言。但斯多亚哲学并不视所有的痛苦为恶，如昆图斯·谢沃拉（Quintus Mucius Scaevola Augur，约公元前 169—公元前 88）的父亲为自己的定罪提出法案的情形就是这样。[2] 被定罪，是痛苦的。但通过自己的修行让正义得到实现，则是善的。由此可以推论，诚信行为在有的时候是舍生取义的行为，至少是舍乐取义的行为。

这样，斯多亚哲学就把善与个人利益对立起来。美德之所以为善，是因为对它的践行可以增进公共利益，因为法律是为众人的安全而不是为个人的安全制定的，一个良善、智慧、守法、知道自己对国家的职责的人研究的是众人的利益，而不是自己的或某个个人的利益。[3] 用国人熟悉的术语说，善就是大公无私，恶就是损人利己。

为何要做如此的设定？斯多亚派给出的理由是人是社会的动物。社会状态对自然状态的取代改变了人的属性，使之不同于野兽。如果说野兽的“美德”是勇猛，则人类的美德是合作。[4] 为了达成这样的合作，人们就要克制自己的物欲，在此基础上得到自由。在斯多亚哲学看来，自由就是按自己的意志去生活的力量。自由的人是那些追随正确事物的人、对自己的义务感到高兴的人、精心安排生活道路的人，

---

① 参见谢大任主编：《拉丁语汉语词典》，商务印书馆 1988 年版，第 70 页。

② 参见［古罗马］西塞罗：《论至善与至恶》，石敏敏译，中国社会科学出版社 2005 年版，第 165 页。

③ 参见［古罗马］西塞罗：《论至善与至恶》，石敏敏译，中国社会科学出版社 2005 年版，第 123 页。

④ 参见［古罗马］西塞罗：《论义务》，王焕生译，中国政法大学出版社 1999 年版，第 51 页。

不是因为害怕而服从和尊重法律，而是一言一行，乃至于每一念头，都自觉自愿的人，所从事的事业和行动全都始于自身并终于自身的人，除了自己的意志和判断，没有其他事情能对他产生更大影响的人。[①]因此，自由人都是善人，所有的恶人都是奴隶，因为他们服从于一种残缺的、邪恶的精神，而非出于自愿。那些试图占有的人总是属于最低的奴隶等级。[②] 看了这样的宣示，就不难理解为何后世的人们往往把斯多亚派等同于苦行僧了。而恰恰是这样的哲学成为了罗马的官方哲学，支配罗马的精英阶层的行为。

三、罗马法人对“善”与“信”的合成词的文学和法律使用

（一）概述

“善”与“信”合成为一个词后，尽管“信”是名词并处在中心词的地位，“善”是形容词并处在修饰语的地位，但“善”并未单纯成为“信”的附件，起加强其词义的作用，而是维持其自身作为一种伦理模式的属性。所以，在拉丁文中，诚信就是“信守诺言的善”的意思，诚信者就是“信守诺言的好人”的意思。相反，恶信就是“不守诺言的恶”的意思，恶信者就是“不守诺言的恶人”的意思。有意味的是，在这样的中文解释中，善与恶从其在拉丁词组中的修饰语变成了中心词。所以不妨说，诚信与恶信之分，从根本上说，就是善行与恶行之分。至少从语义分析出发和从“诚信”语词产生的意识形态背景出发，可得出这样的结论。

（二）罗马法人对“善”与“信”的合成词的文学使用

但 bona fides 一词在拉丁文学中的使用并未体现如上分析，原因在

---

① 参见［古罗马］西塞罗：《斯多亚哲学的反论》，王晓朝译，载《西塞罗全集·修辞学》，人民出版社 2007 年版，第 608 页。

② 参见［古罗马］西塞罗：《斯多亚哲学的反论》，王晓朝译，载《西塞罗全集·修辞学》，人民出版社 2007 年版，第 609 页。

于此处的“信”与上面讲到的“信”不同，不是守信的意思，而是“声望”的意思。确实，在拉丁文词典中，fides 有这个意思。[①] 试用普劳图斯的戏剧中使用 bonan fide 的句子说明此论。

普劳图斯留存的 21 个剧本中有 7 处使用了 bonan fide[②] 一词，它们是《一坛金子》772、《俘虏》890、《闹鬼的房子》670、《波斯女孩》485、《迦太基人》439、《骗子》1095、《特鲁库伦图斯》586。[③] 以下分别翻译它们出来。

1. 《一坛金子》772：

——依你的嘉名告诉我，你是否偷了我的金子？（Dic，Bonan fide，tu id aurum surripuisti?）

——依我的嘉名！（Bona）

2. 《俘虏》890：

——你是否依你的嘉名告诉我这些话?”（Dic，Bonan fide tu mi istaec verba dixisti）。

——依我的嘉名（Bona）。[④]

3. 《闹鬼的房子》670：

——你儿子买了你邻居的房子吗？（De vicino hoc proxumo，tuus emit aedis filius）

——你以嘉名保证？（Bona fide）

---

① 参见谢大任主编：《拉丁语汉语词典》，商务印书馆 1988 年版，第 70 页。

② bonan fide 是方言；bona fides 是标准拉丁语，两者意思相同。就普劳图斯两个剧本中有关段落的翻译，我得到了中国社会科学院外国文学研究所王焕生教授的热心帮助，谨致谢意。

③ 这些涉及 bona fide 的片段，都根据意大利作者 Carlo Beduschi 的 I Profili giudiziali della fides 一文（http：//www. dirittocomparato. unipa. it/content/i-profili-giudiziali-della-fides，2012 年 1 月 19 日访问）集得并参考其意大利语译文。

④ Cfr. Plautus，Captivi，889-890. On http：//www. perseus. tufts. edu/cgi-bin/ptext?doc= Perseus%3Atext% 3A 1999. 02. 0096，2008 年 3 月 25 日访问。

4.《波斯女孩》485：

——依你的嘉名告诉我，你解放了那个女人吗？（Dic bona fide, iam liberast）

5.《迦太基人》439：

——你要依你的嘉名对诸神说吗？（Vin bona dicam fide）

6.《骗子》（Pseudolus）1095：

——你依你的嘉名这样说吗？（Bonan fide istuc dicis）

7.《特鲁库伦图斯》586：

——我？（Ego ne?）

——是你！（Tu!）

——以嘉名保证？（Bona fide?）

在上述7个片段中，bona fide 都是夺格（其主格是 bona fides），也就是工具格，故这一词组隐含着“根据、依”的介词，所以我把这一词组翻译为“依嘉名”。它是一个担保，保证说话人所说之话的真实性。对此等保证的确认可以采取 bona fide 的简化形式 bona，省却了 fide。用来作为担保的是说话人的好名声，一旦他说的话被证伪，那他的名誉就成为问题了。按这样的理路，把上述7个片段中的 bona fide 翻译为“依诚信”亦无不可，不过法律味太浓，不像日常生活中的表达。既然在日常生活中可以用“依嘉名”作为说话之真实性的保障，在交易中，运用依诚信（ex bona fide）的套语保障义务的履行，就是水到渠成的事情了。我认为，普通拉丁语中的 bona fide 与法律拉丁语中的 bona fide 并无根本的不同，两者都是“善”与 fides 的结合，后者来自前者，不过，在后者的情形，fides 的意思是“践行”；在前者的情形，fides 的意思是“名誉”。此构成两者的不同，但不构成矛盾，因为“践行”也是为了名誉，不践行会有破廉耻的后果。这是后面讲到诚信诉讼时要说到的。

（三）罗马法人对“善”与“信”的合成词的法律使用

在法律原始文献中，作为专门法律术语的“诚信”（bona fides）被大量使用，在优士丁尼《法学阶梯》中有38处；在《法典》中约有117处；在《学说汇纂》中约有462处。其含义与其在文学性原始文献中的含义大为不同，以《法学阶梯》为例，作者依次在6个领域使用bona fides一词。第一个领域是取得时效法（I.2，1，33~34；2，6pr.），对自由人的占有（I.2，9pr.）包括其中。不知情地占有这两者的，谓之“诚信占有”（bonae fidei possesso）。第二个领域是拟制的取得时效法，也就是普布利奇安诉讼制度（I.4，6，4）。第三个领域是添附法，不知情地在他人土地上播种、建房的人，是诚信的添附人（2，1，29~30）。第四个领域是继承法，诚信的遗产占有人转让了遗产的，在遭受追索时，他诚然要返还遗产本身或其价金，但不必返还已消费的孳息（I.4，17，2）。第五个领域是家庭法，诚信的乱伦婚姻缔结者可以让其子女维持婚生子女的身份（D.23，2，57a）。第六个领域是诉讼法，其中有诚信诉讼与严法诉讼之分（I.4，6，28，29，30）。在优士丁尼时代，买卖之诉、租赁之诉、无因管理之诉、委任之诉、寄托之诉、合伙之诉、监护之诉、使用借贷之诉、质押之诉、分割遗产之诉、分割共有财产之诉、关于代销的相当给付之诉、互易之诉、要求遗产之诉和妻财之诉属于前者。在优士丁尼法中，也有诚信契约的表达，① 但其外延并不与诚信诉讼的外延重合。不错，诚信诉讼保护的法律关系大多为契约关系（罗马人的契约观念与我们不同，我们不认为是契约关系的监护、共有等，被罗马人认为是准契约），但也有物权关系、嫁资返还关系和追索遗产关系。要指出的是，上述6个领域中的诚信，前5个领域都是主观诚信，只有最后一个领域是客观诚信。

---

① D.22，1，32，2规定：“诚信契约中包含偿付迟延利息的义务”。这一法言中出现了“诚信契约”的表达。

四、罗马人的诚信分类

概言之，在罗马法中主要有两种诚信：一种是适用于取得时效法、拟制取得时效法、添附法、继承法和家庭法领域的诚信，它是一种当事人不知或确信自己未侵害他人权利的心理状态，现代人谓之主观诚信。1. 它是主体对其行为符合法律或道德的个人确信；2. 这种确信尽管是主观的，但从主体产生它的过程来看，它是诚实的和合理的；3. 主体在形成这种确信时尽到了注意；4. 主体在形成这种确信的过程中未发生故意和过失；5. 主体的这种确信可就其自己的情势发生，也可就与他有关的他人的情势发生；6. 这种确信决定了主体的行为；7. 法律因为主体的这种确信赋予其行为以有利的待遇。①

另一种是诉讼法领域的诚信，它是当事人忠实地履行自己义务的行为，谓之客观诚信。现代学者认为它具有以下要点 1. 它是一种课加给主体的具有明显的道德内容的行为义务；2. 这种行为义务的内容为：除了为保护自己的合法利益之必要外不损害他人之利益；3. 评价主体行为的尺度不是当事人自己的，而是一个客观的标准；4. 但这种客观性不排除对主体之故意和过失等主观因素的考虑；5. 这种客观标准由主体行为与法律标准或典型的中等的社会行为的对比构成；6. 在寻求可适用的法律标准时，应考虑主体实施行为的社会背景。② 可见，这两种诚信的差别很大：一个是内心状态；另一个是外部行为，似乎是分属两个世界的东西，却都以 bona fides 表示。

饶有兴味的是，德国系的民法已把诚信原则篡改为客观诚信原则，故现代民法，无论是立法还是学说，都有重客观诚信轻主观诚信，甚

---

① Véase Manuel De La Puente y Lavalle, El contrato en general, El fondo para publicación del PUC del Perú, 1996, p. 30.

② Véase Manuel De La Puente y Lavalle, El contrato en general, El fondo para publicación del PUC del Perú, 1996, pp. 33s.

至忽略后者的倾向，但罗马法的情况反过来，是重主观诚信轻客观诚信，其学说凡涉及诚信，主要是主观诚信，探究客观诚信是偶尔为之。试以优士丁尼《法学阶梯》为例说明之，如前所述，该书有 38 处涉及诚信，除 4 处客观诚信外，[①] 其他都是主观诚信。可以说，对主观诚信的操弄是罗马私法学的重要内容，所以，让我先论述它。

第二节　罗马法中的主观诚信

一、罗马法中的主观诚信的产生时间和类型

关于罗马法中的主观诚信产生的时间，一种说法是关于被盗物的阿梯钮斯法（Lex Atinia de rebus subreptis）颁布的时间（大约是公元前 150 年）。[②] 另一种说法是普布利奇安诉权产生的时间（公元前 67 年）。[③] 此说在我国极为流行，至少有 6 篇论文和 1 部著作从之。[④] 两

---

① 它们是 I. 4，6，28，涉及诚信诉讼；I. 4，6，29，出现两次“诚信”，都涉及诚信诉讼。I. 4，6，30，还是涉及诚信诉讼。

② See Reuven Yaron，Reflections on Usucapio，In Tijdschrift voor Rechtsgeschiedenis，35，1967，p. 214. See also Ross Barber，Usucapion and Theft at the Time of the Twelve Tables，In Sydney Law Review，Vol. 5（1979），pp. 616ss.

③ Cfr. Pierre Daniel Senn，Buona Fede nel diritto romano，In Digesto delle Discipline Privatistiche，Vol. II，Torino，UTET，1989，p. 131.

④ 参见徐番、史亚鹏：《善意取得制度中的“善意”研究》，载《邵阳学院学报》（社会科学版）2008 年第 4 期，第 30 页。参见尹彦博、刘艳艳：《浅析民法中“善意”与“无重大过失”之关系》，载《内蒙古农业大学学报》（社会科学版）2011 年第 2 期，第 21 页。参见王冬梅：《论善意取得制度中的善意标准》，载《华东交通大学学报》2003 年第 3 期，第 80 页。参见［意］彼德罗·彭梵得：《罗马法教科书》，黄风译，中国政法大学出版社 1992 年版（未注明页码，因而也无法查证真假）。参见侯巍、王婷婷：《论善意取得中的善意》，载《广西大学学报》（哲学社会科学版）2008 年第 1 期，第 75 页。参见张萍萍：《善意取得制度中“善意”的评判标准》，吉林大学 2007 年硕士学位论文，第 2 页。参见张必望：《论民法中的善意》，中国政法大学 2007 年硕士学位论文，第 5 页。看来，主观诚信概念最早由普布利奇安诉权催生说是个以讹传讹的错误。

种说法都无法用知识的方法求得确证，问题只能委诸论者的信仰。实际上，可以把第一种说法解读成对主观诚信在取得时效法中的产生时间的说明，把第二种说法解读成对已在取得时效法中确立的主观诚信被扩用于物权法的其他领域的时间的说明。由此引起的问题是主观诚信是产生于一个法的分支，然后被推广到其他法的分支呢？还是各个有关的法的分支各自催生自己的主观诚信？当然前一种说法更接近真实。所以，我倾向于主观诚信产生于约公元前150年说。

主观诚信概念具有人为性。如果说客观意义的诚信在拉丁语中是来自生活用语的法律用语，则主观意义上的诚信完全是一个人造的法律概念，因为文学拉丁语中完全没有这种意义上的 bona fides,[①] 它完全是法学家们在书斋里创造出来的，正犹如有限公司制度是德国法学家在书斋里创造出来的。它的产生似乎具有学派色彩，因为罗马法学家对于使用诚信术语采用不同的态度，有的法学家宁愿使用不同的术语表达主观诚信概念指称的对象，似乎讨厌这个概念,[②] 而另外一些作家使用它乐此不疲。属于后一类的作者属于萨宾派，该派的代表人物是盖尤斯，他是38个或39个其作品被《学说汇纂》收录的法学家中唯一留下了一部几乎完整的著作幸运者。他在其《法学阶梯》中在主观意义上使用诚信一词21次。有理由认为，主观诚信是一个萨宾派接受的古代法学家打造的。此人很可能是昆图斯·穆丘斯·谢沃拉（约公元前140—公元前82），因为彭波尼（Sextus Pomponius，生卒年月不详）提出以孳息奖励诚信占有人之观点（后文详述）的著作是《昆图斯·穆丘斯评注》第22卷（D. 22，1，45），评注是一种兼包“六经”与“我”的著作体例，彭波尼的这个观点到底是“六经”还

---

① Cfr. Luigi Lombardi Vallauri，Dalla ‘fides’ alla ‘bona fides’，Giuffrè，Milano，1961，pp. 209s.

② 例如，在下文将谈到的《尤文求斯元老院决议》中，就以“认为自己是其继承人的人”的啰嗦话表达“诚信的遗产占有人”的意思。

是“我”，遂成为问题。意大利学者阿尔贝尔塔流（E. Albertario，1885—1948）持“六经”说，认为彭波尼的“我”体现为对“六经”的修改。[①] 如果此说为真，也可帮助我们确定主观诚信概念在罗马法史上的确立时间，也就是在昆图斯·穆丘斯·谢沃拉生存的年代。富有意味的是，意大利两个学者也把客观诚信的确立归因于昆图斯·穆丘斯或其时代。老一点的有路易吉·伦巴尔迪，他说的是在穆丘斯的时代确立了诚信诉讼，[②] 年轻一点的有里卡多·卡尔迪里（Riccardo Cardilli，1965—今）。他在其专著《在历史与制度之间的“诚信”》中分析了昆图斯·穆丘斯·谢沃拉于公元前94年颁布的亚细亚行省告示，其中有“依诚信不能执行如此订立的协议”（Extra quam si ita negotium gestum est ut eo stari non opoeteat ex fide bona）的套语，也涉及的是客观诚信问题。[③]

如前所述，罗马法中的主观诚信在实体法中主要有5个存在领域：取得时效法、拟制取得时效法（即普布利奇安诉讼）、添附法、继承法和家庭法。这5个领域的主观诚信尽管都体现为不知或确信，但其法律效果都不相同，所以宜分别论述。

二、阿梯钮斯法对取得时效主观诚信要件的奠基

公元前450年的十二表法第6表第3a条规定：使用土地的，其取得时效为2年，其他物件为1年。[④] 这是罗马法最早关于取得时效的规定。当时这一制度的适用肯定不成熟，因为今人熟知的罗马法中完成

---

① Cfr. Yuri González Roldán, Il Senatoconsulto Q. Iulio Balbo et P. Iuventio Celso consulibus factum nella lettura di Ulpiano, Bari, Cacucci Editore, 2008, p. 255.

② 参见［德］莱茵哈德·齐默曼、［英］西蒙·惠特克：《欧洲合同法中的诚信原则》，丁广宇、杨才然、叶桂峰译，法律出版社2005年版，第56页。

③ Cfr. Riccardo Cardili, “Bona fides” tra storia e sistema, Giappichelli, Torino, 2004, p. 3.

④ 参见徐国栋、［意］阿尔多·贝特鲁奇、纪蔚民译：《十二表法新译本》，载《河北法学》2005年第11期，第3页。

取得时效的5大要件：标的适格（Res habilis）、名义（Titulus）或原因（Causa）、诚信（主观的）、占有、一定期间的经过，都出自中世纪法学家的概括,[①] 换言之，后人才把罗马人的取得时效实践系统化为比较完善的理论。

这5个要件的形成时间亦前后不一，主观诚信的要件在十二表法的时代并不存在。[②] 塔拉曼卡（Mario Talamanca）证实，在十二表法原先规定的取得时效中，并不要求什么主观诚信，在“作为继承人的时效取得”（占有无人继承的遗产以时效取得之）中，在“收回时效”（下一节所述之债务人在履行债务后通过时效收回自己“信托质”于债权人的物）中，从主观上看，占有人都是恶信的，因为他们知道物在法律上属于他人，但这种恶信无碍于时效的完成。[③] 此外，取得时效制度最初为解决未以要式买卖或拟诉弃权而只以交付转让要式转移物情况下的受让人不能取得市民法上的所有权问题而设,[④] 占有这种标的物的人肯定是“恶信”的，他进行这种占有本身就是在实施脱法行为。所以，主观诚信要求的阙如构成取得时效制度的“胎记”，它不断地重现于这一制度的后世变迁中。193年，珀尔提那克斯（Publius Helvius Pertinax，126—193）皇帝颁布了一个给阿拉伯和叙利亚行省的敕令，允许耕种弃田的人在两年后取得土地的所有权，但以原所有人从未抗议过为条件。[⑤] 显然，这种弃田的耕种者在主观上是恶信的，却能通过两年的时效取得土地所有权。再往后的君士坦丁一世（Flavius Valerius Aurelius Constantinus，272—337）规定，凡所有人放弃

① Alberto Burdese，Manuale di diritto privato romano，UTET，Torino，1993，p. 310.

② 参见周枏：《罗马法原论》（上），商务印书馆1994年版，第323页。

③ Cfr. M. Talamanca，Istituzioni di diritto romano，Giuffrè，Milano，1990，pp. 424.

④ 参见［古罗马］盖尤斯：《法学阶梯》，黄风译，中国政法大学出版社1996年版，第90页。

⑤ 参见［美］汤普逊：《中世纪经济社会史》（上册），耿淡如译，商务印书馆1961年版，第63页。

其财产达 40 年的，不论是动产还是不动产，法律即不再保护其所有权，占有人即使出于恶意、盗窃或暴力，也可拒绝所有人的诉追。[①] 这就是所谓的最长时效，在这种制度中，为了使社会财富得到充分利用，不仅不要求主观诚信，就连客观诚信都不要了，盗窃和暴力亦不妨碍时效的完成。

尽管如此，客观诚信的要求还是渐渐地出现在罗马的立法中。早于十二表法 6 年的公元前 456 年的《将阿文蒂努斯山上的土地收归国有的伊其流斯法》把阿文蒂努斯山的公地分给平民建房，此等公地此前已有人占据，对于他们，该法区别对待：以暴力和欺瞒方式占据者，不补偿其耕作费用；对于公然和平占据者，补偿其耕作费用。[②] 此法开以客观诚信之有无定法律之臧否的先河。6 年后颁布的十二表法尽管未明示地使用"诚信"一语，但其第 8 表第 17 条规定了"盗窃物不能以时效取得"，我认为这实际上是该法关于客观诚信的间接规定，它并非对占有人确信自己未侵犯他人的权利的主观状态的要求，而是对他遵守了不以"盗窃"占有他人财产的方式义务的要求。因此，该条是对《将阿文蒂努斯山上的土地收归国有的伊其流斯法》中张扬的客观诚信的维护。[③] 它的规制对象很可能是盗贼本人（第一占有人），而非盗贼的后手占有人（第二占有人），目的在于阻止前者以时效取得他盗窃的物，以免该制度成为对违反客观诚信之行为的鼓励。[④] 因此，第 6 表第 3a 条与第 8 表第 17 条两者原始的位置值得探讨，前人将它们理解为分处在两个表中的规定，而我宁愿认为，从逻辑上看，第 8 表

① 参见周枏：《罗马法原论》（上），商务印书馆 1994 年版，第 332 页。

② 参见［意］阿尔多·贝特鲁奇：《罗马自起源到共和末期的土地法制概览》，徐国栋译，载徐国栋主编：《罗马法与现代民法》第 2 卷，中国法制出版社 2001 年版，第 129 页。

③ Cfr. E. Volterra, Istituzione del diritto privato romano, Roma, 1960, pp. 402s. Cfr. M. Talamanca, Istituzioni di diritto romano, Giuffrè, Milano, 1990, p. 422.

④ Cfr. E. Volterra, Istituzione del diritto privato romano, Roma, 1960, pp. 402s. Cfr. M. Talamanca, Istituzioni di diritto romano, Giuffrè, Milano, 1990, p. 422.

第 17 条应该是紧接着第 6 表第 3a 条之后的规定，这两个条文应该处在一个表中。

当然，从纯粹的理论可能性来看，第八表第 17 条也有解释成从盗贼购得赃物者不能以时效取得它的余地，但我们必须记住，当时的罗马是个小规模的、在交易上实行严格的形式主义的社会，要式买卖的严格程式使明显不合法的财产的给付人难以进行交易，买受人很少可能在明知物的法律上的缺陷的基础上取得物，故买受人方面的诚信当时尚不构成一个问题。[①]

这里要提出的问题是，在十二表法的时代，立法为何对占有人不提出主观诚信的要求？此乃因为在罗马公地的私有化完成前，罗马处在"一兔走，百人逐之"的时代，土地权属关系不稳定，公地的免费"蛋糕"引诱得广大罗马市民为之争斗得头破血流，十二表法顾不上规定主观诚信，立法者的注意力集中在强制第一占有人遵守客观诚信上。

申言之，共和前期罗马的取得时效制度与公地向私人土地的转化过程密切相连。[②] 按通说，远古时期的罗马曾实行土地公有制，土地由氏族集体所有（氏族土地）或全体罗马人民公有（公地），第一任王罗慕鲁斯授予每个家父两尤格（5000 平方米）可由其后代继承的土地，此为私人土地所有权之始。后来它不断扩张，把公地压缩在一个狭小的范围内，成为土地所有权的主要形式。其过程是这样的：在埃特鲁斯君主制时期，氏族土地实现了私有化；而公地的私有化过程比较复杂。共和前期的宪法赋予罗马贵族以无限制的占有公地权，这种占有具有与所有权基本相同的内容，只是占有人和他周围的人都知道

---

① Cfr. M. Talamanca, Istituzioni di diritto romano, Giuffrè, Milano, 1990, pp. 424s.

② 周枏先生正确地指出："时效制度最初是在公有制过渡到私有制时，为了调节财产所有人与需要人间的矛盾，平衡有余与不足，鼓励人们使用他人废置之物，以使物尽其用"。参见周枏：《罗马法原论》（上），商务印书馆 1994 年版，第 319 页。

这种土地的公共性质，他不能取得被占有土地的市民法所有权，因此不能以要求返还之诉保护自己的利益。但由于对公地的争夺激烈，裁判官为了定分止争，遂发布令状保护现实的占有。时间长了，事实产生权利，这种占有就变成了所有。通过这种方式，公地逐渐地转化为私地，大约在公元前1世纪的共和晚期基本完成了这一过程。① 历史记载告诉我们，这是一个充满了暴力和血腥的过程。在萨维尼的《论占有》中，我们看到了罗马农民彼此间常因疆界、引水等问题发生纠纷，引起暴力行动的报道。② 战争，包括布匿战争和同盟者战争，造成土地关系中的暴力因素的事例不绝于书。③ 法律原始文献中也充满了对以暴力占夺他人土地现象的讨论。④ 这些林林总总的资料为我们复原了一个不安定的社会和时代，给我们那时的罗马人粗蛮好武，动辄来粗的印象。这是一个需要铁腕的时代，不是一个需要雅致的心灵的时代。

共和晚期，罗马公地的私有化完成，“兔子”的归属已定，土地权属关系清晰化。也就是在这个时候，法律才把占有区分为适法占有和违法占有，⑤ 两者的区别在于是否遵守了客观诚信。罗马历史上的商业时代也发生于这一时期，社会安定，交易频繁。罗马法的重心由物权法向契约法转移，法律制度由以农业社会的要求为基础改为以商业社会的要求为基础，意思主义日渐取代形式主义。由此，取得时效法进入了一个比较文明的时代，即主观诚信时代。当然，以盗窃和暴力取得对他

---

① 参见［意］阿尔多·贝特鲁奇：《罗马自起源到共和末期的土地法制概览》，徐国栋译，载徐国栋主编：《罗马法与现代民法》第2卷，中国法制出版社2001年版，第148页。See H. F. Jolowicz and Barry Nicholas, Historical Introduction to the Study of Roman Law (Third Edition), Cambridge University Press, Cambridge, 1972, p. 261.

② 参见［德］萨维尼：《论占有》，朱虎、刘智慧译，法律出版社2007年版，第15页。

③ 参见周枏：《罗马法原论》（上），商务印书馆1994年版，第424页、第426页。

④ 例如，D. 2. 9pr.; D. 47, 2, 25, 1, D. 43, 16, 1, 3; D. 43, 16, 1, 4.

⑤ 参见周枏：《罗马法原论》（上），商务印书馆1994年版，第409页、第423页。

人之物的占有的第一占有人肯定也是违反主观诚信的，但只有在权属关系的明晰化抑制住了暴力冲动后，主观诚信才会成为一个单独的问题，换言之，主观诚信必定是一个安定的时代、文明的民族的产物。

正是在这个时候，约公元前 150 年的关于被盗物的阿梯钮斯法规定：不论什么被偷的东西，对它们的追索权都是永久性的。[①] 此语等于重申了十二表法第 8 表第 17 条关于盗窃物不能以时效取得的禁令，[②] 那么，它为何要重复立法呢？对此有两种可能的解释，第一，十二表法第 8 表第 17 条的规定长期以来都形同虚设，因而共和晚期需要制定一个法律重申十二表法的禁令，如此，则十二表法的威信也太低了。我们知道，十二表法在罗马人的心目中具有崇高的地位，被奉为一切公法和私法的源头受到尊重。甚至到了公元 6 世纪的优士丁尼时代，立法者还把《法典》分为 12 卷以纪念这一最早的法典，因此，“重申说”的根据不足。第二，共和晚期的这个法律尽管也规定了盗窃物和抢劫物不能以时效取得的问题，但它涉及的主体已发生了改变，由第一占有人改为第二占有人，因此，它不是重复立法，而是对十二表法的规定做出变通处理。我持这种“主体改变说”，所幸的是，遵循这一思路的不止我一人。英国罗马法学者约洛维奇（H. F. Jolowicz）就认为，阿梯钮斯法不可能是对既有法律的重述，最为可能的是对十二表法第 8 表第 17 条可能的双重含义的解释，十二表法的这一条文原先仅适用于窃贼本人的时效取得，现在阿梯钮斯法将之扩展适用于第三人的时效取得，[③] 换言之，适用于窃贼的后手占有人的时效取得。周枏

---

① Cfr. Aulo Gellio, Notti Attiche, Traduzione della lingua italiana di Luigi Rusca, Volume Secondo, BUR, Milano, 2001, p. 1156.

② 另外，公元前 78—63 年的普劳求斯法还确立了以暴力占有之物不能以时效取得的禁令；公元前 17 年，恺撒或奥古斯都还颁布了一个关于暴力的优流斯法重申这一禁令。Cfr. E. Volterra, Istituzione del diritto privato romano, Roma, 1960, p. 402.

③ See H. F. Jolowicz and Barry Nicholas, Historical Introduction to the Study of Roman Law (Third Edition), Cambridge University Press, Cambridge, 1972, p. 153. Cfr. Giovanni Pugliese, Istituzioni di diritto romano, Giappichelli, Torino, 1991, p. 469.

先生在叙述关于暴力的优流斯法时也涉及这一问题。其表述为“凡以暴力占有的不动产，都不能以时效取得，即使诚信受让人也不例外”。[①] 显然，前面的规定是针对第一占有人的，“即使”以后的规定是针对第二占有人的。周枏先生也告诉我们，关于暴力的优流斯法开始把诚信要求的规制对象从第一占有人移转到第二占有人，尽管只是作为一个附带规定，第二占有人的诚信到底进入了法律的视野。显然，这种诚信是占有人相信自己的取得行为未侵害他人的权利的心理状态。

毫不奇怪，在一个相对文明安定的时代，盗贼不能以时效取得被盗物已是当然之理，问题在于通过正常交易从盗贼取得物的人能否以时效取得该物？容忍赃物的恶意买受人的行为对于盗窃行为无疑是一种间接的鼓励。为了遏制原发性的犯罪行为，就必须打击派生性的犯罪行为，这是刑事政策学中的一条屡试不爽的真理。所以在我国刑法中，为了遏制盗窃，对以超乎寻常的低价买受物的人，推定为知晓其为赃物而买受之，亦使其承担刑事责任。[②] 罗马人肯定面临我们今天同样的问题并做出了同样的处理，在我看来，共和晚期的阿梯钮斯法禁止盗窃物的第二占有人以时效取得这些赃物，目的无非在于进一步遏制盗窃行为。如此，诚信悄悄地从对第一占有人的外在行为的要求转变为对第二占有人的内心状态的要求。

严格说来，诚信的第二占有人并非一定能以时效取得赃物，因为取得时效之完成，除要具备主观诚信的要件外，还必须具备正当原因的要件。这是一个在古典时期才出现，晚于诚信并用来限制诚信的要件。[③] 它是允许适用时效取得的法定情形，只有 7 种（作为买受人、作为继承人、因赠予、对抛弃物、因遗赠、因嫁资、为自己），这种情

① 周枏：《罗马法原论》（上），商务印书馆 1994 年版，第 329 页。

② 2003 年以来，媒体不断报道了抢劫他人婴儿出卖的犯罪行为。警方认为，不打击买受婴儿的人，就无以从根本上制止盗窃、抢劫他人婴儿的行为。

③ Cfr. E. Volterra, Istituzione del diritto privato romano, Roma, 1960, p. 403.

况之所以出现，乃出于对两个考虑的折中：第一，促进交易，反对形式主义。时效制度的最初功能是为了弥补法律行为形式上的缺陷，这7种情形多是通过时效的经过使法律行为的缺陷得到补正，使法律关于交易形式的严格规定得到缓和；第二，维护法律的威信。罗马人认识到取得时效制度是一把双刃剑，一方面它促进交易；另一方面它出于两害相权取其轻的原则容忍违法行为，为了减少对法律的破坏，必须对适用取得时效的情形实行法定主义，因此，正当原因与诚信这两个取得时效的完成要件不可或缺其一，换言之，具有正当原因的诚信占有人才能完成取得时效。

原因作为取得时效要件的确立，进一步确证了此时的罗马法已把取得时效中的诚信理解为第二占有人的主观诚信。同时它也带来了这样的问题：如果占有人就原因发生错误，即把不正当的原因当作正当的，他能否完成时效取得？由此发生所谓的误想的原因（Titolo putativo）之问题，如自认为已购买某物实际上并未购买的人，是否能作为买受人完成时效取得？这一问题在罗马法学家中引起了争论。乌尔比安和保罗持否定说；内拉蒂（Lucius Neratius Priscus，生卒年月不详）、阿富里坎（Sextus Caecilius Africanus，生卒年月不详）、尤里安持肯定说。[①] 尤里安认为，只要买受人对原因的认识错误有正当理由，他就可以以时效取得买受物（D. 41，4，11）。优士丁尼在《法学阶梯》中采用了否定说（I. 2，6，11），以图保持“诚信”与“正当原因”两个取得时效构成要件的并存。如果承认假想的原因，则正当原因的要件可以取消，只使用主观诚信的要件就够了。现代民法就是这样做的，如此将导致取得时效制度适用的扩张，并淡化其弥补法律行为形式缺陷的最初功能。尽管如此，罗马法学家对原因的错误的讨论，开启了关于主观诚信的错误说。

---

① 参见［意］彼德罗·彭梵得：《罗马法教科书》（2005年修订版），黄风译，中国政法大学出版社2005年版，第225页。

以上是我对主观诚信从客观诚信分裂出来的过程的分析，可概括为“主体改变说”，即主张十二表法中的取得时效制度中以排除盗贼完成取得时效可能的方式来张扬客观诚信，后阿梯钮斯法也排除赃物的受让人完成取得时效的可能，由于此等受让人不曾参与盗窃，所以，从反面看，对他提出的只能是主观诚信的要求，由此将一个对客观行为的要求转变为一个对行为人的内心状态的要求。

三、普布利奇安诉讼对主观诚信概念的扩张适用

主观诚信在阿梯钮斯法中确立后不久，它就在普布利奇安诉讼中得到了扩张适用的机会。此等诉权谋求解决的是这样的问题：某人诚信取得了对一个物的占有，在取得时效进行但未完成的期间，第三人攫取了对此等物的占有，使“某人”的取得时效不能完成，倒使第三人的取得时效开始，这样的结果当然对诚信占有人不公平，因为他拥有对标的物的准所有权或形成中的所有权，保护他的此等权利有利于和平之维护，诚信之褒扬，于是，普布利丘斯裁判官发布告示，授予诚信占有人回复占有的诉权，此等诉权称普布利奇安诉权（Actio Publiciana）。

优士丁尼在其《法学阶梯》4，6，4 中说这种诉权是普布利丘斯裁判官创立的，但叫做普布利丘斯的裁判官至少有 3 个。其一是 M. 普布利丘斯·马勒奥卢斯（M. Publicius Malleolus），他是公元前 232 年的执政官，此前肯定当过裁判官，但他何年担任此职，不详；其二是 L. 普布利丘斯·马勒奥卢斯（L. Publicius Malleolus），他是公元前 237 年的裁判官；其三是昆图斯·普布利丘斯（Quintus Publicius），他是公元前 67 年的裁判官。通常认为他是普布利奇安诉权的作者。但专门的研究者埃瓦里斯科·卡鲁希（Evarisco Carusi）认为他只是一个外事裁判官，而普布利奇安诉权涉及拟制的取得时效问题，而外邦人是不能利用取得时效制度的，所以传统的说法值得怀疑。由此，卡鲁希只是含糊地把这种诉权的诞生时间确定在公元前 153 年左右（“罗马建城纪

年的第六世纪”。按建城的公元前753年减600年算，得出公元前153年之数）。[①] 如此一来，普布利奇安诉权对主观诚信的运用就基本与阿梯钮斯法对同一概念的运用同时，甚至早一些。卡鲁希抛开诉权的冠名裁判官的情节把该诉权的诞生时间定在公元前153年左右，心里想的大概也是阿梯钮斯法与普布利奇安诉权之间的呼应关系。但从逻辑的角度看，如果阿梯钮斯法创立了对主观诚信的运用，普布利奇安诉权是对这一概念的扩用，那么，后者应晚于前者。所以，德国学者吉默塔尔（Theodor Gimmerthal）认为普布利奇安诉权由一个外事裁判官创立并不奇怪，因为它是为了保护从外邦人买受了要式移转物的罗马市民创立的。[②] 罗马尼亚学者秋卡（Valerius M. Ciuca）则更进一步，认为普布利奇安诉权具有保护外邦人的占有的功能，它除把时效拟制为已经完成外，还把涉案的诚信的外邦人拟制为罗马市民。[③] 此说破解了卡鲁希设定的外事裁判官不能就取得时效立法的禁忌。基于这些学者的论证，我宁愿相信普布利奇安诉权的创立时间是公元前67年。

乌尔比安在其《告示评注》第16卷中记载了承载普布利奇安诉权的告示的内容：裁判官说：如果某人请求他根据正当的原因从非所有人交付、尚未以时效取得的物，我将给予他诉权（D.6，2，1pr.）。此语中并未出现诚信字样，只有“正当的原因”字样，这种情况跟阿梯钮斯法的文本中并无“诚信”字样一样，但研究者卡鲁希认为，上述文本经过了后人（《永久告示》的编者尤里安和《学说汇纂》的诸编订者，尤其是特里波尼安）的编订，其原来的文句应该是这

① Cfr. Evarisco Carusi, L'Azione publiciana in diritto romano, Roma, Tipografia Fratelli Pallotta, 1889, p. 83; p. 79.

② Cfr. Ernesto Bianchi, Fictio iuris. Ricerche sulla finzione in diritto romano dal periodo arcaico all'epoca augustea, CEDAM, 1997, pp. 294s. nota 279.

③ Voir Valerius M. Ciuca, Actio Publiciana dans le droit romain. Symbole d'un humanism juridique avante la letter, Relazione del Primo Seminario Eurasiatico di Diritto Romano, Dushanbe, 14~15 ottobre, 2011, p. 4.

样：如果某人请求他根据正当的原因受交付、尚未以时效取得的物，我将给予他诉权。[1] 读者可注意到，相较于《学说汇纂》传给我们的告示文本，卡鲁希还原的文本中去掉了"非所有人"的字样，为何如此？这是为了尊重历史上的现实，把普布利丘斯裁判官告示的文本还原得既能适用于诚信占有的案型，又能适用于事实所有（in bonis habere）的案型。[2]

诚信占有，典型的有如从被相信为所有人的非所有人购买物并占有的情形（D. 6，2，3），如果真正的所有人不追索，法定期间经过后占有人即成为所有人。事实所有是一个存在于区分要式物与不要式物时代的制度，要式物是比较重要的财产，其所有权必须按法定的方式如要式买卖、拟诉弃权移转，如果当事人嫌麻烦，贪图便利，仅采用交付的方式移转标的物，法律对此的惩罚是让受让人得不到市民法上的所有权，只享有裁判官法上的所有权，只有在取得时效完成后，受让人才能取得完全的所有权。[3] 十二表法规定的时效期间这么短（2 年和 1 年），乃因为当时的取得时效主要服务于消除法律行为形式要件缺陷的目的。如果在时效进行期间，出让人或第三人干扰或剥夺受让人的占有，显然有违诚信，导致不公，所以，裁判官出面干预，赋予事实所有人回复占有之诉或普布利奇安诉权。这是普布利奇安裁判官的告示完成的工作之一。

诚信占有制度与事实所有制度看起来有些相似，例如，两者的主人公都是在占有中等待时效完成，两者都有可能被标的物的原主人索回标的物等，但实际上两者不同，差别有三。其一，两者的身份不同。

---

① Cfr. Evarisco Carusi, L'Azione publiciana in diritto romano, Roma, Tipografia Fratelli Pallotta, 1889, p. 64.

② Cfr. Evarisco Carusi, L'Azione publiciana in diritto romano, Roma, Tipografia Fratelli Pallotta, 1889, p. 65.

③ 参见［古罗马］盖尤斯：《法学阶梯》，黄风译，中国政法大学出版社 1996 年版，第 90 页及以次。

诚信占有人并非所有人，但从内心状态的角度看，他是自认的所有人；而事实所有人是裁判官法上的所有人，由于形式上的缺陷，从市民法的角度看，他是不完全的所有人。[①] 其二，两者占有标的物的前手不同，诚信占有人的前手并非标的物的所有人，事实所有人的前手是标的物的所有人。其三，两者可以对抗标的物原所有人的抗辩不同。诚信占有人如果向标的物的原主人要求回复占有，他可能受到正当所有人的抗辩（exceptio iusti domini）对抗，[②] 而他可以诈欺的反辩（replicatio doli）对抗原所有人。此等反辩针对的是共同恶意（communis malitia）的情形，其中，诚信占有人和原所有人针对同一事项都有诈欺行为，其结果有利于原所有人而不利于诚信占有人，更公平的结果是让原所有人因为诈欺的反辩的对抗也得不到利益，如此实现了双方诈欺的抵消。[③] 相反，事实所有人如果向出卖人兼原所有人要求回复占有遭到正当所有人的抗辩的对抗，他可以提出物已出卖并交付的反辩（Replicatio rei venditae et traditae）。这个时候的出卖人兼原所有人确实是出尔反尔，至少有违“行其所言谓之信”意义上的诚信。

到了优士丁尼时代，废除了要式物与不要式物的区分（C. 7，31，5），此举犹如釜底抽薪，要式买卖和拟诉弃权的交易形式由此消亡，导致事实所有制度一并消亡，所以，到了优士丁尼时代，普布利奇安诉权已只适用于诚信占有。这样，在把普布利丘斯裁判官的告示纳入《学说汇纂》时，就有必要对告示的文句进行修改以适应当时的形势，于是，特里波尼安（Τριβωνιανός，485？—542）领导的编纂人员便在

---

① Cfr. Evarisco Carusi，L'Azione publiciana in diritto romano，Roma，Tipografia Fratelli Pallotta，1889，p. 100.

② ［意］彼德罗·彭梵得：《罗马法教科书》（2005 年修订版），黄风译，中国政法大学出版社 2005 年版，第 188 页。

③ Cfr. Alberto Burdese，L'eccezione di dolo generale da Aquilio a Labeone，Su http：//www. dirittoestoria. it/5/Tradizione-Romana/Burdese-Eccezione-dolo-generale-Aquilio-Labeone. htm，2012 年 1 月 3 日访问。

告示中加上了“从非所有人”之语。如果普布利丘斯裁判官告示的原文包括此语，该文本打造的诉权就不能适用于事实所有的情形了，因为在此等情形，事实所有人就是从所有人取得对物的占有的。

然而，经过卡鲁希的还原，普布利丘斯裁判官告示的文本中仍然没有“诚信”字样，有什么理由说普布利奇安诉权是对阿梯钮斯法开创的主观诚信的扩张适用呢？根据卡鲁希的研究，有两个理由说普布利奇安诉权包括主观诚信的要求。其一，尽管告示的文本中无“诚信”字样，但与这一告示相配的程式中有此等字样。告示的任务是确立法律原则，程式的任务是把这样的原则适用于各种具体的案型。上面我已说过，普布利奇安诉权可适用于两个案型，第一个案型就是诚信占有，其相应的程式没有完整地保留下来，但乌尔比安保留了其部分内容：“诚信的买受人……”（D. 6，2，3）[①]，而盖尤斯在其《法学阶梯》4，36 中保留了事实所有程式的内容：“［某人］是法官。假如 A. 阿杰里买下一个被交付他的奴隶并占有了一年，因而这个有争议的奴隶根据罗马法应当是他的”[②]。套用盖尤斯保留的程式，可把普布利丘斯裁判官为诚信占有者设计的程式还原为这样：“［某人］是法官。假如 A. 阿杰里诚信买下一个被交付他的奴隶并占有了一年，因而这个有争议的奴隶根据罗马法应当是他的”[③]。在该套语涉及的情形中，向阿杰里交付奴隶的并非奴隶的所有人，阿杰里占有这个奴隶满一年前，如果该奴隶回到其原所有人处，阿杰里可以索还之。如果原所有人不愿返还，他可提出正当所有人的抗辩。相反，如果第三人占有了系争的奴隶，阿杰里可索还之。如果发生争议，裁判官将裁定阿杰里胜诉，

---

① Cfr. Iustiniani Augusti Digesta seu Pandectae, Testo e Traduzione, II, 5-11, a cura di Sandro Schipani, Milano, Giuffrè, 2005, p. 104.

② ［古罗马］盖尤斯：《法学阶梯》，黄风译，中国政法大学出版社 1996 年版，第 306 页。译文有改动。

③ ［古罗马］盖尤斯：《法学阶梯》，黄风译，中国政法大学出版社 1996 年版，第 306 页。译文有改动。

为此拟制他对系争奴隶的取得时效已完成，由此排开第三人对奴隶提出的请求权。

其二，即使在告示的主文中，也包含诚信的要素。此等文本中包括正当的原因的要件，这一要件包含诚信的要件，因为作为一种心理状态的诚信难以证明，为求客观，采用了正当的原因的要件，它是诚信的证明。[①] 当然，为了加大完成取得时效的难度，在优士丁尼时代，主观诚信从正当的原因独立出来作为一个适用普布利奇安诉权的要件，以适应法学发展和经济发展的要求。这样，正当的原因是一个客观的因素，诚信则是一个主观的因素。[②]

至此，我们可以撇开普布利奇安诉权涉及事实所有的部分不谈，关注它涉及的诚信占有的方面。那么，诚信占有中的诚信究竟何意？按彭梵得的说法，这里的诚信是狭义的诚信，不仅要具有未意识到对所有人造成损害而占有其物的心理状况，而且要具有正当的原因，并且标的物不具有瑕疵。[③] 这样的狭义的诚信并非完全主观性的，正当的原因和标的物无瑕疵就是客观性的。无妨说，狭义的诚信是主客观相结合的诚信，其中的主观部分还是“不知”。不知的对象除有出卖人的权源缺陷外，还有他的精神病状态（D.6，2，7，2）、未成年状态（D.6，2，7，4），而广义的诚信仅仅是不知已侵害他人权利的心理状态。不难看出，狭义的诚信更难构成。非独此也，这样的诚信还被要求在占有期间自始至终地具有，[④] 不同于取得时效中的占有人的

---

① Cfr. Evarisco Carusi, L'Azione publiciana in diritto romano, Roma, Tipografia Fratelli Pallotta, 1889, p. 133.

② Cfr. Evarisco Carusi, L'Azione publiciana in diritto romano, Roma, Tipografia Fratelli Pallotta, 1889, pp. 133s.

③ 参见［意］彼德罗·彭梵得：《罗马法教科书》（2005年修订版），黄风译，中国政法大学出版社2005年版，第188页。

④ 参见陈朝璧：《罗马法原理》，法律出版社2006年版，第288页。

诚信只要求在占有开始时具有。① 这样的安排似乎出于立法者有限适用普布利奇安诉权的目的。

事实上，普布利奇安诉权的理论意义远远大于其实际意义。其理论意义有二。其一，提出了不仅要保护已形成的所有权，而且要保护正在形成中的所有权的主张，这是以前的罗马法未曾提出过的。其二，第一次在立法中明文使用了主观意义上的诚信概念，并把它设定为保护形成中的所有权的前提条件。但从实际的角度看，普布利奇安诉权十分软弱。首先，在诚信占有的情形，占有人不能用它来排除标的物的原所有人，因为后者享有正当所有人的抗辩；其次，在第三人剥夺诚信占有人之占有的情形，后者也难以得到占有之回复，因为在同样的条件下，占有者优先。②

既然这样，诚信者之诚信在普布利奇安诉权的框架内能得到什么奖赏？尤其在诚信占有的为土地的情形，肯定是有孳息，从而引发孳息的归属问题的。富有意味的是，在《学说汇纂》第 6 卷第 2 题包含的几十个讨论普布利奇安诉权的片段中，并未全面讨论被诚信占有物孳息的归属问题，仅讨论了被诚信占有的女奴的婴儿的归属问题。承认被盗女奴如果在诚信买受人处怀孕，此等买受人尽管并未占有过出生的胎儿，他可提起普布利奇安诉讼要求取得对此等胎儿的占有（D. 6，2，11，2），以便完成取得时效后取得对他的所有权。尤里安更一般地总结说，如果我能以时效取得其母，则我也可以时效取得其婴儿（D. 6，2，11，4）。这些片段不讨论其他孳息归属诚信占有人的

---

① 但 D. 6，2，11，3 提供了一个例外。在正当的原因为赠予的情形，占有人只要在接受标的物的时候为诚信即可。由此体现了一个前优士丁尼法的原则：后来发生的恶信损害有偿原因的时效取得，反言之，后来发生的恶信并不损害无偿原因的时效取得。Cfr. Evarisco Carusi，L'Azione publiciana in diritto romano，Roma，Tipografia Fratelli Pallotta，1889，p. 205.

② 参见［意］彼德罗·彭梵得：《罗马法教科书》（2005 年修订版），黄风译，中国政法大学出版社 2005 年版，第 189 页。

可能，我以为是当时的主观诚信理论尚未发展到这一步所致。而且，即使对于偶尔被谈到的女奴的孳息——其婴儿，也不是赋予诚信占有人单纯的所有权，而只是赋予他回复占有请求权，这样的对诚信的奖赏实在太不实惠。当然，这样的安排可能受制于普布利奇安诉权仅仅保护占有的框架，但立法者尚未考虑到如何以更切实的手段保护诚信，也是可能的解释。

尽管《学说汇纂》第6卷第2题对孳息与诚信占有人的关系所言甚少，但对于添附与诚信占有人的关系则所言甚多。彭波尼说，如果土地在被诚信占有期间由于淤积增加，诚信占有人不仅可要求回复土地本身，而且可要求回复对此等淤积造成的增加部分的占有（D.6，2，11，7）。当然，此等淤积可理解成某种意义上的孳息，对它的占有构成对占有人之诚信的奖励，这样就把可用来奖励占有人之诚信的孳息扩张到了婴儿之外，但可能更重要的是，彭波尼的此举的意义是把主观诚信的概念引入了罗马的添附法中，这是一个主观诚信的富矿。[①]

四、主观诚信概念向添附法的扩张

说主观诚信概念向添附法扩张，在两个前提下成立。其一，添附法的产生时间比普布利奇安诉权晚，所以，在普布利奇安诉权中成立的主观诚信概念有可能被移入新生的添附法中；其二，普布利奇安诉权的产生时间与添附法的产生时间不相伯仲，但前者有主观诚信的概念，而后者无这一概念，然后继受了这一概念。证明了两个前提之一，另一个前提就无必要证明了。我宁愿证明第二个前提。

事实上，罗马的添附制度的历史十分古老，在早于十二表法的公元前456年的《将阿文蒂努斯山上的土地收归国有的伊其流斯法》中就有体现。如前所述，该法把阿文蒂努斯山的公地分给平民建房，而

① 根据我对优士丁尼《法学阶梯》所做的统计，该书使用诚信一语38次，其中用在添附场合的4次，比例不低。

此等公地此前已有人占据，对于他们，该法区别对待：以暴力和欺瞒方式占据者，不补偿其耕作费用；对于公然和平占据者，补偿其耕作费用。① 显然，在公地上耕作的人就是添附者，完全同于I. 2，1，32规定的在他人土地上播种的人，但《将阿文蒂努斯山上的土地收归国有的伊其流斯法》根据占有人是否具备客观诚信定耕作费用之返还与否，而I. 2，1，32则根据主观诚信定耕作费用之返还与否。但添附制度中的客观诚信是在何时被主观诚信取代的？我认为是在创立普布利奇安诉权之后，在161年出版的盖尤斯的《法学阶梯》之前，因为这一转变的成果就体现在盖尤斯《法学阶梯》中，其2，76规定，诚信在他人土地上播种、建房的人，享有费用返还请求权。这里的诚信是主观诚信，继受盖尤斯《法学阶梯》2，73和76的优士丁尼《法学阶梯》2，1，30把它解释为“不知是在他人土地上……”②，这样，就完成了添附法中主观诚信对客观诚信的取代。不过，盖尤斯的法言对主观诚信的奖励也未达到孳息的层次，而仅仅达到费用的层次。这只是成本，而孳息是利润。这样的利润在添附的情形是可能产生的，尤其在诚信耕种他人土地的情形，只要占有期达到一年，就会有一到两季收成出来。盖尤斯在其《论日常事务》第2卷中（D. 22，1，28pr.）把对诚信占有人的奖励提升到了利润的层次。他这样说：“畜群的孳息包括幼仔、奶、毛和绒。因此，羊羔、小畜、小牛立即成为诚信占有人或用益权人的所有”。盖尤斯的这一意见只涵盖动物性孳息，不够全面，但保罗仍跟进并扩张之，他在其《普劳提评注》第7卷中说（D. 41，1，48pr.），诚信占有人无疑可取得中间期间的他人财产的孳息，理由之一是为了报偿他的注意和劳作。③ 显然，保罗的意见就把

① 参见［意］阿尔多·贝特鲁奇：《罗马自起源到共和末期的土地法制概览》，徐国栋译，载徐国栋主编：《罗马法与现代民法》第2卷，中国法制出版社2001年版，第129页。

② 徐国栋：《优士丁尼〈法学阶梯〉评注》，北京大学出版社2011年版，第184页。

③ See the Digest of Justinian, Volume 4, edited by Mommsen and Alan Watson, University of Pennsylvania Press, Philadelphia, 1985, p. 498.

奖励诚信占有人的孳息从单纯的动物性孳息扩展到一般的孳息了，这样，主观诚信规范就成了历史上较早的奖励性规范。

盖尤斯和保罗的上述意见被优士丁尼接受，并被采纳到其《法学阶梯》2，1，35中，其辞曰：如果某人从他相信为所有人的非所有人诚信地购买了土地，或根据赠予或其他正当的原因，同样是诚信地接受了土地，已根据自然理性做出决定：他取得的孳息为他所有，以报偿其耕作和照料。因此，如果后来土地所有人突然出现并要求归还土地，他不能就诚信取得人已消费的孳息起诉。但对知情地占有他人土地的人，不给予同样的待遇。因此，他将被迫连同土地返还哪怕是已消费的孳息。[①] 显然可见，这一法言提供的案情与普布利奇安诉权适用的诚信占有的案情完全相同，不过，对案件的处理却是以普遍的方式把土地的孳息奖励给诚信的占有人。富有意味的是，优士丁尼《法学阶梯》也在I.4，6，4中规定了普布利奇安诉讼，但该片段只规定此等诉权的回复占有效力，2，1，35规定的是在土地的原所有人提出正当所有人的抗辩后诚信占有本身的效力。

必须指出的是，罗马法中的添附包罗很广，在现代民法中自立门户的加工也在其中，加工与诚信无缘。[②] 当然，还有不少类型的添附不涉及诚信。事实上，只有建筑、种植、书写和绘画4种案型涉及诚信。

五、主观诚信概念向继承法的扩张

把标的物的孳息以及变价返还利益奖励给诚信占有人，最早可能是在129年3月14日的《尤文求斯元老院决议》（Senatusconsultum Iu-

---

① 参见徐国栋：《优士丁尼〈法学阶梯〉评注》，北京大学出版社2011年版，第188页及以次。

② See Ernest G. Lorenze, Specification in the Civil Law, In The Yale Journal, Vol. 35. No. 1 (Nov. 1925), p. 31.

ventianum）中实现的，这个决议是在阿德里亚努斯皇帝在位时在P. 尤文求斯·杰尔苏（全名为Publius Iuventius Celsus Titus Aufidius Hoenius Severianus）担任执政官时发布的，故以杰尔苏的族名命名。它的特别之处是把主观诚信的概念推广到了继承法，并把占有期间的标的物孳息授予占有人作为其诚信的奖励。

乌尔比安在其《告示评注》第15卷（D. 5, 3, 20, 6）中转述了这一元老院决议的内容：……有鉴于在鲁斯提库斯（Rusticus）财产的落空部分可以为皇库主张前，认为自己是其继承人的人出售了此等财产，朕命令，不应对被出售财产的价金计息，在类似的案件中也要遵守这一规则。朕进而命令，如果对被诉追遗产的人已做出判决，他们必须返还属于此等遗产的任何财产的价金，即使此等财产在提起追索之诉前已事实上或法律上灭失，也不例外。再者，如果任何当事人占有了遗产中的财产，而他们明知它们不属于自己，尽管他们在证讼前已不再处于占有状态，应对他们做出不利判决，就仿佛他们一直占有此等财产一样。但如果他们有正当的原因相信他们对此等财产享有权利，他们仅以他们在这样的情势中变得更富有的范围内承担责任。①这个元老院决议表述的完全是“朕的命令”，让我们感受元老院当时的橡皮图章地位，而且让我们感受到本应作为一般法律规范的元老院决议的个案性。

根据贝鲁特的斯特凡（6世纪中叶）对《巴西尔法律全书》42, 1, 20, 6的一个旁批，上述文字讲的是这样的事情：鲁斯提库斯去世了，他订立的遗嘱指定了3个继承人，但其中一个继承人（可能是死者的儿子或兄弟）攻击遗嘱不合义务，目的是在遗嘱被宣告无效的情形通过法定继承取得全部遗产，但法院做出了不利于他的判决。由于他没有理由地提出了遗嘱不合义务之诉，他构成不配继承死者，他的

① Cfr. Iustiniani Augusti Digesta seu Pandectae, Testo e Traduzione, II, 5-11, a cura di Sandro Schipani, Milano, Giuffrè, 2005, p. 54.

继承份额应归皇库继承。但其他两个继承人认为不配者的份额应增加给自己，基此他们出售了全部遗产。[①] 等到皇库来追索这笔遗产的时候，它已经处于第三人之手。此案应如何处理？承办官员拿不准，遂请示皇帝。阿德里亚努斯皇帝召集元首顾问委员会讨论此案，得出的决议以《尤文求斯元老院决议》的名义发布。所以表面上它是元老院决议，但行文却是敕令的格式，因为其中有“朕”的主语。在元首顾问委员会开会时，杰尔苏的发言为大家接受，所以人们把这个元老院决议当作他的作品。

那么，杰尔苏是何许人也？他是法学家老杰尔苏的儿子，所以史称儿子杰尔苏，说他出身法学世家是不错的。他担任过 106 年或 107 年的裁判官。在 114—115 年担任色雷斯行省的总督。115 年成为备位执政官。129 年第二次担任执政官。129—130 年担任亚细亚行省的总督。他是普罗库鲁斯派的法学家。人们认为他有两个重要的理论贡献：其一，确立了遗产的诚信占有人只返还他因此等占有受增益部分的理论；其二，确立了不可能的债无效的理论。另外，法是善良公正之术是他的名言。[②] 不难看出小杰尔苏在主观诚信理论发展史上的地位：他被认为是以物资利益酬庸遗产占有人之诚信的第一人。

小杰尔苏建议的元老院决议对于系争案件的处理在逻辑上可以分为两个部分。第一部分是对真实的鲁斯提库斯遗产的落空部分被卖案的处理。其文字从决议的开头延伸至“再者”之前。第二部分从“再者”以后至决议的末尾，是针对一个虚拟案件的延伸性论述。第一部分这样处理鲁斯提库斯案件：第一，为了保护第三人（也就是购买落空部分遗产的人，实际上，他也是诚信的），皇库不得要求落空遗产的

---

① Cfr. Yuri González Roldán, Il Senatoconsulto Q. Iulio Balbo et P. Iuventio Celso consulibus factum nella lettura di Ulpiano, Bari, Cacucci Editore, 2008, p. 77.

② See the entry of Publius Iuventius Celsus, On http://en.wikipedia.org/wiki/Publius_Iuventius_Celsus, 2011 年 12 月 26 日访问。

原物，而只能要求其出售价金。这是一种利益，因为被出卖的遗产或已损耗，或已转手，要返还原物及其孳息谈何容易？这种处理实际上是对处分不属于自己财产者的折腾。在杰尔苏主创的《尤文求斯元老院决议》问世前，罗马法对于诚信的或恶信的遗产占有人都要求返还原物及其孳息，所以，在那个时候，占有人诚信与否无关紧要。① 诚信的遗产占有人也要受这样的折腾，现在他们可以免受此苦了。第二，为了酬庸自认的继承人的诚信（尤文求斯元老院决议未用这个词，但包含这个意思），不对上述价金计息，但他要返还落空遗产份额的价金，即使落空遗产份额在皇库起诉前已灭失或毁损，也不例外，这样，诚信的遗产占有人也承担了遗产灭失的风险。至此，导致颁布元老院决议的案件处理完毕。

但小杰尔苏或阿德里亚努斯皇帝不满足于就事论事，而希望从具体上升到一般，于是进一步针对虚拟的案情规定：假设某人明知遗产不属于自己而占有之，在被追诉时，为了愚弄对方，故意在证讼前停止占有此等遗产，以求诉讼不能进行。因为在物权之诉中，有必要确定哪方在进行占有，哪方提出请求，以便让前者当被告，后者当原告（I. 4，15，4）。如果该某人故意停止占有，诉讼就进行不了，真正的所有人或合法占有人就不能回复它。为了让这种对法律的诈欺得到遏制，元老院决议拟制该某人仍在占有中，并对他做出不利判决。此等判决的内容具体怎样，元老院决议的文本未说，从上下文来看，有可能是全部返还被侵占的遗产。相反，如果某人有充分的理由相信遗产属于自己，即使后来发现并非如此，他无须返还全部遗产，只需返还他在这样的情势中让他变得更富有的部分。按专门研究者冈萨雷斯·罗尔丹教授的意见，这部分就是尚存的孳息，不仅包括还在占有人手中的，而且也包括已出售而占有人收受了价金的。已消费的孳息不在

---

① Cfr. Yuri González Roldán，Il Senatoconsulto Q. Iulio Balbo et P. Iuventio Celso consulibus factum nella lettura di Ulpiano，Bari，Cacucci Editore，2008，p. 95，p. 158.

占有人的掌控下，已成为其财产的一部分，不得被判还给原告。[①]

这个元老院决议的文本中无一处诚信字样，但至少在两个地方隐含了主观诚信的概念。其一，决议的第一部分中的自认的继承人的诚信（采用了“认为”的表达）；其二，决议的第二部分中的自认的继承人的诚信。非独此也，这个元老院决议还采用了“有正当的原因”的表达，它在很多时候是诚信的别名。饶有兴味的是，这个元老院决议中还隐含着恶信的概念（采用了“明知不属于自己”的表达），这是决议的第二部分中的第一种遗产占有人的心理状态。在这个元老院决议中，凡对心理状态为诚信者，都分配以好的经济结果。它们包括：1. 不计利息。利息是所谓的民事孳息。在此等情形，等于让诚信的遗产占有人取得遗产的孳息；2. 变价返还利益，我在前面说过，这相对于原物返还是一种利益；3. 豁免返还已消费的孳息；4. 豁免因过失未收取孳息的责任。要说明的是，这一优待不见于《尤文求斯元老院决议》本身，而是优士丁尼《法学阶梯》增加的（I. 4，17，2）。反之，凡对心理状态为恶信者，都分配以坏的经济结果，它们包括：1. 原物返还的不利益；[②] 2. 返还全部孳息，包括已消费掉的；3. 赔偿因过失未收取的孳息，这一不利也是优士丁尼《法学阶梯》（I. 4，17，2）增加的。所以，这一元老院决议尽管未用主观诚信和恶信的概念，但其作者知晓这两种心理状态的法律意义并熟练运用，以贯彻法是善良公正之术的立法思想，已是昭然若揭。

我们知道杰尔苏是普罗库鲁斯派的法学家，该派的对立面萨宾派

---

① Cfr. Yuri González Roldán, Il Senatoconsulto Q. Iulio Balbo et P. Iuventio Celso consulibus factum nella lettura di Ulpiano, Bari, Cacucci Editore, 2008, p. 265.

② 乌尔比安在阐释《尤文求斯元老院决议》时说：如果明知物不属于自己而出卖之，则要根据要求遗产之诉返还物本身，连同孳息，而不是返还出卖的价金，只有一个例外，在恶信占有人把遗产物卖出了一个好价钱的情况下，允许他仅仅返还价金（D. 5，3，20，12）。Cfr. Iustiniani Augusti Digesta seu Pandectae, Testo e Traduzione, II, 5-11, a cura di Sandro Schipani, Milano, Giuffrè, 2005, p. 55.

的法学家（如盖尤斯）喜欢使用诚信的术语，相反，普罗库鲁斯派的法学家或许排斥使用这一术语，而宁愿用另外的表达指称同样的事情，尽管可能啰唆许多。这可能是《尤文求斯元老院决议》运用主观诚信制度而回避使用相应的术语的实际原因。

但不过隔了一代人的时间，颁布《尤文求斯元老院决议》的阿德里亚努斯皇帝的孙子哲学家皇帝马尔库斯·奥勒留（Marcus Aurelius，121—180 年，161 年登位，与路求斯·维鲁斯共治到 169 年后独自承担皇帝职位）就在于 170 年发布给阿非利加行省总督奥古里努斯（Augurinus）的一个敕答中使用了诚信的术语。其辞曰：经我的爷爷神君阿德里亚努斯皇帝提议制定的一个元老院决议规定：无论何时，一旦遗产受到追夺，就须返还，这一规则不仅适用于皇库案件，而且也适用于私人要求返还遗产的案件。诚信占有人不能被迫使返还他们从他们出卖遗产之日起到证讼前已收取的利息，也不能迫使他们交出在证讼后已收获的孳息，他们由此变得更富有的情形除外。但在证讼后，无论如何，他们都要被迫使偿付他们未出卖的财产的孳息，不仅包括他们已收取的，而且包括他们能收取的，外加从证讼日起算的他们已出售之财产的价金的利息。[①]（C. 3，31pr. —2）。显然可见，这一敕答是对《尤文求斯元老院决议》内容的重申，不过已采用了专业化术语的表达，而且把《尤文求斯元老院决议》的适用扩展到了私人间的请求返还遗产关系。这一敕答中的“诚信”二字如果并非出自后人的添加，则主观诚信见诸罗马继承法立法文件的事应发生在 170 年许。

主观诚信概念出现于学说上的时间可能更早。生活在阿德里亚努斯朝的盖尤斯可能是最早运用这一法律概念的法学家之一，他在其约于 161 年出版的《法学阶梯》中大肆运用主观诚信概念，他给予诚信

---

① C. 3，31，1，1. See the Civil Law including The Twelve Tables，The Institutes of Gaius，The Rules of Ulpian，The Opinions of Paulus，The Enactments of Justinian，and The Constitution of Leo，Trans. and edited by S. P. Scott，Cincinnati，1932. Vol. XII，p. 308.

占有人的优待是让他们取得添附的代价（2，76；2，78），[①] 这如同《将阿文蒂努斯山上的土地收归国有的伊其流斯法》的规定。他也研究了如何把主观诚信与孳息的归属挂钩的问题，在其《论日常事务》第2卷（D.22，1，28pr.）中，提出了把全部孳息判给诚信占有人的主张。[②] 顶多比盖尤斯小10岁的尤里安（110—170）也研究了诚信与孳息的归属的关联问题，主张让诚信占有人取得全部的孳息（D.22，1，25，1；D.7，4，13）。彭波尼是他的同时代人，也讲诚信占有人与孳息的关系，主张只让他得到其劳动创造的孳息（D.22，1，45）。接下来的主题论者都是前两位的学生辈，他们有阿富利坎（D.41，1，40），他是尤里安的学生，以及保罗（约193—235年，D.7，4，13）、马尔西安（约193—235年[③]，D.20，1，16，4）、帕比尼安（约193—235年，D.20，1，1，2）等。

在他们之前，不存在根据占有人的诚信或恶信定标的物的孳息的归属的做法，普罗库鲁斯派的创始人拉贝奥（Marcus Antistius Labeo，约公元前54—公元17）并不区分诚信与恶信地谈论被他人占有的遗产之返还问题。他分析了一个占有人出卖了遗产，然后把价金存入作为交易之中介的银行，银行主灭失了此等价金的案例，认为此时的占有人应负返还全部遗产的责任，因为不当信任银行主的风险应由他承担（D.5，3，18pr.）。此等论述间显然并不区分诚信恶信，他赋予占有人的恰恰是乌尔比安赋予恶信占有人的法律情势。[④] 尤里安在其《学说

---

① 参见［古罗马］盖尤斯：《法学阶梯》，黄风译，中国政法大学出版社1996年版，第102页、第104页.

② Cfr. Yuri González Roldán, Il Senatoconsulto Q. Iulio Balbo et P. Iuventio Celso consulibus factum nella lettura di Ulpiano, Bari, Cacucci Editore, 2008, p. 253.

③ 根据现有的文献资料不能确定马尔西安的精确生卒年月。现在给出的是他的大致的生活期间，根据［意］朱塞佩·格罗索：《罗马法史》，黄风译，中国政法大学出版社1994年版，附录中的“罗马史编年表”，第473页及以次。

④ Cfr. Yuri González Roldán, Il Senatoconsulto Q. Iulio Balbo et P. Iuventio Celso consulibus factum nella lettura di Ulpiano, Bari, Cacucci Editore, 2008, p. 111.

汇纂》中引述的提图斯·安东尼努斯皇帝给克劳丢斯·佛隆迪努斯的一个敕答中也表达了立法者不区分诚信与恶信，一律要求遗产的占有人返还已出售的遗产的价金或其转化物的立场（D. 4，2，18），丝毫未像《尤文求斯元老院决议》那样把已消费的孳息给予诚信者。可见，在提图斯皇帝的时代，主观诚信的孳息优待问题尚未进入立法者的视野，由此可见杰尔苏起草的《尤文求斯元老院决议》在法律道德化方面的创新意义。

以孳息善待诚信占有人的立法立场一旦确立，就围绕着奖励诚信占有人的孳息的范围在罗马法学家中产生了3种不同的学说。第一种是全部孳息说，为尤里安所持（D. 7，4，13），主张孳息一旦与土地分离，就全部归诚信占有人，[1] 不论消费了与否。显然，此等学说把诚信占有人设定为法定的用益权人，赋予其用益权人的一切待遇，对他最为有利。第二种为投工孳息说，为彭波尼所持（D. 22，1，45），主张只把诚信占有人劳动所生的孳息判给他们。严格说来，这种孳息是出产物，由此，不经劳动生成的苹果和木料就不能为他们取得。[2] 按这样处理，诚信占有人的待遇差多了。第三种为已消费孳息说，为阿富利坎（D. 41，1，40）所持，主张诚信占有人只能取得已消费的孳息。在返还原物时，应一并返还未消费的孳息。[3] 这种学说处于中道，没有厚待也没有虐待诚信占有人，至少没有要求他非经挥汗劳动，不能获得孳息。

3种学说的并存说明新生的法律问题引起了学界的广泛注意，也证明了罗马法学家无可比拟的论辩能力。3种主张都谋求原物所有人

---

① Cfr. Yuri González Roldán, Il Senatoconsulto Q. Iulio Balbo et P. Iuventio Celso consulibus factum nella lettura di Ulpiano, Bari, Cacucci Editore, 2008, p. 251.

② Cfr. Yuri González Roldán, Il Senatoconsulto Q. Iulio Balbo et P. Iuventio Celso consulibus factum nella lettura di Ulpiano, Bari, Cacucci Editore, 2008, p. 254.

③ Cfr. Yuri González Roldán, Il Senatoconsulto Q. Iulio Balbo et P. Iuventio Celso consulibus factum nella lettura di Ulpiano, Bari, Cacucci Editore, 2008, p. 257.

与诚信占有人之间的利益平衡，不同在于对诚信占有人的倾向度——这正是法律道德化的发力点。可以说，凡不过分奖掖诚信者的主张都有一定的维护道德与法律分野的倾向；凡大力奖掖诚信者的主张都有法律道德化的倾向。可以说，较早的论者如盖尤斯和尤里安，更主张道德法律化，因而希望更优待诚信者；稍晚的论者对诚信者的热情要低一些。最后被优士丁尼《法学阶梯》接受的是已消费孳息说，换言之，诚信占有人只应向遗产的属主返还尚存的孳息。① 通过这个可被称为“万民（法典）之母”的立法文件，《尤文求斯元老院决议》创立的善待诚信占有人的制度转化为后世的众多立法文件的条文，尤其是许多现代民法典的条文。②

六、主观诚信概念向家庭法的扩张

由于向继承法的扩张，主观诚信进入了一个兼含财产因素和人身因素的领域。接下来不久或同时，它就进入了一个只包含人身因素的领域。这一过程是由马尔库斯·奥勒留皇帝及维鲁斯皇帝发布的一系列敕答完成的。我们当记得奥勒留曾发布一个敕答重申《尤文求斯元老院决议》中关于诚信的遗产占有人的规定，现在到了他把优待诚信者原则扩展到一个新领域的时候。

第一个敕答针对弗拉维亚·特尔图拉乱伦案。其辞曰：“我们为这

---

① I. 4，17，2。如果有人以对物诉权提起了诉讼，如果他作出不利于要求人的判决，他应开释占有人；如果他作出不利于占有人的判决，他应命令其返还物本身及其孳息。但如果占有人否认自己现在可以返还，并看来无欺骗地为返还要求一个期限，必须授予他这一期限，然而他要就在给予他的期限内未作出返还的讼额估价以保证人作出担保。如果要求的是遗产，就孳息适用朕所说的适用于要求单一物的同样规范。然而，对由于占有人自己的过失未获得的孳息，如果占有人是强盗，在两种诉讼中作几乎同样的考虑。但如果占有人是诚信的，既不考虑消费的孳息，也不考虑未获得的孳息。然而在提出要求之后，也考虑由于占有人的过失未获得，或已获得但被消费的孳息。译文采自徐国栋：《优士丁尼〈法学阶梯〉评注》，北京大学出版社 2011 年版，第 570 页及以次。

② Cfr. Yuri González Roldán，Il Senatoconsulto Q. Iulio Balbo et P. Iuventio Celso consulibus factum nella lettura di Ulpiano，Bari，Cacucci Editore，2008，pp. 415ss.

些事情震动：一是你长时间在不知法律的情况下与你的舅舅过婚姻生活，二是你缔结这样的婚姻竟然得到了你祖母的同意，三是你的子女众多，考虑到这些情况，兹决定：你从这个持续了40年的婚姻所出的子女是婚生子女”①。

这个敕答处理的是一个这样的案件：弗拉维亚与其舅舅结婚，此等婚姻持续了40年，产生了众多的子女，极有可能是经人举报血亲为婚引发了此等婚姻是否有效的问题。需说明的是，这样的婚姻在马尔库斯·奥勒留的时代是禁止的，它构成市民法上的乱伦（incestum iure civile），与之对反的是万民法上的乱伦（incestum iure gentium）。关于后者，保罗说是男子与其女性直系尊亲或卑亲结婚的情形，② 市民法上的乱伦是为实在法禁止的两性结合。③ 这种乱伦只有在与通奸或淫乱行为竞合的情况下才受惩罚。④ 本案中的情形是外甥女与舅舅开亲，市民法一直禁止这种婚姻，后世的君士坦丁乌斯（337—361）甚至对这种结合者处死刑（C. Th. 3，12，1，342年），比这温和的刑罚是流放或放逐小岛（Paul. 2，26，2，68）。⑤ 但罗马帝国幅员广袤，各地风俗不同，有的行省可能流行外甥女与舅舅结婚的风俗，这些地方的人们可能不知法律的禁令（此等不知构成诚信），弗拉维亚的情形可能正属于此类。加之她的婚姻持续的时间长、产生的子女众多，基于毋扰已静之水的原则，奥勒留及其兄弟赋予这个婚姻产生的子女婚生地

---

① Cfr. Iustiniani Augusti Digesta seu Pandectae，Testo e Traduzione，IV，20-27，a cura di Sandro Schipani，Milano，Giuffrè，2011，p. 175.

② D. 23，2，68。保罗：《图尔皮流斯元老院决议评注》（单卷本）：“与其女性直系尊亲或直系卑亲结婚的男人，构成万民法上的乱伦”。

③ See William Smith，William Wayte. G. E. Marindin，A Dictionary of Greek and Roman Antiquities，Albemarle Street，London. John Murray. 1890，entry of incestum.

④ Cfr. Bernardo Santalucia，Diritto e Processo Penale nell'Antica Roma，Seconda edizione，Giuffrè，Milano，1998，p. 202.

⑤ See William Smith，William Wayte. G. E. Marindin，A Dictionary of Greek and Roman Antiquities，Albemarle Street，London. John Murray. 1890，entry of incestum.

位，因为他们是无辜的。

那么，这个婚姻是否要因为发现了婚姻障碍而无效？敕答的文本未予说明，但马尔库斯·奥勒留及其兄弟皇帝的第二个敕答说明了这一问题。它通过帕比尼安的引述让我们得知，其辞曰：事实上，兄弟皇帝考虑到其年龄，宽恕了针对弗拉维亚的乱伦行为的指控，但是命令解散这个非法的结合…… [D. 48，5，39（38），4][①] 由此可知，这样的乱伦结合尽管可以因为对法的不知得到原谅，但最终不能逃脱被解除的命运。在我看来，按当时的罗马法，这可能不是一个十分公正的处理，因为兄弟皇帝的第一个敕答中有"此等婚姻持续 40 年"一语，这是恶信占有自由人身份的奴隶通过时效取得自由人身份的期间。[②] 既然一个假冒自由人的奴隶通过 40 年的身份占有都能取得自由人身份，弗拉维亚及其舅舅占有夫妻身份 40 年却不能取得夫妻身份，这是很奇怪的。

兄弟皇帝的第三个敕答也是由帕比尼安转述的，其辞曰："……在离婚后，如果继子诚信地与继母（结婚并）生下孩子，则不允许对其提出乱伦罪行的指控"[D. 48，5，39（38），5]。[③] 这个敕答针对的是姻亲间的乱伦。罗马法禁止继子与继子的父亲离婚后的继母结婚，因为后者处在母亲的地位（I. 1，10，7）。[④] 但如果两造当事人不知这一禁令（帕比尼安转述的敕答文本中采用了"诚信"的表达），结了婚并生了孩子，兄弟皇帝决定豁免他们的乱伦罪行。这样处理是有理由的。首先，继子与继母间并无血缘关系，只是为了维护纲纪才禁止他

---

① 参见［古罗马］优士丁尼编：《学说汇纂（第 48 卷）：罗马刑事法》，薛军译，中国政法大学出版社 2005 年版，第 113 页。

② 参见徐国栋：《论取得时效制度在人身关系法和公法上的适用》，载《中国法学》2005 年第 4 期。

③ 参见［古罗马］优士丁尼编：《学说汇纂（第 48 卷）：罗马刑事法》，薛军译，中国政法大学出版社 2005 年版，第 113 页。

④ 参见徐国栋：《优士丁尼〈法学阶梯〉评注》，北京大学出版社 2011 年版，第 85 页。

们结婚，但如果他们真的结了婚，并不会造成有血缘者结婚将带来的生物学损害。[①] 其次，豁免他们乱伦罪的一个条件是他们生有孩子，如果拆散他们的结合，此等孩子将受到反射性损害，不合儿童最佳利益原则。无论如何，在排除帕比尼安以今释古，擅自植入"诚信"二字的可能后，第三个敕答的最可贵之处是直接使用了主观诚信的概念，在罗马法史上，这可能是第一次在家庭法领域使用这个概念。

像《尤文求斯元老院决议》一样，第一个敕答中也不包含诚信字样，但它把"不知"当做主观诚信的别样表达，并赋予有利于诚信者的法律效果，因此，完全可以说它是一个运用主观诚信概念的立法。而第三个敕答则在家庭法领域第一次使用了诚信的概念。在它们之前，家庭法是一个与主观诚信无缘的领域，所以，它们有引进主观诚信于人身法领域的开创意义。非独此也，为了人道的理由，它们甚至把对法的不知也定为构成诚信，降低了诚信的构成标准。因为在通常情况下，对法的不知都不能作为抗辩，只有对事实的不知才可以构成诚信。[②] 马尔库斯·奥勒留为何如此做法外处理？理由一，从第一个敕答的文句来看，它是一个女方诚信男方不诚信的无效婚姻案件，按保罗的看法，在对法的不知作为诚信的基础的情形，男女构成此等诚信的标准不同，对女性的要求较低，"因为性别的软弱，只要她们没有犯罪，而只是发生了对法的不知，她们的权利不应受损害"[③]。所以，弗拉维亚乱伦案之所以得到仁厚的解决，很可能要归因于她的女性身份。第二个敕答的主人公克劳迪娅也是一位女性，但兄弟皇帝照顾她的理由不是性别，而是年龄，她大概是在很年幼时缔结乱伦的婚姻的，这

---

① 要指出的是，香港地区的吴敏伦教授认为乱伦禁忌并不真实。

② 彭波尼说："人们否认对法的不知可带来时效取得的好处，但已确定，对事实的不知可以如此"（D. 22，6，4）。帕比尼安也说："对法的不知不会增益于想取得物的人，但也不会损害主张其权利的人"（D. 22，6，7）。保罗也说："通常的规则是：对法的不知损害任何人，但对事实的不知不会如此……"（D. 22，6，9pr.）。

③ 保罗：《论对法律和对事实的不知》（D. 22，6，9）。

样的状况让她不知法律禁令的可能性更大。所以，克劳迪娅乱伦案之所以得到仁厚的解决，要归因于她结婚时的年幼。理由二，按巴西学者科斯塔·马托斯（Costa Matos）和纳西门托（Pedro Savaget Nascimento）的看法，这是因为马尔库斯·奥勒留受到了斯多亚哲学影响，弗拉维亚及其舅舅尽管违法，但至少前者并无诈欺法律的意图，是诚信的，未违反“诚实生活”的信条。[①] 这个观察揭示了主观诚信之引入家庭法的斯多亚哲学背景，具有说服力，我们知道，奥勒留本人就是一个斯多亚哲学家。当然，斯多亚哲学的另一个原则“毋害他人”更是主观诚信及客观诚信的基础。

既然这3个敕答是家庭法领域的主观诚信的始建者，确定它的时间就很有意义。这个不难，因为它们都是马尔库斯·奥勒留及其兄弟路求斯·维鲁斯共同颁布的，两者共治的时间是从161年到169年。这8年中的某年，就是主观诚信在罗马家庭法中得到确立的时间。可以看出，它隔在继承法领域确立主观诚信的《尤文求斯元老院决议》不到半个世纪。

令人欣慰的是，马尔库斯·奥勒留及其兄弟的3个敕答并非孤鸣，它们开创的婚姻诚信概念得到了其他罗马法学家的跟进，稍晚的保罗发挥了婚姻诚信的观念，他在其《图尔皮流斯元老院决议评注》（单卷本）中说，公开缔结乱伦的婚姻者要轻罚，秘密缔结此等婚姻者要重罚，因为前者被认为对法不知，后者被认为藐视法律（D.23，2，68）。今人把此语中的“不知”诠释成“诚信”。[②] 显然，保罗把婚姻法中的诚信外观化了，以便于把握，这期间并不排除大胆的乱伦者明知违法仍然公

---

① Ver Andityas Soares de Moura Costa Matos, Pedro Savaget Nascimento, A inserção do estoicismo no Direito Romano Clássico: os rescritos do Imperador Marco Aurélio sobre Direito de Família e direito à liberdade, En Rivista do Curso de Direito da FEAD · n. 6 · Janeiro/Dezembro de 2010, p. 4.

② See William Smith, William Wayte. G. E. Marindin, A Dictionary of Greek and Roman Antiquities, Albemarle Street, London. John Murray. 1890, entry of incestum.

开结婚的可能。

罗马法开创的婚姻诚信制度是在近千年后才得到了教会法立法者的进一步跟进，他们基于婚姻诚信打造出假想的婚姻制度，以此赋予无效婚姻的诚信当事人及其子女婚姻的效力。

七、小结

至此可以说，罗马法中本无主观诚信的概念，由于社会的进步，导致了它很可能于公元前150年在关于被盗物的阿梯钮斯法中的出现，所以，说主观诚信概念最早问世于取得时效制度中，与对盗窃的镇压有关，应无什么问题。

主观诚信概念一旦产生，就开始了其扩张的征程。它首先扩张到了于公元前67年诞生的普布利奇安诉讼中，这一扩张的诱因是普布利奇安诉讼与取得时效制度的关联。然后在一个不能确证的时间，它扩张到了添附法。它的第三个扩张是在129年完成的，扩张的对象是继承法与物权法的结合部——要求遗产之诉。它的第四个扩张脱出了财产法，进入了家庭法，其发生时间在161—169年。至此，主观诚信概念在罗马法中完成了由点到面的渗透，成为罗马法以及后来的大陆法系的最基本概念之一或曰法系特征之一。

当然，在这一过程中，出现了一些运用主观诚信的理念而不运用这一概念的立法和学说。这证明不同的学派对主观诚信概念的态度有异，也证明在保护好人上可以有不同的路径。

主观诚信概念在扩张的过程中自身也不断发生变化。它在取得时效制度中的意思是“不知”；在普布利奇安诉讼中的意思是“不知”外加一定的客观行为；在添附法中的意思还是“不知”，其对象是事实；在继承法中的意思有时是“确信”，有如《尤文求斯元老院决议》所体现的；有时是“不知”，甚至是对法的不知，有如赛埔提谬斯·塞维鲁（Septimius Severus，145—211）皇帝在于204年向切雷尔

(Celer) 发布的一个敕答中所体现的;[①] 在家庭法中的意思也是“不知”，不过其对象是法律。所以，此“不知”非彼“不知”也！尽管如此，两种不知都属于认识论问题，正犹如行为能力制度也是如此。这样，“不知”就被其在家庭法中的运用者性别化和年龄化了，甚至城乡有别化了，农村人被认为较城市人容易陷入不知[②]。这意味着主观诚信标准的个别化，反过来说，至少在其与不知所涉的范围内，不存在一般的主观诚信。由此，判断特定时空条件下的特定人的主观诚信如何，成为法官自由裁量权的运用舞台。在这个意义上，我要说主观诚信与客观诚信一样，都有授予法官自由裁量权的功能。

在主观诚信的框架内，“确信”的结果是错误，这是从结果的角度做出的描述。从原因的角度看，“确信”前应加上“错误的”定语，正是这样的确信造成了心手不一的后果。确信之所以错误，乃是对对象认识不足的必然结果，因此，基于错误的主观诚信也是一个认识论问题。既然如此，这样的主观诚信在理论上也是可以个别化的，但罗马法并未如此处理，这就造成了一般的“确信”与个别化的“不知”并立的奇观。其原因在于两种主观诚信假想的负载主体不同。基于不知的诚信的负载主体是家父，他们通过了兵役合格的选拔，被认为是强而智的，认识能力相当的。基于不知的诚信的负载者主要是妇女和

---

① 其辞曰：“已决定，可强迫忽略了为遗嘱人的死亡复仇的人交还遗产，因为在争议发生前，知道自己未履行这一为情爱要求的义务的人不能被认为是诚信占有人，应要求他们偿付遗产物的全部孳息；如果遗产被出卖，要交还收受的价金的利息，以及从开始遗产物诉讼之后从遗产的债务人收受的金钱。此等孳息应包括处在遗产土地上的孳息或从此等土地收取的孳息。利率被定为6%”（C. 6，35，1）。按公元10年颁布的《斯拉努斯元老院决议》，主人被其奴隶杀害的，在对该奴隶的刑事诉讼结束且犯罪奴隶受到惩罚前，任何人不得开始继承被害人。这一敕答中的事主未等到针对凶手的刑事诉讼结束就占有了受害人的遗产。他这样做时，知道有《斯拉努斯元老院决议》的规定。如果对法的不知构成诚信，他这种对法的“知”当然构成恶信。不过，这里的恶信夹杂着一些恶劣的行为，不是纯粹主观的。

② Cfr. Mariano Scarlata Fazio, Ingnoranza della legge, In Enciclopedia del Diritto, Vol. XX, Giuffrè, Milano, 1970, p. 5.

儿童，他们被认为是弱而愚的，认识能力参差不齐的。法律为他们设定个别化的诚信标准，以便为他们提供个别化的保护。

基于不知的诚信也好，基于确信的诚信也好，都是人们“走眼”“失手”的表现，都意味着某种失败，罗马法为何不“修理”这样的失败者，倒是反过来救济他们？理由很简单：两种主观诚信的持有者都无害人之心，而且他们都是此时此地的弱者。这两个属性都构成保护他们的理由。一群弱而愚的好人总是比一群强而智的坏人更有利于一个社会。无怪乎贝蒂说，主观诚信都是辩护性的诚信，以免人们落入非法。[①] 无怪乎玛利亚·乌达说，主观诚信都是开脱罪责的。[②]

一旦确立了必须优待哪怕是失败的好心者的理念，如何优待他们便成为一个次级的问题得到讨论，罗马法学家为不同情形中的诚信占有人规定了不同的奖励。对于取得时效制度中的诚信占有人，一是奖励以标的物的所有权；二是奖励以初期诚信利益，也就是说，只要求他们在占有开始时为诚信即可，即使后来他们变得不诚信了，并不影响取得时效的完成。对于普布利奇安诉讼中的诚信占有人，奖励以回复占有请求权。如果他们的这一请求权实现，有望走完剩下的时效期间取得对标的物的所有权。对于添附制度中的诚信占有人，则奖励以报销已消耗于标的物中的费用的权利以及取得全部孳息的权利。对于继承法中的诚信占有人，奖励的内容丰富得多。它们有售价免息利益、变价返还利益、豁免返还已消费的孳息的利益、豁免承担未收取孳息的责任的利益。对于家庭法中的诚信占有人（此时他们占有的是婚姻身份），则奖励以拟制婚姻利益，对于子女，此等利益意味着他们终身享有婚生地位；对于诚信的配偶一方，则意味着享有扶养请求权。另

---

① Cfr. Emilio Betti, Teoria Generale delle Obbligazioni, I, Giuffrè, Milano, 1953, p. 93.

② Cfr. Giovanni Maria Uda, La buona fede nell'esecuzione del contratto, Giappichelli, Torino, 2004, p. 8.

外，奖励以诚信外观利益，换言之，他们被推定为诚信，因此，他们无必要证明自己诚信，此等证明责任归攻击其诚信的原告。诚信是一种主观状态，外人证明它存在与否，何其难也！这意味着如果原告证明失败，诚信者可维持其婚姻生活的现状。

如果主观诚信概念的扩张真的经历了一个我上面讲到过的由点到面的过程，我们可以看到，在奖励诚信者的措施上，越是在发展的晚近阶段，越是花样繁多，相关的法律变得更精致、细腻，法是善良公正之术的隽语的精神在这一过程中体现。

第三节　罗马法中的客观诚信

一、客观诚信的产生条件

客观诚信的确立与外邦人的涌入造成的罗马从血缘社会向陌生人社会的过渡相关。随着商业的发展，罗马人不可避免地要与外邦人打交道，而市民法上的交易形式不能为外邦人使用；即使能使用，它们也是极不方便的。为此，外事裁判官不得不接受把市民法上的复杂交易形式简单化的商业实践，承认以单纯的合意缔结的合同。于是，在市民法的复杂的“买卖”之旁，产生了万民法的简单的买卖，同样类型的租赁、合伙、委任也发展起来。就它们发生诉讼时，外事裁判官以拉丁文动词“应该”（Oportere）表达的对人之诉界定债务人的义务类型，不过，由于它们不像要式契约那样权利义务极为确定，于是在该词前面再加上“依诚信”字样，据此课加当事人合理的不确定义务。[①] 随着时间的流逝，这些以“应该”的术语概括的合同作为万民法上的交易进入了市民法。内事裁判官吸收了“依诚信应该”（Opor-

---

① Cfr. Matteo Marrone, Istituzioni di diritto romano, Palumbo, Palermo, 1994, p. 23.

tere ex bona fide）的程式，它逐渐发展为市民法上的诚信诉讼。[①] 这一过程发生在公元前 3 世纪。[②]

二、诚信诉讼的类型

诚信诉讼是与严法诉讼相对立的诉讼形式，原则上，发生于立法者确定的诚信关系的纠纷，以诚信诉讼审理之。诚信诉讼以外的诉讼都是严法诉讼，其程式中仅有"应该"之语，而无"依诚信"之语。这两种诉讼的区分似乎是在大祭司昆图斯·穆丘斯·谢沃拉（Quintus Mucius Scaevola）的时代创立的，因为谢沃拉曾评论过这种区分。他说，所有附加了"依诚信"（Ex bona fide）的仲裁之诉的程式具有最大的约束力，他认为"诚信"的标准使用得非常广泛，它用于监护、合伙、信托、委任、买受和出售、租和赁以及所有以社会生活为基础的事务。[③] 谢沃拉列举了上面 6 种（严格说来应该是 8 种，因为在他的时代，买与卖，租与赁是分开的）诚信诉讼。在他之后，诚信诉讼的范围不断扩张。在古典法中，又增加了无因管理、妻财两种。在塞维鲁时期，又增加了共同财产分割和遗产分割两种。[④] 公元 2 世纪的法学家盖尤斯列举的诚信诉讼除以上 10 种外，又增加了寄托、使用借贷、质押 3 种，[⑤] 公元 6 世纪的优士丁尼《法学阶梯》又增加了互易、关

---

① Véase Josè Carlos Moreira Alves, A Boa fè objetiva no sisitema contratual brasileiro, In Sandro Schipani（a cura di）, Roma e America, Diritto romano comune, Vol. VII, Mucchi Editore, Modena, 1999, p. 192.

② Cfr. Pierre Daniel Senn, Buona Fede nel diritto romano, In Digesto delle Discipline Privatistiche, Vol. II, Torino, UTET, 1989, p. 131. 也有人认为这一过程发生在公元前 2 世纪后半叶，更有人认为发生在公元前 1 世纪。参见［德］莱茵哈德·齐默曼、［英］西蒙·惠特克：《欧洲合同法中的诚信原则》，丁广宇、杨才然、叶桂峰译，法律出版社 2005 年版，第 56 页。

③ Cfr. Cicerone, Dei Doveri, A cura di Dario Arfelli, Oscar Mondadori, Bologna, 1994, p. 258s.

④ 参见［意］彼德罗·彭梵得：《罗马法教科书》，黄风译，中国政法大学出版社 1992 年版，第 89 页。

⑤ 参见［古罗马］盖尤斯：《法学阶梯》，黄风译，中国政法大学出版社 1996 年版，第 320 页。

于代销的相当给付之诉和要求遗产之诉 3 种，同时剔除了信托质。这样，优士丁尼法中的诚信诉讼的种类被扩展到 15 种。[①] 它们的标的包括要物契约、合意契约、某些准契约和某些物权关系 4 种类型。兹分述之。

三、诚信诉讼的标的之一：要物契约

要物契约的特点在于，一方当事人要以所有权、占有或持有的名义把物交给他方，后者有义务将物返还给前者。这类契约有信托质、寄托、质押、使用借贷 4 种形式，[②] 除消费借贷外，都是诚信契约。[③] 在要物契约中，一方基于对他方的信赖将物的管领作了移转，能否得到管领之回复，取决于对方的信用，在这种意义上，信托质是它们的共同形式。

（一）信托质（Fiducia）

Fiducia 是 Fides 的同根词，但它又是要物契约的一种类型，是一个与要式买卖或拟诉弃权配合使用的简约，据此受托人保证被移转的要式转移物的所有权在一定的条件成就后得返还于信托人。按盖尤斯的记载，信托质分为朋友信托质和债权人信托质两种。[④] 前者适用于当时尚不被法律承认的寄托和使用借贷；后者适用于担保债务。由于移转了标的物的所有权，受托人可享有和处分标的物。而信托质简约不符合法定的形式要件，且其内容多规避法律，因此得不到法律的正

---

① 参见［古罗马］优士丁尼：《法学阶梯》，徐国栋译，中国政法大学出版社 1999 年版，第 473 页。

② Cfr. Antonio Guarino, Diritto privato romano, Jovene, Napoli, 1994, pp. 867ss.

③ 消费借贷未被列入诚信诉讼的原因值得玩味。此种合同只要求债务人返还同种类同数量的物，不像其他 3 种合同要求债务人返还原物，可能是个中原因。在债务人被要求返还原物的情况下，他能否保证返还的是“原”物，换言之，他是否正确地对待在他管领下的标的物，蕴涵着许多的诚信因素。

④ 参见［古罗马］盖尤斯：《法学阶梯》，黄风译，中国政法大学出版社 1996 年版，第 98 页。

式保护，信托人只能通过1年的时效收回自己的物。在此情境下，物能否得到返还完全取决于受托人的信用。公元前1世纪，裁判官采用了信托质的事实诉保护信托人从受托人收回物的行为，后来，它转化为“依诚信的信托质法律诉”。这种信托以要式买卖和拟诉弃权的运用以及寄托和使用借贷不被承认为前提，当要式买卖和拟诉弃权被废止、寄托和使用借贷被承认之时，它也就寿终正寝而转化为其他交易形式，故在优士丁尼时代，信托质已被从诚信诉讼的类目中剔除。①

（二）寄托

如前所述，寄托的前身是以保管为目的的朋友信托，信托人向受托人移转某一要式物的所有权，后者因此成为其表面上的所有人，可广泛和充分地支配该物，但受一定条件具备时向原所有人返还它的信托简约的约束。而受托人是否返还它取决于其信用，因此这种合同具有浓厚的诚信性质，当然，受托人的背信冲动受宗教义务的约束。②罗马远古时期，重要财物的移转如土地、农具和耕畜都以要式方式进行，一般零星财物寄托的规模很小，而且多发生在近邻、亲族之间，法律基于不理小事情的原则不予保护而委诸宗教和习俗调整之。到了十二表法的时代，寄托已成为一个值得法律调整的问题，保罗提到该法第八表第19条以双倍罚金之诉惩罚不诚实的受托人。后来裁判官授予寄托人以事实诉，后进一步授予他诚信性质的寄托法律诉。③

（三）质押

前文已述，质押来自债权人信托质。债务人以信托简约把标的物所有权移转给债权人，他在得到满足后，又将质押物返还给债务人的

---

① Cfr. Antonio Guarino, Diritto privato romano, Jovene, Napoli, 1994, pp. 871ss.

② 参见［意］F. 圭齐：《欧洲罗马法传统中的寄托》，黄风译，载杨振山主编：《罗马法·中国法与民法法典化》，中国政法大学出版社1995年版，第254页。另［古罗马］参见盖尤斯：《法学阶梯》，黄风译，中国政法大学出版社1996年版，第98页。

③ Véase Rafael Domingo, Textos de Derecho Romano, Aranzadi Editorial, 1998, p. 31. 另参见周枏：《罗马法原论》（下），商务印书馆1994年版，第680~681页。

道德和宗教义务，但无这样做的法律义务，因此，双方当事人的关系也曾一度靠“信”而不是“法锁”维持。为了使这种关系法律化，裁判官授予出质人以“对人的质押事实诉”。在古典后期，法学家承认出质人享有“质押的法律诉”，其性质属于诚信诉讼。①

（四）使用借贷

罗马古时对使用借贷无专门的法律保护，原因在于这种交易的规模未达到典型程度，因此，使用借贷的非典型关系也一度仅靠道德和宗教维持。共和末期，裁判官授予“使用借贷的事实诉”保护出借人的利益。古典前期，在前诉的基础上，又辅之以“依诚信的使用借贷的法律诉”。此诉的诚信性质在于：借贷人只被移转对标的物单纯的“持有”，他对之要尽善良家父的注意。如果他超出借贷目的使用标的物，构成使用盗。合同终结后，他负有诚实地连同从物和孳息返还主物的义务。②

四、诚信诉讼的标的之二：合意契约

合意契约是最典型的诚信关系，它产生在古典时期，其时，罗马领土的扩张造成了一个帝国、两个法域的现象，造成法律冲突。两个法域，即罗马—意大利法域和行省法域。法律冲突的解决方法之一是统一实体法规范解决法，合意契约属此，但它不是某个机构制定的制度，而是在跨民族互动中以习惯法的形式生成的制度。所以，合意契约是罗马人与外邦人频繁交往的结果，先产生于万民法，后被纳入市民法。有如下种类：

（一）买卖

其由繁到简的历史已如前述，需要补充的是，后起的要式口约的

① Cfr. Antonio Guarino, Diritto privato romano, Jovene, Napoli, 1994, pp. 878s.

② Cfr. Matteo Marrone, Istituzioni di diritto romano, Palumbo, Palermo, 1994, pp. 465s.

一问一答的形式虽然简单，但不能用于订立双务合同，因此，现代的买卖的双务合同是买的要式口约和卖的要式口约的叠加。[①] 这样，正如我们已看到的，在昆图斯·穆丘斯·谢沃拉的时代，买受和出售各构成一种诚信诉讼，不存在将买与卖合为一体的诚信诉讼。直到拉贝奥的时代以后（公元1世纪），学说上才将买卖合为一体，形成一种双务契约。[②] 故优士丁尼确认买卖是一种单一的诚信诉讼（I.4，6，28）。但由于传统的影响，司法实践中仍以买受之诉和出售之诉分别保护买受人和出卖人，两者都是诚信诉讼。

买卖是有偿契约之王，它最典型地反映了这类契约的内容，故其他有偿契约无规定的即准用其规定。买卖对诚信的要求也是最典型的，罗马的司法实践提供了最多的这方面的案例，尤其是关于对出卖人的诚信要求的。兹举两例说明之。

案例一。公元前235年（本案的法官于是年出生）之后的一个不能精确确定的时间，罗马的占卜官要求提图斯·克劳丢斯拆除自己的房屋，因为该房屋的高度妨碍占卜。克劳丢斯隐瞒这一情况把房屋卖给了拉那里乌斯，造成后者一接手房屋就必须拆除它的结果。拉那里乌斯对克劳丢斯提起了诚信性质的买受之诉。他不能控告克劳丢斯诈欺，因为彼时罗马使用塞尔维尤斯的诈欺定义：以欺骗他人为目的，伪装一个行为而实施另一个行为的某种诡计。这样的诈欺只包括积极的欺骗行为，不包括消极的不说明真相的行为（Reticentia）。因此，为了达到自己的诉讼目的，拉那里乌斯只能借助于诚信原则，要求克劳丢斯“依诚信对他给或做应该的任何事情”（Quidquid sibi dare facere oporteret ex fide bona）。罗马的著名政治家老迦图（Marcus Porcius Ca-

---

① 参见周枏：《罗马法原论》（下），商务印书馆1994年版，第668页。

② 参见D.50，16，19：乌尔比安：《告示评注》第11卷：“拉贝奥……如此定义道：‘订立契约’指相互间建立债的关系，即希腊人称之为‘双务’的那类契约，如买卖、租赁、合伙。”中译文参见［意］桑德罗·斯奇巴尼选编：《契约之债与准契约之债》，丁玫译，中国政法大学出版社1998年版，第9页。

to，前 234—前 149）审理此案，他判处被告向原告赔偿损失。[①] 这一判例对诚信的解释意义有二：1. “知而不言”尽管不构成塞尔维尤斯定义的诈欺，但有违诚信；2. 出卖人依诚信应负对买受人告知瑕疵的先契约义务。

案例二也许是假想出来的。某商人从亚历山大港运一船粮食去当时正处极大饥荒中的罗得岛。他知道，亚历山大已有许多商人装粮上船向罗得岛进发，甚至在其航程中，他还见到了一些粮船正满帆向罗得岛驶来。那么，他如何才能做到诚信？是把这些事实告诉罗得岛人，还是保持沉默，把他的粮食以一个尽可能高的价钱售出？[②] 西塞罗认为，粮商必须对罗得岛人披露真相才尽到了诚信义务。[③] 如此，诚信的行为标准则远远高于经济人行为标准。

在买卖中，在赊购人的延期付款问题上，在出卖人披露第三人对标的物之权利的问题上、在标的物被人追夺时买受人是否要继续付款问题上，都还有许多的诚信因素。

（二）互易

应该说互易是最古老的买卖。货币的产生使买卖成为特殊的互易，由此产生了买卖与互易的关系问题。萨宾派与普罗库鲁斯派就此进行了争论，后者关于互易是一种独立契约的观点得到了接受，由此使关于买卖的诉权不得适用于互易。裁判官遂把互易视为一种依单纯合意成立的无名契约，以事实诉保护之。[④] 互易的性质类同于买卖，既然

---

① 参见［古罗马］西塞罗：《论义务》，王焕生译，中国政法大学出版社 1999 年版，第 303~305 页。关于塞尔维尤斯的诈欺定义，参见［意］桑德罗·斯奇巴尼选编：《民法大全选译·法律行为》，徐国栋译，中国政法大学出版社 1998 年版，第 53 页。

② Cfr. Cicerone, Dei Doveri, A cura di Dario Arfelli, Oscar Mondadori, Bologna, 1994, p. 243.

③ 参见［古罗马］西塞罗：《论义务》，王焕生译，中国政法大学出版社 1999 年版，第 305 页。

④ Cfr. Antonio Guarino, Diritto privato romano, Jovene, Napoli, 1994, p. 963. Anche si vede Manuel Jesus Carcia Garrido, Diritto privato romano, CEDAM, Padova, 1996, pp. 415s.

买卖是诚信诉讼，互易之诉自然也是。

（三）租赁

首先必须说明的是，古罗马的租赁极不同于我们所理解的，它包括物的租赁、劳务的租赁和工作的租赁 3 种类型。劳务的租赁相当于如今的雇佣、医疗服务；工作的租赁相当于承揽和运送。如果这样理解租赁，其诚信性质就很明白了。

先从物的租赁说起。罗马远古时期，租赁的适用范围很小，因为当时土地多为公地，能成为租赁标的的土地有限。但当时牛马的价钱很高，非家家都有。农忙时，无牛马的人家向有钱人家借用，习惯上要送礼回报，这种关系逐渐发展为物的租赁。[①] 共和时期，罗马的公地开始由监察官租给市民耕种，并收取租金。以后土地私有，所有人也仿照公家的办法出租土地，出现了私法上的租赁。第三次布匿战争后，大量外邦人涌入罗马，投机商建造了许多旅馆、公寓租给他们住，于是有了房屋租赁。就劳务的租赁和工作的租赁而言，古时由于经济上自给自足，谈不上有雇佣、承揽和运送。共和后期，由于土地私有化造成的土地集中以及奴隶制的推行，地主在农忙时开始租赁奴隶，由此发展了雇佣性质的劳务租赁。租赁还用于对自由职业者之劳动的利用，医生、语法学家、演说家、哲学家、美术家、音乐家、律师和法学家等通过这种合同为他人提供尤其具有诚信性质的服务。[②] 就承揽而言，在罗马，洗衣和制衣劳动的社会化证明了这类关系在社会生活中已广泛存在（I. 3，24，1）。就运送而言，公元前 509 年，罗马与迦太基重订了一个条约，其中承认了双方船只在不可抗力情况下在对方领土的避难权。[③] 这证明当时的海运已有一定规模。到了公元前 2 世纪，罗马的海运和陆运都得到了很大的发展，以至于在这方面形成了

---

① 参见周枏：《罗马法原论》（下），商务印书馆 1994 年版，第 716 页。

② Cfr. Antonio Guarino，Diritto privato romano，Jovene，Napoli，1994，p. 921.

③ Cfr. Mario Bretone，Storia del diritto romano，Laterza，Roma-Bari，1997，p. 121.

比较完善的法律规则。[①] 这些因素构成了租赁关系发展的丰厚土壤。

同买卖一样，在谢沃拉的时代，租与赁也是两个合同。公元前 1 世纪中叶才产生统一两者的合意契约。[②] 但在司法实践中，诉权仍分开。出租之诉用来保护出租人；承租之诉用来保护承租人，两者都是诚信诉讼。不难看出，在承租人、运送人、承揽人对标的物应尽的注意问题上、在受雇人提供劳务的质量等问题上，租赁合同对当事人的诚信有很高要求。

（四）代销

保护这种法律关系的是关于代销的相当给付之诉（Actio praescriptis verbis de aestimato）。在程式诉讼时期，诉讼程式的附录部分设有“前书”，裁判官在受案后用以说明当事人的纠纷情况，授权法官按诚信原则便宜处理。作为一种解决无名契约问题的途径，它遂被称为前书诉。由于它要求当事人进行的是一种不规则给付，又被意译为“相当给付之诉”。正因为这种不规则给付只能依诚信标准确定，它是诚信诉讼。最早它是为了解决代销的性质提出来的：如果一方当事人委托他方出售经估价的物品，在售出后返还价金；在不能售出的情况下返还原物，这种交易是估价出售，还是工作的租赁，还是委任，法学家们众说纷纭，裁判官认其为一种独立交易而创设这种诉权解决之。[③] 它揭示了诚信诉讼调整无名契约的功能。

（五）委任

在远古时期的简单社会，无委任的必要，因为家父可自己或通过从属于自己的家子完成各种必要行为。在公元前 3 世纪至公元前 2 世

---

① 参见［意］阿尔多·贝特鲁奇：《运送合同从罗马到现行意大利民法典的发展》，徐国栋译，载徐国栋主编：《罗马法与现代民法》第 1 卷，中国法制出版社 2000 年版，第 233 页。

② 参见周枏：《罗马法原论》（下），商务印书馆 1994 年版，第 717 页。

③ See the Digest of Justinian, edited by Mommsen and Alan Watson, University of Pennsylvania Press, Philadelphia, 1985, p. 574.

纪的商业时代，经商的罗马人或外邦人委托远方一个他信任的人代理自己完成他不能亲自完成的事务成为惯例。起初，这种关系基于友谊由习俗而非法律调整。公元前2世纪至公元前1世纪，社会关系中友谊的作用降低，而委任关系进一步增长，为了把这种关系法律化，产生了委任之诉保护合意契约性质的委任。与其最初产生于友谊关系的历史有关，委任契约以诚信的观念为基础，此种观念起着调整这种合同的规范之作用。①

（六）合伙

公元前578年塞尔维尤斯·图留斯（Servius Tullius）按财产划分居民后，许多罗马市民为了防止分割遗产造成每家的财产减少从而降低自己的等级，遂组成不分遗产的共同体，这是市民法上的合伙。公元前3世纪产生了万民法上的合伙，市民和外邦人皆可为之，以满足组建商业团体的需要。此种合伙当事人间的关系建立在“信”的基础上，法律为此限制合伙人的数目以保持其人合性质。这种新型的合伙很快得到法律的保护，有合伙之诉的诚信诉讼。②

五、诚信诉讼的标的之三：某些准契约

罗马法中的准契约包括监护、无因管理、共有、遗产移转、错债清偿等，只有前3者受诚信诉讼保护。

（一）监护

监护是一种最古老的诚信关系。罗马的监护依发生原因分为遗嘱监护、法定监护、指定监护和信托监护4种。遗嘱监护和指定监护都是被监护人的父母或有关官吏基于对被指定者的信任而设立的，而法

---

① Cfr. Antonio Guarino, Diritto privato romano, Jovene, Napoli, 1994, pp. 938s. Anche si vede Alberto Burdese, Manuale di diritto privato romano, UTET, Torino, 1993, pp. 476s.

② Cfr. Antonio Guarino, Diritto privato romano, Jovene, Napoli, 1994, pp. 927ss.

定监护人和信托监护人都是被监护人的亲属或其恩主的卑亲属，因此，监护关系都建立在“信”或亲情的基础上。被监护人的财产甚至要通过信托的方式移转财产给监护人管理。监护人享有此等财产的所有权，以自己的名义，为受益人的利益或者特定目的对之进行管理或处分，这是因为在2世纪初出现代理制度前，监护人不能用被监护人的名义行事。故彭波尼在《昆图斯·穆丘斯评注》中说：“……监护人应尽……信用和注意”（D. 27，5，4）。十二表法第八表第19条将监护人的不忠实行为定为私犯。在优士丁尼法中，违背“信”之义务的监护人要受破廉耻的惩罚，但以故意者为限（I. 1，26，6）。

（二）无因管理

大约在公元前2世纪末，为了解决不在者或死者的事务管理问题，裁判官创立了事实诉保护管理他人事务者的利益。当时的这种事务管理主要是代人出庭应诉。公元前1世纪中叶，确立了市民法上的“依诚信的无因管理法律诉”，以便包罗各种尚未得到法律确认的事务管理情形。[①] 这种关系的诚信性质强烈。一方面，本人要负费用返还义务，不能赖账；另一方面，管理人要对不在者的事务以很细心的注意进行管理，并承担汇报账目的义务（I. 3，27，1）。

（三）共有

此处之共有非通常的意定共有，而是法定共有，即由于法律的规定超出当事人的意志发生的共有，有因继承的共有和因受赠的共有两种类型（I. 3，27，3，4）。罗马人认为“共有是纷争之源”，允许以分割遗产之诉和分割共有财产之诉两种诚信诉讼解除之。前者为共同继承人之一对其他继承人提起的诉讼，以求得遗产之分割，法官为此做出分配裁判；后者为任一共有人对其他共有人提起的诉讼，以达到分

① Cfr. Alberto Burdese, Manuale di diritto privato romano, UTET, Torino, 1993, p. 495s.

割共有财产的目的。[①] 这种关系的诚信性质表现在已享有共有物之孳息的共有人要如实对其他共有人承担责任；其他共有人应诚实地对为共有物作了花费的共有人做出赔偿等问题上。

六、诚信诉讼的标的之四：某些物权关系

此前的13种诚信诉讼都以契约关系或准契约关系为对象，以下的两种诚信诉讼则涉及物权关系。

（一）妻财之诉

从共和末期起，妻子结婚带来的嫁资不再是她对丈夫的赠予，丈夫只获得对嫁资的占有、使用和收益权，妻子保留所有权，婚姻关系解除后，丈夫负向妻子返还嫁资的义务。裁判官为此创立了妻财诉，以此保护未以要式口约约定嫁资返还事宜的妻子的追索嫁资权。西塞罗认为这种诉讼是"更好更公正之诉"（Quod eius melius aequius erit），[②] 它授权法官做出他看来更好更公正的判决。后来，妻财诉转化为诚信诉讼，它是物权诉。与此同时，以夫妻间就此订立了要式口约为条件，法律还以要式口约诉保护妻子的嫁资返还利益。优士丁尼将调整同样事宜的要式口约诉和妻财诉合并成立新的要式口约诉，并使之成为诚信诉讼（I. 4，6，29）。[③] 可以看出，在妻财之诉中，丈夫要诚实地返还妻子的嫁资，不得隐匿和无理扣减。

（二）要求遗产之诉

这是一种在十二表法时代即已存在的诉权，在法律诉讼时代以对物的宣誓决讼的形式出现。在程式诉讼时期，它是一种物权诉，即原物返还之诉（Rei vindicatio），其程式为"我确认路求斯·蒂丘斯的遗

---

① Cfr. Federico del Giudice e Sergio Beltrani，Nuovo Dizionario Giuridico Romano，Edizione Simone，Napoli，1995，p. 24. ；p. 20.

② 参见［古罗马］西塞罗：《地方论》66，徐国栋、［意］阿尔多·贝特鲁奇、纪蔚民译，载《南京大学法律评论》2008年春秋号合卷，第18页。

③ 参见周枏：《罗马法原论》（下），商务印书馆1994年版，第194页；第199页。

产根据市民法是我的”，据此，继承人可以遗产所有人的身份要求以寄托、消费借贷、质押等名义散落在他人之手的遗产之归还；或得到死者以遗赠、遗产信托等名义应得到的财产之给付。如果他胜诉，则区别占有遗产者是诚信的还是恶信的而对之作不同处理。在占有人为诚信之情形，只需返还在证讼时实际存在的遗产；如果他为恶信，则要对遗产的毁损灭失承担完全责任，意外事件造成的除外。[①] 优士丁尼在其《法学阶梯》中提到，在他的时代，要求遗产之诉是否为诚信诉讼“仍不确定”（I. 4，6，28）；他还在 530 年 9 月 1 日致大区长官尤里安的敕答中提到，就这种诉讼的性质存在很多的争议，为了结束这种争议，他把它确定为诚信诉讼。[②] 我不能具体地知道这场争议的内容，但完全理解为何它会发生：要求遗产之诉是纯粹的物权之诉（妻财之诉有物权和债权两种成分），诚信诉讼如果包括它，意味着原先调整契约关系的这种诉讼将进而调整物权关系，而物权关系中早有自己的诚信观念，引入合同诚信后，马上会发生两种诚信的竞合问题。确实，这种诉讼兼涉客观诚信和主观诚信，前者表现为以寄托、消费借贷、质押等名义占有死者财产者，在死无对证的情况下，要如实地把这些财产返还给继承人；后者表现为占有人误认属于遗产的物为自己所有而占有的情况。诚信诉讼的“跨界”扩张、两种诚信的竞合于一种诉讼，它们是否会引起现有理论体系的混乱？当然会引起法学家们的犹豫，从而引起争论。以现代的眼光看，要求遗产之诉反映了建立统一的诚信范畴的必要与可能。

---

① Cfr. Mario Talamanca, Istituzioni di diritto romano, Giuffrè, Milano, 1990, p. 702. 也参见周枏：《罗马法原论》（下），商务印书馆 1994 年版，第 537 页及以次。

② C. 3, 31, 12. See the Civil Law including The Twelve Tables, The Institutes of Gaius, The Rules of Ulpian, The Opinions of Paulus, The Enactments of Justinian, and The Constitution of Leo, Trans. and edited by S. P. Scott, Cincinnati, 1932. Vol. XII, p. 311.

七、四类标的的共性

上述 15 种诚信诉讼保护的法律关系具有浓重的诚信色彩。就要物契约而言，它们都是一方当事人基于对他方的信任把标的物的所有权、占有或持有作了移转，移转人要过一段时间才能得到移转之回复，这样，在给付与对待给付之间就有了时间差，发生典型的信用关系。就合意契约而言，首先，其形式极为自由，仅以双方当事人达成合意为已足，当事人无须使用特殊的话语或文字，甚至无须亲自出席也能通过书信或使者订立。繁文缛节是对交易安全的保障，一旦舍弃了它们，就只能以“信”来保障这样的安全了。其次，合意契约具有双务性，即一个契约关系导致双方当事人的相互义务，而不像过去那样以两个单务契约来分别表现各方当事人的义务，这诚然实现了订约成本的极大节约①，但这样的双务合同仅以当事人双方给付的抽象的相互对待为基础，并不要求特定的双务关系具有法律规定的非常确定的内容，因此它意味着当事人义务的不确定化。②“在这种契约中，一方就依善良和公平应该对他方承担的义务相互负债”（Alter alteri obligatur de eo, quod alterum alteri ex bono et aequo praestare oportet）。③ 当然，这种不确定义务只有根据诚信观念才能得到确定并履行。

八、诚信诉讼与严法诉讼的区别

主要表现在以下方面：

---

① Cfr. Manuel Jesus Carcia Garrido, Diritto privato romano, CEDAM, Padova, 1996, p. 374.

② D. 2, 14, 7, 2 中乌尔比安转述的阿里斯托对双务合同的论述。参见［意］桑德罗·斯奇巴尼选编：《民法大全选译·法律行为》，徐国栋译，中国政法大学出版社 1998 年版，第 3~4 页。

③ 参见［古罗马］盖尤斯：《法学阶梯》，黄风译，中国政法大学出版社 1996 年版，第 246 页。译文有改动。

（一）抵消。诚信诉讼允许抵消（I. 4，6，30）。罗马古时不允许债务抵消[①]，在法律诉讼中，实行每一诉讼仅限一个标的之原则，如果原被告相互有请求权，应各自另案处理。允许抵消就避免了被告另案起诉的麻烦，满足了商事活动对快捷的要求，有诉讼经济的意义。[②]我们由此可将诚信诉讼理解为两诉的合并审理，看到其节约诉讼成本的价值。用现代民法的术语说话，诚信诉讼符合绿色原则。

（二）诈欺和其他基于公平的抗辩的提出。这些抗辩用来保护被告以之击破原告的无理要求。在严法诉讼中，诈欺和其他基于公平的抗辩应在诉讼的第一阶段即法律审阶段提出；而在诚信诉讼中，被告不必提出诈欺和其他基于公平的抗辩，因为法官有权主动考虑它们。[③]如原告有欺诈、胁迫等行为，法官可开释被告。

（三）不可抗力的免责事由的援引。诚信诉讼承认不可抗力免责。乌尔比安：《告示评注》第 29 卷中说："根据诚信诉讼原则，没有人对野兽的行为、对无过失发生的死亡、对通常不受监视的奴隶的逃亡、对掠夺、对叛乱、对火灾、对水灾、对强盗的袭击承担责任"（D. 50，17，23）。[④]反言之，在严法诉讼中，当事人不得援引不可抗力作为免责事由。

（四）责任承担。前面所说的都是诚信诉讼的当事人享有之利益，这里要说的是他们承担的不利益：他们不仅要对作为，而且要对不作为承担责任。[⑤] 他们承担的注意义务也较高，未尽到善良家父的注意者，即为有过错。在导致破廉耻的诚信诉讼中，他们不仅要对故意，而且要对过失负责。作为诚信诉讼的被告，不仅要对不履行造成的原

---

① 参见周枏：《罗马法原论》（下），商务印书馆 1994 年版，第 843 页。

② 参见周枏：《罗马法原论》（上），商务印书馆 1994 年版，第 197 页。

③ Cfr. Manuel Jesus Carcia Garrido，Diritto privato romano，CEDAM，Padova，1996，p. 360.

④ 参见［意］桑德罗·斯奇巴尼选编：《契约之债与准契约之债》，丁玫译，中国政法大学出版社 1998 年版，第 463 页。

⑤ 参见丁玫：《罗马法契约责任》，中国政法大学出版社 1998 年版，第 119 页。

告的直接损失，而且要对可得利益损失承担责任。[1]

（五）诚信诉讼的法官对于非约定事项享有处置权。他可在判决额中包括未约定的孳息和利润的价值[2]、授予原告以迟延利益[3]、考虑当事人附加于契约的简约以及后发的可减少约定义务的事实等。[4]

（六）诚信诉讼对原告的身份要求比较自由。例如，在妻财之诉中，不管何人设立的嫁资，妻子本人都可起诉。[5] 而按严格的程序，应只有嫁资设立人可起诉。出于公平目的，诚信诉讼还限制原告的诉讼请求。还是以妻财之诉为例说明。在故去的丈夫对妻子有遗赠的情况下，在要式口约诉中，妻子既可请求嫁资之返还，又可请求遗赠，因为在严法性质的要式口约诉中，嫁资与遗赠互不相干。但在诚信的妻财之诉中，妻子只能在请求嫁资或遗赠中选择其一，因为两者的目的都是为了使妻子能维持生活，妻子不能因同一目的而兼有两项财产。[6]

（七）诚信诉讼的被告具有较大的自由度。他可通过在法官做出判决前的一刻履行其义务获得开释；如果存在履行不能的情形，法官也会开释他，只要他对此无过错。[7]

（八）有些诚信诉讼具有公法色彩。在监护之诉、寄托之诉、委任之诉、合伙之诉中，可判处故意不诚信行事的当事人破廉耻

---

① Cfr. Manuel Jesus Carcia Garrido, Diritto privato romano, CEDAM, Padova, 1996, pp. 361s.

② Véase Josè Carlos Moreira Alves, A Boa fè objetiva no sisitema contratual brasileiro, In Sandro Schipani (a cura di), Roma e America, Diritto romano comune, Vol. VII, Mucchi Editore, Modena, 1999, p. 192.

③ Cfr. Mario Talamanca, Istituzioni di diritto romano, Giuffrè, Milano, 1990, p. 314.

④ Cfr. Manuel Jesus Carcia Garrido, Diritto privato romano, CEDAM, Padova, 1996, p. 360.

⑤ 参见周枏：《罗马法原论》（上），商务印书馆 1994 年版，第 196 页。

⑥ 参见周枏：《罗马法原论》（上），商务印书馆 1994 年版，第 196 页。

⑦ Cfr. Manuel Jesus Carcia Garrido, Diritto privato romano, CEDAM, Padova, 1996, p. 361.

(I. 4，16，2)。而破廉耻是公法上的刑罚，其功能在于维护社会风纪，其具体结果包括丧失选举权和被选举权、服兵役权、对通奸妻子的处罚权、与上层阶级的通婚权、限制诉讼权等①，是一种极为严厉的制裁。

（九）在行省，涉及故意的诚信诉讼由更高级别的官吏审理。正因为涉及故意的诚信诉讼的后果如此严重，因此，此等案件由级别更高的官吏审理。1981 年发现的伊尔尼自治市法规定：“被告以故意行事的合伙之诉、信托之诉和委任之诉，不得由伊尔尼自治市的两人团（Duoviri）管辖，而必须由行省总督管辖”②。

九、诚信诉讼的消失

3 世纪末开始了非常诉讼时期，在这一时期，法律审与事实审相分离的制度消失，代之以完全公力救济的纠问式诉讼程序。程式诉讼的消失导致程式中“依诚信应该”之附语的消失，诚信诉讼遂逐步消失，它保护的诚信关系转化为诚信契约和其他人法和物法上的关系。但诚信诉讼的消失肯定是个漫长的过程，直到 6 世纪的优士丁尼法中，它仍被保留并扩大了范围（I. 4，6，28）。人们相信，诚信诉讼的消失是通过把所有的诉讼都变成诚信诉讼，从而使它与严法诉讼的对立成为不必要完成的。③

十、其他类似于诚信诉讼的制度

还有一些制度与诚信诉讼发挥同样的功能。就合同关系的调整而言，有事实诉和事实抗辩、简约之诉和简约抗辩、一般诈欺的抗辩；

---

① 参见周枏：《罗马法原论》（上），商务印书馆 1994 年版，第 116 页。

② Cfr. Riccardo Cardilli，L'Obligazione di “praestare” e la responsabilità contrattuale in diritto romano（II SEC. A. C–II SEC. D. C），Giuffrè，Milano，1995，p. 209.

③ Véase Josè Carlos Moreira Alves，A Boa fè objetiva no sisitema contratual brasileiro，In Sandro Schipani（a cura di），Roma e America，Diritto romano comune，Vol. VII，Mucchi Editore，Modena，1999，pp. 194s.

就物权关系而言，有仲裁之诉；就侵权行为关系而言，有善良公正之诉。

（一）事实诉和事实抗辩

裁判官遇到新出现的法律关系而市民法无类似的诉讼可以调整的，根据具体事实制定程式的诉讼，谓之事实诉，通常适用于代销契约之外的无名契约。[①] 它过去与前书诉一起共同调整无名契约关系，后来前书诉被固定化为代销契约，这种关系就由事实诉单独调整了。我们看到，事实诉实际上用来解决法律的不周延性问题，它是对正在典型化的社会关系的司法确认，并预示着进一步的法律确认。这一判断以诚信诉讼的发展史为依据：在16种诚信诉讼中，有6种是先得到事实诉的，后转而得到法律诉的保护的。因此，事实诉往往是诚信诉讼的前奏，并开辟着新的诚信诉讼——当出现既有的诚信诉讼不能调整的社会关系时，它又对之提供着尝试性的保护，直到法律诉产生。

如果说事实诉是保护原告利益的，则事实抗辩是为了保护被告的利益，它是裁判官逐案授予的抗辩，也被称为“因审理而运用的抗辩”（Exceptiones causa cognita accomodatae），目的在于调整市民法通常不重视的情事，尽管它有时不符合市民法，但以法律或元老院决议、更经常的是以裁判官自己的衡平评价为依据。[②] 这些抗辩所涉事项都是对被告不公平之事。它们不胜其多，为了避免就具体事项一一授予名目不同的抗辩的麻烦，裁判官嘎鲁斯·阿奎流斯（Gallus Aquilius）[③] 后来创立了一般的诈欺抗辩[④]，概括地解决所有对被告不公平的问题。

---

① 参见周枏：《罗马法原论》（下），商务印书馆1994年版，第885页、第748页。

② Cfr. Alberto Burdese, Manuale di diritto privato romano, UTET, Torino, 1993, pp. 100s.

③ 阿奎流斯是西塞罗的朋友，他在法律的阐述强调公平，发明了阿奎流斯要式口约。

④ Cfr. Filippo Milone, La exception doli (generalis), Riccardo Marchieri di Gius., Napoli, 1882, p. 65.

由于事实抗辩与一般的诈欺抗辩的这种沿袭关系，乌尔比安正确地说："诈欺抗辩来源于所有的事实抗辩"（D. 44，4，2，5）。

（二）简约之诉和简约抗辩

简约是不具备法定形式的单纯的协议，当事人可以之约定共同感兴趣的事项。这种协议最初因形式要件的欠缺不受法律保护，后来裁判官实事求是地保护部分简约，允许被违约的一方提起事实诉，谓之简约之诉。因此，简约之诉是事实诉的一种；不予保护的简约仅产生自然债务的效力，但并非毫无法律意义。例如，债权人以简约允诺债务人不再对其索债，如果他违反这一简约，后者可以已达成不索债简约的抗辩对抗之。[①] 显然可见，简约之诉和同名的抗辩是保护内容合法，但形式有欠缺的契约关系的工具。

（三）一般的诈欺抗辩

一般的诈欺抗辩被许多学者认为是现代诚信原则的起源。[②] 此说与主张诚信原则来源于古罗马的诚信诉讼的我的学说形成对立。在此基础上产生了意大利学者 B. 比杨迪（B. Biondi，1888—1966）的折中说，他认为诚信诉讼内在地包含一般的诈欺抗辩。[③] 意大利学者罗贝托·菲奥里也持这一观点。[④] 如果此说为真，则上述两说没有实质的分歧。但近来意大利学者安托钮·梅特罗（Antonio Metro，1937—今）进一步研究了一般的诈欺抗辩与诚信诉讼的关系，得出的结论是在古典法中不存在一般的诈欺抗辩包含在诚信诉讼中的现象。[⑤] 由此，关

---

① 参见周枏：《罗马法原论》（下），商务印书馆 1994 年版，第 754~757 页。

② 例如，德国学者肖尔梅叶就持此说。参见史尚宽：《债法总论》，荣泰印书馆 1978 年版，第 320 页。

③ Cfr. Antonino Metro，Exceptio Doli e Iudicia Bonae Fidei，Su http：//www. unipa. it /~dipstdir/pub /annali/2006/Metro. pdf，2012 年 1 月 4 日访问。

④ 参见［意］罗贝托·菲奥里：《论诈欺抗辩》，曾键龙、阮辉玲译，载费安玲主编：《学说汇纂》（第 2 卷），知识产权出版社 2009 年版，第 192 页。

⑤ Cfr. Antonino Metro，Exceptio Doli e Iudicia Bonae Fidei，Su http：//www. unipa. it /~dipstdir/pub /annali/2006/Metro. pdf，2012 年 1 月 4 日访问。

于诚信原则起源的两种学说又重新对立起来。

那么，什么是一般的诈欺抗辩？它是以公平和诚信为基础的一切抗辩，可以与任何具有同样目的的特别抗辩竞合。[①] 这些特别抗辩有事实抗辩、诈欺的抗辩、已达成简约的抗辩、胁迫的抗辩等。在当事人不能援用特别抗辩的情况下，可援用一般的诈欺的抗辩。因此，一般的诈欺抗辩是一种后备性的救济手段（D. 2，14，10，2）。这样，这一抗辩名称中的“诈欺”并非指原告的任何欺骗行为，而是指他在起诉之时以任何方式不公平地行事。因此，如果以现代的术语来表达，它是“显失公平的抗辩”，表达的是“求衡平者自己必须衡平”的意思。在尤里安的时代，诈欺的抗辩是诚信诉讼的当然内容（D. 30，84，5），故被告尽管未提出这种抗辩，法官可依职权提出之。

（四）仲裁之诉

它像诚信诉讼一样赋予法官自由裁量权，但它主要适用于对物诉讼，在对人诉讼中，只适用于欺诈、胁迫、撤销、交出原物等情形；而诚信诉讼主要是对人诉讼。[②]

（五）善良公正之诉（Actiones in bonum et aequum conceptae）

在程式诉讼时期，善良公正之诉是裁判官在程式的“判决要旨”中授权法官依据衡平的标准确定非财产利益的损害额以为判处的诉讼。[③] 通常在不法侵害估价之诉中为如此授权。[④] 为了确定性，法律以一定的规则框定法官之自由裁量权的行使，如以致害的地点、被害人的身份等因素为参照确定损害的轻重（I. 4，4，9）。但到了西塞罗时期，

---

① Cfr. Filippo Milone, La exception doli (generalis), Riccardo Marchieri di Gius, Napoli, 1882, p. 68.

② 参见周枏：《罗马法原论》（下），商务印书馆 1994 年版，第 886 页。

③ Cfr. Alberto Burdese, Manuale di diritto privato romano, UTET, Torino, 1993, p. 100.

④ 参见［意］彼德罗·彭梵得：《罗马法教科书》，黄风译，中国政法大学出版社 1992 年版，第 90 页。

妻财之诉被纳入善良公正之诉。[1] 到了优士丁尼法中，善良与公平一方面仍维持为法官处理不法侵害之诉的方法（I. 4，9，1），同时成为法官裁断分割遗产之诉、分割共有物之诉、调整地界之诉的方法，这意味着法官可以把某物判给争讼的一方，如果某人实际得到的份额被认为超过其应得份额，应判令他依次偿付确定的金钱给其他人（I. 4，6，20）。另一方面成为双务合同的当事人履行债的方法（Gai. 3，155；I. 3，22，3；I. 3，24，5），这相当于德国民法典第 242 条规定的合同履行诚信要求，而德国民法典的这一规定又为太多的其他现代民法典追随。所以可以这样说，在现代民法典以诚信的术语对当事人的履行作要求的地方，罗马人往往以善良与公平的术语作同样的要求。由此可见罗马人的“善良与公平”与现代人的“诚信”的等值性。

十一、各种诚信制度的关联

如果把诚信诉讼的本质理解为授予法官自由裁量权，我们看到，在罗马的诉讼制度中，已形成了授予法官自由裁量权的制度体系：诚信诉讼、事实诉和事实抗辩、简约之诉和简约抗辩、一般的诈欺抗辩、仲裁之诉和善良公正之诉。它们彼此有所分工：前四者主要调整需要法官自由裁量的契约关系。它们内部又形成这样的关系：事实诉是诚信诉讼的起源和发展途径，用来解决社会发展带来的无名契约问题；简约之诉用来解决形式不合法的善良行为的司法保护问题；一般的诈欺抗辩用来对抗原告的一切不公平要求，作为一个空筐结构解决前三者不能解决的问题；仲裁之诉主要调整需要法官自由裁量的物权关系；善良公正之诉调整类似性质的侵权关系。可以说，现代诚信原则承担的功能，在罗马法中不仅由诚信诉讼，而且由许多制度共同承担，因此可以说这些制度都是现代的诚信原则的鼻祖。

---

① 参见［古罗马］西塞罗：《地方论》（18，67），徐国栋、［意］阿尔多·贝特鲁奇、纪蔚民译，载《南京大学法律评论》2008 年春秋号合卷，第 17 页。

第四节　罗马诚信原则的最可能理论加工者昆图斯·穆丘斯·谢沃拉及其时代

一、昆图斯·穆丘斯·谢沃拉其人

前文对主观诚信的研究中，把主观诚信产生的时间大致确定在公元前 150 年（关于被盗物的阿梯钮斯法颁布的大概时间），把精致地使用这一概念的法学家定为昆图斯·穆丘斯·谢沃拉。前文对客观诚信的研究中，也揭示客观诚信概念的立法运用者中有昆图斯·穆丘斯·谢沃拉。这是一个很好的线索，如果我们了解清楚了昆图斯·穆丘斯·谢沃拉这个人及其时代，我们就有可能获得关于罗马人的诚信观念的经济基础、宗教基础和哲学基础的信息。

昆图斯·穆丘斯·谢沃拉于约公元前 140 年出生于一个法学世家，身世显贵，是大祭司普布流斯·穆丘斯·谢沃拉的儿子，西塞罗的法学老师。于公元前 109 年任财务官；公元前 106 年任保民官；公元前 98 年任裁判官（惜乎不知他担任的是内事还是外事裁判官）；公元前 95 年担任执政官，在职期间，与其同僚李其钮斯·格拉苏斯提议颁布了《关于驱逐假市民的李其钮斯和穆丘斯法》（Lex Licinia Mucia de civibus redigundis），该法废除了拉丁人的迁居权，并设立了一个刑事法庭惩处以罗马市民自居的外邦人，引发了同盟者战争。公元前 94 年，昆图斯·穆丘斯·谢沃拉担任亚细亚行省总督，在那里采取了一些措施打击包税人的残暴行为，受到当地居民的欢迎。公元前 89 年，任大祭司，公元前 82 年在骚乱中被马略的支持者裁判官路求斯·达马西普斯（Lucius Damasippus）杀害于维斯塔神庙的入口。[①]

---

① Véase Antonio Fernández de Buján, Sistemática y "ius civile" en las obras de Quintus Mucius Scaevola y de Accursio, En Revista Jurídica Universidad Autónoma De Madrid, (6) (2002), p. 58.

昆图斯·穆丘斯·谢沃拉除上面的政治家角色外，还承担律师的角色。西塞罗提到他担任过鲁提流斯·路福斯（P. Rutilius Rufus）案件的辩护人，并在著名的库流斯案件中担任库流斯的妻子的代理人。[①]两次出庭都以失败告终。

同时他还担任教师和作家的角色。就前者而言，他是时年 18 岁的西塞罗的法学教师。就后者而言，他著有《市民法》18 卷、《定义集》(Horon）单卷本等著作。前者是下文要讲到的谢沃拉体系的负载者。就后者而言，B. 希米德林（B. Schmidlin）认为它受斯多亚哲学家克里西普斯（Chrysippus，公元前 280—公元前 206）的《Horoi》（《术语集》）一书的影响很大，可能是按斯多亚派的命题逻辑或断言逻辑写的，而不是按定义逻辑写的。[②] 该书被 D. 50，17，73 收录的 5 个法言可证明这个推论。例如其法言这样说：遗产跟着监护走，涉及女性继承人的情形除外。[③] 此语恐怕难以被理解为一个定义，而应理解为一个规范。

昆图斯·穆丘斯·谢沃拉是斯多亚哲学的信徒，所以，在西塞罗的《论演说家》中，他把斯多亚派称为“我们的”。[④] 这种哲学倾向在他对死亡的态度中表现出来。在公元前 86 年因为马略的葬礼引起的骚乱中，昆图斯·穆丘斯·谢沃拉已受过伤，所以，在公元前 82 年的马略党人骚乱发生后，他已预见自己的命运，但他没有逃走，而是拿起

---

① 参见［古罗马］西塞罗：《论演说家》，王焕生译，中国政法大学出版社 2003 年版，第 175 页及以次。

② See Kaius Tuori，The Myth of Quintus Mucius Scaevola：Founding Father of Legal Science? In 72（2004)，Tijdschrift voor Rechtsgeschiedenis，p. 257.

③ See the Digest of Justinian，Volume 4，edited by Mommsen and Alan Watson，University of Pennsylvania Press，Philadelphia，1985，p. 961.

④ 参见［古罗马］西塞罗：《论演说家》，王焕生译，中国政法大学出版社 2003 年版，第 35 页。

武器对抗自己的国家，选择了光荣的死亡。①

昆图斯·穆丘斯·谢沃拉死后，得到了很高的评价，西塞罗在其作品中把他当做美德的化身来描写。彭波尼在其回顾罗马法史的著作中，把谢沃拉称为“以体系化的方式研究市民法的第一人”。他的18卷的《市民法》受到盖尤斯、彭波尼、雷流斯·菲利克斯、莫特斯丁等法学家的评注。能享有同样的荣誉的，只有后来的萨宾的《市民法》，该书得到了彭波尼、乌尔比安、保罗的评注。但萨宾的《市民法》很可能沿袭谢沃拉的同名著作，因此，评注萨宾著作的书，或许是在间接地评注谢沃拉的书。

昆图斯·穆丘斯·谢沃拉作品的一些法言被收录在《学说汇纂》中，在该书收录其作品的38或39位法学家中，昆图斯·穆丘斯·谢沃拉的年代最早，他被其他法学家援引46次。② 这是赋予权威的很高的待遇了。

二、昆图斯·穆丘斯·谢沃拉的理论贡献

在法学史上，昆图斯·穆丘斯·谢沃拉被公认为有方法和问题两方面的贡献。其方法论上的贡献包括两方面：其一，开创了谢沃拉体系。该体系采用继承法、人法、物法、债法的4分制，后来由萨宾加以改造：把物法和债法掉位，所以又称谢沃拉-萨宾体系。③ 这一体系是近代的潘德克吞体系的先驱。但它把继承列为第一编的安排与潘德

---

① See Kaius Tuori, The Myth of Quintus Mucius Scaevola: Founding Father of Legal Science? In 72 (2004), Tijdschrift voor Rechtsgeschiedenis, In 72 (2004), Tijdschrift voor Rechtsgeschiedenis, p. 248, note 24. 关于斯多亚学派对死亡的态度，参见［古罗马］西塞罗：《顺应自然生活》，徐奕春译，陕西师范大学出版社2006年版，第282页。“最聪明的人总能从容地去死”。

② See Kaius Tuori, The Myth of Quintus Mucius Scaevola: Founding Father of Legal Science? In 72 (2004), Tijdschrift voor Rechtsgeschiedenis, p. 251.

③ Cfr. Fritz Schulz, Storia della giurisprudenza romana, Traduzione della lingua italiana di Guglielmo Nocera, Sansoni, Firenze, 1968, pp. 172s.

克吞体系不同，现代人难以理解，但这正是昆图斯·穆丘斯·谢沃拉为斯多亚哲学家的证据，因为这种哲学采取“向死而生”的立场；[①] 其二，作为一个律师和教师，他创造了案例分析的三分法：案情、问题、解答，这样就把具体的案件与法律问题以及法学家的解答区分开来，[②] 有利于从具体事实出发抽象出法律规则。可以说，后世法学家的《问题集》《解答集》类型的著作，都是这种方法论的衍生物。其问题解决方面的贡献有：其一，他是罗马法中的责任三标准——故意、过失、意外事件——理论的打造者，[③] 由此破除了损害赔偿方面的客观归责原则，把赔偿与否以及赔偿的范围问题与加害人的自由意志挂钩，构成至今的人类损害赔偿法的遗产。据说他是在希腊哲学的影响下完成这一创举的，不过把场景从刑法换成了侵权行为法。[④] 其二，他对监护进行了分类，分为5类，有别于塞尔维尤斯·苏尔毕丘斯的三分法和拉贝奥的两分法。[⑤] 其三，他对占有进行了分类（D. 41，2，3，23。保罗：《告示评注》第54卷），具体如何分的不详，但很可能包括诚信占有与恶信占有的区分。其四，他第一个在法律意义上使用合同（Contractus）概念并做出了罗马人最早的合同分类：要物合同、

---

① 参见石敏敏、章雪富：《斯多亚主义》（第2卷），中国社会科学出版社2009年版，第226页及以次。

② Cfr. Aldo Cenderelli，Barbara Biscotti，Produzione e Società del diritto：storia di un metodo，Giappichelli，Torino，2005，p. 195.

③ See Laurens Winkel，Quintus Mucius Scaevola once again，In Rena van den Bergh and Gardiol van Niekerk（edited by），Ex iusta causa traditum，Essays in Honour of Eric Pool，Published as a special edition of “Fundamina”，the Annual Journal of the Southern African Society of Legal Historians，p. 427.

④ See Laurens Winkel，Quintus Mucius Scaevola once again，In Rena van den Bergh and Gardiol van Niekerk（edited by），Ex iusta causa traditum，Essays in Honour of Eric Pool，Published as a special edition of “Fundamina”，the Annual Journal of the Southern African Society of Legal Historians，p. 428.

⑤ See Kaius Tuori，The Myth of Quintus Mucius Scaevola：Founding Father of Legal Science? In 72（2004），Tijdschrift voor Rechtsgeschiedenis，p. 250.

言词合同、合意合同，从而淘汰了债务口约、要式买卖、拟诉弃权、要式口约的陈旧的对订立合同方式的描述，仅把要式口约保留为言词合同。[①] 此举让罗马的合同法与我们的合同法接近起来。其五，他在担任裁判官期间创立了穆丘斯保证（Cautio Muciana），它适用于遗嘱人以不做某些事为条件对某人为遗赠的情形，如果做了此等事情，将被剥夺遗赠。由于当时的罗马人没有解除条件的观念，这样的条件在受遗赠人死亡前是不会成就的，于是，受遗赠人活着时得不到遗赠物。这显然不公，昆图斯·穆丘斯·谢沃拉遂创立一个保证，它由受遗赠人向继承人做出，其内容为一旦条件成就，将返还遗赠物于继承人。这样，遗嘱人附加的消极的随意条件经过这么一番处理，变成了解除条件。[②] 由此可以说昆图斯·穆丘斯·谢沃拉创立了解除条件制度。其六，他创立了穆丘斯推定（Praesumptio Muciana），据此，推定已婚妇女占有的所有的财产在归属存疑的情形属于其丈夫，可由后者的债权人执行。[③] 其七，为了拯救遗嘱的效力，创立了不可解的规定视为未写的解释规则（D. 50, 17, 73, 3）。其八，以大祭司身份打造了为自权人收养时的誓言。其九，最早把主观诚信和客观诚信合为一炉，打造了主客观相结合的诚信原则理论。这是我推测的昆图斯·穆丘斯·谢沃拉的理论贡献，下文会论证之。

此外，昆图斯·穆丘斯·谢沃拉还有两个第一：其一，最早受到希腊辩证法方法影响的法学家，是向希腊偷取这种方法的普罗米修斯；其二，以假设的案件为背景讨论法律问题的第一人[④]。这样的方法让法学研究不脱离实际但又不受实际的局限。

---

① 参见徐国栋：《罗马私法要论：文本与分析》，科学出版社 2007 年版，第 193 页。

② Cfr. Mario Talamanca, Istituzioni di diritto Romano, Giuffrè, Milano, 1990, p. 257.

③ See Adolf Berger, Encyclopedic Dictionary of Roman Law. Philadelphia: The American Philosophical ociety, 1991, p. 647.

④ See Kaius Tuori, The Myth of Quintus Mucius Scaevola: Founding Father of Legal Science? In 72 (2004), Tijdschrift voor Rechtsgeschiedenis, p. 243.

当然，由于流传下来的文献有限，这些并不可能就是穆丘斯的理论贡献的全部，但仅凭这些贡献，已使昆图斯·穆丘斯·谢沃拉赢得了历来法学家的崇高评价。撇开中世纪法学家对他的无上赞誉不谈，只说近现代法学家对他的评价：布鲁斯·弗埃尔（Bruce Frier）说他是罗马法律科学之父和西方法律传统之父的奠基人。[①]《罗马法学史》的作者弗里兹·舒尔兹（Fritz Schulz，1879—1957）说昆图斯·穆丘斯·谢沃拉为法律体系化的奠基者。[②] 换言之，没有昆图斯·穆丘斯·谢沃拉，法典法是否有？大陆法系乃至整个西方法律传统能否形成，都是一个问题。试问，除了这个谢沃拉，有哪个西方法学家获得过这样高的评价呢？

三、昆图斯·穆丘斯·谢沃拉型构罗马法诚信原则的可能

前文已述，无论是主观诚信还是客观诚信的起源，都指向昆图斯·穆丘斯·谢沃拉，那么，他是否是主观诚信和客观诚信的统一者？或曰，他是否为罗马法中的诚信原则的型构者？我认为很可能如此，理由如下：

第一，他既担任过罗马共和国的高级世俗官职，又担任宗教官职大祭司，这种俗界神界兼跨的经历便于他把宗教性的信转化为世俗性的诚信。我们知道，昆图斯·穆丘斯·谢沃拉出生于大祭司世家。大祭司的职责之一是照管罗马的宗教。罗马人信仰多神教，信义女神是他们信仰的神之一。既然“信”是圣法，即调整人与神之间关系的法对人的行为之要求，而背信是破坏“神的和平”（Pax deorum）的行为，必须严厉惩罚才能平息神的愤怒，而大祭司的职责之一是维持与

---

① See Kaius Tuori，The Myth of Quintus Mucius Scaevola：Founding Father of Legal Science? In 72（2004），Tijdschrift voor Rechtsgeschiedenis，p. 243.

② See Kaius Tuori，The Myth of Quintus Mucius Scaevola：Founding Father of Legal Science? In 72（2004），Tijdschrift voor Rechtsgeschiedenis，p. 256.

神的和平，所以，昆图斯·穆丘斯·谢沃拉对于“信”的教义应该是非常熟悉的。他有可能在担任世俗官职时（尤其是担任裁判官时）把这方面的知识运用于罗马人与外邦人之间的关系，进而运用于罗马市民际的关系，将之改造为世俗性的诚信。①

第二，他研究过有法律意义的人类内心活动：故意、过失和注意，人们甚至认为他是第一个使用注意概念的人。② 这3种心理活动都与诚信有密切的关联。从某种意义上可以说，主观诚信就是故意的阙如，客观诚信就是过失的阙如，注意是对过失的避免，因而是诚信的表现。尤其要考虑到罗马法中的故意通常被说成恶意诈欺（dolus malus）。而在罗马人的实践中，用诈欺的术语还是用诚信的术语表达同一个立法者愿望，有时只是一个术语选择问题。例如，昆图斯·穆丘斯·谢沃拉颁布的亚细亚行省告示中使用了“依诚信不能执行如此订立的协议”（Extra quam si ita negotium gestum est ut eo stari non opoeteat ex fide bona）的套语，而公元前51年担任叙利亚行省总督的马尔库斯·比布鲁斯（Marcus Galpurnius Bibulus）颁布的告示中使用的是“恶意诈欺”的术语。西塞罗在权衡在自己的西里西亚告示中采用何者做蓝本时，取谢沃拉而弃毕布鲁斯，原因在于在当时的条件下，如果构成恶意诈欺，被告要被判处破廉耻并被开除出所属的等级，而违反诚信没有这样的后果。考虑到自己的告示要抑制的主要是自己所属的骑士阶级的成员，他们往往在行省从事包税活动，出于维护本阶级利益的考虑，西塞罗采用了诚信型的告示蓝本。③ 无妨说，在此等情形，“诚信”是恶意诈欺的温柔的曲笔。这种软化暗藏着西塞罗的阶级私心，也暴露

---

① Véase Antonio Fernández de Buján, Sistemática y “ius civile” en las obras de Quintus Mucius Scaevola y de Accursio, En Revista Jurídica Universidad Autónoma De Madrid, (6) (2002), p. 63.

② 参见丁玫：《罗马法契约责任》，中国政法大学出版社1998年版，第157页。

③ Cfr. Riccardo Cardill, “Bona fides” tra storia e sistema, Giappichelli, Torino, 2004, pp. 18s.

了诚信规则出笼过程的阴暗的一面：谁知道昆图斯·穆丘斯·谢沃拉在其亚细亚告示中使用“诚信”的术语时是否有类似于西塞罗的考虑呢?

第三，他研究过占有的分类。诚信占有与恶信占有是这方面的最基本的分类。罗马法学家把占有两分，首先从事实的角度进行分类，根据取得的原因分为买受人的占有、基于赠予的占有、基于遗赠的占有、对嫁资的占有、继承人的占有（D. 41，2，3，21)。[①] 这几种占有原因都是取得时效中的占有的原因，这说明了占有制度是从取得时效制度派生出来的。其次从规范的角度进行分类，根据占有人受法律评价的内心状态分为诚信占有与恶信占有（D. 41，2，3，22)。[②] 在上述架构中，去掉了诚信占有与恶信占有的分类，将极不完整，成为只有事实描述没有价值判断的格局，基于我们对昆图斯·穆丘斯·谢沃拉的学术背景的了解，他不大可能做这样的事情，只是他有关的言论没有在他的名头下直接流传下来，间接流传下来的倒是有的，如前所述，保罗在其《昆图斯·穆丘斯评注》第 22 卷（D. 22，1，45）中提出的以孳息奖励诚信占有人之观点，按意大利学者阿尔贝尔塔流(E. Albertario，1885—1948）的看法，是出自昆图斯·穆丘斯·谢沃拉。[③]

第四，他留下了身体践行诚信的案例。西塞罗在其《义务论》中把昆图斯·穆丘斯·谢沃拉作为“好人”（bonus vir）的榜样来谈论，我们由此得知昆图斯·穆丘斯·谢沃拉有过这样的诚信之举：他想买一块土地，请求出卖人很快对他说一个死价；后者这样做了。昆图斯·穆丘斯·谢沃拉说，他对土地的估价比出卖人的要高，因此在后者的开价上

① 参见［意］桑德罗·斯奇巴尼选编：《物与物权》，范怀俊译，中国政法大学出版社 1993 年版，第 206 页。

② 参见［意］桑德罗·斯奇巴尼选编：《物与物权》，范怀俊译，中国政法大学出版社 1993 年版，第 207 页。

③ Cfr. Yuri González Roldán，Il Senatoconsulto Q. Iulio Balbo et P. Iuventio Celso consulibus factum nella lettura di Ulpiano，Bari，Cacucci Editore，2008，p. 255.

加了 10 万塞斯特斯。[①] 昆图斯·穆丘斯·谢沃拉作为买受人按诚信原则行事，不是讨价还价，见价一扁担，而是为得到的利益付出充足的代价，不利用相对人的疏忽或无经验牟利。这是按斯多亚哲学实施的行为，该哲学认为，理性对人的情感和欲望的驾驭从而达到不动心是人的本性。[②] 本案表现为义利的选择，斯多亚哲学是要求舍利取义的。

第五，他留下了客观诚信的立法实践：亚细亚行省告示。此点前文已述，此处不赘。

第六，他熟稔的辩证法可为他打造统一的诚信原则提供技术支持。如前所述，昆图斯·穆丘斯·谢沃拉是希腊辩证法的运用者。此处的辩证法并非关于永恒发展的科学，而是一种研究问题的方法，它分为综合（Synagoge）和区分（Diairesis）两个分支，有人把前者理解为"上升"的，把后者理解为"下降"的[③]。后者是把对象按一定的方式分类。前者是一个逆过程，即把分类的结果还原为体系的过程。在这一升一降的过程中，一个理论体系就建构起来了。照此推理，昆图斯·穆丘斯·谢沃拉是从宗教性的概念"信"出发把它划分为主观诚信和客观诚信两个分支的，尽管他未用不同的术语区分两者，而是一体地使用 bona fides，但该词在他用于对占有的分类时是一个意思，在用于规制包税人残暴行为的亚细亚告示中又是一个意思。把这两个意思统合起来，就完成了对罗马法中的诚信原则之打造。

第七，他信仰的斯多亚哲学为他打造统一的诚信提供了哲学基础。斯多亚哲学反对伊壁鸠鲁学派的快乐主义的幸福观，主张有德即幸福。该派同时采用的禁欲主义为鼓励人们单纯追求德创造了条件。[④] 而美

---

① Cfr. Cicerone, Dei Doveri, A cura di Dario Arfelli, Oscar Mondadori, Bologna, 1994, p. 253.

② 参见刘峰：《道家学派与斯多亚学派幸福观之比较》，载《湖南第一师范学报》2007 年第 1 期，第 70 页。

③ 参见汪子嵩等：《希腊哲学史》（第 2 卷），人民出版社 1993 年版，第 811 页。

④ 参见智琼：《"快乐即幸福"与"有德即幸福"：伊壁鸠鲁学派与斯多亚派幸福观之比较》，载《安徽大学学报》（哲学社会科学版）2009 年第 3 期，第 32 页及以次。

德即诚实（Honestum），斯多亚派认其为唯一的善。① 在斯多亚派看来，诚实就是依自然生活，② 也就是按美德生活。③ 西塞罗认为诚实体现为4种美德：1. 确切地、谨慎地明了真理，因此不盲目行动，此谓之知识之德；2. 为了人类社会的保存，分给各人属于他的，忠实地遵守契约，此谓之共同的社会生活之德；3. 精神宏大、崇高，不屈不挠，此谓之心灵宏大之德；4. 所有的言行都合乎分寸，此谓之节制之德。④ 在这4种美德中，除第一种属于理论理性外，其他3种都属于实践理性。尤其是第二种，它就是正义之德，完全是法律之德。到了乌尔比安的时代，这一套伦理规则被吸收为罗马法3原则："诚实生活""毋害他人""分给各人属于他的"（D. 1，1，10，1）。它们是诚信原则的基础。不论是主观诚信还是客观诚信，都体现了毋害他人的信条。两种诚信的践行效果，又都是"分给各人属于他的"。客观诚信是对狂狷的抑制，它符合节制之德。在许多场合，主观诚信都是对弱者的扶助，对它的践行，也是对诚信持有者的狂狷的相对人的抑制。所以，两种诚信都十分体现了斯多亚哲学的伦理观念。所以，主观诚信在被昆图斯·穆丘斯·谢沃拉确立后在斯多亚哲学家皇帝马尔库斯·奥勒留手里得到广泛的运用和扩张，就不是什么奇怪的事情了。

非独此也，斯多亚哲学还采用世界主义立场，不排斥外邦人甚至外国人，而是把他们看做自己的兄弟姐妹允许其分享自己的资源，这种立场也是斯多亚哲学支持诚信原则的支点，我们不要忘了，诚信原则首先是在与外邦人的关系中发展起来的。

---

① Cfr. Cicerone, Dei Doveri, A cura di Dario Arfelli, Oscar Mondadori, Bologna, 1994, proemio, V.

② 参见全增嘏主编：《西方哲学史》（上册），上海人民出版社1983年版，第248页。

③ 参见［古罗马］西塞罗：《论义务》，王焕生译，中国政法大学出版社1999年版，第259页。

④ Cfr. Cicerone, Dei Doveri, A cura di Dario Arfelli, Oscar Mondadori, Bologna, 1994, proemio, V. 也参见王焕生的中译本，第147页。

由此看来，我们完全有理由相信，是昆图斯·穆丘斯·谢沃拉以斯多亚哲学为基础实现了罗马诚信原则的理论化，体现为用同一个语词表征两个领域的诚信，完成了诚信原则从宗教性的“信”到世俗性的“诚信”的转变，同时完成了这一原则从“过去”适用于涉外民事关系到“现在”适用于内国民事关系的转变。所以，路易吉·隆巴尔迪把罗马的诚信原则的确立时间定在昆图斯·穆丘斯时代，确实有理。当然，在昆图斯·穆丘斯·谢沃拉完成这一工作前，两种诚信可能已在不可考的时间各自确立，但它们可能曾经是彼此不相干的，缺少哲学支撑的，甚至可能是宗教性的。昆图斯·穆丘斯·谢沃拉改变了这一切，所以，与其徒劳地考订两种诚信各自的诞生时间，不如考证它们在昆图斯·穆丘斯·谢沃拉的手里获得新生的时间，我们无妨宣布对后来的世界影响巨大的诚信原则就诞生在这样的时间里。

四、孕育罗马法诚信原则的经济条件

我寻找出昆图斯·穆丘斯·谢沃拉是罗马法诚信原则的打造者并非为了满足自己的考据癖，而是力图寻找一个罗马法诚信原则产生的时代背景，从而说明诚信原则是在什么样的环境中孕育出来的。前文已讲了谢沃拉时代的罗马宗教背景和哲学背景，唯独没有讲到那个时代的经济背景，这里补充一下。

昆图斯·穆丘斯·谢沃拉生存的58年（从公元前140—公元前82）压着罗马历史上的商业时代和大扩张时代。商业时代开始于公元前3世纪，终止于公元前2世纪。在这个时代，罗马完成了从农牧经济到商业经济的转型，传统的社会结构遭到一定的破坏，新的社会生活方式出现。昆图斯·穆丘斯·谢沃拉就出生并成长于这样的时代。公元前1世纪是罗马史上的大扩张时代。在昆图斯·穆丘斯·谢沃拉生存的58年中，罗马人征服了两个国家，从而建立了两个行省。它们是亚细亚（Asia，公元前133年）、以纳尔波为首府的高卢（Gallia

Narbonensis，公元前 121 年)。[1] 至此，罗马共有了 9 个行省（加上在昆图斯·穆丘斯·谢沃拉出生前设立的西西里、科西嘉和撒丁、近西班牙、远西班牙、马其顿、埃皮鲁斯、阿非利加等 7 个行省)，占了最终达到 43 个的行省数目的近 1/5，地中海帝国正在形成。这是一个贸易共同体，意大利商人开始活跃于东西方行省的每个角落，主要从各行省采购产品输入意大利，同时也从意大利输出产品，总的情况是入多出少。[2] 当然，行省人来罗马—意大利经商或从事其他活动也是不可避免的。然而，这样的帝国采用的却是作为宗主国的罗马—意大利与作为殖民地的行省两个法域的结构，行省民是所谓的外邦人，他们不能适用市民法。这种法靠严格的程式保障交易安全，它们并不能为外邦人所用，于是，诚信成为在罗马人与外邦人的交易中取代程式的安全保障因素。所以，肯认主观诚信的普布利奇安诉权就是外事裁判官普布利丘斯在处理罗马人与外邦人的交易中创立的。诚信审判更是产生在行省的环境中，如前所述，昆图斯·穆丘斯·谢沃拉于公元前 94 年在担任亚细亚行省总督时在其告示中采用了“依诚信”的抗辩，西塞罗于公元前 51 年在自己担任西里西亚行省总督时在自己颁布的告示中沿用。客观诚信规则很可能就是这样传播开来的。所以，说两种诚信都产生在罗马大幅扩张引起的“国际贸易”（严格说来应该是“州际贸易”，因为外邦人并非外国人）中，应该没有什么问题。

---

① 参见徐国栋：《行省制度的确立对罗马法的影响：以西西里行省的设立为中心》，载《华东政法大学学报》2012 年第 6 期，第 127 页及以次。

② 参见杨共乐：《试论共和末叶罗马的经济变革》，载《北京师范大学学报》（社会科学版）1999 年第 4 期，第 32 页。

第八章
诚信原则在大陆法系的历史发展研究

第一节　中世纪法中的诚信

一、概述

通常意义上的中世纪是5世纪到15世纪的时期，是希腊罗马的古典文化因西罗马帝国落入日耳曼之手而中止到欧洲文艺复兴之间的时期。[①] 但此处为了论述方便，我宁愿把这个词用来指称从西罗马帝国灭亡直到18世纪欧洲开始法典编纂运动之间的时期。这一时期是诚信原则进化的重要阶段。其中，教会法和商人法兴起，日耳曼法也作为一支新力量参与了大陆法系的塑造，研究这些法的学者与研究罗马法的学者各自对这一法律问题进行了研究，作出了独特的贡献。罗马法中的诚信主要体现在诉讼中，中世纪法学家完成了这一制度的实体法化。在罗马法中，主观诚信与客观诚信的区分尚未上升到理论化的阶段，中世纪的法学家威希特和布农斯把这一工作完成了。另外，他们还很好地研究了民事诚信与宗教诚信的区别问题、主观诚信的构成标

① 参见《世界历史词典》编委会：《世界历史词典》，上海辞书出版社1985年版，第71页。

准问题、诚信与恶信之间的中间状态问题、诚信与法官的自由裁量权的关系问题，尤其是诚信的契约论基础问题等，大大推进了对问题的研究深度，尽管他们有将诚信问题过分道德化的趋向，但我认为，我们现代的诚信理论跟这一时期的相应理论更近，而离罗马法的相应理论稍远。下面从一般的诚信、主观诚信和客观诚信三个方面介绍中世纪法学家的研究成果。

二、中世纪法学家关于一般的诚信的论述

关于一般的诚信，16 世纪后半叶的法学家切尔苏·巴尔伽利（Celso Bargagli）把诚信分为神学上的、自然的（关系到哲学理论的）和民事的三种。① 这是一种仍由某些现代学者如费雷伊拉采用的分类。② 这三者的关系应该是行为标准依次递降，神学上的规则当然会比世俗法或市民法的规则对人提出更高的要求。"教会法要求积极的诚信，为此，仅仅未发生恶信是不够的"。③ 此语至少揭示了教会法上的诚信在主观领域与民事的诚信的不同。前者是积极的，以"必须具有某种状态"的句子表示，后者是消极的，以"必须不具有某种状态"的句子表示。之所以不同，乃是因为市民法仅仅追求减少争议，稳定法律关系并使之确定化，而教会法却要把人们引向上帝，引向永恒的幸福。④ 我们知道，中世纪的特点是宗教生活相对于世俗生活的优先地位，由此，每个市民都是信徒，这样，法律规范与道德规范、宗教规范发生了混淆。为此，1215 年的第四届拉特兰公会议规定："所有

---

① Cfr. Gian Paolo Massetto, Buona Fede nel Diritto Medievale e Moderno, In Digesto delle Discipline Privatistiche, Vol. II, Torino, UTET, 1989, p. 135.

② Véase Manual Dela Puente y Lavall, El contrato en general, El fondo para publicacioón del PUC del Perú, 1996, p. 24.

③ Cfr. Gian Paolo Massetto, Buona Fede nel Diritto Medievale e Moderno, In Digesto delle Discipline Privatistiche, Vol. II, Torino, UTET, 1989, p. 142.

④ Cfr. Gian Paolo Massetto, Buona Fede nel Diritto Medievale e Moderno, In Digesto delle Discipline Privatistiche, Vol. II, Torino, UTET, 1989, p. 143.

不依信的事情都是罪”，如此，诚信就成了“无罪的状态”[①]。那么，什么是罪？这里的“罪”（sin）不是世俗法意义上的罪（crime），而是不以宗教信仰行事的状态。那么，摩西在《旧约》中提出的“十诫”、耶稣在《新约》中提出的“登山宝训”中的规则如果被违反，就构成这个意义上的罪。这是一个很高的标准，因此，教会法比市民法更容易导致“罪”，这还因为前者必然不仅根据一个外在行为，而且根据内在意图来判断是否有“罪”。之所以如此说，乃是因为教会法还把诚信与良心等同起来。[②] 那么，什么是良心呢？“它是把趋善避恶的一般规则转化为随具体情形而妥当的特定规则的艺术”[③]；也可以说“良心是适用于特定个人的道德规则”[④]，因此，良心具有主观性和个别性。

无论如何，教会法中的诚信理论对于欧陆的世俗法产生了不小的影响。例如，法国民法典的思想来源之一波提尔（Robert-Joseph Pothier，1699—1772）就认为，诚信的合同当事人的行为应当是“爱你的旁人如同你自己”[⑤]。他以这一很高的标准把宗教规范引入法律，使教堂之地与市场之地等同，这有利于维持人类的团结。把这一标准具体适用于买卖，它意味着要求买受人两件事：第一，不以任何诈欺诱使

---

① Cfr. Gian Paolo Massetto, Buona Fede nel Diritto Medievale e Moderno, In Digesto delle Discipline Privatistiche, Vol. II, Torino, UTET, 1989, p. 136.

② See James Gordley, Good Faith in Contract Law, In The Medieval Ius Commune, In Reinhard Zimmermann and Simon Whittaker (Edited by), Good Faith in European Contract Law, Cambridge University Press, 2000, p. 94.

③ See J. F. O'Connor, Good Faith in English Law, Aldershot, Hants, Dartmouth; Brookfield, Vt., USA, Gower, 1990, p. 6.

④ See J. F. O'Connor, Good Faith in English Law, Aldershot, Hants, Dartmouth; Brookfield, Vt., USA, Gower, p. 8.

⑤ 人们通常把《圣经》的这一戒条翻译为“爱你的邻人”，我认为这一译法不妥，其理由参见徐国栋：《西口闲笔》，法律出版社 2021 年版，第 142 页。

出卖人为出卖或卖得较为便宜；第二，不以低于公平价格的价格为购买。①

教会法中的诚信理论对于英国衡平法也产生了重大影响，衡平法官在破毁不合理的普通法制度的时候，第一求诸良心；第二求诸诚信。在运用这第二个武器时，作为僧侣的这种法官对教会法中的诚信理论是不乏熟悉的，于是他们就这样把罗马教会法中的诚信原则在英国制度化了。②

关于民事的诚信，我找到三个中世纪的定义。第一个把它界定为“言行一致，以及从正义感出发的忠诚”③。这一诚信定义从“言”与“行”两个方面入手，透出西塞罗关于诚信的论述的痕迹。④ 事实上，中世纪法学家关于诚信的论述经常受到罗马法文献的深刻影响。第二个定义同样根据罗马法的文本，马里亚诺·索奇尼（Mariano Sozzini）从优士丁尼《法学阶梯》1，1，3 提出的法律的三个戒条入手阐述诚信原则：“公正地分配并给予各人应得之物的人；依自然与善良的意识行事，既不自己，也不通过他人以牺牲第三人的方法致富的人，就认识了诚信”⑤。这一定义列举的第一种人遵循了“分给各人应得的”的戒条，这是一个积极诚信的戒条；列举的第二种人遵循了“毋害他人”的戒条，这是一个消极诚信的戒条。索奇尼由此利用罗马法资源形成了一个二合一的诚信定义，表明了中世纪人对诚信的全面把握。

---

① Cfr. Gian Paolo Massetto, Buona Fede nel Diritto Medievale e Moderno, In Digesto delle Discipline Privatistiche, Vol. II, Torino, UTET, 1989, p. 152.

② See J. F. O'Connor, Good Faith in English Law, Aldershot, Hants, Dartmouth; Brookfield, Vt., USA, Gower, pp. 2ss.

③ Cfr. Gian Paolo Massetto, Buona Fede nel Diritto Medievale e Moderno, In Digesto delle Discipline Privatistiche, Vol. II, Torino, UTET, 1989, p. 135.

④ 西塞罗说：“正义的基础是诚信，亦即对所出之言和协议的遵行和忠诚”，参见［古罗马］西塞罗：《论义务》，王焕生译，中国政法大学出版社 1999 年版，第 23 页。

⑤ Cfr. Gian Paolo Massetto, Buona Fede nel Diritto Medievale e Moderno, In Digesto delle Discipline Privatistiche, Vol. II, Torino, UTET, 1989, p. 135.

第三个定义是雷布福斯（Petrus Rebuffus，1487—1557）在其《论词语的普通含义》一书中提出的，它更可操作："不以任何诈欺或虚构，而是忠诚和勤勉行事，承担必须之事的人，可以说是诚信行事"①。这一定义把诚信界定为忠诚和勤勉的具有和诈欺或虚构的阙如，从正反两方面阐明了这一概念，是一个法律的而非道德哲学的定义。

中世纪的法学家在多个领域谈到诚信，其中主要的还是占有领域、家庭法领域、法人法领域和合同法领域。他们当时并无客观诚信和主观诚信的二分概念，这种二分法是19世纪的德国法学家威希特和布农斯创造的。② 下面我还是用现代人的主客二分框架分述他们关于诚信的论述。

三、中世纪法学家关于主观诚信的论述

像罗马法学家一样，中世纪学者就主观诚信的论述比其关于客观诚信的论述丰富得多，主要集中在作为取得时效要件的主观诚信上以及由于一方或双方当事人的诚信造成的假想的婚姻制度上。容分述之。

（一）中世纪法学家关于占有诚信的论述

我们知道，占有诚信是一个法律与道德的战场，在中国，道德战胜了法律，因而取得时效制度长期不得施行。③ 而中世纪是一个道德和宗教规范强烈地向法律渗透的时代，这一制度能否存活，就是一个很大的问题了。所幸的是，这一罗马人留下的制度存活了下来，但其要件和效果却根据"中世纪的心灵"做了很大修改。

对诚信要件的修改分为四个方面。第一，提高了构成诚信的标准。注释法学家如阿库尔修（Acursius，1182—1263）、阿佐（Azo Portius，

① Cfr. Gian Paolo Massetto, Buona Fede nel Diritto Medievale e Moderno, In Digesto delle Discipline Privatistiche, Vol. II, Torino, UTET, 1989, pp. 136s.

② Cfr. Gian Paolo Massetto, Buona Fede nel Diritto Medievale e Moderno, In Digesto delle Discipline Privatistiche, Vol. II, Torino, UTET, 1989, p. 136.

③ 参见徐国栋：《论市民》，载《政治与法律》2002年第4期。

1150—1230）、罗杰流斯（Constantius Rogerius，？—1170）和后注释法学家如巴托鲁斯（Bartolus da Sassoferrato，1313—1357）和巴尔都斯（Baldo degli Ubaldi，1327—1400）都以罗马法的文本为依据对占有中的诚信进行了研究。他们在对诚信的理解上分裂为两种观点。第一种观点为“确信说”，把诚信理解为行为人之未损害他人的确信，阿佐、罗杰流斯、巴托鲁斯和巴尔都斯等持此说；第二种观点为“不知说”，把诚信理解为行为人对引起他人权利损害的不知，阿尔贝里科·德·罗塞塔（Alberico de Rosate，约1290—1354或1360）、巴尔布斯（Johannes Balbus，1521—1565）和瓦斯圭斯（Fernando Vasquez de Manchaca，1512—1569）持此说。[①] 前文已述，罗马人的主观诚信就是不知或错误，这是一个消极的构成要件，部分中世纪法学家把它改成了“确信”的积极构成要件，大大提高了其构成难度。第二，把罗马法对占有人在开始占有时具备诚信即可的要求改为必须在整个的占有期间自始至终保持诚信。这一改变是通过教权的干预完成的。教皇英诺森三世（1161—1216）通过“因为一切”（Quoniam omne）教令规定了这一要求。第三，上述教令同时规定所有的时效都要以诚信为要件，以矫正罗马人为了使社会财富得到充分利用在某些情况下不要求诚信的时效规定。第一项改变使“后来发生的恶信无碍”的法谚变成了“后来发生的恶信有碍”[②]，由此引发了一个连带性的问题：如果时效完成后占有人发生恶意，他是否要返还标的物呢？这是一个在神学家、教会法学家和市民法学家中都进行过激烈争论的困难和古老的问题。由于时效制度体现了物尽其用的公共政策与必须返还他人之物的道德义务的矛盾，因此，凡承认占有人诚信完成时效即取得物之所有权的

---

① Véase Josè Carlos Moreira Alves，A Boa fè objetiva no sisitema contratual brasileiro，In Sandro Schipani（a cura di），Roma e America，Diritto romano comune，Vol. VII，Mucchi Editore，Modena，1999. p. 187.

② Cfr. Gian Paolo Massetto，Buona Fede nel Diritto Medievale e Moderno，In Digesto delle Discipline Privatistiche，Vol. II，Torino，UTET，1989，p. 139.

法学家都否认在时效完成后发生的恶信的意义。相反，凡持不承认如此完成的时效期间的这种效力的学者都重申对诚信的自始至终的要求，把返还他人财产的要求置于第一等的地位。但在这两种极端的观点之外，巴尔都斯塑造了折中说。他区分取得时效和消灭时效，在前者的情形，后发的恶信不导致返还原物；在后者的情形，法定的返还义务消灭，但基于公平产生自然之债①，由此调和了法律的标准和道德——宗教的标准。第四，不仅要求其后手，而且要求第一占有人自己为诚信。② 这是一个很严的要求。我们知道，第一占有人往往是恶信的，占有标的物发生转手后由诚信的后手取得，时效才可以进行。如果要求第一占有人也为诚信，则大部分取得时效案例就不会发生了。

然而，中世纪意识形态对诚信的过高要求受到了一项新制度的反面影响。12 世纪在德国北部城市产生了土地的物权变动必须登记于市政会的都市公簿的制度，它经过一个时期的中断后，于 18 世纪在普鲁士和法国的抵押法中全面推行，很快风靡于欧陆各国③，1825 年的摩德纳及雷乔·埃米利亚公国民法典就规定了这一制度。④ 不动产登记制度以地籍制度为基础，地籍是政府为所有土地设立的档案。因此，当土地登记制度推行一段时间后，必然使主观诚信的构成极为困难，由于受到非经登记不得有效的限制，所有关于土地的交易以及相应的权属关系都反映在对公众开放的登记簿中，对上述权属关系发生错误或不知的可能性就微乎其微了。正像法律一经颁布不得以不知作为抗

---

① Cfr. Gian Paolo Massetto, Buona Fede nel Diritto Medievale e Moderno, In Digesto delle Discipline Privatistiche, Vol. II, Torino, UTET, 1989, p. 141.

② Cfr. Gian Paolo Massetto, Buona Fede nel Diritto Medievale e Moderno, In Digesto delle Discipline Privatistiche, Vol. II, Torino, UTET, 1989, p. 139.

③ 参见梁慧星主编：《中国物权法研究》（上），法律出版社 1998 年版，第 194～195 页。

④ 参见［意］阿尔多·贝特鲁奇：《意大利统一前诸小国的民法典制定与 1865 年意大利民法典》，徐国栋译，载徐国栋主编：《罗马法与现代民法》（第 1 卷），中国法制出版社 2000 年版。

辩一样，人们也不得以自己不知登记簿上登记的存在作为证明自己诚信的理由。如此，以诚信取得土地占有的可能如果不能说没有，也可以说已极小。尽管如此，也可能发生权利人被错误登记的情形，如果被误登的权利人占有土地达到法定的时效期间，只要他的登记在10年内未被涂销，他就取得标的物的所有权。这样，时效制度的基点似乎就从占有的错误转向了登记的错误。对于未登记的土地的占有人，适用相反的规则，允许他在时效完成后把自己登记为土地所有人。[①] 由此可见，在中世纪产生的不动产登记制度极大地改变了取得时效制度的话语环境，把取得时效改造成了登记取得时效，缩小了诚信的空间，而这样的结果是违背中世纪的时代精神的。

关于取得时效完成后的效果，罗马法的规定是占有人取得标的物的所有权，这似乎违反了“毋害他人”的原则，导致一些中世纪法学家的不情愿。于是，注释法学家布尔伽鲁斯（Bulgarus，？—1166）塑造了长期时效的占有人并非取得标的物的所有权，而是取得“所有权的效果”（Effectus domini）的理论。此说为教会法采纳，成为至少在16世纪之前的通说。“所有权的效果”等于“功用所有权”（dominium utile）或“准所有权”，是从非所有人诚信取得物，但由于时效期间尚未经过不能以时效取得该物的人所处的情势。[②] 通过这样的安排，毋害他人的要求在所有权的取得方面至少在观念上得到了满足。

在诚信与恶信之间有无一块中间地域？这也是困扰中世纪法学家的一个问题。西班牙法学家科瓦鲁维亚斯（Didacus Covarruvias，1512—

---

① 参见《德国民法典》第900条，《瑞士民法典》第661条，以及王利明教授主持的物权法草案第70条、第71条。On http：//old. civillaw. com. cn/article/default. asp？ id = 10511，2023年8月13日访问。梁慧星教授主持的物权法草案第57条、第58条。梁慧星主编：《中国物权法草案建议稿》，社会科学文献出版社2000年版，第232页及以次。

② Cfr. Gian Paolo Massetto，Buona Fede nel Diritto Medievale e Moderno，In Digesto delle Discipline Privatistiche，Vol. II，Torino，UTET，1989，p. 139. 但也有人认为，功用所有权是农奴对土地享有的权利，而地主的权利是直接所有权（Dominium directum）。

1577）主张这种状态的存在，阿库尔修也是如此。然而，这种中间状态何以构成，却有主观说和客观说两种。前者认为中间状态是占有人对自己是自主占有还是他主占有存疑的状态；后者根据判断构成诚信恶信的法律的属性来确定此等中间状态。违反禁止性法律的为恶信；违反保护性法律的为诚信。有些法律既不禁止，又不保护，违反它们即构成中间状态。① 不论何种原因的中间状态，都导致占有人可否完成取得时效的问题。主观论者对这一问题的回答十分简单：如果占有人一开始就对自己的法律情势处于这种疑问状态，则无论是根据教会法还是市民法，他都不能以时效取得，因为在占有之始必须具备诚信是一个非常明确的要求。② 阿库尔修认为，如果占有人开始具备诚信，后来进入疑问状态，则不能开始时效，而且也不能中断时效的进行。③ 这种观点成为处理中间状态问题的通说。客观论者也做同样的处理。

11 世纪晚期和 12 世纪，在欧洲涌现了数千个新的城市和城镇，④随之形成了城市法，其中有些进一步将取得时效制度世俗化，一方面缩短了罗马法规定的时效期间；另一方面甚至不明示要求占有人须具备诚信。有人把这种改革说成是滋育犯罪，有人却为它辩护，试图把法律、道德和公共利益的要求协调起来。巴尔都斯为此提出了契约论，他认为，“在制定城市法的城邦中，所有涉及时效的法律都有契约和合意的效力”，其中当事人不得有恶信的合意。巴尔都斯认为关于时效基础的这一见解是他的发明，今人也对此持肯定态度，认为这种学说把

---

① Cfr. Gian Paolo Massetto, Buona Fede nel Diritto Medievale e Moderno, In Digesto delle Discipline Privatistiche, Vol. II, Torino, UTET, 1989, p. 142.

② Cfr. Gian Paolo Massetto, Buona Fede nel Diritto Medievale e Moderno, In Digesto delle Discipline Privatistiche, Vol. II, Torino, UTET, 1989, p. 141.

③ Cfr. Gian Paolo Massetto, Buona Fede nel Diritto Medievale e Moderno, In Digesto delle Discipline Privatistiche, Vol. II, Torino, UTET, 1989, p. 142.

④ 参见［美］哈罗德·J. 伯尔曼：《法律与革命：西方法律传统的形成》，高鸿均等译，中国大百科全书出版社 1993 年版，第 434 页及以次。

城市法的时效制度建立在与罗马法的相应制度不同的基础上。[①] 我认为此说的意义有二：第一，它是一种人文主义的理论，不把恶信归之于违反上帝的戒条，而是违反了社会成员之间彼此订立的契约；第二，它为统一两种诚信提供了很好的理论基础，既然主观诚信的阙如都是对社会契约的违反，客观诚信的阙如就更加如此了。实际上，此说与我提出的以社会契约论统一两种诚信的理论暗合。[②]

既然教会法与世俗法对诚信有着不同的要求，发生在两者冲突时何者优先的问题。对于这一问题，可能在不同的国家有不同的处理，但至少在 17 世纪与 18 世纪之交的德国，尤斯图斯·贝梅尔（Justus Henning Böhmer，1674—1749）认为教会法的规则优先。[③] 而且，西班牙 1265 年的《七章律》还把占有人必须自始至终保持诚信才能完成取得时效的规定吸收进来。[④] 这些都是非常符合中世纪的时代精神的选择。

（二）中世纪教会法关于婚姻诚信的规定

首先要说明的是，前面一目对于中世纪法中的关于占有者的主观诚信的谈论都采用学说的视角，进入本目后，由于资料的限制，我只能采用立法的视角了。这一视角仍可帮助我们了解主观诚信概念进入中世纪后遭遇的变化。

婚姻诚信存在于拟制的婚姻制度中，这是一个在婚姻被宣告无效的情况下，由于当事人一方诚信缔结了此等婚姻，为了子女或诚信方

---

① Cfr. Gian Paolo Massetto, Buona Fede nel Diritto Medievale e Moderno, In Digesto delle Discipline Privatistiche, Vol. II, Torino, UTET, 1989, p. 140.

② 参见徐国栋：《客观诚信与主观诚信的对立统一问题——以罗马法为中心》，载《中国社会科学》2001 年第 6 期。

③ Cfr. Gian Paolo Massetto Buona Fede nel Diritto Medievale e Moderno, In Digesto delle Discipline Privatistiche, Vol. II, Torino, UTET, 1989, p. 140.

④ Véase Josè Luis de los Mozos, El principio de la buena fe, sus aplicaciones prácticas en el derecho civil españo, Barcelona, Bosch, 1965, p. 118.

的利益不让撤销婚姻的判决具有溯及力，只对将来生效的制度。[①] 这样，在婚姻被宣告无效后，婚姻对他们的效力得到维持。该制度产生在中世纪教会法适用过于严格的乱伦标准的环境中。

随着欧洲的基督教化，乱伦禁忌得到越来越严厉的推行。其目的：一在于防止贵族们通过内部通婚扩大亲属势力，把土地大量集中在贵族继承人手里，影响教会获取土地。二在于防止女人集中在富裕而有势力的男人手里，而贫穷的男人则找不到妻子，让女人在全社会流通。[②] 为此，东方教会禁止按罗马方法计算的七亲等以内的婚姻。西方教会的规定更加严厉，禁止按教会法方法计算的七亲等以内的婚姻[③]，这样算出来的七亲等等于按罗马方法算出来的十三亲等至十四亲等[④]，无异于禁止一切在法律上有血缘关系的人彼此结婚。这个七亲等不仅包括自然亲，而且包括教亲[⑤]和姻亲。这样的规定执行下来，找一个同村的人结婚十分困难。而农村人口当时还束缚在土地上，人口的流动性有限，所以，人们很难找到一桩没有违反禁婚令的婚姻。[⑥] 实际中，人们广泛地违反此等禁婚规定，有时秘密缔结乱伦的婚姻。一经发现，就产生了对子女的法律地位的处理问题，这样就引起了对僵硬的规则进行权变的需要。教会法学者在继承马尔库斯·奥勒留兄弟敕答遗产的基础上认为，如果婚姻的一方或双方为诚信，则赋予子

---

① Cfr. Federico del Giudice, Nuovo Dizionario Giuridico, Edizione Simone, Napoli, 1998, p. 764.

② 参见罗辉：《西欧中世纪教会婚姻法的理论与实践》，首都师范大学 2011 年博士学位论文，第 91 页。

③ 参见［芬兰］韦斯特马克：《人类婚姻简史》，刘小幸、李彬译，商务印书馆 1992 年版，第 51 页。

④ 参见罗辉：《西欧中世纪教会婚姻法的理论与实践》，首都师范大学博士学位论文，2011 年，第 91 页。

⑤ 教亲，即因教父和教母引起的亲属关系，所以，教子女不仅与教父母构成教亲，而且与教父母的子女也形成教亲，成为教亲意义上的兄弟姐妹。

⑥ 参见罗辉：《西欧中世纪教会婚姻法的理论与实践》，首都师范大学 2011 年博士学位论文，第 91 页。

女婚生子女的地位。后来这一规则被扩张，把婚姻的效力赋予诚信的乱伦婚姻当事人，以作为对他们的诚信的酬庸。[①] 在立法上，《教会法典》第 1137 条承认此等婚姻中的子女为婚生子女。尽管教会法认为婚姻是一种神圣的约束，无效的婚姻被认为是不存在的婚姻，故不承认无效婚姻有任何效力，也不承认此等婚姻对子女有任何效力，但为了仁慈，保护无辜的子女，设定了这个例外。这意味着尽管父母的婚姻被宣告无效，子女仍可向已脱离婚姻状态的父或母索要抚养费。他们死亡时，可在法定继承中享受婚生子女的份额，而不是作为私生子缩减一半的应继份额。就诚信的婚姻当事人而言，在婚姻解除后，他或她仍可向对方主张扶养费。概言之，合法婚姻的部分效力仍对这样的假想的婚姻产生的子女以及诚信的配偶一方开放。

如前所述，罗马法中的婚姻诚信指对法的不知，中世纪家庭法中的诚信是否同样含义？按意大利法学家吉尔达·费南多（Gilda Ferrando）的看法，乱伦婚姻中的诚信是婚姻当事人不知婚姻的无效原因的状态。[②] 那么，此等原因为何？它们挺多，在教会法中，至少有如下九项婚姻障碍：1. 未达法定婚龄；2. 阳痿；3. 已缔结了有效婚姻且此等婚姻仍然存在；4. 发过宗教誓言；5. 诱拐；6. 犯有严重罪行；7. 当事人间有血缘姻亲和教亲关系；8. 当事人间有收养关系；9. 当事人一方为教职界中有正级神品的教会人士等。[③] 这些婚姻障碍都出自法律的规定，对它们的违反，当然有可能出自对法的不知，但这里的对法的不知的范围极大地扩大了，换言之，远远超过了乱伦的范围（只有 7 和 8 涉及这一方面的问题），这样，家庭法中的主观诚信的涵

① Cfr. Gilda Ferrando，Agnese Querci，L'invalidità del matrimonio e il problema dei suoi effetti，Kluwer，Iposoa，2007，p. 244.

② Cfr. Gilda Ferrando，Agnese Querci，L'invalidità del matrimonio e il problema dei suoi effetti，Kluwer，Iposoa，2007，p. 244.

③ 参见罗辉：《西欧中世纪教会婚姻法的理论与实践》，首都师范大学 2011 年博士学位论文，第 90 页。

摄范围也扩大了。这样的扩大使主观诚信的“不知”更加真实。试问，对一个适用了几百年的禁止一定亲等内的血亲彼此结婚的规定，很难说人们对此不知，但不知自己要与之结婚的对象曾发过独身的宗教誓言，却是极为可能的。非独此也，教会法婚姻诚信中的不知显然也有针对事实的不知。例如，如果男方知道自己阳痿仍然与女子结婚，假设他知道法律禁止阳痿者结婚，他构成诈欺。假设他不知这一法律，他构成对法的不知，而与他结婚的可怜的女子当然构成对事实的不知。对乱伦和对法的不知的超越，见证着教会法对罗马法中的婚姻诚信概念的发展。

我们知道，对主观诚信从来就有不知和错误两种解释。在婚姻中从来不乏错误，以教会法典的规定为例，有对婚姻相对人人身的错误（第 1097 条）、对婚姻的单一性、永久性、圣事的尊严（第 1098 条）的错误，它们有的导致婚姻无效，有的并不如此。后一类错误不会导致婚姻无效，也不会导致拟制的婚姻，这可能使把它列入导致拟制的婚姻的诚信成为不必要。当然，教会法不把错误当成诚信要素的更重要理由是其对诚信就是“无罪的状态”的理解。[①] 也许错误——至少其中一些——就是罪，对连婚姻的单一性都搞不清的人，能说他无罪吗？无论如何，中世纪教会法的诚信观念对错误的排除限缩了主观诚信的类型，也给它们的可原谅性分出了等级：不知是可原谅的，错误是不可原谅的。

乱伦的婚姻通常都是第三人揭露出来的，此等人要承担证明血亲关系存在的责任。法律要求他们必须是第一手证人，换言之，不是只掌握传来证据的人，而且一个不够，必须有两个以上，最多时要求 12 人。设定如此严格的证明婚姻恶信的责任，是因为教会认为破坏一个

---

① Cfr. P. Cendon, Commentario al codice civile. Artt. 1—142: Disposizioni preliminari. Diritto internazionale privato. Persone fisiche e giuridiche. Parentela e affinità. Matrimonio, Giuffrè, Milano, 2009, p. 1462.

既有的乱伦婚姻比容忍它更加糟糕。结果是很少有婚姻因为所谓的乱伦解除。①

由于过去的禁婚规定不近人情，难以推行，所以，1215年的拉特兰宗教会议在教皇英诺森三世的主持下，把禁婚的亲属与范围减少到四亲等。② 尽管如此，教会法发扬的婚姻诚信制度和特定婚姻制度仍然保留下来，成为重要民法典中都有的制度，例如1865年和1942年意大利民法典中都有这一制度。不过在这里，诚信是推定的，不承认其存在的人要提出反证。而且此等诚信不要求始终存在，在缔结婚姻之时存在即可。③ 更有甚者，此等诚信不仅涵摄不知，而且涵摄错误。④

（三）中世纪法学家关于法人诚信的研究

在现代社会，法人已成为与自然人并列的民事主体，在罗马人打造诚信原则的时代，基本上只有自然人作为民事主体，所以，他们的诚信理论也只以自然人为参照系。法人制度出现后，就产生了法人能否作为诚信的主体的问题。巴托鲁斯最早受教皇英诺森的启发开始探讨这一问题。该教皇就城镇之罪的涤除问题发表过言论。我们知道，索多玛人好淫，构成一种集体的犯罪，上帝以集体毁灭的方式惩罚之。反过来讲，如果索多玛人悔罪，假设他们有10万人，那要有多少索多玛人悔罪才能涤清索多玛人的罪呢？教皇对此问题的回答对于我这个非专业者来说已无从可考，但巴托鲁斯的回答或许能折射教皇的观点：如果社团或城镇恶信占有了他人的物，此等恶信何时能涤清？巴托鲁

---

① 参见罗辉：《西欧中世纪教会婚姻法的理论与实践》，首都师范大学2011年博士学位论文，第98页。

② 参见薄洁萍：《乱伦禁忌：中世纪基督教会对世俗婚姻的限制》，载《历史研究》2003年第6期，第186页。

③ Cfr. Federico del Giudice, Nuovo Dizionario Giuridico, Edizione Simone, Napoli, 1998, p. 764.

④ Cfr. P. Cendon, Commentario al codice civile. Art. 1—142: Disposizioni preliminari. Diritto internazionale privato. Persone fisiche e giuridiche. Parentela e affinità. Matrimonio, Giuffrè, Milano, 2009, p. 1462.

斯的回答是“所有自始知情的社团的成员都死亡之时”[1]。从此语可见，巴托鲁斯已承认法人的恶信，反过来讲，他也承认法人的诚信，并进一步研究了法人恶信的涤除问题。看来，法人的恶信由其成员（并非全体成员）的知情构成，他们不存在了，法人的恶信也就涤除了。以此类推教皇的涤罪问题的立场，他可能认为索多玛人所有参与鸡奸的人都死掉以后，索多玛人的罪就涤除了。

就同样的问题，中世纪荷兰法学家约翰内斯·沃特（Johannes Voet，1647—1713）也发表了自己的见解。他认为，行会或任何社团自始非诚信地取得了他人之物，不论是其成员还是其代理人（Praepositus）所作的，只要在交付物时知道物是他人的，就构成恶信。巴尔布斯自问道：某个社团里的个人为恶信的，能否损害该社团完成取得时效的可能？他的回答是肯定的。瓦斯圭斯（Fernando Vasquez de Manchaca，1512—1569）也持同样的观点。[2]

现代的公司制度营造了公司成员与管理层的分离，这种情况对法人的诚信问题提出了挑战。如果认为公司的成员任一人知情就构成法人的恶信，未免过苛，不妨认为管理人的诚信就是社团的诚信，如果管理人是恶信的，即使社团的其他成员都为诚信，社团仍为恶信。[3]

顺便指出，既然法人可能有主观诚信，也可能有客观诚信。公司的管理人员的诚信行为就是法人的诚信行为。

---

① Véase Urbano Navarette, La Buena Fe de las Personas Juridicas en Orden a la Prescripcion Adquistiva. Estudio Historico – Canonico, Gregorian & Biblical Book Shop, 1959, p. 150.

② Cfr. Johannes Voet, Commentarius ad Pandectas, Vol. I, Lugduni Batavorum, 1698, p. 572.

③ Véase Urban Navarette, La Buena Fe de las Personass Juridicas en Orden a la Prescripcion Adquistiva. Estudio Historico – Canonico, Gregorian & Biblical Book Shop, 1959, p. 146ss.

（四）中世纪日耳曼法创立诚信取得制度

自13世纪以来，在德国北部的一些法律文献中记载了以手护手（Hand muss Hand Wahren）制度，尤其在大约于1220年至1235年编纂的《萨克孙明镜》（Sachsenspiegel）中。按照该制度，无权处分人把标的物转让给诚信第三人的，在原权利人追夺时，为了保护交易的安全和诚信，诚信第三人可取得标的物的所有权，原权利人的损失由无权处分人赔偿。据此，日耳曼法一方面导入罗马法中时效制度中的诚信要件；另一方面强调占有公信力在交易安全中所具有的保护作用，创立了诚信取得制度。该制度对交易安全的保护是以牺牲原权利人的所有权的安全为代价的，所以，这一制度是在静的安全与动的安全之间对后者的选择。① 诚信取得制度开创了外观主义的先例，是日耳曼法对诚信制度的贡献。② 从此，诚信从法律关系参与者的行为、心理标准走出来，成为此等关系外的一般大众的心理标准。相形之下，罗马法中无诚信第三人的概念，这意味着罗马法只考虑法律关系的参与者本身，不考虑此等关系的外部性。富有意味的是，把罗马法中只考虑内部关系的委任改造为兼考虑内外关系的代理，也是德国人保罗·拉邦德完成的。

四、中世纪法学家关于客观诚信的论述

在合同诚信上，注释法学家维维亚诺·托斯科（Viviano Tosco，13世纪）对优士丁尼法典4，10，4记载的戴克里先和马克西米安于287年给李其尼亚的敕答中的规定“在合同中考虑诚信，是公平的”（Bonam fidem in contractibus considerari，equum est）③ 注释到：“在所有

---

① 参见谢在全：《民法物权论》，中国政法大学出版社1999年版，第219页。

② Véase Josè Luis de los Mozos，El principio de la buena fe，sus aplicaciones prácticas en el derecho civil españo，Barcelona，Bosch，1965，p. 112ss.

③ See the Civil Law including The Twelve Tables，The Institutes of Gaius，The Rules of Ulpian，The Opinions of Paulus，The Enactments of Justinian，and The Constitution of Leo，Trans. and edited by S. P. Scott，Cincinnati，1932. Vol. XIII，p. 20.

的合同中都存在诚信，而不仅仅存在于诚信诉讼中”。[①] 此语的重要意义有二：第一，它把罗马法中的客观诚信由一个诉讼问题转化成了一个实体问题，如果我们发现目前自己就是从实体的角度观察诚信问题的，我们就会感到这一转折的意义；第二，它把诚信合同普遍化，把所有的合同都设定为诚信的。意大利佩鲁贾的法学家巴尔都斯说，依据教会法，所有的合同都是诚信合同。[②] 此语说明了诚信合同普遍化的缘由。请注意，此处的诚信合同并非恶信合同的对反概念，而是严法合同的对反概念。这是一种严格依照当事人的文书和表示来确定和解释的合同；而诚信合同的确定和解释依据公平和善良的要求，即使合同无约定，法官也可以通过依善良和公平的解释课加当事人义务。如此，诚信合同又与法官的自由裁量权联系起来。

诚信合同与严法合同的差别还在于受诈欺影响的效果不同。注释派法学家把诈欺分为“原因的诈欺”和“次要的诈欺”。在前者之情形，当事人如未受此等诈欺就不会订约；在后者之情形，当事人即使受此等诈欺也不至于不订约。基于对诈欺的这种区分，15 世纪初期的意大利法学家简·彼德罗·德·费拉里斯（Gian Pietro de' Ferraris）主张，原因的诈欺导致诚信合同当然无效，但仅导致严法合同可以根据诈欺之诉撤销。[③] 显然，诚信合同要求当事人更认真地对待对方。

在中世纪产生了商人法和建立了商人法院的物质基础上，法学家对于客观诚信的研究贡献了“最大诚信”的概念和“商人的诚信”的概念。德国法学家、当过商事法院院长的噶依尔（Andreas Gaill，

---

① Cfr. Gian Paolo Massetto, Buona Fede nel Diritto Medievale e Moderno, In Digesto delle Discipline Privatistiche, Vol. II, Torino, UTET, 1989, p. 147.

② Cfr. Gian Paolo Massetto, Buona Fede nel Diritto Medievale e Moderno, In Digesto delle Discipline Privatistiche, Vol. II, Torino, UTET, 1989, p. 148.

③ Cfr. Gian Paolo Massetto, Buona Fede nel Diritto Medievale e Moderno, In Digesto delle Discipline Privatistiche, Vol. II, Torino, UTET, 1989, p. 148.

1526—1587）说：“在商人中必须尽最大诚信的注意。”[①] 此语的含义是，商人们不必过分注重遵循实在法的规则，按照公平的标准行事，足矣。它无意中提出了诚信的级别问题，在恶信之外，在诚信与恶信的灰色区域之外，即使在诚信的领域，其中也分为许多等级，有的行为对诚信要求比较低，有的要求比较高，乃至于最高，商人们的行为即属于此类。达到这一等级的商人为诚信商人或善良商人。怎样才能如此？16 世纪的法学家简森·德尔·马伊诺（Giason del Maino，1435—1519）说：“他们应该遵守法律和规章，不吹毛求疵，具有专业素养，有机谋而不诈欺。”[②] 此语中的“而不诈欺”之前的文字描述的是一个典型的理性人的形象，加上“而不诈欺”，就成为对诚信商人的描述了。对商人的诚信要求高于对普通人的，这一原则至今由美国学者遵循，认为：“对出售货物的商人来说，诚信不仅意味着事实上的诚实，而且意味着遵守行业的合理的公平交易标准”。[③]

大体上说，中世纪法学家认为的客观诚信意味着三项行为标准。第一，说话算数，这是基于“信”的本义得出的说明。巴尔都斯主张“诚信即守法，它尤其是对进行大量交易的人以及对不区分裸体简约与要式口约的人提出的要求。”[④] 裸体简约是无执行力的协议，相当于自然债务，把自然之债当作民事之债履行的人，就做到诚信了。富有意味的是，Pacta sunt servanda 的拉丁法谚已经用于国际法的场合多于市民法的，其现在的含义大大不同于其本来的含义。其本来的含义是

① Cfr. Gian Paolo Massetto, Buona Fede nel Diritto Medievale e Moderno, In Digesto delle Discipline Privatistiche, Vol. II, Torino, UTET, 1989, p. 149.

② Cfr. Gian Paolo Massetto, Buona Fede nel Diritto Medievale e Moderno, In Digesto delle Discipline Privatistiche, Vol. II, Torino, UTET, 1989, p. 149.

③ See J. F. O'Connor, Good Faith in English Law, Aldershot, Hants, Dartmouth; Brookfield, Vt., USA, Gower, 1990, p. 22.

④ Cfr. Gian Paolo Massetto, Buona Fede nel Diritto Medievale e Moderno, In Digesto delle Discipline Privatistiche, Vol. II, Torino, UTET, 1989, p. 149.

"即使不合法定形式的协议也必须信守之"，也就是说，不利用法律行为形式上的缺陷作为逃避责任的借口，体现"君子一言，驷马一鞭"的做人原则，这恰恰是诚信要求的早期表现形式。第二，不以误导他人或以粗暴的交易条件牺牲他人。第三，按诚实人的行为标准履行义务，即使未明示承担的也不例外。①

中世纪的诚信研究只有在巴尔都斯手里才达到了系统化，其理论成就建立在亚里士多德和托马斯·阿奎那（Thomas Aquinas，约1225—1274）的哲学的基础上。12世纪末、13世纪初，亚里士多德的《形而上学》《物理学》《政治学》和《伦理学》从阿拉伯语被翻译成拉丁语，可以为西方学者利用，由此掀起了一场智力革命，也深刻地影响了诚信理论。② 在其《尼各马科伦理学》中，亚里士多德提出了交换的正义和分配的正义的观念并把它们概括为公正的表现形式。此外，把公正与衡平区分开来，把后者看作优于前者，是一种法律的矫正。③ 这些理论为教会作家托马斯·阿奎那继承和发展。基于交换的正义，他根据优士丁尼法典4，44，8和4，44，15提出了公平价格理论，要求交换的参加者的收受和付出相当，否则可以撤销交易。④ 依据亚里士多德的交换正义的观念，巴尔都斯主张"诚信合同的本质是衡平"。⑤ 巴尔都斯的贡献是把诚信要求制度化。首先，他提出了任何

---

① See James Gordley, Good Faith in Contract Law, In The Medieval Ius Commune, In Reinhard Zimmermann and Simon Whittaker (Edited by), Good Faith in European Contract Law, Cambridge University Press, 2000, p. 94.

② See James Gordley, Good Faith in Contract Law, In The Medieval Ius Commune, In Reinhard Zimmermann and Simon Whittaker (Edited by), Good Faith in European Contract Law, Cambridge University Press, 2000, p. 106.

③ 参见［古希腊］亚里士多德:《尼各马科伦理学》，苗力田译，中国社会科学出版社1990年版，第90~91页，第110页。

④ 参见徐国栋:《公平与价格——价值理论》，载《中国社会科学》1993年第6期。

⑤ Cfr. Gian Paolo Massetto, Buona Fede nel Diritto Medievale e Moderno, In Digesto delle Discipline Privatistiche, Vol. II, Torino, UTET, 1989, p. 149.

合同都必须有原因的理论[①]，原因可以是等价物，这是物资上的自利；也可以是慷慨行为，这是精神上的自利或从长远看的物资上的自利，由此，合同被理解为自利的工具，背离了这一本质的合同是不公平的，因而是违反诚信的，将导致无效。这样，诚信的抽象要求被凝结为具体的原因制度。它试图确立法律行为的合法性的一个标准，并寻求立法权与当事人的意思自治间的平衡。[②] 其次，他区分一般的公平和个别的公平，前者是任何人都不得牺牲他人获利的原则，后者是在必要的情况下背离法律的规定达到公正的结果。[③] 个别公正必然意味着法官的自由裁量权。最后，他把诚信类型化。就合同诚信而言，他认为可以分为判断合同是否有效的诚信，以及判断当事人应承担什么义务并且他们是否已经履行的诚信。这第二种诚信又可细分为两种，第一是“诈欺的阙如”；第二是“遵守当事人根据自然衡平和法律应承担的义务”[④]，也就是默示的义务。到了这一步，巴尔都斯基本上把诚信的各种属性都说完了，因此，他也对后人产生了深远的影响。法国民法典的另一思想来源让·多马（Jean Domat，1625—1696）就继承了默示的义务的观念，认为：“特定类型协议的当事人不仅要遵守一切明示的规定，而且要遵守一切衡平、法律和习惯对债课加的后果”[⑤]。众所

---

① See James Gordley, Good Faith in Contract Law, In The Medieval Ius Commune, In Reinhard Zimmermann and Simon Whittaker (Edited by), Good Faith in European Contract Law, Cambridge University Press, 2000, p. 112.

② Véase Josè Luis de los Mozos, El principio de la buena fe, sus aplicaciones prácticas en el derecho civil español, Barcelona, Bosch, 1965, p. 101.

③ See James Gordley, Good Faith in Contract Law, In The Medieval Ius Commune, In Reinhard Zimmermann and Simon Whittaker (Edited by), Good Faith in European Contract Law, Cambridge University Press, 2000, pp. 108s.

④ See James Gordley, Good Faith in Contract Law, In The Medieval Ius Commune, In Reinhard Zimmermann and Simon Whittaker (Edited by), Good Faith in European Contract Law, Cambridge University Press, 2000, p. 109.

⑤ See Jean Domat, Civil Law in Its Natural Order, Vol. I (Trans. By William Strahan), Fred B. Rothman & Co. Colorado, 1980, p . 171.

周知，这一理论表述后来成为法国民法典第1135条的立法规定。

五、小结

我们知道，在罗马法中，诚信问题主要是诉讼问题，在现代民法中，诚信问题主要是实体法问题。在罗马法中，诚信与多神教中的信义女神相联系，强调践行这一义务与尊重该女神的联系①；在现代民法中，诚信原则已世俗化，但有些作者仍对它做基督教的解释，此时，诚信已经与信义女神无关，践行这一义务被认为是博爱；罗马法中并无最大诚信的概念，而在现代民法的这方面论述中，这一概念不绝于耳②……可以说，罗马法中的诚信与现代民法中的诚信具有非常不同的面目，两者间的差别是如何来的？是从中世纪法学家（包括世俗法学家和教会法学家）的劳作中来的，他们把罗马法中的质朴的诚信制度改造为符合现代制度体系和意识形态的相应制度，由此实现了这一制度的近代化，其贡献不可否认。长期以来，人们已习惯于把中世纪描述为“黑暗”的，这是基于对该时代的智力活动的无知所下的断语，如果我们在这方面“有知”，我们会说中世纪并不那么黑暗。人们也已习惯谈论教会法的消极性，实际上，它同罗马法、商人法等一起，也构成现代民法的一个来源，本研究至少可以告诉人们，教会法在诚信问题上起到了现代民法来源的作用。

---

① 参见徐国栋：《客观诚信与主观诚信的对立统一问题——以罗马法为中心》，载《中国社会科学》2001年第6期。

② 但也有人认为：“最大诚信是一个在法律上没有任何特定意义的异质的、含糊的和无用的表达……我们的保险法不需要最大诚信，已经到了抛弃这一概念的时候。”英国运用最大诚信概念的效果并不好，它成为保险人逃避查清它们不费力就可查清的一些事实的义务的借口。See A. D. M. Forte，Good Faith and Utmost Good Faith，In A. D. M. Forte (Edited by)，Good Faith in Contract and Property，Oxford-Portland Oregon，1999，p. 82. See also Patrick Atiyah，The Rise and Down of the Freedom of Contract，Oxford University Press，1979，p. 168. 在这样的批评推动下，英国的2015年《保险法》改最大诚信义务为“公平提示义务”。参见曾建飞：《英国保险经纪人法律制度研究》，厦门大学2019年博士学位论文，第84页。

第二节　近代民法中的诚信

一、诚信要求与法官自由裁量权的分离

从欧洲近代史上的法典编纂运动到德国民法典的制定，为诚信原则发展的近代民法阶段。这一时期的典型法典是法国民法典。诚信原则进入近代民法阶段后被分裂了，对当事人的诚信要求被保留下来，但法官的自由裁量权却被剥夺殆尽。

资产阶级取得政权后，以法治国为自己的政治理想。他们曾饱受封建专横之苦，因此对建立完备的法制格外重视；在理性主义思潮的影响下，立法作为理性的实现，几乎被看作无所不能的；形而上学的哲学基调，导致了构筑最终体系的狂热；三权分立理论的勃兴，造成了立法与司法活动间僵硬的划分。这些因素的综合作用，使近代资产阶级致力于包罗万象的法典的制定，他们力图把法律的调节之手伸进社会生活的每一角落，在他们眼里，法律的盲区绝不可能存在。在这种绝对主义、理性主义的思想基础上，他们构筑了“决疑式”的法典。这种法典以卷帙浩繁为特色，动辄几千条、上万条。例如，1794年的普鲁士普通邦法有1.9万余条；1832年的俄国法律汇编有4.2万余条；法国民法典有2281条；德国民法典有2385条。其规定力求详尽、具体、无微不至。他们所要达到的目标是：法官无论遇到多么复杂的情况，都能在庞大的法典中像查字典一样检索到现成的解决方案，因此，法官的活动被认为是机械性的。这种“决疑式”的法典从另一个角度看是对法官不信任的产物，长期的司法专横历史带来了对法官活动尽可能加以限制的立法方式，通过“决疑式”的法典来消除法官滥用法律的可能。法国民法典第5条因而明文禁止法官以创立规则的方式进行判决。在普鲁士，腓特烈大帝禁止法官对法典作任何解释，

遇有疑难案件，法官必须将解释和适用法律的问题提交一个专门的法规委员会处理。如法官对法律作出解释，将受到严厉的惩罚。[①] 在法国，革命后的法官无解释法律权，法律的解释交给一个专门的上诉法院处理。“上诉法院的作用，不在于对私人争讼应用法律，或就案件的实质发表意见，而在于维护立法规定的形式和原则不受法院方面可能的破坏。它不是公民的法官，而是法律的维护者，法官的监督者和检查员。总而言之，它被置于审判程序的范围之外和审判程序之外”[②]。因此，上诉法院并非审理上诉案件的机关，而是专司法律解释、类似于立法机构的组织，它的存在，在于保证立法权不受司法机关的侵犯。[③] 在这种情况下，法官连解释权都谈不上，更多的自由裁量权更无从谈起。尽管如此，罗马式的诚信要求连同两种诚信的差别仍被继承下来，但只有指导当事人民事活动的意义。就客观诚信而言，法国民法典第 1134 条、第 1135 条规定了诚信条款：“契约应依善意履行之”；“契约不仅依其明示发生义务，并依照契约的性质，发生公平原则、习惯或法律所赋予的义务”；就主观诚信而言，第 550 条第 1 款规定：“占有人不知所有权移转行为的瑕疵，而根据该所有权移转行为以所有人的资格占有时，为善意占有”。立法者似乎未考虑这两种诚信的统一问题。

二、诚信术语的取消与客观诚信和主观诚信在术语上的分裂

在近代民法中，诚信原则不仅发生了诚信要求与法官自由裁量权的分离，而且发生了诚信术语的取消与客观诚信与主观诚信在术语上的分裂，后者尤其发生在德语世界（我把荷兰语看作低地德语）中。

---

① 参见［美］约翰·亨利·梅利曼：《大陆法系》，顾培东、禄正平译，法律出版社 2004 年版，第 39 页。

② 参见［法］罗伯斯比尔：《革命法制和审判》，赵涵舆译，商务印书馆 1965 年版，第 27 页。

③ 法国现在的上诉法院包括最高上诉法院，可审理上诉案件。

德语法律文化与罗马法共享大陆法系的创造者的荣誉，因此其制度往往对罗马法有所变通甚至补充；但在继受罗马法的过程中，德语人民注意把拉丁法律词汇民族化，排斥外来语。① 所以，1811 年的奥地利普通民法典干脆取消诚信的表达。基于避免使用一般民众难懂的术语之考虑②，奥地利普通民法典不使用“诚信”的抽象表达，而用比较具体的文句表达诚信在各个场合的意思。就客观诚信而言，其第 863 条有关于意思表示的解释应考虑普遍采用的手势、默示行为以及习惯和惯例的规定；第 897 条有关于调整附加于遗嘱之条件的规范也适用于合同之条件的规定；第 1435 条有关于被交付之财产的收受人在交付的原因丧失时应返还该财产的规定；第 1451 条有关于时效之定义的规定；第 1501 条有关于在无当事人起诉或请求的情况下法院不得依职权确定时效的规定，尽管它们都未使用 Treu und Glauben 的术语，但该法典的编者在书末的“词目索引”中，将这些条文都确定为关于 Treu und Glauben 的规定。就主观诚信而言，奥地利普通民法典同样不使用“诚信”的术语，而以 redlich（正直的、正派的、诚实可靠的）取代之，它代表了法典作者对 Bona fides 一词在物权法中之意思的道德化理解，正犹如意大利人把这一意思理解为 Correttezza（正确），该法典的编者在“词目索引”中将该词等同于 guter Glauben。③

列支敦士登采用奥地利普通民法典，所以，该国民法典对诚信原则的处理与奥地利普通民法典的处理相同，也就是用 redlich 一词表示诚信，例如，监护人在管理被监护人财产上的诚信（第 262 条）。

---

① 关于德国人拒斥外来语的情况，参见［日］穗积陈重：《法律进化论》，黄尊三等译，中国政法大学出版社 1997 年版，第 263 页。

② 1811 年 6 月 1 的颁布这一法典的皇帝命令第 1 条规定：民法“必须以市民们能够理解的语言规定……” See Parker School of Foreign and Comparative Law, The General Civil Code of Austria, Revised and Annotated by Paul, L, Baeck, Oceana Publications, Inc., New York, 1972, p. 1.

③ Walter List, Zivilrecht, Von ABGB bis WuchG, Stand: 1. 5. 1997, 6. Auflage, Manz · wien, Seite 488ff.

波兰采用类似的做法。该国现在适用的 1964 年民法典只有关于主观诚信（dobrej wiary）的直接规定，其第 7 条辞曰：如果法律就诚信和恶信定出不同的效果，则推定存在诚信。[①] 但无关于客观诚信的直接规定。它规定了社会共同生活原则（zasady współżycia społecznego）作为解释合同、判断法律行为是否有效等的原则。该原则与客观诚信原则起的作用类似。但也有学者把该原则解读成社会团结原则。

诚信原则本来就难以定义，采用别的方式表达这一原则[②]的做法使问题更加复杂。

第三节　现代民法中的诚信

一、诚信要求与法官自由裁量权的重新聚合

自瑞士民法典（1907 年）至今的时期是诚信原则所经历的现代民法时期，在这一时期，诚信原则恢复为诚信要求和自由裁量权的统一。

瑞士民法典与法国民法典相比，有很大的特色，它承认了立法不可能涵盖一切社会关系，承认了法官对发展和补充法律必不可少的作用。其第 1 条第 2 款规定："如本法无相应规定时，法官应依据惯例；如无惯例时，依据自己作为立法人所提出的规则裁判。"这与法国民法典第 5 条的规定形成对照，公然承认了法官立法。当然，法官补充法律的义务也可以从瑞士联邦宪法第 29 条第 1 款所载的禁止拒绝裁判的

---

① See The Civil Code z dnia 23 kwietnia 1964 r.（Dz. U. tłum. gb Nr 16，poz. 93），On https：//supertrans2014. files. wordpress. com/2014/06/the-civil-code. pdf，2023 年 7 月 1 日访问。

② Cfr. Aldona Rita Jurewicz，Respublica Polona Curator Morum. Le Clausole Generale di Buona Fede，di Buoni Costumi e di Principi di Convivenza Sociale nel Codice Civile Polacco e la loro Interpretazione dalla Suprema Corte di Polonia，In RIDROM：Revista Internacional de Derecho Romano，ISSN-e 1989—1970，N°. 4，2010，pag. 73.

规定中引申出来。[1] 既然不得拒绝审判，在法官于制定法中找不到审判依据的情况下，必然要自己制造这样的依据。由于这样的立法——司法关系立场，瑞士民法典避免在许多问题上作明确具体的规定，其条文有意识地规定得不完备，因而条文常常只勾画一个轮廓，在这个范围内，由法官运用他认为是恰当的、合理的和公正的准则发挥作用，为法官的创造性司法活动留下了广阔的空间。作为对这种不完备条款的补充，瑞士民法典广泛地使用了一般条款。其第 2 条规定："任何人都必须诚实、信用地行使其权利并履行其义务。"这里是把诚信原则作为基本原则加以规定的，它标志着现代意义的诚信原则的确立。它不再是仅约束债务人的原则，而成为债务人和债权人必须共同遵守的原则。换言之，它不再是仅在履行义务时应遵循的原则，而且也成为在行使权利时应遵循的原则；它不再是仅适用于债法的一项原则，而被扩大适用于一切民事法律关系，成为民法的一项基本原则。

二、诚信原则的普遍确立

瑞士民法典中的诚信原则规定，作为一种能满足现代社会需要的立法方法为大陆法系各国所仿效。在法国和德国，通过法官的解释和司法活动，使原有的诚信条款上升到了基本原则的地位。原无诚信规定的日本民法典，经 1947 年 12 月 22 日对民法的一部分的法律的修改也把诚信原则作为基本原则在法典的第 1 条第 2 款规定。其辞曰：行使权利及履行义务时，应恪守信义，诚实进行。[2] 仍把诚信原则的适用局限于债法的做法已被认为落后于时代潮流。我国台湾地区"最高法院"因拒绝将诚信原则适用于物权关系而受到了学者们的严厉批评。学者们认为：诚信原则虽起源于债法，但并不仅以债法为自己的适用范围，法官应从具体法条中抽象出一般原则适用于一切法律关系。诚

---

① Vgl. Hausheer/Jaun, Die Einleitungsartikel des ZGB, Bern, 2003, Art. 1 Rn. 12.

② 参见曹为、王书江译：《日本民法》，法律出版社 1986 年版，第 3 页。

信原则应从债法抽象出来适用于全部民法。① 在批评的压力下，我国台湾地区“立法院”只得改弦易辙。1982 年修正公布、1983 年 1 月 1 日开始施行的“民法修正案”已于第 148 条增列第 2 项：“行使权利，履行义务，应依诚实及信用之方法。”从而确立了超越于债法的一般的诚信原则。② 此外，有的学者甚至指出：诚信原则不仅是民法的基本原则，而且是适用于一切其他法律部门的原则。③

三、诚信原则派生出一些子原则

大陆法系各国通过确立诚信原则授予法官以能动司法权后，法官通过其创造性的司法活动以判例的形式将诚信原则的内容具体化，以便在保留诚信原则克服法律局限性的立法技术意义之同时，使一些已经成熟运用的诚信原则固定下来，成为可把握的规则。在大陆法系各国，法官根据诚信原则，主要在司法过程中创立了情势变更原则、权利不得滥用原则等制度。到目前为止，诚信原则仍是大陆法系国家使垂老的古典法典法通导外部变化着的社会经济条件的窗口，是新规则的不断的源泉。没有对诚信原则作用的认识，就无法理解近百年前的社会与今天的社会共用一个法典这一不可思议的现象。

四、德国：两种诚信开始用不同的术语表示

（一）不明确区分两种诚信时代的情况

众所周知，诚信原则是罗马人创立的，但罗马人并未在理论上区分主观诚信和客观诚信，中世纪法学家亦是如此，后人分主观和客观

---

① 参见王泽鉴：《民法学说与判例研究》（第 1 册），台湾大学法学丛书，1975 年版，第 330 页。

② 参见黄建辉：《法律漏洞 · 类推适用》，蔚理法律出版社 1988 年版，第 47 页。

③ 公法学者拉邦德（Paul Laband，1838—1918）语，参见史尚宽：《债法总论》，荣泰印书馆 1978 年版，第 321 页。

两方面研究他们的诚信学说[1]，是以今人的框架整理过去的材料。而且中世纪法学家的研究也是以主观诚信为重。不分两种诚信、以主观诚信为重的做法持续到1869年前的德国。在萨维尼、温德沙伊德的著作中，并无对两种诚信的区分，而且他们也主要研究主观诚信问题。[2]在法国也是如此，尽管1804年的法国民法典第555条规定了主观诚信（某人诚信地在他人土地上为建筑）。第1134条规定了客观诚信（契约应依诚信履行之），但当时的作者罗格龙（J. A. Rogron）对第555条的评注甚至不把诚信当作一个解释项处理。对第1134条的评注也只是简单地说：人们达成的结论是：罗马人的诚信合同和严法合同的古老划分今已废除，前者指要求习惯与衡平的合同，如出卖价金的利息；后者是严格按合同约定行事的合同。[3] 这种解释给人以规定客观诚信不过是罗马人已规定，作为罗马法的传人我难以不规定的感觉，与德国民法典第242条曾有1500多页的注释[4]的场面形成对照。当代阿根廷学者费雷伊拉（Delia Matilde Ferreira Rubio）也观察到，尽管法国民法典已有诚信规定，但希贝尔等知名法学家对此等规定的评注是很少的[5]，只说“诚

① 这样的研究参见徐国栋：《中世纪法学家对诚信原则的研究》，载《法学》2004年第6期。

② 在萨维尼的《论占有》中，只有对主观诚信的简单论述（第73页）。在其《当代罗马法体系》中，并无对客观诚信的专门研究。温德沙伊德的《潘德克吞教科书》的情况也差不多。参见［德］萨维尼：《论占有》，朱虎、刘智慧译，法律出版社2007年版。Véase M. F. C. von Savigny，Sistema Del Derecho Romano Actual，Traducido al castellano por Manuel Duran y Bas，Comares，Granada，2005. Cfr. Bernardo Windscheid，Diritto delle pandette，trad. it. di Carlo Fadda e Paolo Emilio Bensa，UTET，Torino，1925.

③ Voir J. A. Rogron，Codes Français expliques. Paris，1836，p. 94，p. 210.

④ 参见王泽鉴：《民法学说与判例研究》（第1册），台湾大学法学丛书，1975年版，第330页。但随着许多派生于诚信原则的司法运用的制度自立门户，现在对于第242条的评注只要539页就够了。参见［德］莱茵哈德·齐默曼、［英］西蒙·惠特克：《欧洲合同法中的诚信原则》，丁广宇、杨才然、叶桂峰译，法律出版社2005年版，第24页。

⑤ Véase Manuel De La Puente y Lavalle，El contrato en general，El fondo para publicación del PUC del Perú，1996，p. 85.

信是立法者和法院用来将道德规则贯穿于实在法的手段之一”①。

西班牙的情况也差不多，尽管其1889年的民法典第361条规定了主观诚信（不知情地在他人土地上为种植），第1258条规定了客观诚信（合同当事人承担的义务不以合同规定者为限，还承担依诚信应承担的义务），但评注者对第361条的评注并不在意何为主观诚信，而在意种植人应在何时具有诚信，然后在意对诚信添附人的优惠待遇。② 对第1258条的评注也十分简单，谓：衡平与诚信是合同的灵魂。在把诚信等同于衡平后，作者就甩开诚信专讲衡平了，说它是自然正义的基础云云。③ 当然，西班牙民法典的颁布在威希特与布农斯论战之后，但相距不远，似乎论战的成果尚未传导到这部民法典中来。

（二）德国分裂两种诚信做法的产生

两种诚信的二分法是19世纪的德国法学家威希特和布农斯在讨论罗马法取得时效制度中的诚信的含义时歪打正着地提出来的。④ 1869—1872年，两人就罗马法取得时效制度中包含的bona fides一词的含义进行了论战。其过程是这样的：1869年，时任莱比锡大学教授的威希特在莱比锡出版了《论诚信——以所有权时效取得中的诚信为中心》（Die bona fides, insbesondere bei der Ersitzung des Eigenthums）一书，其中继续前人的老调，认为诚信指对自己行为毋害他人的确信，这通常是由某种错误造成的。在他看来，错误可以分为可以原谅的和不可原谅的，它们都构成诚信，现在的法律仅赋予前一种错误构成的

① Véase Manuel De La Puente y Lavalle, El contrato en general, El fondo para publicación del PUC del Perú, 1996, p. 24.

② Véase José María Manresa y Navarro, Comentarios al Codigo Civil Españo, Tomo II, Madrid, 1890, p. 168.

③ Véase Florencio Garcia Goyena, Concordancias, Motivos y Comentarios del Codigo Civil Españo, Tomo III, Madrid, 1852, p. 9.

④ Cfr. Gian Paolo Massetto, Buona Fede nel Diritto Medievale e Moderno, In Digesto delle Discipline Privatistiche, Vol. II, Torino, UTET, 1989, p. 136.

诚信以法律效果，但罗马法并不如此，两种错误构成的诚信都可导致时效完成。① 因此，取得时效中的诚信是当事人的一种心理状态，完全是个事实问题。这样的观点否定了诚信的伦理价值，招致时任柏林大学教授的布农斯的不满。1869 年年底，他发表文章逐点批驳了威希特的观点，后来加以扩充，于 1872 年在柏林出版了《论取得时效制度中的诚信的本质：一份实务鉴定报告并连同一份理论附录》（Das Wesen der bona fides bei der Ersitzung. Ein practisches Gutachten nebst einem theoretischen Nachtrage）一书。其中认为，存在两个诚信概念。一种是心理意义上的诚信，它指对某事的一种确信、一种意见。另一种是伦理意义上的诚信，它指诚实、正当、正派的人的谨慎小心的行为，它不是一种确信，而是一种诚实、合道德的意识。立法者可以选择让具有何种诚信的人完成取得时效。允许具有心理诚信的人完成，要求较低。只允许具有伦理诚信的人完成，则要求较高。如果选择后者，则只有犯有可以原谅的错误的人可以完成取得时效。布农斯认为，罗马人采用的是伦理性的诚信概念。Fides 和 bonus 本身就是伦理概念，前者指“信”的意思，后者是“善”的意思。② 接下来他说了对诚信原则的分裂具有决定意义的一句话：就德语而言，“信”（Glaube）不足以表达罗马人的 bona fides 一语的意思，只有“诚”（Treu）才能表达这一意思。所以，要避开把 bona fides 翻译成 gute Glaube 的做法，因为它混淆了概念③，言下之意应把罗马人的 bona fides 翻译成 Treu und Glauben。

不用再讲威希特与布农斯论战的其他内容，上面介绍的两者的论

---

① Cfr. Pietro Bonfante, Essenza della bona fides e suo rapporto colla teorica di errore, In Bulletino dell'istituto di diritto romano, Vol. VI（1894）, p. 89.

② Cfr. Pietro Bonfante, Essenza della bona fides e suo rapporto colla teorica di errore, In Bulletino dell'istituto di diritto romano, Vol. VI（1894）, p. 90.

③ Cfr. Pietro Bonfante, Essenza della bona fides e suo rapporto colla teorica di errore, In Bulletino dell'istituto di diritto romano, Vol. VI（1894）, p. 91.

战内容对于证明主观诚信与客观诚信的界分起自布农斯已足够了。相较于威希特，布农斯无疑是正确的，主观诚信并非单纯的心理事实，而是立法者肯定性价值判断的成果，否定性的价值判断成果是恶信（Mala fides）的对反概念。立法者让诚信者能完成取得时效，这是对他的奖励。相反，让恶信者完不成取得时效，这是对他的惩罚。而且，布农斯并不认为诚信完全是心理事实，他谈到了诚信是“正派的人的谨慎小心的行为”，这是赤裸裸的客观诚信表达！撇开这些不谈，fides前面的修饰语 bonus（善的）或 malus（恶的）更是诚信、恶信用语对于伦理学的从属的标记，因为善恶显然是伦理学的轴心概念。尽管如此，相较于当代人的研究[①]，布农斯的学说又有所不足。首先，他似乎未按诚信原则诞生时代流行于罗马的斯多亚哲学理解 bonus 和 fides 两词的关系，把前者看作后者的修饰语，只起加强作用，而并未认识到两者相对独立，前者是“好人”的意思，后者是“信”的意思，这两个词结合起来，是“作为好人之信”的意思。它的要求首先是做一个好人，然后才是遵守有诺必信的规则。怎样才是好人？一个行为既对自己好，也对相对人好，如此行事的，就是好人。按这样理解的 bona fides，“诚”就在 bonus 中了，布农斯用不着觉得该词不达意，要另加 Treu 的新词来表达罗马人的诚信观念。其次，布农斯要在 Glauben 之外加 Treu，出于前者只有心理性，要以后者的行为性（“忠诚”必定要以行为表现，包括忠诚的眼神）加以补充的考虑，无妨认为，Treu 是对 bonus 的客观性具体化，这一发力方向是正确的，但布农斯似乎忽略了拉丁词 fides 并不完全与德文词 Glauben 等值的事实，后者完全是主观的，[②] 而前者并不如此，它首先是客观的，指有诺必守的

---

① 这样的研究国外的有 Roberto Fiori 的 Bonus vir，Politica filosofia retorica e diritto nel de officiis de Cicerone，Jovene，Napoli，2011。国内的有徐国栋的《民法基本原则解释：诚信原则的历史、理论和实务》，北京大学出版社 2012 年版。

② 该词只有信念、信仰、信任、信赖、教义等意思。参见《德汉词典》编写组：《德汉词典》，上海译文出版社 1983 年版，第 516 页。

行为，西塞罗就按斯多亚哲学的说法把该词解读成“行其所言谓之信”（Fiat quod dictum est，applellatam fidem）。[①] 当然，fides 还可以是主观的，指“相信”[②]。既然如此，如果德国法学家仍用 bona fides 一词，则它可同时指称主观诚信和客观诚信两者，把该词的客观方面翻译为 Treu und Glauben 后，造成了一个尴尬：Treu 诚然是客观的，但 Glauben 却仍是主观的，新表达带来的结果不是一个纯粹客观的诚信，而是一个混合了客观与主观因素的诚信。这样的结果恐怕不是造词者的本意，但可以按两种方式最善意地解读它：其一，好的行为是好的心理的结果，故客观的“好”不能与主观的“好”脱离，把两者结合在一起也不错。其二，Treu und Glauben 的尴尬表达并非理性思考的产物，而是历史传承的结果。按蔡章麟先生的报道，在古代德国，人们常常以 in Treu（于诚实）、mit Treu（于诚实）、bei Treu（依诚实）或 unter Treu（在诚实名义下）强制交易对方作誓。后来为了求得更加可靠，在诚实之外加 Glauben（信用）二字，而以“于诚实信用”为誓词，起确保履行契约义务的作用。后来，这一誓词后来被转用于表示诚信原则。[③] 布农斯有可能把“于诚实信用”的誓词拿过来翻译 bona fides。如果是这样，就不用讲多少道理了。

无论如何，两个卡尔·乔治的论战对诚信原则未来的发展有着深远的影响。在德国，用 bona fides 的拉丁词笼统地表达各种类型的诚信的做法被逐步放弃，并在将来带动了一些追随国做相应的放弃。威希特在其论战著作的 1869 年版中还以 bona fides 表征主观诚信，在其 1870 年版中，就以 gute Glaube 的新术语来表征这种诚信了。人们开始用不同的术语表达两种诚信，主观诚信用 gute Glaube 表征之，这是对 bona fides 的直译；客观诚信用 Treu und Glauben 表征之，这是布农斯

---

① 参见［古罗马］西塞罗：《论义务》，王焕生译，中国政法大学出版社 1999 年版，第 22 页及以次。

② 参见谢大任主编：《拉丁语汉语词典》，商务印书馆 1988 年版，第 226 页。

③ 参见蔡章麟：《债权契约与诚实信用原则》，载刁荣华主编：《中国法学论集》，汉林出版社 1976 年版，第 415 页。

以后的德国学者对 bona fides 的客观意义的解释性翻译。受德国人的先进认识的推动，仍然用 bona fides 的各现代民族语言形式同时表征两种诚信的诸国也不得不打造主观诚信和客观诚信的概念区分诚信的两种形态并运作于两个领域的诚信。与德国走得近的意大利甚至有在保留跨领域适用的 buona fede 的同时打造 corretezza（端方）的新概念专门用以表达客观诚信的尝试。① 术语的区分是理论上的区分的外部表征，后一种区分的达成意味着人们对诚信的认识的深化。这是问题的积极方面，但消极方面是开启了两种诚信的分裂之路，甚至开启了客观诚信研究在德国的一股独大之路。前文已述，在威希特-布农斯论战前，德国的诚信研究也是以主观诚信研究为主，但在论战后，研究的重心转向客观诚信，以至于今天德国人理解的诚信原则就是客观诚信原则，主观诚信已被排除在诚信原则的外延之外。只有瑞士人感到这样的沦落不合理，另立了与诚信（客观的）原则并立的善意原则以补救之（详见后文）。

（三）分裂两种诚信的立法例

1. 德国。1896 年的德国民法典在术语使用上分裂主观诚信和客观诚信。在其著名的关于债的履行的第 242 条中，以 Treu und Glauben 表征了客观诚信；在同法规定占有中之诚信的第 932 条中，“诚信”以 guter Glaube 表征之。② 德国民法典基于主观诚信与客观诚信差别巨大的现实，以不同的术语表征两者，从而决定一举摆脱证明两者之同一性的烦恼，形成了主观诚信与客观诚信不仅在含义上，而且在术语上泾渭分明的格局。非独此也，德国的通说认为民法典第 242 条包括的诚信原则有 3 项功能。其一，义务补充；其二，权利限制；其三，交

---

① See Martin W. Hesselink, The Concept of Good Faith, In Hartkamp et al. (eds), Towards a European Civil Code, 3rd ed., Nijimegen, The Hague, London, Boston, 2004, p. 472.

② Bürgerliches Gesetzbuch, 43. Auflage, München, 1998, Beck-Texte im dtv, Seite 45; 189.

易基础丧失。[①] 这三者都是关涉客观诚信的，与主观诚信无关。所以，学者对德国的诚信原则的谈论只包括客观诚信，主观诚信被作为另一个问题。[②] 如此，诚信原则在德国是真正地被跛脚化了。但具有讽刺意味的是，德国民法典的法文版仍然以 Bonne foi 表征德文版中的 Treu und Glauben,[③] 似乎是以这种方式表示：法文中的 Bonne foi 既可以表示德文中的 gute Glaube 的意思，也可以表征德文中的 Treu und Glauben 的意思，更加具有包容性。

2. 瑞士。瑞士民法典像德国民法典一样，也以不同的术语表达客观诚信和主观诚信，前者以 Treu und Glauben 表征之；后者以 guter Glaube 表征之，并且同时将第 933 条及以后数条对受让、取得、占有中的主观诚信的规定上升为基本原则，将之规定在紧接着的第 3 条，开创了一个民法典中有两个诚信原则的奇观![④] 但富有意味的是，同样是官方文本的瑞士民法典意大利文版对于两种诚信都以 buona fede 表示之，表明是 gute Glaube 还是 buona fede，不过是一个用语习惯问题，而非实质问题。瑞士民法典的作者意识到了对合同诚信的提升意味着取消物权诚信，但他对诚信原则作了过分客观化的理解，故又不相信它可适用于物权关系，于是对物权关系中的诚信也来了一个提升，由此造成的问题是：第 3 条完全抵消了第 2 条第 1 款[⑤]的意义，因为后者作为基本原则已脱掉了债法色彩而成为适用于全部民事关系——包括物权关系的诚信。这种对客观诚信和主观诚信的平行提升，不过说

---

① See Martin W. Hesselink, The Concept of Good Faith, In Hartkamp et al. (eds), Towards a European Civil Code, 3rd ed., Nijimegen, The Hague, London, Boston, 2004, p. 624.

② 参见［德］莱茵哈德·齐默曼、［英］西蒙·惠特克:《欧洲合同法中的诚信原则》，丁广宇、杨才然、叶桂峰译，法律出版社 2005 年版，第 23 页。

③ Voir Code Civil Allemand, traduits par Raoul de la Grasserie, Paris, 1901, p. 55.

④ 这一法典的中译者将第 3 条中的 guter Glaube 译为“善意”，从而避免了两个诚信原则的尴尬。参见殷生根、王燕的中译本，中国政法大学出版社 1999 年版，第 3 页。

⑤ 其辞曰：任何人都必须诚实、信用地行使权利并履行义务。

明了前者仍是合同诚信；后者仍是物权诚信，两者不可能统一。据说，瑞士学界就两个诚信原则是各自独立还是一个原则的不同分支，曾有很大争议，最后是各自独立说占了上风。①

3. 清朝时的中国。1911 年的《大清民律草案》在术语使用上分裂主观诚信和客观诚信。其第 2 条规定：行使权利，履行义务，依诚实及信用方法。此为关于客观诚信之规定。第 3 条规定：关于权利效力之善意，以无恶意之反证者为限，推定为善意。② 此为关于主观诚信之规定。显然可见，《大清民律草案》对两种诚信用不同的术语表示。这种做法饱含德国—瑞士色彩，并遗留到当代中国。

4. 日本。1896 年的日本民法典本无诚信原则之设。1947 年修改自己的民法典时，增加诚信原则于其第 1 条，谓：权利之行使，义务之履行，须遵守信义诚实之原则。但在第 162 条及多条，又以“善意”表达主观诚信。③

5. 韩国。1958 年的韩国民法典在术语使用上分裂主观诚信和客观诚信。第 2 条规定客观诚信，以“信义诚实”的术语表示；第 249 条规定主观诚信，用“善意”的术语表示。

五、荷兰：客观诚信的非诚信化

（一）新荷兰民法典把客观诚信非诚信化及其理由

到了 1992 年的新荷兰民法典，诚信原则的分化史进入了第二个阶段：客观诚信的非诚信化阶段，换言之，此时荷兰人开始抛开诚信的术语用“公平与合理”的术语表述客观诚信。如果说，德国人用 Treu

---

① 参见［德］莱茵哈德·齐默曼、［英］西蒙·惠特克：《欧洲合同法中的诚信原则》，丁广宇、杨才然、叶桂峰译，法律出版社 2005 年版，第 40 页。

② 参见杨立新点校：《大清民律草案·民国民律草案》，吉林人民出版社 2002 年版，第 3 页。

③ 参见判例六法编修委员会编：《判例六法》（2004），三省堂 2004 年版，第 395 页，第 429 页。

und Glauben 的术语表征客观诚信还是在谋求一种准确的翻译，荷兰人用“公平与合理”的术语表述客观诚信则是抛开了翻译的桎梏，而谋求一种解释。但荷兰人这样做有一个过程，并有其理由。

荷兰原本为一个坚持主观诚信和客观诚信之统一的国家。1838 年的老荷兰民法典无论客观诚信还是主观诚信，都用 goede truw（bona fides 的荷兰语直译）一词表示。该法典有 24 个条文规定了诚信（第 150 条、第 151 条、第 153 条、第 586 条、第 587 条、第 589 条、第 604 条、第 630 条、第 631 条、第 659 条、第 1374 条、第 1377 条、第 1399 条、第 1420 条、第 1422 条、第 1669 条、第 1686 条、第 1687 条、第 1754 条、第 1855 条、第 1919 条、第 2000 条、第 2002 条、第 2003 条）。[①] 它们有的规定主观诚信，如无效婚姻的无辜当事人的诚信；有的规定客观诚信，如合同关系中的诚信。但 1992 年的新荷兰民法典以不同的术语表示不同的诚信。仍以 goede truw 表示主观诚信，以 redelijkheid en billijkheid（直译是“公平与合理”）表示客观诚信。[②] 如果说 goede truw 还是对拉丁词 bona fides 的翻译，那么，redelijkheid en billijkheid 的构词与 bona fides 没有任何关系。该民法典的第三编第 11 条[③]、第 87 条、第 105 条、第 118 条、第 119 条、第 121 条规定了主观诚信；第二编第 8 条、第三编第 12 条[④]、第

---

① Wetgeving van het Koningrijk, Burgerlijk Wetboek, Ter Algemeene lands drukkerrij, 1836. Voir Code Civil Neerlandais, Traduit en Francais par P. H. Haanebrinx, Bruxelles · Paris, Establishments Emile Bruylant, 1921.

② 参见［德］莱茵哈德·齐默曼、［英］西蒙·惠特克：《欧洲合同法中的诚信原则》，丁广宇、杨才然、叶桂峰译，法律出版社 2005 年版，第 133 页。

③ 其辞曰：“某种法律效力的产生要求一个人具备诚信，如果该人知道此种诚信必然涉及的事实或法律，或者在给定的情形下该人应当知道该事实或法律，则该人并非以诚信行事。该人有合理理由怀疑的，即使无法查询亦并不妨碍其被视为应当知道该事实或者法律的人。”参见王卫国主译：《荷兰民法典》（第 3、5、6 编），中国政法大学出版社 2006 年版，第 7 页，译文有改动。

④ 其辞曰：“在确定合理与公平的要求时，必须参照公认的法律原则、荷兰当今的法律观点和相关的具体社会利益和私人利益”。参见王卫国主译：《荷兰民法典》（第 3、5、6 编），中国政法大学出版社 2006 年版，第 7 页。译文有改动。

六编第2条①、第211条、第248条、第258条、第260条，第七编第865条规定了客观诚信。② 这样，新荷兰民法典也有两个诚信原则，一个是主观诚信原则（第11条），另一个是相当于客观诚信原则的公平合理（第12条），独特之处在于后者严格说来已不是诚信原则了，而是公平合理原则。抠字眼说话，诚信原则在荷兰陷入了另一种意义上的跛脚化：只剩下主观诚信一只脚，正犹如在德国只剩下客观诚信一只脚。这给研究者带来了不用“诚信”字眼的原则能否称为诚信原则的问题。我们知道，诚信原则本身意味着一种法律—哲学传统，抛开了其名称，这个原则就没有了，否则，局面将变得不可收拾。例如，据我所知，伊朗民法典并未规定诚信原则，但这部民法典依据伊斯兰法的精神订立，追求公平正义的条款甚多。如果抛开诚信的名称在这部民法典里寻找诚信原则，可能还可以找到不少呢！相信也可以在《唐律》里找到。

对于荷兰人采用公平合理的术语表达客观诚信的做法，意大利学者认为有两个理由。其一，立法者力图证明荷兰的立法经验是最现代的、最能满足全球化时代的私法法典编纂要求的，因为“合理”也是英美法采用的概念，也是一些国际贸易法公约以及欧盟指令采用的概念，采用它取代大陆法色彩很浓的诚信概念，有利于形成新的共同法（ius cummune novus）；其二，证明诚信的概念可以与两个评价标准共存：公平的标准和合理的标准，前者是道德性的，适合于满足利益均衡的要求和比例原则的要求；后者是技术性的，没有什么道德内涵，适合于把端方的义务从社会团结的极端要求下解放出来，满足市场的

① 其辞曰：“1. 债权人和债务人相互之间必须依合理和公平准则行事。2. 按照法律、习惯或法律行为对债权人和债务人有约束力的规则，在特定情形下，按照合理和公平准则不能接受的，不予适用。”参见王卫国主译：《荷兰民法典》（第3、5、6编），中国政法大学出版社2006年版，第161页。

② Burgerlijk Wetboek，Wetteksten 2005-2006，Loyens Loeff，2005，p. 1093，p. 1121.

需要和财富的自由流通的需要。① 一言以蔽之，无论这样做的成败如何，荷兰人对客观诚信的非诚信化处置反映了他们融合两大法系，打造一种世界法的良好愿望。

（二）新荷兰民法典模式的有限传播

部分接受荷兰模式的有以俄罗斯为首的一些前苏联加盟共和国（后文详述）。完全接受荷兰模式的只有荷属安提勒斯。该国民法典基本采用新荷兰民法典。其第三编第11条也规定了主观诚信（诚信作为有效要件）；第六编第2条也规定了客观诚信（债权人和债务人彼此间应按合理公平的要求行使）。②

（三）对新荷兰民法典把诚信等同于公平合理的批评

荷兰人的如题做法遭到了意大利学者的批评。著名民法学家布斯内里（Francesco Busnelli）认为，把罗马法系的诚信与公平概念与英美法系的合理概念搅在一起很危险。首先，这样做会改变人们赋予合同诚信规则本来的含义；其次，把诚信的概念调整为合理的概念会带来含糊，把诚信的概念调整为公平则会让法官实际上不受法律约束，而他们的自由裁量权本来是应受限制的。③ 布斯内里也认为，客观诚信与合理并不相同，前者是依端方和忠诚行为的义务；后者是对人的行为成果的评价。④ 所以，不宜以后者取代前者。

我认为上述批评不无道理，但还要补充3点。其一，公平合理通常是用来描述当事人间关系的状况的，不是用来描述当事人与社会间

---

① Cfr. Annarita Ricci, Il criterio della ragionevolezza nel diritto privato, CEDAM, Padova, 2007, p. 123.

② See The Civil Code of the Netherlands Antilles and Aaruba, Kluwer, 2002, p. 6; p. 227.

③ Cfr. Annarita Ricci, Il criterio della ragionevolezza nel diritto privato, CEDAM, Padova, 2007, pp. 121s.

④ Cfr. Annarita Ricci, Il criterio della ragionevolezza nel diritto privato, CEDAM, Padova, 2007, pp. 158s.

关系的状况。如果用公平合理原则的表达，则诚信原则维持当事人利益与社会利益间平衡的功能就被舍弃了。[①] 其二，民法中本来有个公平原则，它与诚信原则分工，各自承担不同的职能。如果按荷兰人的做法把客观诚信原则改称为公平合理原则，它与原来的公平原则的关系如何处理？其三，诚信原则是斯多亚哲学的克己精神和取义舍利原则的体现，它表现的是一种“内圣外王”的做人方式，公平不过是其效果。公平可以自愿达成，也可以强迫达成（例如害怕法律的惩罚），以公平取代诚信，等于是把一个多面体生生地强切成单面体，牺牲的信息太多了。试问，“正心诚意”岂可与“行为不逾规矩”并驾齐驱？前者是一个更高的境界。也许，新荷兰民法典的作者是为了降服诚信原则这个怪兽[②]才把它解释成公平合理原则，换言之，力图去掉笼罩在诚信原则之上的模糊性，以相对不那么模糊的公平合理原则代之，但犯了打凿七窍的错误，生生地把一个混沌弄得几近死亡[③]，不亦悲乎！看来，一项法律原则的模糊性恰恰是其生命力的来源。去掉其模糊性，就等于把它送进坟墓。

六、俄罗斯：在回归传统与接受创新之间

（一）俄罗斯模式的建立

如题所述，俄罗斯模式是回归传统与接受创新的折中。回归传统表现为用统一的术语表示两种诚信，接受创新表现为用“公平合理”的术语取代客观诚信的表达。这样结合的结果是：不论是主观诚信还是客观诚信，都用“诚信”（добросовестность）一语表达，但在表达客观诚信时，结合使用“诚信”与“公平合理”（справедливости и

---

① 参见徐国栋：《民法基本原则解释——以诚实信用原则的法理分析为中心》，中国政法大学出版社 2004 年版，第 72 页。

② 参见［德］莱茵哈德·齐默曼、［英］西蒙·惠特克：《欧洲合同法中的诚信原则》，丁广宇、杨才然、叶桂峰译，法律出版社 2005 年版，第 15 页。

③ 参见《庄子·应帝王》。

разумность）两个术语，以后者补强或解释前者。如此克服了主观诚信被排斥在诚信原则的涵摄范围外的缺陷，具有瑞士民法典有关问题处理模式的痕迹。

这种模式当然是新荷兰民法典影响的结果。该民法典紧接着东欧剧变诞生。剧变后的前社会主义国家迫切需要制定新民法典型构未来社会的蓝图并证明自己的转型[①]，新荷兰民法典由于这个原因并由于自己在许多方面的优越性成为许多新独立国家制定民法典时的参考对象，它对客观诚信的处理模式也被参考。首先的参考者是俄罗斯。

俄国的民事立法缺乏规定诚信原则的传统，前苏联时期的两个民法典（1922 年的和 1964 年的）皆无诚信原则之设。所以，该国的诚信原则理论研究也很薄弱，文献积累很少。1994—2006 年的俄罗斯联邦民法典第 6 条第 2 款规定："如不能使用法律类推，则当事人的权利和义务根据民事立法的一般原则和精神及诚信、合理、公平的要求予以确定"[②]。第 10 条第 3 款规定："如果法律规定民事权利的保护取决于这些权利的实现是否诚信和合理，则推定民事法律关系参加者行为的合理和诚信"[③]。第 53 条第 3 款规定："依照法律或法人设立文件以法人的名义进行活动的人，应该为所代表的法人的利益诚信而合理地工作……"[④] 在我看来，以上 3 个条文确立了诚信与合理公平原则，其中的"诚信"，既包括客观诚信，也包括主观诚信。接下来有专门规定主观诚信的条文。第 220 条第 1 款规定："……新物的所有权由于

---

① 参见［意］简马利亚·阿雅尼、［美］乌果·马兑伊：《转型时期的财产法法典编纂：来自比较法和经济学的一些建议》，徐国栋译，载徐国栋主编：《罗马法与现代民法》（第 1 卷），中国法制出版社 2000 年版。

② 参见黄道秀译：《俄罗斯联邦民法典》（全译本），北京大学出版社 2007 年版，第 37 页，译文有改动。

③ 参见黄道秀译：《俄罗斯联邦民法典》（全译本），北京大学出版社 2007 年版，第 39 页，译文有改动。

④ 参见黄道秀译：《俄罗斯联邦民法典》（全译本），北京大学出版社 2007 年版，第 54 页，译文有改动。

诚信而为自己进行加工的人取得”[①]。第 234 条第 1 款规定：“公民或法人，虽不是财产所有人，但对不动产在 15 年内，对其他财产在 5 年内，诚信地、公开地、连续地作为自己的财产进行占有，则取得该财产的所有权”[②]。第 302 条第 1 款规定：“如果财产系从物权转让的人那里有偿取得，取得人并不知悉或不可能知悉向他转让财产的人没有转让该财产的权利（诚信取得人）……”[③] 由上可知，上述 6 个用法中的 5 个都是诚信与合理并用，这种做法与荷兰的做法基本一致。说“基本”，乃是因为俄文把诚信与“合理”“公平”连用，荷兰语则用“合理与公平”表示，前者更繁复。

（二）俄罗斯模式的影响

俄罗斯模式影响了如下与它具有密切的文化联系的国家：

1. 哈萨克斯坦。1994 年的哈萨克斯坦民法典打造了诚信（добросовестность）、合理（разумность）与公平（справедливости）原则（第 8 条）。[④]

2. 吉尔吉斯斯坦。1997 年的吉尔吉斯斯坦民法典打造了诚信（добросовестность）、合理（разумность）与公平（справедливости）原则（第 5 条、第 9 条）。[⑤]

3. 乌兹别克斯坦。1997 年的乌兹别克斯坦民法典打造了诚信

---

① 参见黄道秀译：《俄罗斯联邦民法典》（全译本），北京大学出版社 2007 年版，第 116 页，译文有改动。

② 参见黄道秀译：《俄罗斯联邦民法典》（全译本），北京大学出版社 2007 年版，第 120 页，译文有改动。

③ 参见黄道秀译：《俄罗斯联邦民法典》（全译本），北京大学出版社 2007 年版，第 140 页，译文有改动。

④ Гражданский кодекс Республики Казахстан，http：//e. gov. kz/wps/wcm/connect/7445eb8047cf353ca189b7ec00953609/K940001000_20110325. htm? MOD = AJPERES&CACHEID = 7445eb8047cf353ca189b7ec00953609&useDefaultText = 0&useDefaultDesc = 0，2011 年 12 月 4 日访问。

⑤ ГРАЖДАНСКИЙ КОДЕКС РЕСПУБЛИКИ ТАДЖИКИСТАН，СТ. 196.

（добросовестность）、合理（разумность）与公平（справедливости）原则（第5条）。[①]

4. 白俄罗斯。1998年的白俄罗斯民法典打造了诚信（добросовісність）与合理（разумність）原则（第2条）。[②] 相较于俄罗斯等国家，去掉了“公平”。

5. 塔吉克斯坦。1999年的塔吉克斯坦民法典在沿用俄罗斯模式，其第10条打造了合理（Разумность）、公平（справедливости）与诚信（добросовестность）原则。[③] 该国的创新是把“诚信”从居前改为摆在最后。

6. 立陶宛。2000年的立陶宛民法典在术语使用上也打造了公平（teisingumo）、合理（protingumo）与诚信（sąžiningumo）原则（第1.4条、第1.5条等）。[④] 该国也把“诚信”后置。

7. 乌克兰。2003年的乌克兰民法典在术语使用上也混合传统因素与荷兰式创新，打造了公平（справедливість）、诚信（добросовісність）与合理（розумність）原则（第3条）。[⑤] 该国采用中道，把“诚信”居中。

七、拉丁法族诸国或地区：维持统一的诚信原则

相较于分裂两种诚信或给客观诚信改名的立法例，按传统方式统一两种诚信的立法例多得多。以下我分拉丁法族国家、德国系国家和

---

① Гражданский кодекс Республики Узбекистан，http：//fmc. uz/legisl. php？ id=k_grajd_01，2011年12月4日访问。

② Гражданский кодекс Республики Беларусь，http：//www. wipo. int/wipolex/zh/text. jsp？ file_ id =230024，2011年12月7日访问。

③ ГРАЖДАНСКИЙ КОДЕКС РЕСПУБЛИКИ ТАДЖИКИСТАН，СТ. 196.

④ Lietuvos Respublikos civilinis kodeksas，On http：//www. wipo. int/wipolex/en/text. jsp？ file_ id=202089，2011年12月3日访问。

⑤ ЦИВІЛЬНИЙ КОДЕКС УКРАЇНИ，http：//yurist-online. com/en/kodeks/sk. php？zfile=3，2011年2月1日访问。

前苏联集团国家3个组介绍这样的典型立法例。

1. 拉丁法族国家，无论它们地处西欧、美洲、亚洲还是非洲，都是这样的立法例的提供者。以下按西欧、美洲、亚洲、非洲的顺序介绍各国的有关情况。要说明的是，本部分不考察英国和美国处理两种诚信的关系的情况，因为它们不属于拉丁法族的国家，尽管英国和美国统一用 good faith 的术语统一表征两种诚信的事实是清楚的。①

（1）法国。法国民法典至少有14个条文规定诚信。规定客观诚信的代表是第1134条，规定契约应依诚信履行之。规定主观诚信的代表是第555条，规定某人诚信地在他人土地上为建筑。两种诚信都用 bonne foi 表示。②

（2）西班牙。该国的民法典至少有41个条文规定诚信。规定客观诚信的代表是第7条，规定权利要诚信行使。规定主观诚信的代表是第451条，规定诚信占有人可以取得孳息。两种诚信都用 buena fe 表示。③

（3）意大利。该国的民法典至少有72个条文规定诚信。规定客观诚信的代表是第1337条，规定当事人在谈判及订立合同的过程中，应依诚信行事。规定主观诚信的代表是第535条，规定误以为自己是继承人而取得遗产占有的人是诚信占有人。两种诚信都用 buona fede 表示。④

（4）葡萄牙。该国的民法典至少有7个条文规定诚信。规定客观诚信的代表是第227条，规定当事人要诚信缔约。规定主观诚信的代表是第2076条，规定某人诚信取得遗产财产。两种诚信都用 boa fe 表示。⑤

---

① 参见徐国栋：《英语世界的诚信原则》，载《环球法律评论》2004年秋季号。

② Voir Code Civil, Daloz, Paris, 1997-98.

③ Véase Codigo Civil, Thomson, Aranzadi, 2004.

④ Cfr. Codoce civile e leggi complementary, Gruppo24ore, 2010.

⑤ Ver Codigo Civil, Almedina, Coimbra, 1998.

以上是欧洲国家的立法例，下面介绍主要美洲国家或地区的立法例。

（1）智利。该国的民法典至少有51处规定诚信。第1546条规定了客观诚信（合同应依诚信履行之）；第646条规定了主观诚信（诚信占有他人财产）。两种诚信都用buena fe表示。①

（2）阿根廷。该国的民法典至少有216处规定诚信（考察的对象包括作为该民法典正式内容的注释）。第1198条规定了客观诚信（合同应依诚信履行）；第589条规定了主观诚信（诚信占有他人财产）。两种诚信都用buena fe表示。②

（3）巴西。该国的民法典至少有69处规定诚信。第422条规定了客观诚信（当事人应依诚信缔结与履行合同）；第1201条规定了主观诚信（不知瑕疵或障碍地占有财产）。两种诚信都用boa fe表示。③

（4）秘鲁。该国的民法典至少有47个条文规定诚信。第1362条规定了客观诚信（当事人在谈判、订立、履行合同的过程中，应遵守诚信规则）；第665条规定了主观诚信（诚信取得）。两种诚信都用buena fe表示。④

（5）墨西哥。该国的民法典至少规定诚信59处。第1796条规定了客观诚信（债务人还要履行依诚信的义务）；第798条规定了主观诚信（诚信占有他人财产）。两种诚信都用buena fe表示。⑤

（6）海地。该国的民法典至少规定诚信12处。第925条规定了客

---

① 参见徐涤宇译：《智利共和国民法典》，中国法制出版社2002年版，第307页；第155页。

② 参见徐涤宇译：《最新阿根廷共和国民法典》，法律出版社2007年版，第291页；第144页。译文有改动。

③ 参见齐云译：《巴西新民法典》，中国法制出版社2009年版，第63页；第179页。

④ Véase El Codigo Civil de 1984，Pontificia Universidad Católica del Perú，Facultad de Derecho，Fondo editorial，1997，p. 299；p. 170.

⑤ Véase Codigo Civil para el distrito federal en Materia Comun y para toda la Republica en Materia Federal，Greca，1996，p. 156；p. 86.

观诚信（债应依诚信履行）；第 455 条规定了主观诚信（不知财产他属而占有）。两种诚信都用 bonne foi 表示。①

（7）魁北克。该省的民法典至少规定诚信 80 处。第 1375 条规定了客观诚信（债应依诚信设定、履行、消灭）；第 99 条规定了主观诚信（诚信占有他人财产）。两种诚信都用 bonne foi 或 good faith 表示。②

（8）路易斯安那。该州的民法典至少规定诚信 67 处。第 1759 条规定了客观诚信（在与债相关的事项上，诚信应支配债权人和债务人的行为）；第 486 条规定了主观诚信（诚信占有他人财产）。两种诚信都用 good faith 表示。③

以下再介绍亚洲主要非德国法系国家的立法例。

（1）菲律宾。该国的民法典至少规定诚信 80 处。第 19 条规定了客观诚信（任何人都应诚信地行使权利、履行义务）；第 396 条规定了主观诚信（诚信占有他人遗产）。两种诚信都用 good faith 表示。④

以下再介绍非洲国家的这方面立法例。

（1）埃及。该国的民法典至少规定诚信 49 处。第 148 条规定了客观诚信（合同应依诚信履行）；第 121 条规定了主观诚信（就物的品质发生错误）。在该法典的英译本中，两种诚信都用 good faith 表示。⑤

（2）利比亚。该国的民法典第 148 条规定了客观诚信（合同应依诚信履行）；第 121 条规定了主观诚信（就物的品质发生错误）。在该法典的英译本中，两种诚信都用 good faith 表示。⑥

---

① Voir code Civil d'Haiti, Au Port au - Prince, de Imprimerie du Gouvernment, 1826.

② 参见孙建江等译：《魁北克民法典》，中国人民大学出版社 2005 年版，第 175 页；第 14 页。

③ 参见娄爱华：《路易斯安那民法典》，厦门大学出版社 2010 年版，第 196 页；第 56 页。

④ 参见蒋军洲：《菲律宾民法典》，厦门大学出版社 2011 年版，第 3 页；第 58 页。

⑤ 参见黄文煌译：《埃及民法典》，厦门大学出版社 2008 年版，第 19 页；第 15 页。

⑥ See The Libyan Civil Code, Translated in English by Meredith O. Ansell and Ibrahim Massaud al-Arif, The Oleander Press, 1971, p. 31; p. 21.

（3）阿尔及利亚。该国的民法典至少规定诚信53处。第107条规定了客观诚信（合同应依诚信履行）；第147条规定了主观诚信（诚信受领非债清偿）。在该法典的法译本中，两种诚信都用 bonne foi 表示。[①]

（4）埃塞俄比亚。该国的民法典至少规定诚信82处。第1713条规定了客观诚信（合同的内容包括诚信义务）；第315条规定了主观诚信（就相对人是否成年发生错误）。在该法典的英译本中，两种诚信都用 good faith 表示。[②]

2. 德国法系国家。令人鼓舞的是，德国民法典和瑞士民法典的几个信徒并未跟进它们分裂两种诚信的做法，它们有1926年的土耳其民法典、1934年的泰国民商法典和1946年的希腊民法典。容分述之。

（1）土耳其。该国民法典第3条规定客观诚信；第1023条规定主观诚信，两者都以 iyiniyetli 表示。[③]

（2）泰国。该国的民商法典第5条规定客观诚信；[④] 第78条规定主观诚信，[⑤] 两者都以 good faith 表示。[⑥]

（3）希腊。该国民法典第288条规定客观诚信，用 καλή πίστει 表示；第1100条规定主观诚信，用 καλόπιστα 表示[⑦]，它不过是 καλή πίστει 的形容词。

---

① 参见尹田译：《阿尔及利亚民法典》，中国法制出版社2002年版，第22页；第28页。

② 参见薛军译：《埃塞俄比亚民法典》，中国法制出版社2002年版，第319页；第73页。

③ TÜRK MEDENIKANUNU，http：//www. belgenet. com/yasa/medenikanun/997-1030. html，2011年12月9日访问。

④ 其辞曰：每个公民在履行自身的权利和义务时，都必须诚信行事。

⑤ 其辞曰：对经理的代理权限的任何限制和修改，均不得对抗诚信行事的第三人。

⑥ See The Civil and Commercial Code，Book I-VI，泰国司法部泰语与英语对照版，第2页、第13页。惜乎我的电脑不能显示泰文，只能采用该法典的英译本的表达。

⑦ ΑΣΤΙΚΟΣ ΚΩΔΙΚΑΣ，http：//www. hadjimichalis. gr/nomothesia_ellinik_astikos. asp，2011年12月9日访问。

3. 前苏联集团国家。在这里介绍前苏联集团国家在处理两种诚信的关系方面的立法例具有特别的意义，理由一，如果说拉丁法族诸国维持统一的诚信术语是出于传统，那么，这些国家在东欧剧变后都重订了自己的民法典，由此获得了吸收最新的理论成果重新选择的机会。在这种条件下，如果它们仍然坚持了统一的诚信原则，可以证明它们拒斥了分裂诚信原则或给客观诚信更名的错误路线；理由二，这些国家都深受俄罗斯影响，经常是亦步亦趋于俄罗斯之后，现在，俄罗斯分裂两种诚信了，它们不跟着走，应该有更有力的理由。所以，如果德国、荷兰、俄罗斯对统一诚信的否定是一种反思的结果，它们对如上 3 国做法的否定当然是再反思的结果，换言之，它们的选择结果应是更深入的理论思考的结果。

这些国家有拉脱维亚、土库曼斯坦、亚美尼亚、阿塞拜疆、摩尔多瓦、爱沙尼亚、格鲁吉亚、越南、罗马尼亚、捷克 10 国。容分述之。

（1）拉脱维亚。1992 年重新启用的 1938 年拉脱维亚民法典第 1 条规定：权利的行使和义务的履行皆得依诚信（labas ticibas）。这显然是关于客观诚信的规定。同一法典第 910 条规定：占有分为诚信（labticigs）占有和恶信占有……。这显然是关于主观诚信的规定。

（2）土库曼斯坦。1999 年的土库曼斯坦民法典规定诚信 34 处（例如第 98 条第 1 款第 3 项），全部用 добросовестности 表示。①

（3）亚美尼亚。1999 年的亚美尼亚民法典规定诚信 100 多处（例如关于客观诚信的第 57 条，关于主观诚信的第 187 条），几乎全部用 добросовест 表示。例外的是第 57 条，除了规定 добросовест，还规定了 разумно。② 显示立法者有点骑墙。

---

① ГРАЖДАНСКИЙ КОДЕКС ТУРКМЕНИСТАНА，http：//aarhus. ngo-tm. org/Tm_law/Gr_kod/Ch1R03. htm#st0098，2011 年 12 月 4 日访问。

② ГРАЖДАНСКИЙ КОДЕКС РЕСПУБЛИКИ АРМЕНИЯ，http：//www. parliament. am /law_docs /050598HO239rus. html? lang=rus，2011 年 12 月 4 日访问。

（4）阿塞拜疆。2000年的阿塞拜疆民法典规定诚信30多处，不论是客观诚信还是主观诚信，都以 добросовест 表示。①

（5）摩尔多瓦。2002年的摩尔多瓦民法典规定诚信10处（例如关于客观诚信的第9条，关于主观诚信的第9条），全部用 bună - Credintă 表示。②

（6）爱沙尼亚。2002年的爱沙尼亚民法典规定诚信13处，（例如关于客观诚信的第138条，关于主观诚信的第139条），全部用 Heausu 表示。③

（7）格鲁吉亚。2002年的格鲁吉亚民法典规定诚信多处，无论是客观诚信（例如第8条中的）还是主观诚信（例如1146条中的），在英译本中都以 good faith 表示。④

（8）越南。该国2015年民法典25处规定主观诚信，用 ngay tình 的术语表示。其第3条第3款规定客观诚信，用 cúch thiện chí，trung thục 的术语表示，直译是"善意和诚实"，该术语在这部民法典中仅出现一次。越南属于用不同的术语表示两种诚信的国家，继续跟着俄罗斯的分裂诚信原则的路径走。

（9）罗马尼亚。2010年的新罗马尼亚民法典规定诚信70多处，不论是客观诚信还是主观诚信，都以 bună -Credintă 表示。⑤

（10）捷克。2011年的捷克新民法典规定诚信4处，不论是客观

---

① гражданский кодекс азербайджан，http：//emirest. ru/upioads/cat - 15/27 - 11 - 2010. html，2011年12月7日访问。

② Cfr. Codul civil al Republicii Moldova，Chisinau，2002，p. 5.

③ Tsiviilseadustiku üldosa seadus，http：//www. legaltext. ee/en/andmebaas/paraframe. asp？ loc = text&lk = et &sk = en&dok = X30082K2. htm&query = code&tyyp = X&ptyyp = RT&pg = 1&fr = no，2011年12月7日访问。

④ See The Civil Code of Georgia，Iris Georgia，2001，p. 10；p. 162.

⑤ Cfr. Codul civil（Legea nr. 287/2009），Editura C. H. Beck，Bucaresti，2009.

诚信还是主观诚信，都以 dobrá víra 表示。①

八、小结

综上所述，罗马人不在理论上界分主观诚信和客观诚信。威希特与布农斯论战导致了这一界分，并以不同的术语表征两者，这意味着人类对诚信认识的深化，但也带来了放弃探究两种诚信的共同基础，把本来是道德在法律中体现的诚信原则非道德化的消极后果。这是诚信原则历史发展中的第一次转折。第二次转折发生在新荷兰民法典中，其起草者把客观诚信表述为“公平与合理”，这就是把客观诚信非诚信化了，尽管行为人意在调和两大法系，形成共同的一般条款，但引发了新模样的诚信原则如何与既有的公平原则协调、降低诚信原则的道德要求等问题，幸亏这种主张的影响不大，只在部分前苏联集团国家的范围内和个别荷兰前殖民地国家的范围内流行并发生变形。第三次转折发生在俄罗斯联邦民法典中，它把两种诚信用统一的术语表示，构成对德国模式的否定之否定，并在客观诚信的表述上把“诚信”术语与公平、合理的术语并列，这样的处理构成一种独特的模式影响部分前苏联集团国家。当然，维持用统一的术语表达两种诚信的做法的国家占绝对多数，尤其具有考察意味的是仍这样做的前苏联集团国家。在东欧剧变后，至少有 10 个国家的民法典都以统一的术语表达两种诚信，维持了统一的诚信原则，它们未追随德国的两种诚信术语区别论以及荷兰的客观诚信术语改换论而又有这样的机会，证明它们都认为无论是德国人的做法还是荷兰人的做法，都不值得仿效。

---

① obĉanský zákoník，http：//www. google. com. hk/url？ sa = t&rct = j&q = V +l+% C3% A1+d+n+% C3% AD+n+% C3% A1 +v+r+h% 2Bob% C4% 8Dansk% C3% BD+z% C3% A1kon% C3% ADk&source = web&cd = 3&ved = 0CDwQFjAC&url = http% 3A% 2F% 2Fwww. vlada. cz% 2Fassets%2Fppov% 2Frnno% 2Fusneseni – vlady% 2Fnovela _ VS _ a _ duvodova _ zprava _ pro _ eK-LEP. pdf&ei = Hh7fTricHo20iQfvxsWgBQ&usg = AFQjCNHh0CouStDGvW7KnGvmOBeGaeGwww，2011 年 12 月 7 日访问。

如前所述，尽管有3个德国—瑞士模式的追随国未采用德国处理两种诚信关系的模式，但自《大清民律草案》开始，我国就继受了德国的这一模式，以“诚信”的术语表达客观诚信，以“善意”的术语表达主观诚信，但在学说上，实际上只以客观诚信为诚信原则的内容，造成诚信原则的片面化或跛脚化，即名为基本原则的诚信原则仅涵盖债法甚至仅合同法的局面。民国时期如此，1949年中华人民共和国成立之后还是如此。幸运的是，去诚信原则化的荷兰模式未对我国造成任何影响。统一使用诚信术语的俄罗斯模式尚未为我国学界注意。我感叹的是，在为起草中国民法典而准备的3部私家民法典草案中，除了我主持的《绿色民法典草案》外①，无论是梁慧星教授主持的草案，还是王利明教授主持的民法典草案，都还维持着诚信与善意的二分制而未基于百余年来世界学界和实务界积累的经验提出改进之策②，这种状况证明我国学界对诚信原则研究的不足。本书试图弥补此等不足，为此，我基于本书的研究成果对我国未来诚信原则的建构提出最优和次优两个建议方案。最优方案为放弃诚信与善意的二元制，改为统一的诚信制，也就是把过去的“善意”全部改成“诚信”。但考虑到上述二元制在我国存在了一百多年，大家都已习惯，故还提出次优方案：模仿瑞士民法典的先例在诚信原则之外另立善意原则，并把善意解释成主观诚信，由此维持诚信原则的适当涵摄面。

---

① 其序题第10条规定了诚信原则；第五分编第173条规定了诚信占有。参见徐国栋主编：《绿色民法典草案》，社会科学文献出版社2004年版。

② 梁慧星教授主持的草案的第7条规定了诚信原则；第630条规定了善意占有。王利明教授主持的草案的第6条规定了诚信原则，第1132条规定了善意占有。参见梁慧星：《中国民法典草案建议稿》，法律出版社2003年版。也参见王利明主编：《中国民法典草案建议稿及说明》，中国法制出版社2004年版。

第四节　诚信原则向公法诸部门的扩张

一、诚信原则向宪法的扩张

20 世纪 30 年代开始，诚信原则开始向公法扩张，对此有如下判决、立法和学说可证。德国行政法院 1926 年 6 月 14 日的判决认为：“国家作为立法者以及法的监督者，若课以国民特别义务，于国民私法关系，相互遵守诚实信用乃正当的要求；且国家对于个别国民在国家公法关系上，该诚实信用原则亦是妥当的”①。德国帝国法院在一个 1931 年的判决中也说：诚实信用的原则，对于一切法律界，且包含公法在内，皆得适用之。② 我国台湾地区行政法院 1963 年判字第 345 号判决认为：“私法规定表现为一般法理者，应亦可适用于公法关系。依本院最近之见解，私法中之诚信公平原则，在公法上应有其类推适用。”③ 该行政法院 1981 年判字第 975 号判决更进一步，认为“私法中之诚信公平原则，在公法上当亦有其适用”④。相比于 1963 年的判决，这一判决抛弃了适用诚信原则于行政法的类推依据。公法学者拉邦德亦谓：“诚实信用原则，一如其在私法之领域，可以支配公法之领域。苟无诚实与善意，立宪制度似难推行。诚实与善意，为行使一切行政权（司法权、立法权亦同）之准则，同时亦为其界限。”⑤这里，拉邦德把诚信原则向公法的扩张具体化到对宪法的扩张了。最后，1991 年

---

① 参见闫尔宝：《行政法诚实信用原则研究》，中国政法大学 2005 年博士学位论文，第 17 页。

② 参见何孝元：《诚实信用原则与衡平法》，三民书局 1977 年版，第 8 页。

③ 参见闫尔宝：《行政法诚实信用原则研究》，中国政法大学 2005 年博士学位论文，第 40 页。

④ 参见闫尔宝：《行政法诚实信用原则研究》，中国政法大学 2005 年博士学位论文，第 41 页。

⑤ 参见何孝元：《诚实信用原则与衡平法》，三民书局 1977 年版，第 8 页。

的《哥伦比亚宪法》第83条规定：个人和公共当局的活动都必须符合诚信准则，前者在后者面前实施的一切行为，被推定为包含诚信。[①]此条不仅把个人，而且把政府部门当作诚信主体，而且推定个人在政府面前的一切活动皆为诚信，试图调和政府与人民间的关系。由此，诚信原则终于被写进宪法，不仅约束个人，而且约束政府部门。意大利尽管没有把诚信原则写入宪法，但把诚信原则解释成宪法第2条规定的社会团结原则[②]的内容[③]。

就这一问题，我国学者和外国学者皆有论说，容分述之。

就我国学者而言，论者认为宪法中的诚信原则意味着确立行使国家权力的道德，以此制约和规范国家权力的行使。出于对人的尊严的尊重和对人权的尊重，国家在其权力运作过程中必须诚实信用地对待每一个公民，保证国家行为中的诚实信用。为此，要求国家权力遵守法的安定性原则，不能朝令夕改，由此保证老百姓的信赖利益。[④] 还有学者指出了诚信原则在宪法上的如下表现：1. 立法必须公布才能生效；2. 法律一般不得溯及既往；3. 基于公共利益的需要修改或废止法律时，要对因此遭受损害的人进行赔偿。[⑤] 不难看出，宪法诚信原则以政府与人民权利义务的相互性为基础，是公民时代的产物，只有在这样的时代，人民才不仅仅承担义务，还享有权利，而政府只享有权利，不承担义务，那是臣民时代的情况。

---

① See Constitution of Columbia, On http://confinder. richmond. edu/admin/docs/colombia_ const2. pdf, 2011年10月4日访问。

② 其辞曰："共和国无论对于个人还是对表现其个性的社团成员，均承认并保障其人权之不可侵犯，并要求履行政治经济和社会团结方面的不可违背的义务。"参见姜士林、陈玮主编：《世界宪法大全》，上卷，中国广播电视出版社1989年版，第1111页。

③ Ferro Carolina, Il principio di buona fede nell'azione amministrativa, Su http://www. diritto. it/art. php? file= /archivio /27307. html, 2011年10月7日访问。

④ 参见张慧平：《诚实信用原则与法治的契合——作为宪法原则的诚实信用》，载《河北法学》2004年第7期，第7页及以次。

⑤ 参见赵小芹：《行政法诚实信用原则研究》，吉林大学2008年博士学位论文，第89页。

就外国学者而言，智利学者何塞·阿拉亚斯（José Antonio Ramirez Arrayas）认为诚信原则首先是宪法解释原则，它要求按照平等、大多数人的精神和物资共同福利的实现的要求来解释宪法；其次是一个行政原则，它要求在正义的框架内行政，而这样的正义就是共同福利、机会平等和政府行为透明；最后，它是一个国家活动的原则，它要求以国家机关的决定保护人们既得的权利。① 阿根廷学者赫尔曼·比达特·坎波斯（German J. Bidart Campos，1927—2004）认为，在联邦制条件下，有联邦忠诚原则与联邦诚信原则之设，它首先要求联邦国家、联邦成员以及其他主体都在行使自己的职权时诚信行事；其次要求立法机关不得朝令夕改，损害法律的可预见性和安全性。② 确实，联邦有如婚姻，如果参与方无诚信，则无宁日，必致崩溃。

二、诚信原则向行政法的扩张

诚信原则发源于契约关系，既如此，凡有契约存在的地方，即有诚信原则之适用。按照社会契约论的观点，公民与政府之间存在契约关系，因此，行政关系当然应适用诚信原则。③ 基于这一原则，应构筑诚信政府，官民互信。而且，行政法像民法一样是以有限的规则应对无限的社会现实，确立诚信原则对于处理法无明文的社会现实极为必要。④ 由此，一些国家和地区的行政法把诚信原则规定为自己的原

---

① Véase José Antonio Ramirez Arrayas, Interpretacion Constitucional y Principio de la Buena Fe, En Marcos M. Cordoba (Director), Tratado de la Buena Fe en el Derecho, Tomo II, Buenos Aires, La Ley, 2004, p. 49ss.

② Véase German J. Bidart Campos, Una Mirada Constitucional al Principio de la Buena Fe, En Marcos M. Cordoba (Director), Tratado de la Buena Fe en el Derecho, Tomo I, Buenos Aires, La Ley, 2004, p. 44ss.

③ 参见闫尔宝：《行政法诚实信用原则研究》，中国政法大学 2005 年博士学位论文，第 20 页。

④ 参见闫尔宝：《行政法诚实信用原则研究》，中国政法大学 2005 年博士学位论文，第 21 页。

则，如1996年的韩国行政程序法，其第4条第1款规定："行政机关执行职务时，应本于诚实信用为之。"葡萄牙1996年行政程序法第6条第1款规定："在行政活动中以及行政活动的所有手续和阶段，公共行政当局与私人应依照诚信规则行事并建立关系。"我国台湾地区2001年的行政程序法第8条规定：行政行为，当以诚实信用之方法为之，并应保护人民正当合理之信赖。[①] 此条与德国民法典第242条何其相似乃尔！可见我国台湾地区的这个行政法规定是从民法的类似规定中借用过来的。

以这些立法为基础，西方世界关于行政法中的诚信原则的研究专著也不少，它们有墨西哥学者耶稣斯·佩雷斯（Jesús González Pérez，1924—2019）的《行政法中的诚信一般原则》、意大利学者弗朗西斯科·曼尕纳罗（Francesco Manganaro，1959—今）的《诚信原则与公共行政活动》、巴西学者何塞·贾科姆齐（José Guilherme Giacomuzzi）的《行政道德与公共行政中的诚信——行政道德的教义学内容》。

行政法中的诚信原则有何表现呢？就其涉及行政机关的方面而言，它表现为以下要求：1. 行政职权的运用须以维护公共利益作为基本出发点和最终归宿；2. 行政职权的运用须顾及相对人权益；3. 行政机关应保证意思表示的真实、准确、全面；4. 行政机关应恪守信用，保证相对人的正当信赖；5. 行政机关应及时行使行政职权，超过合理期限行使职权将构成违法；6. 行政机关行使职权应注意平衡公益和私益，保证行政决定的公平合理。[②] 不难看出，这些行政诚信行为的特点是客观诚信多，主观诚信少，但还是有。例如，行政机关超期不行使职权的，尔后不得再行使的规则就是为了保护行政行为相对人的主观诚

① 参见闫尔宝：《行政法诚实信用原则研究》，中国政法大学2005年博士学位论文，第44页。

② 参见闫尔宝：《行政法诚实信用原则研究》，中国政法大学2005年博士学位论文，第61页及以次。

信：我误以为你不行使了，现在你突然行使，破坏了我的信赖，由此你不得再行使。

那么，行政法中的诚信原则与民法中的诚信原则有何不同呢？论者认为有以下不同：1. 道德基础不同。民法中的诚信原则体现的是个人道德；行政法中的诚信原则体现的是政治伦理。2. 主观诚信在行政法中的地位更重要；民法中的诚信原则是主观诚信与客观诚信双峰并举。3. 民法中的诚信原则建立在平等者之间的关系基础上，行政法中的诚信原则建立在不平等者之间的关系上。4. 行政法中的诚信原则采用公共利益取向，民法中的诚信原则采用私人利益取向。5. 民法中的诚信原则是立法机关授权司法机关立法，而行政法中的诚信原则不存在这样的授权关系，确立这一原则的机关与适用这一原则的机关一致。① 做这样的比较是可贵的，但比较的结果是错误众多的。例如，这里的论者对主观诚信的理解就不是错误，而是一种勤勤恳恳的心理状态。又如，这里的论者把民法想象为平等者之间的法，并不符合事实，如民法日常调整的父母与未成年子女间的关系就不平等。② 这些错误反映公法领域的诚信原则研究者对民法中的诚信原则的知识并不完全占有。

以上为中国学者对行政法中的诚信原则的认识，下面介绍墨西哥学者耶稣斯·冈萨雷斯·佩雷斯（Jesús González Pérez）对同一问题有所不同的认识。他认为，公共行政由管理者与被管理者两个圈子组成，前者为命令，后者服从，两者之间存在一道屏障。他认为，诚信原则可让管理者与被管理者之间的关系人道化，是一个重建两者之间的信任的有效工具。它不仅要求管理者，而且要求被管理者诚信行事，由

---

① 参见赵小芹：《行政法诚实信用原则研究》，吉林大学 2008 年博士学位论文，第 42 页及以次。

② 参见徐国栋：《论民事屈从关系：以菲尔麦命题为中心》，载《中国法学》2011 年第 5 期。

此，诚信原则的适用会让被管理者重新信任行政，这一原则对于他们来说，不仅是可以对抗行政当局的不诚实行为的工具，而且可运用这个原则取得有利于自己的解决。①

佩雷斯还认为，诚信原则与比例原则相切。所谓比例原则，是关于国家权力的范围与人民自由之间关系的原则，它关注的是限制公民权利的法律是否有必要的问题。② 如果不超出必要限度以行政手段限制人民权利，当然是诚信的，否则就是恶信的。诚信原则要求政府机关在限制公民的权利时从必要性出发，因此它与比例原则并非互不相干。③

佩雷斯最后认为，适用诚信原则要符合两个要件。其一，必须适用于在法律上为重要的行为。其二，此等行为违反了诚信原则的要求。第一个要件限制了诚信原则的适用范围，他并不主张这一范围过宽。在他看来，符合要求的行为有如下类型：1. 被管理者向行政机关请愿的行为；2. 诉讼中的程序行为；3. 确定的行政行为；4. 改正先前行为的行为；5. 程序行为。第二个要件有如下表现：1. 朝令夕改（Venire contra factum proprium）；2. 恶意延误行为；3. 滥用因为形式原因的宣告无效权；4. 部分履行并更改合同期限的行为；等等。对于违反诚信原则的行为，有的要宣告它们无效，有的可保留行为的效力，但要加以改正，有的则允许相对人提出抗辩。④

---

① Véase Jesús González Pérez, El Principio General de la Buena Fe en el Derecho Administrativo, En Marcos M. Cordoba (Director), Tratado de la Buena Fe en el Derecho, Tomo II, Buenos Aires, La Ley, 2004, p. 345s.

② 参见闫尔宝：《行政法诚实信用原则研究》，中国政法大学 2005 年博士学位论文，第 122 页。

③ Véase Jesús González Pérez, El Principio General de la Buena Fe en el Derecho Administrativo, En Marcos M. Cordoba (Director), Tratado de la Buena Fe en el Derecho, Tomo II, Buenos Aires, La Ley, 2004, p. 343.

④ Véase Jesús González Pérez, El Principio General de la Buena Fe en el Derecho Administrativo, En Marcos M. Cordoba (Director), Tratado de la Buena Fe en el Derecho, Tomo II, Buenos Aires, La Ley, 2004, p. 347s.

诚信原则在西方国家行政法中还有特别的准民法舞台，因为在我国为民法调整的国家所有权以及政府采购行为，在这些国家由行政法调整，如法国有《国家公产法典》（Code du domaine de l'Etat）、意大利有《公共合同法典》，这两个领域都与民法相切。显然，民法关于这两个领域的规则都有诚信原则之设，自然，行政法调整的这两个领域也有诚信原则之设。

三、诚信原则向刑法的扩张

论者认为，按照社会契约论的刑法观，刑罚权是人民让渡给政府的针对自己的生命、自由、财产的权力，政府必须按照契约诚信的要求行使此等权力。此等诚信首先表现在罪刑法定主义上，它体现了国家对于人民关于何者为罪，何者不为罪的承诺，遵守此等承诺，不以事后法、模糊规定和类推的方式执行刑法，是国家对于自己承诺的信守。其次，刑法中的诚信不限于适用于国家，对犯罪人也有其适用。例如，被假释的犯罪人就应遵循诚信的要求，遵守自己不再危害社会的承诺。再次，刑法中的一些罪名就是打击背信行为的，如诈骗、欺诈、伪造犯罪，尤其是背信罪，按德国刑法典第266条第1项的规定，背信是“行为人滥用其根据法律、官方委托及信托关系负有的维护他人财产利益的义务，致委托人的财产利益遭受损害的”行为。[①] 学说解释上，部分学者将这种犯罪的客体解释为“违背信任”，也就是违背行为人与本人间的信任关系造成财产上的损害。此等信任关系包括委任关系，众所周知，这是一种传统的诚信关系。我国2006年6月29日出台的《刑法修正案（六）》已规定背信罪，分为背信损害上市公司利益罪和背信运用受托财产罪，前者是上市公司的董事、监事、高级管理人员违背对公司的忠实义务，以及上市公司的控股股东和实际

① 参见吴波、陈玲：《德国背信罪之研究》，载《上海政法学院学报》2011年第2期，第106页。

控制人员指示前述人员，利用职务便利，操纵上市公司从事法定的相应行为，致使上市公司的利益遭受重大损失的行为；后者是商业银行、证券交易所、期货交易所、证券公司、期货经纪公司、保险公司或其他金融机构违背受托义务，擅自运用客户资金或其他委托、信托的财产，情节严重的行为。① 复次，刑法中的诚信原则规范着法官对于自由裁量权的运用。② 最后，刑法中的诚信原则还体现在嫌疑人自首与立功时法律应言而有信上。③ 这些论述，不论是涉及政府机关的还是涉及犯罪人的，都只涉及客观诚信。事实上，刑法中也存在主观诚信，也就是刑法中的错误问题。错误分为对于事实的错误和对于法律的错误。大多数发达国家的刑法都排除以对法律的错误为抗辩的可能，但对于事实的错误，则被承认为抗辩事由。例如，行为人在森林中打猎，误把人当作野兽杀死，这构成诚信杀人，行为人无杀人的故意，不应使他承担故意杀人罪的责任，仅应使其承担过失杀人的责任。概言之，行为人确信自己的行为具有合法性的，谓之诚信，相反的行为人确信谓之恶信。这样的恶信是故意的代名词。④ 而故意是承担刑事责任的重要依据。由此可见，犯罪构成中的主客观相结合原则与刑法中的诚信原则相切，行为人诚信的主观状态可排除或减轻其刑事责任。当然，故意的刑法概念也包含诚信原则的因子。

---

① 参见杜文俊、陈玲：《我国背信罪之探讨》，载《上海政法学院学报》2011 年第 2 期，第 91 页及以次。

② 参见张中秋、冯川、毛娓、王方玉：《诚信与公法关系探讨》，载《江苏警官学院学报》2003 年第 5 期，第 108 页及以次。

③ 参见赵小芹：《行政法诚实信用原则研究》，吉林大学 2008 年博士学位论文，第 101 页及以次。

④ Véase Carlos J. Lascano, Buena Fe, Dolo y Comprension de la Criminalidad en el Derecho Penal Argentino, En Marcos M. Cordoba (Director), Tratado de la Buena Fe en el Derecho, Tomo I, Buenos Aires, La Ley, 2004, p. 1040.

四、诚信原则向税法的扩张

把诚信原则向税法的扩张排在该原则向刑法的扩张之后讲十分合理，因为无论是课税还是科刑，都是政府科加不利益于人民的形式。既然这种不利益之科加不可避免，人们就希望它按照合理的方式来进行，于是，诚信原则就有了自己的舞台。正因为这样，瑞士税法明确规定了诚信原则。1944 年 3 月 14 日的国税及地方税法第 2 条第 1 项规定："本法的规定，应依诚实信用而加以适用和遵守。"1945 年 12 月 16 日的州税法亦设有同一旨趣的规定。1947 年的瑞士租税基础法草案第 5 条第 1 项规定："租税法依诚信原则加以适用和遵守，当解释租税法时，应考虑所有瑞士国民的法律平等性"①。日本在这方面保守一些，没有把诚信原则引入税法，但在判例中体现之。东京地方法院 1965 年 5 月 26 日的判决认为，在适用租税法定主义的税务行政领域可以适用信义诚实原则。②

瑞士的规定明确把税法诚信的主体界定为征税部门（他们是"适用"这一动词的主语）和纳税者（他们是"遵守"这一动词的主语）。就前者而言，其诚信应首先体现为遵守租税法定主义，不乱开新税种，不乱增税率。就后者而言，其诚信应体现为诚实纳税，该交多少就交多少，不偷税漏税。

五、诚信原则向刑事诉讼法的扩张

论者认为，刑事诉讼中的诚信原则，指公安司法机关、当事人，以及其他诉讼参与人在处理刑事案件和进行刑事诉讼时，必须遵循公

---

① 参见严沛坚：《透视诚实信用原则适用于税法的争议：兼论其与税收法定主义的衡平》，载《商场现代化》2008 年 10 月上旬刊，第 250 页。

② 参见闫尔宝：《行政法诚实信用原则研究》，中国政法大学 2005 年博士学位论文，第 40 页。

证、诚实和善意的原则。之所以要在刑事诉讼法中确立诚信原则，一个重要的理由是我国的刑事诉讼模式发生了从职权主义到当事人主义与职权主义相结合的模式转换，给主导诉讼的当事人提供了更多的滥用诉讼的机会，须以诚信原则规范之。①

由上可见，刑事诉讼诚信的主体包括公安司法机关、当事人，以及其他诉讼参与人3大类，他们如何在刑事诉讼中诚信行事呢？

就公安司法机关而言，他们不得搞诱惑侦查，进而言之，要排除一切非法证据，要开示证据并恪守司法承诺。

就当事人而言，他们不得恶意或故意滥用诉权和诉讼权利，不得恶意轻率地请求回避；不得搞突袭举证；不得轻率地发动自诉案件；不得做假证。②

其他诉讼参与人包括律师，他们不得超越代理权限实施诉讼行为、不得泄露当事人的商业秘密和个人隐私；要对嫌疑人和被告人承担勤勉义务。③

学者甚至起草了可以加进刑事诉讼法中的诚信原则条文："在刑事诉讼中，当事人及其代理人，其他诉讼参与人依照法律规定，遵循诚实信用的原则，行使诉讼权利，履行诉讼义务"④。

以上只涉及了刑事诉讼中的客观诚信，在这个领域也存在主观诚信。例如，按照美国证据法，如果警察诚信而非故意地违法取得证据，此时不适用非法证据排除规则。这里的诚信指他"相信其行为符合现行法律，且这种相信是有合理根据的"。这一规则也为澳大利亚的证据

---

① 参见李文华：《在刑事诉讼中确立诚实信用原则》，载《青海民族学院学报》（社会科学版）2005年第1期，第97页及以次。

② 参见常饮冰、李梅奎：《刑事诉讼中确立诚实信用原则之检讨》，载《甘肃政法成人教育学院学报》2006年第3期，第2页及以次。

③ 参见李波、宋志军：《刑事辩护制度诚实信用原则初论》，载《平原大学学报》2006年第2期，第61页。

④ 常饮冰、李梅奎：《刑事诉讼中确立诚实信用原则之检讨》，载《甘肃政法成人教育学院学报》2006年第3期，第3页。

法所采。[①]

六、诚信原则向民事诉讼法的扩张

如本书谈到诚信原则的历史部分所说的，诚信原则来自诚信诉讼，所以，这一原则以民事诉讼为老家，正因为这样，关于民事诉讼中的诚信原则的文献特别山积，就国外而言，德国学者希赖德（Konrad Schneider）早在 1903 年就出版了《民事诉讼中的诚信与关于诉讼指挥的争论——对诉讼指挥问题的回答》（Treu und Glauben im Civilprozesse und der Streit über die Prozessleitung：Ein Beitrag zur Beantwortung der Prozessleitungsfrage，Beck'sche Nördlingen，1903）的小册子。1998 年，普菲斯特（Bernhard Pfister，1934—2019）又出版了《论关于民事诉讼诚信的新判例》（Die neuere Rechtsprechung zu Treu und Glauben im Zivilprozeß，Frankfurt/Main u. a.，1998）的实务专著。就国内而言，我们已有两篇研究民事诉讼中的诚信原则的博士论文[②]，外加一本同样主题的专著。[③] 而且，诚信原则在其他公法部分多体现为学说上的存在，但这一原则在民事诉讼法上体现为制定法的条文。例如，葡萄牙 1961 年的民事诉讼法典第 456 条第 2 款就规定了诉讼诚信原则。[④] 1995 年修订的葡萄牙民事诉讼法典继承这一传统，于第 266 条 A 款规定：

---

① 参见李蓉：《论诚信机制在刑事诉讼制度中的确立》，载 http：//www.civillaw.com.cn/ article/default.asp? id =39366，2011 年 10 月 5 日访问。

② 参见陈丹：《论民事诉讼诚实信用原则》，中国政法大学 2009 年博士学位论文。蔡咏曦：《论民事诉讼中的诚实信用原则》，西南政法大学 2009 年博士学位论文。

③ 参见唐东楚：《诉讼主体诚信论——以民事诉讼诚信原则立法为中心》，光明日报出版社 2011 年版。

④ Ver Cândida Pires，Viriato Lima，Código de Processo Civil de Macau Anotado e Comentado Vol. I，Faculdade de Direito da Universidade de Macau，2006，p. 67. 感谢澳门大学法学院的唐晓晴教授提供这一资料。

“当事人应诚信行事并遵守前条规定的合作义务”①。日本1998年的新民事诉讼法第2条规定：“当事人进行民事诉讼，应以诚实信用为之”②。1999年的澳门特别行政区民事诉讼法典第9条也规定：“当事人应遵守诚信原则，当事人尤其不应提出违法请求，也不应陈述与真相不符之事实，声请采取纯属拖延程序进行之措施及不给予上条规定之合作”③。此条首先规定一般的诚信要求，然后规定了几种有违诉讼诚信的行为，有虚有实，可谓周密。可以看出，澳门特别行政区民事诉讼法典关于诉讼诚信原则的规定有葡萄牙来源。在这股潮流的影响下，我国民事诉讼法经2017年的修订，也于其第13条补立了诚信原则，其辞曰：民事诉讼应当遵循诚实信用原则。

尽管上述两个域外民事诉讼诚信原则立法例明确规定诚信原则是当事人的行为准则，但论者偏偏不愿受此局限，普遍认为民事诉讼诚信分为法官诚信、当事人诚信、律师诚信三个方面。前者表现为不得滥用自由裁量权、不得突袭审判等方面；中者表现为禁止恶意制造诉讼、禁止矛盾诉讼行为（禁反言）、禁止滥用程序权利、禁止妨碍他人诉讼等方面；后者表现为律师坚守职业道德、秉持诚实善意心态。④有了这三方的诚信行事，诉讼当然会更有秩序，且更有效率。

当事人应诚信诉讼是一个古老的问题，古罗马即有对这种要求的反面说明，161年出版的盖尤斯《法学阶梯》就给滥诉下了定义：一方借助诉讼来折腾对手，并且希望主要利用审判员的错误或不正义而

① Ver Código de processo civil, Sobre http://www.portolegal.com/CPCivil.htm, 2011年11月18日访问。

② 参见赵小芹：《行政法诚实信用原则研究》，吉林大学2008年博士学位论文，第108页。

③ 参见中国政法大学澳门研究中心、澳门政府法律翻译办公室编：《澳门民事诉讼法典》，中国政法大学出版社1999年版，第5页。

④ 参见蔡咏曦：《论民事诉讼中的诚实信用原则》，西南政法大学2009年博士学位论文，第98页。

不是依据事实时，构成滥诉，滥诉者承担 1/10 的罚金。[1] 继罗马法之余绪，意大利民事诉讼法典第 96 条规定了这一主题。把滥诉界定为在明知自己的过犯的情况下，或为了斗气的目的，或为了拖延诉讼，或为了疲劳对方，换言之，在缺乏起码的谨慎并知道自己行为后果的情况下，以恶信或重过失起诉或应诉的行为。法律对这种行为规定了加重责任，也就是科加赔偿相对人所有因为被迫参加客观上无正当性的诉讼导致的损害的责任。[2] 在意大利，滥诉构成一种独立的侵权行为，责任者要赔偿受害人的生物学损害。阿根廷民商诉讼法典第 45 条也对此规定：当在诉讼中全输或部分输的某人被宣告其在诉讼中的行为为鲁莽或恶意时，法官可根据案件的具体情况科加败诉当事人或为其鼓劲的律师或两者共同承担的罚金。其金额相当于诉讼标的的 10%～30%，或者在 5 千到 1 万比索之间。如果诉讼标的额不确定，应按有利于他方当事人的原则确定罚金额。[3] 该条的特点是法官就案件实体问题为裁决后还要裁决诉讼当事人是否诚信，对不诚信者科加罚金，罚金额与诉讼标的额挂钩，不仅罚及当事人，而且罚及律师。惜乎我国无类似规定，所以还是滥诉者的天堂。

显然，到如今，诚信诉讼的含义已与古罗马的同名物迥然不同，该词于彼时的含义是自由裁量审判，其现在的含义则是受道德约束的审判，此诚信非彼诚信也，诚信诉讼含义之演变，可谓天翻地覆慨而慷。

---

① 参见［古罗马］盖尤斯：《法学阶梯》，黄风译，中国政法大学出版社 1996 年版，第 370 页，译文有改动。

② Cfr. Federico del Giudice, Nuovo Dizionario Giuridico, Edizione Simone, Napoli, 1998, p. 738.

③ Véase Carlos J. Colombo, Inconducta Procesal: Temeridad o Malicia, En Marcos M. Cordoba (Director), Tratado de la Buena Fe en el Derecho, Tomo I, 2004, Buenos Aires, La Ley, p. 823.

七、诚信原则在国际公法中的重现或扩张

由于诚信原则是每个法律部门的基本原则，所以，它也是国际公法的基本原则，故任何国家的决定都必须受到诚信原则的约束。[①] 所以，一系列国际公法文件中都明文规定了诚信原则。实际上，这是一种返祖现象，因为罗马法中的诚信最早就产生于国际关系。首先，1945 年的联合国宪章第 2 条第 2 款规定："各会员国应一秉诚信，履行其依本宪章所担负之义务，以保证全体会员国由加入本组织而发生之权益"[②]。根据学者的研究，该条中的诚信是哥伦比亚代表团在旧金山制宪会议上要求增加的，所以它具有拉丁来源。[③] 按许光建先生的解释，此处的诚信原则的含义有二。其一，各国在解释自己承担的国际义务时，应采取客观的、实事求是的态度；其二，在适用法律原则时，各国应遵循惯例和理性对自己进行约束。[④] 就国际法诚信的主体，马里恩·帕尼宗（Marion Panizzon）认为，这一原则不仅约束联合国各成员国，而且也约束联合国自身的各个机构。[⑤] 由此看来，联合国的各个机构也必须言而有信。其次，1969 年的《维也纳条约法公约》第 26 条规定：凡有效之条约对于其各当事国均有约束力，必须由各该国诚信履行。第 31 条第 1 款规定：条约应依其用语按其上下文并参照条约之目的及宗旨所具有之通常意义，诚信解释之。[⑥] 这两个规定的合同

---

① 参见余鸿斌：《论国际法中的权利滥用与诚信原则》，载《重庆理工大学学报》（社会科学）2011 年第 4 期，第 63 页。

② 宪章有关条文的译文有改动。该宪章来自 http：//baike. baidu. com/view/64830. htm，2011 年 10 月 6 日访问。

③ 参见王佩琼：《善意原则与〈联合国宪章诠释〉》，载《新闻出版交流》1999 年第 5 期，第 20 页。

④ 参见许光建：《联合国宪章诠释》，山西教育出版社 1998 年版，第 34 页。

⑤ See Marion Panizzon，Good faith in the Jurisprudence of the WTO：the Protection of Legitimate Expectations，Hart，2006，p. 13.

⑥ 公约有关条文的译文有改动。该公约来自 http：//baike. baidu. com/view/1322531. htm，2011 年 10 月 7 日访问。

诚信味很浓，前者是诚信履约的要求，后者是诚信解释合同的要求的国际法化。最后，1982 年《关于和平解决国际争端的马尼拉宣言》第 5 条规定：各国必须本着诚信与合作精神，真诚地设法以下列方法及早地和公正地解决它们的国际争端，谈判、调查、调停、和解、仲裁、司法解决、诉诸区域安排或机构，或其他由它们自行选择的和平方法，包括斡旋。在寻求这种解决时，当事各方应就适合于它们争端的性质和情况的和平方法达成协议。第 11 条规定：各国应按国际法诚信执行它们为解决其争端而缔结的协议的一切规定。① 显然，第 5 条规定的诚信指诚意协商，不得滥用协商程序。第 11 条的规定是重申条约必须信守的古老原则。按照论者的解释，保护诚信的义务，连同隐含在条约条款中的诚信的标准、对条约必须信守的习惯法规则以及禁反言的习惯法规则的强调和追随、与衡平和公正相连的诚信的概念，这些被知晓为国际公法的渊源。②

在法国学者 M. 维拉利看来，诚信原则在国际法上发挥三个重要作用。第一，行为者在国际生活的范围内，总是被推定为诚信行为；第二，它提供了一个尺度来决定国家和其他国际法主体承担法律义务的范围；第三，保护合乎情理地相信另外的国家法主体的外部行为的国家。③

国际公法上的著名诚信原则适用案例首推法国 1974 年核试验案。案情是这样的：1966—1972 年，法国多次在南太平洋自己的殖民地土地上进行大气层核试验，而且还打算进行更多的实验。鉴于污染的威胁，1973 年 5 月 9 日，澳大利亚和新西兰分别向国际法院起诉法国违

---

① 宣言的有关条文的译文有改动，该宣言来自 http：//34567. tv/index. php/4960/2011-03-30-11-31-50 /806 -011997620. html，2011 年 10 月 6 日访问。

② See O'Connor，J. F.，Good Faith in International Law，Dartmouth，Vermont，1991，p. 11.

③ 参见［法］M. 维拉利：《国际法上的善意原则》，刘昕生译，载《国外法学》1984 年第 4 期，第 55 页及以次。

反国际法。法国进行了一些程序上的抗争后终于表示不再进行大气核试验。国际法院遂于 1974 年 12 月 20 日宣布销案。法国受挫的重要理由是它在进行上述核试验之前曾多次宣布放弃大气层核试验，澳大利亚和新西兰依据诚信原则要求它兑现诺言，终获成功。① 本案中的诚信，不过是说话要算数的朴实准则。

诚信原则适用于战争法，西塞罗早在其《论义务》中就讨论了这个问题。罗马的执政官马尔库斯·阿提里乌斯·瑞古卢斯（Marcus Atilius Regulus）被迦太基人俘虏，他发誓说服罗马元老院交还一些被俘的迦太基贵族，如果不成，自己仍返回迦太基。结果他返回迦太基，被用不许睡觉的方式折磨致死。西塞罗认为，与敌人立下的誓言，人们也应该遵守。对此，有随军祭司法和许多共同法可以适用。② 但西塞罗把这种诚信的对象限于国家，如果针对海盗，即使曾允诺付钱赎命但未守信，不构成诈欺。③ 在西塞罗之后，巴尔塔扎尔·阿亚拉（Balthasar Ayala，1548—1584）、阿尔贝利柯·贞提利（Alberico Gentili，1552—1608）、格劳秀斯、普芬道夫（Samuel Pufendorf，1632—1694）等经典作家都研究过国际法中的诚信问题，对后世产生了积极影响。④

八、小结

综上所述，诚信原则现在已进入宪法、行政法、刑法、税法、刑

---

① 严安琪：《浅析 1974 年核试验案的国际法规则》，载《东方企业文化·远见》2010 年 5 月号，第 80 页及以次。以及赵一洋：《国家单方行为的性质和成立要件问题探讨》，载《湖北社会科学》2010 年第 8 期，第 159 页及以次。

② 参见［古罗马］西塞罗：《论义务》，王焕生译，中国政法大学出版社 1999 年版，第 341 页及以次。

③ See O'Connor，J. F.，Good Faith in International Law，Dartmouth，Vermont，1991，p. 48.

④ See O'Connor，J. F.，Good Faith in International Law，Dartmouth，Vermont，1991，p. 49ss.

事诉讼法、民事诉讼法、国际公法 7 个公法部门并成为其原则，表明了该原则的普遍价值性。在以上 7 个法律部门中，有些国家的宪法、行政法、税法、民事诉讼法以成文的方式确立了诚信原则，诚信原则在刑法、刑事诉讼法的存在还只体现为学说或判例。在国际法领域，已有一些基本的立法文件以成文的方式确立了诚信原则，可以说，诚信原则在公法诸部门中的成文法化的比例是很高的。我们有理由指望，此等成文法化会推广到更多的公法部门。

如果说民法中的诚信主要是横向的诚信，也就是民事活动的当事人彼此之间的诚信，而公法中的诚信主要是纵向的诚信，也就是管理者或统治者与被管理者或被统治者之间的诚信，诚信原则在这种关系中的确立意味着统治关系一定程度上的平等化，换言之，在诚信原则被确立于公法前的时代，法律是不明确要求统治者诚信的，因为立法者肯认统治关系的不平等，现在的情况逐渐改变，诚信由此从一个单向的要求变成双向的要求。这是社会进步的成果，统治关系由此变得具有相互性。

读者可注意到，公法学者中的诚信论说主客观诚信不均衡，关于客观诚信的多，关于主观诚信的少，这跟民法中的关于两种诚信的论说基本均衡的态势形成对照。实际上，公法中也有主观诚信，如在刑法和行政法中。刑法中的错误问题与民法中的错误问题别无二致，所以，说主观诚信在刑法中固有，并不为过。而且，在古代国际法中，早就存在诚信原则，也难以说是诚信原则扩张到了这个领域。

第九章

诚信原则的意大利实务研究

第一节　诚信原则的立法实务研究

正如每个人都有自己的哈姆雷特，每个国家都有自己的诚信原则。例如，德国民法典用不同的术语表征主观诚信和客观诚信，意大利则以一个术语 buona fede 表征两者。意大利是大陆法系的发源地，也是该法系的一个典型国家。把意大利作为一个“麻雀”来解剖，有助于把对外国法中的诚信原则的谈论从泛泛而论时代转入依国别而论的时代。意大利至今有过两部民法典，一部商法典。即 1865 年民法典和 1942 年民法典，外加 1882 年的商法典，它因为 1942 年民法典实行民商合一而被废除。两部民法典各有自己的诚信规定，反映了不同时期的意大利立法者对诚信原则的认识。商法典则基本排斥诚信原则。以下分述。

一、1865 年民法典关于诚信的规定

（一）关于主观诚信的规定

该部民法典共有 15 条规定诚信。先介绍其关于主观诚信的规定。

人身法上的主观诚信。第 116 条规定：1. 只要被宣告无效的婚姻

是诚信缔结的，无论对于配偶还是对于在缔结此等婚姻前所生的子女，都产生民事效力，但对于后者，必须在婚姻被宣告无效前得到认领。2. 如果仅有一方配偶为诚信，婚姻产生民事效力对他或子女不利，则不产生此等效力。[①] 3. 如果父母双方皆为恶信，在其婚姻存续期间所生所孕的子女，在允许认领的情形下，享有经认领的自然子女的地位。[②] 本条为关于诚信缔结的无效婚姻产生拟制婚姻的效果的规定，来自法国民法典第201—202条[③]，但又有所不同。[④]

财产法上的主观诚信。分为三组规定。其一，诚信添附。第450条第4款规定：如果种植物、建造物和工作物是诚信第三人所为，因而免于返还孳息，虽然该第三人的所有权被追夺，土地所有人不可请求此等第三人去除其实施的种植物、建造物或工作物，但他应以规定的方式之一支付其价金。[⑤] 本款规定诚信添附，即误以为在自己土地而实际在他人土地上种植物、建造物和施工，按照此款，添附人由于自己的诚信享受三大好处：免于返还孳息；免受土地所有人拆除请求权；所为添附的价金之取得。

其二，诚信越界建筑。第452条规定：如果在修建某一建筑物时诚信地占用了部分邻人的土地，并且相邻土地的所有人知晓且未提出异议，则可以宣告建筑物及其所占用的土地的所有权归建造者。除了

---

① Cfr. Folansa Pepe (a cura di), Codice Civile (1865), Codice di Commercio (1882), Edizione Simone, Napoli, 1996, p. 31.

② Cfr. Folansa Pepe (a cura di), Codice Civile (1865), Codice di Commercio (1882), Edizione Simone, Napoli, 1996, p. 426.

③ 第201条规定：诚信缔结的婚姻，虽经宣告无效，对于夫妻及所生的子女，发生民事上的效果；第202条规定：如诚信仅存在于夫妻一方，婚姻的民事上效果仅对诚信的一方与其所生的子女发生。参见李浩培等译：《拿破仑法典（法国民法典）》，商务印书馆1979年版，第27页。译文有改动。

④ 不同在于意大利旧民法典设有认领环节。而且，恶信的无效婚姻配偶所生子女，经认领的，也能成为婚生子。

⑤ Cfr. Folansa Pepe (a cura di), Codice Civile (1865), Codice di Commercio (1882), Edizione Simone, Napoli, 1996, pp. 73s.

赔偿损失以外，建造者应当向所占用的土地的所有人支付双倍于所占用土地面积价值的补偿。① 按照此条规定，诚信越界建筑的人诚信加上土地所有人的默认，导致他取得建筑（免受拆除）以及占有的他人土地，但对此等土地必须双倍付款以平衡双方当事人的利益。

其三，诚信占有。自第 701 条到第 707 条规定这一方面。第 701 条规定了诚信占有的定义：根据适合于移转所有权的权源而占有，不知此等权源的缺陷者，是诚信占有人。该条把诚信界定为对权源缺陷的不知。例如，买受是取得占有的权源之一，占有人相信出卖人是所有人，而事实不是，但占有人的误信确有理由，此时他构成诚信。第 702 条规定了诚信的存在证明和要求的时间，就前者，第 1 款规定：1. 诚信总是被推定，主张恶信者应举证。因为诚信是一种主观状态，难以查证，推定主张诚信者的诚信成立，有利于达成效率，不同意此等推定者承担举证责任。就后者，第 2 款规定：在取得之时为诚信即为已足。换言之，只要求初始诚信，后来发现自己的占有权源有缺陷的，不影响诚信的成立。第 703 条规定对诚信者的奖励。其辞曰：诚信占有人取得孳息，在法院判处标的物不归他后无义务返还此等孳息。第 704 条继续规定对诚信者的奖励及其限制。其辞曰：即使是诚信占有人，也只能要求就追夺之时仍然存在的改良进行补偿。此条的奖励意味在于，诚信占有人可以要求物的真正所有人补偿他对占有物进行的改良价值。限制在于，只能就真正所有人取得占有物时还存在的改良要求补偿，换言之，已灭失的改良，不得要求补偿之。第 705 条规定：不论是诚信还是恶信的占有人，都只能要求改良费和因改良而使占有物增加的价值中金额较低的一项作为补偿金。此条讲改良投入与改良效果的差距。例如，投入一万里拉的改良费用，被占有物实际增加的价值为八千里拉，这是一种情况，另一种情况是投入八千里拉的改良

---

① Cfr. Folansa Pepe (a cura di), Codice Civile (1865), Codice di Commercio (1882), Edizione Simone, Napoli, 1996, p. 74.

费用，被占有物实际增加价值达到一万里拉。在两种情况中，都有一大一小两个数，占有人都只能得到小数，而且诚信与恶信不分。[①] 第706条规定了诚信占有人的留置权。其辞曰：如果诚信占有人在原物返还诉中被诉且他证明了他所为之改良还存在，他可以留置占有物以获得实际已实施且当时还存在的改良的补偿。这样，在真正所有人报销诚信占有人的改良前，不能索回自己的物。恶信占有人不享有这样的待遇。最后是第707条，它规定诚信第三人问题：对于普通动产和无记名证券，占有对于诚信第三人产生权源的同样效力。本规定不适用于动产集合体。[②] 此条处理遗失和被盗的普通动产（其反义词是特别动产，即需要登记的动产，例如船舶）的流通问题[③]，占有此等动产和证券的人被视为所有人，诚信第三人从占有人取得它们的，如果遭遇真正所有人的追夺，此等第三人对标的物的权利不受动摇，以此保障交易安全。但本条不适用于动产集合体，如一个农场的所有配合土地发挥作用的生产资料，因为它们通常被视为不动产，所以不适用本规则。[④] 值得注意的是，本条不采取诚信占有人取得被占有物所有权的角度，而是拐弯抹角，采取承诚信第三人的权利因诚信占有得到保障的角度，表明了立法者的观念保守。

（二）关于客观诚信的规定

在1865年意大利民法典中，客观诚信只适用于财产法（严格说来限于债法），人身法中无这方面的规定。

在债法方面，分为合同法和不当得利法两个领域配置诚信规定。

---

① Cfr. Anonimo, Il codice civile spiegato in ciascuno de suoi articoli con annotazioni ed esempi, Torino, 1839, p. 110.

② Cfr. Folansa Pepe (a cura di), Codice Civile (1865), Codice di Commercio (1882), Edizione Simone, Napoli, 1996, p. 102.

③ Cfr. Marierini, Studio sulla revindicazione del titolo al portatore, In Archivo Giuridico, Bologna, 1872, p. 142.

④ 《意大利民法典》第816条规定：属于同一个人所有的、具有统一用途的数件动产，视为动产的集合体（Universalità dei mobili）。

就合同诚信而言，首先是第 1124 条的规定：合同应依诚信履行，合同义务不以明示为限，而且包括所有衡平、习俗、有关合同依据的法律派生的义务。① 这是关于履行诚信的规定，是客观诚信的最早适用舞台。按照学者的解释，本条还是法律行为的补充渊源，可以用当事人事先未规定的义务补充此等行为，立法者委托法院这样做。②

其次是第 1126 条，它规定：如果某人以前后两个协议承担义务要给予或交付给两个人的物是普通动产或无记名证券，该物已给予一个占有人，只要其占有是诚信的，该人即优先于另一人，尽管其权源在期日上靠后。③ 本条规定在一物二卖的情形下，诚信占有标的物者优先取得之，尽管其权源发生在后。

最后是第 1149 条，它规定：出卖自己诚信收受的物的人，仅承担返还从买卖中收受的价金或让与取得此等物的诉权的义务。④ 本条为关于诚信无权处分人的规定。当真正的所有人追及到他时，豁免他原物返还的义务，只让他承担返还价金或移转针对买受人的诉权的义务。

在不当得利法方面，首先是第 1146 条，它规定：1. 错误相信自己为债务人的人偿付了债务的，有权向债权人索回。2. 如果债权人在受领给付后诚信丧失了关于债权的权利证书或债权担保，此等权利终止。在此等情形，付款人可以通过向真正的债务人索债而自救。⑤ 按照此条规定，表见债权人因为受领了他人的错误给付诚信地销毁了债权证

---

① Cfr. Folansa Pepe （a cura di），Codice Civile （1865），Codice di Commercio （1882），Edizione Simone，Napoli，1996，p. 144.

② Cfr. Laura Castelvetri，Correttezza e buona fede nella giurisprudenza del lavoro. Diffidenza e proposte dottrinali，In Luciano Spagnuolo Vigorita e Marco Biagi （a cura di），Diritto delle Relazioni Industriali，N. 2-2001，Milano，Giuffrè，p. 234.

③ Cfr. Folansa Pepe （a cura di），Codice Civile （1865），Codice di Commercio （1882），Edizione Simone，Napoli，1996，p. 144.

④ Cfr. Folansa Pepe （a cura di），Codice Civile （1865），Codice di Commercio （1882），Edizione Simone，Napoli，1996，pp. 146.

⑤ Cfr. Folansa Pepe （a cura di），Codice Civile （1865），Codice di Commercio （1882），Edizione Simone，Napoli，1996，pp. 145s.

书、解除了担保关系的，错误清偿变成正确清偿，错误偿付人要为自己的错误付出代价，诚信的表见债权人得到保护。

其次是第1148条，它规定：因非债给付而得到特定物的人承担返还仍然存在的该物的责任。如果物不复存在或品质减等，恶意获得该物的人依然要承担偿付价值的责任，即使物的灭失或品质减等仅因意外事件造成，也不例外；如果是诚信收受物并拥有，不承担返还此等物的责任，但应返还从该物获得的利润。对于此条，首先要说的是，非债给付在意大利法中独立于不当得利。[①] 按照此条，恶信收受他人非债给付的人，首先要还物，还不了的，要赔偿其价值，意外事件的风险归他承担。而诚信的收受人不用还物，返还其价值即可。

1865年民法典共计2147条，规定诚信的有15条，占比0.069%有余。

在1882年意大利商法典中，无诚信规定，与1942年民法典在商法领域大量配置诚信规定形成对照。不过，民法典是商法典的补充法，如前所述，后者就无记名证券的诚信占有作出了规定。

二、1882年商法典与诚信原则

1882年商法典分为四编：第一编，商事之一般；第二编，海商与航运；第三编，破产；第四编，商事诉权的行使及其存续期间，共926条。这部商法典中无任何关于诚信的规定。如前所述，1865年民法典第707条规定：对于普通动产和无记名证券，占有对于诚信第三人产生权源的同样效力。此条关于无记名证券的规定可被理解为商法中的诚信规则。

---

① 因为两个制度在构成要件、诉讼程序以及返还范围上有差异。例如，错债清偿的受清偿人必须全额返还，而不当得利的受领人可能只返还剩余利益。不当得利诉权具有后备性，不用尽其他救济手段不得援用，而错债清偿诉权的行使不受此等限制。参见李贝：《法国债法改革对我国民法典制定的启示意义》，载《交大法学》2017年第2期，第61页。

1882年的意大利商法典不规定任何诚信条款，引发了我对那个时期的商法学者是否不认为诚信原则与商法具有兼容性的疑问。众所周知，意大利1882年之前的1865年商法典来自1807年的法国商法典。为了释疑，首先应解决法国商法典是否与诚信原则兼容的问题。对这个问题的回答是肯定性的。

从头说来。法王夏尔九世通过1563年的告示，在巴黎设立了一个商事法院，旨在审理“商人之间必须诚信协商，而不是受制于法律和条例的微妙之处的纠纷……[①]这个告示表明即使在制定法国商法典之前，法国也承认商法与诚信的兼容。法国革命后，1807年的法国商法典继承这一路线。首先，其第189条第2款（即现行商法典第179条第6款）规定：在诉讼时效已完成的情况下，如果被指控的债务人被要求宣誓，他们有责任宣誓确认他们不再是负债者；以及他们的生存配偶、继承人或继任者宣誓，他们诚信地相信不再负欠债务。[②] 按照此款，时效既过，债权人基本丧失了获得清偿的希望，唯一的机会是让债务人宣誓说自己不再负债而债务人不敢宣誓。在债务人已死亡的情况下，让其生存配偶、继承人等宣誓，他们的宣誓要以诚信的名义。此处的诚信应理解为不知，因为债务人已死，他们不知负债情事。其次，其第530条规定：如果没有破产推定，破产人有权从他自己的财产中提取一笔钱作为救济，破产管理人将提出额度；法院根据专员的报告，考虑破产人的家人的需要和范围，他的诚信，以及他或多或少会给债权人带来的损失确定这笔钱的数额。[③] 这是考虑破产人的诚信授予其豁免财产的规定，是对诚信者的奖励，相反，诈欺破产者就得不到这样的奖励。最后，1838年5月28日的法律为商法典第三编补充

① Voir Charles Léon Lyon-Caen, Louis Renault, Traité de droit commercial, Tome premier, F. Pichon, Paris, 1898, p. 342.

② Voir Code de commerce, Paris, 1808, p. 48.

③ Voir Code de commerce, Paris, 1808, p. 145.

了司法清算程序，适用于诚信陷入破产的债务人。1889 年 3 月 4 日的法律完善了该法，新法实质性地改变了破产法的精神，把司法清算制度改造成了一种管理企业故障的手段，只让有过错的、不诚实的商人破产倒闭，对于不幸的诚信的破产人，则予以拯救。① 要言之，这两个法律作出了区分诚信破产和诈欺破产的制度安排，宽容前者而打击后者。

吊诡的是，继受法国商法典的意大利商法典却不承认商法与诚信原则的兼容。法国商法典第 189 条第 2 款规定的问题由意大利 1865 年商法典第 282 条第 3 款处理②，该款引致 1865 年民法典第 2142 条，但该条无诚信规定。③

为何意大利商法典要摒弃法国商法典中的诚信规定？成为接下来的问题。法国蓝本的第一个诚信规定是保护诚信债务人的。但意大利制定商法典时，采取了对所有的债务人都严厉的立场。这方面的第一个证据意大利法典编纂史专家基沙贝尔蒂（C. Ghisalberti）对于 1882 年商法典的一般属性的描述：该商法典倾向于自由主义，反对国家的干预，以保护新生的工业的发展。④ 我们知道，诚信原则是国家干预的工具，与自由主义是对立的。第二个证据是意大利重要商法学家切

---

① Voir Sénat, Projet de loi de sauvegarde des entreprises: Exposé Général, Sur, https: //www. senat. fr/rap/l04-335/l04-3351. html#toc1, 2021 年 9 月 16 日访问 . Voir Nicolas Praquin, Les faillites au XIXe siècle: Le droit, le chiffre et les pratiques comptables, En Revue française de gestion 2008/8-9 (n° 188-189), pp. 359ss.

② Cfr. Codice di commercio del Regno d'Italia, 1865, p. 380.

③ 该条辞曰：如果讨债的债权人遭遇诉讼时效已完成的抗辩，债权人可要求抗辩人宣誓，以确定债真的已消灭。可被要求宣誓的有债务人的生存配偶；如果此等配偶不相干，其继承人或此等继承人的监护人可被要求宣誓，以确定他们是否得到了债不曾消灭的消息。此条类似于 1807 年《法国商法典》第 189 条，但其中无诚信字样。Cfr. Folansa Pepe (a cura di), Codice Civile (1865), Codice di Commercio (1882), Edizione Simone, Napoli, 1996, Introduzione, p. 254.

④ Cfr. Carlo Ghisalberti, La codificazione del diritto in Italia (1865—1942), Laterza, Bari-Roma, 1994, p. 154.

萨雷·维梵德（Cesare Vivante，1855—1944）于1887年在博洛尼亚大学发表的《为一部统一的债法典而奋斗》的讲词，提出了民法仁慈对待债务人导致了商法产生论。他认为，在帝政时期的最后几个世纪，罗马法以对债务人的殷勤取代了对债权的保护……人们承认可以因非常损失撤销买卖、限制利息、禁止流质、授予连带债务人和保证人分别的利益以及先诉抗辩权（escussione）、延长了其默示抵押、延长了时效期间、缓和了执行的严格性，交易因为过长的期间、过多的抗辩被延缓、商业失去了其繁荣所要求的快速的连续性。到了中世纪，商人们反对所有这些被教会法强调和放大的有害的干扰，为了满足时代的需要建立了特别的商法。[①] 维梵德尽管未提到诚信原则是有利于债务人的措施，按照其逻辑，诚信原则是立法者以家长身份干预契约自由、经常是保护债务人的手段，它与商法的性质是不兼容的。

毕竟1882年商法典距今已有141年，找寻当时起草者的思想轨迹对于当今的意大利商法学者已属不易。具有类似心路历程的1942年民法典商法部分起草者的思想轨迹比较容易探询，可以作为理解1882年商法典主要起草者帕斯瓜勒·斯坦尼斯劳·曼奇尼（Pasquale Stanislao Mancini，1817—1888）思想轨迹的参考。1942年意大利民法典的重要思想来源洛伦佐·莫萨（Lorenzo Mossa，1886—1957）主张在作为商事合同的附合合同中适用诚信原则，该原则是控制合同正义的工具，他的这一主张在多数并不正统，商法学者阿尔贝尔托·阿斯奎尼（Alberto Asquini，1889—1972）对此评论道：莫萨提出的诚信原则属于自由法，完全可以找到替代方案，莫萨的主张适用的合同类型有限，也就是保险、运送、质押、买卖等几种，所谓替代方案，就

---

① Cfr. Cesare Vivante, Per un codice unico delle obbligazioni, Su http://docenti.unimc.it/laura.marchegiani/teaching/2015/14396/files/introduzione-al-corso/prolusione-cesare-vivante，2016年9月1日访问。

是制定对策性的法条，以此维护立法司法的界限，排斥莫萨的泛司法主义（Pangiuzialismo）。[①] 看来，商法排斥诚信原则政治原因是坚持自由主义并维护三权分立的政治体制，而民法并不怎么坚持这一体制。这种二元格局类似于古罗马的严法诉讼与诚信诉讼的二分制，商法对应于严法诉讼，民法对应于诚信诉讼。

由于1942年民法典最终采用民商合一体制，商法对于诚信原则的排斥才由于两法合并而消除。用现代意大利商法学家兼1942年意大利民法编纂史研究专家尼可拉·农地诺内（Nicola Rondinone）的话来说，诚信原则是民法带给商法的嫁资。[②] 这种观点妥当与否，下文讲到1942年意大利民法典规定的端方时将予以分析。

三、1942年民法典关于诚信的规定

由于社会变迁、工业革命、自由主义政治运动，第一次世界大战前，意大利即谋划起草新民法典。[③] 道理很简单，1865年民法典经过几十年的适用显得落后，它连法人制度都未规定。人们认为，它反映了土地资产阶级和土地贵族的利益，关注于不动产财富和静态的所有权。[④] 时代要求更新民法典，1942年民法典终于完成了这一使命，但其思想基础却是强调阶级合作、调和的职团主义（又称法团主义）。[⑤]

---

① Cfr. Giovanni Chiodi, Un pioniere della giustizia contrattuale: Lorenzo Mossa e i contratti di adesione, In Quaderni Fiorentini: Per la storia del pensiero giuridico moderno, 45 (2016), Giuffrè, Milano, pp. 262s.

② 参见Nicola Rondinone教授于2021年9月8日给我的电邮。

③ Cfr. Guido Alpa, Introduzione del progetto italo-francese del codice delle obbligazioni, Le projet de Code des obligations franco-italien (1927); il progetto del Codice delle obbligazioni franco-italiano (1927), Patheon-Assas, 2015, p. XIV.

④ Cfr. Folansa Pepe (a cura di), Codice Civile (1865), Codice di Commercio (1882), Edizione Simone, Napoli, 1996, Introduzione, p. 1.

⑤ 关于职团主义其详，参见张静：《法团主义》，东方出版社2015年版。

该民法典共有 72 条[①]规定诚信，比 1865 年民法典的诚信条文多了 57 条。该民法典共计 2969 条，诚信条文占比 1.9%有余，比起 1865 年民法典诚信条文的占比 0.069%，诚信条文明显增多。

让我先看该民法典关于主观诚信的规定，然后考察其关于客观诚信的规定。在关于主观诚信的规定中，又按照人前物后的顺序先看其关于主观诚信的规定。要说明的是，同一个 buona fede，该民法典的译者有时译成诚信，有时译成善意，由于当今人们都知道善意就是主观诚信，所以我在这方面维持译文原貌，换言之，并未将所有的 buona fede 都改译为“诚信”。

（一）关于主观诚信的规定

1. 人身法上关于主观诚信的规定

（1）关于拟制婚姻的诚信的规定。首先规定宣告婚姻无效对于诚信配偶只面向未来有效。见诸第 128 条第 1 款：A. 如果婚姻被宣告无效，则直到判决宣告之前，对善意缔结婚姻的配偶双方……产生有效婚姻的效力……其次规定，非善意缔结无效婚姻的配偶的子女也可取得婚生子的地位，但重婚或乱伦产生的子女除外。见诸第 128 条第 4 款，其辞曰：对非善意缔结婚姻的配偶双方，如果申请宣告婚姻无效，则对在婚姻存续期间已经出生的和已经受孕、尚未出生的子女产生有效婚姻的效力，因重婚或乱伦而宣告婚姻无效的情况不在此限。此款基本把婚生子女地位的取得与父母缔结无效婚姻是否诚信脱钩，更加不搞株连。

接下来规定婚姻在被宣告无效后拟制婚姻的面向未来效力。第 129 条规定：A. 在配偶双方都符合拟制婚姻的条件的情况下，如果配

---

① 本书引用的 1942 年意大利民法典关于诚信的条文的译文，都来自费安玲等译：《意大利民法典》，中国政法大学出版社 2004 年版，由于引用太多，对译文无不同意见的条文，本书不一一指出所引页码。对于我不同意译者的译文，局部改动译文的条文，我都指出被引条文所处页码，并注明“译文有改动”。

偶一方没有适当的个人收入又没有再婚，则法官可以指定另一方配偶在不超过3年的期限内根据自己的财产状况向对方定期支付一定数目的生活费。B. 对于子女，法官将根据本法第155条的规定采取适当的救助措施。[①] 本条的适用条件是配偶双方皆诚信，内容是有能力的一方扶养未再结婚的对方3年。此为拟制婚姻对于配偶的效力。对于子女的效力由第155条规定。此条的内容为子女亲权由何方配偶行使，子女抚养费的承担问题。

配偶双方一方为诚信条件下婚姻在被宣告无效后拟制婚姻的面向未来的效力由第129条附加条规定：A. 因婚姻无效而被起诉的配偶，在婚姻被撤销的情况下，即使善意缔结婚姻的配偶没有遭受损失的证据，也要对其给予适当的补偿。在任何情况下，补偿费至少应当包括足够维持3年现有生活水平的费用。此外，如果没有其他应当承担赡养义务的人，则被起诉的配偶还要承担向善意缔结婚姻的配偶支付扶养费的责任。B. 因婚姻无效被起诉的第三人，在婚姻被撤销的情况下，也要对善意缔结婚姻的配偶承担上款规定的补偿责任。C. 在任何情况下，在宣告婚姻无效的诉讼中，与配偶一方一同被起诉的第三人与该配偶一同连带承担赔偿责任。此条规定恶信缔结无效婚姻者和具有同样行为的第三人对诚信被卷入此等婚姻者承担的补偿义务，两者责任人彼此承担连带责任。此条的创新之一是引入第三人对于诚信缔结无效婚姻配偶的责任以及他与恶信配偶的连带责任。

第251条规定善意缔结乱伦婚姻享有可以认领子女的特权。其辞曰：近亲结婚生有子女的，他们的生父母不得认领之。但如果配偶一方是善意缔结婚姻的，则只允许该善意配偶进行认领……

第584条规定诚信的无效婚姻缔结人对相对人的继承权，适用于配偶一方死亡之后婚姻才被宣告无效的情形，这样的配偶还可依据第

---

① 参见费安玲等译：《意大利民法典》，中国政法大学出版社2004年版，第42页。译文有改动。

540 条第 2 款取得被继承人的居所以及家具。但如果在被继承人死亡前已缔结了另外的有效婚姻，则善意配偶无继承权。

第 785 条脱离了拟制婚姻制度的语境规定：为未来的、确定的婚姻进行的赠与，无论是新婚夫妇之间的相互赠与还是其他人对新婚夫妇中的一人或者向新婚夫妇双方进行的赠与，对他们尚未出世的子女进行的赠与，因婚姻的撤销而无效。但善意第三人在婚礼举行以后、宣告婚姻无效的终审判决作出以前取得的权利除外。对在提出撤销婚姻的诉讼请求以前取得的孳息，善意配偶一方不承担返还的责任……按照此条规定，善意者可以保留婚因赠与，非善意者不得保留。

（2）关于表见住所的诚信相对人的规定。见诸第 44 条，它规定：A. 未按法律规定的方式进行迁移宣告的，不得以居所迁移为由对抗善意第三人。B. 住所与居所在同一地区的，如果在迁移居所的宣告中未作说明，则居所的迁移对善意第三人而言也意味着住所的迁移。按照此条第 1 款的规定，住所为一个人的法律关系中心地，其他人根据对其住所的知晓与其联系。一旦人们改变住所，应按法律规定的方式进行公告，此等方式有通告、改变公文、书信中的抬头（说明写信人地址、电话号码等的文字）等①，如果未作公示，则推定住所未变，善意第三人的利益不受影响。例如，按原地址送达文书的，视为已送达。按照此条第 2 款的规定，如果某人的住所和居所在同一个地方，如同一条街，同一个教区，该人搬家并公示了此等变动，但未提到住所的变动，视为两者都发生了同样的变动，以保护诚信第三人的确信。

（3）法人法部分的诚信规定。首先规定公司活动的善意第三人。第 23 条规定违规社团大会决议的善意第三人。其辞曰：A. 当社团大会决议与法律、设立文件或社团章程相抵触时，可以根据社团机关、社团成员和检察机关的请求撤销。B. 善意第三人依据决议已经取得的

---

① Cfr. C. Massimo Bianca, Diritto Civile, 1, la norma giuridica, i soggetti, Giuffrè, Milano, 2002, p. 274.

权利不受社团大会决议撤销的影响。第 2377 条规定被撤销的股东大会决议的善意第三人。其辞曰：A. 按照法律和设立文件的规定通过的股东大会决议对全体股东，即使是未出席会议的股东或者持有异议的股东，均产生约束力……C. 决议的撤销对全体股东产生效力。决议撤销后，由董事负责采取相应的善后措施并且对此承担个人责任。在任何情况下，善意第三人依据决议取得的权利不变……第 2379 条附加条规定不知股东大会决议之缺陷的善意第三人。其辞曰：A. 尔后赞同举行股东大会的人，不得提起因不合召集程序导致大会决议无效的诉讼。B. 因未制作大会纪要导致大会决议无效的，可以通过在股东大会之后补写纪要的方式进行补救。决议自通过之日起生效，不知决议的善意第三人的权利不受影响。[①] 第 2388 条规定不知董事会决议之缺陷的善意第三人。其辞曰：A. 如果设立文件未规定更高比例的出席率，则在过半数在任董事出席的情况下作出的董事会决议有效……E. 在任何情况下，善意第三人因执行决议取得的权利不受影响。第 2391 条继续规定不知董事会决议之缺陷的善意第三人。其辞曰：……3. 如果不计入本来应当弃权的票数就无法达到通过决议所需要的多数，则在董事会决议可能给公司造成损失的情况下，可以自董事会决议通过之日起 3 个月以内，由未出席董事会的董事或者持不同意见的董事以及监事提起撤销董事会决议的诉讼。在任何情况下，善意第三人依据决议取得的权利不变。第 2475 条附加条继续规定不知董事会决议之缺陷的善意第三人。其辞曰：董事会因与公司利益冲突的一名董事的投票而形成的决议，如果造成财产损失，可以在 3 个月内由董事或第 2477 条规定的主体提起诉讼。在任何情况下，第三人在执行决议的基础上基于善意购买获得的权利不受影响。上述六个条文都涉及商法中的诚信，它们的存在证明 1942 年民法典的制定者完全放弃了商法基本排斥诚信论。

---

① 参见费安玲等译：《意大利民法典》，中国政法大学出版社 2004 年版，第 569 页。译文有改动。

其次规定善意受领公司发放利益的股东。第2433条规定：……D. 在股东根据依法通过的财务报告善意受领股息并且该财务报告显示出相应的纯利润的情况下，公司不得要求股东退还违反本条的规定分配的股息。第2433条附加条规定：……C. 在审计机构审查验证通过的上一年度的财务报告显示该会计年度或者前几个会计年度公司出现亏损的情况下，不得预分股息……G. 尽管以后证实在财务报告涉及的会计期间内公司并未盈利，但是，在股东善意受领的情况下，公司不得要求股东退还根据本条的规定已受领的股息。第2478条附加条规定：……F. 如果在正常批准的显示有相应的净利润的财务报告的基础上，股东善意受领了利润分配的，即使违反本条规定的分出的利润，也不得被追索。第2321条规定：有限责任股东对根据依法通过的财务报告善意受领的利润不承担返还责任。

最后规定公司股份的善意受让人。见诸第2470条：A. 按照下款的规定在股东登记簿登记之时，参股的转让对公司产生效力……D. 如果份额因事后的契约转让给多人，其中一人因在契约登记簿上善意登记而产生效力，即使其权源的期日在后，也优先于他人。本条与下文要讲到的第1155条类似，都规定一物二卖（本条的语境应该是“一股二卖”）情形中的善意取得。

（4）继承法部分的诚信规定。首先规定取得遗产的善意第三人。见诸第534条和第563条。前者辞曰：A. 继承人还可以对以继承人名义或不以继承人名义占有遗产之人提起诉讼。B. 善意第三人能够证明自己基于与表见继承人订立的有偿协议取得了权利的，不在此限。[1]本条讲的是善意第三人有偿从具有继承人的外观的人取得了遗产的，尽管后来真正的继承人出现，善意第三人取得的权利不受追夺。后者辞曰：A. 如果应当进行削减的受赠人已经将受赠的不动产转让给了第

① 参见费安玲等译：《意大利民法典》，中国政法大学出版社2004年版，第137页。译文有改动。

三人，则特留份继承人应当先用受赠人的财产接受清偿，然后，可以以向受赠人请求削减相同的方式和顺序向受让人请求返还不动产。B. 特留份继承人应当根据转让日期的先后，从最后一项转让开始提起请求返还不动产的诉讼。还可以向受让人请求返还作为削减标的的受赠与的动产，善意占有的效力除外。本条讲遗嘱人遗赠过多，留给继承人的特留份达不到法律的要求，为此要从受遗赠人已经得到的遗产中剥离一部分返还给继承人，但在剥离前，善意第三人（本条讲到的善意占有人）已经取得遗产的除外。其次规定遗产的善意占有人，见诸第 535 条：A. 本法占有部分中有关返还占有物孳息、偿还费用、改善占有条件以及附加的规定准用于对遗产的占有。B. 在善意占有人善意转让遗产物的情况下，善意占有人只对继承人承担返还价金或者对价的责任。在尚未收取价金或对价的情况下，由继承人替代善意占有人收取。C. 误以为是继承人而取得遗产占有的人是善意占有人。D. 因重过失产生误解的情况，不认为具有善意。此条值得注意之处是提出了善意的内容为误解（并非不知，而是错误的认知）和构成标准（重过失，即普通人的注意程度都未达到造成的疏忽）。最后规定遗产的善意处分人，见诸处在债法部分的第 1776 条。其辞曰：受寄人的继承人将不知是被寄托的物善意转让，其仅对返还所得对价负有责任。如果尚未付款，则寄托人将代位享有对受让人的权利。作为对受寄人的善意继承人的保护，他不必返还原物给寄托人，返还转让的价金即可。

2. 财产法上关于主观诚信的规定

（1）物权法上关于主观诚信的规定。首先，规定善意占有人。第 1147 条给这种人下了定义：A. 不知晓侵犯他人权利进行占有的人是善意占有人。B. 善意占有不适用于因重过失造成不知的情况。C. 善意应当根据实行占有之时的善意进行推定并且以初始善意为足够。本条第 1 款把此处的“善意”的内容界定为不知，不同于第 535 条第 4 款把“善意”的内容界定为“误解”，但两条都排除重过失造成的善意。不同于第535条的还有，本条在规定善意的存续时间时采取了较低的标准，只要求初始善意。第938条规定善意占有部分邻人土地建房的人。其辞曰：如果在修建某一建筑物时善意地占用了部分邻人的土地，并且相邻土地的所有人自知晓修建之日起3个月内未提出异议，则司法机关根据具体情况可以将建筑物及其所占用的土地的所有权授予建造者。除了赔偿损失以外，建造者还应当向所占用的土地的所有人支付双倍于所占用土地面积价值的补偿。显然，本条是对1865年民法典第450条的重拾。无论如何，本条讲的是对有体物的善意占有，第1157条则讲对无体物的善意占有。其辞曰：善意占有债权的效力受本法第四编第五章的调整。债权属于无体物，对债权的占有构成无体物占有。第1794条规定了无体物的善意占有的一个实例：A. 仓单上的第一个背书，应当载明债权和利息总额及到期日。载有上述内容的背书应当在仓库存货单上注明并由受背书人副署签名。B. 没有载明债权总额的仓单的背书有利于善意占有人的，对寄托物的全部价值具有约束力……第1994条规定了对无体物的善意占有的另一个实例：善意取得有价证券占有的人，按照证券流通规则，不属于被提起要求返还之诉的主体。第1148条规定对善意占有人的第一种奖励：A. 提出诉讼请求以前已经分离的自然孳息和已到期的法定孳息属于善意占有人。B. 善意占有人向提出请求的所有权人承担返还自提出诉讼请求之日起直到返还占有物时收取的孳息的责任……第1150条第3款规定对善意占有人的第二种奖励：对善意占有人，应当在因改良而使占有物增加的价值的范围内进行补偿；对恶意占有人则应当选取改良费和因改良而使占有物增加的价值中金额较低的一项作为补偿金。显然，本条是对1865年民法典第704条的重拾。第1150条第4款规定对善意占有人的第三种奖励：善意占有人在占有物上进行的附合免拆除。但如果附合具有改良的性质并且占有人是善意占有人，则应当在因改良而使占有物增加的价值的范围内进行补偿。第1152条规定对善意占有人的第四种奖励：留置权。其辞曰：A. 在所有权人支付补偿金之前，善意占有人可以留置占有物，但是，以在返还所有物诉讼中提出补偿请求并且能够出具修缮和改良的一般证据者为限。B. 在所有权人未按照本法第1151条的规定提供适当的担保的情况下，善意占有人同样享有留置权。第1153条规定了对善意占有人的第五种奖励：取得占有物的所有权。其辞曰：A. 从非所有权人处取得物品转让的人可以通过占有取得所有权，但是，以实行占有之时具有善意并有适合于移转所有权的权源为限。B. 如果存在对物享有权利的其他人，但此等人的权利无权源支撑，另外有善意取得人，后者取得物的所有权并排除前者的权利。C. 可以同样的方式取得用益权、使用权和质权。[①] 此条与1865年民法典第707条规定系同一问题，但采取直接确认善意占有人的取得权的角度，立法者的态度比较开放。

其次，规定善意取得人。第1155条规定一物二卖情形中的善意取得人，其辞曰：在某人相继向数人转让同一项动产的情况下，受让人中善意取得占有的人，虽然其权源的期日在后，但是，对其他受让人而言仍旧享有优先权。[②] 本条是对1865年民法典第1126条的重拾，不过去掉了无记名证券作为规定事项。第1159条和第1159条附加条第2款规定通过善意占有不动产时效取得之的人。前者辞曰：A. 依据适合于移转所有权的权源并应有地做了登记的，自非所有权人处善意取得不动产的人可以自登记之日起经过10年完成时效取得。B. 以上规定同样适用于取得对不动产的享有权的情况。[③] 后者辞曰：依据适合于

① 参见费安玲等译：《意大利民法典》，中国政法大学出版社2004年版，第284页。译文有改动。

② 参见费安玲等译：《意大利民法典》，中国政法大学出版社2004年版，第284页。译文有改动。

③ 参见费安玲等译：《意大利民法典》，中国政法大学出版社2004年版，第285页。译文有改动。

移转所有权的权源并应有地做了登记的，自非所有权人处善意取得处在按照法律规定的分类属于山区的市镇的农地及其附属建筑的人，可以自登记之日起经过 15 年完成时效取得。[①] 第 1160 条第 2 款、第 1161 条和第 1162 条规定通过善意占有动产并时效取得之的人。前者辞曰：依据适当的权源，自非所有权人处善意取得动产集合体或者集合体上其他物权的人，经过 10 年完成时效取得。中者辞曰：A. 在无适当的权源的情况下，经过 10 年的连续占有完成对动产以及动产上其他物权的时效取得，但是，以实行占有之时具有善意为限。B. 对于恶意占有人，时效取得的期间为 20 年。该条最后一款允许恶信者也能时效取得，不过要求的占有期间更长。后者辞曰：A. 依据适合于移转所有权的权源并应有地做了登记，自非所有权人处善意取得登记在公共登记簿上的动产的人，可以自登记之日起经过 3 年完成时效取得。B. 在不具备前款规定的条件的情况下，时效取得经过 10 年完成。C. 以上规定同样适用于取得动产上其他物权的情况。[②]

再次规定善意第三人。第 819 条规定善意取得从物的第三人。其辞曰：从物通常应随主物转让，如果主物为不动产或应当登记的动产，善意第三人取得了从物的，可排除主物的所有人的取得权，但他持有载明早于善意第三人对从物享有权利的确切期日的书面文件的除外。第 936 条第 4 款规定为添附的善意第三人。其辞曰：……在土地所有人知晓并且没有提出异议的情况下，或者在第三人善意修建的情况下，土地所有人不得迫使第三人清除建筑物、作物或者其他工作物……

复次，规定善意的被添附土地所有人，见诸第 937 条，其辞曰：在第三人使用他人的材料从事建筑、种植或者施工的情况下，如果材

① 参见费安玲等译：《意大利民法典》，中国政法大学出版社 2004 年版，第 285 页。译文有改动。

② 参见费安玲等译：《意大利民法典》，中国政法大学出版社 2004 年版，第 285 页。译文有改动。

料所有人未提出分离材料的请求或材料无法分离，使用材料的第三人和恶意的土地所有人向材料的所有人连带承担支付等同于材料价值的补偿费的责任。善意的土地所有人对于材料的所有人可以仅限于就材料的价格承担责任……按照此条，被添附土地的所有人如果为恶意，则要向材料的所有人返还材料的价值，如果为善意，则返还材料的价格即可。

最后，规定善意关系考虑物权人，见诸第2756条第2款：只要某人所为的给付或者支付的费用是善意实施的，他享有的先取特权即使于对物享有权利的第三人有害，亦有效。[①] 按照此款，某人为某物支付了费用，他支出的费用与受益物形成关系考虑物[②]关系，其请求权具有优先性，如如果第三人对同一物享有质权，则应在他之后才能获得满足。

（2）债法上关于主观诚信的规定。第一规定诚信开始履行的承诺人。见诸第1328条第1款。其辞曰：在契约未成立之前，要约可被撤回。但是在接到撤回通知前，承诺人已善意地开始履行的，要约人应当补偿承诺人因开始履行契约所支出的费用和遭受的损失。

第二规定诚信履行的债务人。见诸第1189条。其辞曰：A. 债务人根据明确的情况向表面有合法资格的人履行给付的，如果能证明其是善意的，债务即履行完毕。B. 根据有关返还不当得利的规定，接受给付的人对真正的债权人负有返还的义务。按照此条，债务人错误地向表见债权人为给付，只要是善意的，可获得免责。

第三规定诚信受领债务人无权处分物的债权人。见诸第1192条。其辞曰：债务人不得就他以自己无处分权的财产履行的给付提出异议

---

① 参见费安玲等译：《意大利民法典》，中国政法大学出版社2004年版，第736页。译文有改动。

② 关于关系考虑物的概念，参见徐国栋：《论〈民法典〉第320条确立的从随主规则的历史演进及我国适用》，载《甘肃政法大学学报》2020年第5期，第55页。

……善意获得给付的债权人可以对此等给付提出异议，同时保留损害赔偿请求权。[1] 此条第一句禁反言，不许不适当履行的债务人出尔反尔，第二句允许善意受领了错误履行的债权人质疑给付的正当性。

第四规定可撤销法律行为的诚信相对人或第三人。第 1415 条第 1 款规定：行为的当事人、其权利的继承人或者假装的转让人的债权人，不得用假装的法律行为对抗善意从表见所有人获得权利的第三人……[2]此款以禁反言的方式保护信假为真的善意第三人。第 1416 条第 1 款规定：虚假契约缔约人不得以契约的虚假性为由，对抗善意请求强制执行构成虚假契约标的物的表见权利人的债权人。此款为禁反言规定，杜绝不法行为人自污图利，损害善意相对人利益。第 1445 条规定：非因法定无能力而导致的撤销，不损害善意第三人有偿获得的权利，但是撤销申请登记的效力除外。此条规定善意第三人有偿获得的权利原则上不受原因行为被撤销的影响。

第五规定代理关系人的诚信。第 1391 条规定：A. 在善意或诈欺、对特定情况知道或不知道非常重要时，应当考虑代理人自身的状态，但是涉及被代理人预先确定的要素不在此限。B. 在任何情况下，恶意被代理人均不得从代理人的不知或善意状态中获利。[3] 第 1706 条第 1 款规定：委任人可以从以自己名义进行活动的受任人处，为自己的利益追回其取得的动产，但是第三人根据善意占有的效力而取得的权利，不在此限。代理关系为高度诚信关系，这两条维护了代理关系中的诚信。

第六规定诚信买受人。第 1479 条第 1 款规定：买受人在缔约时不

---

① 参见费安玲等译：《意大利民法典》，中国政法大学出版社 2004 年版，第 294 页。译文有改动。

② 参见费安玲等译：《意大利民法典》，中国政法大学出版社 2004 年版，第 340 页。译文有改动。

③ 参见费安玲等译：《意大利民法典》，中国政法大学出版社 2004 年版，第 335 页。译文有改动。

知出卖人对物没有所有权，并且出卖人未使买受人获得所有权的，则买受人可以请求解除契约。本款中的买受人，在该条的条名中被界定为善意买受人，他从无权处分人买得标的物，其善意使他享有解除合同权。第 1599 条规定：A. 如果缔结租赁契约的期日在出卖租赁物的期日之前，此等契约可对抗第三买受人。B. 买受人善意取得占有的，前款规定不适用于未在公共登记簿登记的动产……①本条规定善意占有租赁标的物者的权利与承租人的权利的冲突，优待诚信者。

第七规定非债清偿的诚信收受人。第 2036 条辞曰：A. 基于可原谅的错误而自认为是债务人并履行了他人债务的人，可要求返还其给付，但是以债权人未善意丧失权利证书或债权担保的为限。B. 获得非债给付的人，如果是恶意的，则还要承担返还自给付之日起的孳息和利息，如果是善意的，则返还自提出诉讼请求之日起的孳息和利息。……此条显然是对 1865 年民法典第 1146 条的重拾。第 2033 条辞曰：履行了不应当履行的给付的人，有权要求返还其给付。此外，如果获得孳息和利益之人是恶意的，则履行了不应当履行的给付的人对自给付之日起的孳息和利息有权提出主张，或者，如果获得者是善意的，则履行了不应当履行的给付的人，有权主张自提出诉讼请求之日起的孳息。第 2037 条规定：A. 因非债给付而得到特定物的人，承担返还该物的责任。B. 物发生灭失的，即使因意外事件灭失，恶意获得该物的人依然要承担偿付价值的责任；……C. 即使是因为他自己的行为所致，善意获利人也仅在其获利的范围内，承担物的灭失或价值减少的责任。第 2038 条规定：A. 善意获得非债给付物的人，在知道负有返还义务之前将该物转让的，负有返还取得的对价的义务。尚未取得对价的，非债给付之人取得转让人的权利。无偿转让的，第三取得人在其得利的范围内对非债给付人承担责任。B. 恶意转让获得物或在知道返还义务后

① 参见费安玲等译：《意大利民法典》，中国政法大学出版社 2004 年版，第 387 页。译文有改动。

转让获得的物的人，负有以实物返还或偿付相应价值的义务。但是，非债给付之人可要求转让的偿付并可直接主张取得的对价。如果转让是无偿的，在向转让人请求无结果的情况下，取得人在得利的范围内对非债给付人负有责任。

第八规定债权让与中的诚信给付人。第2559条第1款规定：被转让的企业发生债权转移的，即使未通知债务人或者债务人未予接受，自在企业登记簿上进行转让登记时起，依然对第三人产生效力。被转让债权的债务人向出让人善意履行债务的，责任解除。按照此款，债务人的债权人已发生变更，但债务人不知道，继续向原债权人履行的，履行有效，以酬其诚信。

第九规定登记程序中的诚信第三人。按照第2652条，一些诉讼请求应当进行登记，但就上述诉讼请求作出的判决，不损害善意第三人根据先于诉讼请求登记进行的登记获得的权利，只要此等第三人是有偿取得权利的；另外，自被上诉的判决登记5年后诉讼请求被登记的，就上述诉讼请求作出的判决，不损害善意第三人根据先于诉讼请求登记进行的登记而取得的权利。按照第2690条：对登记效力提出异议的诉讼请求自被提出异议的登记3年后公布的，就上述诉讼请求作出的判决，不损害善意第三人以任何名义基于该诉讼请求登记前的登记或抵押登记所获得的权利。如果是根据不同于法定无行为能力的原因提出宣告无效的诉讼请求，则即使对登记效力提出异议的诉讼请求自被提出异议的行为登记尚未满3年时进行了登记，就上述诉讼请求作出的判决，也不损害善意第三人根据先于诉讼请求登记进行的登记获得的权利，但是，以该情形下第三人有偿取得权利为限；另外，如果某项诉讼请求的登记是在被提出异议的行为登记3年后进行的，则就上述诉讼请求作出的判决，不损害善意第三人以任何名义根据该诉讼请求登记之前的登记或抵押登记行为从表见继承人或受遗赠人处获得的权利；最后，如果某项诉讼请求是在被上诉判决登记3年后进行的登记，则就上述诉讼请求作出的判决，不损害善意第三人基于该诉讼请求登记前的登记或抵押登记所获得的权利。①

第十规定强制执行程序波及的诚信占有人。意大利民法典第六编“权利的保护”包含一定的强制执行程序，规定了三种强制执行手段，分别为扣押、分配和变卖，都涉及善意占有人。第2913条规定：对扣押财产的债权人和参与扣押实施的债权人造成损害的，扣押物转让无效，但是，对未在公共登记簿登记的动产的善意占有的效力，不在此限。②第2923条第1款规定：如果被强制执行人同意的租赁的期日先于扣押的期日，可对抗租赁物的受让人，但如果租赁物是动产，且受让人是善意取得其占有的，除外。③ 第2919条规定：强制变卖将属于被强制转移人的财产权利转让给买受人，但善意占有的效力除外。……④第2920条规定：如果变卖的标的是动产，对该物有所有权或者他物权的人，如果对变卖所得利益并未提出其主张，不得对善意取得人提出主张，也不得要求债权人返还已分配的款项。第2926条第1款规定：1.折价标的是动产的，自折价时起60日内，对该动产有所有权的第三人得向善意取得占有的接受折价人提出主张，以实现通过折价返还相应金额满足其债权的目的……⑤一言以蔽之，善意者的权利不受执行程序影响。

第十一规定撤销之诉波及的诚信第三人。见诸第2901条，其辞

---

① 参见费安玲等译：《意大利民法典》，中国政法大学出版社2004年版，第717页及以次。译文有改动。

② 参见费安玲等译：《意大利民法典》，中国政法大学出版社2004年版，第774页。译文有改动。

③ 参见费安玲等译：《意大利民法典》，中国政法大学出版社2004年版，第776页。译文有改动。

④ 参见费安玲等译：《意大利民法典》，中国政法大学出版社2004年版，第775页。译文有改动。

⑤ 参见费安玲等译：《意大利民法典》，中国政法大学出版社2004年版，第777页。译文有改动。

曰：在债权人行使保利安诉权撤销债务人的诈害行为时，行为的效力被撤销不损害善意受让第三人有偿取得的权利……这样，在债务人非法转移自己的财产时，如果受让人为善意，则债权人的追及权遇阻。

第十二规定诚信超额保险人。第1909条第1款规定：保险金额超过保险价值的保险，如果被保险方有诈欺，则保险无效；如果保险人是善意的，他有权主张保险期间的保险费。[①] 按照本条，超额保险如果出于被保险方的诈欺，保险无效。如果保险人是诚信的，则保险在去掉了超额部分后有效，保险人可主张保险费。他的诚信拯救了合同的效力。

（二）关于客观诚信的规定

第一规定缔约诚信。见诸第1337条。其辞曰：在谈判和缔结契约的过程中，双方当事人应当根据诚信原则进行之。违反此条规定的诚信义务构成缔约过失责任。

第二规定履约诚信。首先见诸处在债法总则部分的第1175条。其辞曰：债务人与债权人应当依端方规则[②]进行活动。然后见诸处在合同法部分的第1375条。其辞曰：契约应当根据诚实信用原则进行履行。这两条都是关于客观合同诚信的规定，两者的关系如何，成为一个问题。

首先要说明的是端方一词的含义。按照司法部发表的民法典立法理由书第558点的说法：端方是一种道德风格，它涉及忠诚的精神、坚定不移的丈夫气概、表里一致、行为一贯、忠诚和尊重根据一般良心应在同事（Consociato）关系中遵从的义务[③]。不难看出，端方的使用语境是同事之间，这是一个具有共同目的团体。1942年意大利民法

---

① 参见费安玲等译：《意大利民法典》，中国政法大学出版社2004年版，第449页及以次。译文有改动。

② 德译本中，端方原则被译为 Grundsätzen der Redlichkeit，中文含义为“诚实原则”。Vgl. Max W. Bauer et al.，Italienisches Zivilgesetzbuch，Stand：31. Mai 2015.

③ Cfr. Alberto Trabucchi，Istituzione del Diritto civile，CEDAM，Padova，1984，p. 540.

典的起草者之所以要打造端方一词，是因为传统的诚信一词已经表达不了他们想表达的意思。因为诚信一词考虑的对立的当事人对彼此利益的照顾。实际上，端方一词是墨索里尼时代的民法典的起草者的职团主义思想的体现。因为端方意味着遵守民法典规定的职团团结原则的法定义务，这种义务产生于并应该产生于这样的事实：即我们认为我们是国家社会这个大有机体的成员，具有同等的道德尊严。所以，端方原则的目的是确认个人利益之间的团结，此种团结是《劳动宪章》确立的。[①] 正因为如此，端方原则不仅要求债务人端方，而且要求债权人端方，以拉平两者的地位。我们知道，最早的诚信规定是用来扩张债务人的义务的，是债务履行的原则，经过升级为端方原则，它的管辖范围扩大了，把债权人也包括进去。

前文提到，尼可拉·农地诺内教授认为 1942 年意大利民法典的商法部分接受诚信是因为接受了民法带来的“嫁资”，此说可以质疑，因为 1882 年商法典排斥诚信是秉持自由主义立场，到了 1942 年，意大利采用职团主义，国家成为一个大公司，每人都是这个公司的成员，互为同事。国家起调和不同职能部门的利益冲突的作用，由此彻底放弃了自由主义，为诚信原则的纳入创造了条件。而且，在新的意识形态条件下，诚信原则已经不能表达立法者的合作国家理念，遂新创端方原则补充之。两个原则的精神很是不同。墨索里尼倒台后，1942 年民法典得到保留，但其法西斯主义内容遭到涤除，端方原则逃过了被删除的命运，但它的思想基础在二战后的意大利已经无存，人们只好把它解释为客观诚信原则的另一种表述[②]，把两者相提并论，人们遂

---

① Cfr. Francesco Scolaro，Maria Luisa Zannini Quirini，Gli Aspetti Eticizzanti della Clausola di Buona Fede nella Relazione al Codice Civile del 1942，In Sapienza Legal Papers 7（2020），pp. 78s.

② See Martin W. Hesselink，The Concept of Good Faith，In Hartkamp et al.（eds），Towards a European Civil Code，3rd ed.，Nijimegen，The Hague，London，Boston，2004，p. 472.

忘记了它们极为不同的出身。

第三规定附样态法律行为当事人的诚信义务，见诸第1358条规定：附停止条件或解除条件的义务承担人或权利转让人、附解除条件的权利人，在条件尚未成就时，应当为维护他方当事人的利益而诚信地作为。悬置中的法律行为非常容易遭受损害，本条以诚信义务保护之。

第四规定诚信原则可导致同时履行义务的例外，见诸第1460条规定：在对应给付的契约中，他方不履行或者不同时履行自己义务的，缔约的任何一方可以拒绝履行自己的义务，但是当事人确定不同履行期间或者依契约性质有不同履行期间的情况除外。拒绝履行违背诚实信用原则的，不得拒绝履行。本条以诚信原则宽泛限制同时履行请求权。

第五规定代理关系当事人的诚信义务。首先是第1746条第1款规定：在履行义务时，代理人应当根据诚信原则维护被代理人的利益。代理人应当根据指令完成委托的事项，并且向被代理人提供指定区域内市场状况和任何其他有益于考虑各项利益的信息。任何相反的约定均无效。此款规定代理人的诚信义务，这意味着不确定义务之承担。其次有第1749条第1款规定：在与代理人的关系中，被代理人应当遵守诚信原则。被代理人应当向代理人提供其服务所需的资料和履行契约所需的信息。当预料到商事业务将大大低于代理人正常预期量时，应当在合理时间内告知代理人。被代理人还应在合理期间内告知代理人其所揽业务被接受、拒绝或未履约的情况。此款规定被代理人的诚信义务，要求他消弭与代理人的信息不对称。

第六规定合同解释中的诚信，见诸第1366条规定：解释契约应当遵守诚实信用原则。本条应该理解为立法者给法院的命令，实际上不是客观诚信，而是司法诚信。

以上例示的是意大利民法典中有诚信字样的条文，如前所述，禁反言已被新说纳为诚信原则的子原则，意大利民法典至少包括7个禁反言条文，[①] 它们也可被认为广义的诚信原则规定。[②]

不妨对意大利民法典关于诚信的规定做统计分析。由于旧民法典的诚信规定皆被新民法典吸收，我只对新民法典的诚信规定做统计分析。该民法典共计2969条，有74条规定诚信，外加一条规定端方，诚信—端方条文占比2.5%。其中66条规定主观诚信（其中22条处在人身法[③]，44条处在财产法[④]），7条[⑤]规定客观诚信，1条[⑥]规定端方（都处在财产法）。显然，关于主观诚信规定的分量远远超过客观诚信规定的分量。说意大利民法典中的诚信原则主要是主观诚信原则，应没错。这与德国民法典中的诚信原则就是客观诚信原则恰成对照。而且，意大利民法典人身法中关于主观诚信的规定众多，与我国民法典人身法只有一条（第1060条第2款）关于主观诚信的规定形成对照，尤其无保护无效婚姻诚信当事人的规定，是为缺陷。[⑦] 然而，主观诚

① 即第1192条、第1264条、第1415条、第1416条、第1426条、第2379条附加条。

② 参见徐国栋：《重解禁反言原则：从研究〈民法典〉中的禁反言规定和有关判例开始》，《湖湘法律评论》2022年第1期。

③ 即第23条、第44条、第128条、第129条、第129条附加条、第251条、第534条、第535条、第563条、第584条、第785条、第1776条、第2377条、第2379条附加条、第2388条、第2391条、第2475条附加条、第2433条、第2433条附加条、第2478条附加条、第2321条、第2470条。

④ 即第819条、第936条、第937条、第938条、第1147条、第1157条、第1794条、第1994条、第1148条、第1150条、第1150条、第1152条、第1153条、第1155条、第1159条、第1159条附加条、第1160条、第1161条、第1162条、第1189条、第1192条、第1328条、第1391条、第1415条、第1416条、第1445条、第1479条、第1599条、第1706条、第1909条、第2033条、第2036条、第2037条、第2038条、第2559条、第2652条、第2690条、第2756条、第2901条、第2913条、第2919条、第2920条、第2923条、第2926条。

⑤ 即第1337条、第1375条、第1358条、第1460条、第1746条、第1749条、第1366条。

⑥ 即第1175条。

⑦ 参见徐国栋：《无效和可撤销婚姻中的诚信当事人的保护》，载《中国法学》2013年第5期，第147页及以次。

信是一种心理状态，难以查证，此等诚信总是被推定存在，反驳者承担举证责任，这样的安排未免影响法律运作的效率。意大利民法典中的客观诚信—端方原则不适用于人身法，似乎只能用人身法中的行为规则要求比诚信更高来解释。该民法典规定的端方原则把债的双方当事人设想为彼此团结的，是对诚信原则的重要发展。尽管如此，客观诚信—端方还是被设想为一个债的履行领域的原则。这是有局限的，诚信原则的最新理论发展把禁反言和净手当作该原则的子原则，诚信原则改为体现对民事主体洁身自好、行为一贯的要求，成为整个民法的原则，人身法亦不例外。① 故现代立法者已不再有两部意大利民法典的制定者曾遭遇的条条框框。更有甚者，当今盛行的合作国家理论②为诚信原则提供了新基础，它与职团主义的精神一致。

第二节　诚信原则的司法实务研究

一、主观诚信典型案例分析

意大利民法典规定主观诚信的条文众多，涉及面广泛，本书不可能分析很多适用它们的案例，因为一个案例从第一审到第三审的说明往往就有 11 页（本书要分析的私生子继承生父遗产案就是如此），本书的篇幅不允许分析超过一个案例。所以，只能挑选典型案例分析一个。下面要分析的佩鲁贾法院初审的私生子遗产继承案比较典型。为了方便读者跟上案情，我给案中的人物取了比较好记的全名，但以括弧注明他们在原审判决书中的略名，以便专业的研究者和其他研究者

① 参见徐国栋：《从研究〈民法典〉中的净手规定开始：运用罗马法和比较法材料建构我国的净手原则》，载《中国政法大学学报》2022 年第 3 期，第 16 页。

② 参见［德］恩斯特-哈绍·里特尔：《合作国家：对国家与经济关系的考察》，赵宏译，载《华东政法大学学报》2016 年第 4 期，第 11~16 页。

复检案情。本案的案情和三审经过大致如下。[①]

罗伯特·乔瓦尼（R. G.）是已故的卡尔罗·乔瓦尼（C. G.）的私生子，特尔尼法院于1999年10月19日作出终审判决，确认了两者的亲子关系。而此时，由于卡尔罗·乔瓦尼死时人们并不知他有私生子，故认为他未留下任何后代，依法将他的遗产给了其两个兄弟安东尼（A.）和米盖勒（M. L.）以及其母亲卡尔拉·内格罗（Ca. Ne）继承。现在，罗伯特·乔瓦尼与卡尔罗·乔瓦尼的亲子关系得到确定，前者成为后者唯一的法定继承人，如此，安东尼和米盖勒要把已到手的遗产返还给罗伯特·乔瓦尼。而且，其祖母卡尔拉·内格罗去世后，罗伯特·乔瓦尼作为其父亲法定代位继承人有权与其两个叔叔（安东尼和米盖勒）共同继承其祖母的遗产，享有1/3的份额，而他应继承的这份遗产也已依法到了其两个叔叔手中。在得到确定亲子关系的终审判决后，罗伯特·乔瓦尼到佩鲁贾法院要求宣布他是其父卡尔罗·乔瓦尼的概括继承人，并责令其两个叔叔返还卡尔罗·乔瓦尼遗产中应属于自己的部分，另外返还卡尔拉·内格罗遗产中应归他的份额。

被告安东尼和米盖勒主张，原告接受遗产的10年时效已过，自己的取得时效已完成，请求法院确认，他们已以所有人的心素占有两份遗产中的不动产20多年，动产10多年。而且，他们的占有应被视为善意的，因为在进行此等占有时，在法院确认其兄弟与罗伯特·乔瓦尼的自然亲子关系前，他们完全不知其兄弟的私生活，因此，就他们已转让的遗产物而言，他们应被判处的不是返还其价值而是返还其被收受的价格，此外，还须承认他们对经证实的费用、改良和添附的补偿请求权。

---

① 关于本案的案情来源，Cfr. Anonimo, Principio di buona fede applicato alla petizione ereditaria e figlio naturale, Su https：//www.101professionisti.it/guida/testamento-e-successioni/sentenze/se-il-figlio-naturale-notifica-l-azione-di-petizione-ereditaria-dopo-il-passaggio-della-sentenza-di-3814.aspx，2021年9月13日访问。

佩鲁贾法院于2003年6月26日作出一审判决，一方面，确认原告是卡尔罗·乔瓦尼的继承人，但驳回了其要求判处被告返还遗产的请求，声明被告已因完成取得时效获得了有关财产；另一方面，法院驳回了被告提出的对特别指明的财产的时效取得请求，这些财产在20年前就已出售，接受了原告关于返还这些财产给他的请求，因为两位被告对它们的占有是善意的，所以只返还此等财产的价格而非价值。总之，原告可得到这些已出售的遗产物19371.25欧元的价金外加从起诉开始起算的法定利息。

本案主要属于作为法定继承人的私生子的发现导致20多年前已完成的继承被推翻的情况，由此引发私生子罗伯特·乔瓦尼的要求遗产之诉。此等诉权导致既有继承人要把已到手的遗产归还。他们提出自己已时效取得遗产的反主张，并且主张自己占有的善意，所以应享受善意者应得的好处：对于已出售的遗产物，只返还其价格而非价值。对于已就遗产物支出的费用、改良和添附，可得到相应的补偿。一审法院支持了被告的已时效取得在手遗产的主张，只判处他们向原告返还已出售的遗产物的价格，承认被告在出售前对它们的占有是善意的。

原告不服，提出上诉。案件进入第二审。佩鲁贾上诉法院于2006年8月8日作出判决，确认罗伯特·乔瓦尼取得卡尔罗·乔瓦尼的全部遗产以及卡尔拉·内格罗的1/3遗产。否认被告已时效取得在手遗产。理由是，遗产的所有者，即上诉人，在其亲生子女身份得到承认前，不能以任何方式中断占有，按照如果所有者不能通过行使其权利中断旨在取得时效的占有，此等占有即不能开始的原则，被上诉人的时效取得主张应予否认。故他们应向上诉人返还全部应属于他的遗产。

上诉法院否认了被告具有善意，该院认为，罗伯特·乔瓦尼得到确认亲子关系的终审判决后，被告具有善意的原来状况即已终止，故对本案不适用规定善意遗产占有人转让遗产问题的民法典第535条第2

款[①]，而是适用民法典第948条。[②] 据此，占有人不是应支付被转让财产的价格，而是应支付其价值，另外还要承担损害赔偿。依据是类推适用民法典第2038条，把被告取得遗产的行为视同取得非债给付之物。[③]

安东尼和米盖勒不服二审判决，向意大利最高法院提出上诉。上诉的理由有三。其一，在民法典第533条规定的要求遗产之诉不受时效限制的规定之外，还有对"遗产中的单个财产已完成时效取得的除外"的规定，所以，上诉法院一概否认被告已完成取得时效错误。其二，上诉法院在确定驳回取得时效已经完成的抗辩的效果上发生错误。该院错误地认为，原告要求的现有遗产物的价值也包括民法典第535条第2款和第2038条第2款规定的主观价值（valore di natura personale）。其三，上诉法院认为罗伯特·乔瓦尼得到确认亲子关系的终审判决后，被告具有善意的原来状况即已终止的假定错误。意大利最高法院民二庭于2012年9月5日作出终审判决，驳回了第一个和第二个上诉理由，认可了第三个上诉理由，认为，民法典第1147条规定的善意被推定存在的原则具有普遍性，不限于在占有制度中适用，换言之，也可适用于遗产占有。占有人的状况从善意变为恶意的前提是提出了一项旨在要求归还所拥有财产的请求。就私生子罗伯特·乔瓦尼在得到亲子关系确认终审判决后提出要求遗产之诉的案情而言，在被通知

---

① 在善意占有人善意转让遗产物的情况下，善意占有人只对继承人承担返还价金或者对价的责任。在尚未收取价金或对价的情况下，由继承人替代善意占有人收取。

② 物品的所有人可以向占有或持有物品的人要求返还所有物；在提出返还请求之后，如果由于占有或持有物品之人的行为丧失了对物品的占有或持有，则物品的所有人还可以向他们提起返还所有物之诉。在这种情况下，被告承担为原告追回所有物的责任并且承担追回所有物所需要的全部费用；在无法追回的情况下，除赔偿原告的损失以外，还要向原告支付相当于物品价值的价款。

③ 善意获得非债给付物的人，在知道负有返还义务之前将该物转让，则其负有将取得的对价进行返还的义务。在尚未取得对价的情况下，非债给付之人取得转让人的权利。在无偿转让的情况下，第三取得人在其得利的范围内对非债给付人承担责任。

要求归还遗产之前，善意占有遗产的继承人仍处于善意状态。所以，原判决应部分被撤销，案件将发回佩鲁贾上诉法院的另一个庭再审，主要审理对象是已被继承的遗产的返还问题。再审的结果不得而知，但我们可以推测：既然两被告的善意已被确认，则他们对遗产的取得时效能够完成，私生子获得遗产返还的机会不大。再审的结果很可能是回到第一审的结果。

二、客观诚信典型案例分析

（一）适用诚信原则的案例分析

2020 年 3 月，租赁两处不动产分别用来开宾馆和餐馆的承租人玛莉亚（这是我为案件的这个主角起的名字，案件资料隐其名）援引民事诉讼法典第 700 条向雷切（Lecce）法院的普通法官提出作出紧急决定减少两个租赁合同的半年租租金各一半（她认为这是公平的）的要求，以消除她承受的新冠疫情带来的不利。①

按照意大利民事诉讼法典第 700 条，当事人有理由担心在通过一般方式实现其权利的期间，该权利可能遭受危急且不可修复的损害时，可通过申请法官作出紧急决定，以便根据具体情况，以最为适宜的方式对案件实体问题的判决的效力临时提供保障。② 简言之，援引这个第 700 条，就是要走诉前财产保全的通道。

经查明，玛莉亚分别于 2016 年 2 月和 10 月以 4.5 万欧元的半年租租金租下了开宾馆的不动产，以一万欧元外加增值税租下了开餐馆的不动产。但 2020 年年初暴发新冠疫情后，很多仪式（婚礼、受洗庆祝等）的预订被取消，大量客房预订也遭取消，由于政府的封城措施以

---

① 关于本案的基本情况，Cfr. Paolo Marini，Albergo-ristorante e crisi da Covid-19：il giudice riduce il canone，Su https：//www.altalex.com/documents/news/2021/07/29/albergo-ristorante-e-crisi-da-covid19-giudice-riduce-canone，2021 年 9 月 14 日访问。

② 参见白伦、李一娴译：《意大利民事诉讼法典》，中国政法大学出版社 2017 年版，第 271 页。

及限制就餐人数措施（如只能使用全部座位的一半），导致餐厅利用不足。两种原因造成玛莉亚从两个营业获得的预期收入大幅减少。在第一波新冠疫情暴发时，玛莉亚获得了临时减租。但第二波疫情暴发时，她的减租请求遭到拒绝，她不得不承担巨大牺牲继续交租，她的重订合同请求和调解请求但未获得结果。在实在承受不了的情况下，她求助于民事诉讼法典第 700 条。情况紧急，乃是因为租赁旅馆用不动产的半年租将于 2021 年 3 月 5 日到期，租赁餐馆用不动产的半年租将于 2021 年 5 月 5 日到期。

法官认为，新冠疫情带来的因强制关闭商业活动——尤其是酒店和餐馆活动——造成的危机，必须界定为“构成法律行为前提的事实和法律基础发生变化”。为此，基于民法典第 1375 条规定端方和诚信的一般义务，处于不利地位的当事人应有重新谈判合同内容的机会。

法官同意这样的学术观点：“在发生当事人订立合同时未考虑到的后续和不可预测因素，并导致一种超出合同的正常风险的失衡的情况下，诚信原则也可以用来强制补充合同内容”，根据上述观点，“上述情形应发生在当事人之间存在持续关系且不能容忍合同终止的所谓关系合同中”，该类合同包括了租赁不动产用于生产活动的合同，终止此类合同意味着丧失商誉和停止经营，由此产生了双方订立合同，以达成旨在使合同关系恢复平衡的新协议的义务。

法官还在其说理中罗列了各种来源的旨在减少新冠疫情对生产活动的财务影响的措施，首先是意大利于 2020 年 3 月 17 日发布的《加强国家卫生服务和对受新冠疫情紧急情况影响的家庭、工人和企业的经济支持措施》，其第 60 条规定，像玛莉亚这样的承租人可以当月租金的 60%抵免税收；其次是出租人做出的减让措施，他在疫情爆发后的第一时间（2020 年 6 月）已同意减少租金并推迟支付半年租的租金。然而，这些措施并不足以恢复本案中原有的平衡。法官认为，在 2021 年，似乎有必要诉诸诚信原则的强制补充合同内容功能，尽管如此，他注意到，截至2021年6月，有关旅馆和餐馆已恢复正常运营，故他只下令减收旅馆用不动产租赁合同半年租租金的20%，减收餐馆用不动产租赁合同的半年租的5%。

在国人看来，以上是一个应该适用情势变更原则的案例。情势变更原则起源于德国。在一战后的德国，发生了严重的通货膨胀，原先合理的价格现在变得很不合理，但立法者坚持合同必须信守的立场，出台了有关禁止货物升值的规定。依此规定，即便在严重通货膨胀的情况下，合同债务人仍应按照之前约定的价格支付货款。① 如此严重的不公局面，直到1920年9月21日法院判决的"蒸汽价格案"才终结。该案案情如下：1912年，原告把柏林的一栋属于自己的建筑物作为营业场所租给被告。根据合同，被告有权获得工业用途的蒸汽供应。原告则可以获得蒸汽的价金。但用于1917年9月6日至1919年7月下旬供应的蒸汽，因为煤炭和劳动力的市场条件发生了重大变化，原告按照原来的蒸汽价格履行将蒙受损失。所以，他要求宣告供应蒸汽的合同无效，或者把蒸汽的价格上调到合理程度。该要求被柏林州法院和柏林上诉法院驳回。原告上诉于德国最高法院，其主张得到支持，理由是从情势变更原则的角度来看，原告的要求是合理的。战争的意外过程和结果导致经济状况的崩溃和急剧变化，可能会异常地对现有合同产生影响，从而足以证明缔约方要求解除合同关系是合理的，所以根据德国民法典第242条，允许原告解除合同。② 都是适用诚信原则的案例，蒸汽价格案的结果是解除合同，雷切案的结果是减租，但两者都达成了对债务人的保护。

---

① 参见李夏旭：《论诚信原则的法律修正功能》，中国政法大学2021年博士学位论文，第140页。

② See Kurt Lipstein，Translated German Cases and Materials under the direction of Professors P. Schlechtriem，B. Markesinis and S. Lorenz，On https：//law. utexas. edu/transnational /foreign-law-translations/german/case. php？ id=955，2021年9月26日访问。

（二）适用端方原则的案例分析

原告是一家家具公司，以现金空仓大甩卖的方式出售库存家具。2008 年 4 月 9 日，被告购得一件家具，但用第三人的支票付款，最初以空白和传真的方式发给原告，然后填写金额并后填日期，由于用这样的支票支付被认为不可靠，原告拒收。在以后的 9 个月时间里，被告数次拒收标的物。双方涉讼。第一审由贝尔加莫（Bergamo）地方法院受理，原告诉求因不履行解除合同，要求被告支付 5450 欧元的家具款，外加损失的利润，另外有 5000 欧元由于不履行导致的家具仓储费用。被告反诉，要求原告承担不履行的责任，并双倍返还定金，并赔偿她损失的时间。2014 年 3 月 25 日，一审法院作出判决，驳回原告的诉求，接受被告的反诉请求，判处原告支付给被告 4000 欧元。

原告向布雷西亚（Brescia）上诉法院提出上诉。该院认为，家具买受人不履行合同，要就其迟延行为和不使用安全支付手段的行为承担责任，于 2018 年作出判决，判处一审被告向一审原告支付 5450 欧元，另外要返还因执行一审判决的所得。

一审被告不服，上诉于意大利最高法院。主要理由是：上诉法院错误地认为银行支票不构成合适的付款方式，尤其是未考虑到，债权人在拒绝接受银行支票时必须附上合理的理由。意大利最高法院认为，一审被告用来支付的支票是第三人出具的，而且书写的日期与实际的付款日期不符，这两项因素使得有关支票不安全。意大利最高法院民六庭于 2021 年 4 月 9 日作出判决，驳回上诉并判令上诉人承担诉讼费用，支持了一审原告的请求，认定在金钱之债中，债权人如果有正当理由，可以拒绝以银行支票进行的给付，因为此等支票不是安全的支付手段。按照作为意大利宪法第 2 条①规定的团结原则的具体体现，合

---

① 其辞曰：共和国无论对个人还是对表现其个性的社团成员，均承认并保障其人权之不可侵犯，并要求履行政治经济和社会团结方面的不可违背的义务。参见姜士林、陈玮主编：《世界宪法大全》（上卷），中国广播电视出版社 1989 年版，第 1111 页。

同当事人应当端方和诚信，使用这样的支付手段违反了端方和诚信的要求。① 本案中，法院适用了端方原则，但并非依据民法典的有关规定，而是依据宪法的规定。

第三节　小结

由上可见，意大利统一以来，第一部民法典就确立了诚信制度，但第一部商法典的制定者对诚信的纳入持反对态度，彰显了诚信原则背后的国家干预，其与自由主义对立的性质。到了 1942 年意大利制定民法典的时候，由于职团主义已成为官方的意识形态，立法者完全放弃了自由主义的立场，他们仍觉得诚信原则不足以表达他们对民事关系本质的理解，遂创立了端方原则与之并立，形成了在同一个民法典中有两个“客观诚信”规则的现象。墨索里尼倒台后，端方原则保留，但由于意识形态基础的改变，它与诚信原则的区别已不明显。但在司法实践中，仍留下适用端方原则的案例。

现行意大利民法典对善意有众多的规定，在不同的地方，以不同的方式定义善意并对善意者提出不同的要求。有时将善意定义为不知，有时定义为错误，但在两种情形，都排斥重过失构成善意。

在奖励主观诚信的方法上，意大利也有创造，两部民法典都区分物的价格与价值，授予诚信占有人只返还标的物的价格的好处，恶信占有人则要返还标的物的价值。这样的安排不见于其他国家的民法典。

意大利十分广泛地把外观主义与诚信挂钩，形成了表见住所、表

① 关于本案的基本情况，Cfr. Simona Daminelli，Il creditore è legittimato a rifiutare l’assegno in bianco e postdatato：Nota a Corte di Cassazione，Sez. VI Civile－2，ordinanza 9 aprile 2021，n. 9490，Su https：//ntplusdiritto. ilsole24ore. com/art/il－creditore－e－legittimato－rifiutare－assegno－bianco－e－postdatato－AE1GjBX，2021 年 9 月 16 日访问。以及 Sentenza Cassazione Civile n. 9490 del 09/04/2021，Su https：//sentenze. laleggepertutti. it/sentenza/cassazione－civile－n－9490－del－09－04－2021，2021 年 9 月 16 日访问。

见债权人、表见继承人的这样的少见于中国的表达。[①] 正由于中国罕有这样的表达，现行意大利民法典的译者在翻译这一民法典时，回避了采用“表见”的译法，而是翻译成“虚假”等，这样就损失了意大利这些制度在中国的传播。未来的意大利民法典的译本要解决这些问题。

当然，中国学界也很少把诚信原则适用于不当得利制度[②]，而意大利民法典在这方面做得很多，值得我国学习。

---

① 以王焜的《民法上的虚像：一个类型化分析视角》（《学术研究》2006 年第 4 期，第 82 页及以次）为代表的少量论文也援引意大利民法典的有关规定关注了表见住所等问题。

② 这方面的少有的论文，参见宁新海：《不当得利之善意与恶意的法律效力》，载《青海人大》2010 年第 4 期。

第十章

英美法系中的诚信原则研究

第一节　概述

英美在20世纪50年代前后确立了现代意义的诚信原则。在英美，诚信原则表现出一定的分裂，多数作者理解的诚信原则仅仅包括客观诚信，因此，诚信问题像中国早些年的情况一样，表现为跛脚的形态。主观诚信是一个平静的领域。首先，英美两国学者无人争论主观诚信的来源问题；其次，他们对这一主题没有什么分歧。客观诚信却被认为是一个新问题，吸引了广大学者的注意并就其发生种种分歧意见，有人认为它是外来之物；有人认为它是本土之物。英国学者在这方面的观点就明显地不同于美国学者的。在两国学者的内部，还有种种的下面要介绍的歧见。

也许是因为旁观者清，大陆学者认为很难定义甚至不能定义的诚信原则①，英美学者能简单地概括其内容：第一，说话算数；第二，不

① 关于定义诚信原则的困难甚至不能，See James Gordley，Good Faith in Contract Law，In The Medieval Ius Commune，In Reinhard Zimmermann and Simon Whittaker（Edited by），Good Faith in European Contract Law，Cambridge University Press，2000，p. 93.

欺诈并公平行事；第三，承担默示义务。[1] 昂格尔（Roberto M. Unger）的概括更是精练："诚信标准要求人们应在每一种具体情况中找到两个相互对立原则的中间地带。一个原则主张一个人在行使自己的权利时可以无视其他人的利益，而相反的原则是一个人必须正确对待他人的利益，仿佛就是自己的利益。"[2] 面对这样的概括，我们似乎有理由怀疑自己把简单的事情看得过于复杂了。英美学者对自己法系的诚信原则给出的定义也是很平白的："英国法中的诚信原则是来自契约必须信守和其他明显直接关系到诚实、公平和合理的法律规则的基本原则，它补充或在必要时取代正常适用的规则，以确保在共同体中居于优越地位的诚实、公平和合理的标准在英国法中也居于优越地位"。[3] "诚信就是公平交易"；"诚信是一种诚实地、公平地对待合同当事人的方式，它作为副词使用，要求人们不论在订约还是履行合同条款上避免欺诈和不择手段的行为"。[4] 显然，这些定义都没有大陆法中的对应物那么玄妙，它们大都限于描述客观诚信，不包括主观诚信，只有昂格尔下了一个兼及两种诚信的定义。

正因为主观诚信和客观诚信在英美受到如此不同的对待，为了论述的方便，我拟先把英国和美国作为一个整体介绍主观诚信在这两个国家的运作情况，然后分别介绍客观诚信在这两个国家的运作情况。

---

① See James Gordley, Good Faith in Contract Law, In The Medieval Ius Commune, In Reinhard Zimmermann and Simon Whittaker (Edited by), Good Faith in European Contract Law, Cambridge University Press, 2000, pp. 95ss.

② 参见［美］昂格尔：《现代社会中的法律》，吴玉章、周汉华译，中国政法大学出版社 1994 年版，第 195 页。

③ See J. F. O'Connor, Good Faith in English Law, Aldershot, Hants, Dartmouth; Brookfield, Vt., USA, Gower, 1990, p. 11.

④ See Charles Fried, Contract as Promise, A Theory of Contractual Obligation, Harvard University Press, Cambridge, Massachusetts, 1981, p. 74.

第二节　英美法系的主观诚信

一、主观诚信在英国法中的表现

主观诚信长期存在于英国的票据法、买卖法和信托法中。根据哈罗德·伯尔曼（Harold J. Berman，1918—2007）的观点，诚信动产买受人的权利优先于真正所有人的权利的原则是11世纪晚期至13世纪早期形成的西方商法的特征之一，但它在英国的适用以在公开市场上出售的物为限。[①] 由此看来，主观诚信如果不是英国本土自生的，就是通过国际贸易的途径进入英国的。它的适用主要涉及以下领域：其一，票据法。如果后手诚信并有偿地取得了票据，尽管其前手的权利存在瑕疵，他仍可获得此等票据，以此保障交易安全。[②] 其二，买卖法。如果非所有人转让某一动产给诚信买受人，后者以在公开市场实施购买为条件取得标的物的所有权，否则，他虽为诚信也不能为此等取得，真正的所有人可以恢复其财产或从转让中得到补偿。甚至在他于公开市场买得标的物的情形，如果此等物是赃物且窃贼已受到起诉并被判罪，法院仍可责令窃贼将标的物交还真正的所有人。因此，诚信的效果在英国远不及在其他国家大，这是因为英国法还奉行“无人能给予他所没有的”之原则，因而十分倾向于保护真正所有人。[③] 其三，信托法。如果受托人违背信托转让信托财产，而受让人为恶信且未支付代价，他被作为推定的受托人对待，按与原受托人同样的条件

---

① 参见［美］哈罗德·J. 伯尔曼：《法律与革命：西方法律传统的形成》，高鸿钧等译，中国大百科全书出版社1993年版，第424页，第747页。

② 参见［英］F. H. 劳森、［英］B. 拉登：《财产法》，施天涛等译，中国大百科全书出版社1998年版，第27页。

③ 参见［英］F. H. 劳森、［英］B. 拉登：《财产法》，施天涛等译，中国大百科全书出版社1998年版，第44页。

持有财产；相反，诚信的信托财产买受人则取得标的物的完全所有权，由此打破受益人的权益紧随财产转移的原则。[①] 主观诚信的这种适用与其在财产买卖法中的适用有所区别，此处不强调买受人从公开市场购得标的物，而强调其诚信的心理状态和已支付对价的事实，这种安排更接近大陆法中的动产诚信取得制度。

二、主观诚信在美国法中的表现

在美国，诚信买受人的地位与英国差不多。财产被盗后为诚信买受人购得的，真正所有人的权利不受影响，因为窃贼对标的物不享有任何权利，他也就没有移转任何权利给诚信买受人，法院在诚信买受人与真正所有人之间选择保护后者。美国人认为，这样的安排会刺激买受人去搞清楚出卖人权利的真实性。对此的例外处理来自统一商法典第 2 条至第 403 条，它规定：1. 货物的买受人取得其出卖人有或有权转让的一切权利，有限利益的买受人只在买得的利益范围内取得权利的除外。拥有可撤销权利的人可以对付出了代价的诚信买受人移转完全的权利。在货物因购买被交付的情形，买受人拥有这样的权力，尽管：（1）出卖人在买受人的身份问题上受骗；或（2）交付的代价是后来没有被兑现的支票；或（3）当事人商定交易是“现金买卖”；或（4）交付是因为根据刑法应像盗窃一样受惩罚的诈欺得到的；2. 委托专门交易此等货物的商人占有货物赋予他将委托人的全部权利移转给从事正常商业活动的买受人的权力。[②] 本条第 1 款的含义为，如果某人被骗出售动产给他人，实施诈欺的买受人的权利可以被撤销但并非无效，因此，出卖人可以诉追买受人恢复此等财产。但如果该买受人已转售此等财产给诚信受让人，则真正所有人不得索回它，只能

---

① 参见［英］F. H. 劳森、［英］B. 拉登：《财产法》，施天涛等译，中国大百科全书出版社 1998 年版，第 108 页，第 171 页。

② 本条的第 3 款和第 4 款此处从略。

向出售人请求赔偿[1]；第2款的含义有点类似于英国法中对诚信动产买受人优先权的“公开市场”限定，它要求：第一，只有经营与委托物同属于一类物的商人有权转让其不享有的所有权，如既修表也卖表的修表工将他修好的客户的表卖给别人；第二，他只能向正常交易中的买方（光顾其表行的人）转让所有权；不在正常交易中则不行，比如将所修的客户的表拿回家中后私下出卖给了朋友或邻居，此时买受人不能取得该表的所有权[2]，相反情况下的买受人可以不因物有“污点”受追夺。通过这两款的规定，美国法以牺牲真正所有人为代价保护了诚信买受人，实现了对主观诚信的尊重。

三、英美法中的主观诚信的含义

在以上英国和美国的适用例中，主观诚信都是“不知”的意思，即买受人处在不知标的物处在不适格的状态。即所谓的“纯净的心和空空的脑”规则（The Rule of Pure Heart and Empty Head），不要求买受人尽注意。在要求此等注意的场合，这种意义上的诚信不足以使买受人取得权利。[3] 但在另外的场合，美国法中有把主观诚信理解为“确信”的实例。1954年，第83届国会参议院司法委员会的一个分委员会召开听证会，提出了“在某些案件中确立诚信作为抗辩”的法案，其要旨为，如果有关人等根据负责执行某种法律的机构的规则、命令、意见或书面陈述行动并诚信地信赖它们，可以不对自己违反法律的行为承担赔偿或刑事责任。[4] 该法案起源于联邦谷物保险公司诉梅里尔

---

① 参见［美］约瑟夫·辛格：《财产法概论》，中信出版社2003年版，第754页。

② 感谢统一商法典专家孙新强教授对我理解这一款提供的帮助。

③ See the American Law Institute, Restatement of the Law Contracts 2d (Vol. 1-3), American Law Institute Publishers, 1981, p. 100.

④ See United States Congress. Senate. Committee on the Judiciary, Establishing good faith as a defense in certain cases. Hearing before a subcommittee, Eighty-third Congress, second session, on S. 1752. July 1, 1954, Washington, U. S. Govt. Print. Off., 1954, p. 1.

一案（332 U. S. 380，1947）。梅里尔（Merill）是一个爱达荷州的农民，于1945年根据联邦谷物保险法为其麦苗申请了保险。他告知当地保险公司的工作人员自己要种460公顷春小麦，其中的400公顷是在冬小麦的播种面积上再种的。工作人员通知他全部谷物都可以保险。保险公司后来接受了其保险申请并就全部谷物发放了保单。但在是年的夏天，爱达荷州的多数农民的庄稼都被旱死。得到损失通知后，保险公司拒赔，理由是被毁灭的播种面积已经重种了。梅里尔不服这一决定，起诉了保险公司。被告辩称，有关条例不允许保险涵盖在冬小麦的播种面积上再种的春小麦。法院认为，梅里尔并不知道这一条例，事实上，他被保险公司的工作人员误导了，以至于相信在冬小麦的播种面积上重种的春小麦也可投保。陪审团作出了有利于梅里尔的决定，爱达荷州最高法院也作出了有利于他的判决。由于该案具有普遍意义，导致第83届国会参议院司法委员会的一个分委员会提出了以上法案。[①]此例不仅证明美国人对主观诚信的另一种理解，而且还证明他们已将此等诚信扩张适用到了公法中。

四、对英美法中的反向占有制度中诚信要件阙如的解读

至此，读者可能感到奇怪，在大陆法系国家，主观诚信的主要舞台是取得时效，它是完成此等时效取得的一个要件；在英美，怎么算是主观诚信的主要活动领域变成了动产取得呢？那么，英美法系有无取得时效？如果有，主观诚信是否为其构成要件？

文献告诉我们，在英美存在取得时效制度。就英国而言，从1833年开始，就允许人们利用这种制度取得地役权和不动产所有权，从1939年起用于取得动产所有权。适用于不动产的时效期间是12年。[②]

---

① See United States Congress. Senate. Committee on the Judiciary, op. cit., p. 5.

② 参见［英］F. H. 劳森、［英］B. 拉登：《财产法》，施天涛等译，中国大百科全书出版社1998年版，第49页及以次。

作为英国法的继受者，美国法中也有同样的制度，称为“反向占有取得”（acquisition by adverse possession）。[①] 这种取得时效的四个构成要件分别为：1. 占有人实际占有了财产并获得了个人专有的占有权；2. 占有是公开的和众所周知的；3. 占有必须是反向的或敌对的；4. 占有在法定期限内连续进行。[②] 与大陆法系多数国家的取得时效制度不同，这里不包含诚信的要件，这一如此突出的差别使我强烈地想说点什么。当然，从好的方面说，英美法系比较注意法律与道德的分离，这也是该法系长期以来排斥诚信原则的理由之一[③]；从坏的方面就要说该法系对人性标准的设定总是比大陆法系低。[④] 从法律的经济分析的角度看，它具有极为强调资源使用的效率的色彩。无论如何，英美的“取得时效”制度不包含诚信的要件，导致两大法系的主观诚信的适用领域极为不同。

第三节　英国法中的客观诚信

客观诚信的来源在英国是聚讼纷纭的问题，有“继受说”与“本土说”。前者认为，英国法中本无诚信原则，现在有这个原则是继受大陆法的相应制度的结果；后者认为英国法本来就有诚信原则。容分述之。

“继受说”首先面对的是为何英国法中无诚信原则的问题，主张此说的作者纷纷给出自己对这一问题的答案。原因一，制度差别。大

---

① See Dukeminier and Krier, Property, Fifth Editon, Aspen Law & Business, New York, 2002, pp. 125ss.

② 参见［美］罗伯特·考特、［美］托马斯·尤伦：《法和经济学》，张军等译，上海三联书店 1991 年版，第 214 页。

③ See Reziya Harrison, Good Faith in Sales, London, Sweet & Maxwell, 1997, Foreword, V.

④ 关于英美法系人性标准较低的另一实例，参见徐国栋：《主编絮语》，载徐国栋主编：《罗马法与现代民法》（第 3 卷），中国法制出版社 2002 年版，第 8 页。

陆法系的民法典都被设想成一个封闭的体系，它包罗民法的全部规则，法官的设计角色就是依法审判，不得发展法律，但由于静止的法典与发展的社会现实的矛盾，法官又不得不发展法律，而他们在制度设计上并无这一功能，因此，只能以解释的名义从事这一工作，于是诚信原则这样的一般条款就成了他们从事这一“非法活动”的掩体。相反，英国法官在制度设计中被赋予能动的地位，发展法律是其本职工作，因此，在法无明文的情况下他们无须把自己的创造活动借助于解释的名义实施，于是，诚信原则这样的借口对他们不需要。基此，立法上未设立诚信原则作为法律规定与社会现实之间紧张关系的减压阀。① 原因二，文化上的差别。由于经验主义的哲学传统，英国人对一般原则、体系持怀疑态度，只基于个案解决问题，诚信原则因其一般性受到排斥。② 原因三，对法律的确定性的追求。诚信原则这样的一般条款无疑会增加法律的不确定性，这并不符合英国法的精神。③ 原因四，对界分法律与道德的追求。诚信原则引进的是一个道德标准，采用它会混淆法律与道德的界限。④ 诚信原则的本质是对自利追求的限制，这是斯多亚哲学的精神，而英国人秉承功利主义的哲学，认为快乐为善，这是对伊壁鸠鲁哲学的快乐主义的继承，故他们普遍认为不追求自利的合同不是合同⑤，因此把“家长关怀式的”诚信排斥在

---

① See Scott Crichton Styles, Good Faith: A Principled Matter, In A. D. M. Forte (Edited by), Good Faith in Contract and Property, Oxford-Portland Oregon, 1999, pp. 158s.

② See Scott Crichton Styles, Good Faith: A Principled Matter, In A. D. M. Forte (Edited by), Good Faith in Contract and Property, Oxford-Portland Oregon, 1999, p. 161.

③ See Scott Crichton Styles, Good Faith: A Principled Matter, In A. D. M. Forte (Edited by), Good Faith in Contract and Property, Oxford-Portland Oregon, 1999, p. 161.

④ See Scott Crichton Styles, Good Faith: A Principled Matter, In A. D. M. Forte (Edited by), Good Faith in Contract and Property, Oxford-Portland Oregon, 1999, p. 161.

⑤ See Roger Brownsword, Positive, Negative, Neutral: The Reception of Good Faith in English Contract Law, In Roger Brownsword, Norma J. Hird and Geraint Howells (Edited by), Good Faith in Contract, Concept and Context, Aldershot, Hants, England, Dartmouth; Brookfield, Vt., Ashgate, 1999, p. 15.

合同法之外。[1] 英国人尤其不能接受谈判诚信的观念，因为它与谈判当事人的对抗地位和主观价值论冲突，他们都有权追求自己的利益，而标的物的价值对于各方也是不同的，当事人只要不就它们作出误述就可以了。[2] 为此，曾实行“买者担心”原则（Caveat emptor）。原因五，对合同自由的尊重。诚信原则对合同实体内容的干预将侵犯合同自由原则，违背合同法不过为当事人的自我调整提供一个可计算的框架的观念，以及当事人只受自己明示同意的条款约束的观念。[3] 原因六，英国存在诚信原则在各种具体情形的替代制度。例如，德国法要用诚信原则解决的情势变更问题英国法用合同受挫理论就解决了，比起难以名状的、具有多种用途的诚信原则，合同受挫理论要明晰和单一得多。[4] 另外，禁反言原则也能担负起大陆法系中的诚信原则的一些功能。事实上，我国民法典确立诚信原则的第 7 条有“恪守承诺”的文句，该文句包含禁反言的意味。最后，英国法中的信义义务（Fiduciary duty）规则也能担负大陆法系中的诚信原则的一些功能，该规则起源于衡平法，主要适用于信托法，被扩张为信义法的法律部门。该规则要求受托人或处在类似地位者承担忠实义务、注意义务。它与诚信原则都来源于罗马法，都保护施信人，但诚信原则的适用范围要大于信义义务的适用范围，诚信原则的人性标准设定低于信义义务的，

---

① See Patrick Atiyah, The Rise and Down of the Freedom of Contract, Oxford University Press, 1979, p. 168.

② See Roger Brownsword, Positive, Negative, Neutral: The Reception of Good Faith in English Contract Law, In Roger Brownsword, Norma J. Hird and Geraint Howells (Edited by), Good Faith in Contract, Concept and Context, Aldershot, Hants, England, Dartmouth; Brookfield, Vt., Ashgate, 1999, p. 16.

③ See Roger Brownsword, Positive, Negative, Neutral: The Reception of Good Faith in English Contract Law, In Roger Brownsword, Norma J. Hird and Geraint Howells (Edited by), Good Faith in Contract, Concept and Context, Aldershot, Hants, England, Dartmouth; Brookfield, Vt., Ashgate, 1999, p. 18.

④ See Ewan McKendrick, Good Faith: A Matter of Principle? In A. D. M. Forte (Edited by), Good Faith in Contract and Property, Oxford-Portland Oregon, 1999, p. 42.

而且信义义务要求的明确性高于诚信原则。[①] 总之，这三大替代制度的存在证明，英国法拒绝诉诸诚信原则有时表明了其力量。法律把自己的有关规则以更明晰、更精确的术语表达出来，当然是有力量的表现。

既然“继受说”承认诚信原则是外来之物，那么对它的继受是如何完成的呢？有人认为是一些跨国法把它引进的。这里的“跨国法”，指其适用范围不止一国的法律，如教会法和商人法。众所周知，英国的衡平法院善于根据良心判案，而良心不过是贴在诚信要求上的一个方便的标签，作为僧侣的衡平法官对教会法中的诚信理论十分熟悉，于是他们就把罗马教会法中的诚信原则在英国制度化了。[②] 此外，从14世纪以来，讲究诚信的商人法被适用于许多地方法院，吸引了众多诉讼当事人脱离普通法院来这里解决纠纷，诚信原则因此得以普及。[③] 在这一方面，苏格兰人曼斯菲尔德勋爵（William Murray，1st Earl of Mansfield，1705—1793）特别值得一提。之所以在这里点出他是苏格兰人，乃是因为苏格兰是特别地受到大陆法影响的讲英语的地区。1766年，他在审判一个保险案件卡特诉波赫姆案（Carter v. Boehm）时引进了诚信原则，该案的案情是这样的：卡特是位处印度尼西亚的苏门答腊（Sumatra）的由英国东印度公司建造的马尔伯勒要塞的总督，他向波赫姆投保自己的要塞免受敌人攻占，卡特知道要塞是为抵御土著人而非针对欧洲人的，但法国人很有可能攻击该要塞。结果法国人果真攻占了要塞，卡特遂向波赫姆索赔，遭到拒绝，于是诉至法院。曼斯菲尔德法官认为卡特要承担诚信义务，必须向保险人披露对风险至关重要的事实。他说：“保险乃是基于投机的合同。赖以估算事故之

---

① 参见徐化耿：《信义义务与研究》，清华大学出版社2021年版，第104页及以次。

② See J. F. O'Connor, Good Faith in English Law, Aldershot, Hants, Dartmouth; Brookfield, Vt., USA, Gower, 1990, pp. 2ss.

③ See J. F. O'Connor, Good Faith in English Law, Aldershot, Hants, Dartmouth; Brookfield, Vt., USA, Gower, 1990, p. 5.

偶发概率的特殊事实主要仅为本案被保险人独自知悉；本案中，承保人信任被保险人的陈述，相信被保险人为了使承保人误以为本案所涉情形并不存在而隐瞒其（被保险人）知道的事实。在此基础上，承保人对风险进行评估，以为并不存在风险。实际上，被保险人隐瞒本案所涉情形，此为欺诈，故保险单无效。尽管此种隐瞒可能由于错误而发生，尽管被保险人并无诈欺之意，但合同依然无效：因为承保人实际承担的风险完全不同于其合同订立时所理解、评估并拟承担的风险。如果承保人隐瞒事实，则保险单同样无效。比如，承保人承保一艘航船，但其暗中已知该船已经安全到港。此种情形下，被保险人可起诉请求承保人返还保险费。这一原则适用于一切合同和交易。依据诚信，任何一方当事人都不得隐瞒仅为自己暗中已知的情形、并从对方的不知情和误以为真这一状态中获得交易。① 曼斯菲尔德勋爵并把诚信说成是“可适用于一切合同和交易的指导原则”②。结果，沿着这个判例开创的方向，英国1906年《海上保险法》第17条规定：“海上保险合同是建立在最大诚信上的合同，如果任何一方不遵守最大诚信，他方可以宣告合同无效。”此条被称为曼斯菲尔德规则，它是英国海上保险法中的诚信原则的体现。这里的诚信是客观诚信，它要求的是披露必要信息的行为，禁绝利用对方无知的沉默。

当然，也有人认为英国法中的诚信是通过翻译大陆法的民法著作引进的。波提尔的《债法论》于1806年、《买卖合同论》于1839年被译成了英文并在英国广泛流行，其观点经常被法官引用；多马的《在其自然秩序中的民法》于1722年和1739年，普芬道夫的《论自然法和万民法》于1710年，萨维尼的《当代罗马法体系》第1卷于

① 参见韩永强：《保险合同法“最大诚信原则”的祛魅》，载《甘肃政法学院学报》2011年第2期，第153页。

② See Allan Farnsworth, Good Faith in Contract Performance, In Jack Beatson and Daniel Friedmann (Edited by), Good Faith and Fault in Contract Law, Oxford, Clarendon Press, New York, Oxford University Press, 1995, p. 154.

1867 年被译成英文，这些著作都谈到诚信问题。① 当然，这只是英国对大陆法系式的诚信原则的第一次继受，国际共同体的立法权的新近确立则引发了这方面的第二次继受。英国加入欧盟导致她有义务接受欧盟委员会的指令并将其转化为国内法。例如，1993 年关于消费合同中的不公正条款的指令第 3 条包含诚信规定，该指令被几乎原封不动地转化为英国 1994 年的同名条例；1986 年关于商事代理人的指令第 3 条和第 4 条分别规定了代理人和被代理人诚信行事的义务，该指令于 1993 年转化为英国的商事代理人条例。通过这样的途径，占据欧盟成员国多数的大陆法国家商定的诚信制度也成了英国的制度。这是从实在法的角度看问题，从理论法的角度看，统一法运动也起到了把欧陆的诚信原则带到英国的作用。《欧洲合同法原则》第 1：106 条规定了解释和补充合同的诚信原则；《国际商事合同通则》第 1.7 条规定了同样的原则；正在筹划中的欧洲民法典也必然涉及诚信原则问题，它们都要对英国法产生影响。当然，法学研究人员的跨英吉利海峡流动也有利于诚信原则的传播。欧盟委员会先是通过埃拉斯穆斯（Erasmus）计划，然后是通过苏格拉底计划增加了法科学生在成员国范围内的流动，由此带动了包括诚信原则在内的法律观念的流动②，使大陆法系式的诚信制度变得为英国人熟悉。

“本土说”认为，诚信原则与诚信规则不同，英国无前者，后者却是英国自有之物，它是以个案方法发展起来的一套解决不公平问题的规则，承担了诚信原则同样的功能。首先是对恶信的严厉惩罚制度。恶信的行为，诸如撒谎、运用非法压力、利用他方的虚弱以

---

① See Reziya Harrison, Good Faith in Sales, London, Sweet & Maxwell, 1997, p. 6; p. 31.

② See Reinhard Zimmermann and Simon Whittaker (Edited by), Good Faith in European Contract Law, Cambridge University Press, 2000, pp. 8s.

及滥用信赖等，都构成撤销合同的理由；其次是要求一些类别的合同当事人具有最大诚信的做法，如对海上保险合同的投保人就有这样的要求；最后是关于超过赔偿实际损失的罚金条款不可强制执行的规定，它们都成就了实现当事人之间公平的目的，因此，尽管没有诚信原则，但英国法与运用这一原则的法的区别并不如想象的那么大。① 尤其在不少大陆法系国家把客观诚信用诚信以外的术语表达后，更见本土说的理由。意大利的“端方”不就是英国的公平竞争（Fair play）吗？荷兰的“公正与合理”在英语中更是有太多的对应物。由此可以说，基于人类成员和谐共处的需要，实质性的诚信规则是普遍存在的，我们不能因为某一法域没有形式意义上的诚信原则而将其文明视为低下。

实际上，“继受说”与“本土说”的差别也未像想象的那么大，因为两说在英国曾没有大陆法系意义的诚信原则上并无歧见。而且，“本土说”提到的具体的诚信规则也不排除来自大陆法系的可能，如“最大诚信”的概念就来自商人法，这种法在某种程度上就是英国的外来之物。所以，诚信制度在英国基本上是一个舶来品，是多数人主张的观点。

第四节　美国法中的客观诚信

一、美国法对客观诚信的继受

与英国人争辩客观诚信的来源不同，美国人一致认为它是在 20 世纪

---

① See Ewan McKendrick，Good Faith：A Matter of Principle? In A. D. M. Forte（Edited by），Good Faith in Contract and Property，Oxford-Portland Oregon，1999，p. 42. See also Reziya Harrison，Good Faith in Sales，London，Sweet & Maxwell，1997，p. 4. 也参见何宝玉：《英国合同法》，中国政法大学出版社 1999 年版，第 700 页。

50年代由卡尔·卢埃林（Karl Llewellyn，1893—1962）从德国引进的。[①] 1928—1929年，作为哥伦比亚大学法学院商法教授的卢埃林受德国著名法学家康特洛维茨的邀请在莱比锡大学法律系教书一年，在那里出版了介绍美国法的德文著作《判例法》，并深受马克斯·韦伯和欧根·埃利希的社会学影响，回国后成为美国的现实主义法学派的创始人之一。从1931年到1932年，他回到莱比锡大学教授法律社会学，在那里用德文出版了《法、法生活与社会》。[②] 他回到美国后，协助全国统一州法委员会的主席威廉·A. 舒纳德尔（William A. Schnader）说服这一委员会接受了以一部统一商法典代替旧的某些统一法并使之现代化的想法。于是，从1937年到1952年，卢埃林花了15年的时间主持制定统一商法典。1952年，这一现代的商人法典出版，其400个条文中有50多处提到诚信，尤其是其中的第1-201条、第1-203条、第2-103条和第2-403条。第1-203条规定："每个合同或本法范围内的义务都课加诚信履行或执行它们的义务"。这里的"每个合同"，实际上只包括商法典规定的商事合同，诸如货物买卖合同、信用证和票据协议，并不包括其他合同，诸如建筑合同、土地买卖合同、不动产抵押合同、保险合同等。[③] 适用范围是有限的。关于什么是诚信，第1-201条（19）将之定义为"有关行为或交易中的事实上的诚实"；第2-103条将之定义为"事实上的诚实并遵守行业中的关于公平交易的合理的商业标准"。这两个定义不同，根据学者的解释，前者说的"事实上的诚实"一指不误导他人借此得利；二指说话算数，它与分享原

---

① See Allan Farnsworth, The Concept of Good Faith in American Law, Roma, Centro di studi e ricerche di diritto comparato e straniero, 1993, p. 2.

② See Michael Ansaldi, The German Llewellyn, In Brooklyn Law Review, FALL, 1992.

③ See Robert Summers, The Conceptualisation of Good Faith in American Contract Law: a General Account, In Reinhard Zimmermann and Simon Whittaker (Edited by), Good Faith in European Contract Law, Cambridge University Press, 2000, p. 119.

则、利他主义或对交易伙伴的利益的关切毫无关系，一个诚实的人也可逼人达成不公平交易，因此，诚实是一种最与古典的个人主义和意思自治原则相连的美德。[①] 所以，后者增加了“遵守公平交易的合理的商业标准”的客观因素，它意味着某种分享的义务、利他的义务。[②] 在方斯沃思看来，这种增加是实质性的，因为“公平交易”表现了诚信在合同履行方面的全部要求，它的出现可以使诚信回到与购买相关的主观领域中去。[③]

同样地，出于把判例法成文法化的愿望，1932 年，美国法学会出版了《合同法重述》，其中对诚信无任何规定；1979 年，重述的第 2 版问世，在哈佛大学教授罗伯特·布劳切尔（Robert Braucher）的干预下增加了其第 205 条，它规定：“每个合同都课加其各方多数人在履行或执行合同中的诚信和公平交易的义务。”这里的“履行或执行合同中的诚信”中的“诚信”，指当事人“忠实于商定的共同目的，满足他方当事人的正当期待，它排除各种类型的违反共同体的正派、公平合理的标准的恶信行为”。“履行”的含义不言自明；“执行”指当事人围绕合同提出主张和抗辩、和解和诉讼的活动，相反的活动有如虚构争议、主张违反自己理解的解释或伪造事实、利用他方的紧迫需要敲诈性地修改合同等。[④] 因此，所谓的“执行诚信”是“争议解决诚信”的意思。这里的“每个合同”与统一商法典中的同样表达含义不同，指“法律调整的任何合同”，因为重述不仅适用于商事合同，而

---

① See Charles Fried, Contract as Promise, A Theory of Contractual Obligation, Harvard University Press, Cambridge, Massachusetts, 1981, p. 78.

② See Charles Fried, Contract as Promise, A Theory of Contractual Obligation, Harvard University Press, Cambridge, Massachusetts, 1981, p. 85.

③ See Allan Farnsworth, Good Faith in Contract Performance, In Jack Beatson and Daniel Friedmann (Edited by), Good Faith and Fault in Contract Law, Oxford, Clarendon Press, New York, Oxford University Press, 1995, p. 165.

④ See the American Law Institute, Restatement of the Law Contracts 2d (Vol. 1-3), American Law Institute Publishers, 1981, p. 99; p. 102.

且适用于所有其他合同，于是，这样的表达把美国合同法中普遍的诚信原则确立下来，此后它就受到广泛适用。1980 年前，在美国公布的判例中，有 350 个解释了诚信原则；1980 年后的十几年，这方面的判例就增加到 600 多个。①

二、美国法中的客观诚信的特点

由于诚信制度在美国有制定法的依据，这一问题的焦点就成了如何解释制定法的规定。学者们形成了一些共识，如原则上排除诚信原则适用于谈判阶段或前契约阶段，因为美国法中有其他制度起诚信原则同样的作用。之所以说“原则上”，乃是因为已有一些特例证明诚信原则已适用于谈判过程中，下面的两个案例经常被人分析。首先是 Obde v. Schlemeyer [Wash. 2d 449, 353 P. 2d 672 (1960)] 一案。其中，出卖人知道其房子受白蚁危害，他未采取任何治理措施，只是盖住了有白蚁痕迹的地方，修理了由此损害的地方。买受人没有询问房子的白蚁情况，也没有得到出卖人就房子状况作出的任何担保。法院裁定买受人受到了诈欺，有权就其受到的损害得到赔偿。② 被告的知而不言被认为是撒谎。其次是一个由耶鲁大学法学院教授安东尼 · T. 科隆曼（Anthony T. Kronman）假设的案件：A 拥有一片富含油气的地产，A 对此不知。B 是一个训练有素的地质学家，检查该地产发现了矿藏，在没有透露他所了解的情况的条件下，以该地区农地的价格向 A 购买这块土地。A 表示同意，后来试图以 B 没有披露他对该项财产所了解的情况无异于欺诈为由要求解除合同。科隆曼根据帕累托主义认为法律并不要求知情的买方披露信息，至

① See Robert Summers, The Conceptualisation of Good Faith in American Contract Law: a General Account, In Reinhard Zimmermann and Simon Whittaker (Edited by), Good Faith in European Contract Law, Cambridge University Press, 2000, p. 120.

② See Charles Fried, Contract as Promise, A Theory of Contractual Obligation, Harvard University Press, Cambridge, Massachusetts, 1981, p. 78.

少在信息是经过他们仔细调查而来的情况下是这样。[1] 但方斯沃思认为 B 的行为违反了谈判诚信[2]，查尔斯·弗莱德（Charles Fried）也持同样的见解。[3] 可见，至少在学说上，美国的诚信原则的适用范围在扩大之中。

三、美国学者关于客观诚信含义的争鸣

关于应如何理解通常只涉及合同履行阶段和争议解决阶段的诚信，学者们则意见纷纭，主要分成三派学说。

（一）默示条款说

此说为哥伦比亚大学法学院的艾伦·方斯沃思（Allen Farnsworth，1928—2005）教授所持。他于 1961 年在《芝加哥法律评论》上发表的《诚信履行与依据统一商法典的商业合理性》一文中提出了诚信履行的义务是默示条款的源泉的观点，此等默示条款用来解决当事人在订约时遗漏的情形的权利义务分配问题。在诚信原则的适用中，首先，法院要通过合同解释求诸当事人的实际意图或根据自己的正义感确定合同是否有遗漏的情形，如果结论是肯定的，该原则就会要求由于此等遗漏得到自由裁量权的当事人一方诚信行事，并为被遗漏的情形提供补充条款。[4] 例如，一个作者与出版社订立合同，前者为后者写一部小说，后者收到手稿后如感到满意即将之出版。在这个案例中，“感到满意”是一个主观性很强的条款。如果出版社收到手稿后以不

---

① 参见［美］安东尼·T. 科隆曼：《合同法与分配正义》，王建源译，载徐国栋主编：《罗马法与现代民法》（第 3 卷），中国法制出版社 2002 年版，第 256 页。

② See Robert Summers, The Conceptualisation of Good Faith in American Contract Law: a General Account, In Reinhard Zimmermann and Simon Whittaker (Edited by), Good Faith in European Contract Law, Cambridge University Press, 2000, p. 134.

③ See Charles Fried, Contract as Promise, A Theory of Contractual Obligation, Harvard University Press, Cambridge, Massachusetts, 1981, p. 83.

④ See Stephanie Anne Brown, Good Faith Performance and Enforcement of Contracts in Canadian Law, Columbia University, 1997, p. 8.

满意为由退稿，它是否诚信呢？如果是恶信的，他可能并不因为小说写得不好，而是因为作者有他不能接受的政治观点而这样做，如此，“不满意”就会成为掩盖政治观点分歧带来的敌意的借口，因此，不满意的标准就是一种当事人遗漏规定的情况。此时，诚信课加给出版社的补充义务是具体指出他感到不满意的地方，以便小说作者有可能修改他们以达到出版社满意；如果出版社不这样做，就构成违约，满意的条件视为不存在。通过这样的程序，出版社的自由裁量权受到限制。[①] 这是一种从积极角度对诚信作出的阐述，这一看来简单的理论实际上从一个很巧的角度把握了诚信原则。对一方当事人额外课加义务限制了其权利，当然同时也扩张了对方的权利，而这一切都出自法官的安排，诚信原则的几个要素一个也未被他落下。这种看来冷冰冰的理论实际上是一场理论革命的成果，它冲击了英美传统的自由主义的古典合同理论，该理论首先基于绝对主义的认识论主张意思自治；其次基于性恶论主张合同是当事人自利的工具。然而，意思自治以当事人能预料合同运作中可能发生的所有事项并以条款将它们规定下来为前提，这是超越他们的认识能力的，也是超越语言的表达能力的，因此，合同运作中的多数事项要等它们发生以后才能对之治理，在争讼的情形，这样的治理者是法院而非当事人，它们用诚信原则作为工作工具，假定它是当事人合同的默示条款，一旦发生争议，它授权法官为当事人订立补充合同，重新分配权利、义务和责任。这样，“法院不为当事人订合同”的英美法原则以及作为其另外形式的意思自治原则就被打破了。当然，法院在这样做时，考虑的不是合同的自利工具性，而是分享甚至利他的原则，不仅考虑当事人间关系的实然，而且考虑这种关系的应然，为此，当事人不仅要承担自己明示允诺的义务，而且要承担外部课

---

① See Allan Farnsworth, The Concept of Good Faith in American Law, Roma, Centro di studi e ricerche di diritto comparato e straniero, 1993, p. 7.

加的义务，从而维持一个社会的团结。[1]

方斯沃思的这一诚信原则理论受到美国法院的援引，甚至影响到澳大利亚法院的判决。[2]

（二）“排除者说”（Theory of Excluder）

此说为康奈尔大学法学院的罗伯特·萨莫斯（Robert Summers）所持。他在1968年的《弗吉尼亚法律评论》上发表的《一般合同法中的“诚信”与统一商法典中的出售条款》中提出此说。他认为诚信条款并无积极含义，而是起一个根据具体情况的排除者的作用，把应该被看作恶信履行的不当行为排除。根据其观察，法官通常并不说明诚信是什么，而是说明诚信不包括什么，因此，他们是在排除的意义上使用“诚信”短语的。例如，法官指责出卖人掩盖出售物瑕疵的恶信行为时，他们是在提出完全披露重要事实的诚信要求。他们指责承包商公开滥用讨价还价权强迫提高合同价金时，是在提出禁绝滥用讨价还价权的诚信要求，如此等等。[3] 被他们排除的不诚信的行为有以下这些：规避交易的精神、缺乏注意和懈怠、故意作出不完全履行、滥用条款指定权和格式条款确定权、干扰他方当事人的履行或不对此提供合作等。他还主张应有限制地适用诚信原则。首先必须证明没有其他的替代手段；其次必须证明有采用诚信要求的充分的积极理由，然后

---

① See Charles Fried, Contract as Promise, A Theory of Contractual Obligation, Harvard University Press, Cambridge, Massachusetts, 1981, pp. 75ss.

② See Allan Farnsworth, Good Faith in Contract Performance, In Jack Beatson and Daniel Friedmann (Edited by), Good Faith and Fault in Contract Law, Oxford, Clarendon Press, 1995, p. 157.

③ See Robert Summers, The Conceptualisation of Good Faith in American Contract Law: a General Account, In Reinhard Zimmermann and Simon Whittaker (Edited by), Good Faith in European Contract Law, Cambridge University Press, 2000, p. 127.

才可适用这一原则，以此防止这一原则的副作用。[①]

相较于方斯沃思的研究，萨莫斯是从消极的角度研究诚信原则，其工作方式是观察法院对诚信短语的运用从而归纳出诚信原则的"活法"形态。从积极方面看，大而言之，这种方法表现了美国人的实证主义精神；小而言之，表现了美国人对法律的运作的重视。从消极方面看，这种方法显得很矛盾，因为在这一方面，美国学者都承认诚信原则是外来之物，它在美国只有很短的历史和不多的适用案例，而萨莫斯却从依赖学说规划自己的行动的美国法官的经验中概括诚信的含义，这岂不是缘木求鱼？对这种矛盾的最善意解释是：上述不合诚信原则的行为都是普通法中已有的规制对象，诚信原则的引进不过给它们一个概括的名称罢了。而且，诚信不仅要求禁绝某些不良行为，也要求积极的行为，如合作、协力行为，把它理解为对不良行为的戒除未免过于狭窄。

萨莫斯的这种观点为部分美国法院采用。[②] 最值得一提的是，《合同法重述》第2版关于诚信履行义务的评注也采用了其观点，以一个列举恶信的行为的清单来说明什么是诚信的行为，包括恶信磋商、不透露交易中的重要事实、不正当争夺顾客、未来之物的买受人破坏出卖人取得该物的计划、假装对标的物不满意以通过和解降低价金等。[③]

（三）自由裁量权限制说

此说为艾奥瓦大学法学院的斯蒂文·伯顿（Steven Burton）所持。他在1980年的《哈佛法律评论》上发表的《违约与诚信履行的普通

---

① See Robert Summers, The Conceptualisation of Good Faith in American Contract Law: a General Account, In Reinhard Zimmermann and Simon Whittaker (Edited by), Good Faith in European Contract Law, Cambridge University Press, 2000, p. 135.

② See Allan Farnsworth, The Concept of Good Faith in American Law, Roma, Centro di studi e ricerche di diritto comparato e straniero, 1993, p. 4.

③ See the American Law Institute, Restatement of the Law Contracts 2d (Vol. 1-3), American Law Institute Publishers, 1981, pp. 101s.

法义务》一文中提出此说。他抱怨统一商法典的评注作者都未确立一个有效的区分诚信履行和恶信履行的标准，批评“排除者”说会让法院不执行当事人的意图，而把当事人商定的条款搞得不可执行或课加与既有协议不相容的义务。所以，他打算基于多数人的期望自己确立一个诚信的标准。他认为，诚信限制了一方当事人行使合同授予他的自由裁量权，因此，恶信就是运用此等自由裁量权去重新抓住在缔约过程中已丧失的由他方当事人的合理期待确定的机会。[①] 在确定诚信时，伯顿认为可考虑两个事实：第一，行使自由裁量权的当事人的行动目的为何；第二，该目的是否在双方当事人的合理期待的范围内。前者涉及采取行动的当事人的意图，是主观的；后者涉及当事人在订约时的期待，是客观的，如果前者符合后者，当事人为诚信，否则为恶信。[②] 这种观点把合同理解为一种当事人自愿的临时丧失自由的状态，各种具体的条款是束缚的绳索，诚信则是一条抽象的大绳。当事人曾彼此允诺受这些大小绳索的束缚的，践行这一允诺就是诚信；违背这一允诺悄悄解开某一绳索“轻松一下”就是恶信，因此，伯顿理解的诚信，归根结蒂，用俗话说是“说话要算数”，用典雅之语说就是“契约必须信守”（Pacta sunt servanda）。不过，伯顿把这一格言的效力限制在合同履行方面而已。这种理论主要从合同事实上授予了一方当事人在履行方面的自由裁量权的案件中提炼出来，因此始终把一方当事人设想为自由裁量权的行使者，另一方设想成从属者，但许多诚信履行的案件并非如此，并未以某种方式授予一方履行的自由裁量权，因为这种理论表现出片面性。而且它未充分分析期待的合理性的

---

① See Allan Farnsworth, Good Faith in Contract Performance, In Jack Beatson and Daniel Friedmann (Edited by), Good Faith and Fault in Contract Law, Oxford, Clarendon Press, 1995, p. 162.

② See Stephanie Anne Brown, Good Faith Performance and Enforcement of Contracts in Canadian Law, Columbia University, 1997, p. 8.

一般标准，不如萨莫斯的主张有可操作性。① 尽管如此，这种观点也被美国的一些法院采用。

以上默示条款说、排除者说和自由裁量权限制说互相批评，相互补充，在美国各自或联合对法院判决发生影响。有时法院并不清楚它们彼此的对立性质，竟然同时援引三说，故发生联合影响的奇观。

四、美国法中诚信原则适用中的一些问题

在美国的诚信原则适用实践中，目前仍存在以下问题：第一，诚信的尺度是完全主观的还是也有客观的成分？因为即使在履行诚信的领域，美国人也区分主观诚信和客观诚信，前者是当事人诚实地相信自己在合理行为；后者是遵守了行业的合理标准。② 在这里，主观诚信还是"确信"的意思，不过已适用于物权法之外。它与客观诚信的区分在美国有着特别的意义，因为是否构成客观诚信的判断在程序上是由陪审团进行的。③ 方斯沃思认为，诚信的主观成分的存在无可争议，它是诚信概念在诚信买受人制度的发展阶段留下的遗产。它要求当事人作出诚实的判断，一个出于他自己利益的判断足以满足这一主观成分，合同法并不要求当事人利他地行为。第二，诚信履行的义务是否可以创立独立的诉因？对此问题，统一商法典常设编订委员会于 1994 年对该法典的第 1-203 条的正式评注做了一个补充，认为诚信仅仅直接注意当事人的合理期望，第 1-203 条并不为没有其他诉因事实的情形提供诉因，如此，诚信履行的义务在诉状的制

---

① See Robert Summers, The Conceptualisation of Good Faith in American Contract Law: a General Account, In Reinhard Zimmermann and Simon Whittaker (Edited by), Good Faith in European Contract Law, Cambridge University Press, 2000, pp. 132s.

② See Allen R. Kamp, Uptown Act: A History of the Uniform Commercial Code: 1940-49, In 51 SMU L. Rev.

③ See Allan Farnsworth, The Concept of Good Faith in American Law, Roma, Centro di studi e ricerche di diritto comparato e straniero, 1993, p. 8.

作中无任何意义。这一举措意味着诚信原则仅有指导法院在订立、履行和执行合同的商业背景下解释此等合同的作用，并不创立可以被独立违反的公平合理的义务①。第三，诚信履行的义务是否优先于合同的明示条款?② 这是一个法院是否可以根据诚信原则改正和补充当事人约定的义务的问题，或曰法院是否可以打破自由主义的合同理论为当事人订立补充合同的问题，美国法院对此作出了不同的回答，有的持肯定说；有的持否定说。从美国合同法变革的大趋势来看，持肯定说的法院会日益增多。

第五节　小结

综上所述，古典英美法由于强调法律与道德的分离，故人性标准设得较低，而且，它从来都是赋予法官充分的自由裁量权的，这两个特性妨碍了它采用道德性强的一般的诚信原则。但随着国际交往的加强，英美合同观的变化，大陆法系的一般的诚信原则终于被引进英美法中，与英美固有的曾经起诚信原则功能的制度相结合，形成了独特的英美法系的诚信制度，因此，英美的诚信制度既有受大陆法影响的成分，又有本土资源的成分。该法系的诚信制度的独特性首先在于它赋予法官自由裁量权的意义不明显；其次在于物权法中的诚信与合同法中的诚信的分裂，以及合同法中的诚信的限缩化——由于没有民法体系，不存在民法的基本原则问题，因此在多数场合被限缩成仅仅适用于合同履行和争议解决过程中的一个原则，

---

① See Robert Summers, The Conceptualisation of Good Faith in American Contract Law: a General Account, In Reinhard Zimmermann and Simon Whittaker (Edited by), Good Faith in European Contract Law, Cambridge University Press, 2000, p. 123.

② See Allan Farnsworth, Good Faith in Contract Performance, In Jack Beatson and Daniel Friedmann (Edited by), Good Faith and Fault in Contract Law, Oxford, Clarendon Press, 1995, pp. 163ss.

在美国尤其如此。而且，在美国，诚信原则还被商事化，与公平交易联系在一起。英美法学家按照自己的经验主义思维方式对诚信原则作出了一些独特思考可以给大陆法系法学家带来启发。英美法曾经排斥诚信原则的经历也有助于大陆法系的人们看到这一原则潜在的危害，尤其看到它与意思自治原则的矛盾，从而更加客观地看待这一原则。尽管如此，英美对诚信原则的采纳已完全证明了这一原则的全球普遍性，现在我们已不能说诚信原则是大陆法系解决法律局限性问题的独特机制了。

第十一章

诚信原则的中国实务研究

第一节　诚信原则的立法实务研究

一、诚信原则在我国民法典中的分布和存在形态

（一）主观诚信的分布和存在状态

我国民法典规定了22处善意，分布在19个条文中。这些条文又分布在总则编的法人一章、物权编、合同编、婚姻家庭编中，人格权编、继承编、侵权责任编无善意规定。按不知的对象进行分类，可分为登记不知善意、限制不知善意、权源缺陷善意。以下按不知对象分类介绍有关善意的条文。

1. 登记善意。登记善意（Buena fe registral）的概念产生于西班牙，秘鲁民法典第2014条体现之。大意是：如果登记簿显示出让人有权出让，第三人善意相信此等登记，他取得的权利不因尔后转让人的权利被撤销而丧失。① 以此维护登记的公信力。我国民法典第65条是关于登记善意的规定。其辞曰：法人的实际情况与登记的事项不一致

① 参见徐涤宇译：《秘鲁共和国新民法典》，北京大学出版社2017年版，第366页。

的，不得对抗善意相对人。按照此条规定，善意相对人相信登记簿上记载的法人事项，如责任性质是无限责任，但实际上有关法人内部规定只承担有限责任，则涉讼时，按承担无限责任处理。

2. 内部限制善意。在一些内部关系中，如法人、非法人组织内部、合同关系内部、家庭内部，当事人设定有限制事项的，此等限制不为第三人所知。此等第三人基于此等不知与有关主体交易的，上述限制事项对他们无效。民法典共有六个条款规定这方面的善意。首先是关于组织内部限制善意的四个条文。其一，第 61 条第 3 款规定：法人章程或者法人权力机构对法定代表人代表权的限制，不得对抗善意相对人。其二，第 170 条第 2 款规定：法人或者非法人组织对执行其工作任务的人员职权范围的限制，不得对抗善意相对人。其三，第 85 条规定：营利法人的权力机构、执行机构作出决议的会议召集程序、表决方式违反法律、行政法规、法人章程，或者决议内容违反法人章程的，营利法人的出资人可以请求人民法院撤销该决议。但是，营利法人依据该决议与善意相对人形成的民事法律关系不受影响。其四，第 94 条第 2 款规定：捐助法人的决策机构、执行机构或者法定代表人作出决定的程序违反法律、行政法规、法人章程，或者决定内容违反法人章程的，捐助人等利害关系人或者主管机关可以请求人民法院撤销该决定。但是，捐助法人依据该决定与善意相对人形成的民事法律关系不受影响。其次是关于合同关系内部善意的第 545 条第 2 款规定：当事人约定非金钱债权不得转让的，不得对抗善意第三人。当事人约定金钱债权不得转让的，不得对抗第三人。最后是关于家庭内部关系善意的第 1060 条第 2 款规定：夫妻之间对一方可以实施的民事法律行为范围的限制，不得对抗善意相对人。对此条的分析，将在下文讲婚姻家庭编中的善意时进行。

3. 内部设权善意。当事人通过合同进行物权变动的，非经公示，此等变动不为第三人所知。此等第三人的主观状态即为内部设权善意。

第一人和第二人进行的物权变动不能对抗他们，这是法律对不为此等登记的当事人课加的薄惩，以此敦促当事人进行法律要求的登记。民法典有五个条文规定这方面的善意。首先是第225条，它规定：船舶、航空器和机动车等的物权的设立、变更、转让和消灭，未经登记，不得对抗善意第三人。其次是第335条，它规定：土地承包经营权互换、转让的，当事人可以向登记机构申请登记；未经登记，不得对抗善意第三人。再次是第341条，它规定：流转期限为5年以上的土地经营权，自流转合同生效时设立。当事人可以向登记机构申请土地经营权登记；未经登记，不得对抗善意第三人。再次是第374条，它规定：地役权自地役权合同生效时设立。当事人要求登记的，可以向登记机构申请地役权登记；未经登记，不得对抗善意第三人。最后是第403条，它规定：以动产抵押的，抵押权自抵押合同生效时设立；未经登记，不得对抗善意第三人。

4. 表见善意。这是一个法国学者采用的概念。① 所谓表见善意，就是在外观与真相背离的情况下外观被人有道理地相信为真相。分为表见住所、表见能力、表见债权人、表见继承人、表见所有人、表见代理人、表见雇员、表见家产、表见公司、表见签名等对象。② 就这些对象发生错误的，构成表见善意。我国民法典有两条涉及表见善意。首先是第145条，它规定：(1) 限制民事行为能力人实施的纯获利益的民事法律行为或者与其年龄、智力、精神健康状况相适应的民事法律行为有效；实施的其他民事法律行为经法定代理人同意或者追认后有效。(2) 相对人可以催告法定代理人自收到通知之日起30日内予以追认。法定代理人未作表示的，视为拒绝追认。民事法律行为被追认前，善意相对人有撤销的权利……此条规定的是表见能力善意，涉及

---

① Voir François Gorphe, Le principe de la bonne foi, Dalloz, Paris, 1928, pp. 199ss.

② Voir Robert Vouin, La bonne foi: notion et rôle actuels en droit privé français, Librairie générale de droit & de jurisprudence, Paris, 1939, pp. 361ss.

的限制行为能力人看起来已达到行为能力年龄而实际上并非如此，其相对人相信他达到了行为能力年龄的，构成此种善意。后来发现行为人能力不足的，善意相对人在行为人的法定代理人追认有关行为有效前，可以撤销交易。这个撤销权是给他的善意的奖励。反过来讲，如果相对人是恶意的，则不享有此等撤销权，这样，行为是否有效的控制权就不在他手中，而在行为人的法定代理人手中。其次是第 171 条，它规定：（1）行为人没有代理权、超越代理权或者代理权终止后，仍然实施代理行为，未经被代理人追认的，对被代理人不发生效力。（2）相对人可以催告被代理人自收到通知之日起 30 日内予以追认。被代理人未作表示的，视为拒绝追认。行为人实施的行为被追认前，善意相对人有撤销的权利……（3）行为人实施的行为未被追认的，善意相对人有权请求行为人履行债务或者就其受到的损害请求行为人赔偿。但是，赔偿的范围不得超过被代理人追认时相对人所能获得的利益。（4）相对人知道或者应当知道行为人无权代理的，相对人和行为人按照各自的过错承担责任。此条规定的是表见代理人善意，赋予善意相对人选择权作为奖励。在行为人的行为被追认前，他可以选择撤销交易。在行为人的行为未获追认后，他可以选择维持交易并请求行为人履行，如果受有损害，还可请求行为人赔偿。

表见善意中的善意的构成标准是否同于其他地方规定的善意的构成标准？值得研究，石一峰认为，此处的善意是“非为明知且非因过失而不知”，而动产善意取得中的善意的构成标准是“非为明知且非因重大过失而不知”①。显然，此处的善意构成标准较低。

5. 权源善意。第三人与处分人打交道，不知处分人无权处分的，处分发生后，此等处分维持效力，这种维持保护的就是权源善意，以此维护交易安全。我国民法典有三个条文涉及此种善意。首先是第 311

① 参见石一峰：《私法中善意认定的规则体系》，载《法学研究》2020 年第 4 期，第 132 页。

条和第 313 条规定的动态权源善意。前者辞曰：无处分权人将不动产或者动产转让给受让人的，所有权人有权追回……后者辞曰：善意受让人取得动产后，该动产上的原有权利消灭……按照这两条规定，非所有人转让他人不动产或动产的，尽管交易无效，但善意受让人仍可取得受让的动产的所有权，原权利人受的损失，由无权处分人赔偿。其次是规定静态的权源善意的第 460 条，其辞曰：不动产或者动产被占有人占有的，权利人可以请求返还原物及其孳息；但是，应当支付善意占有人因维护该不动产或者动产支出的必要费用。按照此条规定，善意占有人误认有关不动产或动产为自己的而占有之，无权占有事实被发现后，占有人要把占有物连同其孳息返还给所有人，但此等所有人要报销善意占有人维护占有财产支出的必要费用，换言之，恶意占有人即使支出的必要的维护费用，也得不到报销。显然，报销必要费用是对善意占有人的善意的奖励。

6. 未以善意名的善意。善意的本质是不知，民法典有些条文用不知的术语表达了善意的意思。首先是第 986 条，它规定：得利人不知道且不应当知道取得的利益没有法律根据，取得的利益已经不存在的，不承担返还该利益的义务。此条规定的得利人可名之为善意的得利人，第 460 条规定的善意占有人属此。其次是第 174 条，它规定：被代理人死亡后，有下列情形之一的，委托代理人实施的代理行为有效：（1）代理人不知道且不应当知道被代理人死亡……此条规定的代理人可名之为善意的无权代理人，因为代理关系本应随被代理人的死亡消灭，但代理人不知此等死亡而仍为被代理人缔结交易，为了保护代理人的善意以及交易安全，法律确认此时的代理行为有效，尽管该代理行为的效果不见得对被代理人的继承人有利。

（二）客观诚信的分布和存在状态

我国民法典有七处规定诚信。民法典尽管有七编，但只有总则和合同两编分布有客观诚信规定。就总则编而言，除有确立诚信原则的

第 7 条外，还有关于法律行为解释的第 142 条规定：1. 有相对人的意思表示的解释，应当按照所使用的词句，结合相关条款、行为的性质和目的、习惯以及诚信原则，确定意思表示的含义。2. 无相对人的意思表示的解释，不能完全拘泥于所使用的词句，而应当结合相关条款、行为的性质和目的、习惯以及诚信原则，确定行为人的真实意思。该条的存在证明仅仅把诚信理解为行为规则不妥，因为该条属于解释规则。其余的四处诚信都处在合同编，可以被说成是合同诚信。合同法确实是客观诚信的发源地，又是其最重要的适用舞台。

首先是关于缔约过失责任的第 500 条，其辞曰：当事人在订立合同过程中有下列情形之一，造成对方损失的，应当承担赔偿责任：1. 假借订立合同，恶意进行磋商；2. 故意隐瞒与订立合同有关的重要事实或者提供虚假情况；3. 有其他违背诚信原则的行为。

其次是关于履行原则的第 509 条第 2 款：当事人应当遵循诚信原则，根据合同的性质、目的和交易习惯履行通知、协助、保密等义务。本条属于附随义务规定，列举的附随义务后有一个“等”字，表明为不穷尽列举，另有诚信要求的其他未列举义务要履行，如忠诚义务、竞业禁止义务。[①] 又如保护义务。[②] 再次是关于履行后义务的第 558 条：债权债务终止后，当事人应当遵循诚信等原则，根据交易习惯履行通知、协助、保密、旧物回收等义务。本条规定的旧物回收义务体现了绿色原则。民法典规定履行后义务，表明了合同并不随履行终结，而是具有一定惯性存在的立法者立场。由于我国民法典已取消了债法总则，无因管理、不当得利被当作准合同处理，所以，其关于客观诚信的规定都是围绕着合同法进行的，对于准合同，只对不当得利制度有诚信条款配置，有所不足。

---

① 参见潘峰：《劳动合同附随义务研究》，中国法制出版社 2010 年版，第 93 页及以次。

② 参见叶榅平：《合同中的保护义务研究》，法律出版社 2010 年版。

最后是第466条第2款：合同文本采用两种以上文字订立并约定具有同等效力的，对各文本使用的词句推定具有相同含义。各文本使用的词句不一致的，应当根据合同的相关条款、性质、目的以及诚信原则等予以解释。此条又是解释规则，与前面讲到的第142条具有连续性。当然，本款假定的解释主体是法官而非当事人。所以，诚信解释合同应属于司法诚信的内容。

二、对我国民法典中诚信规定的评析

由上可见，诚信原则的基本原则属性在我国已得到较充分的体现，民法典有26个条文明示规定了诚信原则或善意问题，两个条文不明确地规定了善意问题，这是值得肯定的。

但应看到，首先，我国仍然实行诚信与善意的两分制，未建立统一的诚信原则。如果说我国民法典的合同编尚同时包括客观诚信和主观诚信，则物权编属于主观诚信或善意的一统天下。这样的安排，使诚信原则的一半止步于物权编，这样，诚信原则虽有基本原则之名，却无其实，因为基本原则要贯彻民法始终才名副其实。对这样的现象，要么以建立统一的诚信原则，把“善意”改称为“诚信”解决之，要么设立与诚信原则平行的善意原则解决之，但在我国，立法上并无善意原则之设，只有少数学者呼吁设立这一原则。①

其次，缺乏正确界定“善意”含义的条文。目前起这样作用的是最高人民法院“关于适用《中华人民共和国物权法》若干问题的解释（一）”第15条第1款，它这样界定善意受让人的善意：受让人受让不动产或者动产时，不知道转让人无处分权，且无重大过失的，应当认定受让人为善意。这样的定义孤立地观察受让人的心理状态，未注意到善意受让人与无权处分人的交易损害了原权利人的权利，由于其

① 参见刘建贤、朴正哲：《客观诚信与主观诚信在立法中统一的问题探析》，载《法制与社会》2007年第4期，第183页。

善意的主观状态受到原谅的一面，所以，最高人民法院在德国蓝本[①]影响下的善意定义不完全，远逊于拉丁法族国家的善意定义。意大利的定义是对损害他人受法律保护的权利的不知。[②]西班牙的定义是不知自己的行为有违法性。[③]比较一下可知，从最高人民法院的定义看不出善意者有违法行为，而且损害了他人，意大利和西班牙的定义让人一目了然地知道善意人实施违法行为且损害了他人。最高人民法院之所以选择德国蓝本，是因为国内的蓝本更不可用。我国台湾地区出版的《云五社会科学大辞典·法律学》谓：民法上善意之用语，系指不知情而言。[④]此解开创把善意等于不知情之流行错误。我国大陆地区的《法学词典》对善意的定义是：指不知足以影响法律效力的事实而进行的行为。[⑤]两个定义，都不涉及善意人行为的违法及其受害人。由此造成的后果是：体现针对物权变动的善意的五个条文中的善意人既无违法行为，当然更无此等行为的受害人。

这五个条文中的第403条来自担保法第43条，后者规定的是抵押物未经登记的，不得对抗第三人。其他四个条文大多都有从“不得对抗第三人”发展到“不得对抗善意第三人”的历史。这样的转变的合理性值得怀疑。这五个条文都体现的是登记对抗主义。该主义要求物权变动具有公示性，登记是进行公示的重要方式，当事人由于各种原

---

① 《德国民法典》第932条第2款规定：取得人知道或因重大过失而不知道该物不属于让与人的，非为善意。参见陈卫佐译：《德国民法典》（第4版），法律出版社2015年版，第347页。

② Cfr. Emilio Betti, Teoria Generale delle Obbligazioni, I, Giuffrè, Milano, 1953, pp. 69ss.

③ Véase Martha Lucia Neme Villarreal, Buena fe sujetiva y buena fe objetiva. Equivocos a los que conduce la falta de claridad en la distincion de tales conceptos, En Rivista de derecho privato extenado, 17, 2009, p. 52.

④ 参见王云五主编：《云五社会科学大辞典·法律学》，台湾商务印书馆1976年版，第343页。

⑤ 参见《法学词典》编辑委员会编：《法学词典》（增订本），上海辞书出版社1984年版，第921页。

因拒绝进行登记的，其物权变动只有债的关系的效力，不具有物权的对世性，所以只能对抗相对人，不能对抗任何第三人。循着这个思路，1992 年颁布的海商法第 9 条第 1 款规定：船舶所有权的取得、转让和消灭，应当向船舶登记机关登记；未经登记的，不得对抗第三人。第 10 条规定：船舶由两个以上的法人或者个人共有的，应当向船舶登记机关登记；未经登记的，不得对抗第三人。第 13 条第 1 款规定：设定船舶抵押权，由抵押权人和抵押人共同向船舶登记机关办理抵押权登记；未经登记的，不得对抗第三人。

从“第三人”到“善意”第三人的转变的重要原因是日本学者铃木禄弥的《物权的变动与对抗》于 1999 年在我国翻译出版。该书批判日本民法典第 177 条：不动产物权的取得、丧失及变更，非依登记法规定进行登记，不得以之对抗第三人。① 作者认为，该条不区分善意第三人和恶意第三人，统统赋予不得对抗地位，可能会保护恶意第三人。② 恶意第三人分为普通的和背信的。例如，在一物二卖的情形，知道第一人和第二人签订了债权合同买卖标的物，在第二人未完成标的物的权属登记的情况下通过竞争性程序取得标的物并完成登记的第三人是恶意的，他仍可取得标的物的所有权。但如果第三人除有恶意外，还背信，则不能让他取得对标的物的所有权。这里的背信，龙俊解释为违反诚信原则。③ 朱晔解释为第二买主的行为具有反道德性、反伦理性。④ 铃木禄弥举的例子是第二买主取得标的物的价格便宜得

① 参见曹为、王书江译：《日本民法》，法律出版社 1986 年版，第 37 页。

② 参见［日］铃木禄弥：《物权的变动与对抗》，渠涛译，社会科学文献出版社 1999 年版，第 34 页。

③ 参见龙俊：《中国物权法上的登记对抗主义》，载《法学研究》2012 年第 5 期，第 141 页。

④ 参见朱晔：《日本民法注释的演变对中国的启示》，载《南京大学学报（哲学·人文科学·社会科学）》2020 年第 4 期，第 137 页。

不像话或中间介入了不道德的不动产经纪人等。[1] 这两个例子告诉我们，所谓的“背信”，是对客观诚信的违反[2]，所以，“背信的恶意第三人”的表达是对客观诚信和主观诚信（即“恶意”的对反）的杂糅。既然如此，完全可以依据客观诚信原则解决背信问题，依据主观诚信原则处理恶意问题。可以说，日本人完成的上述杂糅的合理性可以质疑。除主观诚信与客观诚信界限不清的问题外，还有把登记作为一种把相对关系（合同、继承等）标的转化为对世关系的标的的手段过度伦理化的问题。非独此也，日本学者完成杂糅的样本也过于狭窄，只限于一物二卖情境，但“虽经登记仍可对抗背信恶意第三人”的普遍规定适用于一切物权的变动，未免有对于其他情境论证不足的嫌疑。尽管如此，日本的杂糅得到了我国台湾地区学界的接受。例如，王泽鉴认为，明知已有其他未经登记之动产抵押权存在，即使进行了抵押登记，其效力仍劣于成立在先之抵押权，以贯彻恶意不受保护的基本原则。[3] 刘春堂认为，恶意第三人是明知某物已设立抵押权而仍然受让的人，对这样的损人利己的人，法律没有保护的必要。[4] 这些意见反映到立法上，我国台湾地区 1963 年的动产担保交易法第 5 条第 1 款规定：动产担保交易，应以书面订立契约。非经登记不得对抗善意第三人。这一对日本杂糅的接受又强化了我国 2007 年物权法制定者接受日本杂糅的信心。该法一扫各个私家民法典草案[5]和担保法、海商法、民用航空法关于“非经登记，不得对抗第三人”的规定，改成“非经

---

① 参见［日］铃木禄弥：《物权的变动与对抗》，渠涛译，社会科学文献出版社 1999 年版，第 41 页注释 1。

② 参见申惠文：《从“第三人”到“善意”第三人：解读我国〈物权法〉动产抵押未登记的效力》，载《广西社会科学》2008 年第 8 期，第 125 页及以次。

③ 参见王泽鉴：《民法学说与判例研究》（第 1 册），中国政法大学出版社 1998 年版，第 242 页。

④ 参见刘春堂：《动产担保交易法研究》，辅仁大学法学丛书，1999 年，第 41 页。

⑤ 梁慧星、王利明和我分别主持的民法典草案都不在这种场合采用善意第三人概念。

登记，不得对抗善意第三人”。到了 2020 年，物权法的这样的规定又转化为民法典物权编的有关规定，造成了民法典的登记效力规则与现行有效的海商法等法律的登记效力规则不一致的局面。

这样的不一致遭到了学者的批评。申惠文认为，在法律的范围内，抵押权人可以进行登记以规避风险，尽最大可能地维护自己的合法利益。抵押权人没有积极主动登记，表明他对自身的抵押权不甚关心，愿意承担不作登记的风险，法律自然没有必要对其动产进行保护。在市场经济社会，第三人即使是恶意的，只要不超出正当的自由竞争范围，就应受到保护。相反，如果认为恶意第三人不受保护，就会强化当事人选择公示方法的任意性。因为未登记的动产抵押权能够对抗的第三人范围越大，动产抵押登记的必要性就越小。这就诱使动产抵押权的当事人采用登报广告、粘贴告示、个别通知、举行仪式等方式公示动产抵押权，扩大知悉第三人的范围，从而保护自己的利益。如此就架空了法定的登记公示方式，同时法官也很难认定当事人是否善意。所以，从立法论上看，应删掉“善意”两字，因为它并非善意的本来含义。但法律一经制定难以废改，只能从解释论的角度赋予此处的“善意”新内涵：无背信的行为。[①] 杨立新则认为，采用对抗善意第三人主义的民法典第 225 条规定错误，因为在制定侵权责任法时，立法已经明确机动车交易过户登记是行政管理措施而非物权登记程序。尽管船舶、航空器等的登记是否为物权登记尚不明确，但起码不是不动产物权变动的登记，而是具有管理性质的登记。正因为这样，尽管船舶、航空器、机动车等动产交易需要进行过户登记，但是这种登记并没有物权登记的效力，也不存在未经登记不得对抗善意第三人的问

---

① 参见申惠文：《从“第三人”到“善意”第三人——解读我国〈物权法〉动产抵押未登记的效力》，载《广西社会科学》2008 年第 8 期，第 126 页。

题。[1] 此论有理。

再次，诚信条款的配置不均衡。三个需要规定诚信条款的民法典分则编无此等规定。关于这一问题的论述略长，下面以专节研究。

三、我国民法典的三个分则编补立诚信规定的必要

如前所述，人格权编、继承编、侵权责任编无善意规定。婚姻家庭编只有一条关于善意的规定。而这些民法分支在一些外国的立法和学说中往往有诚信规定之设或设立甚多。下文我从比较法的角度论证在这些民法分支设立诚信规定的必要。

（一）人格权编

如前所述，我国民法典人格权编无诚信条款之设。个人信息的处理为特别需要诚信的事项，第1035条第1款规定这方面的原则时令人遗憾地没有规定诚信原则。其辞曰：处理个人信息的，应当遵循合法、正当、必要原则。但2021年8月20日通过的《个人信息保护法》第5条补上了这一短板。它规定：处理个人信息应当遵循合法、正当、必要和诚信原则，不得通过误导、欺诈、胁迫等方式处理个人信息。此条在合法、正当、必要之外补充了诚信原则，由此课加了个人信息处理者诚信义务。个人信息的处理包括个人信息的收集、存储、使用、加工、传输、提供、公开、删除等活动。能够进行这些活动的通常是提供服务的公法人、私法人和自然人。就公法人而言，第1039条规定：国家机关、承担行政职能的法定机构及其工作人员对于履行职责过程中知悉的自然人的隐私和个人信息，应当予以保密，不得泄露或者向他人非法提供。例如，公安机关就掌握了辖区所有居民的户政个人信息，此等机关承担诚信利用这些信息的义务，如果某个公安人员为了满足其朋友讨债的需要提供有关人士的户政信息，构成恶信。就

① 参见杨立新主编：《中华人民共和国民法典释义与案例评注》，中国法制出版社2020年版，第98页。

私法人而言，如医院通过提供医疗服务掌握了病人的个人信息，快递公司通过提供快递服务掌握了顾客的手机号、地址等个人信息。对于自己掌握的这些个人信息，有关组织不违背自己提供的特定服务的目的使用的，为诚信使用。如果把自己掌握的信息出卖给他人牟利，如医院把自己掌握的产妇个人信息专卖给婴儿用品售卖机构、产后妇女形体塑造机构，那就是恶信使用了。

人格权编还有以下条文需要诚信原则支撑。首先是第 1008 条第 1 款，它规定：为研制新药、医疗器械或者发展新的预防和治疗方法，需要进行临床试验的，应当依法经相关主管部门批准并经伦理委员会审查同意，向受试者或者受试者的监护人告知试验目的、用途和可能产生的风险等详细情况，并经其书面同意。该款的诚信点在于医学实验组织方要如实告知受试方可能的风险，不得隐瞒或缩小实际的风险来招揽受试者，不得强制受试，更不得把尚在实验中的医学手段说成已实验过关的。

其次有第 1020 条的不平衡规定，该条允许在如下情形可不经肖像权人同意合理使用他人肖像：（1）为个人学习、艺术欣赏、课堂教学或者科学研究，在必要范围内使用肖像权人已经公开的肖像；（2）为实施新闻报道，不可避免地制作、使用、公开肖像权人的肖像；（3）为依法履行职责，国家机关在必要范围内制作、使用、公开肖像权人的肖像的其他行为；（4）为展示特定公共环境，不可避免地制作、使用、公开肖像权人的肖像；（5）为维护公共利益或者肖像权人合法权益，制作、使用、公开肖像权人的肖像的其他行为。五种情形，都是肖像利用人可以做这做那，而肖像权人不能控制之，形成不平衡格局。五种情形规定中使用不少弹性表达，如“必要”“不可避免”，它们都意味着边界的不确定，要求行为人诚信地掌握自己行为的尺度，达成双方利益的平衡。

最后是第 1025 条的不平衡规定。该条允许为公共利益实施新闻报道、舆论监督等行为的实施者即使影响他人名誉，也不承担民事责任，形成一方可以做这做那，另一方只能承受的失衡格局，这就要求能动方诚信行事，毋害他人。

有一个相关事件值得注意。2003年，湖南省新晃一中发生了令人震惊的操场埋尸案。教师邓某于2003年1月22日担任新晃一中田径场修建工程监工时被包工头杜某杀害并埋尸于操场下，由于受到保护伞的庇护，死者被诬称失踪，凶手平安无事。直到2019年，在经过16年后，在中央巡视组的干预下，打掉保护伞，邓某的遗骸才被从操场下挖出来，凶手被绳之以法。2021年这个传奇故事吸引了电影人阿年的注意，打算拍成电影《操场》并获得了立项，但邓某的子女以侵犯家庭隐私权为由反对，如果反对无效，将提起诉讼，引起大众同情。[①]这是一个不平衡关系中强势方要诚信行权的例子。

（二）婚姻家庭编

前文已述，在意大利民法典和我国民法典中，家庭法部分无客观诚信规定，这样的安排与客观诚信的履行诚信“出身”有关，随着客观诚信走出合同法，意大利通过其最高法院的判例已解决了客观诚信适用于家庭法问题，其经验值得我国借鉴。在我看来，婚姻家庭编是一个充满诚信要求的领域，无论其人身关系方面，还是其财产关系方面，都是如此。

就家庭人身关系而言，第一，我国民法典第1043条第2款关于夫妻应当互相忠实的规定已体现了夫妻人身关系上的诚信原则，它包括不与配偶以外的他人发生性关系的义务。如果举行的是基督教婚礼，履行不离不弃的结婚誓言就是诚信的要求。富有意味的是，宗教性的结婚誓言已推广于世俗婚姻。例如，西宁市城北区民政局推荐的结婚

---

① 参见薛莎莎、廖燕：《“操场埋尸案”要拍成电影，是否要当事人家属同意?》，On http：//news. sina. com. cn/sf/news/fzrd/2021-08-23/doc-ikqcfncc4513059. shtml? wm =1，2021年9月27日访问。

誓言是："我们自愿结为夫妻，从今天开始，共同肩负法律赋予我们的婚姻责任和义务，上孝父母、下教子女、互敬互爱、互谅互让、钟爱一生！今后，无论顺境逆境、富有贫穷、健康疾病、青春年老，我们都风雨同舟，同甘共苦，坚守今天的誓言，成为终身伴侣"。[①] 这样的世俗的结婚誓言已与宗教性的结婚誓言无别。西塞罗说，行其所言谓之信，遵守这样的结婚誓言当然是诚信原则的要求。

第二，民法典第1053条第1款规定：一方患有重大疾病的，应当在结婚登记前如实告知另一方；不如实告知的，另一方可以向人民法院请求撤销婚姻。此条规定婚前重大疾病告知义务，尤其是传染疾病告知义务，类似于债权合同关系中先契约义务中的告知义务，体现了诚信原则的要求。

第三，第1110条规定：收养人、送养人要求保守收养秘密的，其他人应当尊重其意愿，不得泄露。此条规定收养行为完成后当事人的保密义务，类似于债权合同关系的后契约义务中的保密义务。按照民法典第1111条第2款的规定，养子女与生父母的关系因收养关系的成立而解除，收养人通常愿意让养子女认为是他们亲生的，如果送养人不遵守保密义务，收养人的这一期望难免落空，导致拟制的亲子关系不稳定，有违诚信原则要求。

第四，第1114条规定：（1）收养人在被收养人成年以前，不得解除收养关系，但是收养人、送养人双方协议解除的除外……（2）收养人不履行抚养义务，有虐待、遗弃等侵害未成年养子女合法权益行为的，送养人有权要求解除养父母与养子女间的收养关系……按照此条规定，收养关系成立，等于收养人向被收养人和送养人作出了善待被收养人，扶养他到成年的承诺，此等承诺不能轻易解除，如因为收养人自己生出了小孩而解除，否则，始养终弃，难免对被收养人幼小

① 参见高金环：《结婚向国徽宣誓，你赞同吗》，载《厦门晚报》2011年11月16日，第A2版。

的心灵造成不可弥补的损害。这是收养人对被收养人的背信，如果前者虐待后者，也是对送养人的背信，送养人可以要求解除收养关系。

第五，第 1044 条第 2 款规定：禁止借收养名义买卖未成年人。本款为禁止滥用收养制度的规定。收养制度的基本目的在于解决不孕不育者拥有后代的权利问题，如果背离这一目的，假冒这一制度的名义买卖人口，构成制度滥用，是对诚信原则的极端违反。当然，如果利用收养制度取得城市户口、大城市或首都户口或外国国籍，达成目的后即解除收养，也构成滥用收养制度。所以，第 1044 条第 2 款的适用范围应作扩张解释。

就夫妻财产关系的诚信问题，第 1092 条规定：夫妻一方隐藏、转移、变卖、毁损、挥霍夫妻共同财产，或者伪造夫妻共同债务企图侵占另一方财产的，在离婚分割夫妻共同财产时，对该方可以少分或者不分。离婚后，另一方发现有上述行为的，可以向人民法院提起诉讼，请求再次分割夫妻共同财产。按照此条，夫妻结合，形成一个财产共同体，双方都应诚信拥有和享用共有财产，一方通过种种背信行为滥用共有关系损害他方利益的，受害方可享有两种救济手段。其一，离婚时少分或不分财产给背信方；其二，如果在离婚时未充分发现背信方的损害行为及其后果，离婚后还可再次分割夫妻共有财产。

以上为婚姻家庭编关于客观诚信的规定，以下为该编可以适用主观诚信的条文。

首先有第 1051 条，它规定：有下列情形之一的，婚姻无效：（1）重婚；（2）有禁止结婚的亲属关系；（3）未到法定婚龄。此条为关于无效婚姻原因的规定。三大原因触犯者的主观状态皆有恶意与善意之分。在国内外文献的范围内，我尚未找到善意未达婚龄结婚的案例。而善意重婚、善意乱伦婚的案例，则不在少数。

善意重婚的典型案例为发生在我国台湾地区的陈某丰重婚案。该案的案情如下：陈某丰与蔡某凤于 1973 年 2 月结婚，陈某丰后提起离婚诉讼，高雄地方法院于1988年5月4日作出离婚判决。陈某丰于1988年7月与许某月结婚。嗣后蔡某凤以陈某丰知其住所但指其所在不明兴讼，提起再审并胜诉，再以陈某丰重婚为理由提起宣告婚姻无效之诉。我国台湾地区司法机关以1992年台上字第1621号判决确定陈某丰的第二个婚姻无效。许某月以民法第988条侵害其宪法规定的结婚自由权请求释宪[①]，催生了释字第362号解释。这一解释承认了单方善意重婚的效力。我国台湾地区于2007年5月23日修正民法典亲属编时，将该解释立法化，于第988条增加第3款规定：结婚，有下列情形之一者，无效：……（3）但重婚之双方当事人因善意且无过失信赖一方前婚姻消灭之两愿离婚登记或离婚确定判决而结婚者，不在此限。按照此款，善意重婚有效。这样的处理值得借鉴。[②]

按照民法典第1048条的规定：直系血亲或者三代以内的旁系血亲禁止结婚。但三代以内的旁系血亲在不知彼此是近亲的情况下结婚的，构成善意的乱伦婚。这方面有发生在四川南充的侯莲与林瑞富近亲结婚案。1985年，侯莲在南充市嘉陵区河西乡7村外婆家玩耍期间，外婆将她许配给林瑞富，当时她只有15岁，还不知道嫁人是怎么回事，林瑞富就强行与她同居，次年她生下一个男孩，1989年又生下一个女孩。实际上，侯莲和林瑞富是同母异父的兄妹。同居20年后，两人的兄妹关系才被发现。妻子欲离婚，但丈夫不同意。[③] 按照民法典第1048条的规定，本案中不存在离婚问题，只存在婚姻无效问题，所以，丈夫不同意也不构成解除婚姻的障碍。问题在于两人是善意（恶意者是“外婆”）缔结乱伦婚，出于民法保护善意的立场，比照许多

---

① 参见雷磊：《论依据一般法律原则的法律修正：以台湾地区“司法院大法官会议”释字362号为例》，载《华东政法大学学报》2014年第6期，第5页。

② 参见徐国栋：《〈中国民法典〉应承认诚信缔结的无效婚姻的效力并确立宣告婚姻无效请求权的时效》，载《上海政法学院学报》2020年第1期，第73页及以次。

③ 参见刘昕：《结婚20年，夫妻竟是亲兄妹》，载http：//intermargins. net/repression/deviant/ HomeSexual/news /02. htm，2021年8月25日访问。

国家民法规定的拟制的婚姻制度赋予善意缔结无效婚姻方的优待，这对兄妹结合的解除并不意味着人身关系和财产关系的完全恢复原状，而应享有离婚者的待遇。[①]

其次有第1060条第2款：夫妻之间对一方可以实施的民事法律行为范围的限制，不得对抗善意相对人。本款为夫妻间的内部限制彼此的家事代理权的协议不得对抗善意第三人的规定。按照常规，夫妻彼此享有家事代理权，有相反协议的，第三人无从知晓。此等第三人凭借自己的确信与夫妻一方缔结了交易的，夫妻的另一方不得以内部协议为由提出此等交易无效，以此维护交易安全。

实际上，民法典第1065条规定的夫妻约定财产制更不为外人所知，更需要保护善意第三人。因为此等约定如果未作公示，外人即有理由推定自己与之交道的夫妻是采取法定财产制的，即婚后所得共同制。对此，新罗马尼亚民法典提供了比较完备的立法例。其第313条第3款规定：未完成夫妻财产制的公示手续的，对于诚信第三人，此等妻子被认为采用法定的共同财产制。[②] 相应地，第331条规定：选择夫妻财产制或改变夫妻财产制以秘密文书为之的，如果没有采用法律规定的公示手续，只在夫妻之间有效，不得对抗诚信第三人。[③] 罗马尼亚的这些规定值得借鉴。

（三）继承编

尽管在我国民法典继承编中找不到关于诚信或善意的明确规定，但继承法并非与诚信绝缘的领域，因为遗产的死因移转过程涉及物权变动、合同履行等行为，物权编、合同编的有关诚信规则都有适用的

---

① 参见徐国栋：《无效和可撤销婚姻中的诚信当事人的保护》，载《中国法学》2013年第5期，第137页及以次。

② Cfr. Codul civil (Legea nr. 287/2009), Editura C. H. Beck, Bucaresti, 2009, p. 119.

③ Cfr. Codul civil (Legea nr. 287/2009), Editura C. H. Beck, Bucaresti, 2009, p. 122.

余地，而且，遗嘱是意思表示的两大类型之一（另一类是合同），所以，意思表示诚信解释的规定也应当适用于继承编。

但透过现象看本质，我国民法典继承编也有以下规定分别涉及主观诚信和客观诚信。涉及主观诚信的有第1125条第1款，其辞曰：继承人有下列行为之一的，丧失继承权：（1）故意杀害被继承人；（2）为争夺遗产而杀害其他继承人；（3）遗弃被继承人，或者虐待被继承人情节严重；（4）伪造、篡改、隐匿或者销毁遗嘱，情节严重；（5）以欺诈、胁迫手段迫使或者妨碍被继承人设立、变更或者撤回遗嘱，情节严重。此条为关于剥夺有过严重不利于被继承人行为的继承人继承能力的规定，是净手原则的体现。但不利于被继承人的行为有一个发现的过程，如果在发现前遗产已移转给有问题的继承人，此等表见继承人已把此等遗产移转给善意第三人，发现后，为了保护善意第三人的善意和交易安全，遗产的移转行为应维持效力。

涉及客观诚信的有这些条文。首先是课加遗嘱人诚信订立遗嘱义务的第1141条和第1131条。前者辞曰：遗嘱应当为缺乏劳动能力又没有生活来源的继承人保留必要的遗产份额。后者辞曰：对继承人以外的依靠被继承人扶养的人，或者继承人以外的对被继承人扶养较多的人，可以分给适当的遗产。遗嘱是所有权人对自己所有权的处分权能的死因行使，立遗嘱人负有诚信对待自己的亲属和受扶养人的义务，不得为了满足自己的私情或大行慈善捐赠而不顾无劳动能力又无其他生活来源的继承人和受扶养人的需要，以及报偿曾对自己尽较多扶养义务的非亲属的义务，不给他们留下必要的遗产。如果留了，则实现了遗嘱人的个人倾向与亲情义务之间的平衡。

其次是课加遗产控制人诚信掌管遗产义务的第1148条和第1151条。前者辞曰：遗产管理人应当依法履行职责，因故意或者重大过失造成继承人、受遗赠人、债权人损害的，应当承担民事责任。后者辞曰：存有遗产的人，应当妥善保管遗产，任何组织或者个人不得侵吞或者争抢。这两条都处理非均衡关系。其非均衡性体现为：死者死后，遗产处在无主状态，由遗产管理人和遗产占有人掌控，无所有人（已死）监督，如何掌控遗产，基本上靠掌控人的诚信。所以不妨说，凡有非均衡之处，必有诚信义务之存。掌管人首要的义务是不僭取遗产；其次是善管遗产；最后是阻止他人僭取遗产。

再次是要求在继承法中践行合同诚信的第1158条，其辞曰：自然人可以与继承人以外的组织或者个人签订遗赠扶养协议。按照协议，一方面，该组织或者个人承担该自然人生养死葬的义务，享有受遗赠的权利。按照此条，遗赠扶养协议中的扶养义务人应诚信履行自己允诺的扶养义务，不得不履行或不完全履行，另一方面，受扶养人应做到把自己的全部遗产留给扶养义务人，不得私自转移财产甚至以遗嘱全部或部分处分之。特别富有意味的是，此条规定组织可以充当扶养义务人，由此发生组织的诚信如何体现与判断问题，通常的诚信理论和规则都是以自然人为参照设计出来的。

最后是关于打印遗嘱见证人保密义务的第1136条。其辞曰：打印遗嘱应当有两个以上见证人在场见证……按照第1140条，不是任何人都可以充当此条规定的证人，继承人、受遗赠人以及与继承人、受遗赠人有利害关系的人就不行。原因何在？因为从订立遗嘱到遗嘱人死亡，通常有一个很长的过程，如果让继承人、受遗赠人知道了对他们的遗留，有可能刺激他们促成遗嘱人死亡以便早得遗产。对于那些未被遗留任何遗产的继承人，如果知道遗嘱人对他们的这种态度，则可能实施对遗嘱人的虐待或其他敌意行为，所以，遗嘱的正常运作依赖于其保密性。如果遗嘱证人泄露遗嘱内容，会造成非常不利的后果。遗嘱人相信他们是守口如瓶者才会被选中当证人，如果泄露，则发生背信。

（四）侵权责任编

像继承编一样，我国民法典的侵权责任编也无关于诚信或善意的明确规定。但合同编关于违反缔约诚信导致缔约过失责任的规定可以看作侵权法中的诚信规则。然而，国内外文献都肯认侵权法中存在诚信原则，因为从消极的方面看，侵权责任法也是一个充满诚信因素的领域。首先，如前所述，过错的概念的反义词就是诚信，诚信者，故意或过失之阙如也！另外，有些侵权行为是对注意义务的违反，而履行注意义务是主观诚信的内容。但侵权责任法领域中的诚信多是以反面的形式出现的，因为所有的侵权行为都是对毋害他人之原则的违反，亦即不诚信行为。[①]

从具体规定来看，首先，属于侵权责任编的第1178条允许纳入主观诚信免责的规定。其辞曰：本法和其他法律对不承担责任或者减轻责任的情形另有规定的，依照其规定。这是一个引致性条款，允许以其他法律的免责或减责规定补充民法典。这里说到的“其他法律”包括商标法，该法第16条规定：商标中有商品的地理标志，而该商品并非来源于该标志所标示的地区，误导公众的，不予注册并禁止使用；但是，已经善意取得注册的继续有效。按照此条，并非产自地理标志地（如涪陵、茅台）的产品的商标包含地理标志地的，如果商标使用人已善意注册此等商标，则该商标继续有效。此处的“善意”，应理解为“误信”，即商标使用人相信自己的产品产自地理标志地但实际并非如此。法律为保护此等善意，赋予商标使用人有效的商标权。假如实际地理标志地的商标权人认为此条规定的善意取得注册的商标权人侵权，如同民法典第1185条所允许的，则商标法第16条赋予的善意抗辩（Good faith defence）[②] 提供了免责理由。

其次，侵权责任编的如下两个条文规定了场地和物件控制人的安

---

① Véase Felix A. Trigo Represas, La Buena Fe y su relacion con la responsabilidad civil, En Marcos M. Cordoba (Director), Tratado de la Buena Fe en el Derecho, Tomo I, Buenos Aires, La Ley, 2004, p. 204.

② 关于善意抗辩的含义，See Iain Field, Good Faith Defences in Tort Law, In 38 Sydney L. REV. 147 (2016), pp. 147ss.

保义务。场地控制人的安保义务见诸第1198条第1款。其辞曰：宾馆、商场、银行、车站、机场、体育场馆、娱乐场所等经营场所、公共场所的经营者、管理者或者群众性活动的组织者，未尽到安全保障义务，造成他人损害的，应当承担侵权责任。物件控制人的安保义务见诸第1251条。其辞曰：饲养动物应当遵守法律法规，尊重社会公德，不得妨碍他人生活。这两个规定都要求控制人承担义务保障不特定的人的安全。我们知道，客观诚信起源于合同法，用来课加不确定义务于债务人。长久以来，客观诚信只适用于相对关系，设想此等关系的当事人为一个共同体共生共荣，因此需要诚信互待。侵权责任编的如上两个条文把安保义务扩张到绝对关系，即一个特定的控制人与世界上所有的人之间的关系，理由何在？因为绝对性是相对的，不可能世界上的所有人都来到一个宾馆或商场，只有有利用服务需求的人会来，这些人的数目就少多了。他们来到控制人控制的地方，与后者形成一种较不严格的相对关系，控制人完全可以对他们尽安保义务。尽此等义务是与他们缔结合同（如住宿合同、银行服务合同）并履行之的前提。与此相类，饲养动物的人要控制动物的危险性以及排泄，保障邻人的安全和环境的卫生。

最后，侵权责任编的如下两条课加医疗合同强势方不滥用自己优势的诚信义务。首先是第1225条第1款规定，其辞曰：医疗机构及其医务人员应当按照规定填写并妥善保管住院志、医嘱单、检验报告、手术及麻醉记录、病理资料、护理记录等病历资料。其次是第1227条规定，其辞曰：医疗机构及其医务人员不得违反诊疗规范实施不必要的检查。这两条中的医疗机构及其医务人员是医疗合同的强势方，与把生命健康交给他们的病患处在不均衡的地位，如果强势方滥用自己的优势，如把病历资料以及病患的个人信息泄露甚至出售，病患往往被蒙在鼓中，毫无办法保护自己。而且，如果强势方为了营利让病患做许多不必要的检查，买许多不必要的贵药，都违反客观诚信的要求。

第二节　诚信原则的司法实务研究

一、诚信原则在我国法院判决书的一般运用情况

在本书的再造版，我曾以2012年1月26日为采样时间点，对北大法宝收集的案例和裁判文书通过厦门大学图书馆端口以“诚实信用”和“善意”为关键词进行全文检索，搜索的时间范围限定为2011年1月1日至2011年12月31日，得到包括诚实信用字样的民商经济方面的判决书1267篇；包括“善意”的判决书393篇。全部浏览它们后，概括出我国法院适用诚信原则的情况类型。9年后的2021年9月，我要重新收集一年的判决书并加以分析，由于工作量太大，我的精力不足以应付，故假定上述情况变化不大，所以，在这本书的重构版中，我仍维持了再造版中诚信原则在我国法院判决书的一般运用情况的分析，但补充了婚姻法方面的诚信原则适用案例以及商标法方面继确立了诚信原则后的有关案例，并对一些旧案例做了新说明，改正了一些技术上的错讹。尤其要说明的是，补充了体现诚信原则的修法功能的案例及其分析，以赶上学说和司法的进步。采用“体现诚信原则的修法功能”的表达，意在表达我尊重其他学者把这类案例的裁判本质概括在修法诚信的做法，但并不完全同意，因为我认为把这类案例的裁判本质概括为禁反言更合适。

（一）宣示性运用

我们知道，法院判决书分为事实陈述和法院裁断两大部分，第二部分往往采用“本院认为”的开始语。许多判决书在这个开始语后开始援引诚信原则。例如，上海市闸北区人民法院审理的“某某网络通信有限公司上海市分公司与周某某电信服务合同纠纷案”［（2011）闸民一（民）初字第5069号］在“本院认为”之后这样写：为弘扬诚

实信用的法律原则，依法保护合同当事人的合法权益，根据某某法第某某条……的规定，判决如下……义马市人民法院判决的“王某某、鲁某某诉河南某建设工程有限公司、某工程有限责任公司承揽合同纠纷案”［（2011）义民初字第360号］也大致如此。非独此也，在上海的法院中，似乎流行这样的包含诚信原则的判决书写作套语：“本院认为，民事活动应当遵循自愿、公平、等价有偿、诚实信用的原则……”① 这样被运用的诚信原则既非行为规则，亦非裁判规则，更不是法官造法的依据。没有什么实际意义，可以说，拿掉判决书中的这样的关于诚信原则的内容，并不影响其内容的完整。所以，这是对诚信原则的不适当运用。令人遗憾的是，这样的运用在总数中占的比例不小。

（二）作为解释规则运用

1. 法院把诚信原则作为解释规则的形式。解释规则分为法律解释规则和合同解释规则。在被考察的法院判决书中，诚信原则被作为这两种解释规则的实例都有。首先让我们来看作为法律解释规则的实例。这是长沙市中级人民法院审理的周某某与刘某某买卖合同纠纷上诉案［（2011）长中民二终字第3469号］。其中援引初审法院的话说：该院认为，根据实质公平和诚信原则，在适用诉讼时效制度时，如果可作有利于与不利于债权人两种理解时，应偏重作有利于债权人的理解。法院据此作出了有利于债权人的解释。

把诚信原则作为合同解释规则的实例有上海市浦东区人民法院审理的某某诉某某公司房屋租赁合同纠纷案［（2011）浦民一（民）初字第30735号］。其中法院说，本院认为，合同虽然有约定“乙方有权在甲方同意的前提下优先续租”等内容，但综合合同各条款内容，并结合诚实信用原则予以解释，不应理解为原告的优先承租权能否行使

① 参见上海市第一中级人民法院审理的“周某某与傅某某等房地产买卖合同纠纷上诉案”［（2010）沪一中民二（民）终字第4294号］，以及同一法院审理的“某某某公司因居间合同纠纷案”［（2011）沪一中民二（民）终字第62号］。

取决于被告是否同意。我们知道，民法典第 726 条规定承租人对于所租住房享有优先购买权，法律尽管未规定承租人的优先续租权，但优先购买与优先续租都是为了保护法律关系的连续性以及承租人的居住安全，两者旨趣一致，所以，法院根据这种类推干预当事人的合同约定，强行赋予承租人优先续租权，以达成公平的目的。

2. 法院把诚信原则作为合同解释规则的形态

（1）限制当事人的权利。这方面的案例有上海市第二中级人民法院审理的“李某某因合伙协议纠纷案”［（2010）沪二中民四（商）终字第 1298 号］。这是一个二审案件，其判决书提到一审法院依据诚信原则解释合同限制当事人权利的过程。案情是李某某与典廷公司签订了合作协议书，其中约定，除支付李某某薪资外，每月提列 2000 元作为李某某厂内外交际事务费用。在诉讼中，双方当事人就“提列”一词的含义发生了争执，李某某主张“提列”一语指每月典廷公司应向他支付 2000 元，典廷公司则认为“提列”不是每月必须支付，是凭票审核后报销。原审法院认为当事人对合同条款的理解有争议的，应当综合合同所使用的词句、合同有关条款、合同目的、交易习惯以及诚实信用原则，确定该条款的真实意思，由此得出的解释结果是：合作协议书中约定的“每月提列人民币 2000 元”应理解为预算准备金，如实际产生交际费用可在 2000 元的额度内报销，因为双方从 2005 年 5 月 1 日合作起至 2007 年 5 月 31 日完成清算，李某某没有证据证明在此期间曾向典廷公司提出过要求支付该笔交际费，可见每月 2000 元交际费也非李某某、典廷公司之间的合作习惯。通过这样的解释，“提列”被等于“报销”，限缩了李某某的权利，但达成了公平的目的，因为 2000 元既然是交际费而非酬金，应实际交际了并支付了才应报销之，否则就变成酬金了。

（2）限制当事人的义务。这方面的案例有二。一是长沙市中级人民法院审理的“湖南长沙某某乳业有限公司与某某国际贸易（北京）

有限公司买卖合同纠纷上诉案”［（2011）长中民二终字第2949号］。其中法院说：根据合同法的规定，当事人主张约定的违约金过高请求予以适当减少的，人民法院应当以实际损失为基础，兼顾合同的履行情况、当事人的过错程度以及预期利益等综合因素，根据公平原则和诚信原则予以衡量，并作出裁决。当事人约定的违约金超过造成损失的30%的，一般可以认定为“过分高于造成的损失”。本案中，某某乳业公司主张违约金时未提交因某某国际贸易公司违约造成的损失情况，应当依据公平原则予以适当调减。二是上海市松江区人民法院审理的“周某某等诉陈某房屋买卖合同纠纷案”［（2010）松民一（民）初字第5182号］。其中法院说：本院本着公平和诚信原则，综合考虑原告方过错程度、合同的预期利益等因素，对合同解除的赔偿金的计算比例依法予以调整，按总价款的10%计算。至于被告主张的赔偿损失50000元的诉讼请求，经本院计算，原告需支付的赔偿金已足以弥补该损失，现被告再主张该部分损失，法院不予支持。

（3）扩张当事人的义务。这方面的案例一有广东省广州市中级人民法院审理的“许某某与广州市某某经营部运输合同纠纷上诉案”［（2010）穗中法民二终字第2310号］，其中法院说：根据合同法的相关规定，合同的当事人对合同的履行既有随附义务也有缔约过失责任，并且应遵循全面履行义务的原则。民法典第509条规定的“全面履行义务”中的“全面”包括诚信、也包括根据合同性质、目的、交易习惯来履行通知协助等义务。本案中，承运人应履行的义务既有通知也有协助。承运人至今对丢失货物都没有通知过对方也没有报警，因此他已违背最基本的合同法原则。二有上海市第一中级人民法院审理的“上海某电子网络股份有限公司因买卖合同纠纷案”［（2010）沪一中民四（商）终字第2379号］。其中提到，原审法院认为，电缆厂、金某某公司之间的买卖合同依法成立。但金某某公司认为，即使双方系争的买卖关系成立，也已超过诉讼时效，对此，应当认为，系争合同对支付货款的时间并未作出约定，根据实质公平和诚信原则，电缆厂向金某某公司交付货物后，在对付款时间未作出约定的情况下，电缆厂可以随时要求金某某公司履行，现电缆厂起诉要求金某某公司付款，并未超过诉讼时效，金某某公司理应支付货款。在该判决中，法院认为既然对付款时间无约定，则缺乏诉讼时效的起算点，电缆厂由此可随时要求金某某公司履行，这样才符合诚信原则。富有意味的是，法院将实质公平原则与诚信原则并列，可以认为其心里所想的诚信原则就是追求实现实质公平的。

（三）填补法律漏洞式的适用

这方面的案例有上海市黄浦区人民法院审理的“甲公司诉乙公司侵犯商标专用权、不正当竞争纠纷案”[（2009）黄民三（知）初字第73号）]。其中，原告甲公司与被告乙公司均有涡轮增压器及相关产品的经营业务，两者有同业竞争关系。原告使用的两个商标均先于被告乙公司对其企业名称的使用。而“盖里特”与原告的“Garrett 盖瑞特”商标构成近似，易使相关公众产生混淆和误认。法院认为，被告乙公司有攀附原告商标良好声誉，造成相关公众产生两个经营主体之间具有特定关系的联想，混淆商品来源的主观故意，其行为违反诚信、公平竞争原则，构成对原告的不正当竞争。该判决运用诚信原则填补了我国法律对借用他人商标作为自己的企业名称现象无规定的漏洞。事实上，商标法（第52条第1款第1项）和反不正当竞争法（第5条第1款第1项）均规定了冒用他人商标为自己的产品的商标的情况，但未规定借用他人的商标为自己的企业名称的情况，用诚信原则填补这个漏洞，实在是用对了这个原则。

（四）向一般条款逃避式的适用

案例一：张掖市甘州区人民法院审理的“张某甲诉张某乙民间借贷纠纷案”[（2011）甘民初字第3467号]。其中法院说：本院认为：……被告张某乙向原告张某甲借现金30000元，并给原告出具借条一张，系各自的真实意思表示，双方民间借贷法律关系成立。原、被告双方约定借款期限，被告到期拒不偿还，其行为违背了公民在民事活动中应遵循的诚信原则，应承担清偿的民事责任。在本案中，张某乙借款不还，法院说他违反了民法典第675条即可，但法院宁可说他违反了诚信原则，因为这样做省事，法官甚至不熟悉法条就可依据诚信原则判案，凡是他们认为不当的当事人行为，可以一律认定为违反诚信原则进行处置。

案例二：淅川县人民法院审理的“阮某某诉杨某某买卖合同纠纷案”[（2011）淅民商初字第47号]。其中法院说：本院认为：被告在原告所经营的加油站加油，双方形成事实上的买卖合同关系。原告给被告提供了油料，被告理应当即支付油款，被告出具欠条，原告表示同意，双方就欠款达成合意，被告应在原告向其主张权利时及时、足额支付欠款，而被告在原告向其主张权利时未能及时付款，原告向本院起诉后，被告既不出庭应诉又不及时付款，被告的做法违反我国民事活动应遵循的诚信原则，应承担本案的全部过错责任。在本案中，原告与被告间的关系由买卖转化为借贷关系，法院援引民法典第675条处理即可，根本不用援引诚信原则解决。

案例三：上海市黄浦区人民法院审理的“胥某某与季某买卖合同纠纷案”[（2011）黄民一（民）初字第2106号]。其中法院说：本院认为：民事活动应遵循诚信原则，被告季某向原告购买货物后，理应及时履行支付货款义务……在本案中，被告购物而不付款，违反民法典第626条，法院援引该条处理被告即可，也不用援引诚信原则进行处理。

二、主观诚信案例及其分析

（一）适用案型

1. 善意取得制度案型。这是适用善意概念最多的案型。通常都是共有人之一卖房，其他共有人提出买卖无效，法院为保护交易安全，裁定善意买受人的买受行为有效。

案例一：重庆市忠县人民法院审理的“王某诉何某某等确认合同无效纠纷案”[（2011）忠法民初字第01709号]。在该案中，诉争的房屋系原告王某所有，被告何某某未征得房屋所有权人的同意，擅自与被告毛某某签订房屋买卖协议。王某发现这一事实后，起诉出卖人何某某和买受人毛某某，要求确认买卖合同无效。但被告毛某某辩称，何某某出售房屋时从原告母亲手里拿走土地使用权证，肯定是得到原告的许可的。但法院认为，这一辩解并无证据支持。即使原告知晓被告何某某出售房屋和被告何某某从原告母亲手中取走土地使用权证，并不代表原告就已授权被告何某某出售房屋。所以，被告何某某在与被告毛某某签订房屋买卖协议后未取得该房屋处分权，他的真实意图是以其无权处分的财产获取利益。同时，根据农村宅基地使用权取得资格的限制性法律规定，外村村民不能取得他村宅基地使用权，被告毛某某并非拔山镇拔某村集体经济组织成员，他无权在拔某村享有宅基地；被告何某某将房屋卖与被告毛某某的行为导致被告毛某某享有宅基地，违背了宅基地享有主体的特定性。故二被告于2009年签订的房屋买卖协议无效，毛某某对房屋的买受不构成善意取得。

案例二：湖南省长沙市中级人民法院审理的“李某与黄某等赠予合同纠纷上诉案”[（2010）长中民二终字第2704号]。在该案中，李某与黄某系夫妻，两人于1994年10月4日取得一处房产，但黄某未经李某同意，将该房产赠予给其堂兄黄某甲，黄某并无其他证据证明其赠予涉案房产已取得李某的同意，而黄某甲亦无证据证实其有理由相信黄某的行为为夫妻双方共同意思表示，故一审法院认定黄某的赠予行为系无权处分，无效。黄某辩称，他在与李某的离婚诉讼中后者已放弃涉案房产的产权，但这一诉讼因为李某的撤诉而终结。法院认为，黄某甲作为黄某之堂兄，在明知黄某与李某夫妻关系紧张的情况下仍然接受黄某的赠予，他是否属于善意可以质疑，故判决黄某甲不构成善意取得。

案例三：北京市第二中级人民法院审理的“刘某某与李某等抵押合同纠纷上诉案”［（2011）二中民终字第18710号］。其中，刘某某与李某系夫妻关系，两人共有一处房屋，但产权证上仅写了李某的名字，而李某将此房屋抵押，刘某某通过司法途径质疑抵押的合法性。法院认为：涉案房屋的产权证载明房屋的所有权人为李某，产权证“共有人”一栏为空白。房屋所有权证的记载内容具有对外公示的效力，所以，不论涉案房屋是否系夫妻共同财产，均不得以此对抗信赖该内容的善意第三方。本案中，中关村担保公司已对被抵押房屋房产证进行了审查，尽到了合理的注意义务，所以本案中的抵押合同有效。值得注意的首先是，本判决书中使用的“善意”一语是“免于过错的诚信”的意思；其次是本判决把善意取得的对象扩展到了抵押权。

2. 公司法案型。这类案型涉及的问题是公司的内部规定和公司与其他公司的内部协议不得对抗善意第三人问题。案例有长沙市中级人民法院审理的“王某某与湖南某建设有限公司民间借贷纠纷上诉案”［（2011）长中民二终字第2180号］。其中，某建设公司与柳某某签订了内部承包责任书，约定：“柳某某不能擅自以某建设公司项目部的名义签写任何形式的欠款字据等，否则，由此带来的一切法律责任由柳某某承担”，但该约定系某建设公司与柳某某之间的内部约定，对第三人王某某不具有约束力，法院裁定某建设公司不能以此为由对抗善意第三人王某某。本案所涉问题在2021年后已由民法典第170条第2款处理。从本书第九章第一节第二目的介绍来看，现行意大利民法典涉及这方面的规定尤多。

3. 代理法案型。这类案型涉及无权代理情形中对善意第三人的保护。案例首先有北京市第二中级人民法院审理的“北京某人才服务中心与北京某房地产开发有限公司委托合同纠纷上诉案”［（2011）二中民终字第17300号］。该案中，北京某房地产公司的总经理代表公司与某人才服务中心签订了一个合同，但他使用的是假的公司印章，且合同并不代表公司的利益，所以遭到公司的否认。但法院认为：某人才服务中心作为善意的合同相对方无从得知某房地产公司的公章是否虚假，所以，某房地产公司的总经理的代表行为已构成表见代理，合同已经依法成立。其次有北京市第二中级人民法院审理的“某酒业有限公司与孙某某买卖合同纠纷上诉案”［（2011）二中民终字第16947号］。其中，某酒业有限公司一直由李某某、郑某某代表与孙某某联系分销事宜。李某某离职后，某酒业有限公司未能举证证明自己已将李某某离职情况告知了孙某某。法院认为：孙某某仍可以善意地相信李某某签字的职务行为效力。据此，某酒业有限公司应当对李某某、郑某某签字确认的行为承担相应的责任。显然，此案中的李某某是表见代理人，孙某某是代理的外部关系中的善意第三人，此语的“善意”是“有理由相信”的意思。

在本书第九章第一节第二目中，介绍了现行意大利民法典涉及表见代理人的许多规定，值得借鉴。

4. 商标法案型。这方面的案例有上海市第二中级人民法院审理的“浙江省某食品公司诉上海泰某食品有限公司商标侵权案”［（2003）沪二中民五（知）初字第239号］。案情如下：1979年10月，浙江省浦江县某食品公司申请获得“金华火腿”注册商标。1983年3月，浙江省某食品公司成为该商标的合法所有人。2003年7月，浙江永康市某火腿厂生产的使用了“金华火腿”字样的火腿在上海南京东路的泰某食品公司门店出售，被浙江省某食品公司工作人员发现，于是于2003年11月在上海二中院起诉两家公司，请求判令两被告停止生产和销售侵权商品，并公开赔礼道歉，外加共同赔偿原告5万元。庭审中，被告永康市某火腿厂拿出国家市场监督管理总局发布的2003年第87号公告，该公告授予包括被告在内的55家企业在其产品上使用“金华火腿”原产地域产品专用标志的权利。被告由此认为，原告的起诉无理。上海二中院在审理后认为，浙江省某食品公司享有的是“金华火腿”商标专用权。“金华火腿”经国家市场监督管理总局批准实施原产地域产品保护，永康市某火腿厂享有的是“金华火腿”原产地域专用标志权，并未侵犯原告的权利。被告在其火腿上使用“金华”两字，属于善意使用，符合诚信原则。在这一判决中，“善意”的含义是具有不害他人的心态。

5. 票据法案型。案例一：上海市青浦区人民法院审理的“常州市某粉末机械有限公司诉上海某汽车零部件制造有限公司票据追索权纠纷案”[（2011）青民二（商）初字第882号]。其中，原告基于与被告的买卖关系取得票据，但被告银行账户余额不足遭退票。原告诉至法院。法院认为：原告供货后取得系争支票已给付对价，因此是票据的善意持有人，判令被告按签发的支票金额承担向原告付款的责任。值得指出的是，在这一判决中，“善意”并非一种不知的状况，而是支付对价的行为。

案例二：北京市第二中级人民法院审理的“北京某投资有限公司与王某某票据利益返还请求权纠纷上诉案”[（2011）二中民终字第14725号]。其中，王某某因为付款的原因从北京某投资有限公司取得票据，但未在规定的期限内提示付款，依据票据法的规定，她因超过时效行权而丧失票据权利。尔后，她要求北京某投资有限公司支付票据载明的金额，遭到拒绝。法院认为，王某某仍就票据载明款金额享有民事权利，可以请求北京某投资有限公司返还其与未支付的票据金额相当的利益。至于王某某所持票据的合法性，法院认为，王某某能够向法院说明其取得支票的来源、事由，本案现有证据亦不能表明王某某涉嫌以非法手段或出于恶意取得支票，在此情况下应当认定王某某善意合法取得支票。与前一个案例一样，在这个案例中，善意并不指心理状态，而是手段的合法性。

6. 婚姻法案型。这方面的案例有2019年的“徐某某诉昌邑市婚姻登记中心行政登记案”。案情如下：原告徐某某与第三人乔某某于1986年登记结婚，于2007年11月2日在昌邑市人民法院调解离婚。2013年1月7日，原告与第三人隐瞒已经离婚的事实，谎称结婚证丢失，并提交内容虚假的《申请补领婚姻登记声明书》，到被告处申请补办结婚登记证书。被告经审查，于当日为其补办了结婚登记证书。原告以所补办的结婚登记证书系隐瞒已经离婚的重要事实而取得为由提起行政诉讼，请求予以撤销。昌邑市人民法院认为，诚实信用原则是我国法律的基本原则，原告自述与第三人隐瞒已经离婚的事实而骗取补发结婚姻登记证，应当受到否定性的法律评价。故裁定驳回原告徐某某的起诉。

（二）被考察判决书反映的法院对“善意”一词的理解

在我考察的法院判决书中，有的援用当事人的陈述，其中使用有“善意”一语的，我不考察对“善意”的这种使用，只考察法院对该词的使用。因为前种使用可能具有非法律性，后种使用出自受过训练的法官之手，应具有法律性。

1. 确信说。首先见诸辽宁省沈阳市中级人民法院审理的“沈阳某畜业发展有限公司等与董某股权转让纠纷上诉案”［（2011）沈中民四终字第13号］。其中，黄某某为沈阳某畜业发展有限公司当时的法定代表人及唯一股东，与董某签订股权转让协议转让股权，后来沈阳某畜业发展有限公司不承认黄某某的行为，董某诉至法院。法院认为，董某有理由相信黄某某进行的民事法律行为系代表公司所为，黄某某亦未向法院提供董某足以构成非善意的证据，故法院对董某要求沈阳某畜业发展有限公司承担偿还其95万元的诉讼请求予以支持。在本判决书中，法院从正反两个方面说明董某的善意。从正的方面，说他“有理由相信”；从反的方面，说黄某某提不出证明董某为非善意的证据。

其次见诸江苏省徐州市中级人民法院审理的“江苏某建设集团有

限公司与颜某某等买卖合同纠纷上诉案”［（2011）徐商终字第0174号］。其中法院说，颜某某作为善意相对人有理由相信收货人陈某有权代理江苏某建设集团有限公司，江苏某建设集团有限公司应当对陈某的表见代理行为承担责任，即应对颜某某145200元的货款承担付款责任。江苏某建设集团有限公司承担责任后可依法向行为人追偿。在本判决书中，法院也把善意解作“有理由相信”。富有意味的是，两个把“善意”理解为“确信”的法院判决都是处理代理关系的。

2. 信赖说。这方面的案例有重庆市石柱土家族自治县人民法院审理的“马某甲诉马某乙等房屋买卖合同纠纷案”［（2011）石法民初字第1391号］。在该判决书中，法院先讲理论，谓：表见代理是善意相对人通过被代理人的行为足以相信无权代理人具有代理权，基于信赖，善意相对人与无权代理人进行交易，由此造成的法律后果由被代理人承担的代理。此处的“信赖”，应是“确信”的别样说法，不妨单列为一种类型进行分析。然后讲案情：鉴于马某乙家的对外事务均由田某某做主处理之惯例，客观上使马某甲足以相信田某某具有代理权。因此，田某某以马某乙名义与马某甲签订房屋买卖合同具备了表见代理的法律特征。最后把“善意”问题上升到诚信问题，谓：为维护社会诚信，确保交易安全……判决如下……

3. 不知说。这方面的案例有怀化市中级人民法院审理的“辽宁某铁合金集团有限公司与吴某甲等股权确认纠纷上诉案［（2011）怀中民二终字第140号］。在本案中，吴某甲、吴某乙、梁某某被吴某丙委托伪造签名将股份转让给吴某丙，他们并无证据证明辽宁某铁合金集团有限公司明知签名属伪造或者参与伪造签名；辽宁某铁合金集团有限公司已向辰溪县某钒业有限责任公司实际注资，并根据验资报告、公司章程修改案、股东的决议、股权转让协议和股东会决议依法办理股权变更的工商登记手续取得公司股份，法院认定此为善意取得。显然，这一判决书中的“善意”指不知情。

4. 客观行为说。持此说的判决书都不把善意理解为一种心理状态，而是一种客观行为。对此的案例有河南省南阳市中级人民法院审理的“南阳市宛城区某社区居民委员会与赵某某等租赁合同纠纷上诉案”［（2011）南民二终字第341号］。其中法院说：“上诉人也未能举证出承租人赵某某签订协议时存在恶意串通、欺诈等事实，因此，赵某某属善意的合同相对人。”显然，在该判决书中，“善意”等于恶意串通、欺诈的阙如。

5. 非术语使用“善意”一词。在中文中，“善意”一词本身就有非法律术语的用法。例如，“释出善意”一词，这样的用法也存在于法院判决书中。这方面的案例有某市中级人民法院审理的“裴某某与彭某某等房屋买卖合同纠纷上诉案”［（2010）乌中民四终字第740号］。其中，裴某某售房给彭某某等，产权证上只有裴某某的名字，完成付款交房手续后，裴某某的妻子徐某某向法院起诉要求确认彭某某与裴某某签订的房屋买卖协议无效。法院认为：彭某某与裴某某签订房屋买卖协议时，无法得知所购买房屋除了裴某某外是否存在其他产权人，裴某某也无证据证实彭某某在签订合同时明知其处分的系共有财产，说明彭某某存在真实善意的购买房屋意图。显然，这是一个善意取得案件，“善意”一词本可用于描述彭某某的“不知”主观状态，但却被用来描述交易双方的意图，未免背离了“善意”一词的正常使用。这里的“善意”是“无害人之心”的意思。

（三）法院对主观诚信者的奖励

主观诚信者总是要获得法律的奖励的。民法典第460条对此有规定：不动产或者动产被占有人占有的，权利人可以请求返还原物及其孳息，但是，应当支付善意占有人因维护该不动产或者动产支出的必要费用。按照此条，被占有物的必要维护费用的返还请求权就是对主观诚信者的奖励，恶意占有人得不到这一奖励。但法院在适用这一条时，往往连但书部分都不引用，只引用该条前半部分的内容。最有可能适用本条但书的南京某法院审理的“杜某诉谢某占有物返还纠纷案”也因以调解结案而使本条但书失去了适用的机会。该案案情如下：2005年12月，某部研究所职工杜某未经准许，强占该单位新建的集资房一套，并擅自对该房屋进行了装修。2006年3月，单位对杜某进行了罚款处理，并责令其立即搬出，但杜某拖延不理，同年5月，该单位将此房售给本单位职工谢某。2006年10月，谢某拿到了杜某交还给单位的钥匙，因房中留有杜某的物品，影响其正常居住。2007年6月，杜某向谢某提出给付装修费的要求，遭到谢某拒绝。2008年4月，杜某向法院提出诉求，要求被告谢某支付装修费。显然，本案中的杜某是恶意占有人，无权得到装修费之返还。部分参审法官持这种见解，但另有人认为，杜某虽恶意实施添附，但应按公平原则给予他补偿装修费。后来法院按这种意见调解结案。① 由此可见，我国法院还不习惯于运用法律规定的奖励主观诚信者的方法。

当然，法院运用得更多的奖品是所有权案授予，在所有的善意取得案件中都发放了这种奖品。由于善意买受人不知标的物有其他共有人，并尽必要的注意查证了标的物的产权状况，法律赋予其交易不受其他自称的权利人破毁的地位，而把此等人的利益保护交给他们与转让人的诉讼解决。这方面的案例有嵊州市人民法院审理的“刘某某诉卢某某财产权属纠纷案”［（2007年）嵊民一初字第533号］。其中，刘某某拥有一辆面包车，从2005年8月31日开始，以月租金3000元出租给樊某某使用，后来，刘某某与樊某某失联。2005年10月18日，被告卢某某从陈某某以28000元的价格买来刘某某拥有的面包车，陈某某承诺办好车辆过户手续。尔后，被告对该车辆进行投保并交纳了保险费。2007年，被告在陈某某的陪同下进行了车辆年检，但未办理

---

① 参见斯纪钢、宁志坚：《杜某诉谢某占有物返还纠纷案》，载《中国军法》2008年第6期，第58页。以及宁志坚：《强占单位集资房后擅自装修的性质及法律适用》，载《人民司法》2010年第18期，第69页及以次。

过户手续。2006 年 11 月 23 日，原告发现该车被被告占有并营运，于是向公安局报案。公安局经查核，认为不属盗、抢车辆，于是放行，至今仍被被告占有。原告于是提起民事诉讼，要求被告返还原告所有的面包车，并赔偿从 2006 年 10 月起因被告使用该车给原告所造成的损失。被告卢某某辩称：面包车是被告从陈某某处买来的，已货款两清，与原告并没有关系；物权的转移应受到法律的保护。请求驳回原告的诉讼请求。法院认为，被告是善意且以合理的对价占有了涉案面包车，判定他善意取得车辆所有权，原告的损失可以通过向该车辆承租人追偿来实现。本案中，被告卢某某获得的诚信奖励是可以对抗真正所有人的权利。

三、客观诚信案例及其分析

（一）客观诚信被理解为出尔反尔的阙如

案例一：衡阳市中级人民法院审理的“广州某公司与刘某某等生命权纠纷上诉案”[（2011）衡中法民一终字第 142 号]。其中法院说：上诉人与被上诉人已达成事故处理协议，根据诚实信用原则，被上诉人不得反悔。在本节的第四目中，我还将提供至少四个把客观诚信理解为出尔反尔的阙如的案例。

案例二：上海市第一中级人民法院审理的“张某与某某公司居间合同纠纷上诉案”[（2010）沪一中民二（民）终字第 4284 号]。在该案中，张某根据居间合同为某某公司做事，双方签署的佣金确认书约定的佣金收费标准与上海市物价局“沪价商（2003）036 号”的规定不符，某某公司以此为由拒绝支付，张某遂诉至法院。法院认为：民事活动应当遵循诚信原则。依法成立的合同对当事人双方具有同等法律约束力。上海市物价局“沪价商（2003）036 号”规定属于部门规章，并非法律法规规定的强制性条款，某某公司仍应按约定履行。即使张某的收费标准违反了相关的规章规定，亦应由相关的行政主管部门予以审查直至处罚。此案的双方当事人明知佣金不合法定标准仍为约定，支付佣金方为了逃避支付义务自污违法拒付。法院宣告交易有效，不适用行政规章。在我看来，本判决应属于诚信原则的自污求废性适用。自污求废是中国古代的一种政治行为。例如，汉代的萧何为了证明自己无反心，就大肆敛财，让自己有一个贪财佬的负面形象，毁掉自己过去的能吏形象，以此获得让汉高祖放心的利益。自污求废在民法上，体现为有污行的一方当事人援引自己的污行图利。

案例三：上海市第二中级人民法院审理的“徐甲、钱某某房屋买卖合同纠纷案”[（2011）沪二中民二（民）终字第1973号]。其中法院说：本院认为：当事人行使权利、履行义务应当遵循诚信原则。1999年徐甲向其单位申请福利分房时，按照当时的政策，徐甲必须提供其原住房情况的相关资料，故徐甲、钱某某自1999年即已知晓系争房屋已经变更为产权人为李某某的产权房。此后长达10余年中，徐甲、钱某某并未对此提出过异议，现徐甲、钱某某要求确认系争房屋的买卖合同无效，缺乏事实依据，其上诉理由本院不予采纳。这是一个典型的权利失效案例。权利失效是指权利人在相当期间内不行使其权利，依其特别事实足以使义务人信任权利人不需要自己履行义务，且权利人再行使其权利会造成当事人利益严重失衡的，基于诚信原则，义务人可以不再履行其义务的制度。[①] 长期不行使权利造成对方权利已被放弃的信赖，法律以禁反言原则保护此等信赖。“反言”中的“言”可以是允诺，也可以是行为，如本案中的10余年不行使反对权的行为。

（二）客观诚信被财产法理解为不履行的阙如

这方面的案例有重庆市长寿区人民法院审理的“王某诉余某民间借贷纠纷案”[（2011）长法民初字第03445号]。其中法院说，原告

---

① 参见刘自正、褚卓慧：《论大陆法系民法之权利失效制度》，载《武汉理工大学学报》2001年第5期，第451页。

王某按约定向被告余某支付了借款，被告余某未按约定偿还借款本金和利息，违背了诚信原则，故被告应当承担还款义务及违约责任。

（三）客观诚信被理解为诈欺的阙如

案例一：淅川县人民法院审理的“张某某诉刘某某买卖合同纠纷案”[（2011）淅民商初字第59号]。其中法院说：本院认为：被告刘某某采取欺诈的手段，隐瞒所买卖车辆的真实报废日期，使原告张某某违背真实意思的情况下订立合同，违背民事活动中应遵循的诚信原则。

案例二：上海市第二中级人民法院审理的“上海某灯光音响器材有限公司因买卖合同纠纷案”[（2011）沪二中民一（民）终字第175号]。其中法院说：根据我国相关法律规定，产品或者其包装上的标识必须真实，在标识上应有中文标明的产品名称、生产厂名和厂址。但经现场勘验认定，上海某灯光音响器材有限公司提供的FUNCTION-ONE品牌相关产品不符合上述规定，且它在举证期限内未能就上述产品的合法进货来源予以举证。所以，原审法院认定上海某灯光音响器材有限公司的销售行为违反了诚信原则，已构成欺诈。

（四）客观诚信被理解为违反比例原则行为的阙如

这方面的案例有广东省广州市中级人民法院审理的“黄某某等与广州市某租赁公司租赁合同纠纷上诉案”[（2010）穗中法民五终字第3499号]。在该案中，广州市某租赁公司在缴费通知中多算了黄某某、陈某一天的租金，但该多收租金的数额较小，而黄某某、陈某仍欠广州市某租赁公司租金3120元、综合服务费720元，黄某某、陈某却以多算了其租金为由拒付租金。法院认为：黄某某、陈某欠付的租金额远远大于广州市某租赁公司多收的租金额，前者的抗辩显失公平，亦有违诚信原则，不予支持。

（五）客观诚信被解释为“跳单”行为的阙如

这方面的案例有北京市第二中级人民法院审理的“吴某某与北京某房地产经纪有限公司居间服务合同纠纷上诉案”[（2011）二中民终

字第 17301 号]。其中法院说：吴某某接受经纪公司提供的针对涉案房屋的看房服务，并签署客户确认书，她应当履行其在客户确认书中承诺的义务，即不逾越经纪公司而与房屋所有权人私下交易；且依据诚实信用原则，该种义务应当解释为包括吴某某不得自己或者以关联人名义与房屋所有权人私下交易。这是一个典型的房产买卖中介业中的“跳单”案件，跳单者利用了中介的服务找到中意房产，然后跳过中介直接与卖家交易，由此省却中介费，法院认定跳单者违反诚信义务。

（六）客观诚信被理解为告知义务的承担

案例一：张掖市甘州区人民法院审理的“殷某某诉某保险股份有限公司张掖分公司保险合同纠纷案”[（2011）甘民初字第 2284 号]。其中法院说：根据保险合同的最大诚信性质，投保人有关身体健康的情况应当如实告知保险人。但由于保险合同的特殊性，在订立合同时，保险人较投保人处于专业知识及信息上的优势地位，再加之保险合同具有典型的附和性和格式性特点，某些问题，如保险人不明确说明，普通投保人无法了解。故对于如实告知义务的履行方式，我国保险法采取的是询问告知模式，即投保人告知的问题仅限于保险人询问的范围，如保险人未对投保人进行询问，却以投保人违反如实告知义务为由要求投保人承担责任，有悖于民法中的公平原则。本判决书的有意思之处是：一方面，它要求投保人根据诚信原则如实告知。另一方面，它又根据公平原则限制履行此等告知义务的方式。实际上对格式合同作出了不利于其提出者的解释。

案例二：上海市第二中级人民法院审理的“上海某房地产发展有限公司房屋买卖合同纠纷案”[（2011）沪二中民二（民）终字第2066号]。其中法院说，因上海某房地产发展有限公司未明确向祝某某进行告知，违反了诚信原则。

（七）客观诚信被理解为格式合同的提出者承担解释合同的义务

这方面的案例有张掖市甘州区人民法院审理的“王某某诉某人寿

保险股份有限公司张掖中心支公司人身保险合同纠纷案”［（2011）甘民初字第658号］。其中法院说：被告因从事保险业经营而熟悉保险业务，精通保险合同条款，且提供的是格式合同，而原告作为投保人和被保险人，一般受到专业知识的限制，对保险业务和保险合同条款不甚熟悉，故法律要求保险人在订立保险合同时应依最大诚信原则，对保险合同条款作出说明，使投保人正确理解合同内容。

（八）客观诚信被理解为在合理期限内履行义务

这方面的案例有山东省青岛市中级人民法院审理的“某财产保险股份有限公司平度支公司与徐某某等保险合同纠纷上诉案”［（2011）青民四商终字第79号］。其中法院说：保险合同系最大诚信合同，保险法对核定期限未作出明确、具体的规定，这不应成为保险人无故拖延赔付的正当理由。据此，上诉人在两年多的时间作出拒赔决定，显然属于“未及时作出核定”，除依法支付保险金外，应赔偿保险人或者受益人因此受到的损失。

四、体现诚信原则的净手子原则之适用的案例及其分析

体现净手原则的法谚是“不听任何援引自己的不法行为者之申辩”，它采取法官的角度，要求他对于援引自己的不法行为主张权利的人，不授予诉权。我国发生许多需要适用这一原则的案例，有如下列。

（一）开发公司为多赚自请宣告宅基地买卖合同无效案例

桂某某与海某公司等宅基地使用权转让纠纷上诉案”［（2008）海南民二终字第203号］。1996年12月24日，海某公司与临高县某中学签订了合同，约定前者投资给后者进行基建，后者提供给前者土地补偿其投资。1996年12月27日，临高县人民政府同意临高县某中学出让中学周边国有土地给海某公司开发房地产，但未颁发国有土地使用权证给海某公司。2002年6月30日，临高县土地管理局同意海某公司将34间宅基地分别转让给桂某甲、林某某、桂某某、徐某某等25位

户主使用。2000年10月，海某公司将宅基地转让给桂某某等，桂某某没有办理权属过户登记手续。桂某某持有的临国用（15）字第0973号国有土地使用证是伪造的。被告桂某某对该讼争地的宅基地没有合法的使用权。但他共交清10.5万元土地款给海某公司。

交易后，房价大涨，海某公司觉得依据以前的价格自己吃亏，遂向法院起诉主张，自己以出让方式从临高县某中学取得讼争土地开发房地产时，尚未取得国有土地使用证，自己将讼争的宅基地转让给被告桂某某是违反法律的，特向第一审法院请求确认交易无效，一审法院准如所请：判决海某公司与被告桂某某转让讼争的宅基地行为无效。双方于判决生效之日起10天内恢复原状。

被告桂某某不服，向中院提起上诉，请求撤销原判，改判确认上诉人桂某某与海某公司的宅基地转让行为合法有效，理由是海某公司与某中学签订的以地养校的协议和上诉人作为集体经济组织成员取得宅基地的行为符合农村土地的管理政策，没有违反社会公共利益。

二审法院认为：依据双方当事人签订的宅基地转让合同的约定，转让方海某公司的主要义务就是将土地变更登记到受让方桂某某的名下，受让方桂某某的主要义务就是支付价款。依据诚实信用原则，在受让方桂某某按照合同约定履行支付价款的义务的前提下，转让方海某公司就负有将出让土地过户到受让方桂某某名下的义务。转让方海某公司以自己不履行过户登记的义务，以自己没有使准备转让的土地达到城市房地产管理法第38条规定的转让条件，以自己违约的事实，主张合同无效，属于违反诚实信用原则的行为，属于恶意抗辩，其抗辩理由不予支持。判决撤销原判，驳回海某公司的诉讼请求。[①]

本案中，海某公司自挑自家转让宅基地交易的法律缺陷，诉请交易被宣告无效，损害了相对人的利益，尽管其主张得到一审法院的支

---

① 本案案情来源：https：//aiqicha.baidu.com/wenshu？wenshuId=0b6937bfe32baea830514d694eafbd3ba339eff7，2021年9月22日访问。

持，但二审法院认为海某公司的行为有违诚信原则。这里的有违诚信，应是援引自己的不法行为获利的意思，法院未支持此等援引。

（二）城市居民购买农民住房被卖家诉请合同无效恢复原状案例

2002年7月1日，原告李某某与被告马某某签订了房屋买卖协议，双方约定马某某以45000元的价格将位于北京市通州区某村的正房五间、厢房三间及院落出售给李某某。当天李某某交清了房款，马某某交付了房屋。后李某某对该房屋进行了整修，添加了卫生间等附属设施，新建了三间西厢房。2006年12月，马某某诉至北京市通州区人民法院要求确认其与李某某签订的房屋买卖协议无效，李某某腾退房屋。一审法院于2007年7月作出判决：认定合同自始无效，李某某应腾退房屋，马某某应返还买价外加添附部分价款共计93808元给李某某。李某某不服，上诉于北京市第二中级人民法院，要求确认买卖合同有效，撤销原判。二审法院考虑到马某某作为出卖人在出卖时即明知其所出卖的房屋及宅基地属于我国法律禁止流转范围，在出卖房屋多年后又以违法出售房屋为由主张合同无效，故其应对合同无效承担主要责任。对于李某某作为买受人信赖利益损失的赔偿，应当全面考虑出卖人因土地升值或拆迁、补偿所获利益，以及买受人因房屋现值和原买卖价格的差异所造成损失两个方面因素予以确定。基于马某某出售给李某某的房屋及添附部分价值已经法院判决折价补偿李某某，另判决被告马某某赔偿原告李某某损失185290元。①

这是一个典型的双方都有过错导致合同无效的案例。李某某贪图农村房地产便宜，不顾《通知》的禁令买下目标房地产。马某某可能因一时手头紧，为了得到现金流而把目标房地产卖出。双方的手都不"干净"，如果允许他起诉，则违反了"任何人不得依据其不法行为改

---

① 本案案情来源：北京市第二中级人民法院民事判决书（2007）二中民终字第13692号。也参见通州法宣：《宋庄画家买卖农村房屋案宣判：李某某获赔18万》，On https：//www.lawtime.cn/info/hetong/zhengduan/2010091358577.html，2023年8月13日访问。

善其地位”的原则，让他援引自己过去视而不见的合同无效理由滥用合同无效制度为自己牟利。本案一审法院顺着原告见利忘义的路子走，判决合同无效。二审法院意识到了原告的手“不干净”（明知标的物属于不流通物），但仍给予他诉讼的机会，不过让他承担合同无效的主要责任，并考虑到他这样做对被上诉人信赖利益的极大损害，尽管仍然判处合同无效，但要求原告赔偿被告的房产涨价蒙受的损失，其处理更加公平，但远远未走到以诚信原则判案的地步，倒是报道这类案件的媒体文章发现了这类案件与诚信原则的关联，认为这类案件的原告“在一定程度上违背了诚实信用的原则”①。由于这类案件太多，催促有关案发省的高级人民法院作出政策性的应对。例如，山东省高级人民法院《2008年民事审判工作会议纪要》（鲁高法〔2008〕243号）即强调：“人民法院要充分适用诚实信用原则，以裁判手段制裁不守信用一方，保护诚实守信一方。对于以自己不履行合同的约定义务，违背诚信原则反而主张合同无效的，要认真分析其是否属于恶意抗辩，不能草率支持。裁判结果不能让失信者在经济上占任何便宜”。按照此语处理城市居民购买农民住房被卖家诉请合同无效，将得出合同有效的判决，由此局部修正了禁止城乡居民间交易房产之规定。但最高人民法院2019年的《全国法院民商事审判工作会议纪要》第32条在山东省高级人民法院《2008年民事审判工作会议纪要》的基础上退了一步，规定：在确定合同不成立、无效或者被撤销后财产返还或者折价补偿范围时，要根据诚实信用原则的要求，在当事人之间合理分配，不能使不诚信的当事人因合同不成立、无效或者被撤销而获益。此条把此类案件原告的行为上升到了违反诚信原则的高度，做出了不能让任何人从自己的不诚信行为中获利的一般性处理，非常正确，但离以诚信原则局部修法尚有距离，大部分类案判决仍然判当事人一城一乡

① 参见王秋实：《农民卖房后告买主讨拆迁款》，载《京华时报》2009年6月12日第11版。

的房屋买卖合同无效。①

（三）招标人与投标人串标后为牟利请求宣告中标无效案例

2012 年 5 月 8 日，某工程公司通过招投标取得某房地产公司负责的某公寓项目工程，中标价格：418332352.72 元，中标工期 579 日，开工日期 2012 年 5 月 1 日，竣工日期 2013 年 11 月 30 日。2012 年 5 月 9 日，某房地产公司作为发包人与作为承包人某工程公司签订了以以上指数为内容的建设工程施工合同。合同还就工程量的确认、工程进度款的支付、工程款的结算和逾期支付的利息计算、工程款（进度款）逾期支付导致施工无法进行时的违约责任承担、工程的竣工验收进行了约定。

涉案工程于 2014 年 11 月停工，双方当事人发生纠纷。2017 年 5 月，某工程公司以某房地产公司拖欠工程款为由向法院起诉请求：请求解除双方签订的建设工程施工合同，某房地产公司向某工程公司支付工程款及逾期支付利息以及返还履约保证金及逾期利息等。法院作出一审判决，在认定建设工程施工合同有效的前提下，根据某房地产公司的违约事实，判令某工程公司与某房地产公司签订的建设工程施工合同于 2017 年 5 月 15 日解除；某房地产公司向某工程公司支付工程款 124967787.33 元及利息 1585528.8 元；某房地产公司向某工程公司返还履约保证金 39849215.2 元，并支付利息 4283790.64 元等。②

某房地产公司不服，上诉于最高人民法院，理由是建设工程施工合同无效，因为合同双方在招标前就私下商定了合同内容，招标过程完全是走形式，违反了《招标投标法》第 43 条和第 55 条，所以招标无效，按这一程序订立的合同也无效。既然合同无效，就不存在违约

① 《八民会议纪要》第 19 条第 2 款规定："在非试点地区，农民将其宅基地上的房屋出售给本集体经济组织以外的个人，该房屋买卖合同认定为无效。合同无效后，买受人请求返还购房款及其利息，以及请求赔偿翻建或者改建成本的，应当综合考虑当事人过错等因素予以确定。

② 本案第一审案情来源：最高人民法院民事裁定书（2020）最高法民申 348 号。

责任。最高人民法院于2019年作出判决，指出：某房地产公司以其自身的招标行为存在违法违规为由，于二审中主张合同无效，其行为不仅违反诚实信用基本原则，而且不利于民事法律关系的稳定，属于不讲诚信、为追求自身利益最大化而置他人利益于不顾的恶意抗辩行为。如支持其诉求，意味着体现双方真实意愿的合同约定不仅对其没有约束力，甚至可能使其获得不正当的利益，这将违背合同无效制度设立的宗旨，也将纵容违法行为人从事违法行为，使合同无效制度沦为违法行为人追求不正当甚至非法利益的手段。总之某房地产公司在二审中主张涉案建设工程施工合同无效的主张有违诚信原则，其主张缺乏事实和法律依据，予以驳回。① 最高人民法院的这一判决援引了诚信原则，将之作为打击某房地产公司的援引自己的不法行为、滥用合同无效制度的企图，完全达成了对诚信原则的净手子原则适用。对于此案，于飞当作诚信原则的修法功能的适用例进行分析②，与我的分析殊途同归。不过，我认为其分析工具属于通用品，我的分析工具属于专用品，净手原则为这类案件量身定做。

五、小结

（一）主观诚信实务研究小结

从对北大法宝收集的2011年涉及“善意”的案例来看，主观诚信在我国已适用于善意取得制度、公司法、代理法、商标法、票据法等领域，这些都是财产法，它们涉及主观诚信，不同程度上是因为它们都涉及保护交易安全问题，因此，说主观诚信在我国司法实践中基本上只适用于财产法，应该没有什么问题。说“基本上”，乃是因为主

---

① 本案第二审案情来源：某房地产公司与铁建大桥工程局建设工程施工合同纠纷案判决书，（2019）最高法民终347号。

② 参见于飞：《诚信原则修正功能的个案运用——以最高人民法院“华诚案”判决为分析对象》，《法学研究》2022年第2期，第8页及以次。

观诚信还是勉强进入了家庭法，在夫妻代理的情形如此。因此，说主观诚信在我国司法实践中基本上只服务于保护交易安全的目的，也应该没有什么问题。

从法院对“善意”一词的理解来看，有确信说、信赖说、不知说、客观行为说四说，唯独没有错误说。这跟我国主观诚信制度主要服务于保护交易安全的现状有关，它没有保护弱者的目的。可以说，以确信、信赖、不知为基座的主观诚信容易统一，而以错误为基座的主观诚信容易个别化。所以，说我国司法实践中的主观诚信制度没有体现被评价主体的个别性，也应该没有什么问题。

从法院对“善意”一词的使用来看，存在本土因素与外来因素交织的状况。作为法律术语的“善意”是一个外来语，这种意义上的该词在我考察的判决书中得到了最多的使用，但我国固有文化中有“与人为善”意义上的“善意”，在我考察的判决书中也得到了不少的运用。

最有意味的是，在我国的司法实践中，有把本来作为心理状态的“善意”作为某种客观行为的指称的趋向，这或许表现了主观诚信客观化的趋势，因为心理状态难以观察，只能通过此等心理状态导致的行为反推。这样，主观诚信的本性更加屈从于证据规则的要求。

当然，在主观诚信制度被适用的五个领域中，该种诚信的客观性的分量是不同的，从考察的案例来看，在票据法领域使用的主观诚信概念最具有客观性，有关的案例根本不考虑被评价当事人的心理，仅观察其行为。善意取得制度次之，法院在运用这一制度时，一方面观察受让人的心理状态；另一方面观察他是否实施了查证权源的行为。

（二）客观诚信实务研究小结

由上述研究可知，我国法院在消极和积极两种意义上运用客观诚信概念，前者是把诚信理解为某种恶行的阙如，可称为消极诚信，体现了毋害他人的戒条；后者是把诚信理解为某种良行的应该具有，可称为积极诚信，体现了爱你的旁人的戒条。两种运用各占总数的一半，所以，萨默斯的诚信原则是排除器的说法并不完全有理，这意味着不存在不为恶行就是良行的设定。换言之，不为某种恶行并不在所有的场合都意味着行为人有良行，在有的场合，必须实施一定的益他行为（在这里我避免使用“利他行为”一词）才能构成良行。列举出诚信原则涵摄的所有劣行和良行是不可能的，因为这是一个开放的、发展的体系。这种开放性、发展性恰恰是诚信原则的力量所在。

不难看出，上述客观诚信案例只涉及财产关系，因此，我国客观诚信的财产性显而易见，在2011年的范围内，我国的人身关系法尚无适用诚信原则的案例，这是不合理的，实际上是一边宣称诚信原则是全部民法的基本原则，另一边把诚信原则限缩为财产法的基本原则。幸好这种情况在2019年得到了改变，山东省出了运用客观诚信的婚姻法案例，即“徐某某诉昌邑市婚姻登记中心行政登记案”。

在国外的客观诚信适用经验中，客观诚信有矫正性适用和补充性适用两种类型，前者指法官运用诚信原则矫正恶法，后者指法官运用诚信原则补充法律漏洞。从上述我国的适用客观诚信的案例来看，它们除偏重诚信原则的当事人行为准则功能外，还适当地运用了诚信原则的漏洞补充功能，有两个这方面的案例。它们是上海市浦东区人民法院审理的某某诉某某公司房屋租赁合同纠纷案［（2011）浦民一（民）初字第30735号］和上海市黄浦区人民法院审理的“甲公司诉乙公司侵犯商标专用权、不正当竞争纠纷案［（2019）黄民三（知）初字第73号］。另外，有个别案例注意到了诚信原则的授权法官矫正恶法的功能，它是上海市第一中级人民法院审理的“张某与某某公司居间合同纠纷上诉案”［（2010）沪一中民二（民）终字第4284号］。本案中的“恶法”指不诚信当事人借以脱责的关于低标准收取佣金的地方行政规章。

众所周知，德国法官利用诚信原则创立了情势变更制度，上述我国运用客观诚信的案例也有创立权利失效制度的，它是上海市第二中级人民法院审理的“徐甲、钱某某房屋买卖合同纠纷案”［（2011）沪二中民二（民）终字第1973号］。由于不充分说明判决理由，该判决创立新制度的色彩不明显。

我国法院宣示性的和向一般条款逃避式地运用诚信原则虽不少，但没有什么实质意义，表明如此做的法官对诚信原则的理解还要进一步探讨，这是我国法官未来要避免的。

（三）体现诚信原则的净手子原则适用的实务研究小结

本章分析的三个净手子原则适用案例有其共性：原告都知道自己与被告订立的合同具有违法要素而仍然订立之，随着时间的推移，发现抓住自己订立的合同的法律缺陷撤销之可获得更大利益时，便自行诉请法院撤销，由此给相对人的期待利益带来极大损害。各级法院皆发现了顺着原告的请求判决的不公，作出了种种的补救措施。在开发公司为多赚自请宣告房屋买卖合同无效案中，法院明确指出原告的所为违反了诚信原则，裁定合同有效。在城市居民购买农民住房被卖家诉请合同无效恢复原状案中，两审法院尽管都顺应了原告的诉求，但二审法院判处原告赔偿被告标的物的增值，也使原告自污图利的意图受挫，尽管未把原告的行为上升到违反诚信原则的高度，但媒体的报道和山东省高级人民法院《2008年民事审判工作会议纪要》补上了这一提炼。在招标人与投标人串标后为牟利请求宣告中标无效案，最高人民法院断然指出原告的行为违反诚信原则，滥用合同无效制度牟利，裁定合同有效，维护了公平正义。

美中不足的是，三个判例中有两个用恶意抗辩的术语描述原告的背信行为，山东省高级人民法院《2008年民事审判工作会议纪要》也如此用，对此可以商榷，因为抗辩是被告用以自卫的诉讼手段，用来描述原告的恶意行为不妥，应以恶意起诉的术语描述之。

我国学者李夏旭等用诚信原则的修法性适用来描述以上三个案例

的意义[①]，但同时可以用净手原则的适用来描述之。前文已述，净手原则起源于罗马法，在一些老民法典中有所体现，在一些新近民法典中被作为诚信原则的子原则。净手原则的适用范围不以原告自污求废的行为为限，还可以适用于知假买假案件。众所周知，自从消费者权益保护法（1993）第55条规定了“退一赔三”，食品安全法（2009）第148条规定了“退一赔十”后，催生了职业打假人，他们知假买假，然后取得三倍或十倍的罚金牟利，同时为老百姓解决了无时间精力纠缠遭遇假货的问题，一度被誉为英雄。但很快造成了基本法与特别法的冲突。此处的基本法是民法典中关于买卖的规定，它设想的场景是买卖双方诚心订立交易。众所周知，买卖是诚信合同，双方应有缔结合同的诚意才开始交易，如果买受人“知假”，就不应实施买卖，而应向市场管理部门或警察部门举报、投诉，买了，就是认可标的物为真货，按照德国民法典第442条第1款规定，他丧失基于瑕疵担保的请求权。[②] 买受人如诚信行事，遭受产品质量问题时可援引民法典如下条文。首先是第610条：因标的物不符合质量要求，致使不能实现合同目的的，买受人可以拒绝接受标的物或者解除合同……第621条：当事人约定检验期限的，买受人应当在检验期限内将标的物的数量或者质量不符合约定的情形通知出卖人。如果买受人知道标的物仍别有用心地购买，他违反了关于缔约过失责任的民法典第500条：当事人在订立合同过程中有下列情形之一，造成对方损失的，应当承担赔偿责任：（1）假借订立合同，恶意进行磋商……（3）有其他违背诚信原则的行为。此时的买受人有“其他违背诚信原则的行为”。基于这样的“丑行”，他的手“不干净”，如果执假求赏，基于净手原则，他应得不到司法保护，但根据作为特别法消费者权益保护法等法律，他

---

① 参见李夏旭：《论诚信原则的法律修正功能》，中国政法大学2021年博士学位论文，第1页及多处。

② 参见陈卫佐译注：《德国民法典》（第4版），法律出版社2015年版，第159页。

可以得到这样的保护。面对现实，上海法院从2004年起不保护知假买假行为。最高人民法院于2017年发布了以人大代表阳国秀等人为接受人的规范职业打假人的回函，其中旗帜鲜明地指出：“上述行为严重违背诚信原则，无视司法权威，浪费司法资源，我们不支持这种以恶惩恶，饮鸩止渴的治理模式。”① 此语把职业打假归为违背诚信原则的行为，诚然不错，但可以用净手原则对不保护职业打假行为作出更好的说明。买假本身是一种犯罪行为，买假者本身就有过犯，法律不保护这种人。

① 参见《最高人民法院办公厅对十二届全国人大五次会议第5990号建议的答复意见（规范职业打假人）》（法办函〔2017〕181号）。

第十二章

下部的总结

综上所述，诚信原则是一个进化的制度，其历史演变可以用 11 个包含“从……到”结构的句子描述。

第 1 个是从“跨国法到国内法”。本部已证明，诚信原则在古罗马原产生于陌生性强的跨国关系，后被转用于国内法中。

第 2 个是“从诉讼法到实体法”。本部已证明，诚信原则起源于诚信诉讼，后被转用与诚信合同乃至更多的方面。

第 3 个是“从客观到主观”。本部已证明，在诚信原则的发展史上，是先有客观诚信，后有主观诚信，主观诚信概念具有极大的人为性，体现了罗马人把法律伦理化的要求并得到了实现。把“善意”等同于“不知”的见解十分无知。

第 4 个是“从宗教性到世俗性”。本部已证明，在诚信原则诞生时具有宗教性，现在它靠当事人的自律和法院实施。

第 5 个是“从内部关系到外部关系”。诚信原则诞生之初，只关注法律行为双方当事人的利益平衡，经过日耳曼法的发展，诚信原则也开始关注法律行为的外部性，对诚信第三人予以保护。

第 6 个是“从债务人到债权人”。诚信义务最初仅仅是债务人承担的附随义务，后来发展为债务人和债权人的共同义务，尤其是 1942 年意大利民法典明确规定了债权人的“端方”义务。

第7个是“从私法到公法”。众所周知，诚信原则最初是合同法的原则，后被上升为民法的基本原则。再然后，就走出了民法，变成公法—例如税法的一些分支的原则。

第8个是“从本土到传来”。1986年，民法通则第一次在我国确立诚信原则时，许多人相信它是本土的诚信观念的体现，经过深入的研究，尤其是在主观诚信的发现后，一些人更多地相信诚信原则是舶来的制度，许多人对诚信原则的解释唯德国马首是瞻。

第9个是“从新月到满月”。先讲意大利的情况。该国的1865年民法典采取国家干预的立场，确立了诚信原则，但该国1882年的商法典采取自由主义的立场，基本拒绝了这个原则。所以，在意大利第一次进行私法的法典编纂时，诚信原则相对于私法整体，是“新月”。到了制定1942年民法典时，实行民商合一并采用职团主义，诚信原则才成为该国私法的“满月”。次讲我国的情况。在我国确立诚信原则之初，由于受德国影响，只认客观诚信为诚信原则，我国对该原则的认识呈“新月”状态，发现主观诚信以后，我国学界接受了一体两面的诚信原则观，我国对该原则的认识变得呈“满月”状态。

第10个是“从财产到人身”。最初，我国学界认为诚信原则仅仅是财产法的原则，随着研究的深入，诚信原则被扩展适用到人身法，尤其是婚姻家庭法。但这种扩展步子不大，有待进一步发展。

第11个是“从膨胀到萎缩”。应该说，从现代法典编纂运动开始，诚信原则起于合同关系的债务人方面，为了让它成为基本原则，法院作出了大量判例，由于它们的烘托，诚信原则成为帝王条款，衍生出许多制度，如禁反言原则和净手原则，呈膨胀态势。但在法典编纂运动后，依据诚信原则产生的许多制度，例如情势变更原则，获得独立，诚信原则逐渐成为一个空壳，一些学者呼吁废除之或具体化之，如具体化为合理原则。然而，净手原则和禁反言原则的立法化告诉我们，抽象的诚信原则的具体化可作为法官运用这一原则的指南。这两个子原则不像过往的诚信原则适用一样产生一个制度，而是成为统摄数个规定并指导其适用的原则。这数个规定是跨制度的，全民法呈现的，即它们不限于从属于合同法，而且它们本身不包含“诚信”二字，却体现了诚信原则的精神。净手和禁反言两个子原则的确立，意味着诚信原则重整的完成。如果说履行诚信体现的是“爱你的旁人”的信条，而净手原则和禁反言原则体现了对民事主体“自肃”的要求，按照这一要求，民事主体须持身严谨，行为一贯。

附录

研究诚信原则的西文著作概览

一、意大利文

1. Sacco, Rodolfo, La buona fede nella teoria dei fatti giuridici di diritto privato, Torino, G. Giappichelli, 1949.

2. Dell'Aquila, Enrico, La correttezza nel diritto privato, Milano, Giuffrè, 1980.

3. Costanza, Maria, Profili dell'interpretazione del contratto secondo buona fede, Milano, Giuffrè, 1989.

4. Breccia, Umberto, Diligenza e buona fede nell'attuazione del rapporto obbligatorio, Milano, Giuffrè, 1968.

5. Albisetti, Alessandro, Contributo allo studio del matrimonio putativo in diritto canonico, violenza e buona fede, Milano, Giuffrè, 1980.

6. Busnell, Francesco D. e Vallini Carlo, La Buona Fede nel Possesso, Pacini Editore, Pisa, 1971.

7. Carcaterra, Antonio, Intorno ai bonae fidei iudicia, Napoli, Jovene, 1964.

8. Montel, Alberto, Il possesso di buona fede, CEDAM, Padova, 1934.

9. Loi, Maria e Tessitore, Franca, Buona fede e responsabilità precontrattuale, Giuffrè, Milano, 1975.

10. Ruffini, Francesco, La buona fede in materia di prescrizione—Storia della teoria canonistica, Bocca, Roma, 1892.

11. Uda, Giovanni Maria, La buona fede nell'esecuzione del contratto, Torino, Giappichelli, 2004.

12. D'Angelo, Andrea, Il contratto in generale. Vol. 4: La buona fede, Torino, Giappichelli, 2004.

13. Scalisi, Antonino, La comune intenzione dei contraenti. Dall'interpretazione letterale del contratto all'interpretazione secondo buona fede, Milano, Giuffrè, 2003.

14. Oddenino, Alberto, Pacta sunt servanda e buona fede nell'applicazione dei trattati internazionali, Spunti ricostruttivi, Torino, Giappichelli, 2003.

15. AAVV., Il ruolo della buona fede oggetiva nell'esperienza giuridica storica e contemporanea. Atti del Convegno internazionale di studi in onore di Alberto Burdese, Padova, CEDAM, 2003.

16. Monti, Alberto, Buona fede e assicurazione, Milano, Giuffrè, 2002.

17. Merusi, Fabio, Buona fede e affidamento del diritto pubblico. Dagli anni "trenta" all "alternanza", Milano, Giuffrè, 2001.

18. Musio, Antonio, La buona fede nei contratti dei consumatori, Napoli, Edizioni Scientifiche Italiane, 2001.

19. Pignataro, Gisella, Buona fede oggetiva e rapporto giuridico precontrattuale: gli ordinamenti italiano e francese, Napoli, Edizioni Scientifiche Italiane, 1999.

20. Saffioti, Tiziana M., Le clausole generali di buona fede e correttezza e la posizione del lavoratore subordinato, Torino, Giappichelli, 1999.

21. Alpa, Guido, Putti, Pietro Maria, Casi scelti in tema di buona

fede nei contratti speciali da "La nuova giurisprudenza civile commentata", Padova, CEDAM, 1996.

22. Lombardo Scavo, Luigi, La buona fede nel diritto canoico, Bologna, Il Mulino, 1995.

23. Manganaro, Francesco, Principio di buona fede e attività delle amministrazioni pubbliche, Napoli, Edizioni Scientifiche Italiane, 1995.

24. Carriero, Giuseppe, Informazione, mercato, buona fede: il cosidetto insider trading, Milano, Giuffrè, 1992.

25. Nanni, Luca, La buona fede contrattuale, Padova, CEDAM, 1988.

26. Argiroffi, Carlo, Del possesso di buona fede di beni immobili (art. 1153—1157). Il Codice civile commentario, Milano, Giuffrè, 1988.

27. AA. VV., Il principio di buona fede, Giornata di studio (Pisa, 14 giugno 1985), Milano, Giuffrè, 1987.

28. Cardilli, Riccardo, "Bona Fides" tra storia e sistema, Torino, Giappichelli, 2004.

29. Humbel, Kurt, Bernasconi, Alfredo, Buona fede: origine e storia dell'Accordo di pace nell'industria Svizzera delle Machine e dei Metalli, Fondo comune di cooperazione, Zürich, 1987.

30. Trivellin, Mauro, Il principio di buona fede nel rapporto tributario, Milano, Giuffrè, 2009.

31. Falco, Gianluca, La buona fede e l'abuso del diritto. Principi, fattispecie e casistica, Milano, Giuffrè, 2010.

32. Bruscuglia, Luciano, Pendenza della Condizione e comportamento second buona fede, Milano, Giuffrè, 1975.

33. Corradini, D., Il Criterio della buona fede e la scienza del diritto privato, Milano, Giuffrè, 1970.

34. Ruta, A. Galfo, La Buona fede e le sue applicazioni nel diritto ci-

vile italiano, Catania, Tip. di E. Coco, 1899.

35. Pietrobon, V., Il dovere generale di buona fede, Padova, CEDAM, 1939.

36. Garofalo, Luigi (A cura di), Il Ruolo della buona fede oggettiva nell'esperienza giuridica storica e contemporanea, Padova, Casa Editrice Dr. Antonio Milani, Vol. I, 2003.

37. Panza, Giuseppe, Buon costume e buona fede, Napoli, Jovene, 1973.

38. Segrè, Gino, Sull'età dei giudizii di buona fede di commodato e di pegno. Memoria di Gino Segrè, Stab. tip. L. Pierro e figlio, 1906.

39. Gallo, Paolo, Contratto e buona fede: buona fede in senso oggettivo e trasformazioni del contratto, UTET, Torino, 2014.

40. Munari, Alessandro (a cura di), Fideiussone iomnibus e buona fede, Milano, Giuffrè, 1992.

41. Loi, Maria L., Tessitore, Franca, Buona fede e responsabilità precontrattuale, Milano, Giuffrè, 1975.

42. AA. VV., Atti del Convegno Fideiussione omnibus e buona fede, Milano, Giuffrè, 1992.

43. Falchi, Gian Luigi, Ricerche sulla legittimazione passiva alle azioni nossali: il possessore di buona fede del servo, Milano, Giuffrè, 1976.

44. Alberto, Albertario (A cura di), Studi sulla buona fede, Milano, Giuffrè, 1975.

45. Vecconcini Spartada, Gionata, Abbiccì pe' liberali di buona fede dell'anno 1848, Presso Marsigli e Rocchi, Bologna, 1850.

46. Spadafora, Antonio, Regola contrattuale tra autonomia privata e canone di buona fede: prospettive di diritto europeo dei contratti e di diritto interno, Torino, Giappichelli, 2007.

47. AA. VV. , Atti del 6 convegno internazionale Italia-Spagna, Circolazione illecita delle opere d'arte: principio della buona fede, Bollettino di Numismatica. Supplemento al 36, 2001.

48. D'Angelo, Andrea, et al. Buona fede e giustizia contrattuale: modelli cooperativi e modelli conflittuali a confronto, Torino, Giappichelli, 2005.

49. Stolfi, Emanuele, Bonae fidei interpretatio: ricerche sull'interpretazione di buona fede fra esperienza romana e tradizione romanistica, Napoli, Jovene, 2004.

50. Biondi, Biondo, Iudicia bonae fidei. 1, Palermo, Castiglia, 1920.

51. Severino, Emanuele, Buona fede, Milano, Rizzoli, 1999.

52. Corradini, Domenico, Criterio della buona fede e la scienza del diritto privato. Dal codice napoleonico al codice civile italiano del 1942, Milano, Giuffrè, 1970.

53. Corte-Enna, Giuseppe, Della buona fede, specialmente nei rapporti col possesso, Tipo-Litografia Commerciale, Cagliari, 1901.

54. Cherubini, Maria Carla, Buona fede nel primo libro del Codice civile, Pisa, Pacini Editore, 1973.

55. Bischi, Barbara, La buona fede del diritto privato e del diritto pubblico: dalla ragione dell'origine alla cultura della dicotomia, Tesi di dototrato dell'Università degli Studi di Padova, 2012.

56. Wenhua, Xu, Reticenza del Venditore sui Vizi Occulti. La Violazione della Buona Fede tra Diritto Romano e Diritto Cinese, Tesi di dototrato dell'Università degli Studi di Milano, 2020.

57. Piraino, Fabrizio, La buona fede in senso oggettivo, Giappichelli, Torino, 2015.

58. Cicia, Andrea, Il Divieto di Venire Contra Factum Proprium alla

Luce del Principio di Buona Fede, Tesi di dototrato dell'Università degli Studi di Roma Tre, 2009.

二、西班牙文

1. Mozos, Josè Luis de los, El principio de la buena fe, sus aplicaciones prácticas en el derecho civil españo, Barcelona, Bosch, 1965.

2. Ferreira Rubio, Delia Matilde, La buena fe, el principio general en el derecho civil, Madrid, Montecorvo, 1984.

3. Reyes Terra, Alberto, El principio de la buena fe en la práctica Judicial civil, Montevideo, Fundación de Cultura Universitaria, 1969.

4. Picó i Junoy, Joan, El principio de la buena fe procesal, Barcelona, Bosch, 2013.

5. Camacho Luca Evangelista, Fermin, La buena fe en el cumplimiento de las obligaciones, Granada, Universidad de Granada, 1962.

6. Cuyás, Manuel, La buena fe en la prescripcion extinctiva de deudas; desde el Concilio IV de Letran (1215) hasta Bartolo (1357); estudio historico, juridico, teologico Roma, Libreria editrice dell'Università Gregoriana, 1962.

7. Rotman, S. Julio, La buena fe en la prenda con registro, Buenos Aires, Abeledo-Perrot, 1967.

8. Cordobera, Lidia, M. R. y Kluger, Viviana, Tradado de la Buena Fe en el Derecho, La Ley, Buenos Aires, 2004.

9. Marcos M., Cordoba (Director), Tratado de la Buena Fe en el Derecho, Tomo I, La Ley, Buenos Aires, La Ley, 2004.

10. Marcos M., Cordoba (Director), Tratado de la Buena Fe en el Derecho, Tomo II, La Ley, Buenos Aires, La Ley, 2004.

11. Conde Marin, Emilia, La buena fe en el contrato de trabajo: un estudio della Buena Fe come Elemento de Integracion del Contrato de Traba-

jo, La Ley, Madrid, 2007.

12. Navarette, Urbano, La Buena Fe de las Personas Juridicas en Orden a la Prescripcion Adquistiva. Estudio Historico-Canonico, Gregorian & Biblical Book Shop, 1959.

13. Melón Infante, Carlos, Posesión de los bienes muebles, adquirida de buena fe, equivale al título (consideraciones sobre la posesión del transmitente en las adquisiciones "a non domino" de bienes muebles), VLex, 1957.

14. Alsina Atienza, Dalmiro A., Efectos jurídicos de la buena fe en sus relaciones con las modernas tendencias jurídicas: la apariencia, la imprevisión, el abuso del derecho, Buenos Aires, Rosso, 1935.

15. Buitrago Flórez, Diego, Buena fe exenta de culpa: error communis facit jus: en derecho civil y títulos-valores, Juridica Radar, Santafe de Bogotá, 1993.

16. Wieacker, Franz, Principio general de la buena fe, traducción de José Luis Carro; prólogo de Luis Díez-Picazo, Editorial Civitas, Madrid, 1982.

17. Rangel, Serrano, Isabel, María, Buena fe de los poseedores de mercancía de contrabando, Pontificia Universidad Javeriana, Colombia, 1989.

18. Hernández Terán, Miguel, Estudio jurídico sobre la buena fe, Ecuador, 1989.

19. Arezo Píriz, Enrique, Teoría del heredero aparente: con especial referencia a la validez de sus actos respecto a terceros de buena fe, Fundación de Cultura Universitaria edition, Montevideo, 1982.

20. Manetta, Felipe, Gente de buena fe y los otros, F. Manett, Buenos Aires, 1990.

21. Fernández-Flórez, Wenceslao, Impresiones de un hombre de buena fe, Espasa-Calpe, Madrid, 1964.

22. Livieres B., Lorenzo N., Protección del tercer adquirente de buena fe en el Código civil paraguayo, El Foro, Asuncion, 1984.

23. Silva, Ramón, Protección del adquirente de buena fe en el derecho civil paraguayo, Asuncion, 1960.

24. González Pérez, Jesús, Principio general de la buena fe en el derecho administrative, Civitas, Madrid, 1984.

25. Nogueira Guastavino, Magdalena, Prohibición de competencia desleal en el contrato de trabajo: una singular manifestación del deber de buena fe contractual, Aranzadi, Pamplona, 1997.

26. Herrera Zapién, Tarsicio, Buena fe y humanismo en Sor Juana: diálogos y ensayos: las obras latinas: los sorjuanistas recientes, Porrúa, Mexico, 1984.

27. Mier Vélez, Angel de, Buena fe en la prescripción y en la costumbre hasta el siglo XV, Ediciones Universidad de Navarra, Pamplona, 1968.

28. Reyes Villanueva, Alicia, Buena fe en el derecho: tesis que para su examen profesional de licenciado en derecho, Avalos, 1944.

29. López Cancelada, Juan, Verdad sabida y buena fé guardada: Origen de la revolución de Nueva España consagrada en 15 de Set. de 1810. Defensa de su fidelidad, M. S. de Quintana, Cadiz, 1811.

30. Monzón, Máximo Danie, Fidelidad y la buena fe en el contrato de trabajo, Abeledo-Perrot, Buenos Aires, 1966.

31. Morales Cervantes, Enrique, El Tercero de buena fe en relación con el Artículo 3007 del Código civil, Mexico, 1963.

32. Cerro Requena, Manuel del, Validez de los actos de disposición de heredero aparente respecto de tercero de buena fé, Tipografia británica,

Uruguay, 1894.

33. Sandoval Pardo, Jesus, El Tercero de buena fe frente a la ejecución de una sentencia de amparo, Mexico, 1967.

34. Medina Pérez, José, Buena fe en la doctrina, la legislación y la jurisprudencia, Universidad de Chile, 1950.

35. Alsina Atienza, Dalmiro A. Principio de la buena fe en el proyecto de reforma de 1936, Sección Publicaciones del Seminario de Ciencias Jurídicas y Sociales, Buenos Aires, 1942.

36. Milá y Camps, José María, Buena fe en las contiendas judiciales, De Badia, 1914.

37. García García, Fernando Augusto, Buena fe en la prescripción canónica y su influencia en la institución jurídica civil de la prescripción, Universidad de Mexico, 1961.

38. Neme Villarreal, Martha Lucía, Buena fe en el derecho romano: extensión del deber de actuar conforme a buena fe en materia contractual, Universidad Externado de Colombia, Bogotá, 2010.

39. Leguineche, Andrés, Títulos al portador robados o perdidos, su reivindación contra el poseedor de buena fe, en el código de comercio, Editorial Depalma, Buenos Aires, 1945.

40. Jerez Delgado, Carmen, Buena fe registral, Colegio de Registradores de la Propiedad, Mercantiles y Bienes Muebles de España, Madrid, 2005.

41. Parra, Gonzalo de la, De como se hizo revolucionario un hombre de buena fe, Mexico, 1915.

42. García Cavero, Percy, Fraude en la administración de personas jurídicas y delitos contra la confianza y la buena fe en los negocios, Palestra Editores, Lima, 2005.

43. Jiménez Rueda, Julio, México que yo sentí, 1896—1960: testimonios de un espectador de buena fe, Consejo Nacional para la Cultura y las Artes, Direccion General de Publicaciones, Mexico, 2001.

44. Sánchez Torres, Esther, Deber de negociar y la buena fe en la negociación colectiva, Consejo Econoimico y Social, Madrid, 1999.

45. Blanco Lazo, Salvador, Percepción de frutos y el reembolso de gastos en la posesión de buena fe, Mexico, 1960.

46. Herrero, Amelia Castresana Herrero, Fides, bona fides: un concepto para la creación del derecho, Tecnos, Madrid, 1991.

三、法文

1. Gorphe, François, Le principe de la bonne foi, Dalloz, Paris, 1928.

2. Kornprobst, Emmanuel, La notion de bonne foi, application au droit fiscal français, Librairie générale de droit et de jurisprudence, Paris, 1980.

3. Vouin, Robert, La bonne foi: notion et rôle actuels en droit privé français, Librairie générale de droit & de jurisprudence, Paris, 1939.

4. Wubbe, F. B. J. , Le possesseur de bonne foi vu par les juristes romains et modernes; leçon inaugurale donnée a l'Université de Fribourg, le 4 mai 1962, Éditions universitaires, Fribourg, 1963.

5. Gallardo, Ricardo, Le rôle et les effets de la bonne foi dans l'annulation du mariage en droit comparé: étude historique et critique, Recueil Sirey, Paris, 1952.

6. Kolb, Robert, La Bonne foi en droit international public: contribution à l'étude des principes généraux de droit, Presses universitaires de France, Paris, 2000.

7. Mazoyer, Jean Henri, Du rôle de la bonne foi dans la possession immobilière en droit romain et en droit français, Faculté de droit de Toulouse, 1891.

8. Faure, Jules, Justa causa et bonne foi: essai d'explication des singularités de l'usucapion pro emptore en droit romain classique, Impr. Centrale, Lausanne, 1936.

9. Dupuis, Charles, Du pouvoir du juge dans les actions de bonne foi en droit romain. Des droits accordés à la femme veuve par la coutume ou par la loi dans l'ancien droit et dans le droit moderne en droit français, Imprimerie Moquet, 1887.

10. Zakī, Maḥmūd Jamāl al-Dī, Bonne foi dans l'acquisition des droits en droit privé: étude comparée, Le Caire: Imp. Université Fuad 1er, 1952.

11. Ramelet, Pierre, L'acquisition des fruits par l'usufruitier et par le possessor bonæ fidei: étude de droit romain classique, Lausanne: Imprimerie La Concorde, 1945.

12. Grivet, Georges, Droit romain: Des exceptions en général et spécialement des exceptions d'équité dans les actions de bonne foi, Thesis (doctoral) —Université de Lyon, 1891.

13. Volansky, Alexandre Al., Essai d'une définition expressive du droit basée sur l'idée de bonne foi: étude de doctrine juridique, E. Duchemin, L. Chauny, & L. Quinsac, Paris, 1930.

14. Zoller, Élisabeth, Bonne foi en droit international public, A. Peidone, Paris, 1977.

15. Ambelouis, Lionel, De la distinction des actions en actions stricti juris et actions bonæ fidei en droit romain. De l'hypothèque maritime en droit français, Thèse—Universite de Paris, 1887.

16. Picot, François, Bonne foi en droit public: rapport, Helbing & Lichtenhahn, Basel, 1977.

17. Marie-Noëlle, Mensonge en toute bonne foi—: voyage à travers

une psychose, L'Harmattan, Paris, 1995.

18. Jaluzot, Béatrice, Bonne foi dans les contrats: étude comparative des droits français, allemand et japonais, Dalloz, Paris, 2001.

19. Foriers, Paul Alain, Caducité des obligations contractuelles par disparition d'un élément essentiel à leur formation: de la nature des choses à l'équité, de l'impossibilité au principe de l'exécution de bonne foi, Bruylant, Bruxelles, 1998.

20. Du Mont, Étienne, Situation du protestant baptisé et de bonne foi par rapport à l'unique église du Christ, éditions Saint-Augustin, Saint-Maurice (Suisse), 1959.

21. Guisan, François, Protection de l'acquéreur de bonne foi en matière mobilière, Pont Frères, Lausanne, 1970.

22. Mba, André Marie, Port du stage effectué dans le ressort des Cours d'appel de l'Ouest et du Nord, mars 1987—1988: thème de réflexion, Le constructeur de bonne foi, le constructeur de mauvaise foi et la loi no 80-22 du 14 juillet 1980, portant répression des attein, 1988.

23. Romain J.-F., Theorie Critique du principe general de bonne foi en droit privé, Bruylant, Bruxelles, 2000.

24. Institut universitaire de hautes études internationales, Le principe de bonne foi dans les contrats internationaux, Genève, 1995.

四、葡萄牙文

1. Martins-Costa, Judith. A boa-fè no direito privado, sistema e tópica no processo obrigacional, Editora Revista dos Tribunais, São Paulo, 2000.

2. Cordeiro, Menezes, Da boa-fè no direito civil, Coimbra, 1984.

3. Dantas Jr., Aldemiro Rezende, Teoria dos atos próprios no princípio da boa-fé, Jurua, 2007.

4. Rosenvald, Nelson, Dignidade humana e boa-fé no Código civil, Editora Saraiva, São Paulo, 2005.

5. Baracat, Eduardo Milléo, Boa-fé no direito individual do trabalho, Editora LTr, São Paulo, 2003.

6. Garcia, Enéas Costa, Responsabilidade pré e pós-contratual à luz da boa-fé, Editora Juarez de Oliveira, São Paulo, 2003.

7. Giacomuzzi, José Guilherme, Moralidade administrativa e a boa-fé da administração pública: o conteúdo dogmático da moralidade administrative, Malheiros Editores, São Paulo, 2002.

8. Martins, Plínio Lacerda, Abuso nas relações de consumo e o princípio da boa-fé, Editora Forense, Rio de Janeiro, 2002.

9. Guimarães, Octavio Moreira, Da boa-fé no direito civil brasileiro, Saraiva, São Paulo, 1953.

10. Silveira, Alípio, Boa-fé no Código civil; doutrina e jurisprudência, Universitaria de Direito, São Paulo, 1972.

11. Milhomens, Jonatas, Presunção de boa-fé no processo civil, Editora Forense, Rio de Janeiro, 1961.

12. Lufinha, Antonio Rodrigues, A., Posse de boa-fé para efeitos de prescrição: algumas considerações, Coimbra Editora, 1949.

13. Noronha, Fernando, Direito dos contratos e seus princípios fundamentais: autonomia privada, boa-fé, justiça contratual, Saraiva, São Paulo, 1994.

14. Cordeiro, António Menezes, Da boa fé no direito civil, Almedina, Coimbra, 1984.

15. Marques, José António Gomes da Silva, Boa fé na prescrição "longissimi temporis": sua necessidade e natureza segundo o Doutor Pedro Barbosa (+1606), Ofic. Graif. da Livraria Cruz, Braga, 1964.

16. Araújo, Francisco Rossal de, Boa-fé no contrato de emprego, Editora LTr, São Paulo, 1996.

17. Lupion, Ricardo, Boa-fé objetiva nos contratos empresariais: contornos dogmáticos dos deveres de conduta, Livraria do Advogado Editora, Porto Alegre, 2011.

18. Santiago Sottomayor, Maria Clara Pereira de Sousa de, Invalidade e registo: a protecção do terceiro adquirente de boa fé, Almedina, 2010.

19. Faro, Frederico, Fiança omnibus no âmbito bancário: validade e exercício da garantia à luz do princípio da boa fé, Coimbra Editora, 2009.

20. Silva, Joseane Suzart Lopes da, Planos de saúde e boa-fé objetiva: uma abordagem crítica sobre os reajustes abusivos, Editora Jus PODIVM, Bahia, 2008.

21. Ferreira da Silva J. C., Boa-fé e a Violação Positiva do Contrato, Renovar, São Paulo, 2002.

22. Faria de Carvalho, Diógenes, Do principio da boa-fe objetiva nos contratos de consume, Editora da Goiânia, PUC, Goias, Brasil, 2011.

五、德文

1. Horn, Carl, Die bona fides bei der Klagenverjährung nach kanonischem und gemeinem Recht. Inaugural-dissertation, Berlin, W. Pilz, 1899.

2. Fabio, Delco, Die Bedeutung des Grundsatzes von Treu und Glauben beim Ersatz reiner Vermögensschäden, Zürich, Schulthess, 2000.

3. Köller, Bernhard, Die Bedeutung des guten Glaubens auf dem Gebiete des Liegenschaftsrechts, Borna-Leipzig, R. Noske, 1908.

4. Parpan, Rudolf, Über die Bedeutung von Treu und Glauben im Versicherungsvertragsrecht, Zürich, Juris-Verlag, 1947.

5. Strätz, Hans-Wolfgang, Treu und Glauben, Paderborn, Schöningh, 1974.

6. Zeller, Ernst, Treu und Glauben und Rechtsmissbrauchsverbot, Prinzipiengehalt und Konkretisierung von Art. 2 ZGB., Zürich, Schulthess, 1981.

7. Lincke, Hans-Werner, Der Schutz des guten Glaubens bei der Übereignung und Verpfändung von Wechsel und Scheck, Halle (Saale), E-. Klinz, 1931.

8. Geiter, Joseph, Der Schutz des guten Glaubens im Familienrecht des B. G. B., Köln, C. Steingass, 1931.

9. Gowa, Ferdinand, Die Rechtsnorm von Treu und Glauben im Verwaltungsrecht, Hamburg, 1933.

10. Wolters, Egbert, Gutglaubenschutz bei Legalpfandrechten ohne und mit Besitz. [n. p.], 1959.

11. Koller, Alfred, Der gute und der böse Glaube im allgemeinen Schuldrecht, Freiburg, Schweiz, Universitätsverlag, 1985.

12. Schaffner, Jakob, Die Grenzen der Vertragsfreiheit und Treu und Glauben in den Beschlüssen der Generalversammlung, Bern, Stämpfli & cie., 1940.

13. Landerer, Hans Peter, Fragen des Schutzes des guten Glaubens im schweizerischen Patentrecht, insbesondere der gutgläubige Erwerb, P. G. Keller, 1955.

14. Lux, Karl, Die Entwicklung des Gutglaubensschutzes im 19. und 20. Jahrhundert, mit besonderer Berüchsicktigung des Wechselrechts, Stuttgart, F. Enke, 1939.

15. Burkert, Michael, Der Einfluss von Treu und Glauben bei der Vertragsabwicklung; eine rechtsvergleichende Arbeit zum deutschschweizerischen und französischbelgischen Recht, Munster, 1967.

16. Valentin, Richard, Das Prinzip des Gutglaubenschutzes und seine

Abwandlungen. [n. p.], 1968.

17. Baumann, Marcel, Der Begriff von Treu und Glauben im öffentlichen Recht, ein Beitrag zur Lehre von den obersten Rechtsgrundsätzen, Zürich, Juris-Verlag, 1952.

18. Adenauer, Max, Der Zeitpunkt des guten Glaubens beim Eigentumserwerb vom Nichtberechtigten Würzburg, Konrad Triltsch, 1936.

19. Stintzing, R. (Roderich), Das Wesen von bona fides und titulus in der Römischen Usucapionslehre, historisch-dogmatischer Versuch, Heidelberg, Akademische Anstalt für Literatur und Kunst, (Karl Groos), 1852.

20. Bruns, Carl Georg, Das Wesen der bona fides bei der Ersitzung. ein practisches Gutachten nebst einem theoretischen Nachtrage, Berlin, Puttkammer & Mühlbrecht, 1872.

21. Wehmann, Jörg, Gutgläubiger Fahrniserwerb bei alternativ zum fehlenden Eigentum des Veräussers wirkenden Übertragungshindernissen, der gutgläubige Erwerb vom Minderjährigen und bei Verfügungsbeschränkungen, Göttingen, O. Schwartz, 1988.

22. Weimar, Wilhelm, Der gutgläubige Erwerb vom Nichtberechtigten, Stuttgart, Deutscher Sparkassenverlag, 1960.

23. Tiedtke, Klaus, Gutgläubiger Erwerb im bürgerlichen Recht, im Handels-und Wertpapierrecht sowie in der Zwangsvollstreckung, Berlin; New York, De Gruyter, 1985.

24. Bircher, Eugen, Gutgläubiger Erwerb des Forderungspfandrechts, Bern, Stämpfli & cie., 1946.

25. Lüders, Hans, Gutgläubiger Erwerb beweglicher Sachen auf Grund, rechtsgrundloser Verfügung eines Nichtberechtigten, Berlin, Triltsch & Huther, 1935.

26. Meier, Ernst, Der gute und böse Glaube im Erbrecht des schwei-

zerischen Zivilgesetzbuches, Affoltern a. A., J. Weiss, 1924.

27. Hinz, Werner, Die Entwicklung des gutgläubigen Fahrniserwerbs in der Epoche des usus modernus und des Naturrechts, Berlin, Duncker & Humblot, 1991.

28. Tigerström, Friedrich Wilhelm, Die bonae fidei possessio oder das Recht des Besitzes: eine civilistische Abhandlung, De Gruyter, Georg Andreas Reimer Verlag, 1836.

29. Mager, Bernhard, Der Begriff der bona fides bei der Ersitzung und gegenüber der Eigenthums-und Erbschaftsklage (hereditatis petitio) nach römischem Rechte, Greifswald, C. Sell, 1878.

30. Karrer, Pierre, Der Fahrniserwerb kraft guten Glaubens im internationalen Privatrecht, Zürich, Polygraphischer Verlag, 1968.

31. Hausmaninger, Herbert, Die bona fides des Ersitzungsbesitzers im klassischen römischen Recht, Wien, Herold, 1964.

32. Benz, Heinrich, Begriff der "bona fides" in der römicshen Usucapionsleher, Bern, Fischer, 1888.

33. Gorden, Felix, Ist guter Glaube ein Erforderniss des Eigenthumserwerbs durch specificatio nach den Grundsätzen des römischen Rechtes? Berlin, Unger, 1888.

34. Nörr, Dieter, Die fides im römischen Völkerrecht, Heidelberg, C. F. Müller, 1991.

35. Schneider, Konrad, Treu und Glauben im Recht der Schuldverhältnisse, München, Beck, 1902.

36. Schneider, Konrad, Treu und Glauben im Civilprozesse und der Streit über die Prozessleitung, München, Beck, 1903.

37. Henle, Rudolf, Treu und Glauben im Rechtsverkehr, Berlin, 1912.

38. Wieacker, Franz: Zur rechtstheoretischen Präzisierung des § 242

BGB, Tübingen, 1956 (Recht und Staat, Heft 193/194).

39. Strätz, Hans-Wolfgang, Treu und Glauben. I. Beiträge und Materialien zur Entwicklung von "Treu und Glauben" in deutschen Privatrechtsquellen vom 13. bis zur Mitte des 17. Jahrhunderts, Paderborn, 1974.

40. Pfister, Bernhard: Die neuere Rechtsprechung zu Treu und Glauben im Zivilprozeß, Frankfurt/Main u. a. 1998.

41. Siebert, W., Treu und Glauben-Erläuterung zu § 242 BGB, Stuttgart, 1959.

42. Christian, Eckl, Treu und Glauben im spanischen Vertragsrecht, Mohr Siebeck, 2007.

43. Steinbach, Emil, Treu und Glauben in Verkehr, eine Civilistiche Studie, Wien, 1900.

44. Wächter, Carl Georg von, Der Gute Glaube: insbesondere bei der Ausserordentlichen Ersitzung des Eigenthums, Leipzig, 1870.

45. Linde, Eugen von der, Der gute Glaube in der Zwangsvollstreckung, R. Noske, 1928.

46. Muhs, Joachim, Der gute Glaube an die Herrenlosigkeit beweglicher Sachen, Gebrüder Hoffmann, 1929.

47. Lange, Christian, Treu und Glauben und Effizienz: Das Effizienzprinzip als Mittel zur Konkretisierung zivilrechtlicher Generalklauseln, Duncker & Humblot GmbH, 2013.

六、荷兰文

1. Meijers, Eduard Maurits, Goede trouw en stilzwijgende wilsverklaring, Noord-Hollandsche uitgevers-maatschappij, Amsterdam, 1947.

2. Der Werf, H. G. van, Redelijkheid en billijkheid in het contractenrecht: Enkele beschouwingen over goede trouw, redelijkheid en billijkheid in

het huidige en het komende contractenrecht, Gouda Quint, 1982.

3. Rossum, Madeleine van, De redelijkheid en billijkheid bij commerciele contracten, Kluwer, 2011.

4. Jong, G. T. de, Registers, risico en goede trouw, Arnhem: Gouda Quint, 1988.

七、罗马尼亚文

1. Musatescu, Vlad, Oameni de buna-credintă, Cartea Romaneasca, 1989.

2. Grigora, Nina Ecaterina, Buna-credintă, Editura Hamangiu, 2007.

3. Cotea, Felician Sergiu, Buna-credintă: implicatii privind dreptul de proprietate, Editura Hamangiu, 2007.

4. Gherasim, Dimitrie, Buna-credintă în raporturile juridice civile, Editura Academiei Republicii Socialiste Romania, Bucuresti, 1981.

八、英文

1. O'Connor, J. F., Good Faith in English Law, Aldershot, Hants, Dartmouth; Brookfield, Vt., USA, Gower, 1990.

2. O'Connor, J. F., Good Faith in International Law, Dartmouth, Vermont, 1991.

3. Farnsworth, Allan E., The Concept of Good Faith in American Law, Roma, Centro di studi e ricerche di diritto comparato e straniero, 1993.

4. Brown, Stephanie Anne, Good Faith Performance and Enforcement of Contracts in Canadian Law, Columbia University, CU Theses, 1997.

5. United States. Congress. Senate. Committee on the Judiciary, Establishing Good Faith as a Defense in Certain Cases. Hearing before a Subcommittee, Eighty-Third Congress, Second Session, on S. 1752. July 1, 1954, Washington, U. S. Govt. Print. Off., 1954.

6. Burton, Steven J., Contractual Good Faith, Formation, Perform-

ance, Breach, Enforcement, Boston, Little, Brown, 1995.

7. Holmes, Eric M., A Study of Commercial Good Faith, Columbia University, 1980.

8. Deloria, Vine, Of Utmost Good Faith: The Case of the American Indian Against the Federal Government of the United States, Mass Market, San Francisco, Straight Arrow Books, 1971.

9. Zimmermann, Reinhard & Whittaker, Simon, Bussani, Mauro, Good Faith in European Contract Law, Cambridge University Press, 2000.

10. A. D. M. Forte (Edited By), Good Faith in Contract and Property, Portland, OR, Hart Pub., 1999.

11. Roger Brownsword, Norma J. Hird and Geraint Howells (Edited By), Good Faith in Contract, Concept and Context, Aldershot, Hants, England, Dartmouth; Brookfield, Vt., Ashgate, 1999.

12. Harrison, Reziya, Good Faith in Sales, London, Sweet & Maxwell, 1997.

13. Jack Beatson and Daniel Friedmann (Edited by), Good Faith and Fault in Contract Law, Oxford, Clarendon Press, 1995.

14. Patterson, Dennis M., Good Faith and Lender Liability, Toward a Unified Theory, Salem, N. H., Butterworth Legal Publishers, 1990.

15. Martínez, Félix Luis, The Rights of the Bona Fide Purchaser of Ordinary Chattels under a Contract of Sale by One Not the Owner: A Comparative Study of the Civil and Common Law, New York, 1919.

16. Jones, J. Walter, The Position and Rights of a Bona Fide Purchaser for Value of Goods Improperly Obtained (Being the Yorke Prize Essay for the Year 1918), Littleton, Colo., F. B. Rothman, 1987.

17. Burton, Steven J., Judging in Good Faith, Cambridge University Press, 1992.

18. Smiley, Jane, Good Faith, 1st Ed. A. A. Knopf, 2003.

19. Panizzon, Marion, Good Faith in the Jurisprudence of the WTO: The Protection of Legitimate Expectations, Hart, 2006.

九、俄文

1. Емельянов, В. И., Разумность, Разумность, добросовестность, незлоупотребление гражданскими правами, Лекс-Книга, Москва, 2002.

2. Жгулев, Алим Александрович, Добросовестность при исполнении обязательства, Инфотропик Медиа, Москва, 2011.

3. Богданова, Елена Евгеньевна, Добросовестность и право на защиту в договорных отношениях, ЮНИТИ-ДАНА, Москва, 2010.

十、克罗地亚文

1. Hovart, M., Bona fides u razvoju rimskoga obveznoga prava, Zagreb, 1939.

2. Žunić Kovačević, Nataša, Primjena načela dobre vjere u poreznom postupku—neuspjeli pokušaj uvođenja instituta obvezujuće informacije u hrvatsko porezno pravo, Faculty of Law University of Rijeka, 2010.

十一、拉丁文

1. Laschinski, Wilhelm, De natura bonae fidei, quae in usucapione vel temporis praescriptione secundum praecepta iuris romani requiritur, Vratislaviae, "Breslauer Genossenschafts-Buchdruckerei", 1875.

2. Levy, Jacob, Bonae fidei possessori rerum quid juris in fructibus Romani tribuerint? Berolini, 1869.

3. Gundling, Nicolaus Hieronymus, Andreae, Philipp Daniel, De usu practico actionum bonae fidei et stricti iuris, Halae Magdeburgicae, Typis J. H. Grunerti recusa, 1736.

图书在版编目（CIP）数据

民法基本原则解释：诚信原则的历史、实务、法理研究：重构版 / 徐国栋著 .—北京：中国法制出版社，2023. 7

ISBN 978-7-5216-3548-5

Ⅰ. ①民… Ⅱ. ①徐… Ⅲ. ①民法-原则-法律解释-中国 Ⅳ. ①D923. 05

中国国家版本馆 CIP 数据核字（2023）第 082640 号

责任编辑：李　佳　　　　封面设计：周黎明

民法基本原则解释：诚信原则的历史、实务、法理研究：重构版

MINFA JIBEN YUANZE JIESHI：CHENGXIN YUANZE DE LISHI、SHIWU、FALI YANJIU：CHONGGOUBAN

著者/徐国栋

经销/新华书店

印刷/三河市紫恒印装有限公司

开本/880 毫米×1230 毫米　32 开　　　　印张/ 20. 5　字数/ 518 千

版次/2023 年 7 月第 1 版　　　　2023 年 7 月第 1 次印刷

中国法制出版社出版

书号 ISBN 978-7-5216-3548-5　　　　定价：148. 00 元

北京市西城区西便门西里甲 16 号西便门办公区

邮政编码：100053　　　　传真：010-63141600

网址：http：//www. zgfzs. com　　　　**编辑部电话：010-63141838**

市场营销部电话：010-63141612　　　　**印务部电话：010-63141606**

（如有印装质量问题，请与本社印务部联系。）